理财学院 趋势交易技术系列

均线技术分析

MOVING AVERAGE ANALYSIS

中国宇航出版社

·北京·

内容简介

本书是“趋势交易技术”系列图书之一，主要讲解均线分析技术，着重讲解均线的特点及作用，实战操作中常用的均线周期组合。详细讲解葛南维均线买卖法则，单条均线和均线组合的实战应用技巧，均线排列形态和特殊均线形态的实战应用技巧，具有很强的实战指导性。不仅适合刚入市的新手学习，也适合已经掌握了一些技术分析知识和趋势交易技巧的读者。

图书在版编目(CIP)数据

均线技术分析 / 邱立波著. -- 北京 ：中国宇航出版社，2013.1（2025. 1重印）
ISBN 978-7-5159-0311-8

Ⅰ. ①均… Ⅱ. ①邱… Ⅲ. ①股票交易－基本知识 Ⅳ. ①F830.91

中国版本图书馆CIP数据核字(2012)第254068号

责任编辑 田方卿
责任校对 卢　珊　　**封面设计** 文道思

出版发行 中国宇航出版社
社　址 北京市阜成路8号 (010)68768548　　邮　编 100830
网　址 www.caphbook.com
经　销 新华书店
发行部 (010)68371900　(010)88530478(传真)
(010)68768541　(010)68767294(传真)
零售店 读者服务部 (010)68371105　北京宇航文苑 (010)62529336
承　印 三河市君旺印务有限公司

版　次 2013年1月第1版
2025年1月第21次印刷
规　格 787×1092
开　本 1/16
印　张 23.5
字　数 520千字
书　号 ISBN 978-7-5159-0311-8
定　价 38.00元

本书如有印装质量问题，可与发行部联系调换

前 言

交易者亏损的原因，无外乎以下三种或三种的组合：不知；不自制；不自知。

所以，盈利就需要做到：知；自制；自知。

与之相应，趋势交易技术也就包含三部分内容，即趋势分析基本知识、交易系统和交易习惯。

趋势分析基本知识解决“是什么”的问题，属于“知”的范畴，这也是趋势交易的基础。趋势交易主要分析理论包括道氏理论、K线分析、均线分析、趋势线分析、量价分析等。

交易系统是分析理论在实盘交易中的综合运用，也是交易者经过长期学习和演练后，形成的一套区别于他人的交易法则。交易系统实际上解决的是“如何做”的问题，属于“自制”的范畴。

近于本能的交易习惯和宠辱不惊的交易心态，是区别高手、低手的根本标志，修炼心性，也是迈向大师的必由之路。交易习惯涉及到投资哲学、交易心理和心性修炼，可以解决“为什么”和“做什么”的问题，属于“自知”的范畴。

如果说股市如战场，那么趋势分析基本技术就是兵书，交易系统就是战阵，交易习惯就是兵道。在股票交易中获利不是一件容易的事。投资者如果不掌握基本的分析技术，不经过艰苦的学习和心性修炼，就很难在股市中长久生存。

趋势交易技术系列图书，是系统讲解趋势分析技术和趋势交易技巧的书籍，不仅适合刚入市的新手学习，也适合那些已经掌握了一些技术分析知识和趋势交易技巧的读者。

和其他的技术分析图书相比，该系列图书有以下几个方面的特点。

1.系统性。系列图书以道氏理论关于趋势的论述作为基础和主线，讲解了K线理论（包括技术图形）、均线、趋势线、成交量等各种分析技术，以及各分析技术之间的联系，几乎涵盖了趋势技术分析的所有理论和基础知识。同时，也从哲学和人性的角度，以趋势为绳，将交易趋势、交易系统、交易习惯、交易心性全部融会贯通。

2.通俗性。系列图书在讲解趋势交易基础知识时，注重从基本概念开始，由浅入深，方便交易者学习、理解和实战运用。在讲解各种交易知识、交易系统、交易习惯、交易心性之时，力求通俗易懂，贴近实盘。同时，还从市场的本质和根源出发，尽量以浅显的语言，阐述市场上存在的各种问题，以及各种应对和解决之道。

3.全面性。系列图书既解决“是什么”和“为什么”的问题，也解决“如何做”和“做什么”的问题；既讲解各种理论知识和分析技术，也讲解各种技能在实盘中的综合运用；既讲解如何破除不良交易习惯的制约，也讲解交易时心理情绪上的错觉和偏差、心性欲望上的弱点和妄念的解决之道。

4.实战性。系列图书在讲解基础知识时，注重从实战的角度出发，对各种技术形态和趋势进行定性和定量分析。在论述交易习惯和心性修炼时，也是结合股票和大盘的走势，以图文的形式进行讲解，很多实例都是当时所做的交易时评。

5.可模仿性。对于很多初学者而言，系列图书的内容也许太多，一下子很难消化和吸收。但是书中对各种趋势分析技术和基础理论，都进行了定性和定量的分析，大部分都指明了进场、离场的位置和区域。在讲解交易系统时，更是将仓位的进出增减一并阐明，交易者完全可以依样画葫芦地进行模仿操作。

系列图书从沪深股市中截取了千余幅K线走势图，每一幅图都明确标注了技术含义、进出场标准、仓位管理、主力行为、习惯心性影响等内容，方便初学的交易者按图索骥。

成功交易的最大障碍是什么？也许每一个交易者都有自己的理解和答案。但就作者个人而言，认识并超越自我，是横亘在成功之途的一座大山。

认识自我很难，因为没有人愿意自省并直面自身的弱点。超越自我更是难上加难，因为超越意味着要不断地否定自己，有时甚至是完全否定，这对个人精神的打击是巨大的。就像凤凰浴火重生一样，需要超强的勇气和毅力，需要独自承受无以言表的恐惧、痛苦和煎熬。

凤凰浴火涅磐，是一个人尽皆知的凄美动人故事。

涅磐是佛家用语，意思是重生或轮回的意思。凤凰浴火，则是燃尽旧我的桎梏，步入永生的起点。这是多么令人神往的境界！

在资产不断清零并继续向负数挺进的时候，笔者常常会想到凤凰涅磐这个故事，用以警醒自己。

相信没有交易者愿意看着资产不断减少，但却很少有成功者可以绕过去。交易就是这样，成功的旅途上没有对手，永远都是一场一个人的战争。即便是最伟大的交易者利弗莫尔，最终也是死在自己的枪口之下。所以，成功也许只需要两个字：克己。

系列图书在讲解交易习惯和心情修炼时，独创性地以图文方式讲解了习惯和心性在交易中的影响以及应对之道，希望能够给交易者带来一点启发和帮助，以便在交易的道路上少几番挫折，添几许精彩。

本书是“趋势交易技术”系列丛书的第二册，主要讲解均线分析理论，重点是均线原理及各种均线形态、均线组合的实战应用技巧。

均线是股价或指数的移动平均。该指标将道氏理论和波浪理论的精华，用一条曲线形象又直观地表达出来，其应用的广泛性和实用性，差不多可以和K线形态分析相提并论。由于均线是股价或指数的移动平均，加之实战操盘中有不同周期的组合，所以均线分析方法更加变化多端。

很多交易者入市，都希望学会一种一招毙命的招式，或者找到一种机械的、固定的模式，在任何行情下都可以轻松确定买入点和卖出点，这样交易就会变得极其简单和明了。让人失望的是，一劳永逸的事情从来没有过。

均线是非常典型的主观技术分析方法。很多交易者在阅读和学习均线分析技术时，也许并不觉得困难，但运用于实战操盘中，就会发现均线分析系统不仅处处充满了虚假和矛盾信号，而且还会因为均线参数和K线周期的不同，出现截然相反的信号。

笔者无法给出一把可以打开所有魔咒的万能钥匙。唯一的建议是：小马过河。这句话包含两方面的意思，其一是实践。只有反复实践和验证，才能对趋势有更深更细致的了解。其二是正确匹配，也就是选择最适合自己的均线分析系统。

需要提醒的是，仅仅根据均线分析结果，还不足以进行交易，因为交易不仅仅是一种寻找买卖点的游戏。进场标准、离场标准和仓位管理，三者不可分割，这是交易系统的核心内容，也是获取利润、控制风险的保障。均线分析技术之外的交易知识和操作技巧，则在其他图书中详细讲解。

感谢天涯财经板块管理员笑笑和中国宇航出版社编辑田方卿，正是在他们的帮助下，该系列图书才得以顺利出版。

目　录

第一章 均线概述

第一节 均线定义及原理

一、移动平均数和移动平均线

移动平均线(MA)又称简单移动平均线、算术移动平均线，简称均线。移动平均线是以道·琼斯的平均成本概念为理论基础，采用统计学中的"移动平均"原理，将一定交易周期内的股价或指数平均值连成的曲线。移动平均线能够反映股价或指数的历史波动和趋势走向，帮助交易者预测和判断股价或指数未来的趋势走向，是道氏理论和波浪理论的数字化、图表化和形象化表述。

移动平均是技术分析理论中一个较为重要的概念。由于群数组平均可以最大限度地避免短期人为操纵市场股价导致的失真，因此连接移动平均数而成的移动平均线，能够比K线更加明确地指示、确认和预测某一时间周期内股价或指数的变动方向。

除了移动平均线之外，其他的一些技术指标，如平滑异同移动平均线、乖离率、相对强弱指数、均量线等，都是建立在移动平均的基础之上。

移动平均，简单地说就是保持样本数量不变计算出平均数。也就是说，计算平均数时，不断剔除旧的样本资料，增加新的样本资料。移动平均线就是在坐标上连接移动平均数而成的曲线。

以5日移动平均线为例，首先将5个交易日的收盘价相加除以5，就是第一个5日移动平均数，然后将第一个5日平均数乘以5，减去第1日的收盘价，加上第6日的收盘价，再除以5，就是第二个5日移动平均数。以此类推，可以计算出第7日、第8日以致无穷的移动平均数。将上述所有移动平均数标注在K线图上，连成曲线，就是5日移动平均线。其他时间周期移动平均线的绘制方法和5日移动平均线相同。

不断剔除旧数据，增加新数据，是移动平均的本质所在。其优点是群组中所有数据都被采样，结果简洁明了；缺点是少数数值特别大或特别小的样本，会在一定程度上影响移动平均数的准确率，但时间周期越长的移动平均，这种影响就越小。

目前较为常见的移动平均法有三种：简单移动平均，线性加权移动平均，指数加权移动平均。其中后两者都是加权移动平均。

所谓加权移动平均，就是对所有样本中的价格分配一个不同的权重，然后再计算它们的平均值。几乎所有的加权移动平均线都采取前沿加重的方式，即最近价格的权重大于较远价格的权重。加权移动平均的原理在于：离现在越近的收盘价，越容易影响交易者当下的交易心理、交易情绪和交易策略；离现在越远的收盘价，对当下的影响就会越小。因此加权移动平均在计算移动平均数时，离现在近的收盘价依次增加权重。

简单移动平均则完全不予考虑上述主观因素对交易的影响，认为数据就是数据，其本身已经完全包含或包容了所有主客观因素，所以在计算时对采用的所有样本都一视同仁，赋予同样的权重。二者最大的不同在于：简单移动平均的样本完全来自于现实数据，加权移动平均则将现实数据对交易者的心理影响也考虑进去，并将这种影响通过调整样本权重的方式体现在计算结果中。

也有人使用后沿加重的加权移动平均，即最近价格的权重小于较远价格的权重。其理论依据为：离现在越近的收盘价，人为因素的影响就越大，反之则越小。为力求样本数据和计算结果更加贴近现实，不致因为短期人为因素的变化影响到整体结果的准确性，所以将较远的收盘价依次加重，从而使移动平均更加稳定。

简单移动平均和加权移动平均，二者各有其合理性和优点。本书观点认为，加权移动平均在计算时添加了计算者的主观看法，使这一公式可以因人而异，灵活多变，缺点也由此产生。如何设定不同样本间的权重比例，如何选择与交易相匹配的均线周期，如何选择与交易相匹配的交易标的，都会令交易者感到困难。

简单移动平均虽然不考虑近期收盘价对交易者当下的影响，但是短期简单移动平均已经近似完整地反映了上述因素，应用移动平均时，只要交易者使用短期、中期和长期移动平均线组合，基本上可以解决简单移动平均存在的缺点。

从移动平均的原理来看，设计移动平均的目的，就是为了最大限度地避免短期人为操纵的影响。股价或指数每天或短期出现的波动，无论微小也好，剧烈也好，仅仅是中长期趋势中的插曲。交易者如果过分看重或关注这些短期波动，容易忽略股价或指数的中长期趋势。

所谓短期人为操纵，就是庄家或主力机构利用资金、信息以及专业技术等优势，在短期内人为控制和改变股价或指数的收盘价，从而对交易者的分析判断和操作产生一定的影响。即使短期股价或指数波动非常剧烈，经过移动平均之后，也会变得不明显，这样便于交易者专注于价格变动的大趋势方向。如果现在将近期的价格赋予更大的权重，以修正简单移动平均线的缺点，就有了从根本上否认移动平均作用的意味。

图 1-1 是深证成指（399001）2010 年 1 月至 2010 年 5 月的日线走势。图中的均线是 60 日的简单移动平均线，标注的卖出点是葛南维第八大均线法则的卖出点：股价或指数反弹后在均线上方徘徊，均线却继续下行，若随后股价或指数跌破均线，应该卖出股票。

这里简单探讨一下葛南维提出的卖出依据：指数先是下跌，然后止跌反弹，横向整理。单看 K 线的整理形态，指数已经向上突破 60 日均线，且已形成后低高于前低，后高高于前高的中期向上趋势，交易者似乎可以买入做多。但是指数在 60 日均线上方踯躅不前的时候，60 日均线继续下行，表明中期以上的持仓者不看好后市，还在继续压价卖出股票，这说明中长期趋势并没有发生变化。相反，继续稳定下行的 60 日均线不断向交易者发出警告信号：趋势依然向下，切不可逆势而动，进场买入！之后指数跳空向下收出一根大阴线，指数跌破 60 日均线，出现葛南维卖点信号，此时应果断卖出。

指数跌破 60 日均线的大阴线，对判断和确认行情起了比较关键的作用。只有跌破 60 日均线，才表明向上的中期趋势最终服从向下的长期趋势，或者说较短的中期趋势服从较长的中期趋势。如果指数一直在 60 日均线上方徘徊，甚至继续向上攻击，那么就有可能将 60 日均线逐渐拉平，继而拐头向上，那么趋势方向或许就真的转熊为牛。后市走势如 60 日均线确认和预测的那样：继续下跌。

结论：日 K 线近期的收盘价格表明，指数已经中期走强。交易者如果只参考日 K 线，就很容易受到日 K 线近期走势的迷惑，错误地进场买入股票。指数短期的横盘和上涨，并没有对 60 日均线的走向造成太大的影响，60 日均线继续下行，表明下降趋势没有发生变化。此时指数逆势走强，可以视为人为操纵的结果。

葛南维均线理论的卖出信号，以收出跌破 60 日均线的大阴线为准，这说明即便是均线已将短期波动滤平，但对于买卖信号的确认，仍然需要结合近期价格尤其是当下价格。

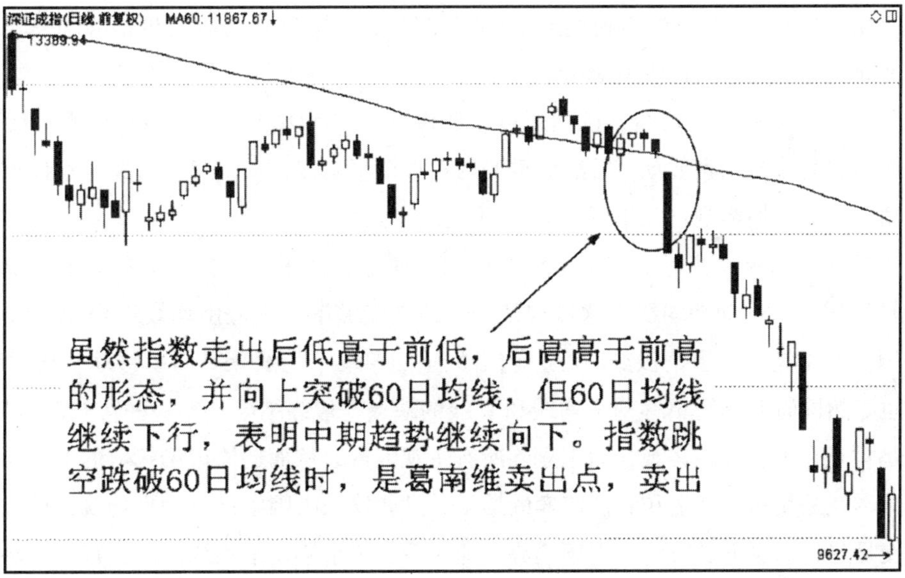

图 1-1　一直持续下行的 60 日均线，表明一浪高于一浪的股价走势不过是下跌趋势中的反弹

技术图形信号的发出和判断，也是考量当下收盘价格和近期收盘价格的位置和方向。图 1–2 是与 1–1 相同时间段的深证成指（399001）日线走势，从图中可以看到，止跌反弹区域是下降旗形的旗面。

下降旗形大多向下突破。如果没有向下突破，则指数的走势就不是旗形走势，反倒真的会如旗面内日 K 线所反映的信息一样，走出向上的行情。在本图中，指数按照技术图形的技术含义向下突破。决定旗形成立的条件和关键点，依然是那根跳空向下一举跌破旗面的大阴线。

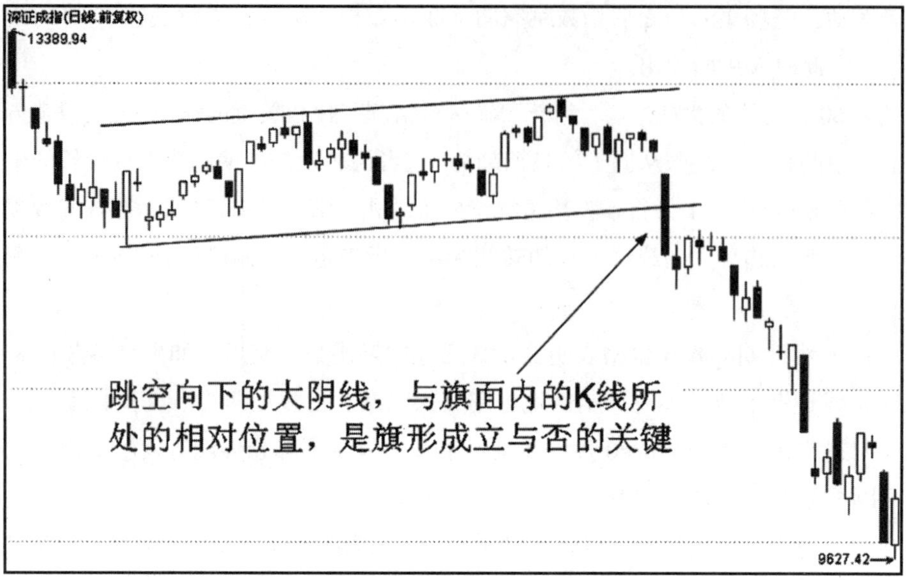

图 1-2　跌破旗形下边线的大阴线是旗形成立的条件

均线之所以比日 K 线更能准确地指示和确认趋势，原因就是将收盘价格移动平均之后，可以很大限度地避免短期人为操纵的影响。

前沿加重的加权移动平均线，试图通过改变样本权重的方式，令加权移动平均线可以真实反映股价或指数的短期剧烈波动；后沿加重的加权移动平均线，试图通过改变样本权重的方式，令加权移动平均线更加客观，几乎不受人为因素的影响。

很显然，前沿加重是在追求完美，意在找到一种比 K 线平滑，比简单移动平均线敏感，各方优点兼具的均衡式移动平均线，这样仅使用均线就能够解决本应由均线组合和 K 线相互结合解决的问题。但是完美的事情极少存在，前沿加重的移动平均线兼具简单移动平均线和 K 线的优点时，也必然同时兼具简单移动平均线和 K 线的缺点，最终结果是哪一种特点都不突出。

后沿加重是在追求极端客观，力求剔除所有主观因素，从而还原市场趋势的本来面目。但股价或指数原本就是交易者资金和心性博弈的结果，过滤掉人为因素的移动平均线，反映的趋势可以说既非交易趋势，也不是股票和市场趋势。即便后沿加重移动平均线做到了真实反映股票和市场趋势，在用于交易时，依然不得不面对使用者本身交易心理和交易心性的影响。

总之，移动平均线技术应用灵活多变，交易者如果不是特别偏好移动平均线，就没有必要研究和探讨更为复杂的加权移动平均线。除特别注明外，本书讲解以及插图中显示的移动平均线，均为简单移动平均线，简称均线。

另外，懂得如何计算和绘制移动平均线并不是那么重要，重要的是，交易者必须深入了解和认识移动平均数和移动平均线的原理和实质。

股价或指数是交易趋势的唯一载体，移动平均线则是股价或指数集合的平均，所以移动平均线不是交易趋势本身。移动平均线是 K 线收盘价格移动平均后的连线，说明移动平均线是在更大时间周期和范围内平均化和模糊化的 K 线，是 K 线形态抽象化、概括化的另一种表达方式。可以说，移动平均线就是移动趋势线，它是交易趋势的延伸，也是直接体现趋势的重要指标，因此是趋势交易者分析和判断趋势最为有力的一种工具。

二、均线参数及其设置

各大券商提供的行情软件中，默认的均线组合是 5 日、10 日、20 日、60 日均线以及 5 日、10 日、20 日、60 日、120 日、250 日均线两大类。除了软件默认的均线之外，交易者还可以根据自己的习惯和交易需要，自行选择和调整均线的时间周期和均线数量。

选择和调整均线的方法如下。

打开交易界面，选择任意股票，例如选择上证指数（999999）。切换至日线图，在空白处点击右键，弹出一栏菜单；然后点主图指标，弹出子菜单；点选主图指标，弹出对话框。如图 1–3 所示。

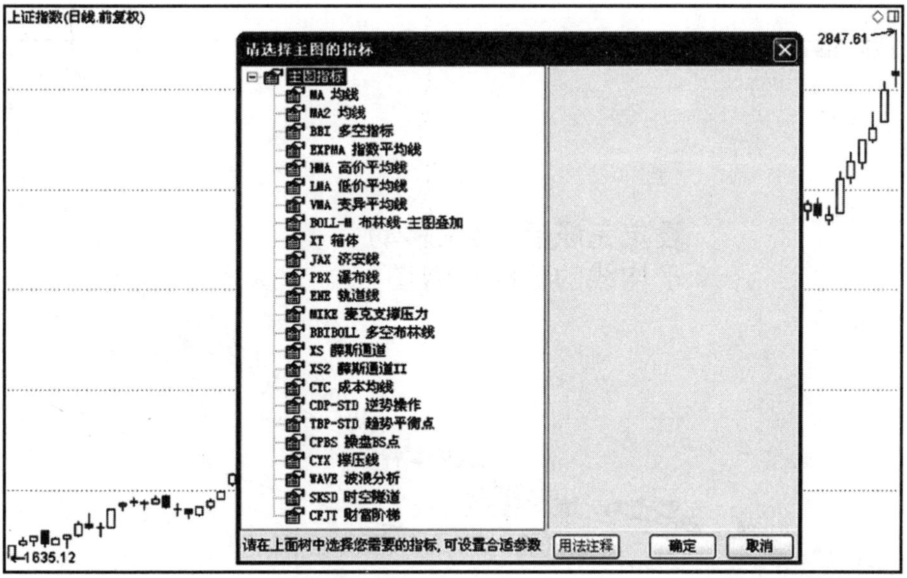

图 1–3 选择均线组合步骤一

点选“MA 均线”，对话框右边出现软件默认的 4 条不同周期均线数值。修改框内数值，然后点对话框右下端的确定按钮，即完成 5 日、10 日、20 日和 60 日均线组合的选定。如图 1–4 所示。

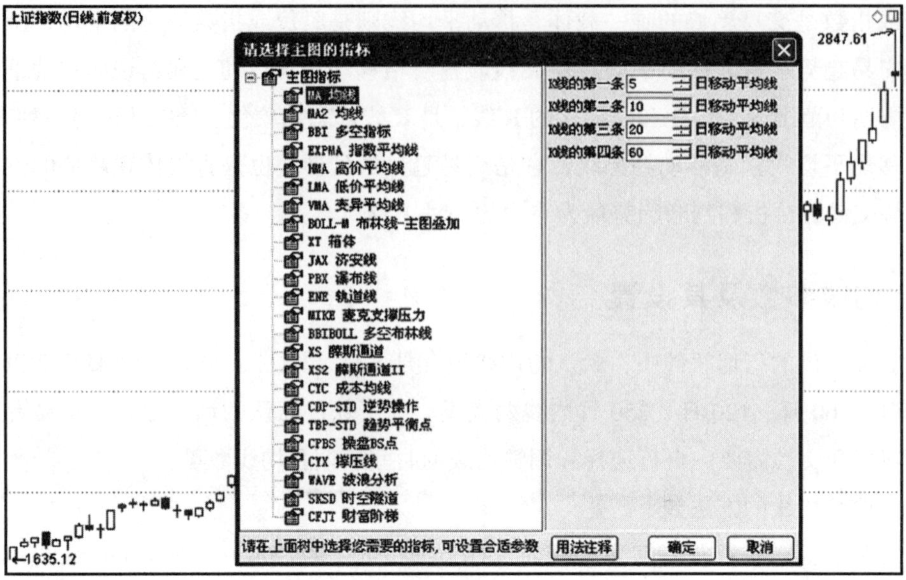

图 1-4　选择均线组合步骤二

图 1–5 是选定完成后 4 条均线的日线走势图。

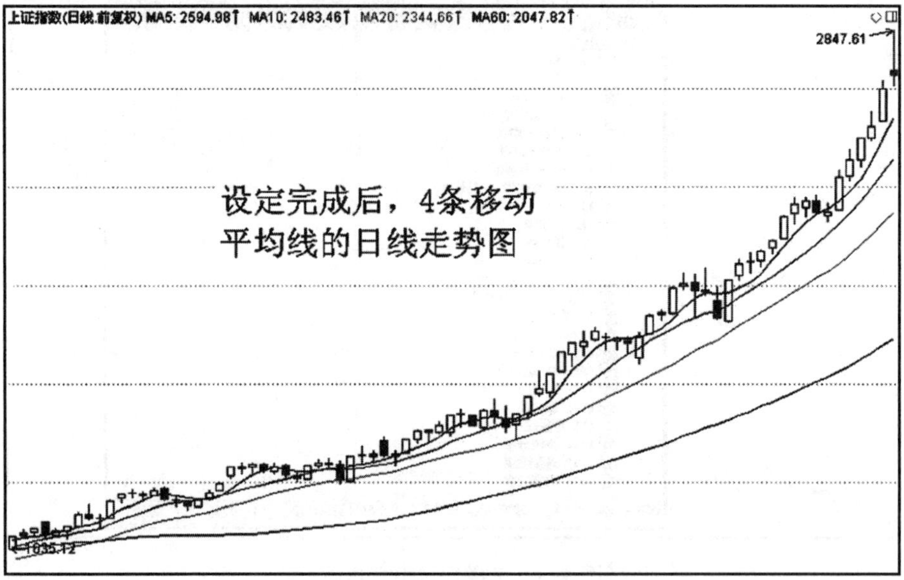

图 1-5　4 条均线组合选择完成

如果想换成6条均线组合，可以点“MA2均线”，对话框弹出如图1–6所示画面，修改框内数值，然后点对话框右下端确定按钮，即完成 5 日、10 日、20 日、60 日、120 日、250 日均线组合的选定。

注意：第 6 条均线，交易系统软件默认的是 250 日均线，图 1–6 中是 240 日均线，已经经过修改。因为沪深股市一年的交易日大约是 240 日，所以笔者经常选用 240 日均线作为年线。实战中，240 日均线和 250 日均线几乎没有任何区别，选择 240 日均线仅仅是笔者的习惯问题。

除了特别注明外，本书中都是以 240 日均线作为年线。

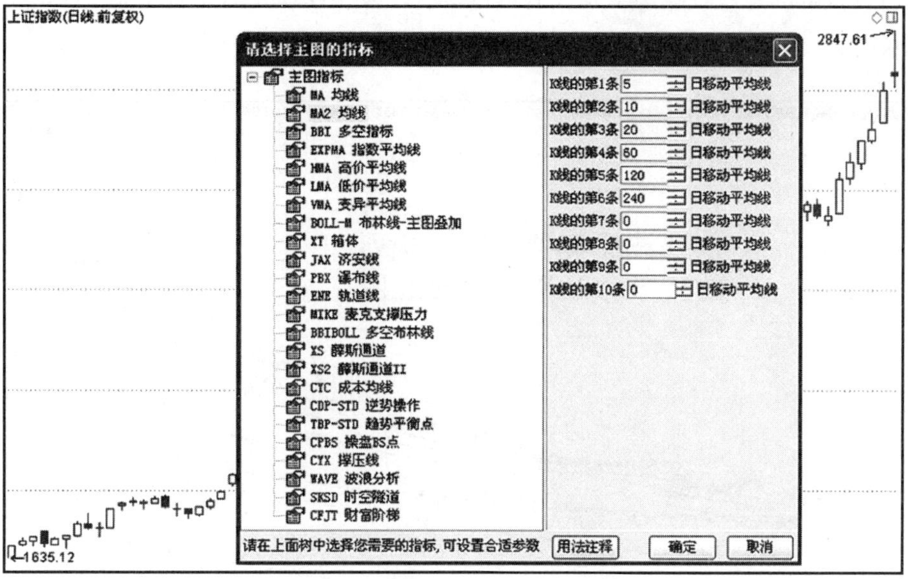

图 1-6　6 条均线组合的选择步骤

从图 1-6 中可以看到，MA2 均线软件默认的是 6 条均线，但最多可以设定 10 条不同时间周期的均线，交易者可以根据自己的喜好和习惯，将第 1 条至第 10 条均线框里的数字修改为自己想要的时间周期。如图 1-7 所示，可以按照斐波那契神奇数字，将默认的时间周期修改为 3 日、5 日、8 日、13 日、21 日、34 日、55 日、89 日、144 日和 233 日均线组合。

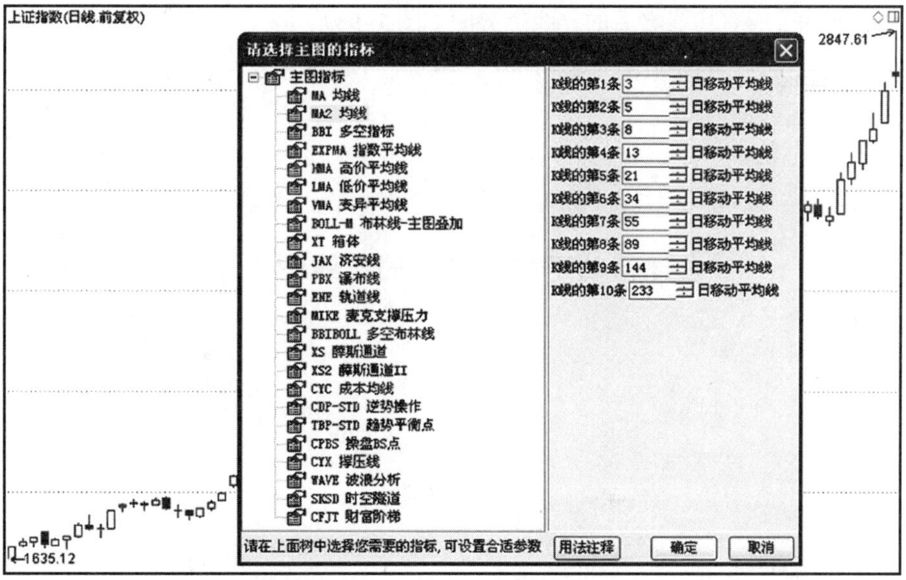

图 1-7　10 条均线选择和设定的步骤

修改完成后，点击对话框右下端确定按钮，日线图上的均线如图 1-8 所示。

需要特别提醒的是：日线图上均线数量过多，容易导致日线图界面凌乱，各均线相互之间的矛盾信号增加，不利于交易者分析判断。

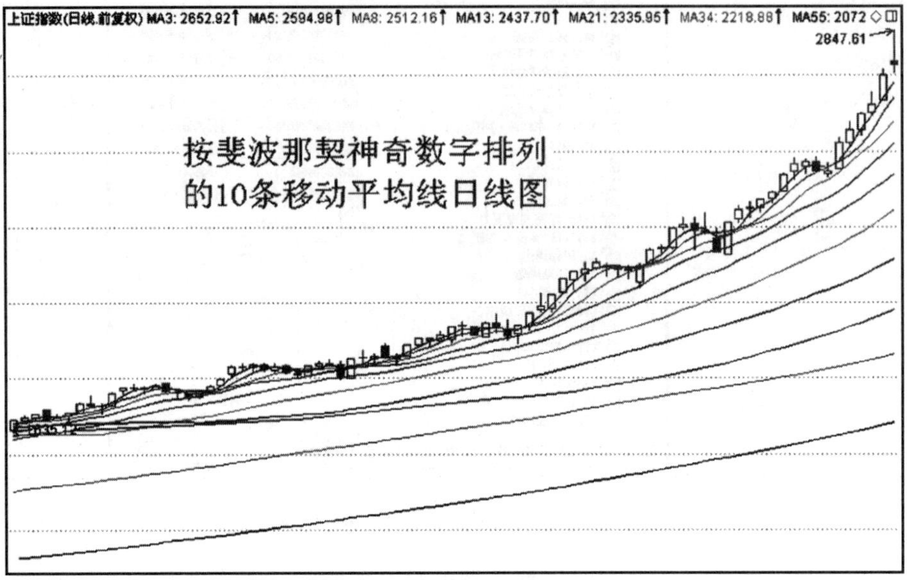

图 1-8　10 条均线选择和设定完成

交易者如果想去掉均线，可以把鼠标放到任一条均线上，或者将鼠标放在日线图上方显示均线时间周期、颜色以及数量的位置，点击右键，弹出一栏菜单，然后点删除当前指标，即可将均线删除，删除了所有均线之后的日线走势图如图 1-9 所示。

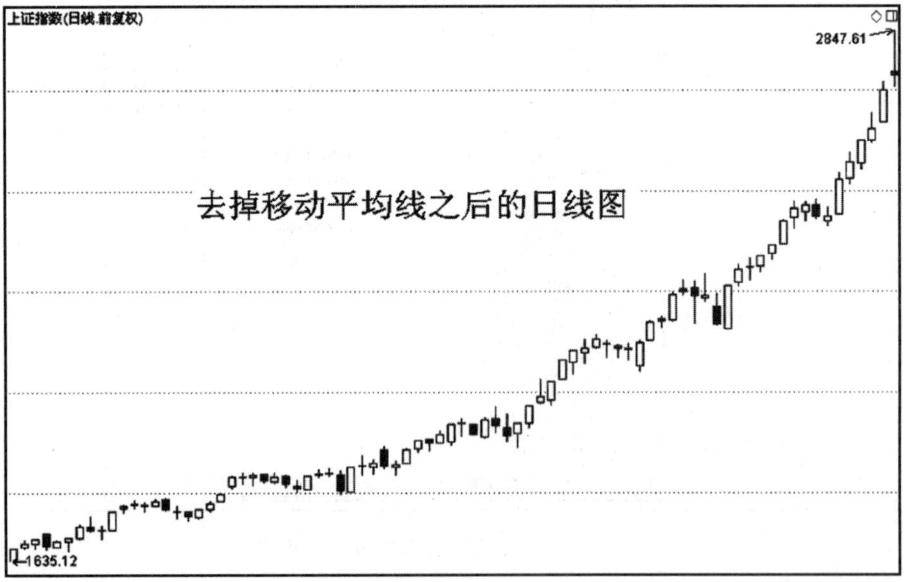

图 1-9　去掉均线的日线图

如果想修改成只保留 1 条或 2 条均线，就必须对软件默认的指标公式进行修改。软件默认的均线最小参数为 2 日，交易者需要将其修改为 0 日。

方法如下：把鼠标放到任一条均线上，或者将鼠标放在日线图上方显示均线时间周期、颜色以及数量的位置，点击右键，弹出一栏菜单，然后点选“修改当前指标公式”，弹出指标公式编辑器对话框。如图 1–10 所示。

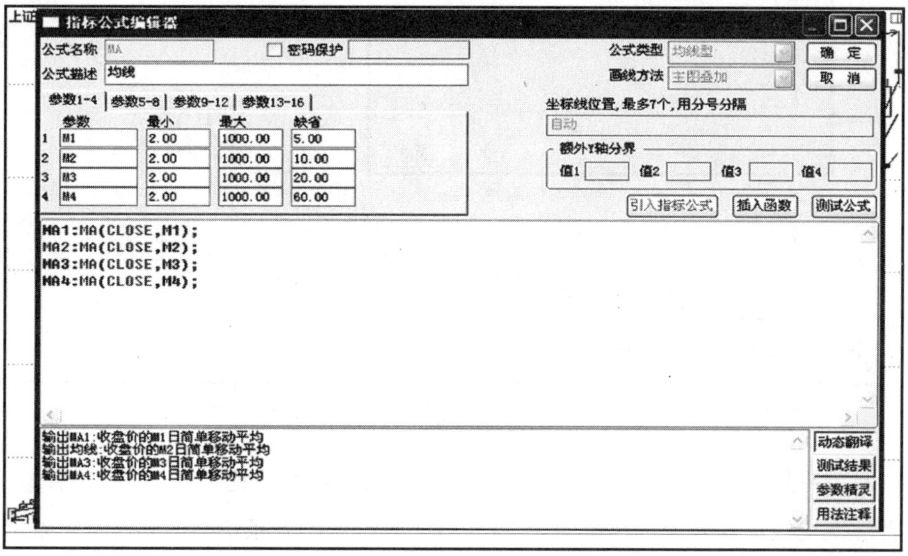

图 1–10 修改均线指标公式步骤一

将对话框中参数 1 ～ 4 中的最小参数 2.00 修改为 0.00，点右端“测试公式”按钮，最下端一栏显示测试通过，即完成修改。如图 1–11 所示。

接着点“确定”按钮或右上角关闭按钮，日线图恢复至设置前的页面。

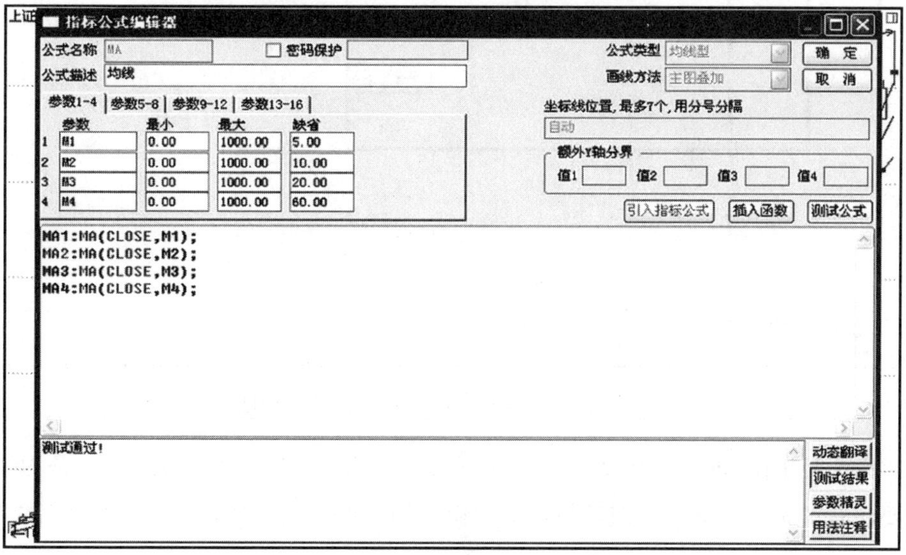

图 1–11　修改均线指标公式步骤二

接下来，把鼠标放到任一条均线上，或者将鼠标放在日线图上方，显示均线时间周期、颜色以及数量的位置，点击右键，弹出一栏菜单，点选“调整指标参数”，弹出对话框，如图 1-12 所示。

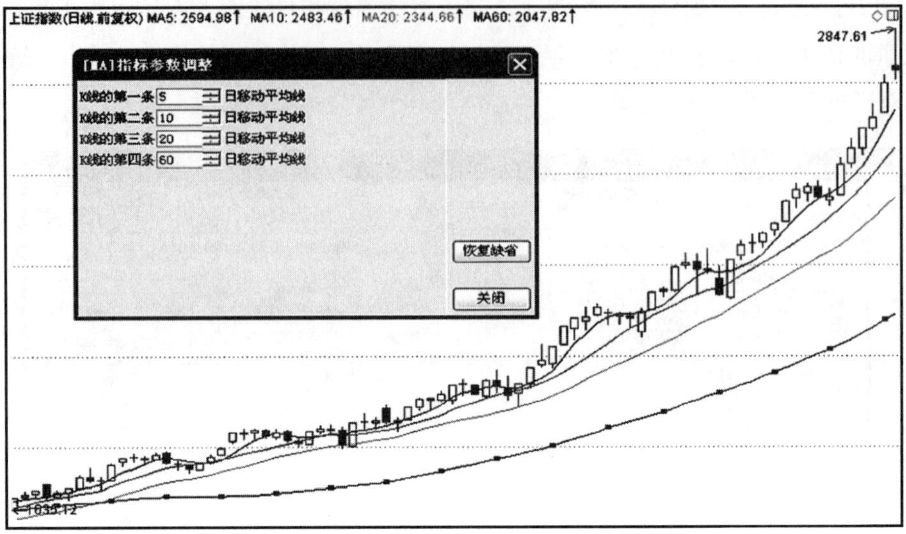

图 1-12　修改均线指标公式的步骤三

如果交易者只想保留 5 日均线和 60 日均线，则只需要把对话框中的 10 和 20 修改为 0 即可。如果交易者想把均线修改为 3 日均线和 55 日均线，则可以把 4 条均线中的任意 2 条修改为 3 日和 55 日，然后将其余 2 条修改为 0 即可。如图 1-13 所示。

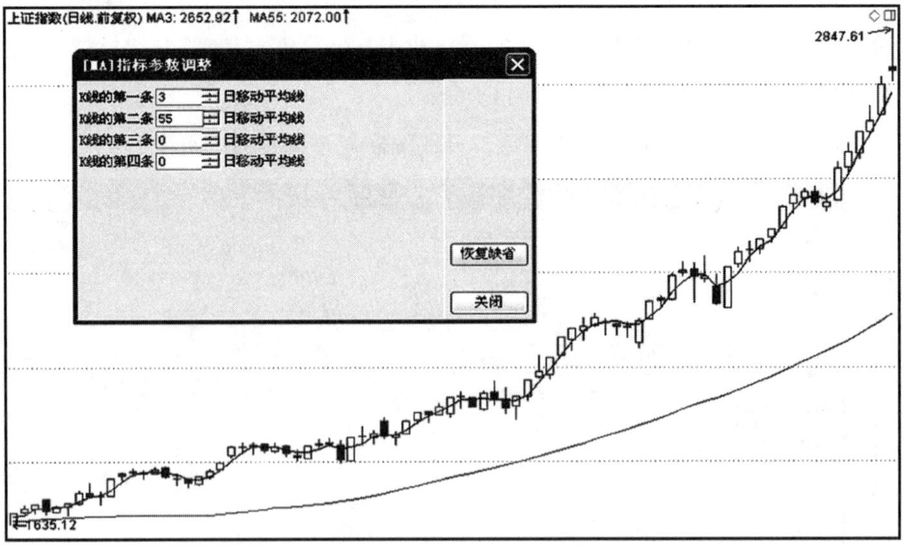

图 1-13　修改均线指标公式的步骤四

最后点关闭按钮，即完成修改。图 1-14 是修改完成后，只保留 3 日和 55 日两条均线的日线图。

需要注意的是：不能点“恢复缺省”按钮。如果点“恢复缺省”，将恢复至交易软件默认的均线组合。

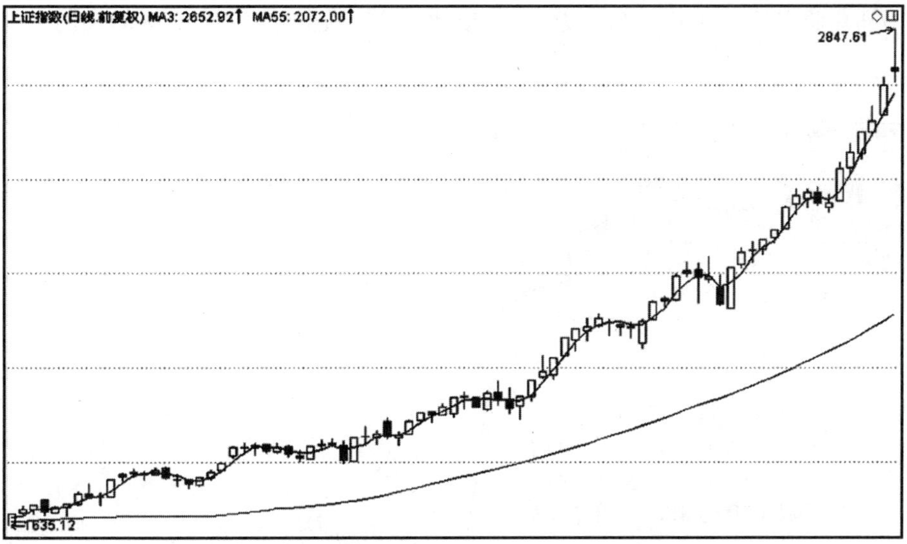

图 1-14 修改完成后，只保留 3 日和 55 日两条均线的日线图

特别提示：

不同券商提供的交易软件可能有所不同，设定和修改均线数量及参数的具体步骤和方法也有差异，需要交易者参阅软件提示进行操作，或详询提供交易软件的券商。

三、前复权处理

由于转送股、配股、派息等因素，个股股价会在 K 线图上留下除权缺口，影响 K 线和均线的连续性。实际上，除权前后，如果不考虑价格涨跌的因素，无论是股票市值还是持仓者的成本，都没有发生任何变化。举例来说，一只 20 元的股票，10 送 10 除权后，股本会增加 1 倍，股价就相应地变成 10 元，虽然该股市值和价值没有发生任何变化，但在 K 线走势图上，股票价格已经打了对折。

受价格突然大幅降低的影响，均线的方向和角度也会发生重大变化，并且周期越短的均线，这种变化会越明显。除权后的 K 线和均线，已经不能真实反映趋势运行的状态，因此会影响交易者实战中对行情发展、趋势运行和买卖点的正确判断。为避免上述情形，还原 K 线和均线的真实走势，交易者可以对股价和指数进行复权处理。

图 1-15 是利欧股份（002131）10 转增 10 后未作复权处理的日 K 线走势图。从图上可以看到，日 K 线上留下一个巨大的向下跳空缺口，短期均线也以近乎垂直的角度下落。长期均线如 240 日均线，原本在 K 线下方支撑着股价，推动股价继续运行在上升趋势中，现在由于股价对折，该均线高高地悬在了 K 线上方，而且还转为下行，表明股价已由长期上升趋势转为下降趋势。其余各周期均线也因为股价对折快速下行，相互间多次出现死亡交叉，形成空头排列技术形态。

由于除权的原因，该股股价减少一半，股本增加一倍。公司市值和持仓者的成本虽然都没有发生变化，但计算均线的数据样本只取收盘价的绝对值，不会把仓位变化增加进去，导致计算新的均线值时所用收盘价是打了对折的股价，所以此时均线数值已经不能代表真实的平均价格和平均成本了。

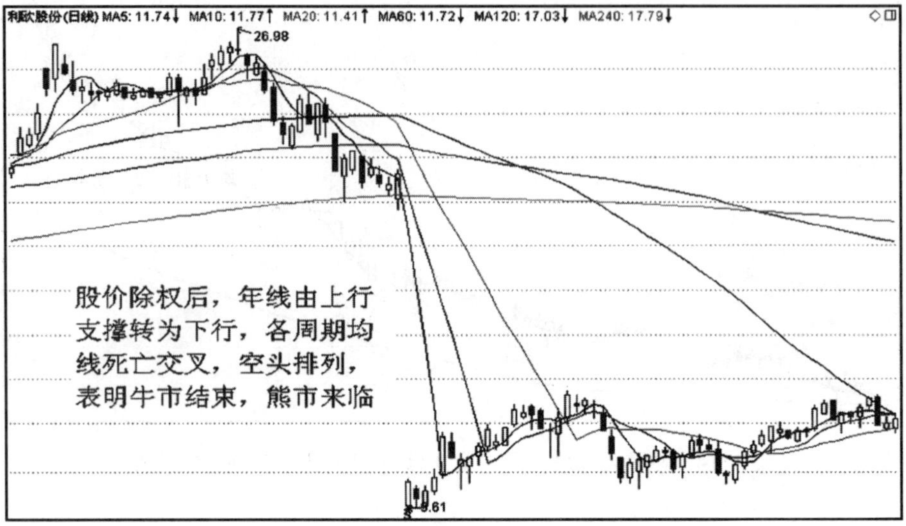

图 1-15 未作复权处理的日 K 线图。均线组合形态表明股价已由上升趋势转为下降趋势

图 1–16 是图 1–15 在同一时间段经过前复权后的日 K 线走势图。从图上可以看到，经过复权，K 线和均线保持了原有的平滑顺畅走势。240 日均线继续在 K 线下方支撑股价，表明长期上升趋势未变。其余各周期均线也不像图 1–15 中除权后向下呈空头排列，而是跟随股价上涨而上行。从这里可以看到，除权前后，均线的技术含义全然相反。

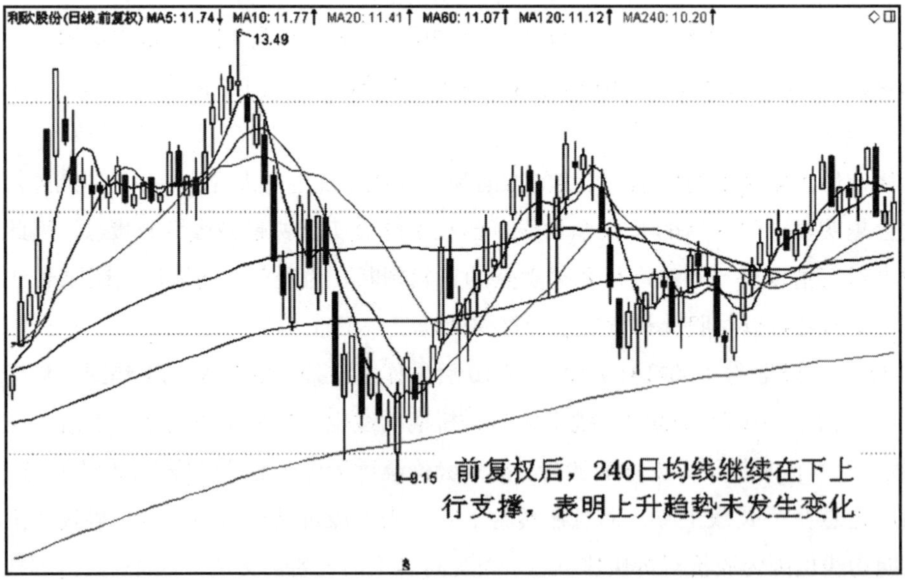

图 1-16 经过前复权处理的日 K 线图。均线组合形态表明股价继续延续上升趋势

图 1–17 是利欧股份（002131）除权之后的日线走势图。从图上可看到，该股除权之后，经过一次上涨回落，随后各周期均线向上发散，形成多头排列，助推股价继续上涨。越过前高后，股价加速飙升，该波行情相对于除权时的股价，涨幅一倍有余。对比三幅图，交易者很容易观察到，前复权后的日线图更加客观真实地反映了趋势和平均成本的变化。

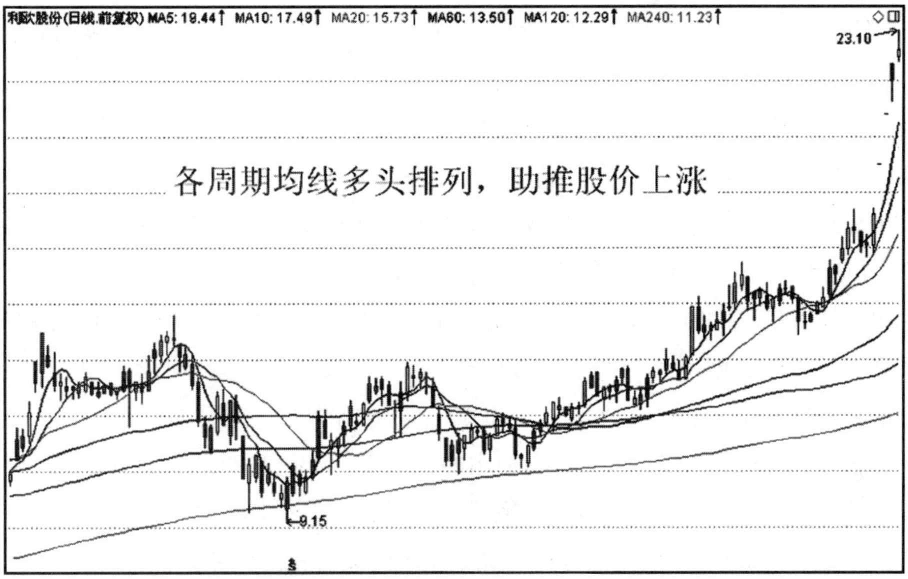

图 1–17　后市走势验证了前复权日线图，其反映的趋势和平均成本变化，更加客观和真实

交易者可以在交易软件 K 线图界面空白处点右键，弹出一栏菜单，再点复权处理弹出子菜单，然后选中前复权，即可将默认的不复权行情走势修改为前复权行情走势。本书除了特别注明的以外，所有 K 线图都是前复权走势图。

下面简单讲解一下前复权和后复权。

复权就是对股价和成交量进行权息修复，按照股票的实际涨跌绘制股价走势图，并把成交量调整为相同的股本口径，以保持股价走势的连续性。

前复权就是维持现有的价位不变，将以前的价格缩减，将除权前的 K 线向下平滑移动，保持图形和股价走势的连续性。

后复权就是保持除权前的价格不变，将除权后的价格增加，将除权后的 K 线向上平滑移动，以保持图形和股价走势的连续性。

前复权和后复权最明显的区别在于：前复权的当前报价和 K 线显示的价格完全一致，后复权的当前报价大多低于 K 线显示价格。例如某只股票当前价格是 10 元，之前曾经每 10 股送 10 股，前复权的当前报价和 K 线显示价格都是 10 元，而后复权的当前报价是 10 元，K 线价格则显示为 20 元。前复权后的当前报价和 K 线图显示的价格一致，更符合交易者的日常习惯，所以推荐使用前复权。

第二节 均线特点及作用

一、平均成本

根据移动平均数的计算方法可以知道，不同时间周期的移动平均数就是同一周期内的近似平均成本。之所以说近似平均成本，是因为计算移动平均数的样本是每一个交易周期的收盘价，而不是交易周期中的均价，同时也没有将成交量因素考虑进去。交易者使用均线分析和判断股价走势时，大可忽略这种细微差别，没有必要去追求绝对平均成本。移动平均数的周期越长，数值就越接近真实的平均成本。

均线以图表的方式，将市场的平均成本直观地展现出来，看起来一目了然。交易者可以通过观察K线和均线的相对位置，判断长中短线交易者的持仓盈亏情况。

图1-18是诺普信(002215)2012年一季度的日线图走势。图中最后一根大阳线是涨停大阳线，涨停大阳线一举向上穿越10日、20日和60日均线，形成蛟龙出海的均线形态。虽然该股整体趋势是向下的，但最近5个、10个、20个和60个交易日内买进的交易者，按照平均成本计算都已经开始盈利，这就意味着在上述各周期内的持仓交易者盈利的多，亏损的少。场外的交易者也愿意以高于场内交易者平均成本的价格买入股票，甚至不惜解放场内的套牢盘。这种情况也表明大家一致看好后市，行情有向好的可能，激进的交易者可以考虑进场买入。

该股最后一根大阳线与前一根K线留下了一个跳空缺口，确认圆底形态完成。圆底形态是买入信号。

60日均线已经由下降走平并向上略微拐头，日线第二次站上60日均线，日K线圆底形态完成，均线出现蛟龙出海形态，这四种信号共同确认前期向下跌破60日均线可能是空头陷阱。

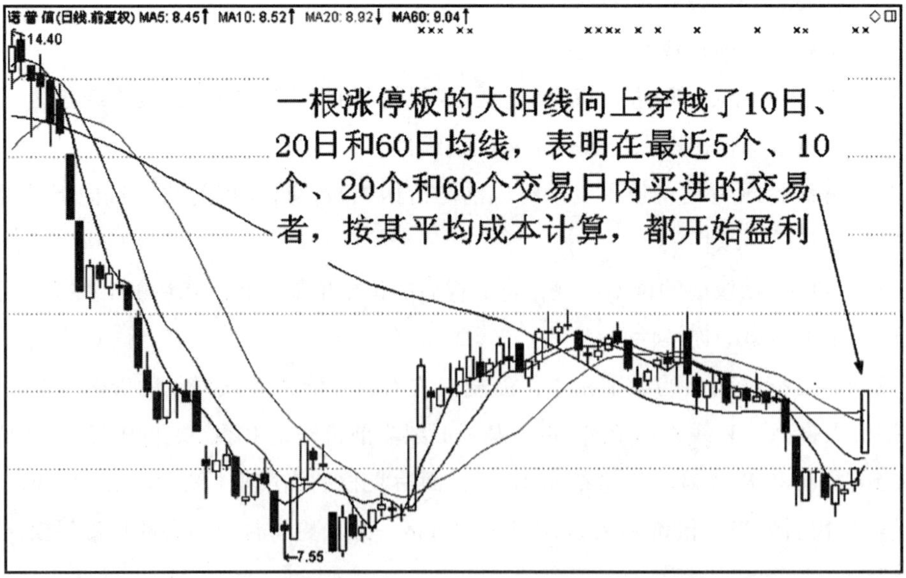

图1-18 根据股价和各周期均线的相对位置，可以判断不同周期持仓者的盈亏情况

图 1-19 是 ST 金泰（600385）的日线图。该股上涨不久，即开始连续收出涨停板，后来干脆开盘就封死在涨停板上，连续收出一字线。在有涨跌幅限制的市场里，收出一字涨停板，是股价和指数上涨最为强势的表现。该股无论是涨停板数量，还是一字线数量，都可算是沪深股市之最。

日线连续收出涨停板的同时，5 日、10 日、20 日、60 日均线和 240 日均线也随之上行，并从上到下依次排列，形成完美的多头排列形态。由于股价处在所有均线之上，所以该股所有持仓的交易者全部盈利。

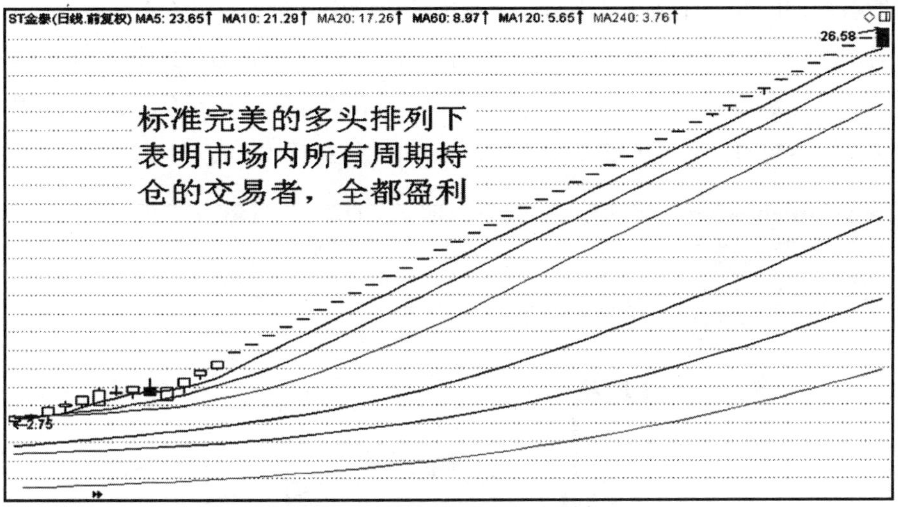

图 1-19　完美的多头排列表明市场内所有持仓的交易者全部盈利

图 1-20 是象屿股份（600057）的日线图。从图中可以看到该股一直处于下跌趋势中，偶有反弹，遇到均线压力后就会转为下跌。各周期均线也不断下行，K 线、5 日、10 日、20 日、60 日均线从下往上依次排列，形成空头排列。均线空头排列时，股价处在所有均线下方，表明市场内所有持仓的交易者全被套牢。

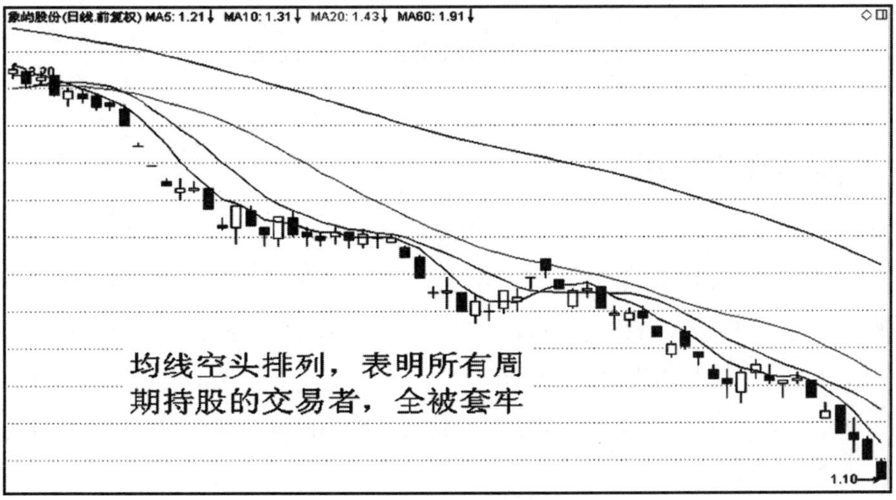

图 1-20　均线空头排列，表明市场内所有持仓的交易者全被套牢

交易者还可以根据均线的移动方向，判断该周期内持仓交易者对后市的看法。

图 1–21 是沈阳机床（000410）的日 K 线图。和上图一样，该股股价也是一直处于下跌趋势中。下跌末期接连收出两根大阴线，然后收出一根小锤头线或者叫小十字星，表明股价止跌回升。次日继续收出中阳线，与前两日的 K 线形成希望之星 K 线形态。第三日继续上涨，收出大阳线。收出见底信号的 K 线形态，股价连涨三天，阳线实体一天比一天大，表明多方反击力量后劲十足，大有趋势逆转的迹象。

此时所有周期的均线还在继续下行，表明中长期持仓的交易者仍不看好后市。中长期交易者不看好后市的原因一般有两种：一是中长期持仓的交易者还在继续以低于平均成本的价格抛售，显然买家入场承接的意愿不强；二是均线滞后于市场走势。但不论是哪一种原因，均线下行的技术含义是不变的，准备进场买入的交易者，此时应持谨慎态度，一定要控制好仓位。

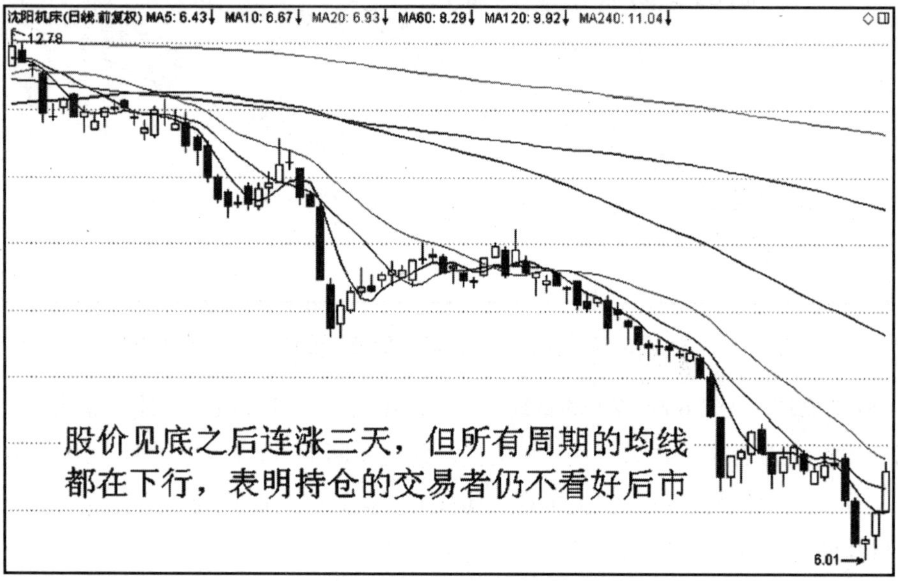

图 1–21　股价反弹，但中长期均线继续下行，
表明中长期持仓的交易者都不看好后市

二、支撑和压力作用

均线客观记录了市场的平均持仓成本，当股价回落至均线附近时，均线周期内的持股者几乎都没有利润了，获利盘减少，抛压减轻。另一方面，多方也会回补仓位，以防股价跌破成本。前期踏空的交易者，这时因为价格调整到心理价位，开始进场买入股票，导致供求关系发生变化，股价因此止跌企稳。这就是均线的支撑作用。

如图 1–22 所示，冀中能源（000937）。股价每一次的回调，都在 20 日和 60 日均线的支撑下止跌企稳，之后继续上升。

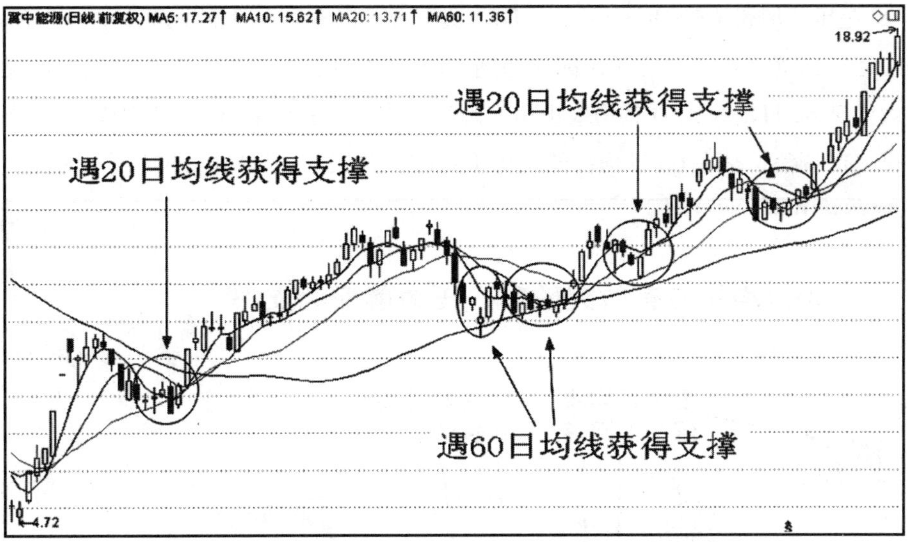

图 1-22　均线的支撑作用

同样，当股价反弹至均线附近时，说明市场内某些周期的持股者很快就可以解套。因为之前已经被套很久，这时就会失去耐心，抛售股票。另一方面，低位进场博反弹的多方已有利润，开始获利回吐，股票市场供多于求，导致股价再度下跌。这就是均线的压力作用。

如图 1-23 所示，冀中能源（000937）。股价下跌时，每一次反弹都受到 10 日和 20 日均线的压制无力上行，随后转身下跌。

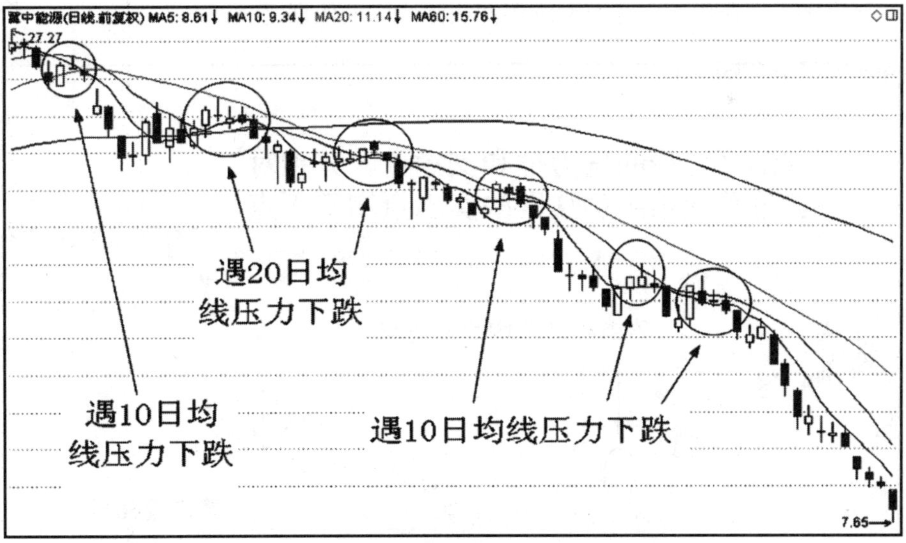

图 1-23　均线的压力作用

和所有的支撑和压力一样，股价跌破均线的支撑后，就会变成压力，后市股价或指数运行至该周期均线附近时，往往容易遇阻回落；均线的压力被突破后，就会变成支撑，后市股价或指数再次跌至该周期均线附近时，将会受到支撑。

图 1–24 是维维股份（600300）的日线图。从图中可以看到，股价先是处在一个下降趋势中，海水退潮般逐浪回落。每一次反弹，都在遇到 60 日均线压力后碰壁而归。经过多次反复后，股价终于有效突破 60 日均线，60 日均线也由下降逐渐走平。股价回试 60 日均线成功后继续上涨。其后股价每一次调整，都在 60 日均线的支撑下止跌，并展开一轮新的升势。

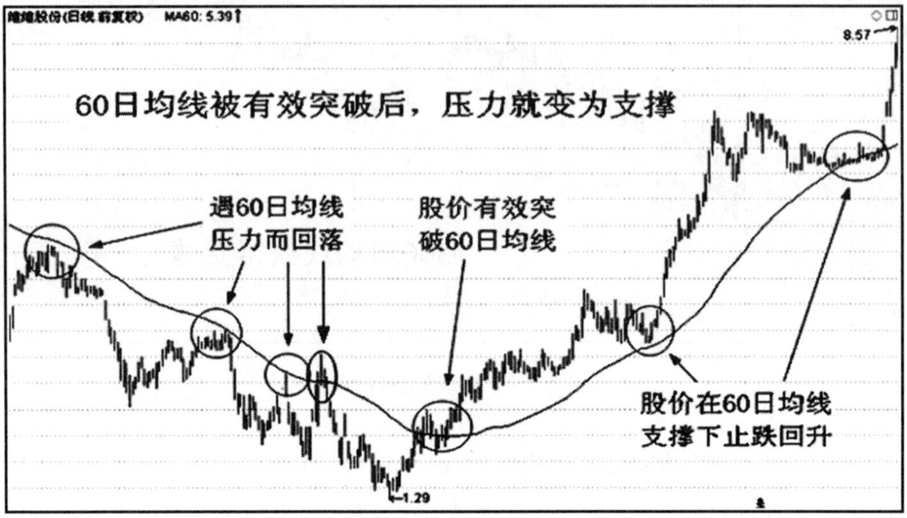

图 1–24　均线的压力被突破后，就会变成支撑

图 1–25 是与图 1–24 同一时间段的日线图。图 1–24 中标示的各压力、支撑位，分别对应葛南维均线八大买卖法则的卖出点和买入点。卖出是因为股价遇到压力，买入是因为股价获得支撑。可见均线的压力和支撑作用，也是葛南维买卖法则成立的依据之一。

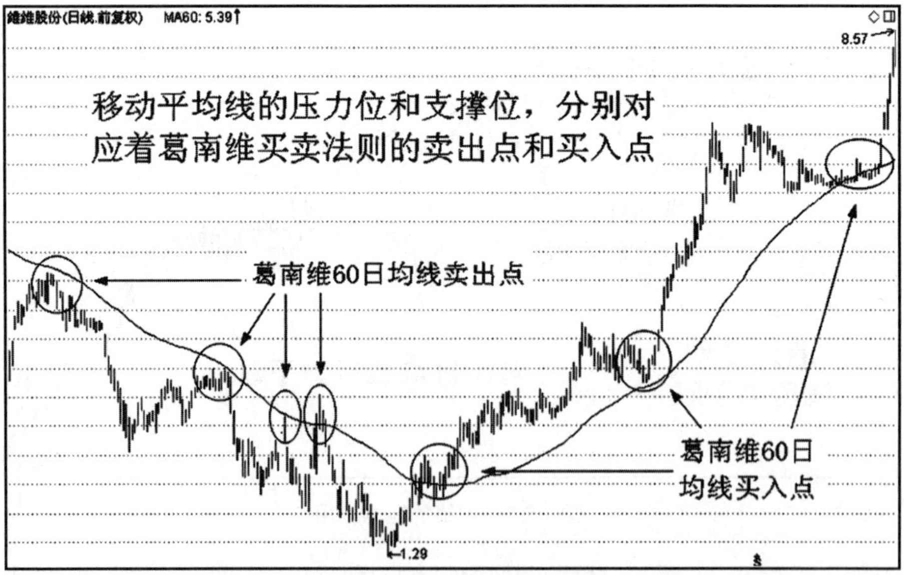

图 1–25　均线的支撑和压力作用，是葛南维买卖法则有效的依据之一

均线的支撑和压力作用在股价和指数处在上升趋势时，比较明显。在整理行情中，则几乎

观察不到均线的支撑和压力作用。

图 1-26，金枫酒业（600616）。从图中可以看到，市场处于横向整理状态，股价反复升破和跌破均线，几乎观察不到各周期均线对股价的支撑和压力作用。

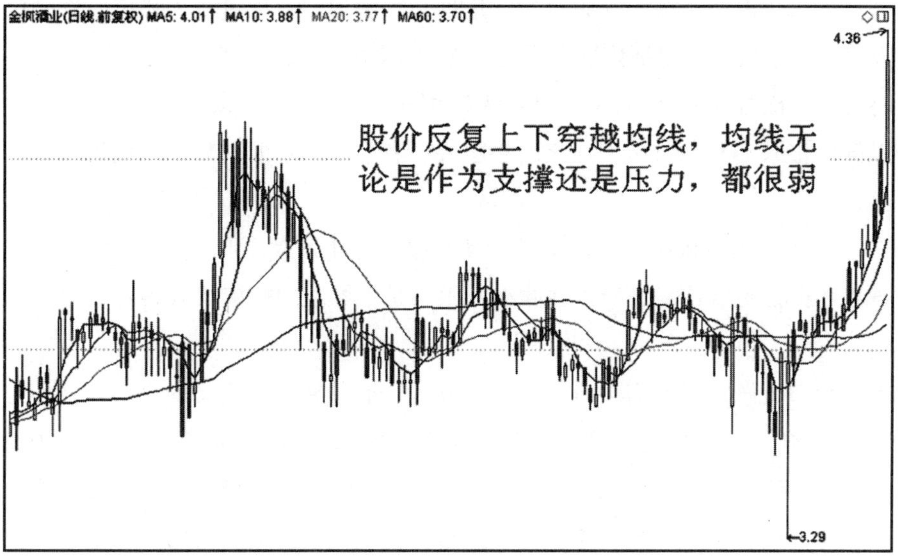

图 1-26 在整理行情中，均线的支撑和压力作用很微弱

与前高、前低、黄金分割线以及密集成交区的支撑和压力不同，均线的支撑位和压力位置，是随着均线的移动而移动的。

图 1-27 是浙江东日（600113）的日线图。股价跌破 60 日均线后，60 日均线开始由上升转为走平，随后下行，其对股价的支撑作用也随之变为压力。在股价下跌的漫长熊途中，多方组织的每一次反弹，在遭遇 60 日均线的压力后，都碰得灰头土脸，狼狈而归，反弹的高点也随着股价的下跌和均线的下行一次比一次低。

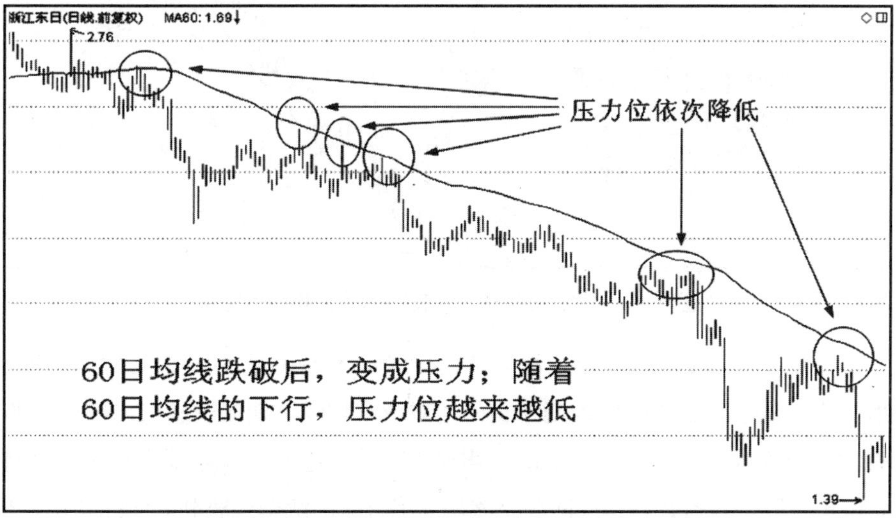

图 1-27 均线的压力位置随着均线下行逐渐降低

特别提示：

通常而言，周期越长的均线，对股价或指数的支撑或压力作用越强。原因在于周期越长的均线，积累下来的仓位就越多，持有的周期就越长，当股价或指数升至该条均线附近时，就会引发更多仓位的抛售。跌至该均线附近时，情形与之类似，只不过行为相反。影响供求关系发生变化的因素，无论从性质还是数量上，长周期均线都远远超过周期较短的均线。

从交易心理方面看，持仓周期越长的交易者，持仓的耐心和意志都比持仓周期短的交易者强。当交易者忍受的极限一旦被打破，那么耐心越好、意志越坚定的交易者，抛售或买入股票的决心和力度也就越大。

图 1-28，古井贡酒（000596）。下跌后期，股价急速下滑，走出高山滑雪的均线形态。高山滑雪的技术含义是见底信号，所以在收出一根不是很标准的螺旋桨 K 线形态之后，股价止跌回升。

很显然，该股止跌回升时有多方主力大局介入，股价回升时沿着 5 日均线强劲上涨，走出 V 形反转的技术图形，一举向上突破了 5 日、10 日、20 日、60 日和 120 日均线，中途仅在突破 60 日均线后略做停顿，向下回试了 60 日均线，因此可谓涨升气势如虹。最终，该股还是受到年线的压力，未能向上突破，显示年线的压力很大，超过了前面所有的短周期均线。这说明均线周期越长，对股价的支撑和压力作用越强。

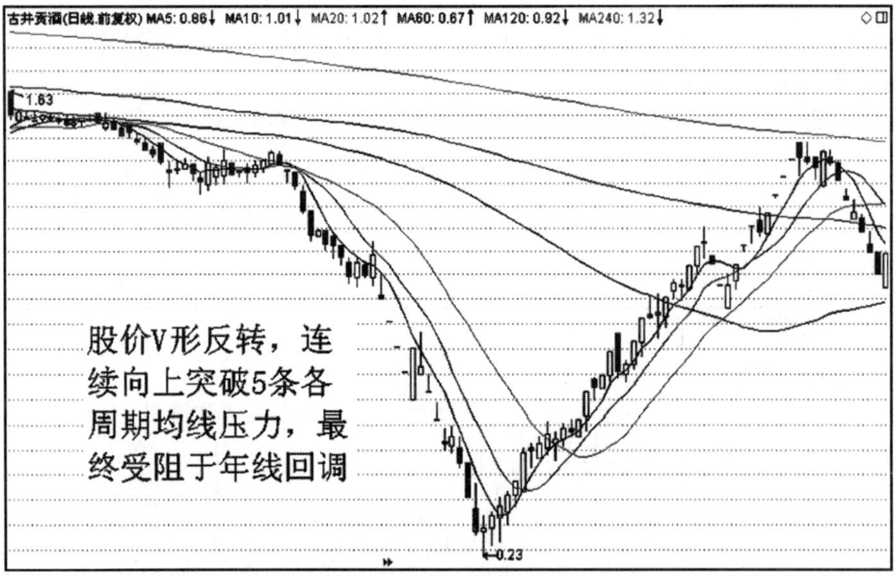

图 1-28 均线周期越长，支撑和压力作用就越强

周期超过年线的均线，例如 5 年线和 10 年线，对股价或指数的支撑或压力作用反而随着周期的增加而减小。这主要因为时间周期过长的均线，在均线周期内进进出出的仓位非常多，能够一直持有的仓位很少，导致均线表示的平均成本不具有连贯性（连贯性是指持股周期等于均线周期的仓位），股价或指数升到或回调至该均线附近时，解套或获利的实际仓位就越少。

均线对股价或指数的支撑或压力作用，除了资金和平均成本等原因外，交易者心性也是非常重要的因素。曾经实现的盈利和亏损，会在交易者心理上留下极其深刻的烙印。各种人性层面上的记忆，会在股价或指数再度接近交易者的持仓成本时重新激发，麻木的心灵这时就会被唤醒，一同被唤醒的还有希望或恐惧。旧情新景，交相呼应，人生五味瓶俱被打翻。交易者此刻已经乱了方寸，唯恐机会失不再来，于是就会争先恐后地竞相卖出或抢进，表现在图表上，就是均线的支撑或压力作用。

均线时间周期越长，表明交易者忍受的煎熬和折磨也越久。当股价或指数接近均线时，交易者寻求解脱的紧迫感就会很强烈，导致均线的支撑或压力作用加强。那些已经超过人类忍耐和记忆极限的时间周期，几乎不具有任何技术上的实际意义。时间可以抚平一切，交易岂能例外？

图 1-29 是方正科技（600601）的月线图。在月线图上，60 月线就是日线图上的 5 年线，120 月线则等于日线图上的 10 年线，这两条均线的时间周期极其漫长。在涨涨跌跌的过程中，股价反复多次上下穿越 60 月线和 120 月线，每一次的升破或跌破都从未有过犹豫，也观察不到受任何实质上的阻碍。时间周期很长的均线，一旦超过一定的时间限度，对股价的支撑和压力作用反而很小。

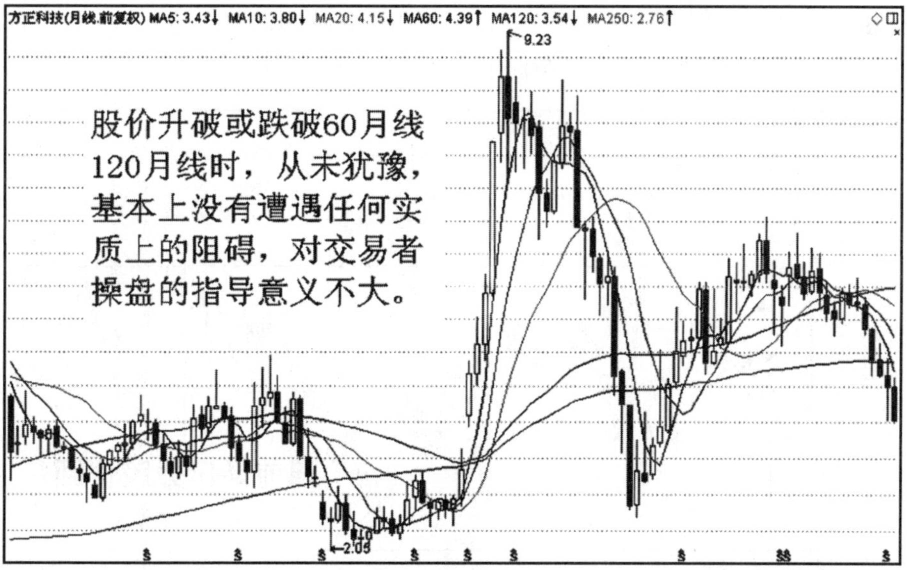

图 1-29　时间周期过长的均线，支撑和压力作用反而随着周期的增加而变弱

下面举出几种其他支撑和压力的例子，交易者可以观察相互之间的异同。

1. 前高前低的支撑和压力作用

前高、前低区域经常是很重要的支撑位和阻力位，这也和资金成本、交易者心理与心性有关。

⑴ 资金成本方面。前高、前低区域经常堆积大量筹码，股价或指数接近该区域时，常常有很多获利盘、解套盘涌出，或者有很多抄底资金、护盘资金逢低承接。

⑵ 交易者心理心性方面。股价或指数的运行是一个连续不断的过程，如同长江一样滔滔不绝，但前高、前低区域就像三峡大坝一样，仿佛在江中画出了一个界限。股价或指数每每上涨

前高区域附近，很多交易者就会认为股价或指数又到了高位，于是持仓的交易者觉得应该卖出了，场外的资金也不愿意继续买进。股价或指数每每下跌到前低区域附近，前期踏空和高位抛出的资金就会纷纷进场抄底。已持有仓位的交易者，虽然利润大幅缩水或者已被套牢，但因为股价或指数处在低位而不愿继续抛售。

前高被突破或前低被跌破，就如同城防或天堑易手，原来的攻方变守方，守方变攻方。在资金成本方面，原来前高处堆积的大量空方筹码被多方血洗之后，全部换成了多方筹码，压力也因此转为支撑。同样，跌破前低后，前低的支撑筹码就成了横在上方的密集成交区压力。

在前高被突破或前低被跌破时，失守一方抑郁的悔痛，胜利一方酣畅的张狂，都会在双方心里留下很深的烙印。一朝被蛇咬，十年怕井绳。当股价再次运行至前高或前低区域时，交易者心理上也会筑起一道堡垒，所以前高、前低区域是很重要的支撑位和阻力位。

图 1-30 是中航黑豹（600760）的周线图。从图中可以看到，股价先是上涨，接着进行整理，收出一个矩形技术图形。矩形是整理技术形态，整理结束后一般会继续原有的趋势，但最终取决于股价或指数突破的方向。该股矩形整理结束后，股价向上突破，迅速拉起一波上涨并创出新高。之后股价逐浪回落，在前高也就是矩形上边线的支撑下止跌回升。

此后股价再度上涨，但在前期快速上涨的前高处两次遇阻回落。第三次上冲时也在前高处略略停顿，做了一个蓄势动作之后才一举向上突破。

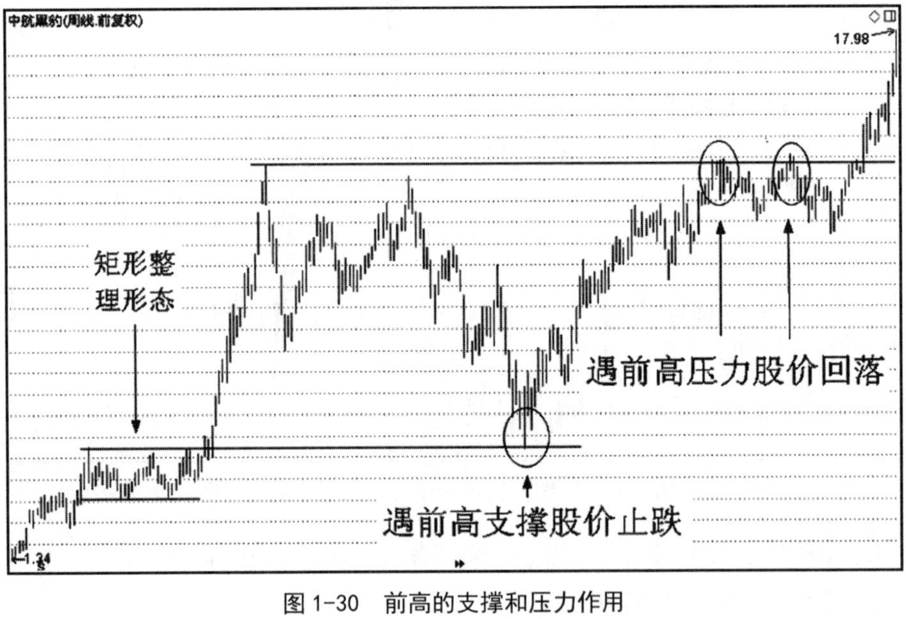

图 1-30 前高的支撑和压力作用

2. 前期密集成交区的支撑和压力作用

股价或指数在上涨和下跌过程中，绝大多数都不会像直升机那样直线上升，直线下降，而是走走停停，有时会在某一个区域盘旋逗留一阵。盘旋逗留的区域大多是股价或指数运行的关键位置和区域，或技术上很重要的时间节点。多空双方在此激烈争夺，互不相让，但双方实力相当，谁也不能占据上风。表现在图表上，就会看到在股价或指数停留的区域，聚集着少则几根，多则十几根、几十根甚至上百根 K 线。K 线集中的区域必然会累积起大量成交，这就是技术上的密集成交区或密集成交平台。

密集成交区是很重要的支撑和压力区域。

密集成交区的支撑和压力主要来源于资金积累。在某一个价格区间范围大量换手，意味着在该价格区间范围沉淀了大量持股成本相近的筹码。当股价或指数冲破密集成交区上涨一段空间，之后回落再度靠近密集成交区时，数额巨大的持仓同时都没有了利润，于是大家都不愿继续抛售。在上涨过程中已经抛出获利的交易者以及部分踏空者，此时也开始进场买入。股票供给减少，资金增加，股价或指数就会遇到强大的支撑而止跌。

反之亦然，当股价或指数自密集成交区下跌后反弹，再回到密集成交区附近时，意味着巨量的套牢盘终于要解套了，每个人都害怕错失解套的机会，于是疯狂抛出，前期逢低博取反弹的获利盘也纷纷抛出以兑现利润。股票供给增加，资金减少，股价或指数就会遇到压力而回调。

密集成交区的支撑和压力作用并非恒定不变，其作用的强弱与密集成交区内换手的成交量成正比，与密集成交区之后换手的成交量成反比。即在密集成交区内，单位 K 线的换手率越大，积聚的 K 线数目越多，则密集成交区的支撑和压力作用就越强；在密集成交区之后，单位 K 线的换手率越大，累积的 K 线数目越多，则密集成交区的支撑和压力作用就越弱。

在密集成交区内，堆积的筹码越多，获利盘或套牢盘就越多，当股价或指数再度接近时，逢低承接的买盘或迎头倾泻的抛盘就越多，支撑或压力作用就越强；但无论是套牢盘还是获利盘，都不会死守不动，让筹码烂在手中。当股价或指数远离密集成交区域的时候，均线方向就是持仓者交易的方向。这些持仓交易者当然也包括那些密集成交区内的持仓者，意即他们也在抛售或继续买入股票。随着时间的流逝，密集成交区的支撑和压力作用就会越来越小。历史久远的密集成交区，基本上就没有什么支撑和压力作用了。

除了以上两个密集成交区本身的因素之外，交易趋势方向对密集成交区的支撑和压力作用也有很大的影响。大致如下：上升趋势中的支撑和下降趋势中的压力，都会比实际上的作用要大得多。

图 1–31 是鹏博士（600804）的日线图。股价暴跌后止跌反弹，之后进行了一段横向整理，整理的价格区间相对比较集中。此后股价继续下跌，再次止跌反弹。这一次多方的反击比较顽强，向上攻击的次数和攻击时间都比上一次为多，但前期密集成交区域的压力实在太强大，多方连续五次猛攻都未能拿下，最终只好重回下跌趋势。

与其他支撑和压力不同，密集成交区的支撑和压力是一个大致的区域，很难作出比较准确的点位判断。

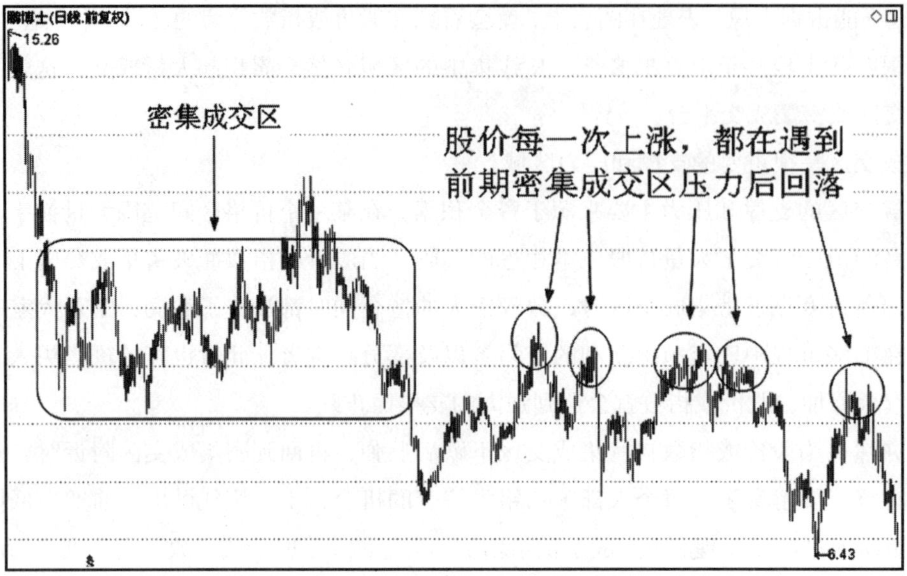

图 1-31　密集成交区的压力作用

3. 趋势线的支撑和压力作用

趋势线分为上升趋势线和下降趋势线。

上升趋势线是指在某一时间段内，连接股价或指数最低点或相对低点与该时间段内最高点之前的任意低点，中间不被任何股价或指数穿越的直线。上升趋势线对后市股价或指数有支撑作用。

下降趋势线是指在某一时间段内，连接股价或指数最高点或相对高点与该时间段内最低点之前的任意高点，中间不被任何股价或指数穿越的直线。下降趋势线对后市股价或指数有压力作用。

上升趋势线被跌破之后，支撑就会变成压力；下降趋势线被突破之后，压力就会变成支撑。

图 1-32 是汉王科技（002362）的周线图。股价持续下跌，过两个相对高点画出一条下降趋势线。交易者可以看到，股价每次反弹碰到下降趋势线都会遇阻回落。弹升的高点一次比一次低，表明压力位也在依次降低。可见趋势线的支撑位和压力位也是随着趋势线的延伸而不断改变的。

需要特别提醒的是：趋势线的支撑和压力作用和其他情况有所不同，趋势线的支撑和压力并非来源于持仓成本，而是多空双方在某一周期内力量相对均衡的结果。趋势线被突破或跌破之后，就表明市场原有的供求平衡已被打破，多空双方将会寻求新的平衡。

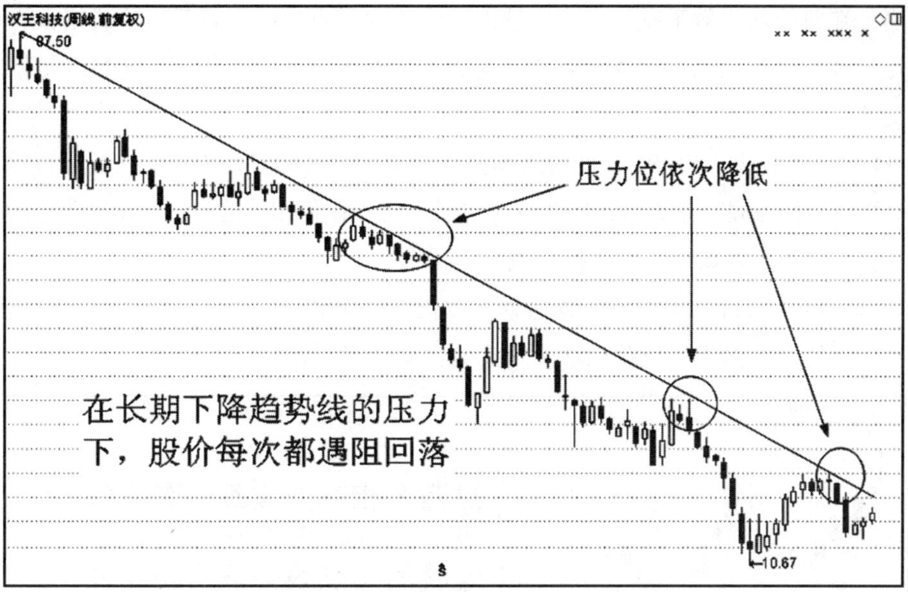

图 1-32　下降趋势线的压力作用

图 1-33 是 SST 华新（000010）的日线图。股价每一次调整，都在遇到上升趋势线的支撑后止跌回升。在上涨后期，股价跌破上升趋势线，上升趋势线的支撑变为压力。股价再度上涨时，碰到上升趋势线时如同碰壁，接连两次没有冲破，最后只得掉头下行。

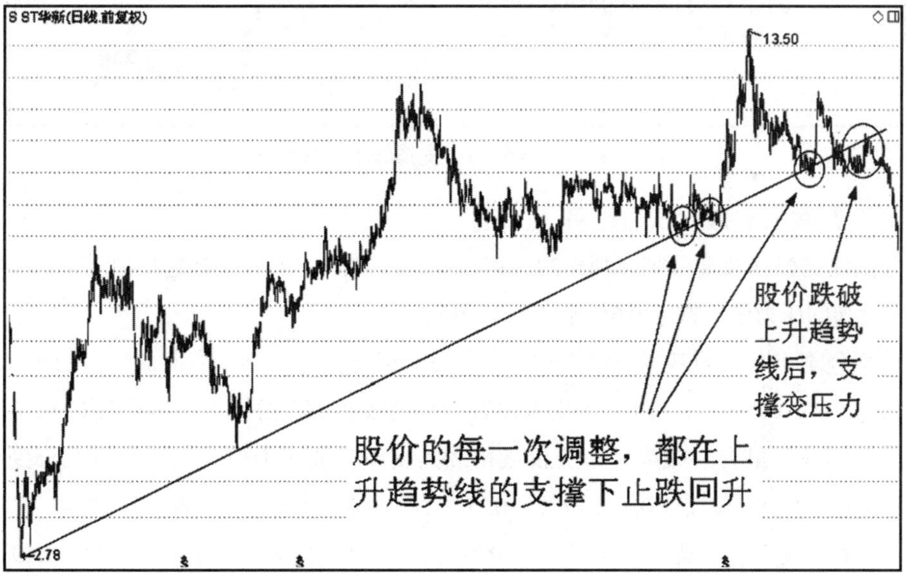

图 1-33　上升趋势线的支撑作用。股价跌破上升趋势线后，支撑就变成压力

4. 支撑线与压力线的支撑和压力作用

股价或指数上涨过程中，选取两个相对高点连线，日后股价或指数有可能在两个相对高点连线的延长线处遇到阻力回落，这就是相对高点的压力作用。连接两个相对高点的直线就是压

力线；反之，在股价或指数下跌过程中，选取两个相对低点连线，日后股价或指数有可能在两个相对低点连线的延长线处遇到支撑止跌，这就是相对低点的支撑作用。连接两个相对低点的直线就是支撑线。

图 1-34 是中孚实业（600595）的周线图。从图上可以看到股价逐浪下跌，运行在下降趋势中。过其中的两个低点画一条直线，该条直线对后市有支撑作用，是股价下跌过程中的支撑线。后市该股股价多次在支撑线处获得支撑止跌。

和趋势线一样，股价在支撑线位置遇到支撑止跌的次数越多，支撑线的效力就越强，后市再次回落到支撑线时，遇支撑止跌或跌破的技术意义就越强烈。

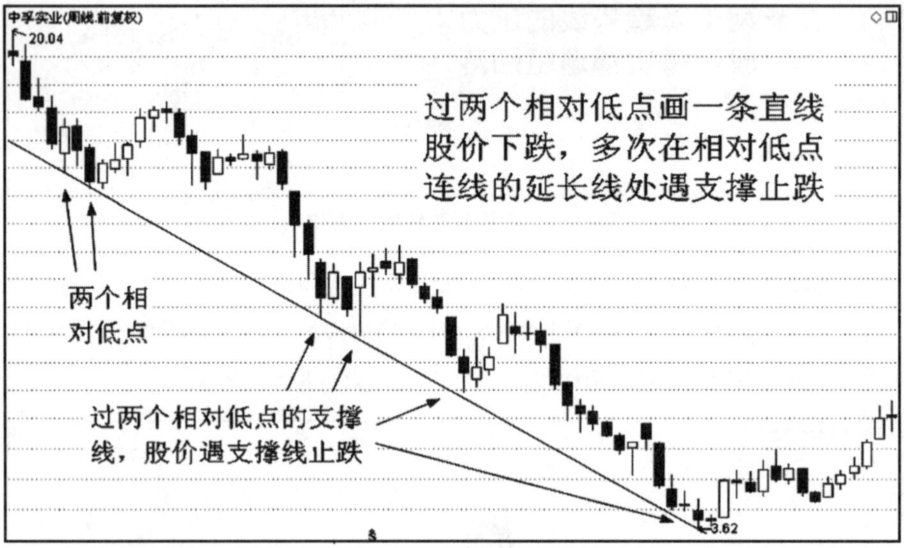

图 1-34　下降趋势中支撑线的支撑作用

5. 黄金分割线的支撑和压力作用

黄金分割线是根据黄金分割率画出的一种切线，主要用来预测上升趋势中调整的支撑位，或下降趋势中反弹的压力位。数字 0.618 就是黄金分割率。

根据黄金分割率画线的基本方法，是将 1 分为一组与黄金分割率有关的数值，即：0、0.191、0.382、0.5、0.618、0.809、1。过上述比例位置的平行线叫黄金分割线，其中经过 0.382 和 0.618 位置的黄金分割线，最容易成为后市股价或指数的支撑位或压力位。这些平行线分别称为黄金分割线的 0 位线、0.191 位线、0.382 位线、0. 5 位线、0.618 位线、0.809 和 1 位线。

1 位线之上，还有一些黄金比例数值，分别是：1.191、1.382、1.618、1.809、2.191、2.382、2.618、2.809。这些数字中，0.382、0.618、1.382 和 1.618 最为重要，股价或指数经常在这 4 个比例数值的黄金分割线处产生支撑和压力，尤其是 0.382 和 0.618 这两个位置。

黄金分割率具有极强的自然属性，是物质世界和精神世界客观规律的数字化体现，是事物运动最为和谐的转折点，是静态美与动态美的高度统一。

目前，绝大多数股票交易软件都有黄金分割线的画线功能，画法如下。

首先在工具栏选项中找到“工具”选项，点击“工具”，弹出下拉菜单。点击菜单中的“画线”功能，就会弹出画线工具栏。点击画线工具栏中的“黄金分割线”选项，即可在日线坐标图上画出黄金分割线。

如果股价或指数正处在见底回升阶段，则以低点作为 0 位线，用鼠标左键点击此低点，画出一条过此低点的直线。直线上会显示一个黑点，用鼠标左键点击黑点并按住不放，拖动鼠标找到下跌之前的高点，即回溯这一轮下跌行情的峰顶作为 1 位线，松开鼠标左键，就完成了股价或指数未来向上反弹时黄金分割线的各上档压力位。

如果股价正处于见顶回落阶段，则以高点作为 0 位线，以这一轮上升行情的起点作为 1 位线画黄金分割线。完成后，日线图上即是未来股价或指数下跌时黄金分割线的各下档支撑位。

图 1–35 是诺普信（002215）的周线图。该股自 5.01 元一直涨到 27.34 元，之后见顶回落。见顶回落，交易者需要知道股价将在何处可能遇到支撑止跌，所以应该选取最高点 27.22 元作为 0 位线，最低点 4.89 元作为 1 位线。选定之后即可画出黄金分割线。从图中可以观察到，股价自 27.22 元回落以来，在 0.618 处的黄金分割线处遇到支撑止跌回升。股价一直跌到 0.618 这条黄金分割线处才止跌，说明股票走势已弱，可能很长一段时间都不会再度超越前期 27.22 元的高点，牛市已经转熊市的概率极大。

需要特别提醒的是：画黄金分割线应当使用普通坐标，因为黄金分割率是数字绝对值的比例值。

图 1–35　股价在 0.618 的黄金分割线遇到支撑止跌回升

特别提示：

⑴黄金分割线中最重要的两条线是 0.382 和 0.618。下降趋势中止跌反弹，0.382 是弱势反弹位，0.618 是强势反弹位；上升趋势中回调整理，0.382 是强势调整位，0.618 是弱势调整位。

⑵黄金分割线的 0 位线，一般是股价或指数近期走势中重要的峰位或谷位，或者说重要的

顶部和底部。可以是长期趋势的顶部和底部，也可以是时间周期较长的中期趋势的顶部和底部，但顶部和底部的趋势周期不宜过短，尤其不能是短期顶部和底部。

三、助涨助跌

当股价或指数突破均线时，无论向上还是向下，股价或指数总会沿着突破方向持续运行一段，即使折返，也会在遇到均线后掉头继续沿突破方向运行。这就是均线的助涨助跌特性。

均线的助涨助跌作用和均线的支撑与压力作用有关。均线是平均成本线，当股价或指数向上突破均线之后，说明有新的资金进场，愿意以高于场内平均成本的价格买入，从而不断抬高平均持仓成本。同时，由于股价或指数已经高于平均成本，套牢盘减少，获利盘增加，因此持仓者无后顾之忧，纷纷持筹待涨，卖压减轻，股价或指数自然就有向上的惯性和动力。如果后市股价或指数再度回落至均线附近，就会遇到支撑止跌向上，这就是均线的助涨作用。股价或指数突破均线之后，如果均线也跟随上行，则支撑和助涨作用更强。

股价向下跌破均线，说明持仓者为了出局，宁愿以低于平均持仓成本的价格卖出，从而进一步降低场内的平均持仓成本。由于股价或指数已经低于平均成本，此时套牢盘增加，卖压逐渐沉重。空仓者看到市场下跌，没有上升的迹象，不愿进场买入，股价或指数自然就有向下的惯性和动力。后市股价或指数再度反弹至均线附近，就会遇到压力掉头下行，这就是均线的助跌作用。股价或指数跌破均线之后，如果均线跟随股价或指数下行，则压力和助跌作用更强。

均线的这种助涨助跌作用，在股价或指数同时突破均线和盘整形态时表现得尤为明显。

如图 1-36 所示，上证指数（999999）在一个窄幅的矩形内围绕 20 日均线盘整，之后先是一根大阳线突破 20 日均线，接着又是一根大阳线突破矩形箱体。之后指数就在 20 日均线的助涨作用下一路上扬。

该处的矩形略向上倾斜，所以也可以将其看作上升通道。上升通道的技术含义有一部分和矩形形态相同，也是向上突破后市看涨。

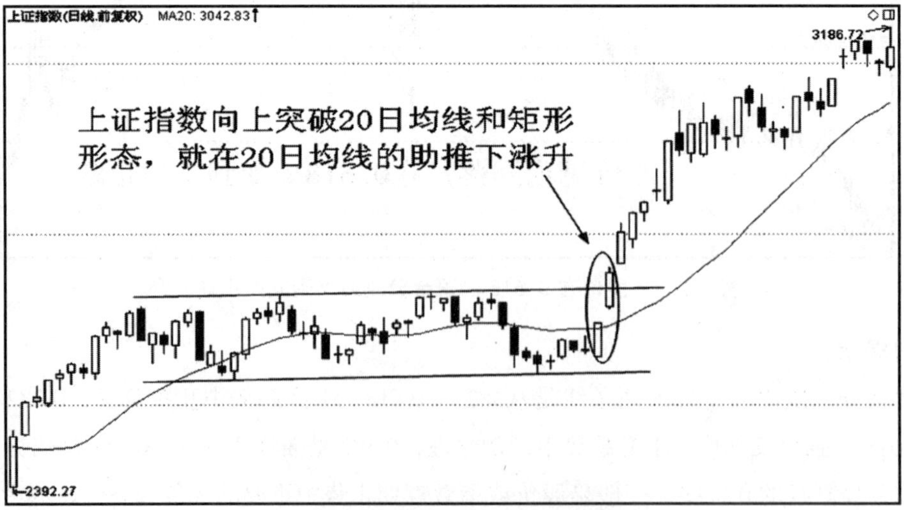

图 1-36　盘整突破后均线的助涨作用

图 1–37 中，上证指数（999999）走出一个下降旗形的技术图形。图中圆圈处收出一根跳空低开的大阴线，同时跌破 20 日均线和旗形下边线。之后指数回抽了一下旗形下边线，就在 20 日均线的压制和助跌作用下快速回落。

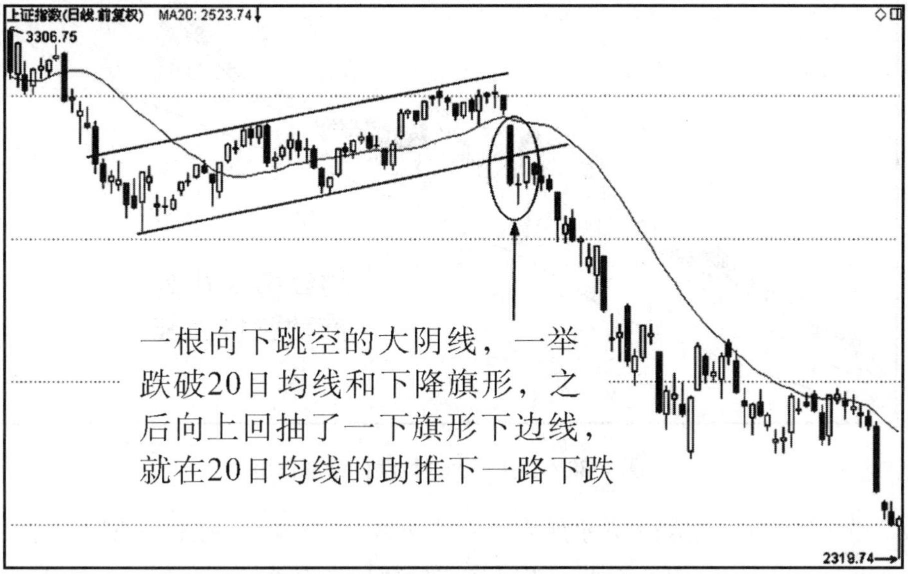

图 1–37　盘整后跌穿均线的助跌作用

有种观点认为，均线的助涨助跌是指当 K 线、短期均线、中期均线、长期均线从上到下依次呈多头排列，股价或指数调整至均线附近时，会在均线的支撑下继续上涨；反之，当均线呈空头排列，股价或指数反弹至均线附近时，会在均线的压制下继续下跌。

这种观点也可以从成本上得到解释。多头排列时，市场内几乎所有持股的交易者，无论是短期、中期还是长期持仓者，全部都有盈利，没有任何套牢盘的压力，牛市气氛非常浓厚，持仓者都持筹待涨，不愿抛出。当股价或指数回档至均线附近时，那些已被踏空折磨很久的交易者，总算找到了一个千载难逢的入场良机，于是不顾一切地进场买入，股价或指数就在均线的助推下一路走高。

图 1–38 是指数型基金深证 100ETF（159901）的日线图。日 K 线和各条均线呈多头排列，推动价格越涨越高。期间股价每一次下跌，都只跌破短期均线和 20 日均线，60 日均线连碰都没碰一下。20 日均线和 60 日均线一直持续上行，支撑股价上涨。

股价跌破 20 日均线时，20 日均线一直持续上行，如果按照 20 日均线操作，此时就是葛南维买入点。

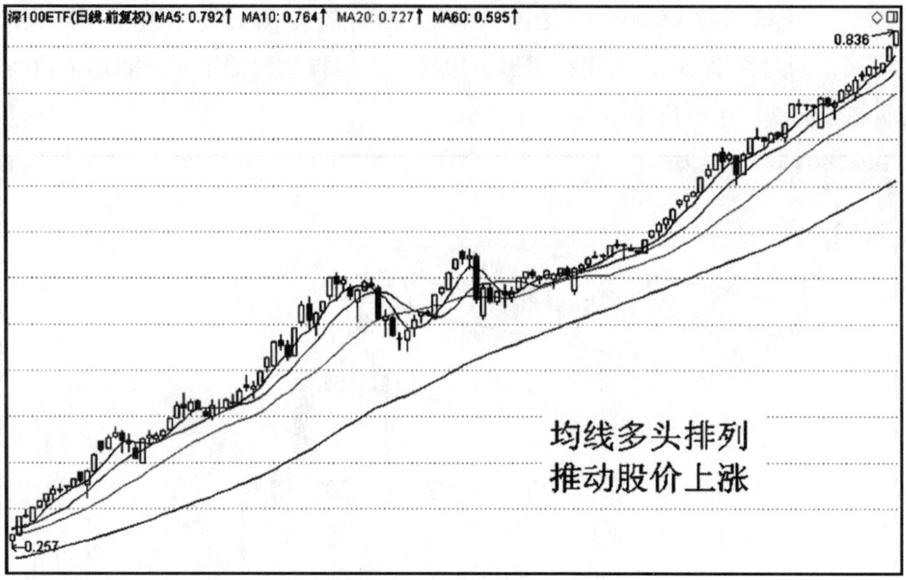

图 1-38　多头排列时均线的助涨作用

相反，空头排列时，市场内几乎所有持股的交易者，无论是短期、中期还是长期持仓者，全部都被套牢，熊市气氛四处弥漫。当股价或指数反弹至均线附近时，意味着该均线周期内的持股者接近解套，由于没有人看好后市走势，大家都唯恐错失逢高减仓的机会，于是解套盘疯狂涌出，卖压沉重，股价或指数也在均线的压制下连连下跌。

图 1-39 是指数基金深证 100ETF（159901）的日线走势图。从图中可以看到，K 线和各条均线呈空头排列，在各条均线的压制下价格一落千丈。期间价格有过一次短暂的反弹，一度向上突破 20 日均线。此时 20 日均线仍然下行，依据 20 日均线操作时，此处是葛南维卖出点。随后股价继续回落。

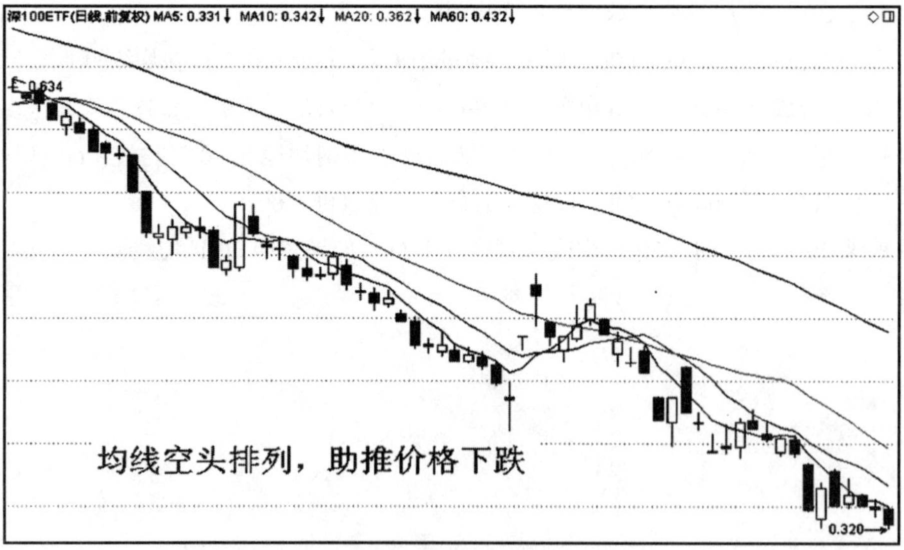

图 1-39　空头排列时均线的助跌作用

四、牵引作用

均线的牵引作用又称为吸引作用和吸附作用。通常情况下，股价或指数围绕均线波动，但当股价或指数偏离均线太远时，由于股价或指数过度远离市场平均成本，会导致股价或指数向均线回归。从图形上看，市场上就像有一股向心力，将股价或指数拉向均线。

均线的牵引作用和均线助涨助跌作用，是均线对股价或指数的一种作用力和反作用力。均线牵引是均线对股价或指数的吸引，助涨助跌则是均线对股价或指数的排斥。股价或指数与均线之间的引力（牵引）和斥力（助涨助跌），就像弹簧一样，压它它就向外推，拉它它就往回吸。

均线的牵引作用依然和市场内的平均成本有关。牛市时，随着股价或指数不断上升，市场平均成本也随之上升。当股价或指数在短期内快速上涨时，由于市场内的平均成本上涨存在着滞后的特点，均线并不能及时跟上，导致市场内短期获利盘迅速增加，很多交易者获利回吐，抛压增大。另外，股价或指数的过快上涨，会消耗多方的做多力量，导致股价或指数回落，向均线靠近，看起来就像均线有一股很强的吸引力一样，把股价或指数吸向均线。

熊市时，随着股价或指数不断下跌，市场平均成本也随之下移。当股价或指数短期内剧烈下跌时，市场平均成本并没有快速下降，导致市场内持仓的交易者短期亏损加剧，很多交易者不愿意再割肉，于是抛压减轻。空方也因为过度抛售，导致做空力量不足。同时场外的交易者看到市场大幅下跌，有些人开始入场抄底，短线交易者也进场博取反弹，于是股价或指数就会出现反弹，逐步向均线靠拢。

均线的牵引作用在股价或指数暴涨暴跌时表现得比较明显。

图 1–40 是 ST 国创（600145）的日线图。从图中可以看到，股价反弹至 60 日均线后遇到压力，结束整理过程，在 60 日均线的助跌作用下加速赶底，短期内股价大幅下跌，离 60 日均线越来越远。距离拉大反而使得均线的斥力逐渐减弱，引力渐次增强，于是出现 V 形反转，股价快速反弹，直到反弹至 60 日均线才止住飙涨的脚步。

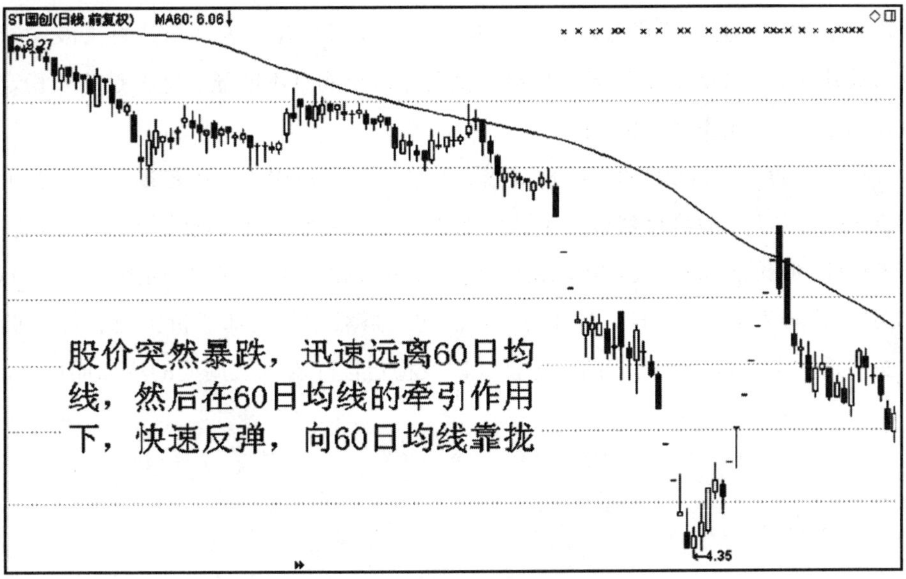

图 1–40　均线的牵引作用

如图 1–41 所示，正虹科技（000702）。在上涨趋势中，股价基本上是沿着 60 日均线稳步上涨。期间出现过两次快速上涨，似乎有摆脱 60 日均线纠缠的意思，但终究难以挣脱，很快股价就被 60 日均线拽了回来。

图 1–41　均线的牵引作用

均线的牵引力实际上是均线修复的动力。均线修复又称均线回补，是均线排列方式中的一种均线技术形态。均线的牵引力也是葛南维第四大法则买入点和第五大法则卖出点的动力源泉。

五、稳定性和滞后性

从均线的计算和绘制方法可以看出，要一下子改变均线的数值，无论是向上还是向下都比较困难，即使当天股价或指数有很大的波动，均线的变化幅度也远远小于股价或指数的波动幅度。因为均线的波动不是一天的波动，而是几天、十几天、几十天甚至几百天波动的平均，一天的大波动被几天、几十天、几百天一分摊，就会变得小而且不明显。这就是均线稳定的原因。均线的时间周期越长，稳定性就越好。

图 1–42 是维维股份（600300）的日线图。股价经过一段缓慢的碎步攀升之后，上涨逐步加速。突破 60 日均线之后，股价突然以一字涨停的方式向上突破 120 日均线的压力，接着连续涨停。短短 6 个交易日，股价涨幅就高达 70% 以上，但是 120 日和 240 日均线仅仅由走平转为略微上翘，60 日均线刚开始转为上行。5 日、10 日和 20 日均线虽然紧紧追随股价上行，但也被股价远远地抛在下面。这种走势显示了均线的稳定性，以及稳定性随着均线周期的增加而增强的特点。

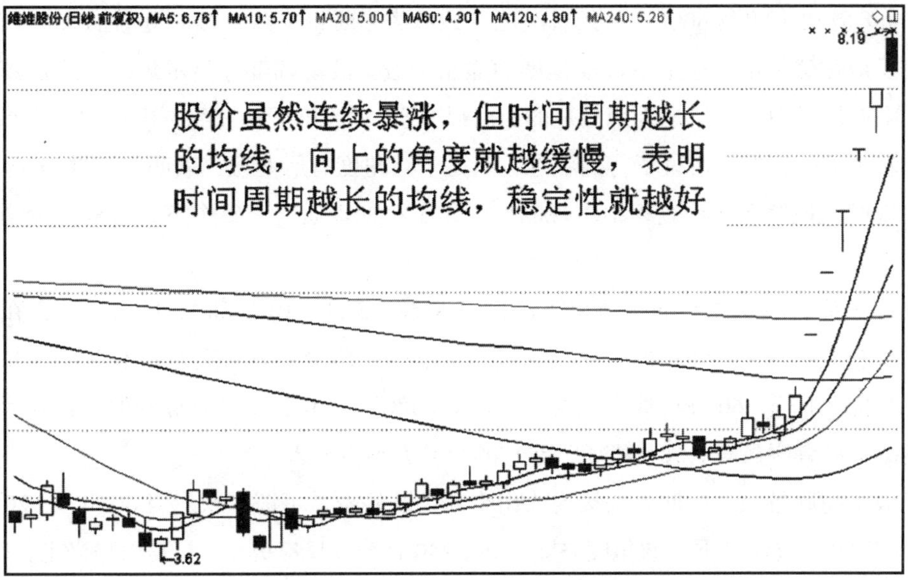

图 1-42 均线周期越长就越稳定

如图 1-43 所示，ST 厦华（600870）。股价见顶回落，一路下跌，但漫漫熊途也并非一落千丈，股价在下跌途中经常出现止跌反弹或横盘整理。很多交易者常常以为出现止跌反弹股价就到底了，于是匆忙进场买入，结果不是被套就是止损出局。

在下跌趋势中，交易者进场之前，观察一下中长期均线的运行态势，也许就不会急于进场了。该股中长期均线死亡交叉后，一直平滑稳定下行，呈空头排列，表明股价正运行在一个长期的大熊市中。看明白了这些，交易者完全可以忽略股价的中短期反弹，静静等待趋势逆转。稳定性更强的长期均线，因为受股价或指数短期波动的影响很小，更有利于交易者观察和判断趋势。

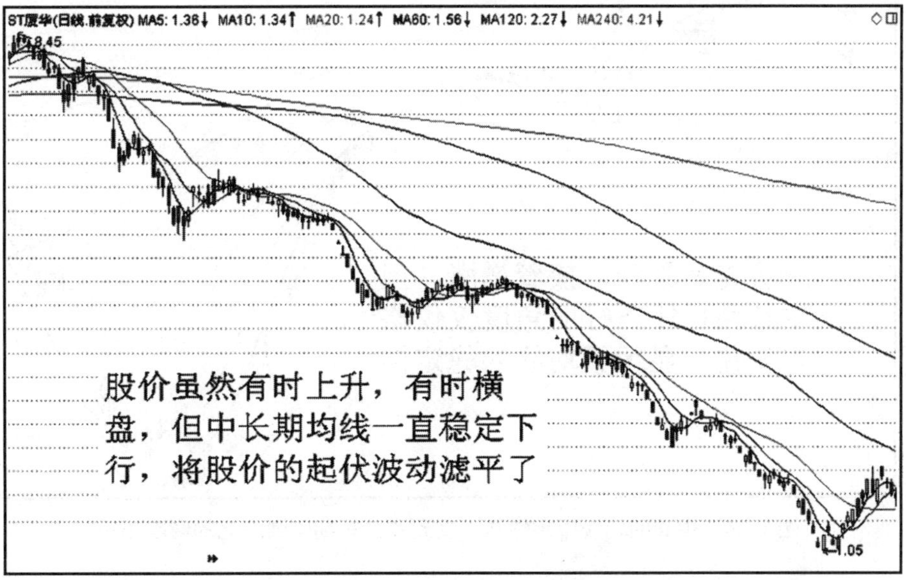

图 1-43 K 线、短期均线、中期均线和长期均线的稳定性依次增强。
均线的稳定性越强，走势也就越平滑

图 1-44 是 ST 黑化（600179）的日线图。该股先是缓慢下跌，接着逐渐加速。5 日和 10 日短期均线反应虽然灵敏，但上下波动幅度明显小于股价波动幅度，显示短期均线也具有一定的稳定性。中期均线中，即使是周期最短的 20 日均线，对股价下跌过程中出现的反弹都已经不再有反应，基本上一直保持持续下行的状态，只是下行角度有所变化，表明稳定性强于短期均线。这种情况说明，该股在下跌过程中出现的反弹属于短期性质，而整个下跌过程至少是一个中期趋势。

反弹结束后，股价先是继续缓慢下跌，日 K 线、5 日、10 日和 20 日均线粘合在一起，表明中短期持仓成本趋于一致，但中短期均线一直下行，预示中短期交易者不看好后市。60 日和 120 日均线继续下行，60 日均线向下穿越 240 日均线，显示中长期交易者也不看好后市，此时没有离场的交易者应当马上清仓离场，空仓的交易者不应介入。

随后股价越跌越快，后期更是接连收出十几个跌停板，可谓暴跌。但 60 日和 120 日均线对暴跌的反应很小，仅仅是下行的角度略陡一些。240 日均线反应更小，只是由略微上行转为走平。

暴跌之后，股价又开始暴涨，5 日、10 日和 20 日均线由下行转为上行，并在交叉后向上发散，但 60 日和 120 日均线下行的角度基本上没有变化，240 日均线仅仅由走平转为略微下行。股价像过山车一样，呼啸而来，呼啸而去，但中长期均线就如稳坐中军帐的大帅，淡定从容，不为风浪所动。

短期内股价暴跌暴涨，令很多交易者无所适从。暴跌之后出现暴涨，行情实在过于猛烈，很难分辨究竟是反弹还是反转。稳定性是均线与生俱来的特性，借助中长期均线的稳定性，将短期内股价的剧烈波动过滤掉，趋势是上是下，只要看一下中长期均线的方向就可以一目了然。

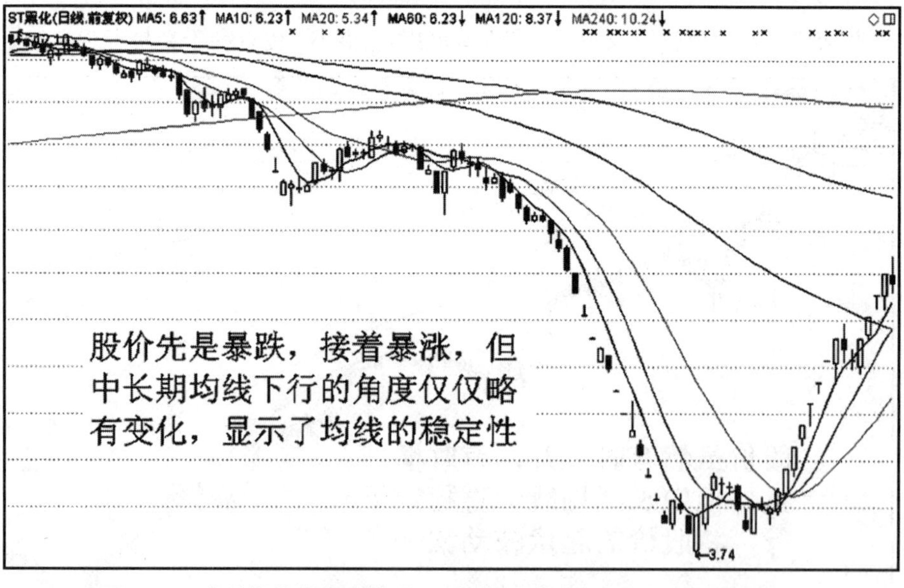

图 1-44　中长期均线稳定性强，受到股价短期剧烈波动的影响很小

均线具有稳定性，就必然同时具有滞后性。当股价或指数短时间内发生剧烈涨跌时，由于均线稳定性的特点，均线的反应往往过于迟缓，转向速度落后于交易趋势。当股价或指数已经掉头转向时，均线还在沿着原来的方向运行。等到均线发出买卖信号时，股价或指数的涨跌幅度已经很大了，这就是均线滞后的特点。时间周期越长的均线，反应就越滞后。

如图 1–45 所示，ST 盛润 A（000030）。短短几十个交易日之内，股价暴涨暴跌，是非常典型的过山车行情。观察中长期均线的运行角度，可以发现对股价的连续上涨反应甚小，仅仅略微向上抬了一点头。股价暴跌时也是如此，仅仅是均线上行角度稍微变缓，但依然向上运行，无视股价从顶部的直线跌落。5 日、10 日短期均线和时间周期较短的中期均线如 20 日均线，虽然跟随股价比较紧密，但运行的角度以及转头的速度和时间，也依次滞后于股价。从图中可以看到，从 5 日均线至 240 日均线，滞后性依次增强。

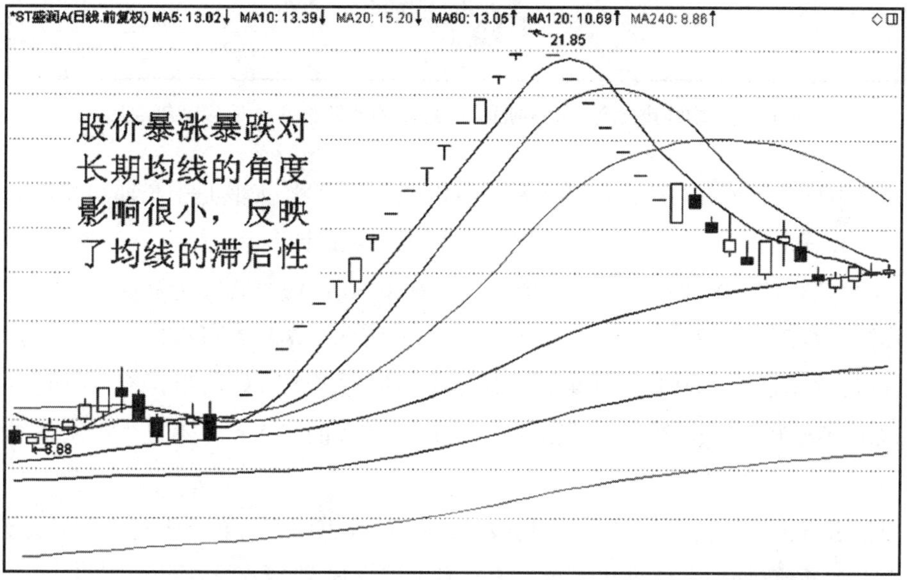

图 1–45　均线时间周期越长，对股价短期的暴涨暴跌反应就越滞后

如图 1–46 所示，重庆啤酒（600132）。因为突发利空，正在上涨的股价突然连续跌停，表演了一场精彩的高台跳水。从图中可以看到，在股价跳水后，中长期均线仅仅由接近于走平转为缓慢下行，无视股价自由落体一样的下跌。

股价见底后急速向上弹升，涨幅超过一倍，但中长期均线依然流畅下行，甚至连下行的角度都没有明显的变化，显示了均线对股价中短期暴跌暴涨的滞后性。

5 日、10 日和 20 日均线虽然紧随股价下跌和反弹，但其转向速度显然落后于股价。

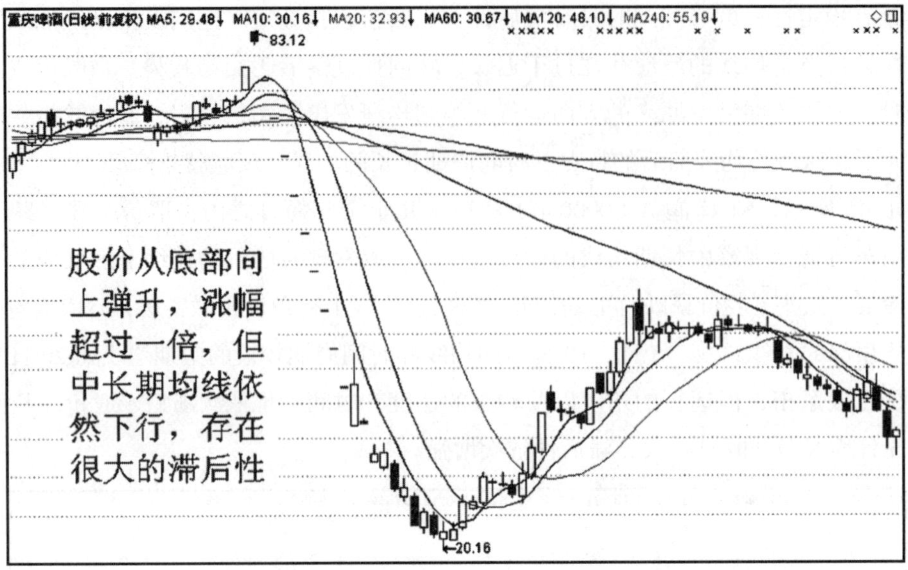

图 1-46 均线周期越长，对股价中短期的暴跌暴涨，反应就越滞后

均线的滞后性还表现在均线发出的趋势转折以及买卖信号，尤其是中长期均线发出的信号，要远远滞后于 K 线形态，也比其他趋势分析方法的反应更迟钝一些。

图 1-47 是诺普信（002215）的日线图。股价跌破 60 日均线后快速杀跌，之后在底部收出希望之星和锤头线两个见底 K 线形态，K 线发出买入信号，交易者可以适量买入。但此时股价尚运行在 60 日均线之下，60 日均线下行，显然中期持仓者不看好后市，不宜中期买入。这说明见底 K 线形态发出的买入信号，只能是抢反弹或做波段的买入点，不是牛市调整的阶段性底部买点。

之后股价继续上涨，向上突破 60 日均线，60 日均线也由下行转为上行，此时是突破 60 日均线的买入点和 60 日均线葛南维买入点，交易者可以进场买入。

从图上可以直观地看到，突破 60 日均线的买入点，无论时间上还是空间上，都比 K 线形态发出的信号明显滞后。

需要特别提醒的是：无论是 K 线形态还是均线，其技术含义只有在一个明显的趋势中，才较为清晰和可靠。本图中股价忽上忽下，60 日均线也时而略上行，时而略下行，显而易见这是一个盘整市道。

市场盘整时，股价或指数经常像猴子一样上蹿下跳，所以又称为猴市。当市场处在猴市时，也会像猴子的行为一样，令人难以捉摸。在猴市中，绝大多数趋势分析方法的技术含义和买卖信号都会大打折扣。本图中股价刚刚向上突破 60 日均线，不久就两度跌破，交易者如果在股价向上突破 60 日均线时买入，那么就不得不在很快跌破 60 日均线时止损出局。

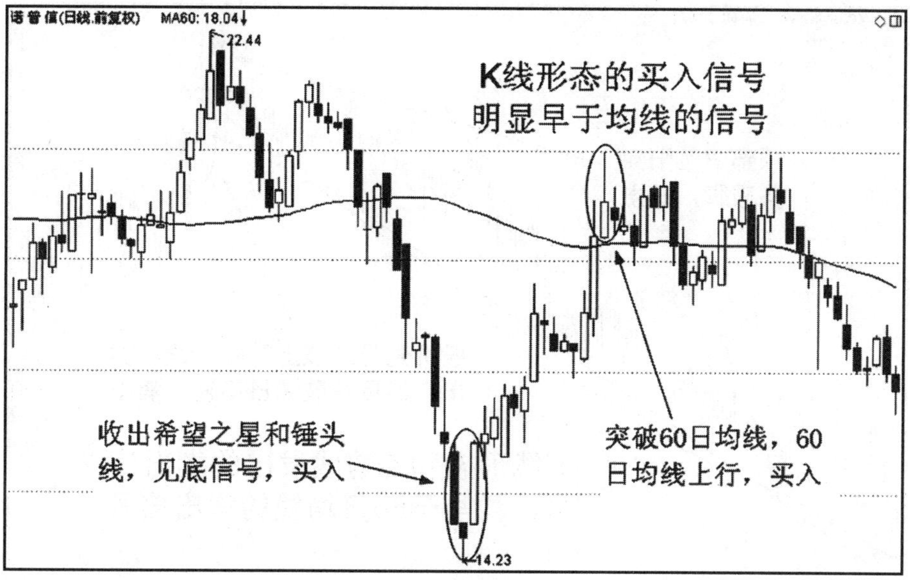

图 1-47　K 线形态发出的买入信号远远早于 60 日均线发出的买入信号

图 1-48 是诺普信（002215）的日线图。从图中可以看到，股价一直运行在上涨趋势中，基本上是沿着 60 日均线上涨。图中的直线是上升趋势线，上升趋势线的位置和 60 日均线大致重合。

股价见顶回落时，先是收出阴包阳的穿头破脚 K 线形态，是见顶信号，卖出。接着股价跌破上升趋势线，卖出。最后股价跌破 60 日均线，60 日均线由上行开始走平，卖出，该卖点也是 60 日均线葛南维卖出点。很显然，K 线形态和上升趋势线的卖出信号，要早于 60 日均线发出的卖出信号。

需要特别提醒的是：对于上述各卖出点，交易者采取的应对策略是不同的。收出穿头破脚 K 线时，股价还处在上升趋势中。本系列丛书第一册《K 线技术分析》中已经谈到，在上升趋势中收出见顶 K 线形态，不一定要减仓或清仓。因此看到该信号时，交易者可减仓，也可以不减。

跌破上升趋势线，表明股价或指数上升角度已经改变，多空双方原有的平衡已被打破。但股价或指数并不一定就此逆转，也有可能以一个更为平缓的角度继续上涨。出现这种走势，交易者应根据自已的交易周期以及风险控制策略来确定如何操作，可以清仓，也可以不清，但必须要减仓。

跌破 60 日均线，同时 60 日均线走平，行情具有中期向淡的意味。尤其在股价已大幅上涨的高位，常常预示着趋势即将逆转。此前接连出现的两个卖出信号，也加强了市场转势的意味，所以交易者应当及时清仓离场。

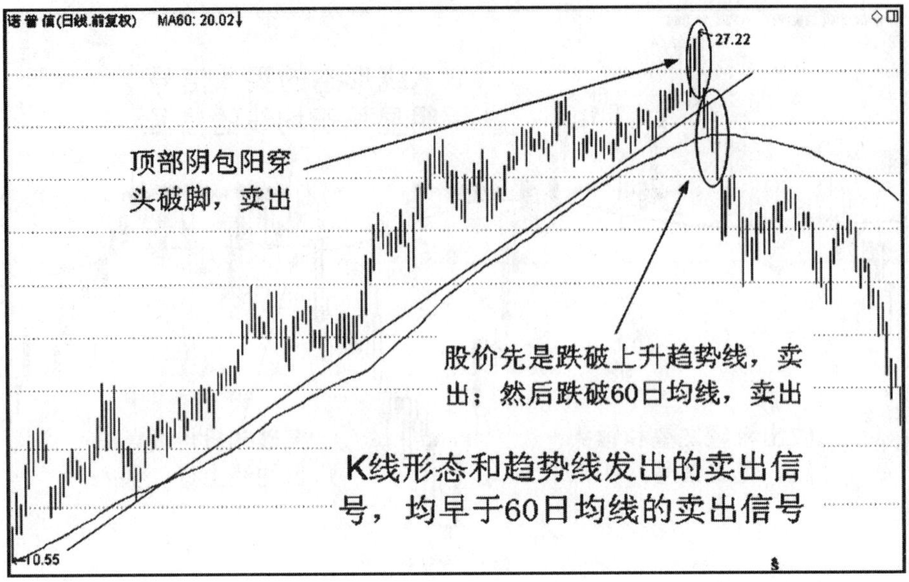

图 1-48　60 日均线的卖出信号滞后于 K 线形态和长期趋势线

六、确认和预测趋势

均线具有稳定性的特点，因此可以帮助交易者确认现有趋势，指示未来趋势的方向。

股价或指数上下波动相对较频繁，波动幅度较大，不易发现股价运行规律和中长期趋势。均线比较平滑，过滤了同期股价或指数的巨幅波动，便于识别和判断当下趋势，预测趋势未来运行的方向。

一般而言，均线方向指示趋势运行的方向，均线运行角度代表趋势运行的力度。均线方向向下，表示趋势向淡；均线的方向向上，表示趋势向好。短期均线反映短期趋势的运行方向，中期均线反映中期趋势的运行方向，长期均线反映长期趋势的运行方向。

均线上行或下行的角度越陡峭，表明趋势向上或向下的力度越强。短期均线的角度反映短期趋势的运行力度，中期均线的角度反映中期趋势的运行力度，长期均线的角度反映长期趋势的运行力度。

均线之所以能够确认和预测趋势，也和平均成本有关。均线走势向上，表明在均线周期内进入市场的交易者，其持仓成本不断抬高，这意味着已入场和新入场的交易者都看好后市，已入场的交易者不愿意抛售股票，场外交易者愿意以更高的价格买入股票，市场求大于供，股价或指数于是不断走高。

均线走势向下，说明持仓者和抛售者都不看好后市，为了能够尽快出手，持仓者不得不以更低的价格抛售股票。在均线周期内进入市场的交易者，可以很容易地以比市场此前更低的价格买入股票，导致市场平均持仓成本不断降低。市场内供大于求，所以股价或指数不断走低。

虽然均线反应滞后，但确认和预测趋势却比 K 线更加可靠。

图 1–49 是 ST 兰光（000981）的周线图。整体观察 K 线图，交易者不难发现该股的基本方向是向下的。但是在下跌行情尚未完全走出来，股价正在向上弹升之际，如何判断股价走势是下跌中途的反弹，还是熊去牛来的反转？仅凭 K 线来分析，就不是那么容易了，但中长期均线可以为交易者提供直接直观的帮助。

该股下跌过程中，无论股价是涨是跌，20 周和 60 周均线一直持续平滑下行，甚至连下行角度都没有明显变化，这表明下降趋势没有发生任何实质性的改变。趋势交易者，尤其是中长线的趋势交易者，完全可以不理会下跌期间股价的起起落落，空仓等待，持币观望，就是最好的选择。

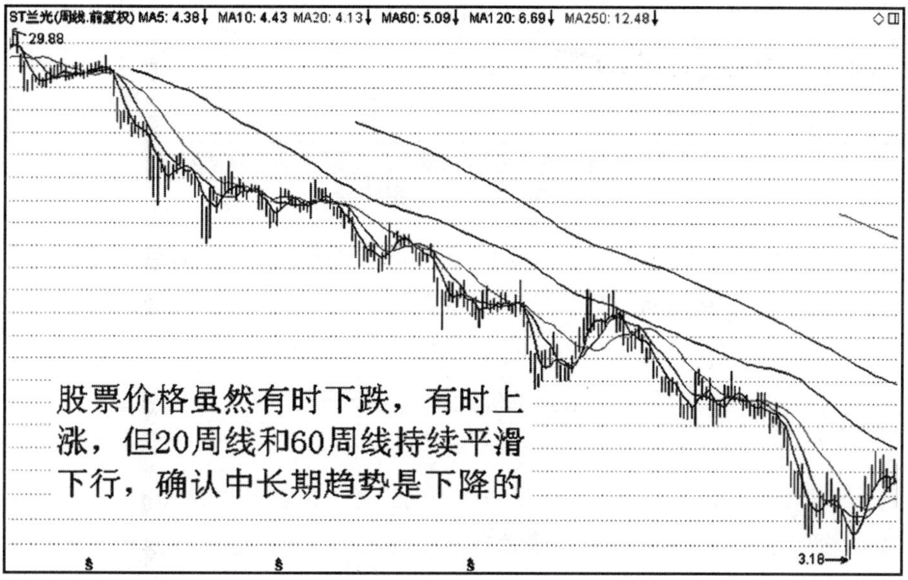

图 1–49　中长期均线运行的方向和角度，表明股价中长期下降趋势没有实质性改变

图 1–50 是英特集团（000411）的日线图。从图中可以看到，股价横向整理期间，涨跌波幅越来越小，难以看清后市的趋势性方向。短期均线反映的是短期趋势方向，所以短期均线会跟随股价起起落落，但整体上横向运行，走出均线粘合的技术形态。

更为稳定的中长期均线，则为交易者指明了方向。从图中可以看到，中长期均线一直上行，120 日和 240 日均线在股价和短期均线下方发挥着支撑作用，60 日、120 日和 240 日均线多头排列，这是股价运行在中长期上升趋势中的表现。交易者可以由此得出结论，股价整理完成之后，向上突破的概率很大，已持仓的交易者可以持仓不动，空仓的交易者则不必急于入场，要耐心等待股价选择突破方向。对于该股来说，虽然向上突破是大概率事件，但实际操作还是要以实际突破方向为准。

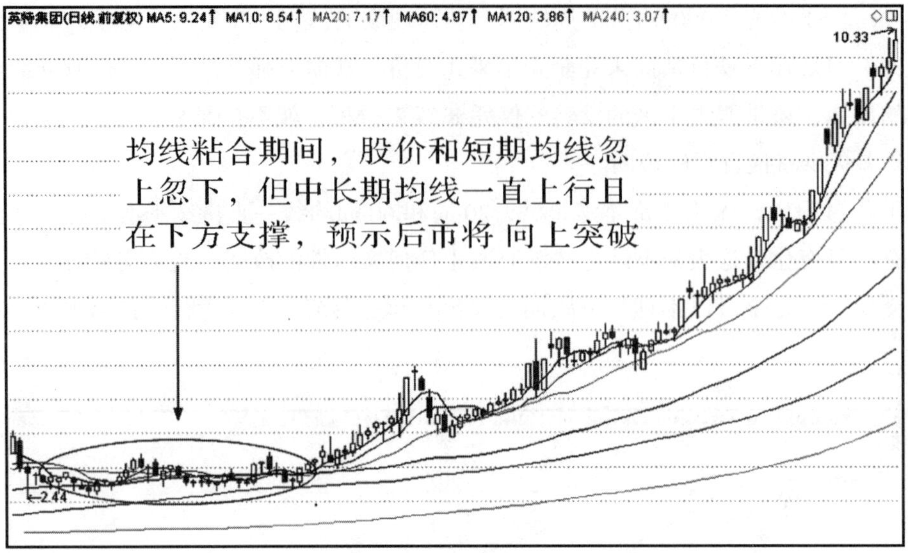

图 1-50　中长期均线的方向和位置，可以帮助交易者提前判断股价大概率的突破方向

图 1-51 是中国高科（600730）的日线图。图上向下倾斜的直线是长期下降趋势线。在底部区域，股价向上涨升，但还没有突破长期下降趋势线，表明截至目前股价仍旧处在长期下降趋势中。但长期下降趋势线仅仅表明股价运行的大趋势，中短期趋势如何呢？交易者可以通过观察股价和均线的方向变化，以及相互之间的位置排列关系进行判断。

股价第三次向上突破 60 日均线时，与前两次突破不同，这次向上突破后，60 日均线的方向已经由下行转为上行，预示着上涨至少是一个中期趋势。突破之处是 60 日均线葛南维买入点，交易者可以进场买入。后市如何运行，此时尚不得而知，但至少已显露出转势的迹象，交易者可以将其加入自选股，密切关注后市动态，等待更好的买入信号。

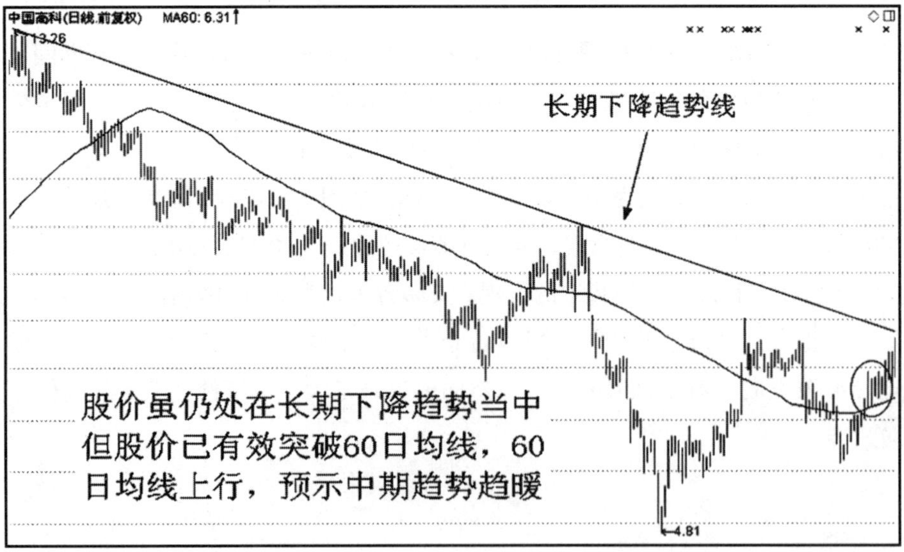

图 1-51　股价向上突破 60 日均线，60 日均线上行，预示着至少是一个向上的中期趋势

图 1–52 是图 1–51 同一时间段的日线图。从图上可以看到，股价由下向上突破 60 日均线，60 日均线掉头上行，此时是 60 日均线葛南维第一大法则的买入点。60 日均线是中期均线，所以该买入点是葛南维中期买入点。60 日均线确认和预示的趋势也常常是长期趋势，所以该点虽是中期买入点，也有可能迎来长牛的曙光。

该买点买入时，股价仅仅走出后低高于前低的技术形态，尚未走出后高高于前高的形态，根据道氏理论，尚不能确认一轮较大级别的中期趋势是向上还是向下，市场有可能进入一个三角形整理形态。60 日均线更早发出了信号，相应地其确定性也难以和道氏理论相比。

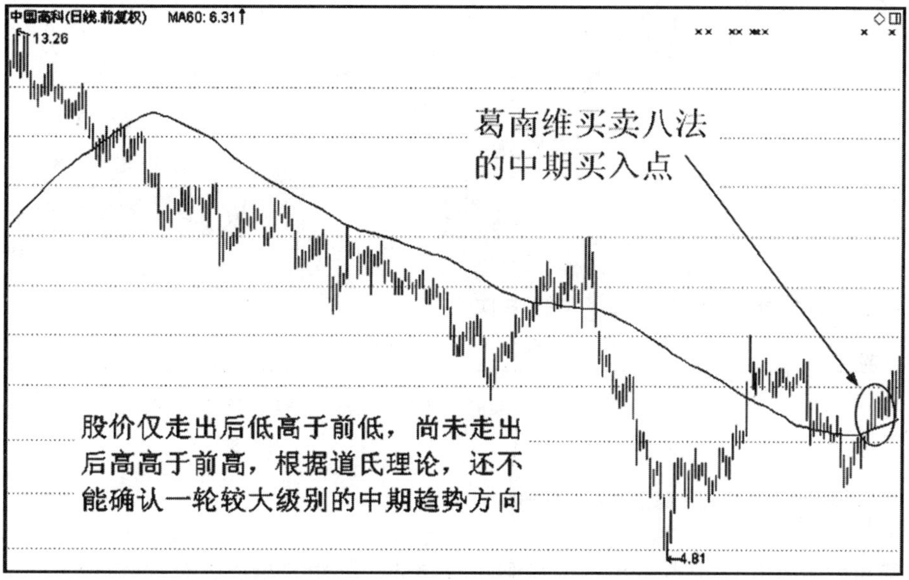

图 1–52 在确认趋势以及发出买入信号时，均线早于道氏理论

图 1–53 是包括图 1–52 走势在内的更长期的日线走势。从图上看，该股后市并没有像以上分析的那样走出一轮中期上升趋势，反而三次受阻于长期下降趋势线。截图时该股第四次升至下降趋势线处，是否能够突破尚不得而知。

从后期走势看，该股没有像此前的走势那样继续杀跌，股价基本上是围绕 60 日均线上下波动，60 日均线也时而略上行，时而略下行，整体上呈横向移动，表明股价正在横向盘整。至于盘整是为了打底蓄积能量，还是多方垂死抵抗，交易者不必妄自揣测，需要做的只是静静地等待股价自行选择突破的方向。

股价向上突破 60 日均线时进场买入的交易者，止损点是股价再度跌破 60 日均线。图上可以看到，股价再度跌破时，60 日均线也已由上行转为下行，因此也是 60 日均线葛南维卖出点。交易者进场买入时，也不是冲着长期上升趋势去的，而是先以中期向上的反弹行情作为操作依据，因此在股价遇到长期下降趋势线受阻回落时，即可止盈卖出。

需要特别提醒的是：均线的支撑和压力作用，均线的排列方式和技术形态，以及葛南维八大买卖法则，其信号强弱与均线单向运行的时间长短、单向运行的角度陡缓成正比例关系，即单向运行的时间越长，信号作用越强，角度越陡，信号作用越强。

在整理行情中，均线运行方向变化频繁，此时除了均线粘合和均线收敛之外，其余所有的均线技术信号，基本上都没有比较明显的作用。

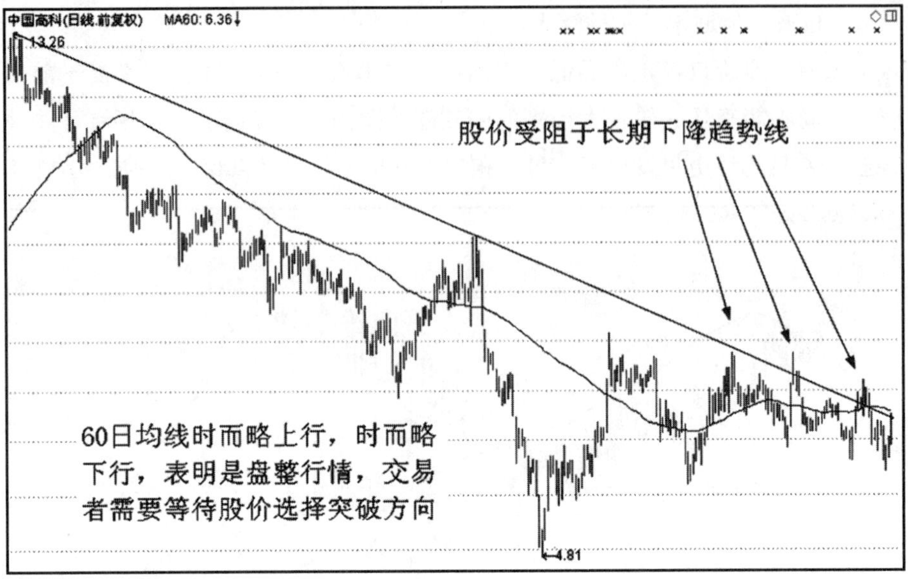

图 1-53 大多数均线技术形态不适宜应用在横盘整理期间

七、平均成本线和移动趋势线

均线最重要的作用有两点：平均成本和指示趋势。其中平均成本是均线的根本所在，确认和指示趋势是其最大的作用，其他特点和所有运用法则全部由此两点衍生，所以有人称均线为平均成本线和移动趋势线。

1. 平均成本是均线的本质

K 线是趋势最直接的载体。将 K 线的收盘价格移动平均，连续标注在坐标图上，就是均线。可以这样说，均线是更大时间周期和范围内平均化和模糊化的 K 线，是 K 线形态抽象化、概括化的另一种表达方式。

K 线是趋势的载体，是趋势的具象表达。均线以一种比 K 线更为广阔和宏观的视野，比 K 线更为简洁和明了的方式，显示趋势的方向和轨迹。

趋势、K 线和均线三者的关系大致如下。

趋势是一种规律，决定了 K 线和均线的方向和轨迹；K 线是趋势的载体，是趋势规律的具体表现形式；均线是 K 线平均价格的连续记录，反映了趋势规律和 K 线价格的大致方向和轨迹，比趋势规律直观，比 K 线简单。

K 线是趋势的载体，决定 K 线涨跌的最根本动力来源于趋势。当趋势下降时，K 线整体上成交的价格，也就是持仓者的平均成本必然越走越低，反之，必然越走越高。这个过程不取决于交易者的主观意志，无论愿意还是不愿意，平均成本的升高和降低都必然追随趋势的方向。

何谓 K 线整体上的价格走势？均线就是一定时间周期内 K 线整体上的平均价格。置身于交易之中，又想看清趋势的方向，只要借助于均线，通过观察趋势推动下的移动平均成本走向，就可以得到简单而又直观的帮助。

如图 1–54 所示，中珠控股（600568）。图中的长斜线是下降趋势线，下降趋势线表示股价正处在下降趋势中。该股各周期均线的方向也向下，与趋势方向一致。

均线向下，说明交易者越买越套。交易者越买越套，是因为趋势向下。二者是一个互为表里的关系。

在下降过程中，股价先后有三次较大的反弹。第一次收出收敛三角形，第二次和第三次收出下降旗形，整理形态完成时，都选择向下跌破，因此后市看跌。

技术图形跌破后，股价为什么会继续下跌呢？交易者可以观察到，在技术图形整理和形成期间，5 日、10 日和 20 日均线经过收敛、交叉，之后逐渐粘合，表明各中短周期的持仓平均成本趋于一致。当股价跌破技术图形时，股价处在所有周期均线之下，意味着市场内所有持仓者悉数被套，这时就会有大量的恐慌盘以及止损盘涌出，导致卖盘增加，股价下跌。

可见平均成本不仅是均线所有功用的本源，也是技术图形的内在动力之一。

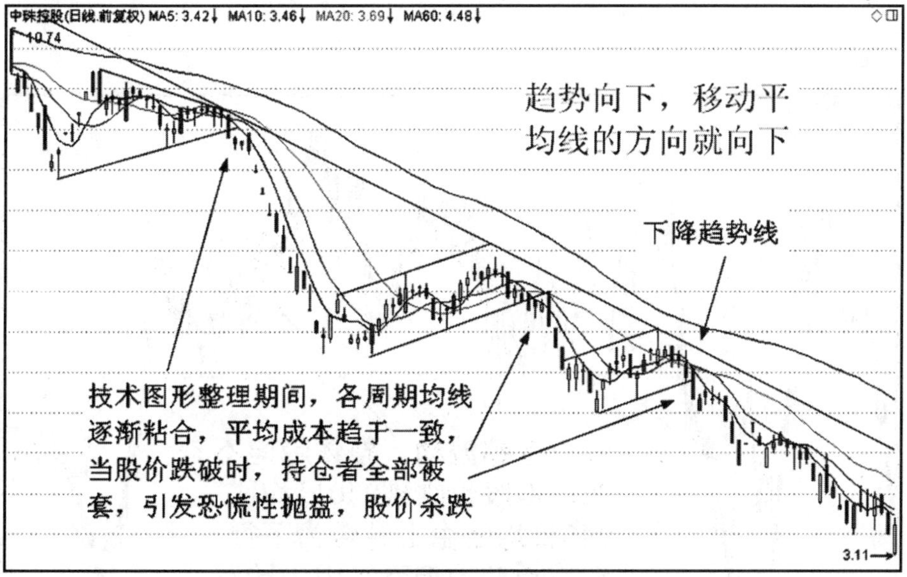

图 1–54　趋势决定移动平均成本价格的走向

2. 确认和指示趋势作用

从连续的过程看，是趋势决定了 K 线运行的方向和轨迹，K 线运行的方向和轨迹则决定了均线的方向和轨迹。在上述作用的过程中，K 线和均线既是趋势的载体，也是趋势作用于市场的结果和现象。对于交易者而言，大家都想了解和把握趋势，但趋势看不见也摸不着。趋势技术分析就是帮助交易者分析和研究现象，从而发现规律，认识趋势。

当K线一直单向运行时，无论是谁都可以一眼看出趋势的方向。但是当K线突然回档，或者忽上忽下剧烈震荡时，交易者就难免眼花缭乱，无所适从了。这时均线特别是中长期均线就派上了用场。如果中长期均线继续向下移动，说明中长线交易者还在继续抛售，市场成本继续下降，这向交易者传递出一种明确的信息：现在是熊市，趋势向下。

反之亦然，中长期均线一直持续向上移动时，表明中长期持仓者大多数都处于盈利状态，这不是主力机构大发善心的结果，而是趋势使然。

如图1-55所示，大橡塑（600346）。股价上下巨幅震荡，虽然时有新高和新低出现，但整体上处在一个大的价格箱体区间。如果仅仅使用道氏理论确认趋势的方法，无法判断股价的长期走向。即使配合波浪理论和趋势线等技术分析方法，对长期趋势的预判仍然束手无策。

有了均线情况就不同了。交易者可以观察到，在股价创出新高再度回落，跌破240日均线时，240日均线开始由上升转为走平。股价有效跌破240日均线，回抽240日均线冲不破时，240日均线已经开始下行。

股价在240日均线之下，240日均线下行，表明长线交易者对未来失去信心，不断抛售股票而使该均线下行，股价由牛转熊是大概率事件。股价跌破240日均线，240日均线走平时，是240日均线葛南维第六大法则卖出点，此时交易者可清仓卖出；股价回抽未能重新站上240日均线，240日均线下行时，是240日均线葛南维第七大法则卖出点，前期未及时卖出的交易者，现在应该清仓离场。

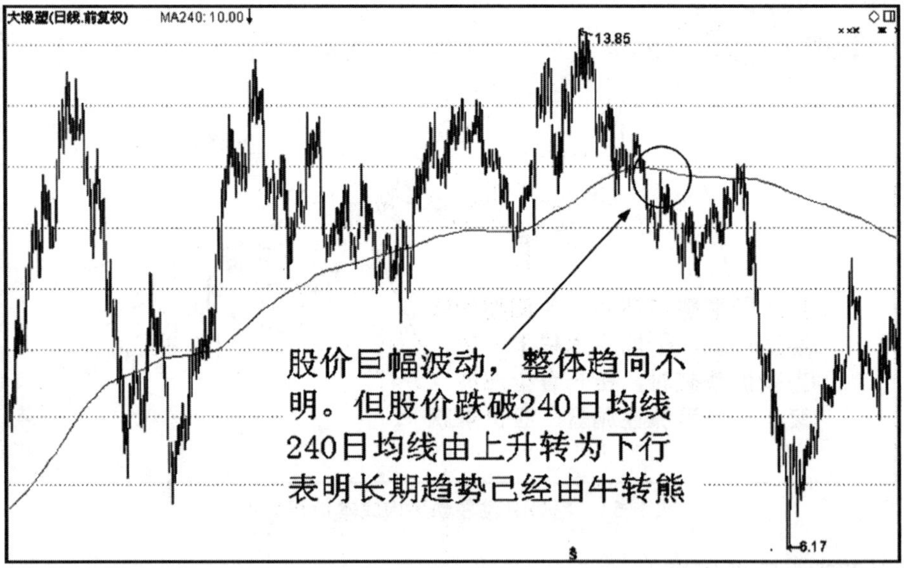

图1-55　股价跌破240日均线，240日均线由上升、走平转而下行，表明牛去熊来

图1-56是图1-55同一时间段的周线图，图中的均线是60周均线。60周均线大致相当于年线，因此在研判趋势和分析结果上，和图1-55中的年线不会有太大的不同。但周线图比日线图更为简洁明了，更易于交易者观察和判断股价或指数运行的长期趋势。

图中股价跌破 60 周均线后，60 周均线即开始由上行转为走平，转而下行。股价向上回抽 60 周均线无法突破，已经向交易者传达了明确的信息：多方已弹尽粮绝，溃败几成定局。

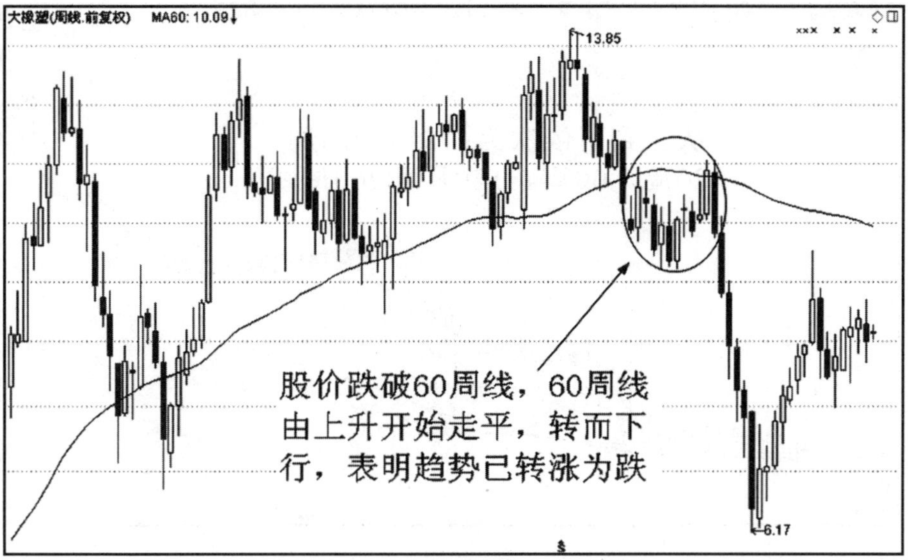

图 1-56　股价跌破 60 周均线，60 周均线上行、走平、下行，表明趋势已逆转

规律的运行过程是本质决定现象，趋势交易者判断和预测趋势的过程则是通过现象推断本质。现象并不是由趋势这一个因素决定的，交易者的投资理念和情绪、宏观经济发展状态、上市公司经营情况、各种突发事件等，所有信息全都包容在 K 线中。K 线、均线、技术图形等技术形态演化的方式和过程，是上述所有信息与趋势共同决定的。

技术分析理论得出的结论，无一例外是概率事件，因为技术分析看到的是现象和结果，并不是趋势本身。所有的分析结论，都是根据现象做出的一种推断，这种推断正确与否，不仅取决于分析的科学性、缜密性、逻辑性，还取决于交易者的经验、悟性、习惯以及自我约束的能力。

第三节　均线分类和均线组合

均线的分类方法很多，但大多都是按照时间周期和排列方式进行分类。

按照 K 线时间周期的不同，均线可以分为：分时 K 线（如 1 分钟、5 分钟、10 分钟、30 分钟、60 分钟 K 线等）的均线；周 K 线的均线；月 K 线的均线；季 K 线的均线和年 K 线的均线。上述各 K 线周期的均线，其计算和绘制方法和日 K 线的均线相同，但技术含义和使用方法因 K 线时间周期的不同存在一些差异。

交易者可以自行转换 K 线图的时间周期，方法如下：打开交易页面，切换至日线图，然后按 F8 或按数字键 08 加回车键，即可完成分时 K 线以及周线、月线等不同时间周期的切换。

图 1-57 是 ST 宝利来（000008）切换至周线的 K 线图。在周线图上，均线周期单位就由日

线图上的日换成了周，因此图中各均线从上到下依次为：5 周、10 周、20 周、60 周、120 周和 240 周均线，呈多头排列形态。

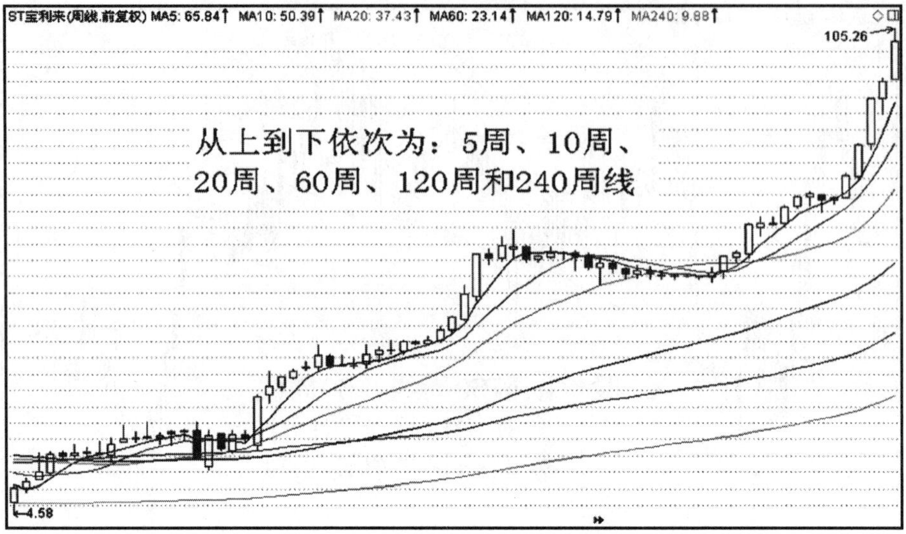

图 1-57　周 K 线图上的均线组合

图 1-58 是诺普信（002215）切换至 5 分钟分时 K 线的 K 线走势图，图中横线是当日股价封住涨停板的缘故。和周线图一样，当 K 线周期单位变成 5 分钟时，均线的周期单位也相应转换成 5 分钟。图中的均线从左到右依次为：5 × 5 分钟、10 × 5 分钟、20 × 5 分钟、60 × 5 分钟、120 × 5 分钟和 240 × 5 分钟均线。

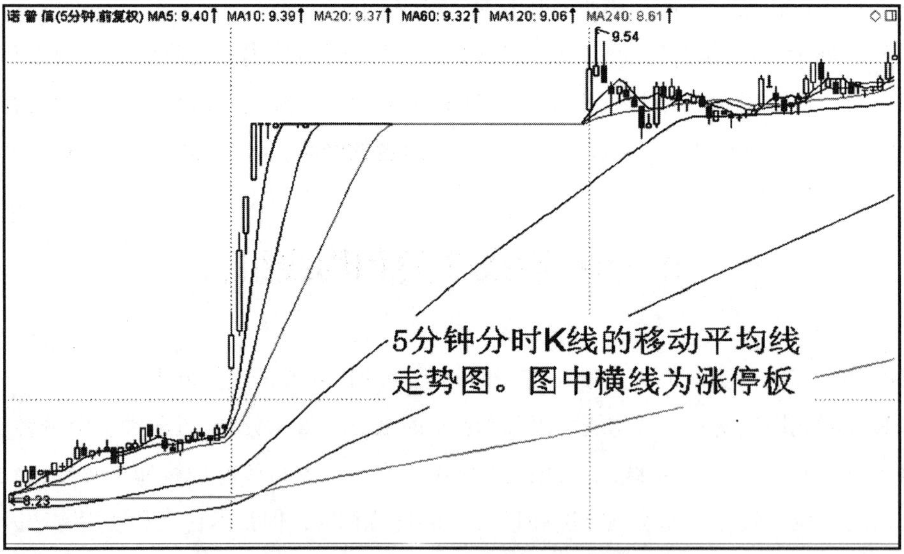

图 1-58　5 分钟分时 K 线图上的均线组合

需要特别提醒的是：由于 K 线周期不同，均线本身所代表的短期、中期、长期趋势也会发生一些变化。比如周 K 线图中的 10 周均线，就数字而言是短期均线，但它却相当于日 K 线级别的中期均线。

在日 K 线走势图上，按照时间周期的不同，可以将单根均线分为短期均线、中期均线和长期均线三种。同样，在日 K 线走势图上，按照不同周期均线的组合，可以将均线组合分为短期均线组合、中期均线组合和长期均线组合。

下面就日线图上不同时间周期的均线及均线组合进行简单的讲解。

一、短期均线

根据道氏理论，短期趋势一般持续 1 至数天，但通常少于 6 天，很少超过 3 个星期，因此短期均线的周期一般也不超过 3 个星期。

20 日均线的周期比较特殊，正处于道氏理论关于短期趋势和中期趋势时间周期的分界点，因此将其归于短期均线也可，归于中期均线也可。由于均线具有滞后性特点，通常情况下人们都把 20 日均线看作中期均线。

比较常用的短期均线主要有 5 日和 10 日均线，这是很多短线交易者决定买卖的重要参考依据。沪深股市每周交易 5 天，所以 5 日均线就是周线。代表 1 周的平均价格和平均持股成本。剔除节假日后，月交易日大约是 20 天，所以 10 日均线就是半月线。

5 日均线和 10 日均线的优点是对股价或指数的变动比较敏感，但优点同时也是缺点。当股价上下震荡剧烈时，5 日均线和 10 日均线的起伏会很大，不容易看清中长期趋势的方向。交易者如果仅仅使用 5 日均线和 10 日均线作为进出场的买卖依据，常常会在牛市的中途下车，在熊市的半山腰进场买入。除了极少数专门捕捉短线强势个股的短线交易者之外，基本上没有人单独使用短期均线。

图 1-59 是渤海租赁（000415）的日线图。从图上可以看出，股价处在横向整理的行情中，上下波动起伏较大。5 日、10 日均线也紧紧跟随股价上下起伏，显示了 5 日、10 日均线反应灵敏，但不容易确认和指示中长期趋势方向的特点。

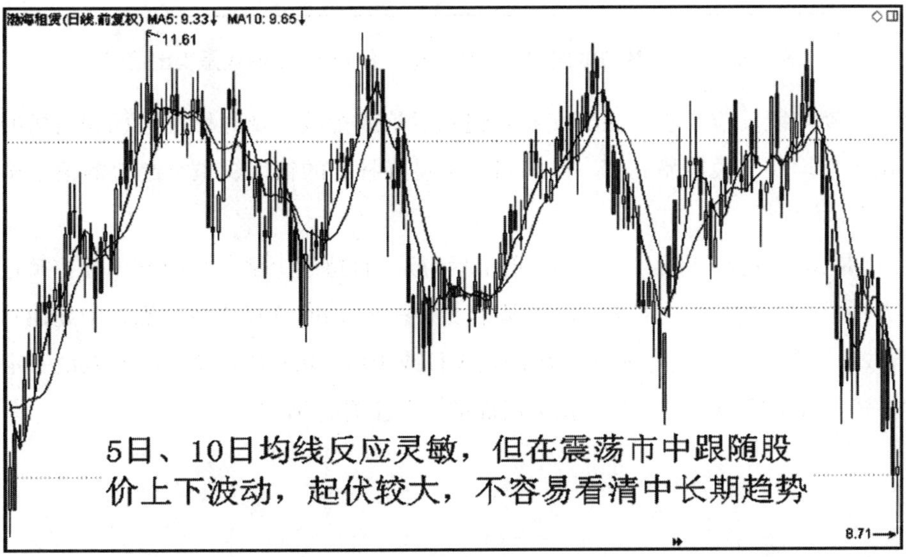

图 1-59 短期均线比较灵敏，但不够稳定，不利于观察中长期趋势

在长期的单边市道，比如大牛市或大熊市中，股价或指数经常会在短期内沿着 5 日均线或 10 日均线暴涨暴跌。当股价或指数跌破或站上 5 日均线或 10 日均线时，常常是中短线尤其是短线交易者卖出或买进的良机，因为在单边市道的顺势暴涨暴跌时，跌破 5 日均线或 10 日均线，大多会有一轮较大的调整，站上 5 日均线或 10 日均线，展开反弹常常是大概率事件。

图 1-60 是渤海租赁（000415）的日线图。上涨后期，股价沿着 5 日均线加速扬升。之后收出乌云盖顶的见顶 K 线形态，预示股价即将见顶或已经见顶，交易者可以减仓。随后股价跌破 5 日均线，交易者应该继续减仓或清仓。最后一根大阴线跌破 10 日均线，短线交易可以清仓离场，中长线交易也应减掉大部分仓位。

对于沿着 5 日或 10 日均线陡峭上涨的股票，离场标准一般有以下三种：①放量滞涨；②收出见顶的 K 线形态；③股价跌破 5 日或 10 日均线。

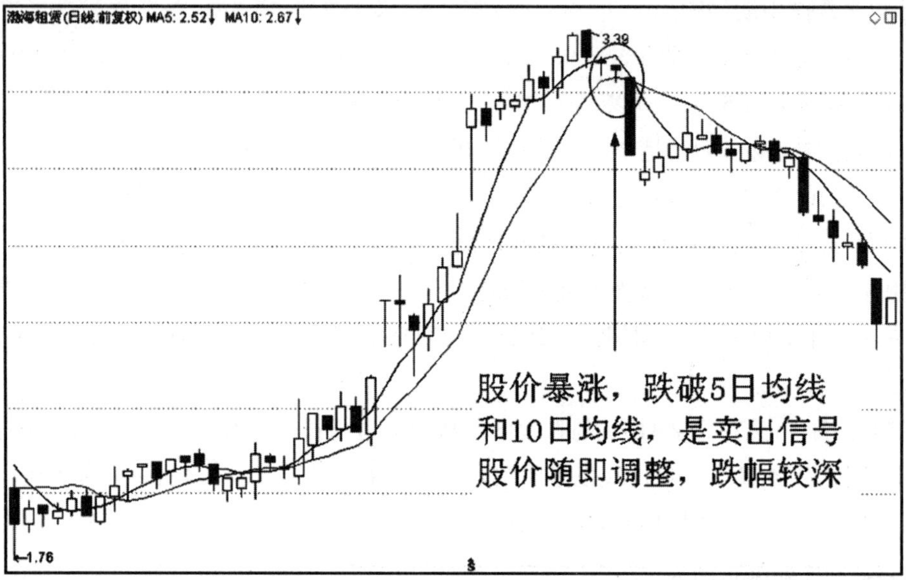

图 1-60　顺势暴涨的股票，股价跌破 5 日和 10 日均线是卖出信号

总之，短期均线反应灵敏，便于交易者追踪股价或指数，及时做出进场和离场的决定。但是仅仅使用短期均线，很容易犯“一叶障目，不见森林”的错误，被大趋势的滚滚洪流卷走利润和资金。

图 1-61 是民生投资（000416）的日线图。该股一直持续上涨，短时间内涨幅接近 7 倍，可以称得上大牛股了。在上涨过程中，股价基本上沿着 5 日和 10 日均线上涨，中途偶尔跌破 5 日和 10 日均线。交易者如果墨守成规，在跌破 5 日或 10 日均线时离场，虽不能说一定是错，但肯定会“拣了芝麻丢了西瓜”，白白错失后面的一段主升行情。

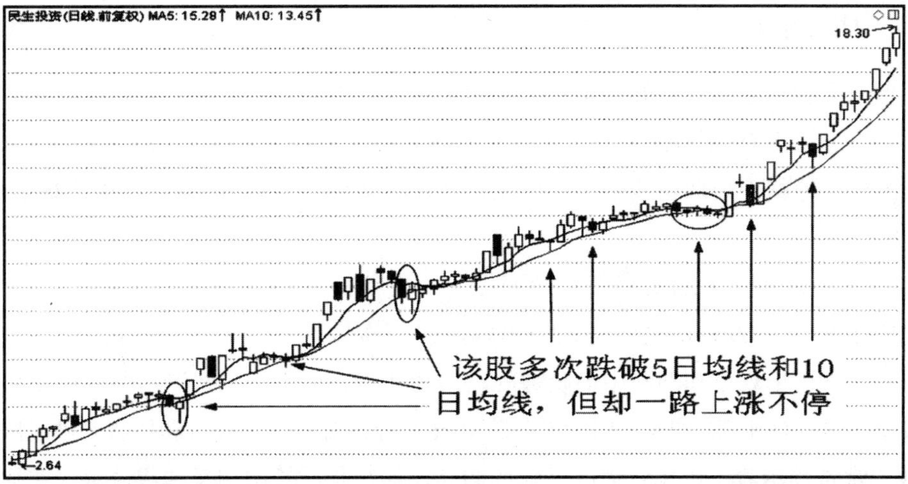

图 1-61　大牛股强势上涨期间，虽然也会偶尔跌破 5 日和 10 日均线，但不会停下上涨的步伐

大牛股强势上涨期间，股价跌破 5 日或 10 日均线时离场的交易者，除了错在没有区分个股的强势上涨和短期暴涨之外，还错在只看到了股价的短期波动，忘记了观察和判断中长期趋势的方向。

中长期趋势的重要性，无论怎么强调都不为过。道氏理论甚至认为，长期趋势是三种趋势中交易者唯一应该关注的趋势。

图 1-62 是与图 1-61 同一时间段的日线图。该图上有 6 条均线，分别为 5 日、10 日、20 日、60 日、120 日和 240 日均线。除了 5 日和 10 日均线以外，其余都是中长期均线。交易者可以观察到，该股上涨过程中，除了短期均线偶有交叉和粘合之外，中长期均线一直呈完美的多头排列。多头排列是非常重要的持股待涨技术形态，交易者岂能轻易半途而废？

股价每一次跌破短期均线，都很快重新收回，20 日均线一直支撑股价上行，走出一个比较典型和完美的均线上山爬坡技术形态。

有了中长期均线辅助判断，交易者就更容易判断和预测中长期趋势的方向。

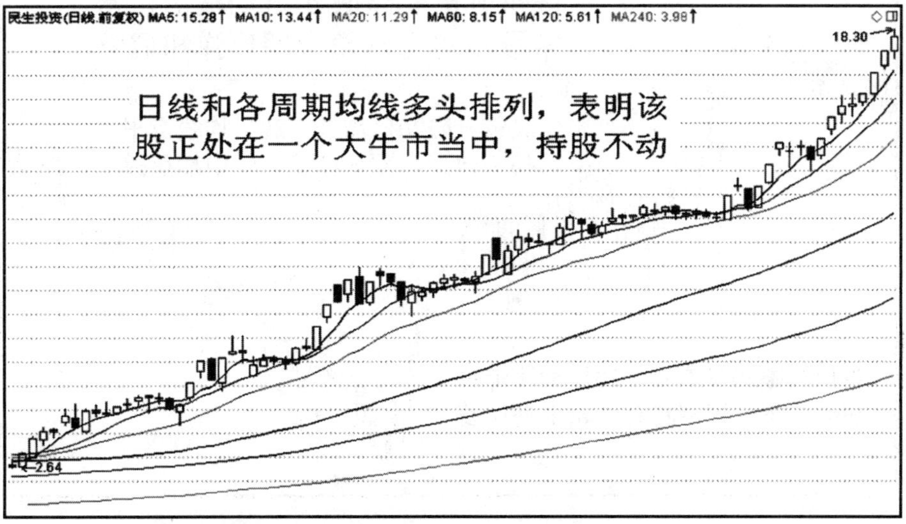

图 1-62　多头排列中，股价短暂跌破短期均线，不会影响牛市格局，可以继续持股不动

二、中期均线

道氏理论中的中期趋势一般持续几个星期至几个月不等，与之相对应的，均线的周期也在20日（3个星期）至几个月之间。由于均线具有滞后的特点，所以本应属于中期均线的120日均线，就被人们习惯性地归于长期均线中了。中期均线比较常用的主要有20日均线、30日均线和60日均线。

20日均线和30日均线都是月线。20日是每月实际交易天数，30日均线是习惯上的月线，因为一个月有30天。60日均线是3个月的实际交易天数，所以又称为季线。

中期均线常用于观察和判断中期趋势的延续和转折，但由于均线滞后的原因，用于长期趋势的追踪和预测也有独到之处。20日均线或30日均线转折，以及股价和指数升破或跌破20日、30日均线，常常预示着一轮比较大的反弹或调整，甚至是一轮中期反弹或调整。实战操盘中，20日均线和30日均线的区别不是很大，技术含义相同，交易者只选取其中之一运用即可。

图1-63是诺普信（002215）的日线图。从图中可以看到，本来上涨走势运行得很平稳，突然收出一根大阴线，股价马上就急转直下，先是跌破20日均线，20日均线由上升转为走平，继而拐头向下，表明一轮中期调整行情将要或已经到来。

在股价下跌过程中，多方组织了三次反击，但都在20日均线压制下无功而返。三次反击无论从时间周期上，还是从涨跌幅度上，都只能算短期反弹。

多方第四次发起反攻，一根大阳线向上突破了20日均线，20日均线也开始由下行慢慢走平。股价随后在20日均线上方小幅攀升，带动20日均线拐头向上，预示着终于迎来中期反弹的曙光。

图中股价跌破和升破20日均线处，三次反弹遇阻的位置，突破20日均线后回落到20日均线受到支撑后止跌的位置，都是20日均线的葛南维买卖点。

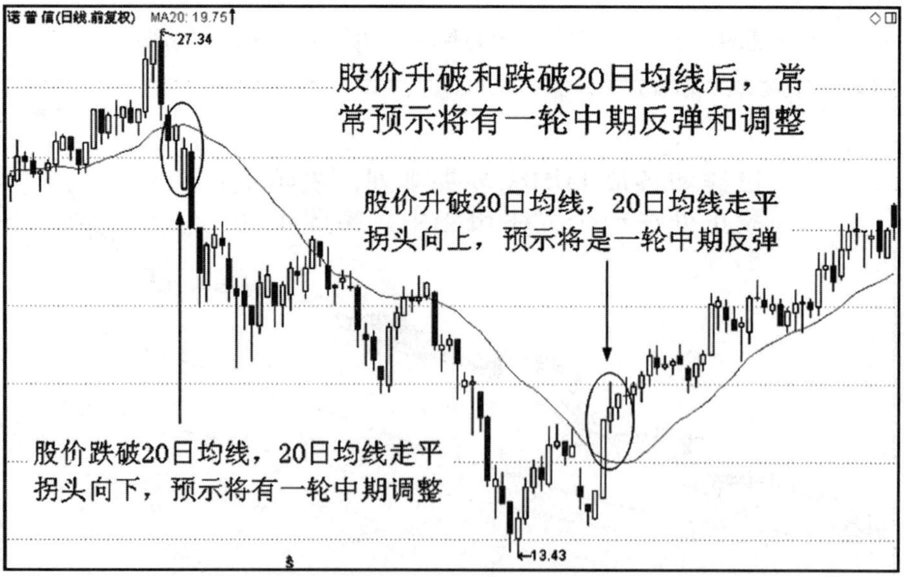

图1-63　股价有效升破或跌破20日均线后，常常有一轮中期反弹或调整

大牛市的大部分时间，或者大部分牛股，都是依托 20 日均线或 30 日均线上升的。同样，大熊市的大部分时间，或者大部分大熊股，都是依托 20 日均线或 30 日均线下跌的。

图 1–64 是粤电力（000539）的日线图。股价一浪涨，一浪跌，但却是一浪高过一浪，走出逐浪上涨的均线形态。每次回调，都在 20 日均线的支撑下止跌回升。偶有跌破，也很快重新收复。20 日均线差不多可以视为该股的生命线。

图 1–64　依托 20 日均线上涨的大牛股

图 1–65 是上证指数（999999）2006 年 8 月至 2007 年 1 月之间的日线图。从图上可以看到，指数一直沿着 20 日均线上升，每次回落至 20 日均线时，都会遇支撑再度上涨。

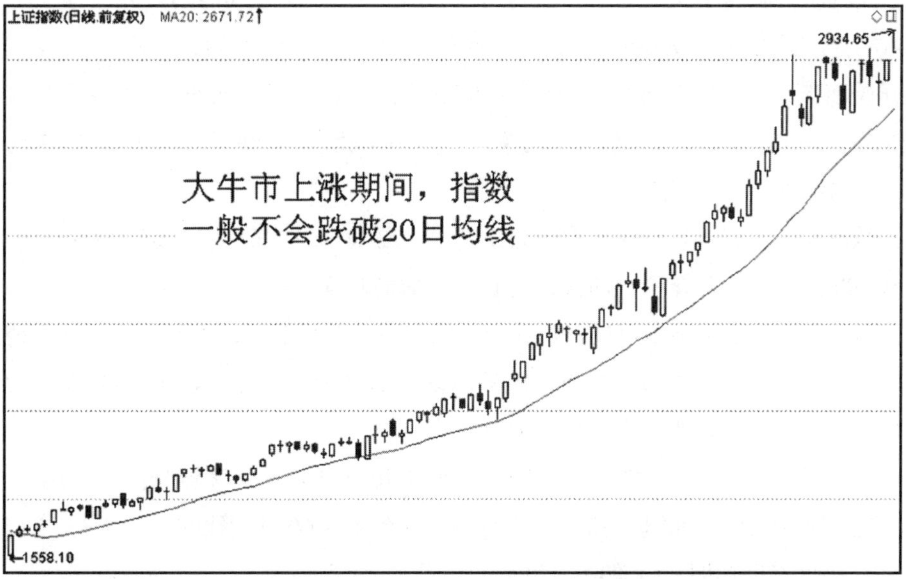

图 1–65　在牛市的大部分时间里，指数都依托 20 日均线上涨，很少跌破

图 1-66 是恒顺醋业（600305）的日线图。股价跌破 20 日均线后，就像征着牛市远去，自此缈无音信。下跌途中的每一次反弹，只要一遇到 20 日均线，股价就会止住不前，掉头向下，走出比较典型的均线下山滑坡技术形态。

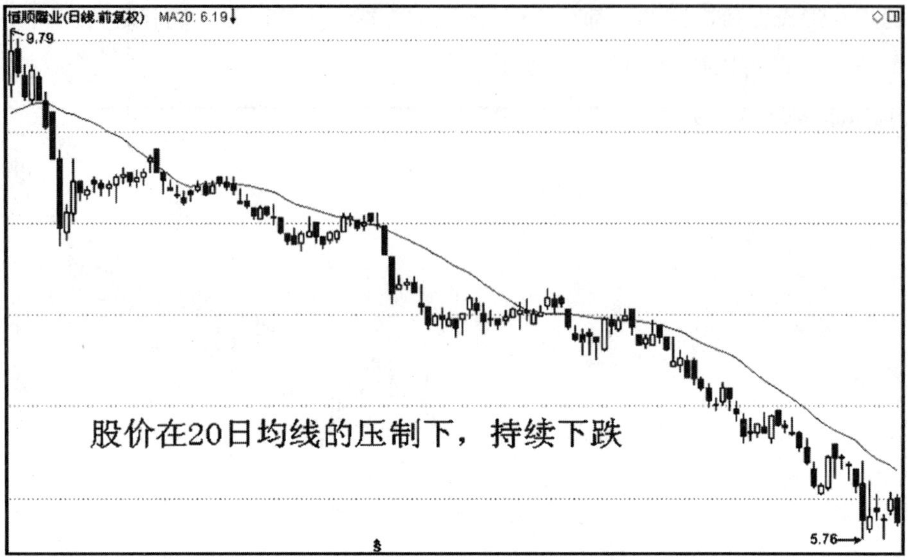

图 1-66　沿 20 日均线下跌的大熊股

60 日均线虽是中期均线，但其确认和预示的趋势却常常是长期趋势。股价和指数向上突破 60 日均线，60 日均线上行，常常预示着熊市结束，牛市来临；反之，则预示着牛市结束，熊市来临。

一般可以认为：大盘指数运行在 60 日均线之下，60 日均线下行，是熊市；大盘指数运行在 60 日均线之上，60 日均线上行，是牛市。个股由于股价上下波动的幅度和频率都要大于大盘指数，因此判断个股的牛熊，除了参考 60 日均线之外，还需要其他趋势分析方法配合使用。

图 1-67 是上证指数（999999）2007 年 10 月至 2008 年 10 月的日线图。上证指数 6124 点见顶之后开始回落，随后跌破 60 日均线。跌破以后，指数向上回抽 60 日均线没有成功。此后 60 日均线便由上升逐渐走平，慢慢向下拐头。这是一个比较强烈的预警信号，传递的信息是：牛已老矣，气力将尽。

大盘指数跌破 60 日均线，60 日均线趋于走平，是 60 日均线葛南维第六大法则的卖出点，交易者至少要减掉绝大部分仓位。即便是清仓，后悔的几率也很小。

不久，指数再度向上突破 60 日均线，但 60 日均线却继续下行，表明大熊市已经悄然登场，中期持股的交易者都不看好后市，多方上攻的后续力量恐怕难以为继。此处是 60 日均线葛南维第八大法则的卖出点，交易者应当清仓卖出。

后市指数果然在 60 日均线之上仅仅短暂停留了几个交易日就又转身向下，第二次跌破 60 日均线。在随后的 10 个月时间里，指数每次反弹，都在接近 60 日均线时掉头下行。对多方而言，60 日均线的压力已经坚如磐石，难以撼动。

从图上也可以看出，60 日均线发出的长期趋势转折信号，要远远早于道氏理论和波浪理论。

图 1-67　指数跌破 60 日均线，60 日均线由上升走平转而下行，是牛去熊来的见顶信号

图 1-68 是上证指数（999999）2005 年 11 月至 2007 年 11 月的日线图。指数向上突破 60 日均线之后，一直运行在 60 日均线之上，60 日均线也一直支撑指数上行，表明大牛正昂首阔步一路向前。

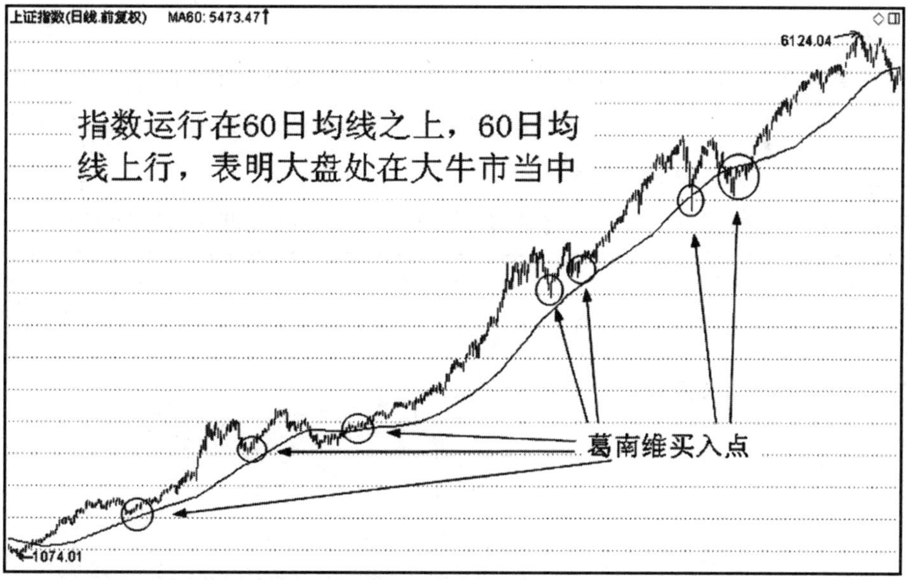

图 1-68　指数运行在 60 日均线之上，60 日均线支撑上行，表明牛市一直在持续中

中期均线的波动幅度较短期线均线平滑且有轨迹可寻，较长期均线敏感度高，实战中可操作性强，具有很明显的优势。

三、长期均线

按照道氏理论，长期趋势一般持续几个月至几年不等。因为均线滞后的原因，长期均线的时间周期通常略短于长期趋势的时间周期，例如 120 日均线是半年线，很显然短于长期趋势的时间周期，但却属于长期均线。

比较常用的长期均线主要有 120 日均线和 240 日（250 日）均线。120 日均线是半年线，240 日均线是年线。以前大多用 250 日均线作为年线，交易软件也是把 250 日均线默认为年线。但现在由于节假日较过去增多，年交易日有所减少，所以很多交易者也使用 240 日作为年线。在实战运用中，240 日均线和 250 日均线几乎毫无区别。除了特别注明的以外，本书都是以 240 日均线作为年线。

120 日和 240 日均线主要用来判断大盘趋势。和 60 日均线一样，通常认为：指数运行在 120 日和 240 日均线之下，120 日和 240 日均线下行，是熊市；指数运行在 120 日均线和 240 日均线之上，120 日均线和 240 日均线上行，是牛市。与 60 日均线相比，120 日和 240 日均线更加稳定可靠，但发出的信号也更滞后。

图 1-69 是深证成指（399001）1996 年 4 月至 1997 年 5 月的日线图。大盘指数先是由下向上突破 120 日和 240 日均线，同时 120 日和 240 日均线开始向上拐头，这是葛南维第一大法则的买入点，表明大盘已悄然进入牛市。

随后指数继续上涨，120 日均线上穿 240 日均线形成黄金交叉，长期均线黄金交叉，是长线交易者进场买入的一个重要信号。

之后，指数基本上运行在 120 日和 240 日均线之上，表明牛市格局未改。期间只有一次较大的调整，指数回落到 120 日均线附近，并且三次短暂跌破 120 日均线，但都很快收回，120 日均线继续支撑上行，这是 120 日均线葛南维买入点。

120 日和 240 日均线黄金交叉后一直呈多头排列，交易者在此期间可以持股不动。

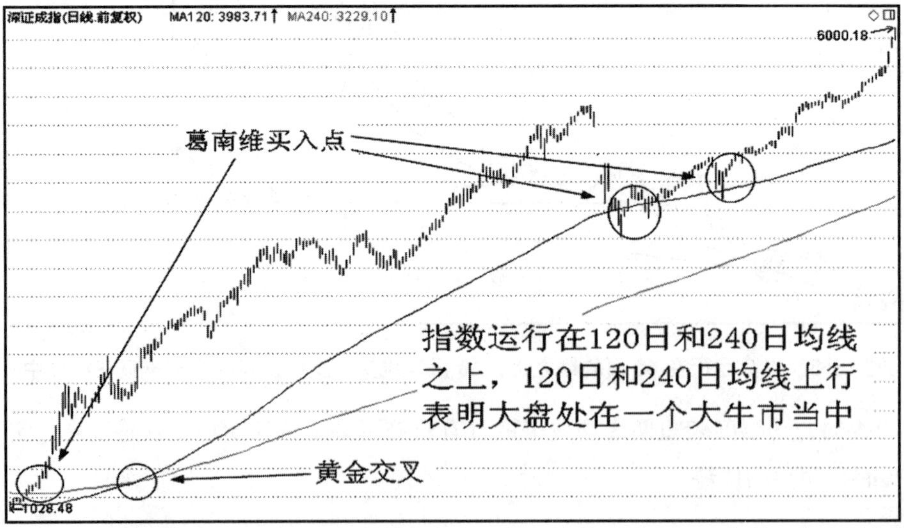

图 1-69　指数运行在 120 日和 240 日均线之上，两条均线支撑上行，表明牛市格局未变

120日和240日均线比中期均线中的60日均线更加稳定,用于判断和预测大盘趋势也更可靠。

图1-70是深证成指（399001）与图1-69同一时间段的日线图。指数调整时，有效跌破了60日均线，60日均线也由上行开始走平。指数向上回抽60日均线不果，转而下行。如果单独使用60日均线判断行情走势，则表明牛市结束，熊市来临，交易者应当卖出股票。但是120日和240日均线依然支撑指数上行，表明那些交易周期更长的交易者看好后市，还在继续买入，也就是说牛市的进程还在持续。

60日均线发出的信号和120日、240日均线发出的信号相互矛盾，在这种情况下，交易者应该如何应对呢?

一是依交易周期而定。如果以60日均线作为操作依据和交易周期，交易者就应当在指数跌破60日均线，60日均线走平时清仓或减仓。至迟在指数回抽60日均线不上，60日均线下行时清仓。

如果以120日均线或240日均线作为操作依据和交易周期，那么在指数跌破60日均线时，交易者可以减仓，也可以不减，但必须高度关注行情走势，时刻观察指数、120日或240日均线运行的位置、方向和角度。

二是遵守交易原则。几乎没有交易者使用单一一根均线进行操作。使用均线组合时，不同周期的均线必然会经常发出相互矛盾的信号。在本系列丛书第一册《K线技术分析》中已明确：短期趋势服从中期趋势，中期趋势服从长期趋势，这是趋势运行的常态，在常态中应坚持持股或空仓；短期趋势扭转中期趋势，中期趋势扭转长期趋势，这是趋势运行的异态，只出现在趋势的转折之处，即底部和顶部。交易者可以在异态中选择进场点或离场点。

在常态中持股或空仓，在异态中选择进场点或离场点，是趋势交易者应遵循的原则。具体到均线，则是均线的服从和扭转。

均线服从就是指多条均线收敛时，各周期均线方向不同，后市走向将遵循股价或指数服从均线，短期均线服从中期均线，中期均线服从长期均线，日线服从周线，周线服从月线的规律：长期均线向上，则趋势继续向上；长期均线向下，则趋势继续向下。

均线扭转是指市场趋势开始发生转折的时候,就不再遵循短期均线服从中长期均线的规律,而是股价或指数扭转短期均线,短期均线扭转中期均线,中期均线扭转长期均线,日线扭转周线,周线扭转月线。

均线服从大致相当于趋势运行的常态，均线扭转大致相当于趋势运行的异态。在运用上述原则时，可以大致表述为：均线服从时持股或空仓，均线扭转时选择进场点或离场点。

本例中，如果单一使用60日均线则是均线扭转，但最终并没有扭转成功，也就是说趋势没有逆转；如果单一使用120日均线或240日均线，或者同时使用上述3条均线，就是均线服从。

实战操盘中，交易者可以在股价或指数跌破60日均线，60日均线走平时，暂时清仓离场或减仓，然后继续观察后市走向。如果后市在120日均线或240日均线处止跌回升，120日均线或240日均线继续上行，交易者可以继续持股不动，前期已空仓或减仓的交易者，可以考虑在股价或指数再度向上突破60日均线时重新进场买入或加仓。反之，则应沽空股票，退至场外观望。

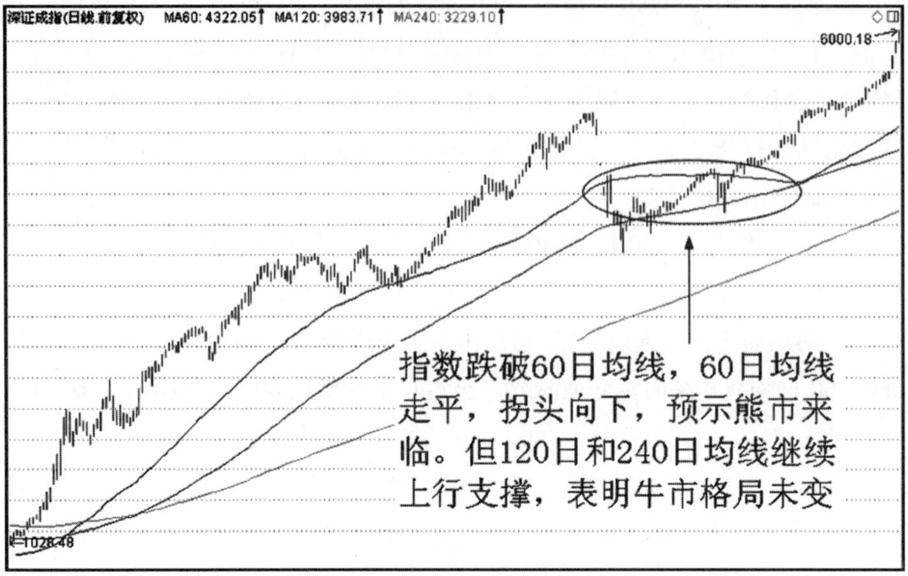

图 1-70　用 120 日或 240 日均线确认牛市信号，比 60 日均线稳定可靠

年线和半年线通常用于判断趋势强弱和选股，用于确定进出场标准时，由于存在着严重的滞后性，作用价值不大。

图 1-71 是深证成指（399001）1997 年 4 月至 1999 年 8 月的日线图。图上标注了 120 日均线和 240 日均线的葛南维买卖点，交易者可以观察到，如果严格按照葛南维买卖法则的信号进出，交易者每一次完整的买卖，常常是微亏微盈。出现这种问题的最主要原因，就是长期均线相对于股价或指数的变化反应太过于滞后。

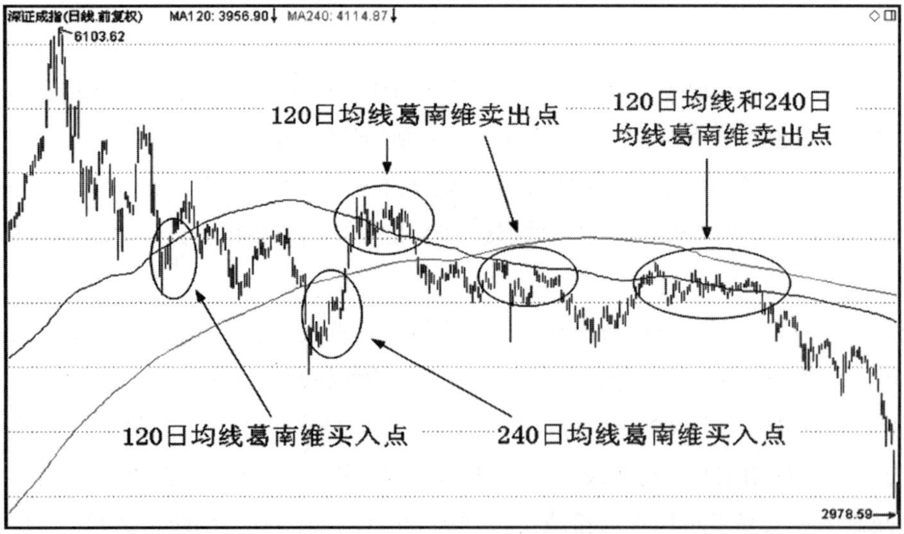

图 1-71　半年线和年线存在较大的滞后性，其发出的买卖信号滞后于股价或指数的变动

四、短期均线组合

短期均线组合是由两条或两条以上短期均线结合在一起的组合形态。传统上，大家习惯把本属于中期均线的 20 日均线或 30 日均线放置到短期均线组合里，用以观察中期走势。带有 20 日或 30 日等中期均线的短期均线组合，比完全由短期均线组成的短期均线组合更具应用价值。

常见的短期均线组合，一般有 5 日、10 日、20 日均线组合和 5 日、10 日、30 日均线组合两种。其他如 3 日、8 日、14 日均线组合，或者 3 日、8 日、21 日均线组合，其含义和常用的短期均线组合差不多，只不过是把常用的均线周期换成了斐波那契神奇数字。

短期均线组合主要用于观察市场短期趋势，其中 20 日或 30 日均线是中期均线，对于把握中期趋势也有一定的参考意义。当股价或指数沿着 5 日均线上升或下跌时，表明市场短期呈现出极强或极弱的特征，升破或跌穿 20 日均线，表明市场中期趋势正在由弱转强或由强转弱。

如图 1–72 所示，ST 国药（600421）。一根大阴线跌破 5 日、10 日和 20 日均线，5 日和 10 日均线由上行转为下行，5 日均线下穿 10 日均线形成死亡交叉，表明短期持仓者不看好后市。20 日均线由上行开始走平，表明中期持仓者也不看好后市，预示该股中期趋势将会趋弱。遇到这种走势，交易者可以卖出。

跌破 20 日均线的大阴线同时跌破了上升楔形，跌破上升楔形是看跌信号，卖出。股价跌破 20 日均线和上升楔形后，一直沿着 5 日均线下跌，表明该股下跌势头很猛，是极弱势股，交易者应当坚决回避，持币观望。跌破均线和上升楔形的大阴线，是断头铡刀的均线技术形态。断头铡刀是见顶信号，信号作用比较强烈，交易者应当卖出离场。在大阴线之前，股价已经收出顶部穿头破脚、射击之星等见顶 K 线形态。

在大阴线之后，出现均线死亡谷技术形态，随后形成均线空头排列。死亡谷是看跌信号，在前面没有及时离场的交易者，收出死亡谷之后，如果还不拿出壮士断腕的勇气斩仓出局，那可真是要葬身死亡谷。空头排列是趋势交易者非常重要的持币空仓期。股价见底反弹时，收出均线银山谷技术形态，银山谷是买入信号。

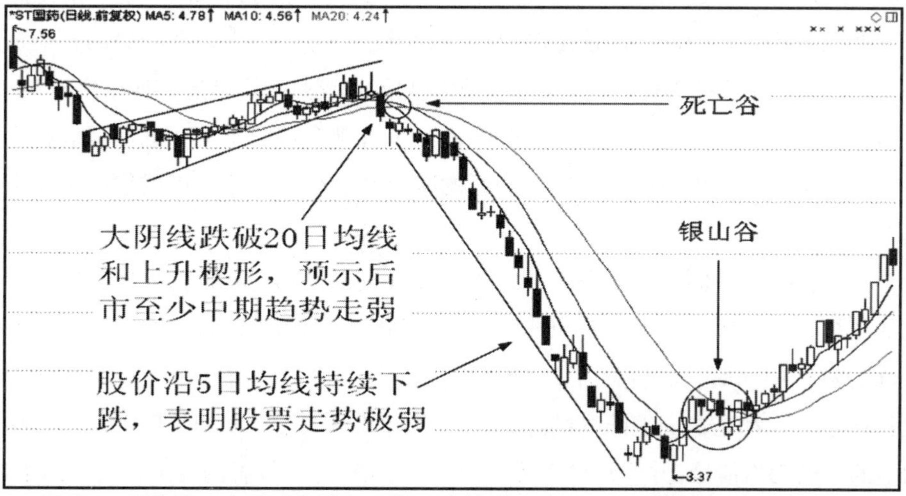

图 1–72 跌破 20 日均线，表明后市进入中期下降趋势，股价沿 5 日均线陡峭下跌，表明走势极弱

短期均线组合的稳定性不强，不利于观察和判断中长期趋势。

如图 1-73 所示，ST 厦华（600870）。股价经常暴涨暴跌，5 日、10 日和 20 日短期均线组合也会跟随股价起起落落。在股价下跌时，短期均线组合就会收出死亡交叉、空头排列等见顶和看跌的技术形态，表明股价处在空方控制之下。但无论股价如何起伏波动，240 日均线都一直支撑着股价上行，表明长期上升趋势没有改变。

实战操盘中，如果仅仅依据短期均线组合，就难免上涨时看多，下跌时看空。

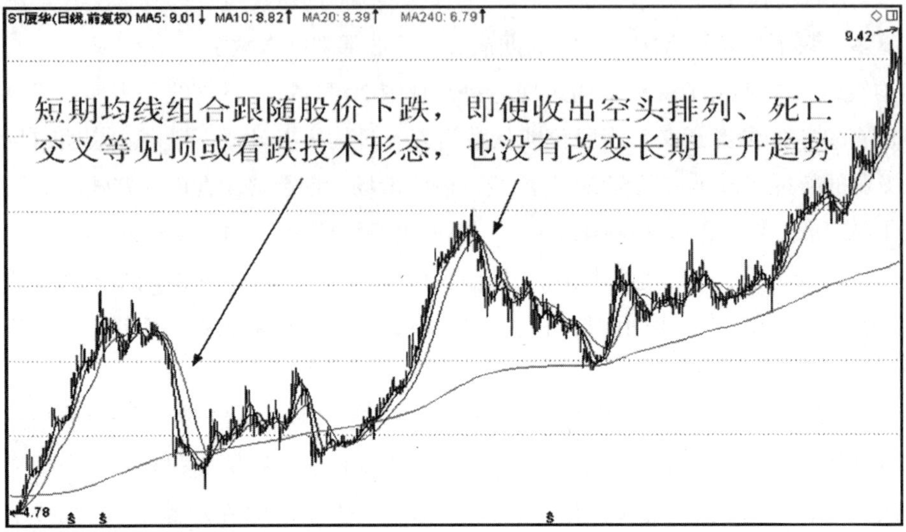

图 1-73 短期均线组合不容易看清长期趋势，交易者可以结合 240 日均线综合研判

判断股价或指数处在牛市还是熊市中，对于趋势交易者来说，有着无以替代的重要意义。在股票交易中，趋势交易者就是牛市持股，熊市空仓，顺势而为。顺势的“势”，是指中长期趋势。如果不考虑牛市和熊市，仅凭短期均线组合发出的信号买进卖出，很显然不是趋势交易者。

明确了趋势，就可以确定进出场的标准和仓位管理方法。前文已述，短期趋势服从中期趋势，中期趋势服从长期趋势，这是趋势运行的常态，在常态中应坚持持股或空仓；短期趋势扭转中期趋势，中期趋势扭转长期趋势，这是趋势运行的异态，异态只出现在趋势的转折位置，即底部和顶部，在异态中应选择进场点或离场点。归纳起来，就是牛市持股，熊市空仓。

但牛市持股，熊市空仓，并不表明整个牛市中一直满仓持股不动，也不是说整个熊市中从来不买卖一手股票。一轮牛市中，可以有短暂的减仓和空仓；一轮熊市或猴市中，可以有短暂的持仓和满仓。

图 1-74 是与图 1-73 同一时间段的日线图。如果交易者用 240 日均线作为判断趋势牛熊以及进出场的依据，则该股一共出现三个非常明显且清晰的卖出点。这三个卖出点全都出现在股价快速上涨的过程中，而且股价处在 240 日均线之上，240 日均线持续上行，因此无论是中期趋势还是长期趋势，都还在向上涨升的过程中。卖出点出现在中期和长期上升趋势中，说明仅是行情调整的消极卖出信号，并非趋势逆转的积极卖出信号。交易者的卖出行为可以不那么急迫，减不减仓都可以，但不宜清仓。

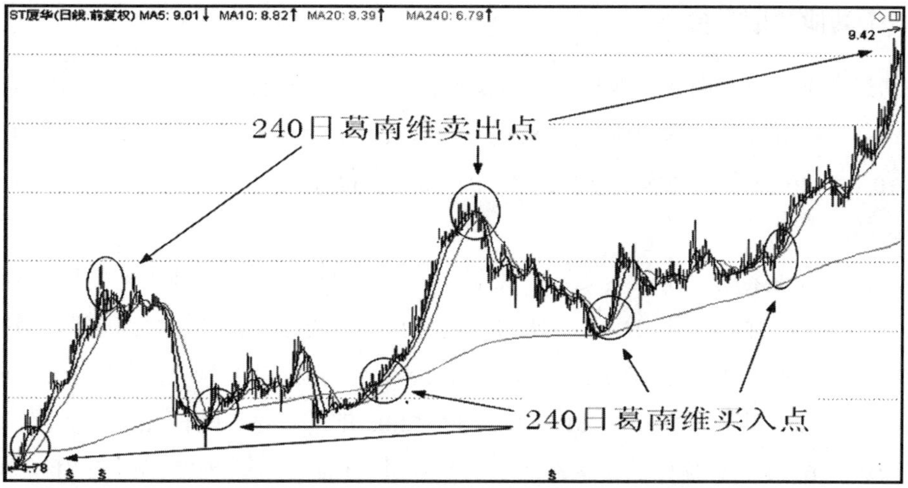

图 1-74 短期均线组合结合 240 日均线使用，240 日均线可以佐证和强化短期均线组合的信号作用

实战操盘中，是减仓还是不减，减多少，需要具体问题具体分析。

图 1-75 是图 1-74 中第一个卖出点前后的日线图，图中股价在顶部走出一个收敛三角形。三角形内出现均线死亡交叉，打破均线粘合形态，并随之走出均线空头排列，都是见顶或看跌的信号。多种卖出信号叠加，会让熟稔技术分析的交易者心内不安，至少会沽出一部分筹码。

均线系统发出卖出信号，收敛三角形处于较高位置，都预示着收敛三角形向下突破是大概率事件，也在警示交易者应退出部分仓位观望。随后股价跌破三角形下边线，这是看跌信号。

收敛三角形虽然是整理技术图形，但位于顶部的看跌收敛三角形是转势技术图形。技术图形转势时，扭转的趋势大多是中期趋势，所以交易者应当减仓。前期已经减过仓的交易者，可以继续减仓，只保留较少的仓位。

在三角形的两个顶点，分别收出乌云盖顶和倾盘大雨这两个见顶 K 线形态。二者都是转势 K 线形态，但 K 线形态扭转的趋势大多为短期趋势，所以在两个顶点之处，交易者可以减仓，也可以不减。

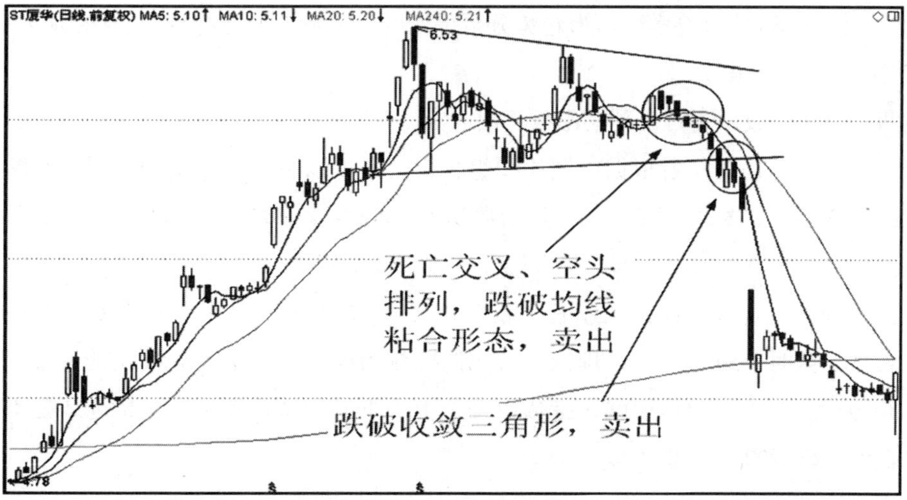

图 1-75 多种均线形态和技术图形发出卖出信号，但只是中期消极卖出点

五、中期均线组合

中期均线组合是指由两条或两条以上中期均线组合在一起的均线组合。最为常见的中期均线组合方式，是将10日均线与中期均线放在一起组成中期均线组合系统。交易者常用的中期均线组合有10日、20日、60日均线组合，10日、30日、60日均线组合，和20日、40日、60日均线组合三种。

中期均线组合主要用于在中线交易中观察市场中长期趋势。与其他周期的均线组合相比，在单边市道、熊市反弹和震荡市中，中期均线组合有非常明显的优势。牛市末期和熊市末期，中期均线组合开始逆向呈多头排列或者空头排列时，常常意味着中长期趋势可能已经逆转。

图1-76是上证指数（999999）2007年9月至2008年4月的一段日K线走势图。从图上可以看到，指数在6124点见顶以后逐渐回落，先后跌破10日、20日均线，10日均线开始由上行逐渐走平并下行。因为是上涨过程中第一次出现回调，这也许是正常的一次调整，交易者可以短线减仓或者清仓，也可以持仓不动。

接着指数再度上行，没有创出新高就掉头下行，第二次跌破10日和20日均线。与第一次不同的是，这次10日和20日均线同时下行，K线、10日、20日均线呈空头排列。这是一个很明显也很强烈的中短期离场信号，交易者可以进行中短期减仓或清仓动作。

指数继续下行，随后跌破60日均线，回抽60日均线也告失败。10日、20日均线继续下行并下穿60日均线，60日均线由上升逐渐走平，最后掉头下行。60日均线下行，表明近三个月以来持股的交易者不看好后市。除非指数马上上涨突破60日均线，然后继续向上涨升，带动60日均线重新向上，否则即使熊市没有来临，这次下跌只是牛市中的一次调整，至少也需要几个月的时间才能把60日均线重新拉平并拐头向上。在此处进行中长期的减仓或清仓动作，待行情进一步明朗后再选择操作方向，才是比较明智的做法。

指数继续下行一段时间后，走出一个小双底的技术图形，然后重新站上60日均线。单看日K线走势似乎不弱，但此时60日均线正在继续下行。K线、10日、20日均线死亡交叉60日均线，对于以10日、20日、60日均线系统作为趋势分析手段的交易者来说，这是中长期必须离场的信号，清仓卖出是唯一正确的做法。

上述两个离场区域，同时也是葛南维卖出点。

指数运行至此处，交易者根据中期均线组合，已经可以做出清仓离场的明确判断。如果仅仅运用道氏理论，还需要继续等待，直到指数跌破2007年著名的“5·30”行情创下的3405点低点，才可以确定熊市到来，但那时指数已经跌去了大半涨幅。

还有另一种可能走势，即指数没有跌破3405点，也没有创出超过6124点的新高，就那么一直上下震荡。这时单纯运用道氏理论，就无法确认当前市场是牛市继续还是熊市来临，唯一能做的只有等待。在等待确认期间，指数也许上上下下波动得比较厉害，持仓还是不持仓，都是让人内心十分纠结的一件事。

由此可见，均线组合可以比道氏理论更早确定进出场的标准，也比道氏理论更早确定趋势转向。

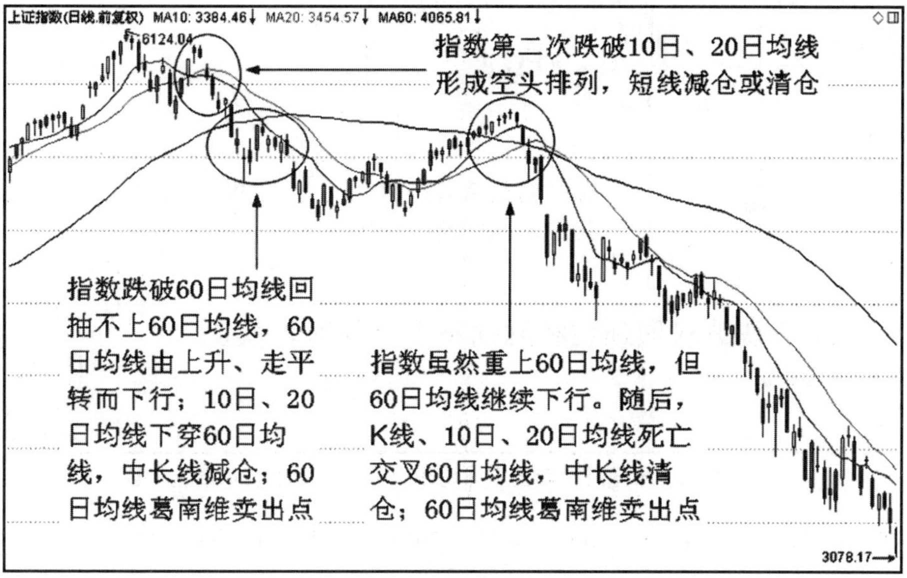

图 1-76　中期均线组合由多头排列转为空头排列，表明牛市结束，熊市开始

确定离场时机的方式还有更多，趋势线、技术图形、压力位甚至 K 线组合形态，都可以发出明确的卖出信号。

图 1-77 是与图 1-76 同一时间段的日线图。在图 1-76 中，跌破 60 日均线的大阴线同时也跌破了双顶的颈线。双顶是转势技术图形，有效跌破颈线应卖出。跌破双顶颈线后又回抽了一下颈线，回抽颈线不上，应当继续卖出。

技术图形的颈线，对股价或指数的后市走势有支撑或压力作用。从图中可以看到，上证指数下跌之后再度上涨，结果遇到双顶颈线的压力掉头加速下跌，交易者如果还有仓位在手，就应当珍惜市场给出的这种机会，抓紧时间清仓卖出。

技术图形发出的卖出点和均线组合的卖出点大体上一致。

交易者可以将本图和图 1-76 结合起来一起观察，感受不同技术分析方法得出基本相同结论的奥妙，思考其内在的不同原理和依据。

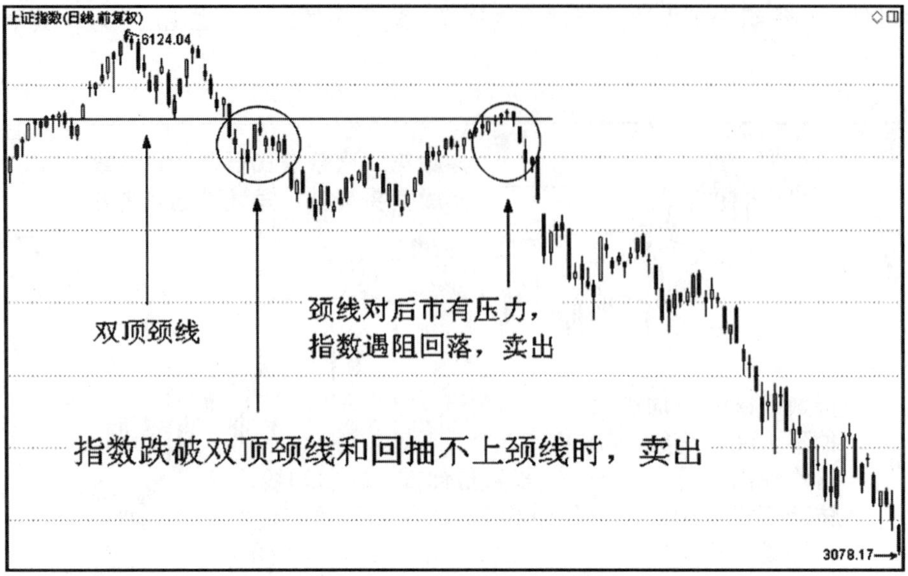

图 1-77　技术图形的卖出点与均线中期组合卖出点基本上一致

图 1-78 是上证指数（999999）2006 年 8 月至 2008 年 4 月的日线图，包含了图 1-76 和图 1-77 中的日线走势，图中的直线是长期上升趋势线。在图 1-76 和图 1-77 中，指数分别回抽 60 日均线和双顶颈线不上，随后下跌，有效跌破长期上升趋势线。

跌破长期上升趋势线，虽然不能确定大盘由牛走熊，但即使继续上涨，指数也一定不会再沿着原有的上升角度向上运行了，至多会以更缓的角度上涨。股价或指数跌破长期上升趋势线后，无论是长线交易者还是中短线交易者，都应该清仓离场，退出观察。

在本例中，均线和技术图形都已在股价跌破长期上升趋势线之前发出了清仓信号，当指数跌破长期上升趋势线，无疑是逃命的最后一次机会。

图 1-78　跌破长期上升趋势线的卖出点，与均线组合和技术图形的卖出点相差不多

六、长期均线组合

长期均线组合，单从字面理解，是指由两条或两条以上长期均线组成的均线组合。实际上，均线周期越长，滞后的特征就越强烈，因此长期均线组合在一起之后，更是放大了滞后的缺点。实战操作中，人们常常把中期均线和长期均线相结合的均线组合系统称为长期均线组合，最为常见的是两条中期均线加一条长期均线，常用的有 20 日（30 日）、60 日、120 日均线组合，20 日（30 日）、60 日、240 日（250 日）均线组合，和 60 日、120 日、240 日 (250 日) 均线组合三种。

长期均线组合主要用于在长线交易中观察市场长期趋势：①长期均线持续上行或下行，说明市场处在一个长期的大牛市或者大熊市中，应持股或持币。②长期均线组合呈多头或者空头排列时，说明市场处在一个长期大牛市或者大熊市中，应持股或持币。③股价或指数上穿或跌破长期均线，均线出现黄金交叉或死亡交叉等，都是交易者买进或卖出的重要参考依据。

图 1-79 是深证成指（399001）1996 年 2 月至 1997 年 5 月的日线图。指数在底部首先向上突破 20 日和 60 日均线，遇 120 日均线受阻回落，跌至 60 日均线处获支撑，随后横盘打底。打底过程中，60 日均线逐渐由下行和走平转为上行，这是 60 日均线葛南维买入点。

随后指数继续上涨，向上突破 120 日均线。20 日均线也不断上行，支撑指数向上拓展，并向上穿越 120 日均线，均线形成黄金交叉是买入信号，此时可以买入。

之后 60 日均线也上穿 120 日均线，形成黄金交叉，虽然发出的买入信号滞后，但中长期均线黄金交叉，表明后市可能会有一段令人激动的疯牛行情。交易者不应因为指数已高而轻易错过买入机会。

随后指数持续上涨，均线系统形成多头排列，股市大牛稳步前行，这是非常良好的多头持股期，交易者应坚定信心，顺势而为。

期间指数有过一次比较大的调整，先后跌破了 20 日均线和 60 日均线，20 日均线和 60 日均线亦由上行转为下行，但指数、20 日均线和 60 日均线遇到 120 日均线时受到支撑止跌回升，120 日均线向上的方向也一直未变，表明牛市行情仍然持续。对于这种走势，交易者不仅无须担心，可以继续大胆持股，仓位轻的还可以加仓买入。

指数遇 120 日均线支撑止跌回升之处，是 120 日均线葛南维买入点。

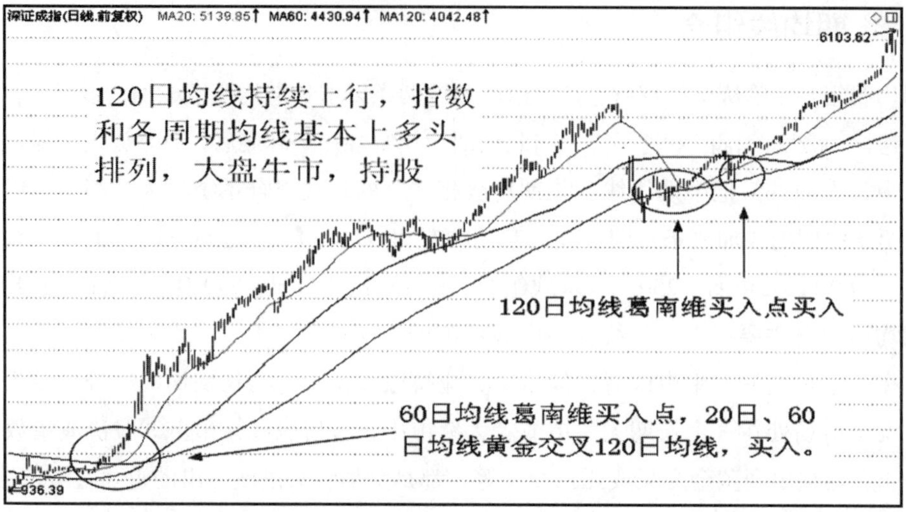

图 1-79　长期均线组合发出趋势转折的买入信号，以及所确认的上升趋势，都是长期趋势

长期均线组合的优点是稳定性好，缺点是买进卖出信号比较滞后。很多时候，依据长期均线组合发出的买卖信号操作，常常会踏空一段行情或持仓坐一段过山车。

图 1–80 是刚泰控股（600687）的日线图。股价见顶回落跌破 60 日均线时，60 日均线已有走平迹象，这是不很标准的 60 日均线葛南维第六大法则卖出点。

接着股价跌跌不休，只在 120 日均线和 240 日均线处各自停顿了一下，随后继续滑落，带动 60 日均线和 120 日均线由上行走平转而下行，形成死亡交叉。死亡交叉是长期卖出信号，此时应卖出。

120 日均线死亡交叉 240 日均线，发出长线清仓离场信号时，股价已经跌得面目全非。即便是 60 日均线死亡交叉 120 日均线时，股价也早已深幅下跌。

可以观察到，股价跌破 60 日均线后，就一直在 60 日均线的压制下持续下跌。每次反弹，也都受制于 60 日均线。无论是发出信号的时间，还是股价与均线之间的排列关系，只有 60 日均线既平衡了滞后性和灵敏性，又不致错判大趋势方向，因此该均线是非常重要的一个时间周期。

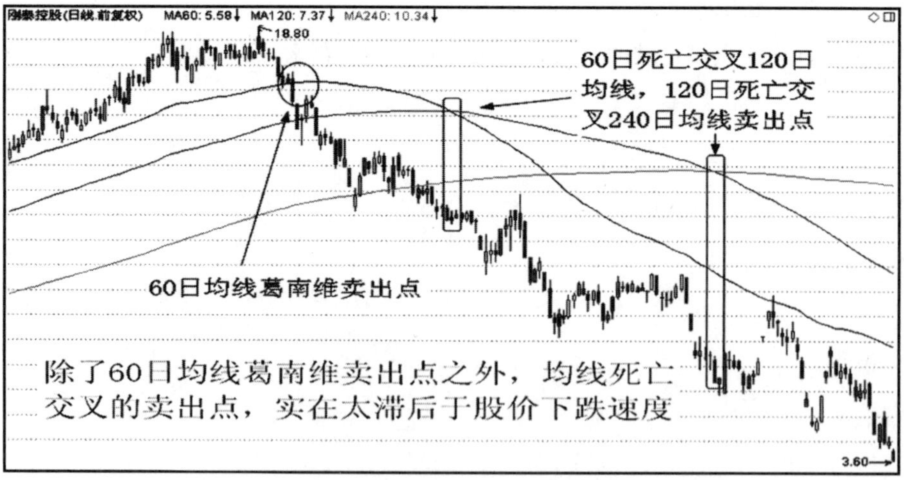

图 1-80　长期均线组合发出的卖出信号常常很滞后

长期均线滞后的问题也不是无法解决，除了借助其他趋势技术分析外，还有一个方法，就是选择正确的均线组合周期，将短期、中期和长期均线组合在一起，形成一个均线交易系统，这样既照顾了灵敏性，又具有了稳定性，既可以利用短期均线发出的信号及时作出买进卖出的仓位增减操作，又可以利用长期均线指标的方向跟随趋势，不至于在下降趋势中的反弹行情中满仓，上升趋势中的调整行情中空仓。

七、选择均线组合周期

实战中，如何选择均线周期以及确定均线组合呢？这是一个困扰很多交易者的问题。很多交易者以行情软件默认的均线为准，这自然没错，但若不正确理解均线的本质和作用，交易中就很难借助均线获取利润。

前文已经讲过，均线是道氏理论的数字化、图表化和形象化表述，这是均线的根本所在。交易者选择均线周期和均线组合时，应当和道氏理论关于趋势的论述相契合，根据自已的特点和交易习惯，选择代表短中长三种趋势的均线周期，将其组成适合自己的均线组合。

一般而言，均线组合应该尽量涵盖短中长三种趋势。过分重视某一周期趋势而忽略其他趋势，容易得出片面的结论，这不是一种明智的做法。根据道氏理论，交易者可以选择如下周期的均线。

⑴短期趋势。道氏认为，短期趋势是很短暂的价格波动，一般持续 1 至数天，但通常少于 6 天，很少超过 3 个星期。与之对应，交易者可以选择 5 日和 10 日均线组合。因为 5 日均线是周线，5 日均线的方向就是市场一周趋势的方向。10 日均线是双周线，也是半月线，代表两周以来的市场运行方向。5 日均线和 10 日均线主要用来观察短期趋势，以及判断进出场的时机。

短期均线组合灵敏度有余，稳定性不足，单独使用不容易看清中长期趋势的方向。但短期均线组合可以比中期均线组合和长期均线组合更早、更多发出进出场的信号，便于交易者及时进场和离场，以及增仓和减仓。对于喜欢波段操作的交易者来说，这不失为一件比较得心应手的利器。

如图 1–81 所示，科华生物（002022）。股价上涨，收出螺旋桨、大阴线等见顶和看跌的 K 线形态后，短期均线组合也形成死亡交叉的看跌形态，此时交易者可以卖出。

在底部反弹时，走出双底技术图形。双底的右底收出穿头破脚的转势 K 线形态，因为是第二次探底，所以 K 线形态的买入信号较强，交易者可以买入。

此后股价继续反弹，短期均线组合形成多头排列。多头排列是持股看涨期，前期已介入的交易者应持股不动，未介入的可以进场买入。短期均线组合的买入信号只比 K 线形态的买入信号稍晚一些，但略早于双底技术图形突破颈线时的买入点。首次多头排列的位置恰好就在双底颈线下方。

反弹见顶时，K 线形态收出大阴线和黄昏之星的见顶信号，短期均线组合收出两次断头铡刀的见顶和看跌均线形态，二者所处位置完全一致。

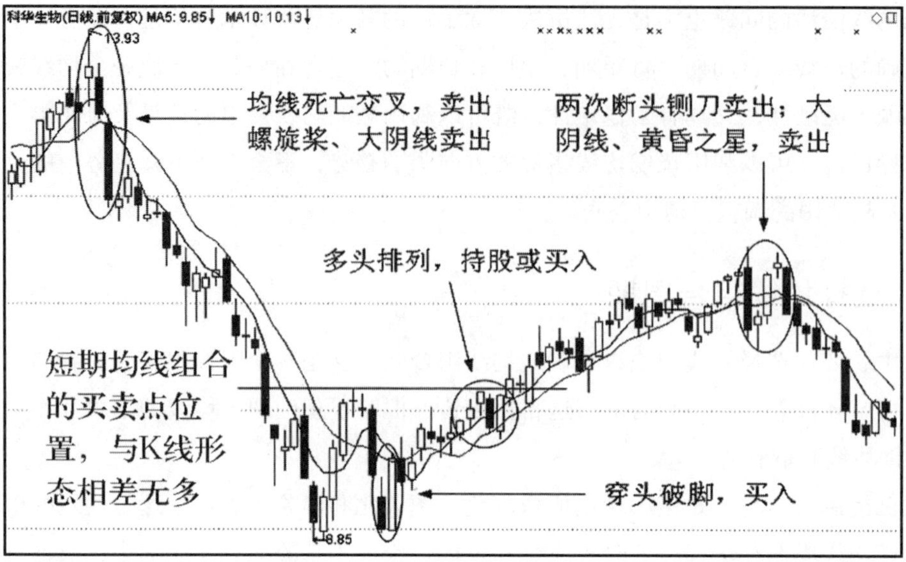

图 1-81 短期均线组合提示的买卖点位置，几乎和 K 线形态差不多，是从事波段交易的较好工具

⑵中期趋势。道氏理论定义的中期趋势，是大级别的反弹或调整，一般持续几个星期至几个月不等。与之对应，交易者可以选择20日和60日均线组合，也可以选择30日和60日均线组合。实战中，20日和30日均线的意义相同，进出场点位略有差别，交易者可以根据自己的喜好和习惯选择其中之一。20日和30日均线都是股价或指数一个月的波动趋势，60日均线是三个月的波动趋势，因此又称为季线。季线是非常重要的一条均线，季线既表明股价和指数的中期走向，也常常预示着长期趋势的变化和走向。

月线和季线结合，既有灵敏性，也兼顾了稳定性，是一种比较好的中长期均线组合。

图 1-82 是 ST 广夏（000557）的日线图。股价第一次向上突破 20 日均线时，20 日均线虽然已由下行变为走平，但股价和 20 日均线均位于 60 日均线下方，尚不能确认趋势转暖，至多是博反弹的买入点。

股价突破 60 日均线时，60 日均线上行，这是 60 日均线葛南维买入点，可以买入。股价突破 60 日均线之后，接着回试 60 日均线未破，随后继续上攻，可以买入或加仓。此时 20 日均线已黄金交叉 60 日均线，这是买入信号，应买入。这是第一个顺势买入点，且多种信号发生共振，买入的可靠性较强，交易者可适当扩大仓位。此处距离底部低点位置不远，显示了中期均线组合灵敏和及时的特点。

买入后，股价即一路飙升，远离 20 日和 60 日均线，正乖离率过大，是葛南维第五大法则的卖出点，交易者可以在收出淡友反攻的 K 线形态时减仓。由于股价运行在上升趋势中，一切状况良好，所以不减仓也可以。

随后股价直线下跌，一口气跌破 20 日均线。跌破 20 日均线时，20 日均线方向向上，交易者可持仓不动。股价继续向下，但未跌破 60 日均线即止跌弹升，此时 60 日均线上行，这是葛南维第二大法则买入点，可以买入或加仓。

之后股价仅短暂上涨，即遇 20 日均线压力回落，空方的力量看起来好像不容小觑，此时交易者可减仓。60 日均线上行角度未有变化，所以也可以继续持股不动。股价第二次回落依然未跌破 60 日均线，表明 60 日均线支撑力度很强，发出葛南维第二大法则买入点，可以买入或加仓。

随后股价上涨，但上涨力度明显不如前一波，攻势有所放缓，也未能再创新高，显示上方空方集结的兵力较为强大。多方前一次冲锋似乎也用力过猛，有必要进行休整。双方的攻守逐渐由血拼转为互相试探，股价横向移动，与 20 日、60 日均线纠缠在一起，形成均线粘合形态。均线粘合期间，股价一直未能有效跌破 60 日均线，60 日均线也基本上保持上行态势，所以交易者可以持股不动，等待股价选择突破方向。

均线粘合后期，一根涨停的 T 字线向上突破了均线粘合形态，同时 20 日均线第二次黄金交叉 60 日均线，可以买入或加仓。

仔细观察可以发现，中期均线组合既保证了买卖信号的及时性，又可以让交易者看清大趋势的方向。

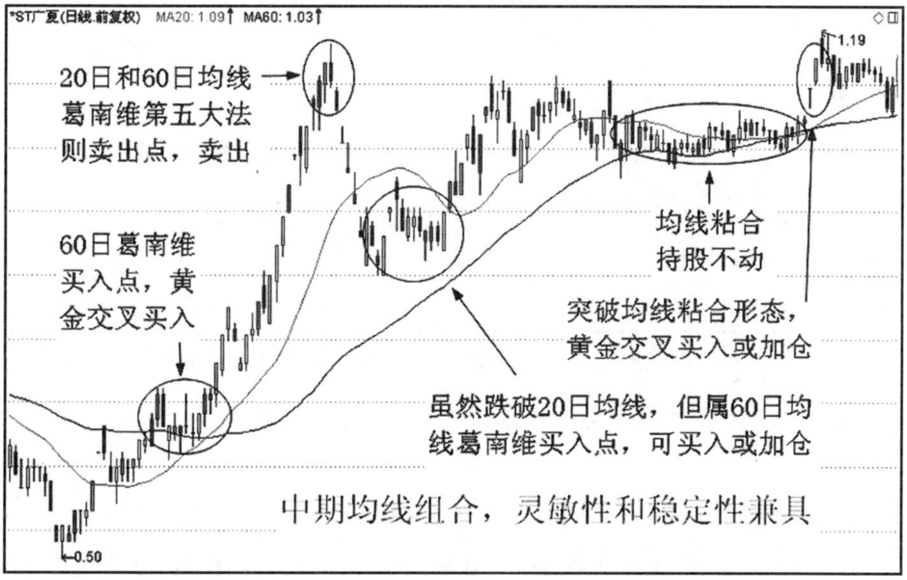

图 1-82 中期均线组合发出的买卖信号比较及时，趋势指示简单明确，兼具灵敏性和稳定性

(3)长期趋势。长期趋势即大家熟知的牛市和熊市，这是道氏理论重点讨论的内容。长期趋势一般持续几个月至几年不等，交易者可以选择 120 日和 240 日均线组合观察和判断长期趋势，也可以选择 120 日和 250 日均线组合。240 日均线和 250 日均线都是年线，在实战中的意义几乎没有什么差别。120 日均线则是半年线。

虽然道氏理论定义的牛市或熊市可能持续几年，但对于超出年线周期的均线以及均线组合，本书不做推荐，原因有两点：①均线原本就存在滞后的特点，太长时间周期的均线组合将令该特点加倍放大，导致买入和卖出信号更加滞后，买入机会极少，甚至出现买点高于卖点的情形。②均线是平均成本线，通常情况下，时间周期越长的均线，其数值就越接近真实的平均成本。

但太长时间周期的均线所表明的平均成本，反而随着周期的加长逐渐丧失其真实性。这是因为除了极少数交易者外，没有人可以长期守仓不动。

图 1–83 是深证成指（399001）2005 年 11 月至 2008 年 12 月的日线图，图上均线分别是 480 日均线和 960 日均线。如果严格按照均线发出的买卖信号买进卖出，可以发现，在长达 3 年的时间里，均线组合仅仅发出两次买入信号，一次卖出信号。第二次买入的位置过高，而卖出点差不多已经快到 2008 年熊市的底部，买进卖出的价差很明显与大盘指数的上涨幅度严重不对称。

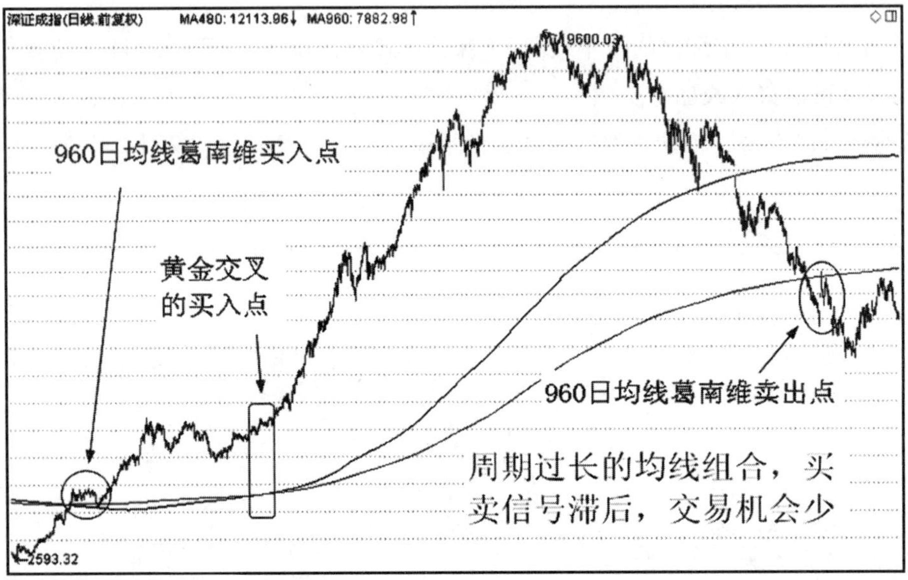

图 1–83　时间周期过长的均线组合发出的买卖信号少且非常滞后

长期均线组合的优势是稳定性良好，缺点是滞后性太强，因此交易者大多用来判断市场的长期趋势。

图 1–84 是深证成指（399001）2007 年 12 月至 2009 年 2 月的日线图。指数 19219.89 点见顶以后，向下跌破 120 日均线，120 日均线由上升转为走平，表明大盘长期上升趋势已经发生逆转。当时虽然很多交易者依然对后市抱有强烈的乐观态度，但一直冬眠在树洞里的大熊的确已经醒了，正在四处搜寻猎物。交易者如果不想成为熊的盘中美味，逃离是最好的选择。

随后指数继续下跌，跌破 240 日均线，240 日均线也渐渐由上行走平转为下行，确认了大盘熊市的到来。120 日均线下穿 240 日均线后形成空头排列，长期均线空头排列，表明长期下降趋势还远远没有结束。

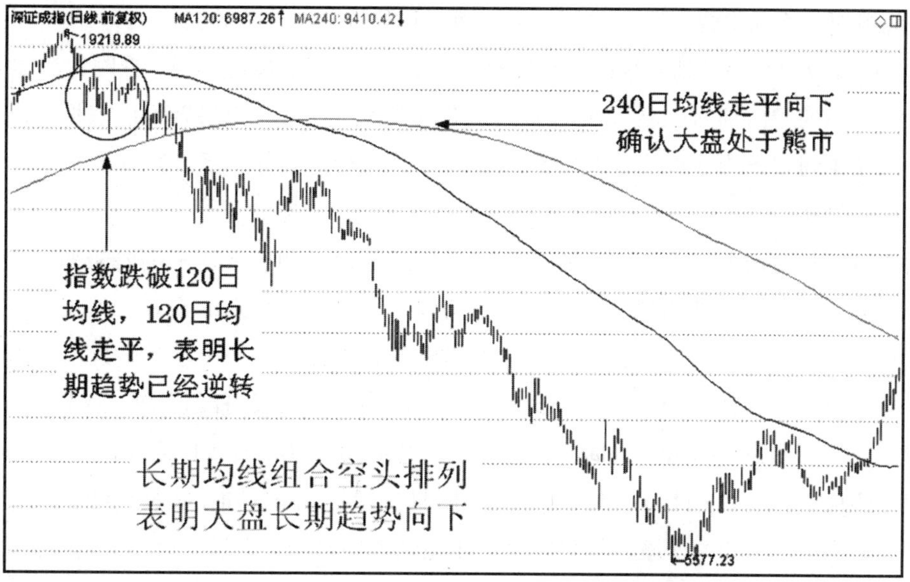

图 1-84 长期均线组合主要用来判断长期趋势的转折和延续

图 1-85 是与图 1-84 同一时间段的日线图，从图上观察，当 120 日均线和 240 日均线在顶部转向时，指数已经下跌较大一段了。尤其是 240 日均线转向时，指数已下跌到那一轮熊市跌幅的一半，滞后性非常明显。

底部也是如此。当指数向上反弹，涨幅超过 60% 时，240 日均线的下行角度还没有什么变化，120 日均线也才刚刚由下行转为走平。

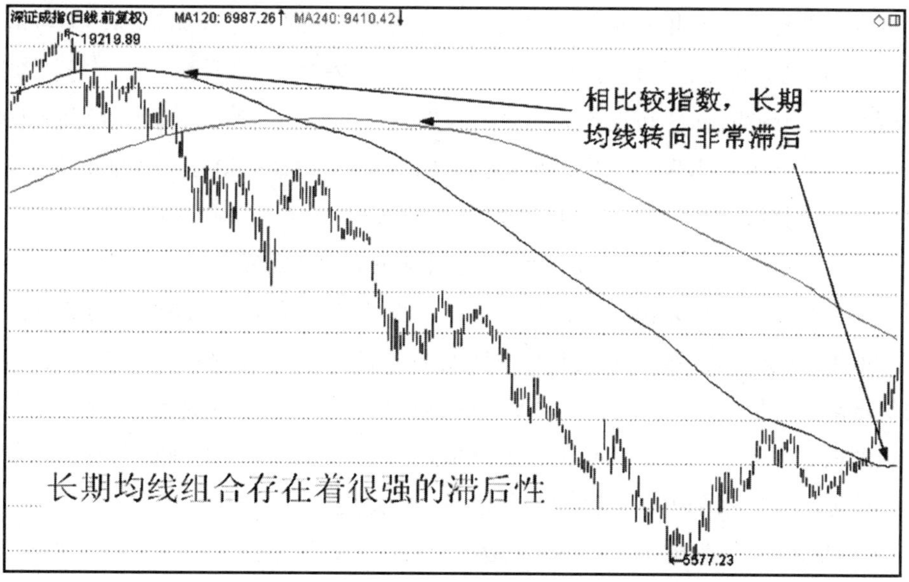

图 1-85 长期均线组合的稳定性很强，但同时滞后性也非常明显

短中长期三组均线，分别对应着道氏理论的三种趋势，以及市场内长期、短期和中期持仓者的平均成本。如果单独使用，虽各有优势，但难免偏颇，交易者最好同时选择由短期、中期

和长期均线组成的均线组合，这样才可以全面观察和分析三种趋势的变化。

当然，均线数量并不是越多越好。均线太多，会让行情界面凌乱不堪，难以看清细节。另外，均线和均线之间的矛盾信号也会大大增加，令交易者无所适从。交易者可以根据自己交易周期的长短，选择 4 到 6 条均线组成均线组合。券商提供的行情软件，系统默认的均线组合也恰好是 4 条和 6 条两种。

前面的讲解只是说明一个原则，也就是均线周期的设置和选择，一定要兼顾短期、中期和长期三种趋势。至于每一种趋势具体选择哪条均线，可以根据个人的喜好和习惯来设置。但不同周期之间的均线，其参数的设置还是要注意搭配的合理性。一般要求参数之间具有等比例放大的关系，或者存在其他有内在联系的数学规律，以便不同均线搭配得当。很多交易者喜欢用斐波那契神奇数列作为均线组合的周期，比如短期趋势用 5 日（或 3 日或 8 日）均线和 13 日均线，中期趋势用 21 日（34 日）和 55 日均线，长期趋势用 144 日和 233 日均线，这也是非常好的均线组合。无论哪一种均线组合，只要可以兼顾到三种趋势，交易时就不致迷失方向。

第四节 均线操纵

一、均线和趋势

趋势是事物发展的动向，包括运动方向和沿运动方向的能量。

道氏理论首先定义趋势并同时对如何判断趋势做出了论述。道氏理论认为，平均价格指数走势同时包含三种趋势，彼此方向可能相反。三种趋势分别是：①长期趋势，又名基本趋势，主要趋势，主要运动，也就是大家熟知的牛市和熊市，一般持续几个月至几年不等。②中期趋势，又名调整趋势，次级趋势，次级折返趋势，次级反应运动，次级折返运动，是大级别的反弹或调整，一般持续几个星期至几个月不等。⑶短期趋势，又名小型趋势，小趋势，短期波动，日间波动，是那些很短暂的价格波动，一般持续 1 至数天，但通常少于 6 天，很少超过 3 个星期。在上述三种趋势中，长期趋势不会受到人为的操纵，这是交易者应该着重关注的趋势。

判断长期趋势是牛市还是熊市的方法，是以上涨的高点以及下跌的低点与前一次高点和低点作比较。如果平均价格指数每一次上升的高点都比前一次的高点高，每一次下跌的低点都比前一次的低点高，就是牛市；反之，如果平均价格指数每一次上升的高点都比前一次的高点低，每一次下跌的低点都比前一次的低点低，就是熊市。这是道氏理论中判断牛市和熊市的唯一方法和标准（该方法也适用于中期趋势和短期趋势，只是更加难以把握）。

道氏理论判断牛市和熊市的方法和标准虽然十分简洁明了，但运用起来就不是那么简单了。牛市和熊市都是长期趋势，因此上涨的高点和下跌的低点，都必须至少是中期反弹趋势或中期调整趋势，并且中期反弹或调整趋势至少需要两个循环，才会有前高和后高、前低和后低，这就带来了道氏理论的第一个缺点：滞后。

在牛市转熊市以及熊市转牛市的过程中，股价或指数在一个长期趋势中运行了很长一段之后开始折返。折返之后，再度沿着原来的趋势方向运行，但是没有创新高，或者没有破新低，这时没有人知道究竟是原有长期趋势的回档，还是新的长期趋势的开始。道氏理论解决不了市场此时是牛还是熊的问题，这是道氏理论的第二个缺点：不确定。

脱胎于道氏理论的波浪理论，不仅可以解决道氏理论的海潮（长期趋势）问题，也可以解决波浪和波纹（中期趋势和短期趋势）的问题，滞后和定量的问题没有道氏理论那么突出，但波浪理论对于浪形级别的区分以及各浪的起止更难判断。

与道氏理论相比，均线作为移动趋势线，不存在不确定性的问题。均线的方向就是趋势方向，均线的周期就是趋势周期，均线转向就是趋势转向。交易者无须比较前高、前低和后高、后低的高低关系，只需看一眼均线的方向，即可了然于心。

和道氏理论一样，均线也存在着滞后的缺点，但比较而言，均线的滞后性不像道氏理论那么突出。均线有不同的时间周期，还可以长中短多条均线组合，交易者可以通过缩短均线周期，或者使用长中短周期均线组合的方式，将滞后的负面影响降至最低。

与波浪理论相比，均线的时间周期大致相当于趋势波浪运行的级别，均线方向的转折之处大致就是波浪的起止点。不得不说，没有比这更为简单明了的了。

图 1-86 是沙河股份（000014）的日线图。在股价上涨到第一个高点的时候，60 日均线已由下行、走平转为上行，表明股价中长期上升趋势确立。按照道氏理论分析，则需要到股价第二次涨升越过前高时，才可以确定股价进入中长期上升趋势。均线作为道氏理论和波浪理论的数字化、图表化和形象化表述，的确有两大理论体系无法比拟的优势。

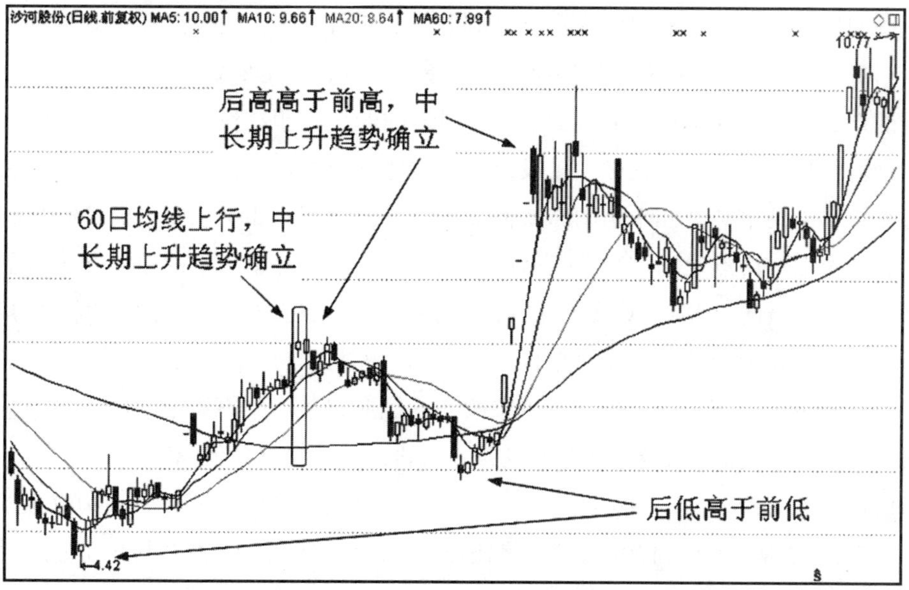

图 1-86　均线确立中长期上升趋势，既早于道氏理论，也比道氏理论简单方便

二、均线操纵分析

有一种观点认为均线毫无用处，因为市场主力和庄家机构可以操纵股价，随意打乱各种周期均线的走向，或者画出他们自己想要的均线形态，从而给出虚假的买卖信号，如果根据均线信号进行交易，就会中了主力的诡计。

还有一种观点认为，交易软件上默认的均线周期，常常成为主力机构用来对付公众交易者的工具，所以交易者应该修改均线指标的时间周期，以免掉进主力机构设置的陷阱。

持上述观点的人，对均线是持仓平均成本的技术含义缺乏深入的理解。诚然，对于某一只个股而言，主力也许可以通过高度控筹，在某一段时期内达到操控股价的地步，但这并不意味着主力可以随意打乱均线的形态。无论主力是否对一只股票控盘，价格都是在趋势作用下多空双方资金和心性博弈的结果，均线则反映了多空筹码交换后的市场平均成本。不同时间周期的均线，仅仅表明不同时间周期的趋势轨迹，除了技术含义上有不同的侧重之外，根本就不存在主力机构专用的均线周期。如果非得要谈主力机构和公众交易者在均线方面的不同，那就是对均线的理解和运用，在技巧熟练程度上有着明显差异。

下面分别从以下几种情形做进一步的分析。

⑴假设某一只股票主力已经完全控筹，成交完全是主力自买自卖（现实中这种情况并不存在）。这时均线仍然是市场的平均成本线，只不过变成市场主力一人的平均成本罢了。主力想要打乱均线形态和走势，尤其是打乱长期均线的形态和走势，就必然要操控股价，上下巨幅波动。这样做的结果是什么呢？股价和短期均线忽上忽下，但是长期均线却表现出一定的方向。如果股价逐浪向上，长期均线的方向就一定渐渐向上；如果股价逐浪下跌，长期均线的方向就一定渐渐向下；如果股价横盘，长期均线就会逐渐走平。任何时候，均线都反映了主力持仓变化的真实成本，不论主力是直线拉升、缓慢拉升还是逐浪拉升，都是如此。

不同的走势，对于完全控盘的主力来说，付出的佣金和印花税是不同的。以拉升为例，主力为了打乱均线形态和走向，就必须让股价以忽上忽下的方式运行。如果是这样，主力就需要额外付出几倍、十几倍甚至几十倍的高昂佣金和税金。相反，如果想要付出较低的成本，就不能让股价忽上忽下。两点之间直线的距离最短，只有K线走势以一定的角度直线向上涨升，主力的拉升成本才会最低。当股价直线上涨时，各周期均线一定会平滑向上，呈现完美的多头排列。

股价横盘和下跌的情况与拉升时差不多，都是走势越简单成本越低。

在完全控盘的情况下，主力操纵股价来改变均线形态，不仅不能隐藏自己的持仓成本，反而要付出不同寻常的代价，而交易者依据均线信号进出场是没有任何问题的。

最后解释一下为什么完全控盘的情况下，均线仍然是主力的平均成本。主力完全控盘，所以买卖都是一人，股价从5元涨到20元，即使将佣金和印花税忽略不计，主力也不可能有4倍的利润，实际上一点利润也没有，只不过把部分仓位的成本由5元换成了20元。在这期间，如果10日均线是15元，就表示在最近10日内，主力自己将手中的低价筹码换成高价筹码，平均成本是15元；

如果 120 日均线是 6 元，则说明主力在最近 120 个交易日内，持仓的平均成本为 6 元。

⑵主力相对控筹，对股价有主导作用的情形。这是比较常见的一种情况，大家俗称的强庄股就是指这一类股票。这类股票的走势形态和涨跌幅度，主要取决于主力实力、市场大趋势和场内其他交易者对股价认可的程度。

主力既已控盘，走势和涨跌幅度为什么还要取决于其他交易者的态度和行为呢？因为当主力拉升时，需要有交易者一起买入，以减轻主力拉升的压力和成本。主力出货时，更需要其他交易者入场接货。所以即使是强庄股，股价的走势形态和涨跌幅度也不是完全由主力说了算，主力只是起到一个主导作用。主力坐庄也不是百分之百地成功，控盘失败导致亏损甚至被迫出局的主力，可以说比比皆是。

万变不离其宗。当主力吸筹完毕开始拉升股价时，平均成本一定是如影随形地跟着上升，各周期均线就会呈多头排列，像一条条传送带在下面托着 K 线向上。

图 1–87 是 ST 康达尔（000048）1998 年 3 月至 2000 年 2 月的周 K 线图。ST 康达尔曾用名中科创业，是当年吕梁操纵的著名强庄股。从图中可以看出，该股 K 线基本上依托 5 周均线上升，期间几乎没有大的波动，调整是以横盘的方式进行。均线走势平滑有序，长期均线一直持续向上，和那些没有主力控盘或主力控盘能力不强的股票走势相比，强庄控盘的股票，其 K 线走势和均线形态更加平顺和易于把握。

这也是大部分控盘能力很强的长庄股拉升时的特点：均线上行平滑，呈多头排列，股价在日内基本不会上下剧烈波动，调整时大多以均线被动修复的方式横盘整理。这样整理的原因很简单：两点之间，直线最短。采用近于直线的平滑走势，控盘成本最低。同时，由于日内波动小，整体涨速慢，价差小，短线交易者一般不会介入。交易周期较长的波段交易者，也因为股价调整时没有利差而放弃不选。在这种情况下，主力控盘相对就容易得多了。

对于这种走势，交易者只需按照中长期均线多头排列持仓不动，辅以短期均线黄金交叉、死亡交叉、均线粘合和葛南维买卖法则，进行一些仓位的增减，即可轻松跟定控盘该股的强庄，并锁定上涨行情的绝大部分涨幅。

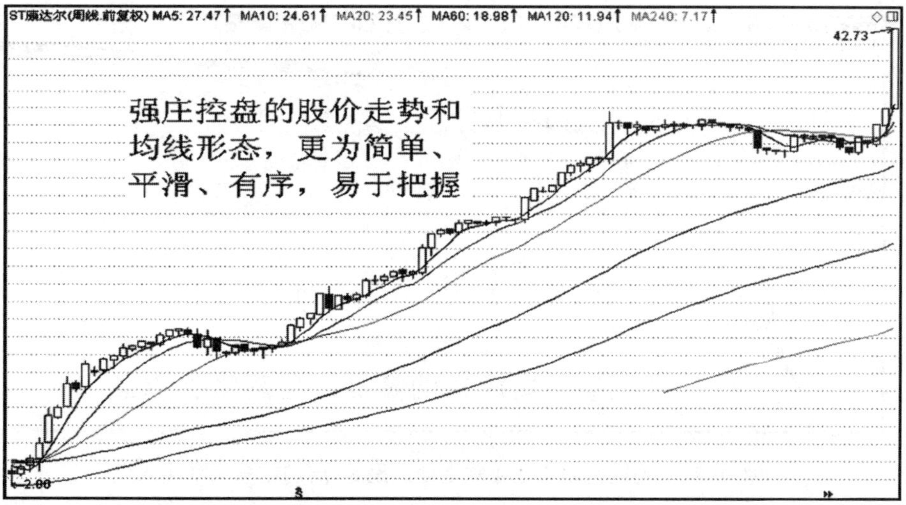

图 1–87 强庄控盘的股价走势和均线形态更为简单、平滑、有序，更易于把握

图 1-88 是 ST 合金（000633）的周线图。和 ST 康达尔一样，该股也是强庄控盘，只不过庄家是另外一个著名的主力：新疆德隆。股价走势和均线形态也是和 ST 康达尔一样，简单，平滑，有序，呈多头排列。只是在顶部，该股有过一次均线的主动修复，算是仅有的大波动。

上涨后期，主力控盘的痕迹更加明显，日内的股价波幅很小，收出的 K 线差不多全是小十字星和小阴线、小阳线。整体上 K 线几乎呈一条略向上倾斜的直线，上涨期间也看不到比较大的波动。股价就像一滩死水，无风也无浪，市场似乎忘记了该股的存在，没有人疯狂抢筹，也没有人恐慌抛售。顶部整体略向上倾斜的走势，实为主力出货。

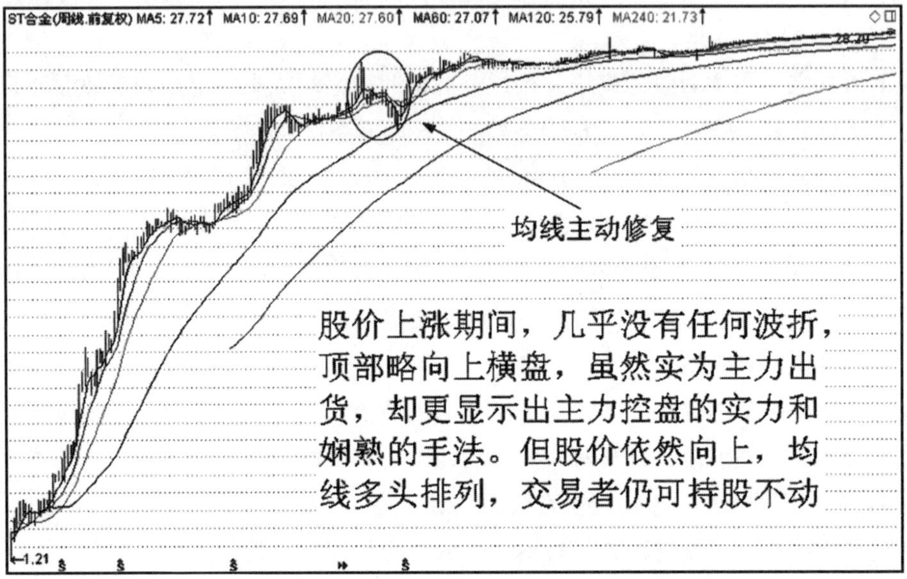

图 1-88　强庄控盘的股价走势简单，没有巨幅波动，更利于交易者买入后持有

图 1-89 是与图 1-88 同一时间段的周线图。从图上可以看到，股价在顶部主动进行修复，恰好遇到 60 周均线止跌，然后股价再度向上。此处是 60 周均线葛南维买入点。

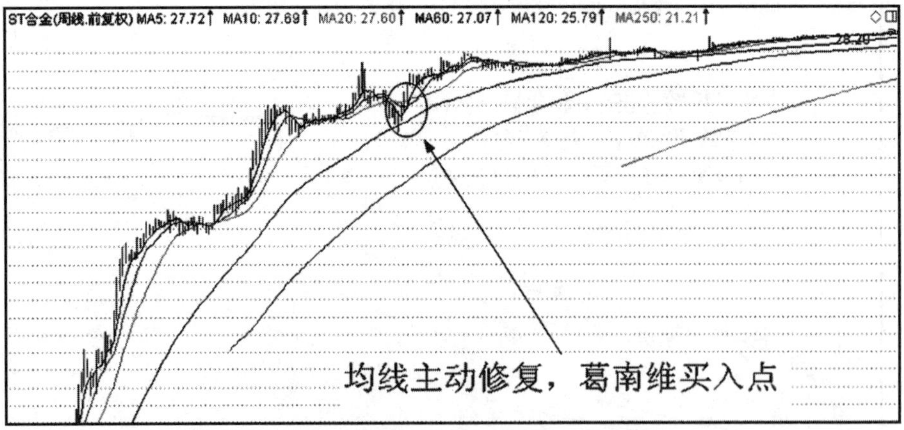

图 1-89　均线主动修复止跌之处，是 60 周均线葛南维买入点

图 1–90 是 ST 合金（000633）的周线图，是图 1–88 和图 1–89 中股价在顶部横盘的那一段走势。在横盘期间，每一根 K 线的波动，都被主力很好地控制在一个非常微小的范围，股价整体上也没有剧烈的涨跌波动，显示出主力对股价操控自如。

主力费尽心机地如此维系股价，其实是为了出货。主力控筹过多，造成对手盘过少，只要主力卖盘压得稍微多一点，股价就会支撑不住，向下跌落。所以主力才小心翼翼地一边卖，一边买，让股价缓慢上涨，吸引公众交易者慢慢进场，通过时间换取空间，就像沙漏一般一点一点地将筹码兑成现金。

对主力行为的上述分析，是依据价格走势和成交量变化做出的，当然推测的成分会多一些。趋势交易者进出场的买卖依据，只能建立在价格趋势的起承转合之上，而不是建立在对主力行为的剖析上。因此交易者完全不必理会主力究竟是在出货还是吸货，只要股价持续向上，均线多头排列不变，就持股不动。

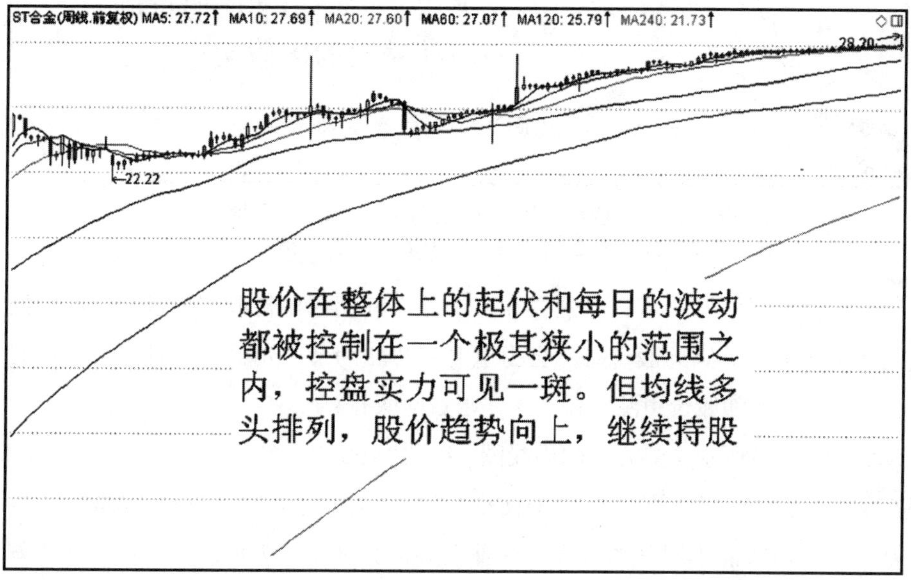

1–90　顶部主力控盘和出货的痕迹很重，但均线多头排列不变，表明后市看多，持股

图 1–91 是 ST 合金（000633）的周线图，该图是图 1–88 和图 1–89 走势图中的前半段。从图上可以看到，股价由下向上突破 20 周线，20 周线上行，是 20 周线葛南维第一大法则买入点。股价由下向上突破 60 周均线，60 周均线上行，是 60 周均线葛南维第一大法则买入点。以上述时间周期作为交易周期的趋势交易者，买入后根本无需增减仓位，轻松自在地持股就行了，毫无压力可言。

因为是强庄控盘，股价上涨平滑有序，没有上下的剧烈波动，股价就不会时常跌破均线，也就不会带动均线下行发出卖出信号。交易者也就不会被股价牵动着一会儿攀上高峰，一会儿跌至谷底。

即便是单一使用 10 周均线，按照 10 周均线葛南维第一大法则买入点进场，交易者也基本上不用增减仓位。在上涨过程中，股价只在顶部有过一次短暂跌破 10 周均线，10 周均线下行，触发 10 周均线葛南维第六大法则的卖出点。但随后即再度发出 10 周均线葛南维第一大法则买入点，交易者可以第二次买入。

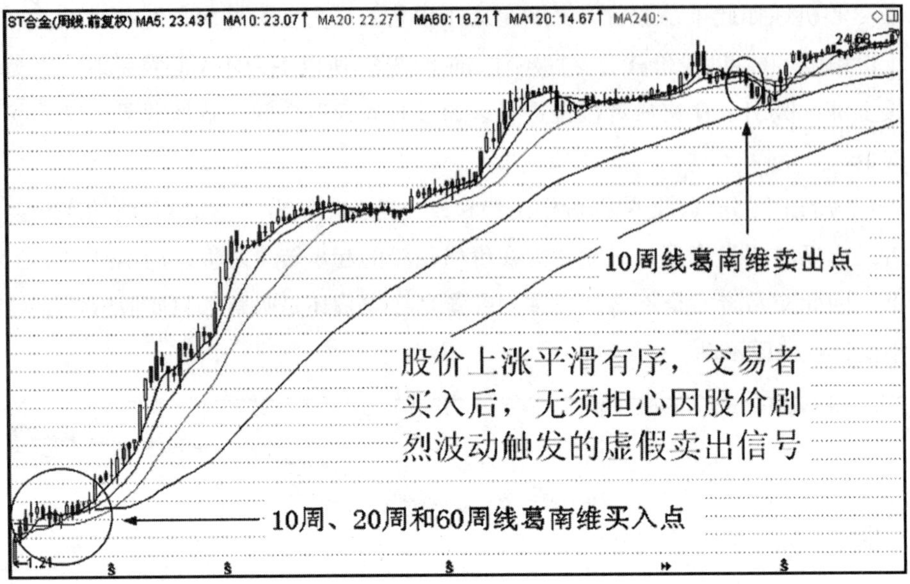

图 1-91　强庄控盘的股票走势简单，买入信号明确。
买入后也很少触发卖出信号，易于持股

主力把股价拉升到一定高度，必然存在一个兑现利润和抛售股票的过程。主力抛售，是市场上最大的压力和利空。因此股价必然会由上升趋势转为节节走低的下跌趋势，这时均线虽然表现滞后，但必然会跟随股价由涨转跌，逐步形成空头排列。

图 1-92 是图 1-90 所示走势之后的周线图。在图 1-90 中，主力将股价拉升到一定高度之后，开始在顶部派发。由于主力控筹太多，即便是派发筹码，主力依然可以控制股价继续缓慢地向上涨升。基于交易者买涨不买跌的心理，这种走势最有利于主力派发，也可以卖出好价格。但当主力的筹码如流入沙漠中的河水一样越来越少，主力对股价的操控就会变得逐渐沉重。于是股价就开始慢慢低头，由之前的略微上行转为略略下行。

股价下行一段空间后，均线也由多头排列逐渐下行形成死亡交叉，死亡交叉是卖出信号，尤其是在高位，交易者更应当及时清仓卖出。

均线死亡交叉之后，经过粘合开始向下空头发散，形成完美的空头排列。空头排列是看跌信号，交易者应持币观望。此时 K 线也收出绵绵阴跌的看跌技术形态，更强化了均线形态的空仓警告。

面对如此之多和如此强烈的卖出信号，交易者如果视而不见，那么账户资金和股价一起玩高空跳水就是理所当然的了。

不是强庄控盘的股票，虽然很少能像 ST 合金这样，股价从顶部决堤般地直落而下，但若不是强庄控盘，也不会给公众交易者长达数月的卖出离场时间。说到底，强庄控盘改变的仅仅是股价涨跌的幅度和方式，但却永远也改变不了均线及其他趋势分析方法的技术含义。

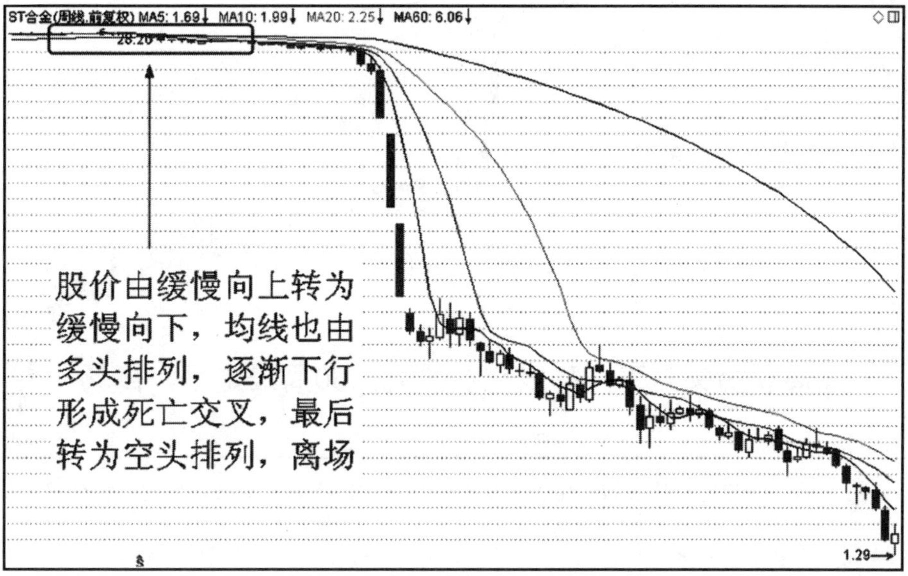

图 1-92　主力出货，股价下行，均线随之发出卖出信号。均线的卖出信号虽然滞后，但若交易者在信号发出时即卖出，仍可在暴跌前全身而退。

图 1-93 是 ST 康达尔 2000 年 2 月至 2002 年初的周 K 线走势图。从图上可以看出，主力刚开始出货时，为了以更好的价格卖出更多的筹码，利用手中掌握的大量筹码将股价维持在高位。但主力毕竟是在出货，所以股价整体呈缓慢下跌态势，走出绵绵阴跌的 K 线形态。

观察均线，股价也依次和 5 周、10 周、20 周、60 周均线形成均线背离的走势，接着 5 周、10 周、20 周、60 周均线依次由上升转为下跌，短期均线依次下穿较长周期的均线。各周期均线逐渐收敛，形成缓慢向下的均线粘合形态。随后 20 周线拐头下行，和 10 周均线、5 周均线、周 K 线从上到下依次形成空头排列。最后 60 周均线逐渐走平并转为下跌，和 20 周均线、10 周均线、5 周均线、周 K 线形成空头排列，此时股价再也难以维持缓慢下跌的走势，开始大幅跳水。

在股价跳水之前，均线系统就已经多次发出卖出信号。难道因为主力控制了股价和均线，这些信号就变得毫无用处了吗？没有！在股价和均线系统每一次发出卖出信号之时减仓或清仓，交易者都可以在主力派发完毕之前从容脱身。

如果交易者对此视而不见，未能及时卖出，反而将其归咎于均线受主力控制，不能不说这是自欺欺人的说法，这种观点对于交易可以说有百害而无一利。

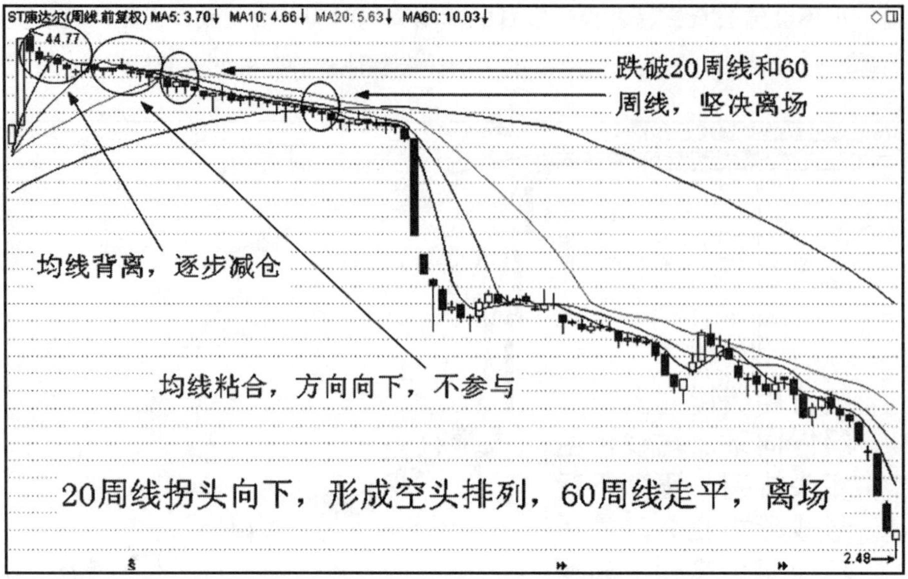

图 1-93 强庄控盘的股票，主力出货时，均线依然在暴跌前数月发出卖出信号

图 1–94 是 ST 康达尔 2000 年 2 月至 2001 年 1 月的日线图。从图上可以看出，股价停止上涨之后，首先依次和 5 日、10 日、20 日、60 日均线形成均线背离，短期均线逐渐下穿较长周期的均线，然后是 60 日均线逐渐由上升和走平转为下跌，最后从上到下依次和 20 日均线、10 日均线、5 日均线、日 K 线形成空头排列。因为是强庄控盘，股价下跌时先是走出绵绵阴跌的 K 线形态，维持了波动极小的缓慢下跌走势，这种缓跌走势长达数月之久。

见到股价和均线形成均线背离时，如果交易者逐步售出股票，在股价跌破 60 日均线，60 日均线走平并拐头向下，短期均线在中长期均线之下形成死亡交叉和空头排列时，任一时刻果断清仓，那么后来的暴跌一定与己无关。

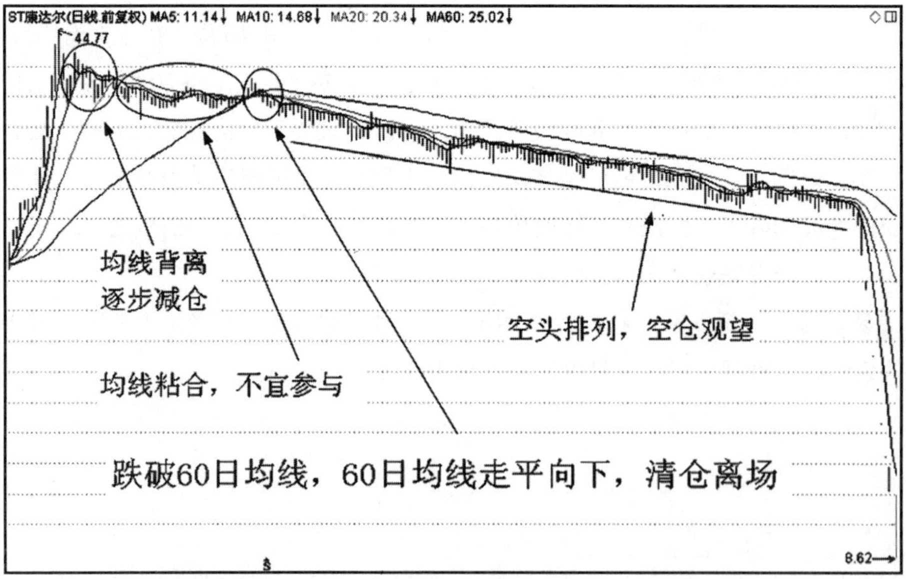

图 1-94 虽是强庄控盘，但在股价暴跌之前，均线系统依然多次发出离场信号

如图 1-95 所示，ST 思达（000676）。股价和各周期均线粘合在一起，表明后市无论是上涨还是下跌，都有可能急速大幅变动。没有持股的交易者不应当介入，已经持股的交易者应当警惕，随时关注盘面的变化。

随后股价向下跌破均线粘合形态。该股均线粘合形态如此完美，股价和各周期均线几乎横向成一条直线，表明主力高度控盘，且各周期持股者的成本高度一致。一旦股价跌破均线粘合形态，交易者的第一反应应该是果断清仓。即使此处有可能是主力挖的空头陷阱，也要果断清仓。空头陷阱事后才可能得到确认，交易者清仓后，可以在股价再度走强，向上突破各周期均线，放量迅速远离均线粘合形态时重新进场。

该股并没有制造空头陷阱，向下跌破均线粘合形态后，继续横向盘整，第二次形成均线粘合。但这一次的均线粘合形态和第一次已经有所不同：各中长期均线在上且微微向下倾斜。即使不能将其看作空头排列，但在中长期均线压制下的短期均线粘合，向下突破的概率很大，所以此处是持币观望阶段。

第二次均线粘合后期，60 日均线、120 日均线已经逐渐向下，和 240 日均线逐渐远离，形成中长期均线空头排列。中长期均线空头排列预示后市的下跌周期很长，下跌幅度很大，是非常重要的持币空仓期。

最后一根大阴线跌破均线粘合形态，彻底打破了多方所有的希望和幻想，宣告了空方的战略总攻正式发起。局势的逆转并不是从这一刻才开始。之前均线组合已经给了交易者足够的机会和时间离场。

第二次均线粘合时，K 线也是走出绵绵阴跌的形态。绵绵阴跌预示后市的跌幅将会很深，跌速将会很猛，这是很多个股尤其是强庄股和大幅上涨的大牛股由强变弱，再变为极弱，从而沦为冷门股的前兆。

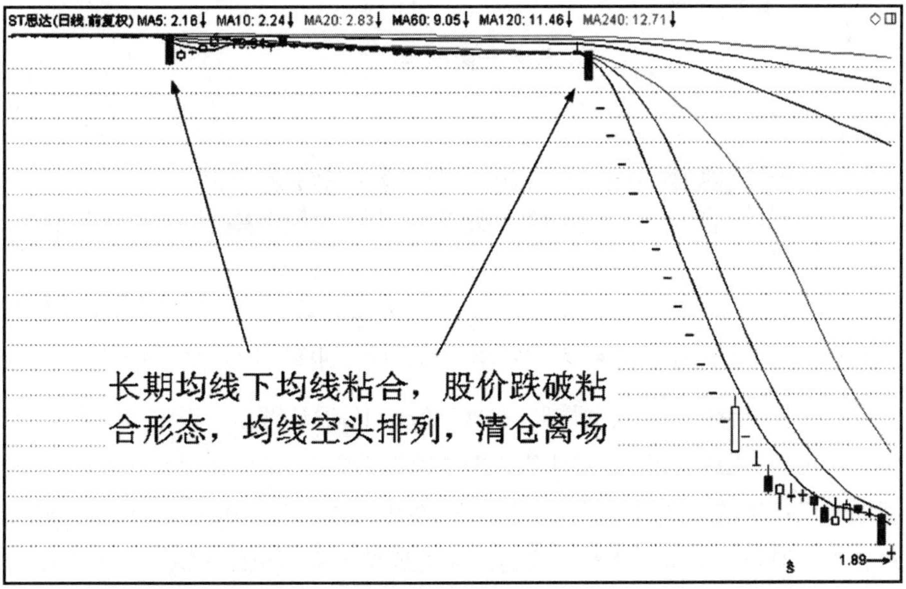

图 1-95　控盘再好，顶部出货也必然会使均线系统发出离场信号

如图 1-96 所示，泰山石油（000554）。从图上可以看出，和图 1-95 类似，该股各周期均线在顶部出现粘合，所有持仓者的成本几乎趋于一致。随着股价缓慢下跌，依次跌破短期均线、中期均线和长期均线，各中短期均线在长期均线之下形成死亡交叉。死亡交叉是卖出信号，交易者至少也要减掉绝大部分仓位。

死亡交叉后，股价并没有马上暴跌，而是形成均线发散，继续横盘并略略向下整理，表明该股主力控盘很好。因为中长期均线已经缓慢向下运行并形成空头排列，均线在股价上方形成压制，无论是根据均线空头排列还是均线粘合的技术含义，交易者都应当及时清仓以规避风险。

该股跌破中长期均线之后，股价有两次上攻中长期均线的动作，结果都是无功而返，此时中长期均线正在缓慢下行。根据葛南维买卖法则，上述两处股价上攻位置，是葛南维中长期卖出点，交易者应当清仓卖出。

K线上，股价多次走出绵绵阴跌和下跌不止的技术形态。绵绵阴跌和下跌不止都是看跌信号，因此应卖出。

无论主力实力如何强大，都不能作为交易者持仓的依据。在均线技术形态和其他趋势技术已经确认趋势走弱的情况下，依然对主力抱有幻想，就会承受亏损和套牢的痛苦。同样，无论主力实力如何强大，也无法改变均线的技术含义。无论是谁买卖股票，均线都是持仓者的平均成本线。

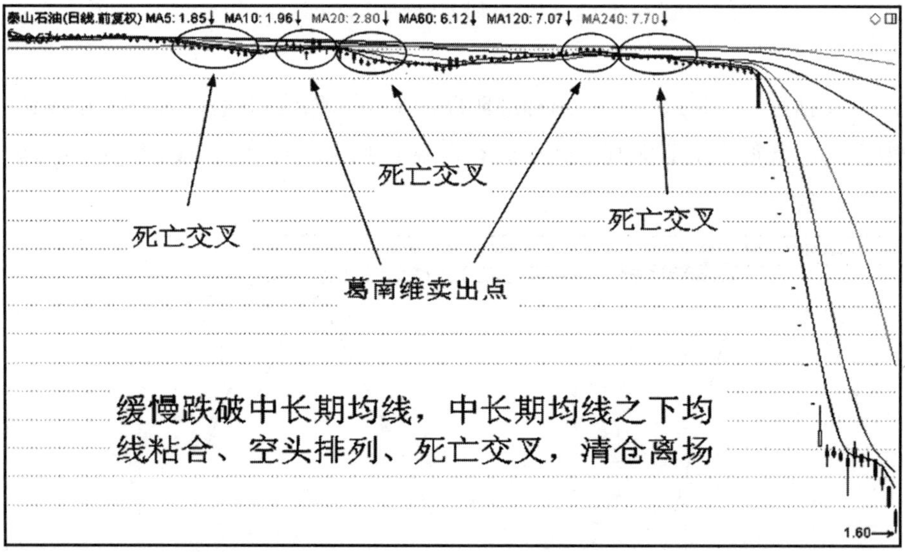

图 1-96　主力出货必然带动股价和均线下行，股价和均线下行必然发出离场信号

⑶主力没有控盘或者控盘很弱的情形。在这种情形下，股价都由不得主力做主，更何况均线？

股市中有一句话：无庄不灵。这句话的意思是操作股票，一定要选择有实力庄家控盘的股票，否则股价涨的时候比别的股票慢，跌的时候比别的股票快。还有另外一句话：无股不庄。这句话的意思是在沪深股市，根本就不存在没有庄家的股票，只不过庄家的实力有大小，控盘能力有强弱罢了。

这两种说法看似对立，实际上说的是一回事，只是强调的内容不同。“无庄不灵”强调交易要优先选择强庄控盘的股票，将那些主力参与很少，或者虽参与但实力不强，控盘能力很弱，或者是与无庄控盘的股票排除在外。“无股不庄”则强调股市中资金的博弈，主要是大资金和中小资金之间的博弈，并且这种博弈在任何时候都是大资金占据主导地位，中小资金处在被动地位。

无论是那一种说法，很显然都认同股市中存在着很多几乎看不出主力操纵的股票。

图 1–97 是瀚宇药业（300199）的日线图。这是从沪深股市任意选择的一只股票。从图上观察，该股近期整体上横向整理，但股价却一直起起落落，短期均线也随着上下波动，不断出现黄金交叉和死亡交叉，多头排列和空头排列，显示了短期均线反应灵敏的特性。交易者如果仅仅参考短期均线的走向和形态，在黄金交叉时买入，多头排列时持股，在死亡交叉时卖出，空头排列时持币，从表面上看似乎是中了主力的诡计，因为常常刚一买进就要卖出。

实际上这种操作失败根本与主力无关，而是大方向出现了错误。只要稍微观察一下更为稳定的中长期均线，就可以发现市场早已向交易者传达了如下的信息：中长期均线一直呈水平略向下的方向持续下行，期间几乎没有什么大的起伏，表明该股近期虽然一直横盘整理，但中长期下降趋势未变。

前面谈到过，趋势交易者分析市场走势时，应遵循如下基本原则：短期趋势服从中期趋势，中期趋势服从长期趋势，这是趋势运行的常态，在常态中应持股或空仓。短期趋势扭转中期趋势，中期趋势扭转长期趋势，这是趋势运行的异态，异态只出现在趋势转折之处，即底部和顶部，在异态中应选择进场或离场。

在中长期趋势下降的前提下，短期均线发出的任何买入信号，在得到其他趋势分析方法证明趋势反转之前，都只能认为是反弹，交易者应该在买入后有利润就出局，或者根本不必买入。

一只股票有没有主力控盘操纵，均线的技术含义都不会改变。如果真的不小心被套，那也不是主力耍阴谋诡计造成的，而是交易者不能正确认识和熟练运用趋势分析方法的结果。

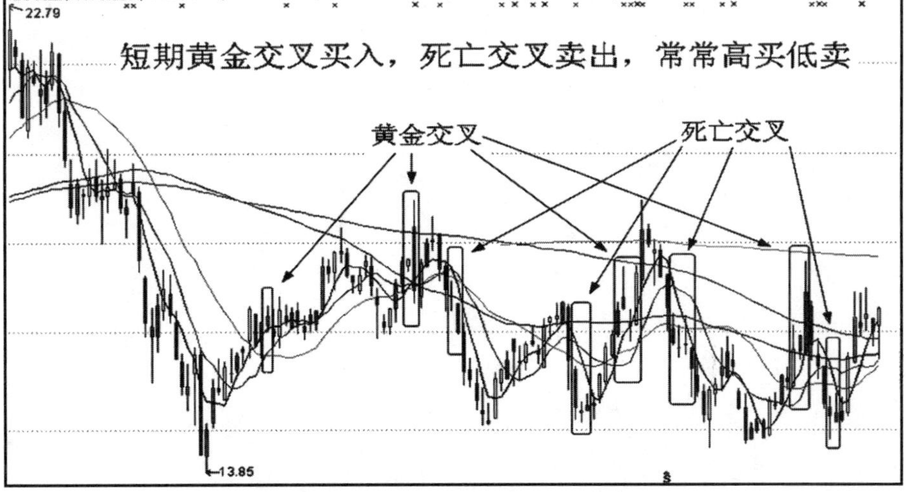

图 1–97 黄金交叉买入，死亡交叉卖出，结果常常高买低卖。不正确使用均线技术，会导致操作错误和亏损

无论从哪一个方面看，无论主力如何操控均线走向，只要交易者严格遵守均线买卖原则，严格执行均线系统发出的技术信号，就不会掉进主力的陷阱。

结论：都说股市如战场，但就博弈而言，股市要比战场简单多了。战场上经常可以见到出奇制胜的战例，奇兵常常从出人意料的地方和出人意料的时间出现，从而给对手出其不意的打击。股市则不然，无论主力运用哪种手段，都必然会在K线上留下足迹。没有任何一个主力可以将其交易的真实价格和平均成本从K线和均线上抹去，也没有任何一个主力可以改变K线、均线以及其他趋势分析方法的技术含义。主力所能做到的，无非是通过操控价格，改变价格涨跌的幅度和方式。但是主力无论怎样做，只要拉升股价，K线和均线就会发出买入和持仓信号；只要出货，K线和均线就会发出卖出和持币信号。

研究和跟随趋势，K线和均线不仅仅是基础，更是最直接和最真实的趋势载体。趋势交易者只需要跟随趋势，就不怕任何主力的阴谋诡计。

第二章 葛南维买卖法则详解及实战应用

第一节 葛南维均线买卖八大法则详解

一、葛南维均线买卖八大法则

在《每日股票市场获取最大利益的战略》一书中，葛南维根据艾略特波浪理论的股价循环法则，通过长期观察美国股价的结构，以 200 日均线为周期，按照股价或指数与 200 日均线运行时的不同位置，以及 200 日均线运行的方向，提出了确定买卖时机和标准的八种法则。这八种法则如下。

⑴均线由下行逐渐走平且略向上拐头，同时股价或指数从均线下方向上方突破，买入。如图 2–1 中箭头 1 所示。

⑵均线上行，股价或指数在均线之上运行，回调时未跌破均线，之后再度上升，买入。如图 2–1 中箭头 2 所示。

⑶股价或指数在均线之上运行，回调时跌破均线，但均线继续上行，股价或指数也很快重上均线之上，买入。如图 2–1 中箭头 3 所示。

⑷均线下行，股价或指数在均线之下运行，随后突然暴跌，距离均线很远，极有可能向均线靠近，可以进场买入。如图 2–1 中箭头 4 所示。

⑸均线上行，股价或指数在均线之上运行，持续快速上涨，离均线越来越远，说明近期购买股票者获利丰厚，随时都会产生获利回吐的卖压，应该卖出股票。如图 2–1 中箭头 5 所示。

⑹均线由上行逐渐走平，股价或指数从均线上方向下跌破均线时，说明卖压渐重，应该卖出股票。如图 2–1 中箭头 6 所示。

⑺股价或指数在均线下方运行，反弹时未能向上突破均线，均线继续下行，或有时下行角度虽有所减缓，比如趋于水平，但随着股价或指数的下跌再度转为下行，表明均线压力沉重，应该卖出股票。如图 2–1 中箭头 7 所示。

⑻股价或指数反弹后在均线上方徘徊，而均线继续下行，随后股价或指数跌破均线，应该卖出股票。如图 2–1 中箭头 8 所示。

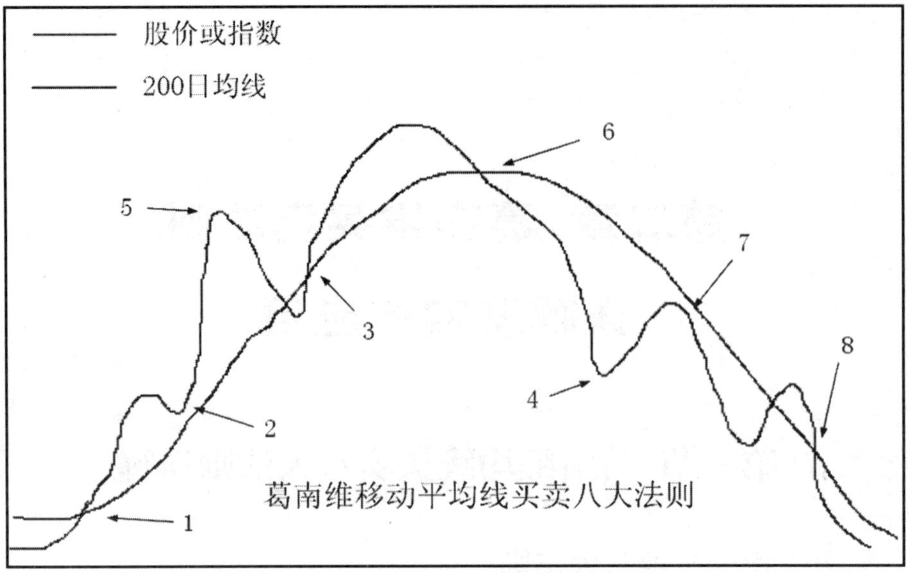

图 2-1 葛南维均线买卖八大法则

葛南维均线买卖八大法则，实际上是道氏理论和艾略特波浪理论的图表化、具体化和标准化。

道氏理论以股价或指数沿某一方向运行的时间长短来区分趋势的大小，以后高、后低与前高、前低的相对位置来确认趋势的升降和买卖点。其优点是在一轮大行情中准确性比较高，缺点是存在很大的滞后性，且在牛熊转化期间存在着不确定性，导致交易者难以准确把握买卖点。

葛南维八大买卖法则则以均线方向作为趋势方向，以均线的不同时间周期作为趋势运行的周期，以股价或指数与均线相互位置的不同排列关系确定交易者的进出场标准。其优点是简单直观，信号发出比较及时，确定买卖点比较容易，缺点是只用一条均线，稳定性和灵敏性不能兼顾。增加均线数目，形成均线组合形态，在组合形态基础上运用葛南维买卖法则，这样虽然可以兼顾稳定性和灵敏性，但均线组合的不同均线之间经常发出相互矛盾的信号。

图 2-2 是 ST 传媒（000504）的日线图。从全图看，无论谁都知道股价处在下降趋势中，但若在股价开始回落之时判断这次下跌是牛市中的调整还是熊市来临，估计就没有这么容易了。

道氏理论确定熊市的标准是：后高低于前高，后低低于前低。根据该理论，市场需要先跌后涨，然后再跌再涨，走出两个高点和两个低点，才可以判断和确认趋势，所以在股价刚开始下跌时，道氏理论无法判断股价或指数究竟是调整还是反转。

葛南维均线买卖法则相对就简单得多了。如图所示，股价跌破 60 日均线，60 日均线由上行走平转而下行时，即表明趋势已牛熊互换，这是葛南维第六大法则卖出点，卖出。

60 日均线一直持续下行，股价运行在 60 日均线之下，表明趋势就如山间的小溪顺坡而下，离平地还有一段距离。下跌中的每一次反弹，在碰触到 60 日均线压力之时，即转头向下，表明空方力量很强大，这是 60 日均线葛南维卖出点，卖出。

从这里可以看出，根据葛南维均线买卖法则，不但转势和趋势延续的信号比道氏理论发出得早，而且交易者只需观察均线的方向，以及股价和均线之间的位置关系，就可以确定买进还是卖出，比道氏理论方便和直观。

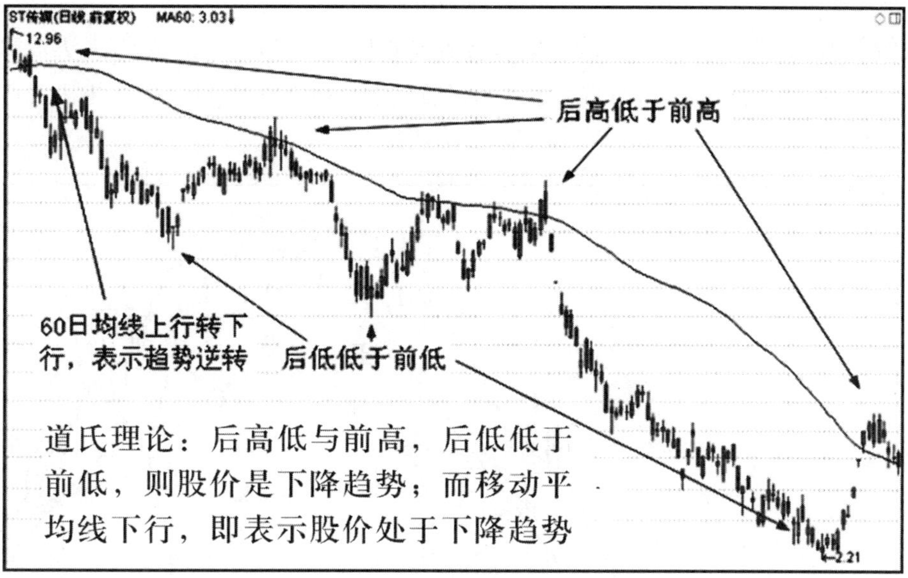

图 2-2 葛南维买卖法则比道氏理论简单和直观，买进卖出也早于道氏理论

波浪理论可以较为真实、客观地描述股价或指数运动的规律和现象，但在实盘交易中，很难定位循环浪的起点和终点，也很难分清循环浪的级别。不同时间周期的均线，则可以为交易者数浪提供较为有力和清晰的提示。

波浪理论认为市场走势不断周期性地重复同一种模式，每一个循环周期都由五个推动浪和三个调整浪组成，股价顺着主要（基本）趋势运行时，按照五浪的顺序波动，逆主要（基本）趋势运行时，则按照三浪的顺序波动，最长的超大循环浪循环一次可以超过 200 年，很短的次微浪则有可能几小时之内完成一个循环周期。

图 2-3 是深证成指（399001）2005 年 12 月至 2008 年 11 月的周线图，该图正好涵盖了一个完整的多头市场循环浪。图上标注的一、二、三、四、五代表 5 个上涨推动浪，此时市场属于多头市场； A、B、C 表示 3 个调整（修正）浪，此时属于空头市场。这种标注是市场走出来之后的分析，属于事后诸葛亮。如果交易者对波浪理论的研究和运用没有达到一定的造诣，就很难单凭波浪理论及时准确地把握每一个波浪的转折点，很难及时作出买卖决定。

图中的均线是 20 周均线，20 周均线大约相当于日线图中的 60 日均线。图上标注 1、2、3、4、5、6、7 的位置，分别对应着葛南维八大买卖法则的买卖点。相比波浪理论，除了第四大法则的买入点和第五大法则的卖出点之外，葛南维均线买卖点均可以通过价格和均线之间的位置关系作出比较精确的定量分析。均线周期不仅能够为葛南维买卖法则和趋势级别定性，而且也可以为定性波浪理论循环浪的级别提供非常明确的参考。

波浪理论推动浪中的第三浪，大多是主升浪，所以葛南维第五大法则的卖出点与之对应，也多出现在第三浪中。调整浪（修正浪）的 C 浪大多是主跌浪，所以葛南维第四大法则的买入点与之对应，也多出现在 C 浪中。C 浪常常是修正浪中的主跌浪和推动浪，所以在本例中，又理所当然地走出 5 浪下跌。

需要特别提醒的是：由于是周线，所以葛南维第四大法则买入点和第五大法则卖出点偏离均线的角度都不是很明显，下跌时指数也一直没有向上突破 20 周均线，所以未出现葛南维第八大法则的卖出点。

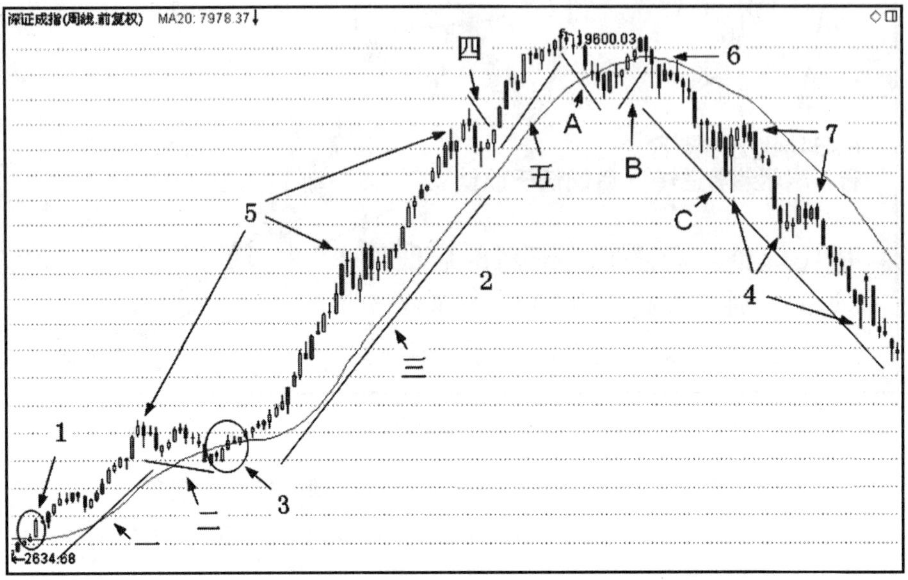

图 2-3　葛南维均线八大买卖法则和艾略特波浪循环的对应关系

葛南维均线八大买卖法则不仅远比道氏理论和波浪理论明确具体，具有很强的可操作性，发出的买卖信号也远早于道氏理论和波浪理论。

比如，当葛南维第一大法则发出买入信号时（见图 2-1 中的买入点 1），按照道氏理论的原则和方法，尚无法确认行情是反弹还是反转。按照波浪理论的原则和方法，也无法确认上涨是上一个空头市场大循环浪的继续，还是一个多头市场大循环浪的开始，甚至都无法确认所处浪形的级别。

图 2-4 是京新药业（002020）的日线图。股价见底后向上弹升，突破 60 日均线，60 日均线已由下行向上拐头，出现葛南维第一大法则的买入点，买入。此时股价才仅仅走出后低高于前低，尚未出现后高高于前高，根据道氏理论的确认原则，上涨趋势尚未确立，交易者不能进场买入。根据波浪理论，此时难以确认葛南维买入点位置究竟是空头市场调整浪的一部分，还是多头市场推动浪的开始。

道氏理论和波浪理论此时连反弹还是反转，牛市还是熊市都不能确认，更别说发出买入信号了。

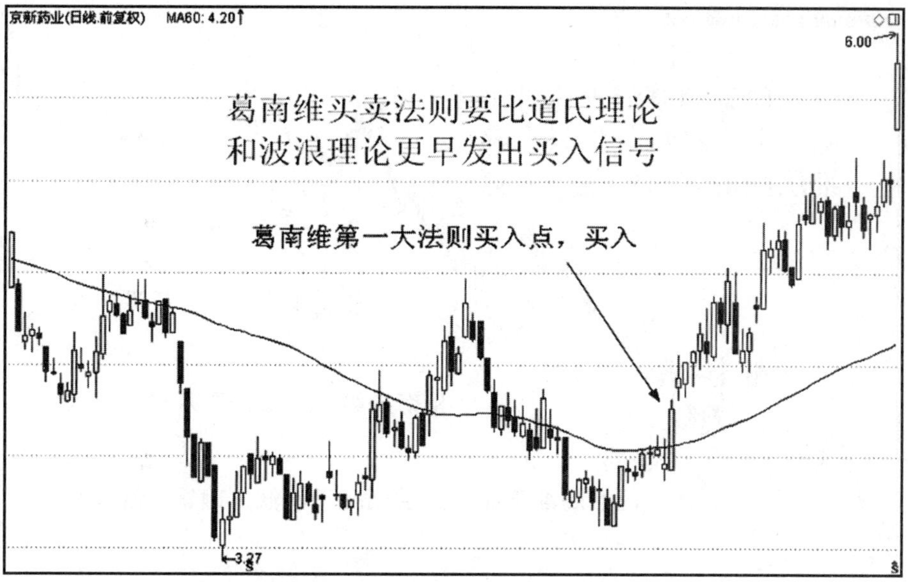

图 2-4　与道氏理论和波浪理论相比，葛南维买卖法则的买入信号明确，发出时机更早

葛南维第二大买卖法则的买入信号（见图 2-1 中买入点 2），依据道氏理论和波浪理论也可以确认牛市来临，只不过要费一些周折，因为这时股价或指数已经后高高于前高，后低高于前低，并且浪形也很清晰，是推动浪的 2 浪结束，3 浪开始，或者是 3 浪中的调整浪结束。但是道氏理论和波浪理论无法对买入点 2 作出精确的定位。

斐波那契神奇数列也许可以为道氏理论和波浪理论在时间和空间上提供一些大概率的参考，但斐波那契神奇数列用于均线也同样如鱼得水，而且依据均线与 K 线所处的位置以及均线的运行方向，都为买入点 2 提供了更清晰、更可靠和更精确的信息。交易者依据葛南维的买入点买进股票，很显然比道氏理论和波浪理论更加容易。

图 2-5 是中捷股份（002021）的日线图。股价由跌转涨，向上突破 60 日均线，然后扭转 60 日均线上行，确立股价的中长期上升趋势。突破之后出现第二次调整，股价遇到 60 日均线获得支撑继续上涨，这是 60 日均线葛南维第二大法则买入点，交易者可以买入或加仓。

此时股价已经走出很明显的逐浪上涨形态，葛南维买卖法则、道氏理论和波浪理论都已经可以确定股价进入上涨趋势。但只有葛南维买卖法则可以发出明确的买入信号，道氏理论和波浪理论则无法对上涨中的股价定位买入点。

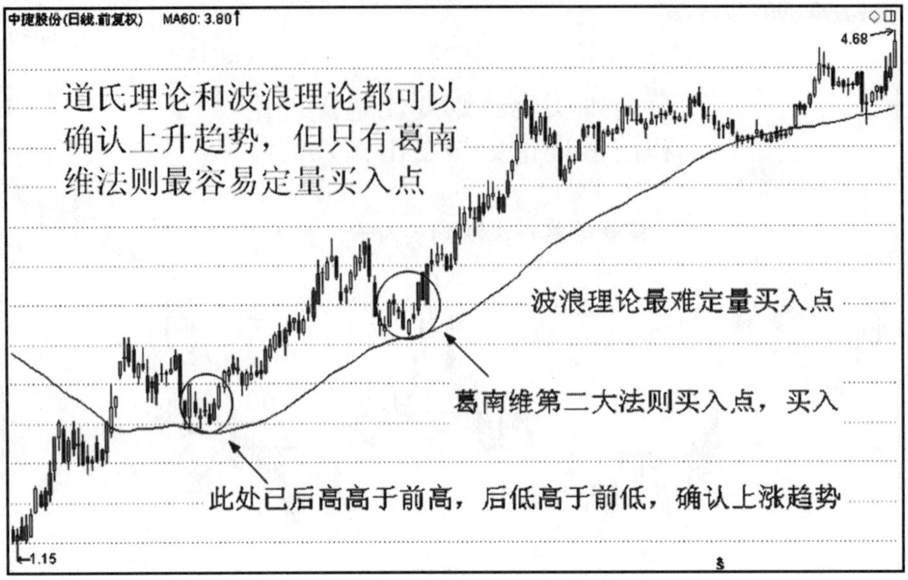

图 2-5　出现葛南维第二大法则买入点时，道氏理论和波浪理论都可以对趋势作出判断，但只有葛南维买卖法则可以给出明确的买入点

上述案例足以说明，葛南维均线八大买卖法则是道氏理论和波浪理论的形象表达，与二者相比，葛南维买卖法则更加明确、具体、直观，对趋势的定性和定量也更加容易。交易者仅用葛南维买卖法则，就可以轻松确定进场标准和离场标准。

如果将 K 线看作时间周期为 1 的均线，则葛南维均线八大买卖法则几乎涵盖了所有均线的排列方式，八大买卖法则买卖点几乎涵盖了所有均线排列方式的进出场位置，是真正意义上的均线鼻祖。比如多头排列、空头排列、黄金交叉、死亡交叉、均线修复、均线服从、均线扭转、均线发散等，都可以在葛南维买卖法则中找到与之对应的技术形态。

图 2-6 是长城开发（000021）的日线图，图中的阿拉伯数字 1 ~ 8，表示葛南维第一大法则至第八大法则的买卖点，分别对应着均线扭转，均线服从，均线服从和黄金交叉，均线修复，均线修复，均线扭转，均线服从，均线服从和死亡交叉。

股价在均线之上快速上涨阶段是均线多头发散，股价在均线之下快速下跌阶段是均线空头发散。股价运行在均线之上是均线多头排列，股价运行在均线之下是均线空头排列，股价和均线纠缠在一起是均线粘合。

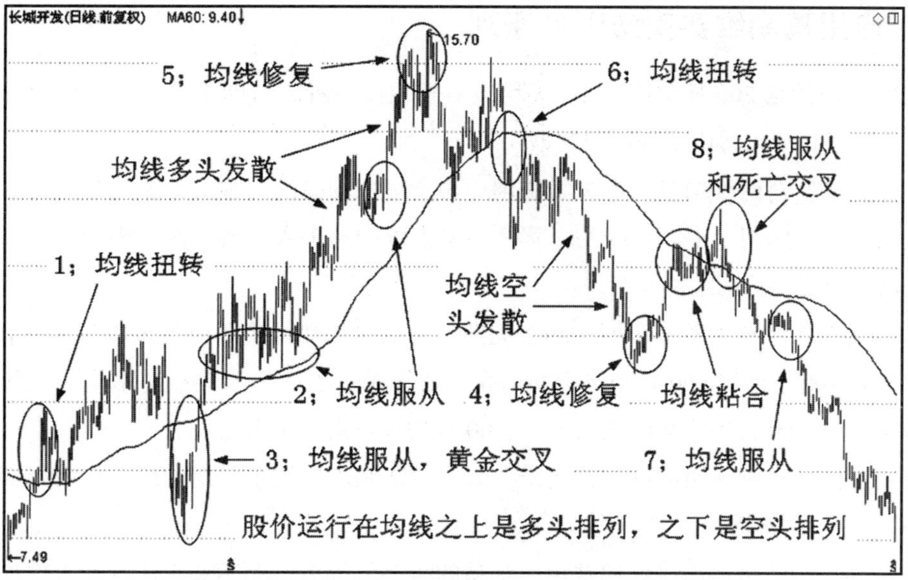

图 2-6　葛南维八大买卖法则和均线排列方式的对应关系

葛南维使用的是 200 日均线，但对于沪深股市而言，采用 60 日均线，对于运用葛南维均线买卖八大法则效果很好，原因也许是沪深股市涨跌幅度比美国大。

图 2-7 是上证指数（999999）2006 年至 2008 年之间的走势。指数先是一轮热血喷涌的大牛市，接着是一轮秋风扫落叶式的大熊市，不知造就了多少乐极生悲的故事。如果交易者按葛南维均线八大买卖法则操作，也许很多悲剧就可以避免。图中均线是 60 日均线，大盘指数的走势几乎是诠释 60 日均线葛南维八大买卖法则的标准图形。交易者只需严格按照葛南维买卖法则发出的买卖信号操作，即可获取可观的收益，同时还可以规避套牢的风险。

图中的阿拉伯数字 1 ~ 8，分别对应着图 2-1 中葛南维八大买卖法则的买入点和卖出点。

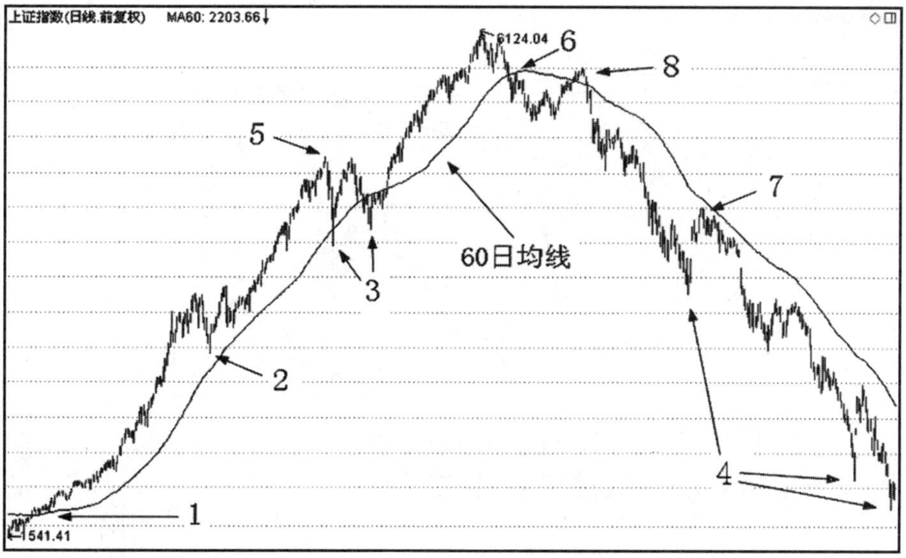

图 2-7　60 日均线葛南维八大买卖法则实战运用

二、应用葛南维买卖法则的原则

葛南维使用的是200日均线，200日均线对短线交易者的帮助不大。但是葛南维的均线买卖法则简洁明了，可以适用于任何周期的均线。

为方便论述，葛南维均线八大买卖法则应用于短期均线的，称之为葛南维短期买入点或葛南维短期卖出点；应用于中期均线的，称之为葛南维中期买入点或葛南维中期卖出点；应用于长期均线的，称之为葛南维长期买入点或葛南维长期卖出点。

当K线走势图中有多条属于同一趋势周期的均线时，则直接把均线周期冠在葛南维买卖点之前。例如同时有30日和60日两条中期均线，则分别称之为30日均线葛南维买入点、30日均线葛南维卖出点、60日均线葛南维买入点、60日均线葛南维卖出点。

本书中，除了特别注明以外，葛南维八大买卖法则均应用于中期均线，均线周期除了特别注明以外，都是60日均线。

需要特别提醒的是：均线周期越短，交易的机会就越多，上述买卖法则的有效性就越小。均线周期越长，买卖信号的可靠性就越强，但交易机会就越少，交易信号也越滞后，确定买卖点的难度就越大。

图2-8是浙江永强(002489)的日线图，图中均线是20日均线。20日均线时而上行，时而下行，股价也涨涨跌跌，围绕20日均线上下波动，反复穿越，不断发出买卖信号。

20日均线虽然是中期均线，但毕竟是周期最短的中期均线，当股价反复上下穿越该均线发出买卖信号时，交易者如果每一次都在买入信号出现时买入，卖出信号出现时卖出，就会经常发生高买低卖的情形，不利于交易。

如果股价涨跌幅度足够剧烈，或者整理的时间比较长，20日均线的方向也会随之不断改变方向，令交易者难以看清中长期趋势的方向。

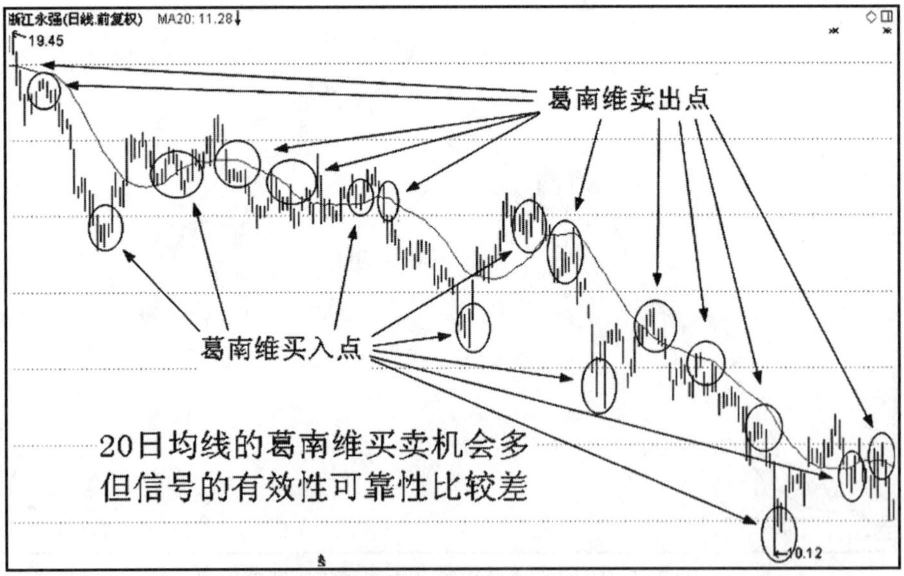

图2-8 周期比较短的均线，葛南维买卖信号发出的频率较高，但信号作用较弱

图 2–9 是深证成指 (399001)1993 年 1 月至 2001 年 6 月的日线图，时间跨度接近 9 年。非常巧合的是，在这 9 年中，按照 240 日均线作为操作周期，葛南维均线八大买卖法则买入信号和卖出信号各出现了 9 次，平均 1 年一次。

使用 240 日均线作为葛南维买卖法则的操作周期交易机会少，而且由于 240 日均线周期比较长，转向较慢，反应滞后，指数经常距离均线很远，使交易者难以对葛南维买卖法则中第二、三、四、五、七、八大法则的买入点和卖出点及时准确地定性和定位，等到可以确定买进卖出位置时，指数已经上升或下跌很大一段空间了。

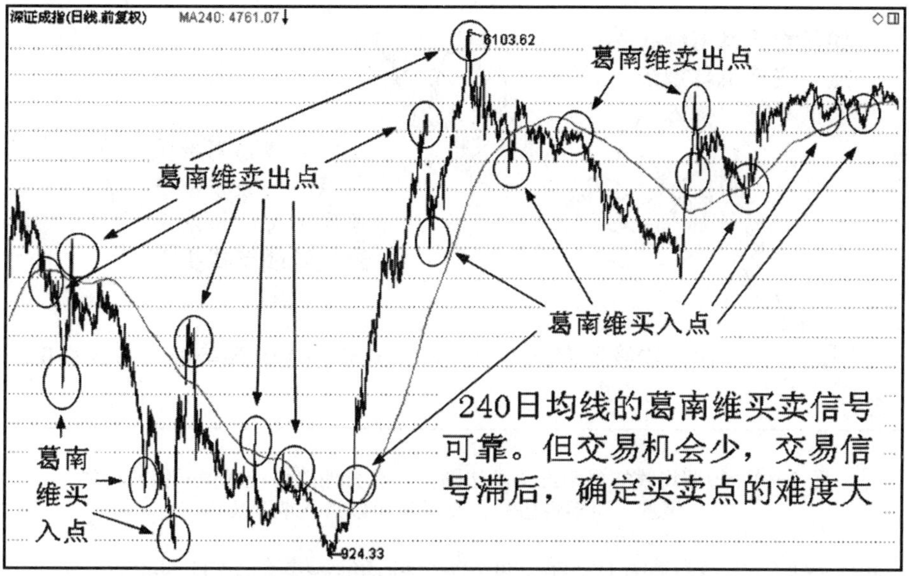

图 2–9　长期均线的葛南维买卖信号可靠，但交易机会少，
信号滞后，确定买卖点的难度也相应加大

对于葛南维均线八大买卖法则，交易者可以根据交易习惯，自由选择均线周期。需要提醒的是，葛南维买卖法则的本意是以均线作为股价或指数运行的大趋势方向，以股价或指数与均线（即趋势轨迹）所处的相对位置作为买卖的依据，如果交易者选择的均线周期过短，就需要借助其他趋势分析方法，判断和确认中长期趋势方向，最好再加一条中长期均线作为辅助，否则就容易买在下降趋势，或者卖在上升趋势。逆势而为，无论任何时候都不能称为绝佳高手。绝佳高手不是擅长火中取栗，而是能够赚取长期、持续、稳定、低风险的利润。

如图 2–10 所示，SST 华新（000010）。第一次是 10 日均线葛南维第二大法则的买入点，差不多和股价向上突破下降楔形上边线的买入点同时出现，二者相互印证，买入。

第二次是 10 日均线葛南维第三大法则的买入点，也是与技术图形买入点差不多同时出现的，出现在突破上升旗形上边线及回试不破旗形边线的位置。二者相互印证，买入。

第三次是遇长期上升趋势线支撑，股价止跌回升，向上突破 10 日均线，发出 10 日均线葛南维第一大法则买入信号。这次是与突破收敛三角形上边线的买入点同时出现，二者相互印证，买入。

第三次是10日均线葛南维第六大法则的卖出点，与之同时出现的是股价跌破长期上升趋势线发出的卖出信号。二者相互印证，卖出。

虽然10日均线周期很短，但因为有上述其他趋势技术信号予以佐证，可靠性较强，交易者可以根据信号指示买进卖出。

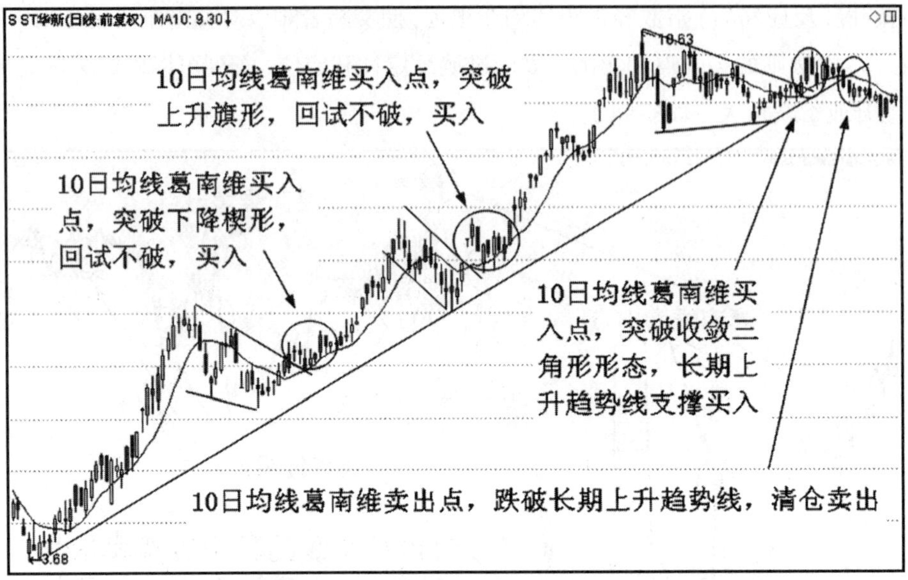

图2-10　短期均线的葛南维买卖法则，在有其他趋势技术信号相印证的情况下可靠性较强，交易者可以买入或卖出

图2-11是SST华新（000010）的日线图。图上的均线一条是10日均线，一条是60日均线。交易者如果以10日均线作为葛南维买卖八大法则的信号依据，就可以用60日均线作为判断中长期趋势的辅助工具。

股价第一次向上突破10日均线时，10日均线上行，发出葛南维第一大法则买入信号。但此时60日均线下行，表明中长期趋势是下降的，因此可以暂不买入，继续观察后市股价的走势，以及60日均线的运行方向和压力。若股价向上快速突破60日均线并远离60日均线，则60日均线有可能被带动上行，10日均线就会上穿60日均线形成黄金交叉，交易者可以进场买入。若股价遇60日均线阻力回落，则该买入信号仅表明上涨属于反弹性质，不具备大举建仓的条件，交易者最好忽略此买入信号。

第二次是10日均线黄金交叉60日均线发出的买入信号。因为不是葛南维买卖点，所以图上没有标注。10日均线黄金交叉60日均线之后，股价和10日均线运行在60日均线之上，且60日均线上行，表明至少一轮中期反弹行情拉开了帷幕。

此后的10日均线葛南维买入点，要对其进行归类比较困难，因为说不清是第一、第二还是第三大法则。不过不论是哪一种法则，买入信号都是很明确的，交易者可以买入。

在上涨期间有过一次比较大的调整行情，调整过程中，股价两次跌破10日均线，10日均线都由上行转为下行，是 10 日均线葛南维第六大法则卖出点。但由于 60 日均线依然在下方支撑股价，上升趋势未变，所以交易者可以减仓，也可以不减仓，但不宜清仓。

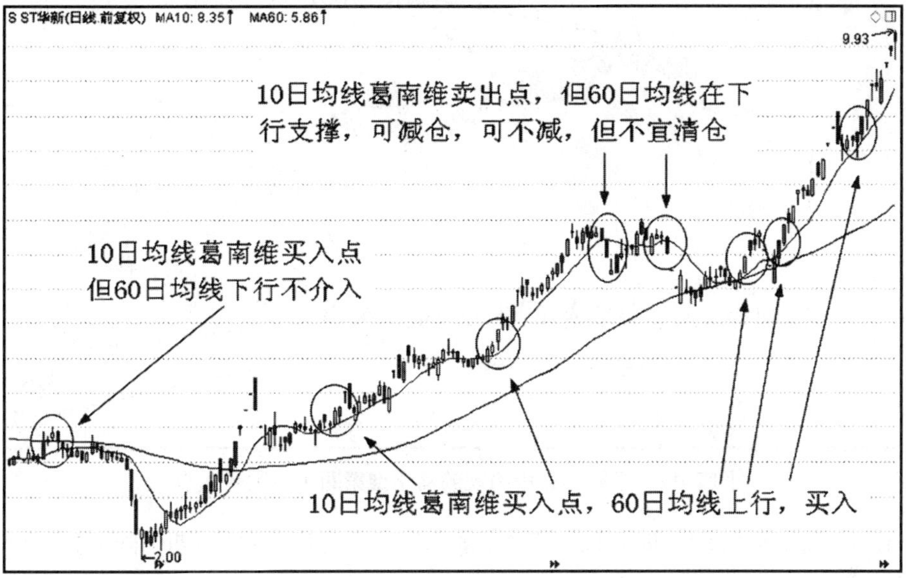

图 2-11　结合 60 日均线观察和判断趋势，交易者就可以很好地运用 10 日均线葛南维买卖法则

葛南维八大买卖法则中第三、第四、第五和第八大法则，实战中需要结合支撑、压力、趋势线、技术图形和大盘、板块进行综合判断，单一使用容易偏颇或者遭遇陷阱。尤其是第四和第五大法则，不借助其他趋势技术分析手段，几乎无法定位买卖点。其中第四大法则是下跌趋势中的反弹买入点，长线交易者可以忽略该买入点。第五大法则是上涨趋势中的中期调整卖出点，长线交易者在该点可以减仓，也可以不减仓，但不宜清仓。

如图 2–12 所示，浙江永强（002489）。上市以来该股逐浪下跌，运行在一个长期下降趋势中。期间一共出现了 6 个葛南维 60 日均线第四大法则买入点，事后来看，这些买入点都是十分清晰的，但在行情走出来之前，交易者是很难判别和决断的。

均线上方同时也标注了葛南维第六大法则的卖出点。

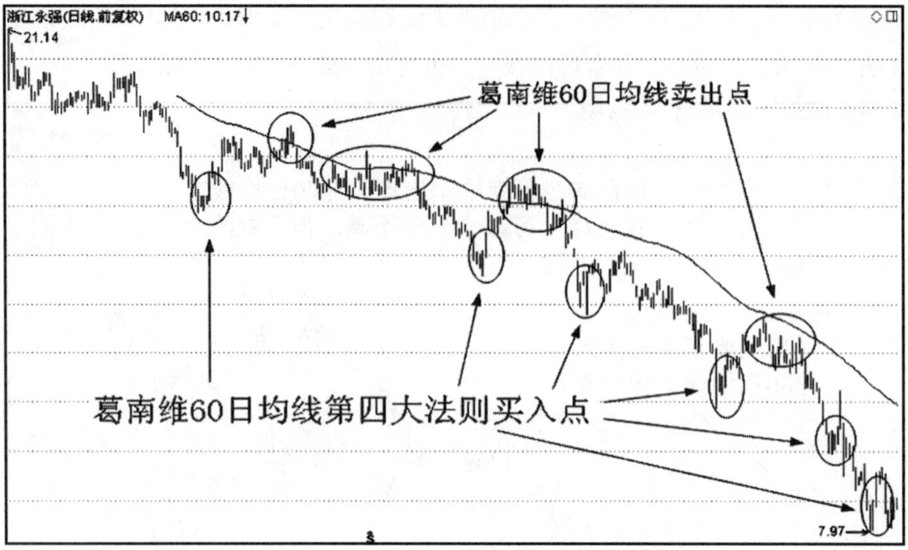

图 2-12　下降趋势中出现的葛南维第四大法则买入点

图 2-13 是与图 2-12 同一时间段的日线图。图上的平行通道是中期下降通道。中期下降通道的画法是先画出下降趋势线，然后过另一侧的相对低点画出与之平行的返回线。画出通道后，通道的返回线对后市股价有支撑作用。

图 2-12 中第三个葛南维第四大法则买入点，就是在股价下跌遇返回线支撑止跌回升时出现的。

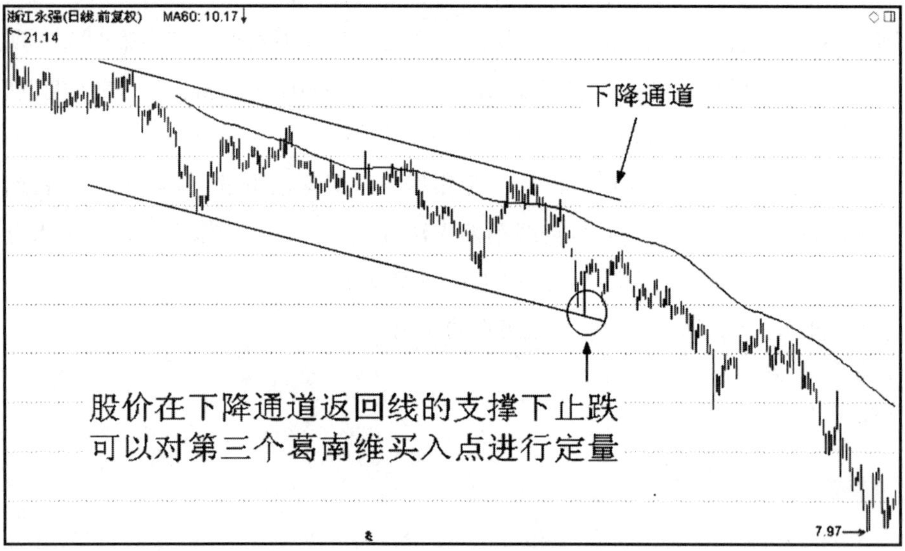

图 2-13　下降通道的返回线可以对葛南维第四大法则的买入点进行定位

图 2-14 是与图 2-12 同一时间段的日线图。股价后期下跌速度加快，下跌角度变陡。图中画出一条新的中期下降通道，图 2-12 中第六个葛南维第四大法则的买入点，在通道返回线获支撑止跌时出现。

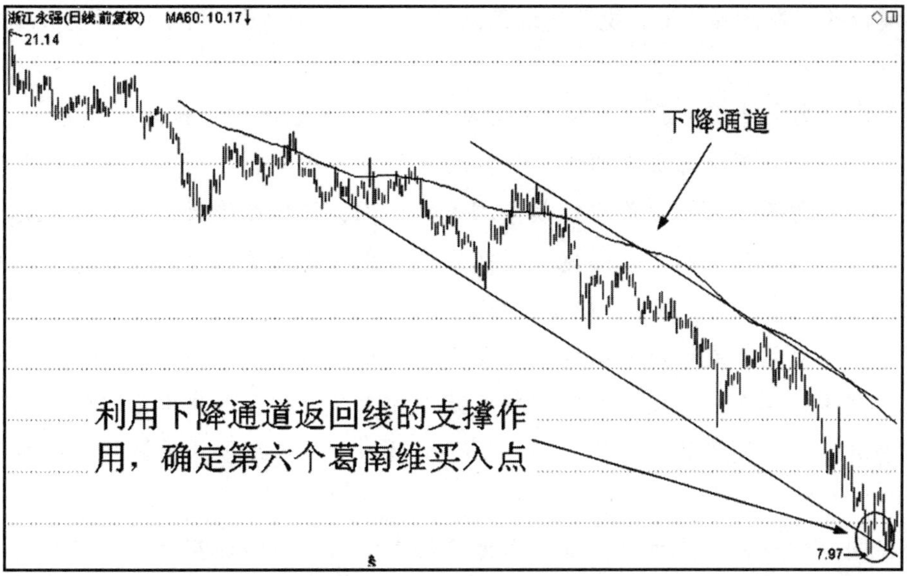

图 2-14　下降通道的返回线支撑，可以对葛南维第四大法则的买入点进行定量

该股在日线走势中一共出现了 6 个葛南维 60 日均线第四大法则买入点，通过下降通道可以进行定位买入的只有两个。其余四个也并非完全不能定位，交易者可以根据乖离率、K 线形态和 5 日均线抢反弹的进场标准确定一个大致的区间。由于该股处在长期下降趋势中，所以无论买入点是否可以定位，其实都可以放弃。

乖离率

乖离率是基于移动平均线衍生的技术指标，实战中有很多交易者使用乖离率确定进出场标准，辅助葛南维买卖法则定位买卖点。

乖离率（BIAS）是测量股价偏离均线程度的指标，用股价或指数与均线之间偏离的绝对值除以均线的价格或点位得出的百分比来表示。

乖离率的计算公式为：乖离率（BIAS）=（收盘价格或点位 − 均线的价格或点位）÷ 均线价格或点位 ×100%。

乖离率和均线牵引、均线修复的理论基础完全相同，也和市场的平均成本有关。

熊市时，随着股价或指数的不断下跌，市场平均成本不断下移，当股价或指数在短期内剧烈下跌时，市场平均成本并没有快速下降，导致市场内持仓的交易者短期内亏损加剧，此时很多交易者不愿意再割肉，于是场内抛压减轻。场外的左侧交易者看到市场大幅下跌，有些人开始入场抄底，短线交易者也进场博反弹，使供求关系发生变化，股价或指数掉头向上的机会大大增加。

牛市时，当股价或指数在短期内快速上涨时，由于均线滞后，市场的平均成本并没有快速跟上。二者距离加大，意味着市场内持仓的交易者短期盈利快速增加，获利回吐卖压加大。

多方看到股价或指数涨幅已高，也不愿继续进场买入，资金供小于求，从而使股价或指数再次向平均成本靠近。

乖离率比较真实地反映了市场内的交易心理，以及资金的盈亏和供求变化。

乖离率分为正乖离率与负乖离率。股价或指数在均线之上，则为正乖离。股价和指数在均线之下，则为负乖离。股价或指数与均线的点位、价格相等时，则乖离率为零。正乖离率越大，表示短期超买越大，则越有可能见顶。负乖离率越大，表示短期超卖越大，则越有可能见底。

乖离率只是对股价或指数偏离均线程度的一个测量指标，实际上没有任何一只股票或者大盘的乖离率，会在一个较为固定的数值范围内永久有效。乖离率因均线时间周期的不同而存在差异。在不同市场、不同时期、不同个股，交易者所能接受的乖离率数值更是相差很大。

即使在同一个股的不同时期，也会因为超出常态的杀多和逼空行情，使乖离率出现极端值。交易者如果按照乖离率常态范围做出判断和行动，难免进退失据。

下面是国外依据不同周期均线进行买卖的乖离率参考数据范围。

6 日均线乖离率：小于 −3% 买进，大于 +3.5% 卖出。

12 日均线乖离率：小于 −4.5% 买进，大于 +5% 卖出。

24 日均线乖离率：小于 −7% 买进，大于 +8% 卖出。

72 日均线乖离率：小于 −11% 买进，大于 +11% 卖出。

普遍认为，国内股市波动较国外更为剧烈，因此在买卖中，要对上述数据范围做相应的调整。实战中一般是递进一级，即 6 日均线乖离率买进卖出范围数值参考国外 12 日均线乖离率数值范围，依此类推。

无论是国内还是国外，进行买卖操作的乖离率数值范围均无定论，其数值范围要因人、因市场、因股票、因交易时段而异。交易者使用时也需要根据个股的特性，自行测算适合个股行情的最佳极限买卖值。

总之，乖离率虽然是技术指标，但在研判和运用时，需要交易者长期积累观察经验，也就是说，该指标并不是一种完全量化的买进卖出分析指标。与葛南维买卖法则结合运用时，如果没有长期的观察和统计数据，很容易造成操作失误。这里提醒大家，除非对乖离率指标的研究颇有心得，否则最好不用。

运用葛南维均线买卖八大法则时，下面一个非常重要的原则需要大家记住：在均线上行，股价或指数基本上处于均线之上时，表明股价或指数运行在上升趋势中，所有的葛南维卖出点都只是减仓点，所有的葛南维买入点都可以买入或继续加仓。均线由上升、走平转为下降时，股价或指数跌破均线，表明市场有可能转牛为熊。均线持续下行，股价或指数基本上处于均线之下时，表明股价或指数运行在下降趋势中，此时所有的葛南维卖出点都是清仓离场点，所有的买入点都只是反弹介入点。

趋势交易的基本原则，大致可以用一句话概括：牛市满仓，非牛市空仓。其中的含义有以下几点：①非牛市包括熊市、猴市和横向运行三种市场情形。②牛市满仓包括期间短暂的减仓和空仓。③非牛市空仓包括期间短暂的持仓和满仓。

将趋势交易系统的交易原则与葛南维买卖法则结合起来，具体的应用技巧有以下几点。

⑴第五大法则的卖出点大多是股价或指数（中期）调整的卖出点，因为市场还处在上涨趋势中，趋势是否会逆转不得而知。短线交易可清仓，中长线交易则可以减仓，也可以不减仓，但不宜清仓。此即为“牛市满仓”包括的短暂减仓和空仓阶段。

图 2-15 是刚泰控股（600687）的日线图。股价在 60 日均线之上，60 日均线一直上行，表明中长期上升趋势一直没有改变，交易者可以积极做多。期间股价有过两次快速拉升，远离 60 日均线，短期获利盘急剧增加，均线有修复的要求，交易者可以根据交易习惯和交易周期的不同，选择减仓或清仓。中长线交易则以减仓为原则，减仓原则是可减仓也可以不减。

图 2-15　葛南维第五大法则卖出点出现在上涨趋势中，可以清仓，也可以只减仓

清仓后，如果股价回调时遇到支撑，可以再次买入。有些股票在清仓和重新买入时会存在较大的价差空间，但强庄控盘和人气极旺的大牛股经常以横盘代替回调，在上涨途中被动修复均线。遇到均线被动修复这种情况，基本上就没有价差空间可供操作了。

如图 2-16 所示，上港集团（600018）。一波急拉后，股价远离 60 日均线。正常情况下，股价应在均线的牵引作用下向均线回归，但该股庄家的实力很强，一直维系着股价横盘整理。到后期，无论是每日股价的波动，还是整体上的涨跌，几乎都被主力控制并压缩在横向的一条直线上。即便是股价跌破 60 日均线，60 日均线缓慢下行时，依然没有什么变化，主力操控股价的能力之强可见一斑。

交易者可以在股价跌破 60 日均线，60 日均线缓慢地由上行走平转为下行时减仓或清仓。

因为无论主力控盘能力如何，60 日均线下行均表示中长期趋势向下。主力是否在场，与交易者进出场没有关系，只是与交易者选择交易标的有关系。交易者进出场的标准永远只有一个，那就是趋势!

该案例虽是一个特例，但均线被动修复的例子并不鲜见。在股价处于上升趋势时，持股不动与波段操作相比，只是理论上利润要少一些，现实中孰优孰劣很难说，因为很难做到每一次波段操作都能做对。

该股在均线被动修复过程中，走出了一个很狭长的下降楔形。下降楔形后市大多向上突破，该股也未出意料，一根大阳线向上突破楔形形态，此时交易者可以进场买入。突破楔形时，也是 60 日均线葛南维第一大法则买入点。突破之后，股价回试楔形上边线不破，可以买入或加仓，此处是葛南维第二大法则的买入点。

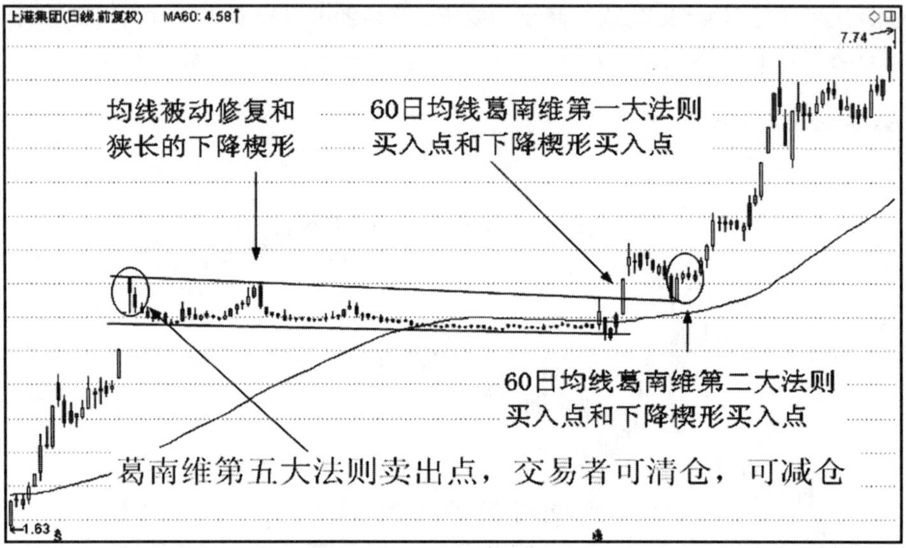

图 2-16　强庄控盘的股票，出现葛南维第五大法则卖出点后，经常走出均线被动修复形态

(2)第六大法则的卖出点出现在均线由上升走平，股价或指数跌破均线之时。均线由上升开始走平，说明牛市气数将尽，但熊市是不是一定来临或已经来临？即便交易者选用的均线周期与牛熊市转换时间周期完全契合，也要打一个大大的问号。因此第六大法则卖出点的位置，属于非牛市中分不清牛熊猴市的那一种情形。

不管怎样，有两点是确定无疑的：一是均线走平，此时肯定算不得牛市；二是股价或指数跌破均线，这是葛南维买卖法则中非常明确的卖出信号。交易者按照葛南维第六大法则的卖出信号卖出，与交易系统非牛市空仓原则的要求完全一致。

如图 2-17 所示，深天地 A（000023）。60 日均线一直上行，助推股价上涨。随后在顶部横盘整理了一段时间，股价跌破 60 日均线，60 日均线由上行转为走平，表明牛市结束。

60 日均线走平，股价有可能正在进行牛市和熊市的转换，之后也许还要横向整理很久。但无论是哪一种情形，重要的是葛南维第六大法则的技术含义非常清晰：卖出。趋势交易系统的原则也很明确：非牛市空仓。所以遇到这种走势行情，交易者应当清仓卖出。

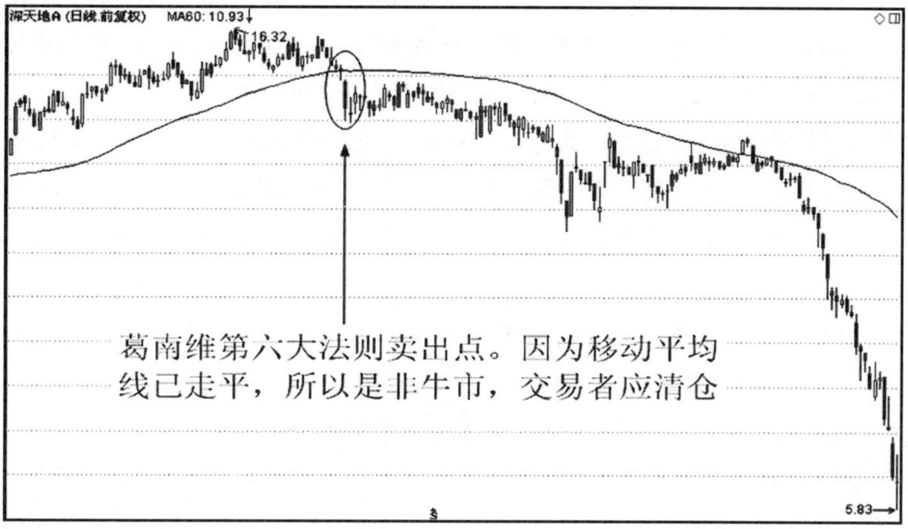

图 2-17　葛南维第六大法则卖出点位置，属于暂时无法认定是牛市、熊市还是猴市的情形

(3)第七和第八大法则的卖出点，全都出现在均线下行之时。均线下行，表明股价或指数处于熊市中，因此空仓是首选。若不幸持有仓位，或曾于葛南维第四大法则买入点买入，则坚决清仓离场，这是趋势交易者的不二选择。第七和第八大法则是在下降趋势延续过程中出现的，是典型的非牛市空仓阶段。

如图 2-18 所示，方兴科技（600552）。股价跌破 60 日均线之后逐浪下跌，期间出现两个葛南维第七大法则卖出点和一个第八大法则卖出点。第七和第八大法则卖出点成立的前提条件之一就是均线下行，这表明上述两大法则只能出现在下降趋势中。

既然是下降趋势，自然应当恪守非牛市空仓的原则，因此持币的继续观望，持仓的必须清仓。

图 2-18　第七和第八大法则出现在下降趋势中，根据非牛市空仓原则，持仓者应当清仓

⑷第一、第二和第三大法则的买入点，均出现在均线上行之时。均线上行，表明股价或指数运行在上升趋势中。大牛市已经蹒跚走来，交易者如果还不敢进场买入，则很难称之为趋势交易者。上述三大法则的买入点，是比较可靠的牛市满仓进场时机。

“牛市满仓”原则并不是说时时满仓和次次满仓，每一次买入的仓位，可以因交易周期和交易习惯的不同有所不同。其中第一大法则的买入点，因为均线刚刚由下行走平，转而拐头向上，此时是不是真的熊去牛来，人们还带有一点点疑问，交易者此时买入有必要留一点小余地，不要一次性满仓。

如图 2-19 所示，招商地产（000024）。股价转暖之后，向上突破 60 日均线，60 日均线也已由下行转为上行。随后股价继续上涨，先后出现葛南维第二和第三大法则买入点。因为行情处在上升趋势中，符合牛市满仓的条件，交易者可以大胆进场买入，仓位可以较重，直至满仓。

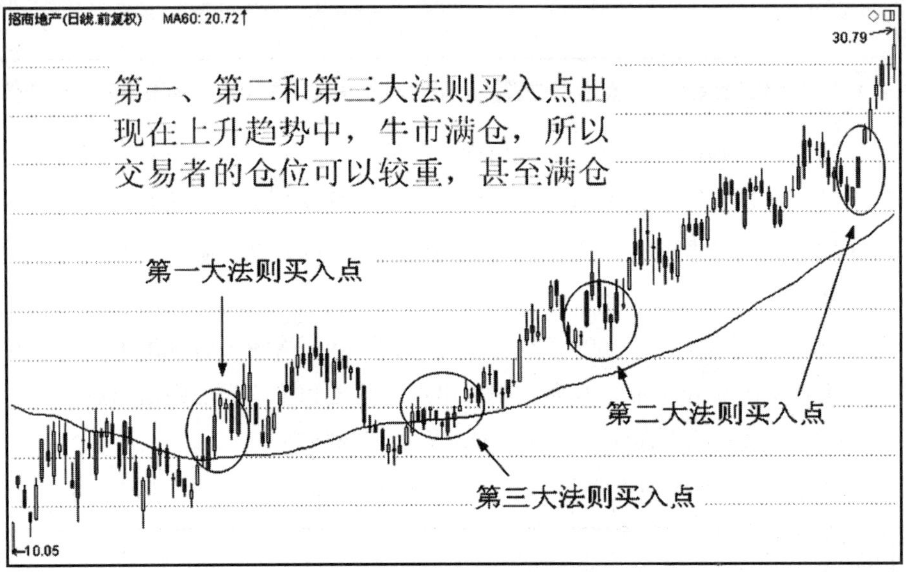

图 2-19　葛南维第一、第二和第三大法则买入点契合牛市满仓原则，仓位可以较重

⑸第四大法则的买入点处在下降趋势中，属于股价或指数反弹的介入点，所以仓位一定要轻，实战中可买可不买。

股价或指数运行在下降趋势中，趋势交易者应该恪守非牛市空仓的原则。葛南维第四大法则发出的买入信号，基于负乖离率主动修正带来的机会。由于股价或指数暴跌，负乖离率过大，在均线牵引作用下易于出现均线主动修复，并且修复的力度可能会很大，因此存在着获利机会。交易者可以根据交易周期和交易习惯的不同，酌情进场买入。

葛南维第四大法则买入点，较好地诠释了非牛市空仓原则包括短暂的持仓和满仓，实战操盘中要注意灵活运用。

如图 2-20 所示，深天地 A（000023）。股价跌破下行的 60 日均线和收敛三角形后持续暴跌，远离 60 日均线，存在反弹和均线修复的要求，交易者可以适当入场抢反弹。

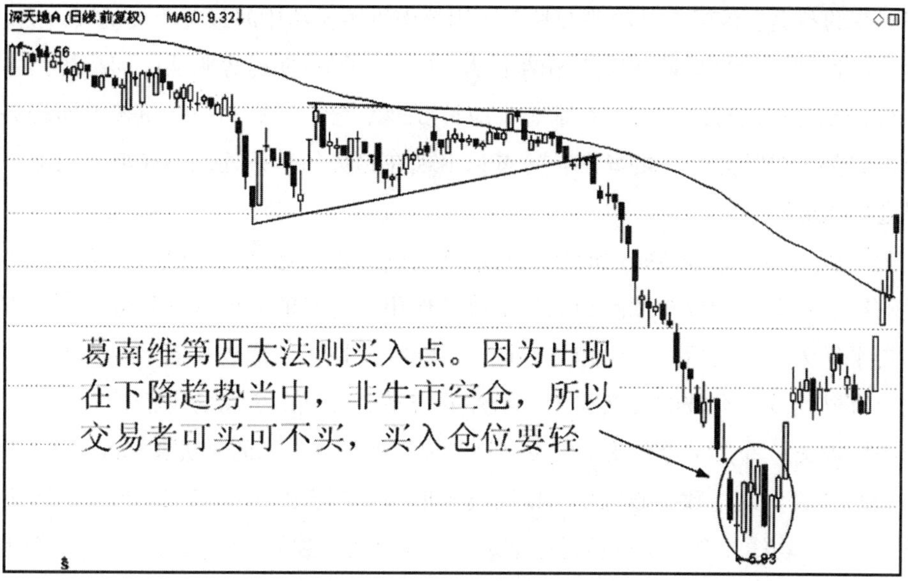

图 2-20　葛南维第四大法则买入点，是非牛市空仓包括短暂的持仓和满仓原则的具体运用

第二节　八大买卖法则实战应用技巧

一、第一大法则的技术运用

第一大法则：均线由下行逐渐走平且略向上拐头，股价和指数从均线下方向上方突破，是买进信号。

在实战运用中，由于国内股市波动幅度和涨跌频率都比较大，所以选取 60 日均线作为运用和讲解葛南维八大买卖法则的主要均线，葛南维买卖法则中的买卖点均为中期买卖点。

第一大法则的技术特征：

⑴出现在下跌末期和上涨初期，偶尔出现在上升趋势回调行情的末期。

⑵均线由下行逐渐走平，然后略向上拐头。

⑶股价或指数向上突破均线。

⑷股价或指数突破均线时，二者移动的方向均向上。

对于第一大法则技术特征的第 4 条，实战操盘中的要求有时并没有那么严格。股价或指数向上突破均线时，均线的方向也可以是横向走平甚至略向下行，但在突破之后，均线的方向应迅速转为略向上行。否则股价或指数逆转趋势的概率将大大降低，甚至有可能只是下降趋势中的中继形态，只不过反弹的力度有些大。遇到这种走势，交易者应继续持币观察。

第一大法则的技术含义：见底信号，后市看涨，买入。

第一大法则是趋势运行的异态，是对熊市转牛市的确认。交易者如果能够把握并及时介入，将会收获不菲的利润。该买点是趋势交易者运用葛南维买卖法则时最为重要的买入点。

前面已经谈到，趋势交易者应遵循两个基本原则：①短期趋势服从中期趋势，中期趋势服从长期趋势，是趋势运行的常态，在常态中应持股或空仓。②短期趋势扭转中期趋势，中期趋势扭转长期趋势，是趋势运行的异态，异态只出现在趋势的转折处，即底部和顶部，在异态中应该选择进场或离场。

第一大法则明确了趋势转折之时如何利用均线确定进场标准。这里面有两个较为关键的地方：一是均线的走向。均线有预测和确认趋势的作用，均线的方向就是趋势运行的方向。均线由下行、走平转为上行之后，表明趋势运行的方向在此掉头，远离大熊，奔向大牛。二是股价或指数向上突破均线。突破的意义在于：场外的交易者愿意出更高的价格买入，甚至不惜解放那些被套的场内交易者，同时突破点也为交易者确立了进场买入的时机和标准。

一般而言，股价或指数突破之前，K 线技术形态大多已经走出了底部形态。因为只有股价或指数反复盘底，均线才会由下行转为逐渐走平，股价或指数与均线之间的距离才会逐渐减少，这样有利于市场空翻多。盘底之后，股价或指数向上突破均线，表明场内（持仓）和场外（空仓）的交易者都看好后市，因此交易者可以进场买入股票。

实战操盘中，此时买入仍然存有很大的潜在风险，因为趋势的逆转并非一蹴而就的。均线走平之后，如果未能随着股价或指数的上涨在短期内拐头上行，或者股价或指数不仅没有持续上涨，甚至再度跌破均线，都表明趋势反转失败，第一大法则的买入点很有可能转为第八大法则的卖出点。牛市初段和熊市末段，其技术特征在很多方面都是相同或相近的。

由以上分析可以知道，按照第一大法则买入之后，交易者并不能高枕无忧。不仅葛南维第一大法则如此，任何趋势技术发出的买卖信号都是如此。或然性的概率事件，是所有趋势技术分析结论的共同特征。

图 2-21 是辽宁成大（600739）的周线图。股价触底反弹，然后横向整理，反复盘底，多次收出大阳线、旭日东升、穿头破脚等见底 K 线形态，60 周均线也由下降逐渐走平。股价向上突破 60 周均线，60 周均线略向上抬头，表明 60 周内的持仓者看好后市，场外的交易者愿意以高于 60 周平均成本的价格买入股票。表现在多空对比上，说明多方力量强于空方。表现在供求关系上，说明买入的力量大于卖出的力量，交易者可以进场买入。

随后股价很快又重新跌破 60 周均线，60 周均线继续略向下行。很显然，此处是一个虚假信号，或者说是多头陷阱。根据 60 周（日）均线的运用法则，交易者可以在股价跌破 60 周均线时止损离场。

该止损点也是一个不标准的葛南维第八大法则卖出点。

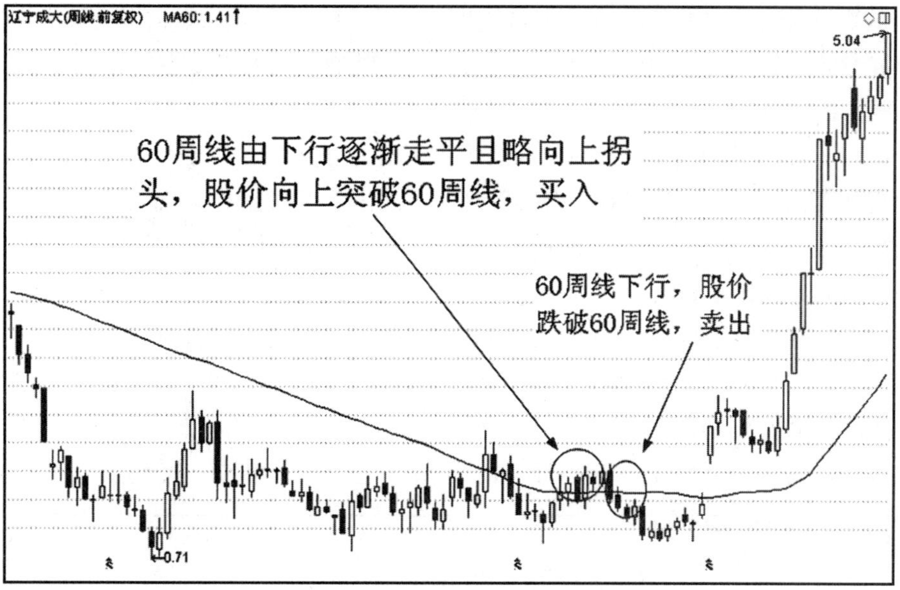

图 2-21 第一大法则的买入点是一个虚假信号，买入后随即出现卖出信号，交易者应止损离场

图 2-22 是与图 2-21 同一时间段的周线图。股价跌破 60 周均线之后，继续在 60 周均线之下徘徊，但 60 周均线却未明显下行，只是略向下而整体上呈水平走向。之后一根大幅向上跳空的中阳线一举突破 60 周均线，随即 60 周均线向上拐头，这是第二次出现葛南维买入点，交易者可以继续进场买入。

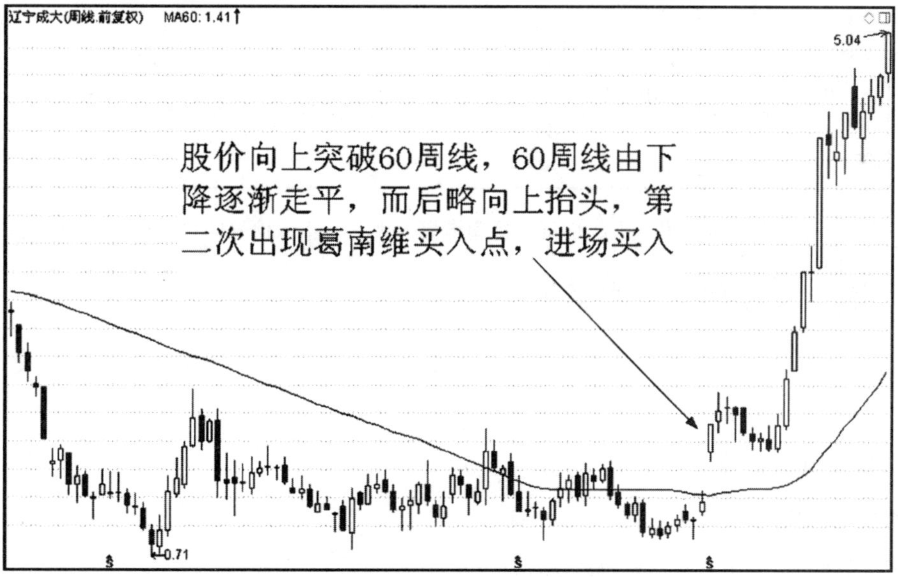

图 2-22 第二次出现葛南维第一大法则买入点，进场买入

该股在低位徘徊整理之时，先后两次出现葛南维第一大法则的买入点，但很显然一个是有效的，一个是虚假的，如何辨别买入信号的真假呢？

葛南维第一大法则的买入点，是在股价或指数经过长期下跌触底，再向上突破均线时出现的，此时趋势究竟是反转还是反弹尚不得而知。仅凭葛南维均线八大买卖法则本身无法解决信号真假这个问题，需要借助其他趋势分析方法来判断。

图 2-23 是与图 2-21 同一时间段的周线图。从图上可以看出，该股收出一个收敛三角形。第一次出现的葛南维买入点，是在三角形整理形态之内。根据技术图形的运用法则，在技术图形尚未选择突破方向之前，交易者不应当有任何买入或卖出动作。所以在第一次出现葛南维买入点时，交易者可以作壁上观。

之后收出一根大幅向上跳空的中阳线，这根中阳线留下了一个向上突破缺口，同时向上突破了 60 周均线和收敛三角形。三种不同性质的技术形态同时发出进场信号，表明多方进攻的号角极其响亮，交易者可以果断进场买入。

突破收敛三角形上边线后，该股又回踩了三角形上边线，回踩不破，应该买入或加仓。

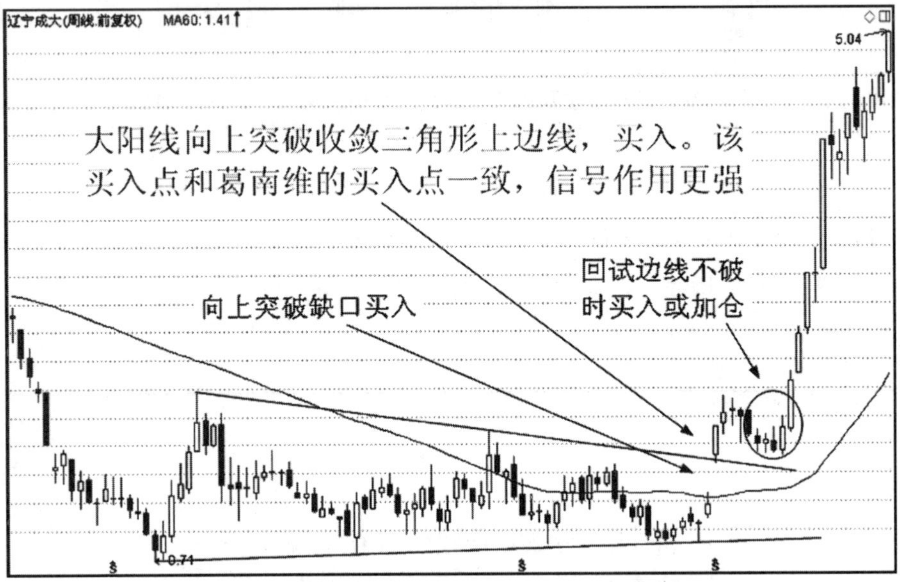

图 2-23　有多种技术形态的佐证，葛南维第一大法则买入信号的可靠性就大为增强

二、第二大法则的技术运用

第二大法则：均线上行，股价或指数位于均线之上运行，回调时未跌破均线，后又再度上升，买入。

第二大法则的技术特征：

(1)出现在上升趋势中。

(2)均线上行。

(3)股价或指数调整时未跌破均线，然后掉头继续上涨。

在上升趋势中，股价或指数经常突然急转而下。这种情况大多是主力清洗获利盘，所以走势虽然骇人，但实际上不会跌破重要的支撑位、颈线以及上升趋势线等。这种走势即俗称的缓涨急跌，大涨小回。均线作为重要的支撑位之一，经常是阻挡价格下降的屏障。当股价或指数遇支撑止跌回升时，表明洗盘可能已经结束，这便是第二大法则的买入点。

第二大法则买入点可以出现在主升段，也可以出现在末升段。

第二大法则的技术含义：看涨信号，继续买入。

第二大法则实际上是一个加码买进的时机。趋势运行的特征就是涨跌循环，牛熊互现。在一段较大的趋势中，比如牛市，其次级趋势运行的方式也是涨跌循环，只不过每一次的高点和低点都依次升高。每一次的低点究竟在何处？交易者如何选择正确的买进时机？葛南维第二大法则、第三大法则提供了重要的参考依据。

股价或指数如果是以急跌的方式跌至均线附近，但不继续向下跌破均线，而是就此止跌回升，表明多方力量比较强大，急跌大多是主力庄家主动洗盘所致，因此后市极易出现暴涨的轧空行情。如果出现在主升段，后市常常会收出连续的大阳线，或者连续跳空向上的井喷走势。如果是出现在末升段，则很容易出现天量飙涨的行情，但飙涨难以持久，常常很快转头向下，有时就此终结了牛市。

如果调整不是以急跌的方式进行，那么后市的上涨也会相应地比较温和。就像空中跌落的小球，反弹的高度、角度和速度，与跌落时的高度、角度和速度成正比关系。

图 2–24 是鑫茂科技（000836）的日线图。股价自始至终运行在上涨趋势中，但中间多次出现见顶的 K 线形态，随后市场进行调整。调整每一次都在离 60 日均线还有一段距离的时候就向上折返，从未跌破 60 日均线，表明空方反击孱弱，交易者可以在股价向上折返时进场买入。

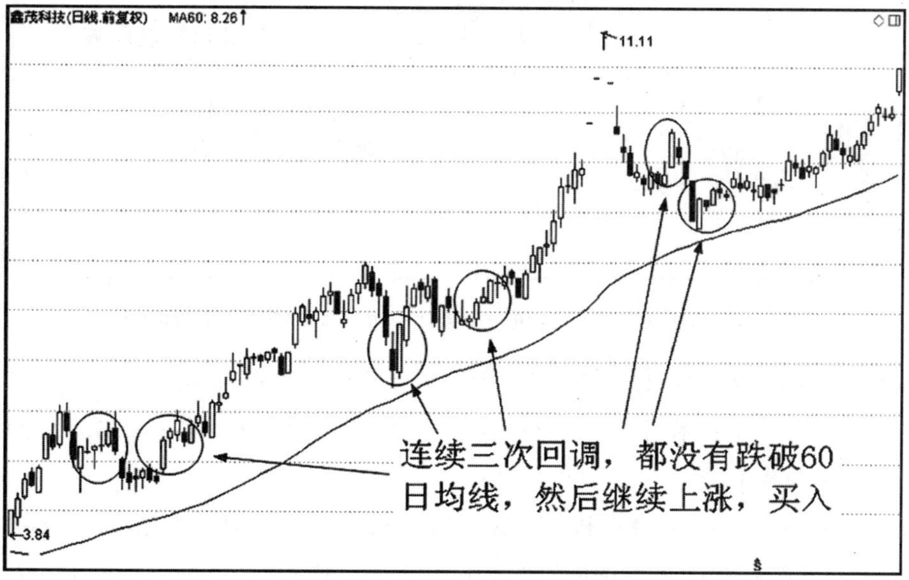

图 2–24　第二大法则的买入点

图 2–25 是与图 2–24 同一时间段的日线图。图中标注的是 K 线形态买入点。其中最后一次调整，先是收出一个圆底技术形态，但随后连收三阴，跌破了圆底的底部最低点，宣告圆底形

态失败。在圆底形态完成时进场买入的交易者，可以在股价跌破圆底底部时止损离场。

圆底之后的三根阴线，是下跌三连阴的 K 线形态。下跌三连阴既是见底信号，也是继续看跌的信号，最终是涨是跌，凭借形态本身无法判断。随后收出一根大阳线，与下跌三连阴最后一根阴线形成好友反攻的 K 线形态，好友反攻是止跌信号，好友反攻所处位置又恰好在 60 日均线附近，因此可以断定股价止跌回升是大概率事件，交易者可以进场买入。

在本系列丛书第一册《K 线技术分析》中谈到：在一个牛市中，如果没有其他趋势技术发出的信号予以佐证，所有见顶的 K 线组合形态，都不一定要减仓或清仓，而所有见底的 K 线形态都可以进场买入。这是运用 K 线形态时很重要的一个原则。

本案例即很好地阐述上述原则：股价运行在 60 日均线之上，60 日均线上行，表明股价处于上升趋势。在上升趋势中，所有见底的 K 线形态都可以进场买入。

上述各见底的 K 线形态，既定位了葛南维第二大法则买入点的具体时机和位置，也进一步强化了第二大法则的买入信号。

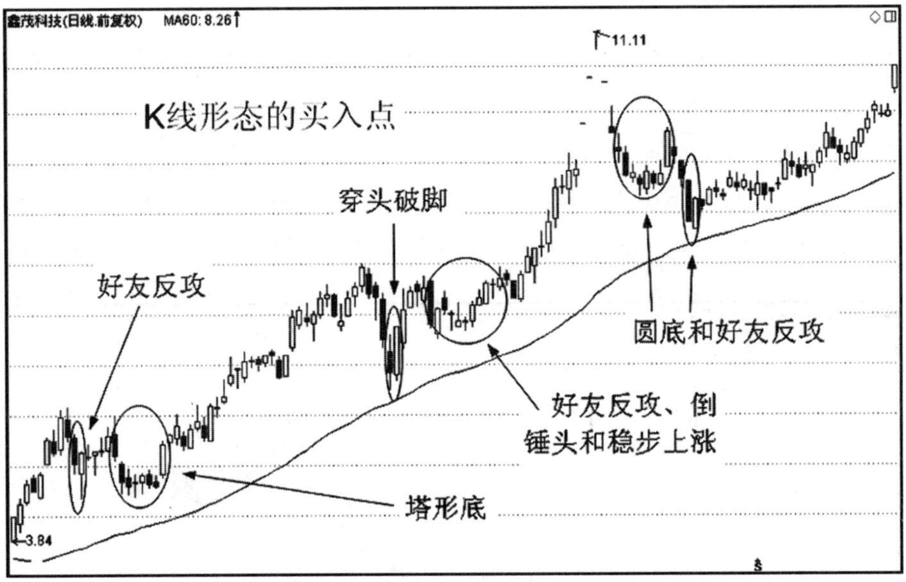

图 2-25　见底的 K 线形态进一步强化了第二大法则买入信号的作用

图 2-26 是与图 2-24 同一时间段的日线图。交易者可以观察到，股价调整并向 60 日均线回归时，分别走出了不同的技术图形。技术图形向上突破的买入点，要比葛南维第二大法则买入点，以及图 2-25 中各见底 K 线形态买入点晚一些。

本系列丛书第一册《K 线技术分析》中已说明：技术图形延续或逆转的趋势，至少是中期趋势，而且大多也是中期趋势。因此技术图形的买入信号，显然远比 K 线形态发出的买入信号稳定可靠。

稳健的交易者，可以以突破技术图形作为葛南维第二大法则的买入标准。虽然这样比 K 线形态的买入信号稍晚一些，但风险也更小一些。以 K 线形态作为葛南维第二大法则的买入标准时，经常会有一些虚假信号或失败情形出现。如图 2-25 中，每一次第二大法则买入信号出现后，都收出了一前一后两个见底的 K 线形态。交易者如果在第一次收出见底 K 线形态时已进场买入，且买入仓位较大的话，那么在第二次收出见底 K 线形态时，是继续加仓还是不加，都是很让人纠结的事。若第一次买入后又恰巧不幸微套，那就更令人头痛了。

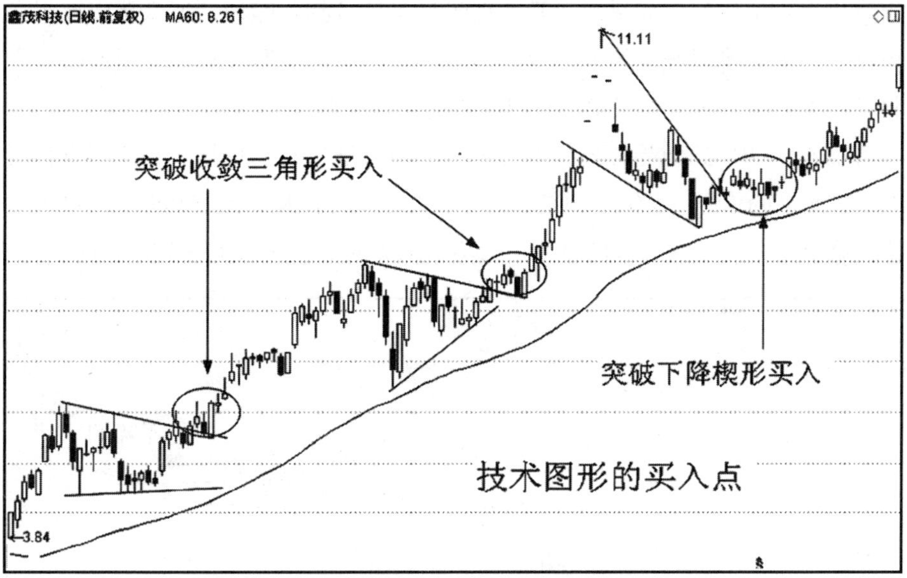

图 2-26　股价调整结束，突破技术图形的买入点

图 2-27 是四创电子（600990）的日线图。该股的股价走势比较稳定，没有什么大起大落的剧烈波动。但趋势的运行方式就是涨跌循环，无论是超级浪还是微波浪，无论是处在上升趋势还是下降趋势，涨跌循环的运行方式都不会改变。涨久必跌，跌久必涨，该股也没有例外。在上涨过程中，有过两次比较大的调整，但回调均未跌破 60 日均线即转头向上。期间 60 日均线一直上行，葛南维第二大法则买入点出现，此时可以买入。

图 2-27　葛南维第二大法则买入点

图 2-28 是与图 2-27 同一时间段的日线图。出现葛南维第二大法则买入点时，最好有其他趋势技术信号予以佐证。除了第一大法则买入点和第六大法则卖出点之外，其余所有的葛南维均线买卖点都是如此。葛南维买卖法则主要是以均线的方向以及股价或指数与均线之间相互的位置关系作为买进卖出依据，如果没有其他趋势技术信号相互印证，那么葛南维买卖法则的买卖点就很模糊，交易者难以确定买卖的具体时机和位置。K 线形态和技术图形的买卖点大多非常具体和明确，能够作为葛南维买卖法则定位买卖点的依据。

从另一方面看，如果其他趋势分析方法发出的买入信号与葛南维买卖法则重合时，也更能提振交易者买进卖出的信心。本例中即是如此，希望之星见底 K 线形态和向上突破收敛三角形，既佐证了葛南维第二大法则的买入信号，也为葛南维买入信号注入了一剂强心针。

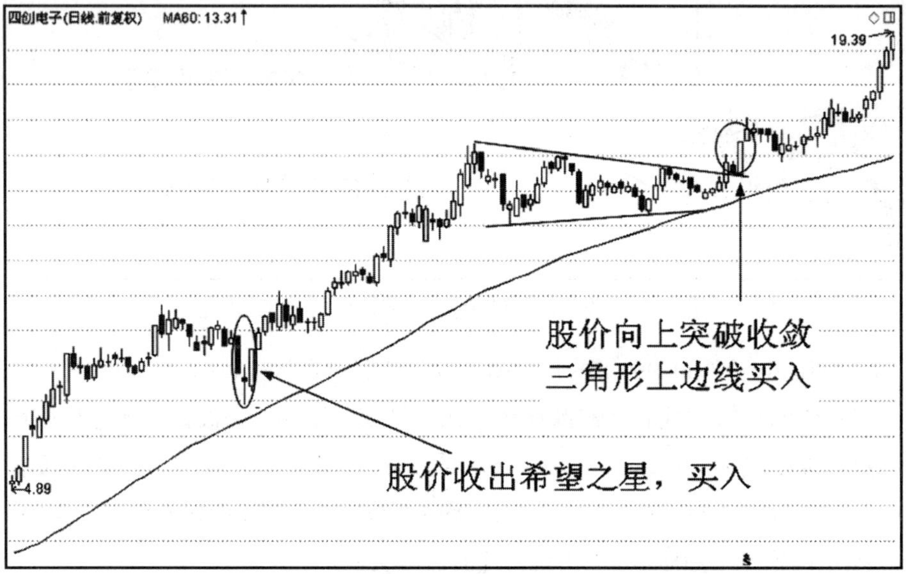

图 2-28　K 线形态和技术图形既能定位葛南维第二大法则的买入点，还能强化其信号作用

如图 2-29 所示，神火股份（000933）。该股沿着 60 日均线上涨，走出逐浪上升的均线形态，浪形十分清晰。逐浪上升是多头排列技术形态中的一种，完美的多头排列发出的持仓信号非常强烈。但在多头排列期间，确定买入点就很模糊。逐浪上升走势则不同，因为上涨期间股价波动较为剧烈，买卖信号会非常明确。葛南维均线买卖法则就是确定逐浪上升走势中买卖点的重要参考依据。

该股股价逐浪上升，期间有两次比较大的回调，但都在 60 日均线的支撑下止跌。在股价转头向上时，交易者即可进场买入。在第二次回调时，股价反反复复向下回踩 60 日均线，不断测试 60 日均线的支撑力度。最终确认多方信心和力量都很强大，才放心地向上绝尘而去。

在本案例中，K 线形态买入点和葛南维第二大法则买入点基本上相同，二者相互印证，为彼此信号的可靠性加分。

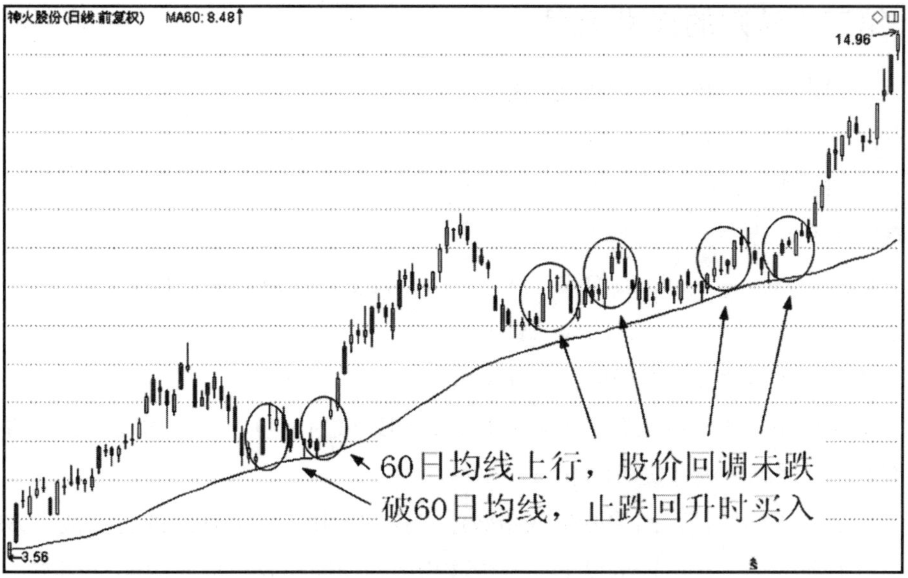

图 2-29　K 线形态买入点与葛南维第二大法则买入点基本一致

图 2-30 是与图 2-29 同一时间段的日线图。在股价两次调整时，分别走出上升旗形和收敛三角形的技术图形。如果以技术图形定位葛南维第二大法则买入点，买入机会将减少为两次，买入的时机也稍晚一些。但技术图形发出买入信号后，行情大多是一个中期上升趋势，很显然要远比 K 线形态的可靠。交易者可以在技术图形突破后及时介入。

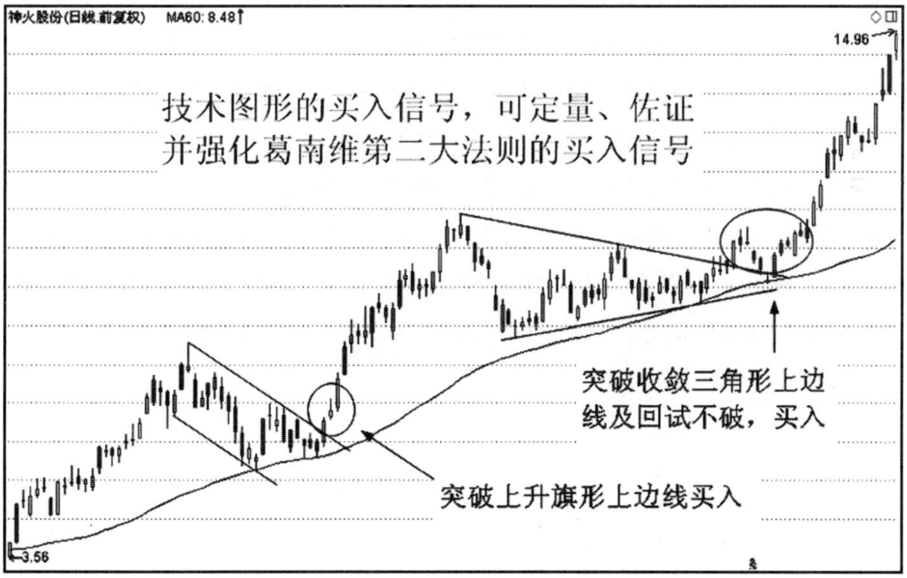

图 2-30　技术图形的买入点更为稳定可靠，可以定位葛南维第二大法则的买入位置

三、第三大法则的技术运用

第三大法则：股价或指数在均线之上运行，回调时跌破均线，但均线继续上行，股价或指数也很快重回均线之上，买入。

第三大法则的技术特征：

⑴出现在上升趋势中。

⑵股价或指数调整时，先跌破均线，然后上涨，再重新站到均线之上。

⑶股价或指数跌破均线前后，均线一直上行。

第三大法则的技术含义：看涨信号，继续买入。

在第三大法则中，股价或指数虽然跌破均线，但跌破后又重新站上均线，表明均线的支撑作用依然有效，上涨趋势没有实质性改变。

和第二大法则不同的是，因为股价或指数已经跌破均线，表明均线的支撑被空方攻破，趋势上涨的力度有所削弱。在这种情况下，股价或指数即便同样收出见底的 K 线形态，但第三大法则中股价或指数是在均线之下，其信号作用与第二大法则相比已显著减弱。

股价或指数跌破均线之后，即使均线继续上行，也会自然而然地由支撑转为压力。一旦股价或指数上升遇阻，未能再度攻克均线，第三大法则便不再成立。如果上行的均线也随之走平甚而向下，则预示着趋势可能已经反转。第三大法则的买入点将由此演变为第六大法则的卖出点。因此股价或指数能否很快再度重返均线之上，均线在股价或指数重返均线之上前能否一直保持上行状态，是第三大法则成立与否的关键。

第三大法则的买入点可以出现在上升趋势的所有阶段。

图 2-31 是鑫茂科技（000836）的日线图，股价在 60 日均线之上一直持续上涨，中间几乎没有什么大的调整，之后突然快速下跌。连收五根阴线之后，第六天盘中继续杀跌，向下刺破 60 日均线，至尾市时向上拉升，收出一根下影线很长的中阳线。

中阳线盘中跌破 60 日均线前，60 日均线一直上行，甚至连上行的角度都没有太大变化，出现葛南维第三大法则买入点，买入。跌破 60 日均线的中阳线，与前一根阴线形成好友反攻 K 线形态，好友反攻是见底信号，可以为葛南维买入点提供佐证，同时定位葛南维法则的买入位置。

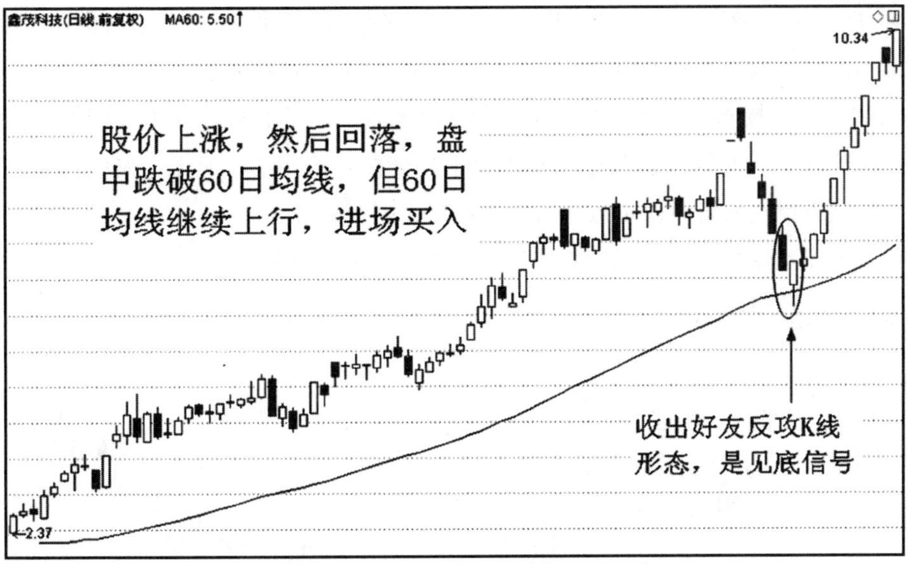

图 2-31 K 线形态买入点与第三大法则的进场标准一致

一般而言，仅仅盘中跌破 60 日均线，不代表股价或指数走势变弱，如果没有其他技术信号佐证，还值得交易者信赖。但该案例仅能看作是第三大法则的特例，当然也可以看作是第二大法则的特例。未有效跌破究竟是属于未跌破的范畴，还是属于已跌破的范畴，这里既不做详细讨论，也不对其做出定论。该问题是见仁见智的事情，但结果并没有太大的不同，都是买入信号，交易者可以根据交易习惯自行归类即可。

图 2-32 是包括图 2-31 走势的长时期走势图。图 2-31 中，股价之所以在 60 日均线处止跌，除了 60 日均线的支撑之外，还因为该处是前高支撑位。从图 2-32 上可以看出，股价在前高和 60 日均线的双重支撑下止跌，交易者买入获利的概率更大一些。

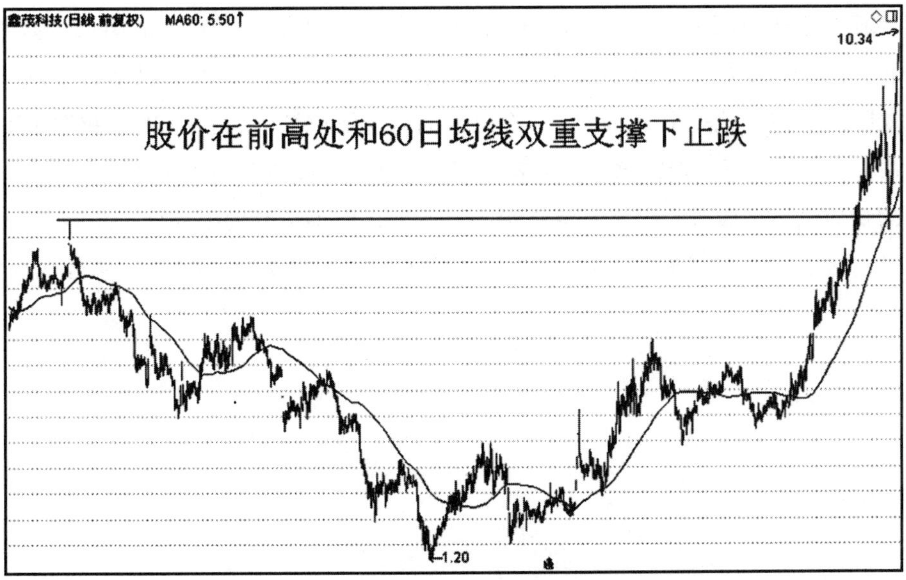

图 2-32 前高支撑令股价止跌，发出葛南维第三大法则买入信号

如图 2-33 所示，绿景地产（000502）。该股整理期间，股价大多收出小阴线小阳线，整体走势不显山不露水，股价跌破 60 日均线以及随后向上突破 60 日均线时也是如此。

走势温和不影响技术形态的市场含义，但信号的强弱大不相同。在本案例中，股价发出葛南维第二大法则买入信号时，相信很多技术熟手都会在心里嘀咕。但无论如何，此处是真正的第二大法则买入点，交易者可以买入。若心中迟疑，则可以轻仓。

图中巨大的跳空缺口，是股改复牌当日不设涨跌幅限制所致。

图 2-33　葛南维第二大法则买入点

图 2-34 是与图 2-33 同一时间段的日线图。股价向上突破 60 日均线后，并没有迅速远离 60 日均线，而是小阴小阳原地踏步，60 日均线也有走平的迹象，令交易者心内忐忑。虽然此时是葛南维第三大法则的买入点，但稳健的交易者也许不肯在狐疑和不安中买入股票。

股改复牌后，情形就完全不同了。一个巨大的向上跳空缺口，表明多方冲锋的力量就像平地骤起的龙卷风一样势不可挡。这时交易者还需要思考吗？闭着眼睛抢进即可。

巨大的缺口虽然是股改复权不设涨跌幅限制所致，但不论其原因如何，跳空高开留下如此巨大的缺口，必定是多空博弈的结果。彻底一边倒的结果，展示了多方完全掌控局面的绝对优势力量。

图 2-34　巨大的向上跳空缺口突破下降三角形，交易者可以立即抢进

特别提示：

(1)第三大法则成立需要以下两个条件。

第一，股价或指数跌破均线之后，必须很快重新站到均线之上。如果不能很快重返均线之上，即使跌破之时均线依然上行，也极有可能受到股价或指数的拖累，不久即转为下行。一旦均线下行，则预示着趋势已由上升转为下降，顺势而为的趋势交易者即应放弃买入，空仓等待。

如图 2-35 所示，华菱钢铁（000932）。股价跌破 60 日均线之后，先是回抽了一下 60 日均线，回抽不上转身下行，止跌后再度上攻，依旧无功而返。经过两次上下折腾，60 日均线已由上行、走平继而转为下行，表明趋势已经转向，此时交易者应当改变多头思维，后市以看空为主。

图 2-35　股价未能重上 60 日均线，不是第三大法则买入点

第二，股价或指数重新站上均线后，均线的方向仍须向上。和第一个条件一样，均线若由上行转为下行，则表示趋势已经逆转。即便股价或指数重新站上均线，后市再度很快跌破的概率也很大。当股价或指数再度跌破均线时，则是葛南维第八大法则卖出点。

该条件有一个例外情形。均线虽然在股价或指数重新站上时走平或略下行，但股价或指数随即向上快速拉升，远离均线，均线亦随之再度上行，表明多方重新掌控了局势，交易者此时应进场买入。

如图 2-36 所示，华菱钢铁（000932）。股价跌破 60 日均线时，虽然 60 日均线上行，但是股价在 60 日均线之下呆的时间太久，以致再度向上突破 60 日均线时，60 日均线早已下行。此时交易者要考虑的不是观察第三大法则是否成立，而应警惕后市是否会发出葛南维第八大法则卖出信号。

不管后市如何变化，至少目前已经不具备第三大法则成立的条件，交易者不应当买入。

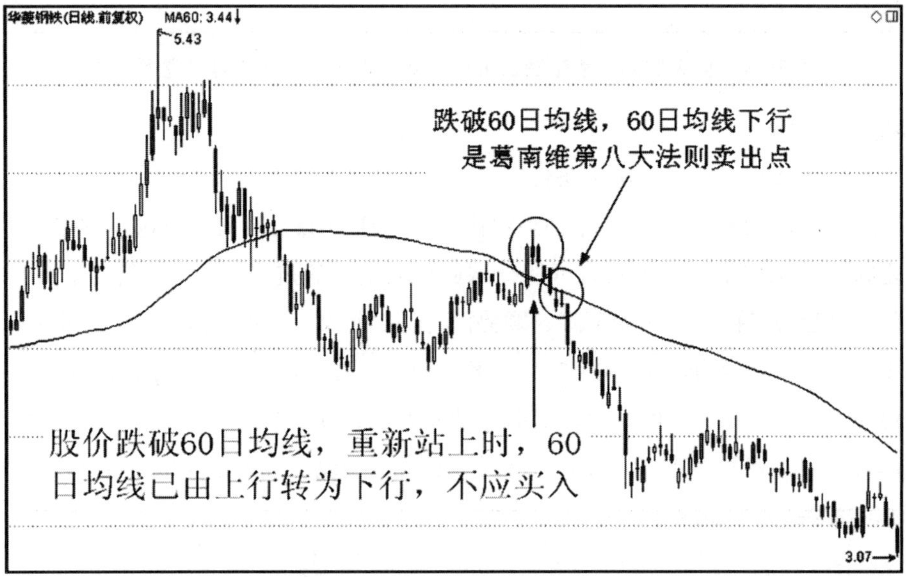

图 2-36　股价向上突破 60 日均线之时，60 日均线下行，
不是葛南维第三大法则买入点

⑵股价或指数跌破及再度向上突破均线时，均线上行角度越陡，第二大法则的买入信号就越可靠。

均线上行角度越平缓，越不能满足葛南维第三大法则成立的两个条件。上行角度平缓，说明持仓者对后市的方向看不清楚。均线上行角度平缓，大多是股价或指数反复筑顶造成的。

如图 2-37 所示，维维股份（600300）。股价跌破 60 日均线以及再度向上突破 60 日均线时，60 日均线一直持续上行，完全符合第三大法则买入的条件，交易者可以进场买入，但显然这不是最好的选择。

前文已述，均线方向就是趋势的方向，均线角度的陡缓代表趋势上升或下跌动力的强弱。因此在均线上行角度很平缓时，交易者就要考虑多方是不是已到了强弩之末。如果股价是在高位徘徊时出现这种情况，更要打起十分的精神，做好随时开溜的准备，此时不要冒险买入。

错过一次买入机会并不损失什么，但若买错一次，失去的不仅仅是机会，还有账户里的真金白银。

已持仓的不必马上离场，可以继续观察等待。

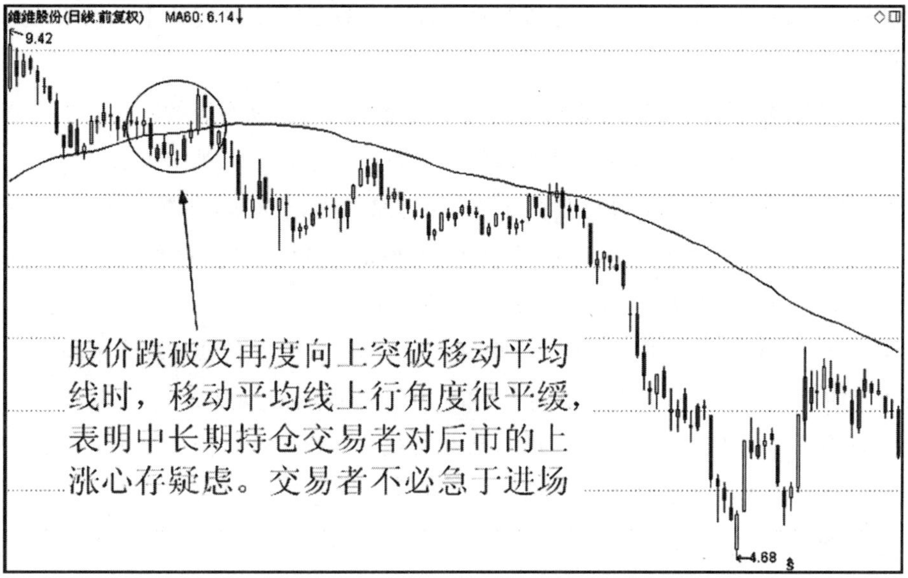

图 2-37　均线上行角度平缓，表明多方力量趋弱，交易者买入时应谨慎

四、第四大法则的技术运用

第四大法则：均线下行，股价或指数在均线以下运行，突然暴跌拉大与均线的距离，极有可能向均线靠近，此时可以买进。

第四大法则的技术特征：

(1)出现在下降趋势中。

(2)股价或指数运行在均线之下，均线下行。

(3)股价或指数暴跌，远离均线。

第四大法则的技术含义：见底信号，买入。

第四大法则仅仅是下跌趋势中的反弹行情，反弹的原因在于股价或指数远离平均成本，负乖离率过大，有可能在均线的牵引作用下主动进行均线修复。第四大法则虽属于多头买进点，但并非积极买点，严格的趋势交易者完全可以不予理睬。

葛南维认为，运用这个法则时，技术上难以对买入点进行定位，这主要是囿于当时的技术分析理论。现在很多技术分析人士建议利用乖离率 (BIAS) 指标解决这一难题。

本书观点认为，乖离率指标虽然是技术指标，但同样带有很强的主观性。运用该指标时，因交易者、交易周期、交易市场、交易标的和均线周期的不同，乖离率的有效区间范围存在较为宽泛的差别。乖离率有用或者无用，是仁者见仁、智者见智的问题。

对于第四大法则买入点的确认，本书更倾向于使用其他趋势分析方法，进行综合研判。如果其他技术分析方法都不能够定位买入点，就将其弃之不顾。再进一步说，第四大法则的买入点出现在下降趋势中，股价或指数急跌之后，又突然急转向上，仅仅是反弹而非反转，相当于波浪理论主跌浪中的次级小浪，对于趋势交易者而言，在长期下降趋势中买入股票，很显然是一种逆势行为。

即使是采用波段操作的趋势交易者，包括短线交易者，如果实战经验不是很丰富的话，也很容易将反弹买进点误认作反转或上升行情的买进点，导致在后市被空方绞杀。因为第四大法则的买入点出现之后，股价或指数的上涨行情常常非常猛烈，难免令人热血沸腾，忘乎所以。

图 2-38 是上证指数（999999）2008 年 1 月至 2008 年 11 月的日线图。在这期间，一共出现了 4 次葛南维第四大法则买入点，交易者可以适量买入。

上述 4 次反弹，上涨虽然很急，但都很短促。尤其是第一个买入点，反弹很弱，上涨仅 3 天，交易者只要反应稍有迟钝，基本上就不会有利润，风险相对来说太大。

这 4 个葛南维第四大法则买入点，事后从图上观察一目了然，简单直观，但在行情走出来之前，仅凭葛南维买卖法则本身是无法解决何时进场的问题的。

图 2-38　葛南维第四大法则买入点

图 2-39 是与图 2-38 同一时间段的日线图。图 2-37 中出现的第一个和第二个买入点，可以凭借中期下降通道的支撑进行定位。在指数没有跌破通道的返回线时，交易者可以进场买入。

具体而言，第一个买入点的进场位置有两处：第一处是在指数遇下降通道返回线止跌，收出阳包阴的底部穿头破脚 K 线形态的位置；第二处是收出穿头破脚 K 线之后，指数继续下跌，再次遇到下降通道返回线止跌，收出曙光初现 K 线形态的位置。

第二个买入点则在指数遇下降通道返回线止跌，收出好友反攻 K 线形态的位置。

交易者在第一个买入点买入之后，若不能及时止损出来，将会短期被套一阵。在下降趋势中持股等待反弹，是一件非常危险并且对资金有致命危害的事情。因此根据葛南维第四大法则买入点买入，交易者承担的风险很大。

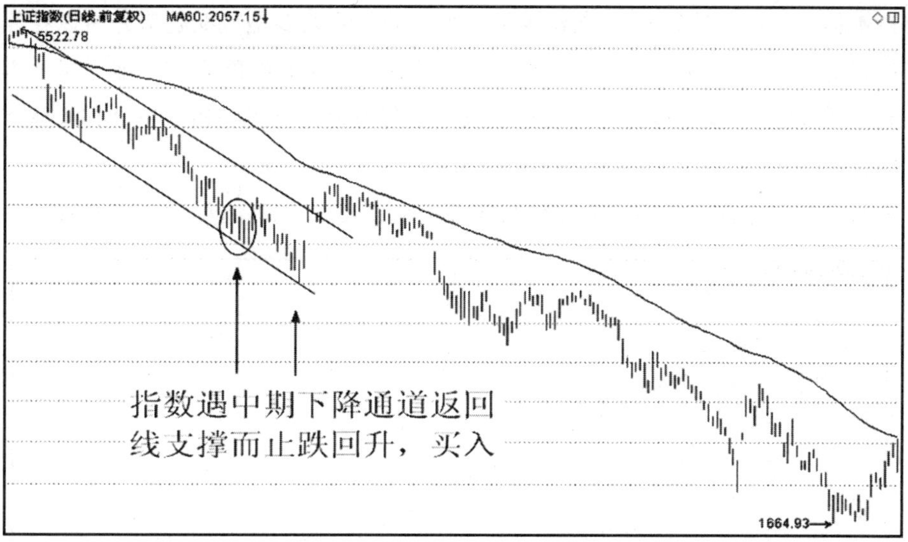

图 2-39　中期下降通道返回线和见底 K 线形态，可以对葛南维第四大法则买入点进行定位

图 2-40 是上证指数（999999）2006 年 11 月至 2008 年 11 月的日线图。图中箭头所指指数遇前高支撑止跌之处，就是图 2-38 中标注的第二个葛南维第四大法则买入点。

在同一个位置，不同性质的支撑越多，支撑力度就越强；见底的信号越多，买入就越可靠。很显然，第二个买入点比第一个买入点技术上的信号作用要强得多。从事后指数的走势上看，也的确如此。

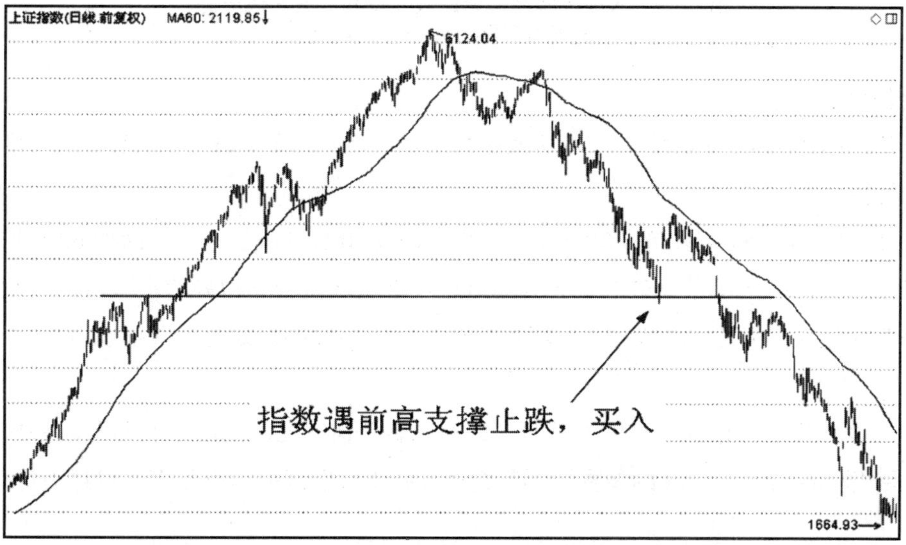

图 2-40　前高支撑位可以为葛南维第四大法则买入点定位

图 2-41 是与图 2-38 同一时间段的日线图。图上的平行箱体是长期下降通道，指数遇到长期下降通道获得支撑，收出好友反攻的 K 线形态后止跌回升。这是第三个葛南维第四大法则买入点，交易者可以在收出好友反攻时进场买入。

第四个葛南维第四大法则买入点，除了收出好友反攻和塔形底等见底 K 线形态之外，没有其他趋势技术信号。由于反转形态的 K 线组合表达的趋势大多是短期趋势，所以在熊市中，如果没有其他趋势技术发出的信号予以佐证，所有见底信号的 K 线组合都不能进场。本案例中，很显然，无论是 60 日均线的运行方向，还是长期下降通道，都表明指数正处在大熊市中。在熊市中收出见底 K 线形态，趋势交易者不必进场买入。

对于趋势交易者而言，第四个葛南维第四大法则买入点不具备进场买入的条件。

图 2-41　长期下降通道返回线支撑和见底 K 线形态，
为葛南维第四大法则买入点定量

特别提示：

(1)股价或指数暴跌的速度越快，股价或指数与均线之间的距离越大，则反弹的力度就越大，买入信号就越可靠。

如图 2-42 所示，ST 张家界（000430）。股价跌破 60 日均线后，向上回抽 60 日均线不上，是葛南维第七大法则卖出点。第七大法则卖出点经常出现在下降趋势的主跌段，少数出现下跌末期。杀多的急跌行情是主跌段和末跌段的特征之一，该股即是如此，回抽 60 日均线不上，随即暴跌。

跌得越快，弹得就越急。股价连续跌停，在未有任何征兆的情况下突然收出一根大阳线，股价止跌回升，走出 V 形反转的技术图形。在底部收出大阳线时，交易者可以适量进场买入。

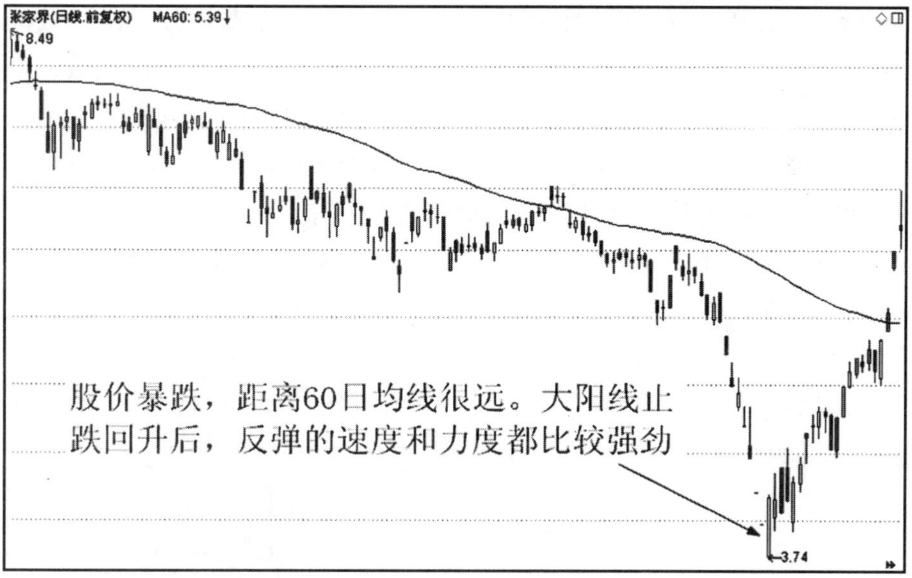

图 2-42 跌速越快，跌幅越深，则股价反弹的力度就越可能强劲

⑵不同性质的支撑越多，则止跌反弹的概率越大。

⑶当各项趋势分析方法都无法对第四大法则的买入点进行定位时，交易者完全可以放弃。即使可以对其定位，交易者也完全可以忽略此买入点。若实在忍不住，则以轻仓介入。

⑷若出现在长期下跌之后，也有可能由反弹行情变为反转行情。至于是否能够扭转趋势，转为牛市，仍须根据反弹结束之后股价或指数的走势来辨认。在股价或指数向上弹升出现第四大法则买入点时，是无法预知趋势是否逆转的，所以交易者买入时要以反弹对待，轻仓介入。

五、第五大法则的技术运用

第五大法则：均线上行，股价或指数在均线之上持续快速上涨，离均线越来越远，说明近期内购买股票者获利丰厚，随时都会产生获利回吐的卖压，应该卖出股票。

第五大法则的技术特征：

⑴出现在上升趋势中。

⑵股价或指数运行在均线之上，均线上行。

⑶股价或指数暴涨，远离均线。

第五大法则的技术含义：见顶信号，卖出。

第五大法则针对的是上升趋势中股价或指数中期调整的修正行情。短期内股价或指数连续快速上涨，走出轧空行情，会因为正乖离率过大导致价格主动回调。该卖点虽然属于空头卖出信号，但却并非积极卖点，因为股价或指数回落大多属于主升浪中的次级小浪修正走势，波段交易者为了避免短线价差损失，争取最大利润化，可以选择该卖点卖出。长线交易者可以不必理会，持股不动即可。

第五大法则大多出现在股价或指数短期暴涨的行情中，与特殊均线形态中的战机起航和气贯长虹走势比较类似。其技术要点都是股价或指数在均线之上向上快速远离均线，由于均线惯性的牵引作用，导致股价或指数极有可能主动向均线靠拢，因此葛南维第五大法则和上述均线形态都是卖出的预警信号。股价远离均线后收出见顶或看跌的K线形态，以及遇到重要的压力位等，将为明确第五大法则卖出点的位置和时机提供便利。

和第四大法则一样，第五大法则的卖出点同样存在技术上难以定位的困难。很多交易者同样采用乖离率解决，但利用乖离率辅助判断也会存在问题，前文已述。

图2-43是四创电子（600990）的日线图。股价在60日均线之上突然暴涨，远离60日均线，出现葛南维第五大法则卖出点，短线交易可以卖出，中长线交易则可以卖出，也可以不卖。

图2-43　葛南维第五大法则卖出点

图2-44是与图2-43同一时间段的日线图。因葛南维第五大法则无法确定卖出的具体位置，所以需要借助其他技术分析方法。该卖出点并无明确的卖出信号，只有顶部一根放量大阴线，是在连续收出涨停板的情况下突然出现的，表明多方一路势如破竹的进攻气势短暂受阻。但大阴线的收盘价依然保持上涨，说明此信号仅为多方势竭的预警信号，起不到真正意义上的见顶或看跌作用。实战操盘中，如何把握卖出位置会令交易者颇费思量。

除了谨慎和手疾眼快的交易者之外，很少有人能在收出大阴线时全身而退。

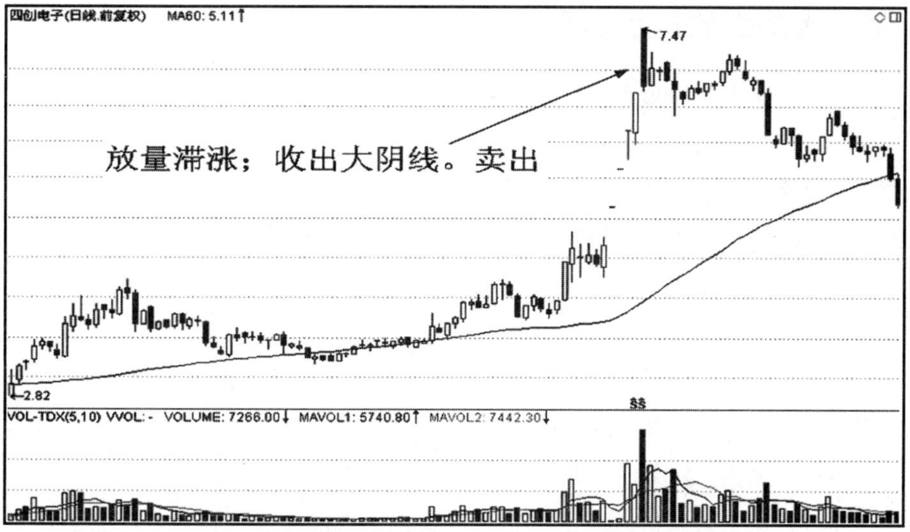

图 2-44　放量滞涨的大阴线，勉强为交易者定位卖出位置

如图 2-45 所示，ST 中冠 A（000018）。股价远离 60 日均线时，在顶部收出穿头破脚和下降覆盖线的 K 线形态，阴包阳的穿头破脚是见顶信号。下降覆盖线是看跌信号，一般出现在下降趋势中，但该股却出现在阶段性顶部，很耐人寻味。

有一些 K 线形态出现在不同的位置，以及不同的趋势中，其技术含义会发生变化。比如大阳线出现在上升趋势的高位，常常是见顶信号，出现在下降趋势的低位，则是见底信号。本例中，下降覆盖线出现在上升趋势的高位，技术含义会不会有变化呢？

下降覆盖线的前半部分是穿头破脚，此时股价已快速上冲远离 60 日均线，处在葛南维第五大法则卖出区域，至少不会是看涨信号。即使将其看作中性信号，卖出股票暂时回避，在前期股价已有大幅上涨的情况下，应该也不至于令交易者后悔。

如果将该处的下降覆盖线分开，则是穿头破脚和乌云盖顶 K 线形态，二者均是见顶信号，短线交易可以减仓或清仓，中长线交易可减仓可不减仓。

图 2-45　见顶 K 线形态可以定位葛南维第五大法则卖出点

六、第六大法则的技术运用

第六大法则：均线由上行逐渐走平，或者已转为下行，股价或指数从均线上方向下跌破均线时，说明卖压渐重，应该卖出股票。

第六大法则的技术特征：

(1)出现在上涨趋势末期和下降趋势初期，少数出现在比较大的中期横盘整理末期。

(2)股价或指数有效跌破均线。

(3)跌破均线时，均线的方向由上行趋于走平，有的甚至已经向下掉头。

对于第六大法则的第3条技术特征，在股价或指数跌破均线时，只要均线上行角度平缓，并且有比较明显的走平迹象，该卖出信号即足够值得信赖。买入要比卖出谨慎，卖出则应当比买入果断，这是所有交易者都应该遵守的交易原则。

如果均线在股价或指数跌破之时即已走平，跌破之后很快就转为下行，那么交易者就要果断清仓。无论是个股还是大盘，在顶部横盘一段时期后，在局势不妙的情况下，都有可能因为获利盘竞相抛售，导致股价或指数快速下跌甚至暴跌。

第六大法则的技术含义：见顶信号，后市看跌，卖出。

和第一大法则一样，第六大法则也属于趋势运行的异态。不同的是，第六大法则是对牛市转熊市的确认。交易者如果没有及时清仓退出，那么很有可能遭受重大损失，或者饱受套牢之苦。

第一大法则为交易者明确了趋势转折时如何利用均线确定进场标准，第六大法则则为交易者明确了趋势转折时如何利用均线确定离场标准。

第六大法则也有两个较为关键的地方：一是均线的走向。均线有预测和确认趋势的作用，均线方向就是趋势运行的方向。均线由上行、走平转为下行之后，表明趋势运行的方向在此处拐弯和掉头。二是股价和指数向下跌破均线。跌破表明场外的交易者不愿意进场买入，场内持仓的交易者只有竞相杀价，甚至不惜割肉，才有可能出脱手中的筹码。向下的突破点也为交易者确立了清仓离场的时机。

如图2–46所示，维维股份（600300）。股价在60日均线之上徘徊，60日均线上行角度也越来越平缓，显示多方上攻动力已经不足。顶部先收出倾盆大雨的K线形态，之后接着跳空向下收出一根阴线并跌破60日均线，60日均线跌破时已走平，因此该处是葛南维第六大法则卖出点，交易者应当清仓卖出。

跌破60日均线时，K线留下一个跳空缺口，该缺口是向下突破缺口。向下突破缺口是看跌技术图形，交易者应当卖出。由此可以看出，技术图形的卖出信号与葛南维第六大法则的卖出信号是完全一致的。

图 2-46 葛南维第六大法则卖出点上方的缺口是向下突破缺口

一般而言，在股价或指数跌破均线之前，K 线技术形态大多已经走出顶部形态。没有经过反复筑顶，均线就很难由上行逐渐走平，股价或指数与均线之间的距离也就不会逐渐减少。在筑顶盘头阶段，股价或指数通常会不断向下冲击，尝试或已多次击穿均线的支撑。

筑顶完成之后，股价或指数跌破均线，表明持仓的交易者不看好后市，为了能够卖出，不得不竞相杀价，以低于平均成本的价格抛售，而空仓的交易者入场愿望不强，承接盘很少，因此股价或指数上涨缺乏动力，反而下跌力道十足，轻易就将均线支撑跌破。这种情况下葛南维第六大法则卖出点就出现了。

经过筑顶和盘头阶段，股价或指数跌破均线之后的下降走势，大多是波浪理论中的初跌段走势。

图 2-47 是川润股份（002272）的日线图。该股跌破 60 日均线，出现葛南维第六大法则卖出点之前，股价起起落落，反复筑顶，走出头肩顶的技术图形。股价自头部回落时，一直跌到 60 日均线处，并在盘中跌穿 60 日均线，意在测试 60 日均线的支撑力度。

股价完成头肩顶之前，先出现葛南维第六大法则卖出点，右肩的一根长阴线跌破 60 日均线时，交易者应及时清仓卖出。股票经过筑顶后，表明多方锐气已钝，空方的进攻则是经过较长时间的酝酿后发动的，一旦转势，股价就会一泻而下。

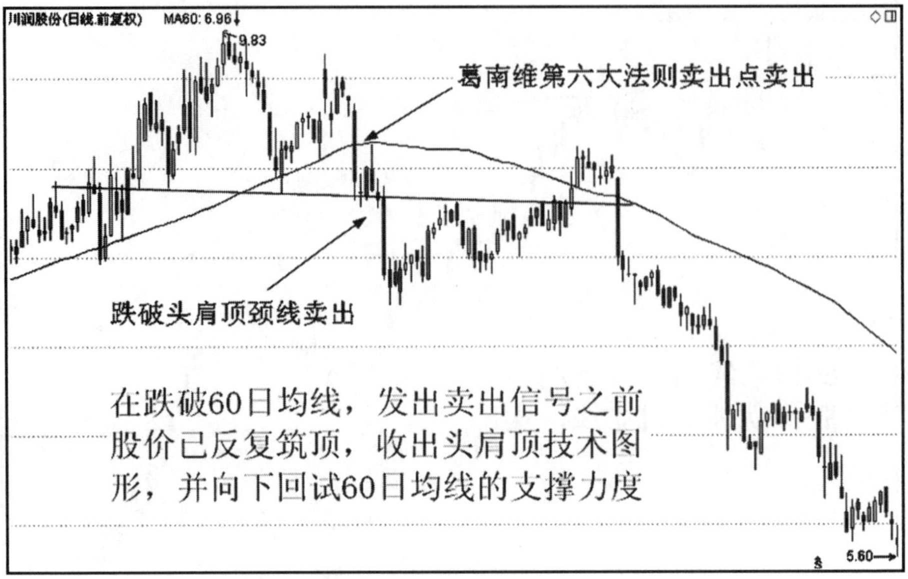

图 2-47　在发出第六大法则卖出信号之前，股价反复筑顶。经过筑顶的股票，卖出信号的可靠性极强

如图 2-48 所示，民生银行（600016）。和上例一样，跌破 60 日均线之前，股价反复筑顶并两次回试 60 日均线的支撑力度，其中第二次两度跌穿，表明多方的攻势受到严峻考验。第三次踩到 60 日均线时，多方已难以支撑股价，只得弃城而逃，葛南维第六大法则卖出点出现，此时应卖出。

图 2-48　跌破 60 日均线前反复筑顶，跌破后，卖出信号强烈

实战操盘中，交易者选择卖出之后，还不能不管不顾，尤其是选用的均线周期不是那么长的时候。因为在上升趋势中，力度比较大或者时间比较长的中期调整，也会让均线走平并短暂

下行。均线走平或下行之后，后市若未能跟随股价或指数的下跌继续下行，反而出现企稳甚至上行，股价或指数不久也掉头向上弹升，再度向上突破均线，则表明趋势反转有可能失败。交易者可以在卖出之后，于股价或指数回升上穿均线时再次进场买入。

图 2-49 是上证指数（999999）2006 年 3 月至 2007 年 1 月的日线图。指数急升一段后进入整理行情，走出菱形技术图形。在菱形形态整理期间，指数跌破 60 日均线，60 日均线下行，出现葛南维第六大法则卖出点，此时交易者可以清仓卖出。

卖出之后，指数并没有因为走出菱形形态而见顶，整理结束后反而向上突破菱形形态，向上突破后市看涨，此时可以买入。之后指数继续向上并突破 60 日均线，60 日均线也掉头上行，出现第一大法则买入点，此时交易者可以买入或加仓。

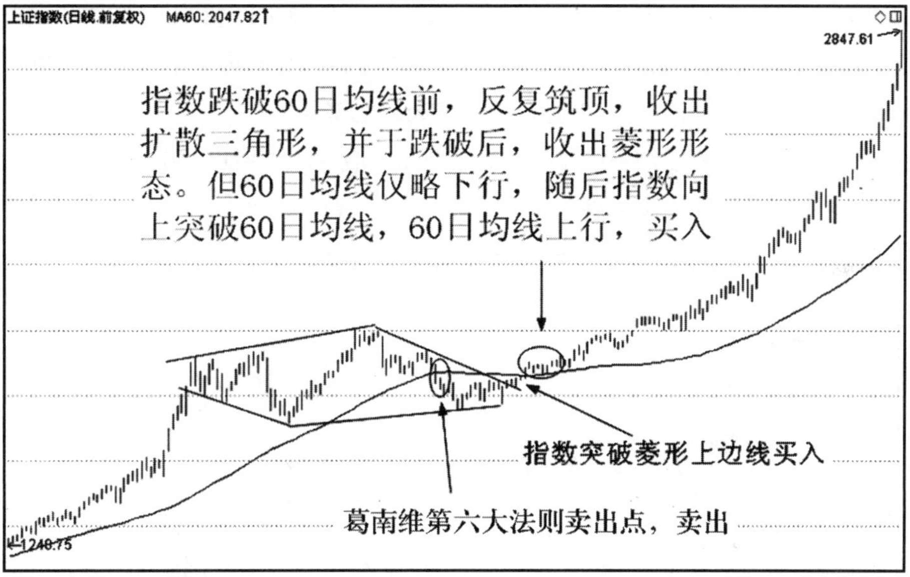

图 2-49　均线下行再上行，指数向上突破均线，是葛南维第一大法则买入点

七、第七大法则的技术运用

第七大法则：股价或指数在均线下方运行，反弹时未能向上突破均线，此时均线继续下行，有时均线下行角度虽有所减缓，趋于水平，但随着股价或指数的下跌再度转为下行，表明均线压力沉重，应该卖出股票。

第七大法则的技术特征：

⑴出现在下降趋势中。

⑵股价或指数向上弹升，但未触及均线。

⑶反弹前后，均线一直下行，或者下行角度虽有所减缓，趋于水平，但随着反弹结束，均线继续下行。

第七大法则的技术含义：后市看跌，卖出。

股价或指数向上弹升，但尚未接触均线就掉头向下，表明行情是大跌小涨，属于典型的空头市场特征。这种走势表明多方力量有限，或者主力并不愿意主动帮助持仓者解套，仅仅想获取一点短线交易的价差而已。持仓者不等股价或指数回升至平均成本之上，就迫不及待地卖出，说明持仓者不看好后市。多空双方均看空后市，没有资金入场承接，股价或指数就会因自身重力而下跌。已持仓者应果断清仓，未持仓者继续观望。

若股价或指数出现缓跌急涨的走势，但弹升不上破 60 日均线，持仓者宜尽早清仓，因为后市极易出现急跌的杀多行情。葛南维第七大法则卖出点，经常出现在下降趋势中的主跌段，连续大阴线或跳空向下的极端走势，是主跌段走势的特征之一。

对于期货等可以双向交易的品种，第七大法则卖出点则是非常良好的做空时机。

图 2–50 是山推股份（000680）的日线图。股价向上反弹，遇到 60 日均线压力时，连收两根假阳线（即收盘价下跌的阳线），表明多方都是你看我，我看你，谁也不肯向前冲锋，好像心理上对 60 日均线的压力有一种恐惧感，暗示突破的概率很小。

随后收出乌云盖顶和跳空向下的锤头线，这是见顶信号，此时应卖出。K 线形态的卖出位置，正好就是葛南维第七大法则的卖出点。

图 2–50　葛南维第七大法则卖出点

图 2–51 是浙江永强（002489）的日线图。股价遇到 60 日均线受阻时，接连收出黄昏之星、射击之星、倾盆大雨等见顶 K 线形态，上述 K 线形态的卖出位置即是第七大法则卖出点。

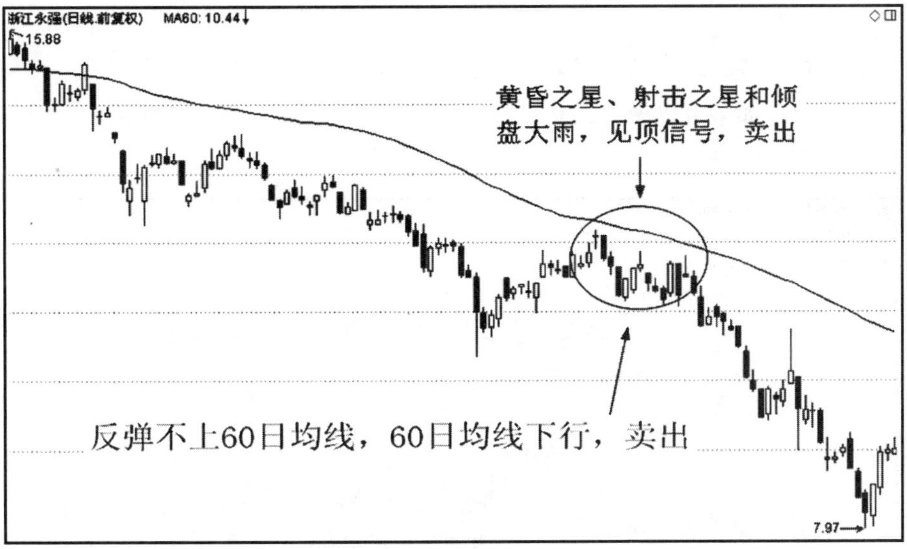

图 2-51 K 线形态可以定位葛南维第七大法则卖出点

图 2-52 是与图 2-51 同一时间段的日线图。股价反弹走出下降旗形，股价跌破旗形形态是卖出信号。技术图形的卖出信号比 K 线形态的卖出信号更加可靠，交易者可以以跌破旗形的卖出点定量第七大法则的卖出点。

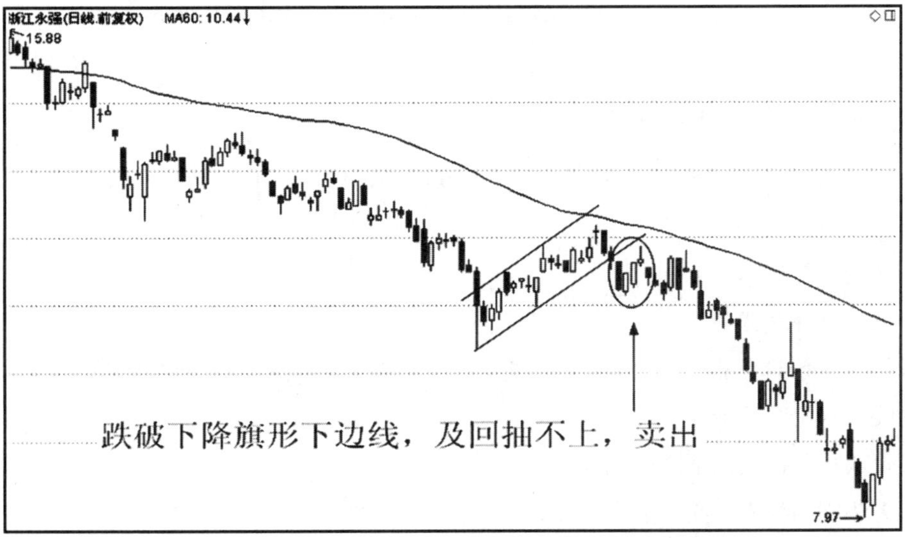

图 2-52 跌破旗形的卖出点即为第七大法则卖出点

如图 2-53 所示，中捷股份（002021）。该股的第七大法则卖出点，即使不借助其他技术分析方法也可以大致定位，交易者可于股价遇阻回落时择机卖出。

图中一共标注了 5 个第七大法则卖出点，但只有 3 个卖出点可以与技术图形的卖出点相互印证。交易者可以观察到，如果股价遇阻回落就视为第七大法则卖出信号，大多都比技术图形发出的信号要早。不同性质的技术形态同时发出卖出信号，可以让交易者卖出时更有信心。第七大法则的卖出点大多属于下降趋势中的主跌段，因此交易者不需要等到技术图形的验证才行动。

卖出时，每快一步，风险就小一截。买进宜谨慎，卖出宜果断，这也是趋势交易者应恪守的原则之一。当然，如果可以做空，交易者稍稍等一下，在技术图形也明确发出放空的信号后再进场卖空，那又另当别论。

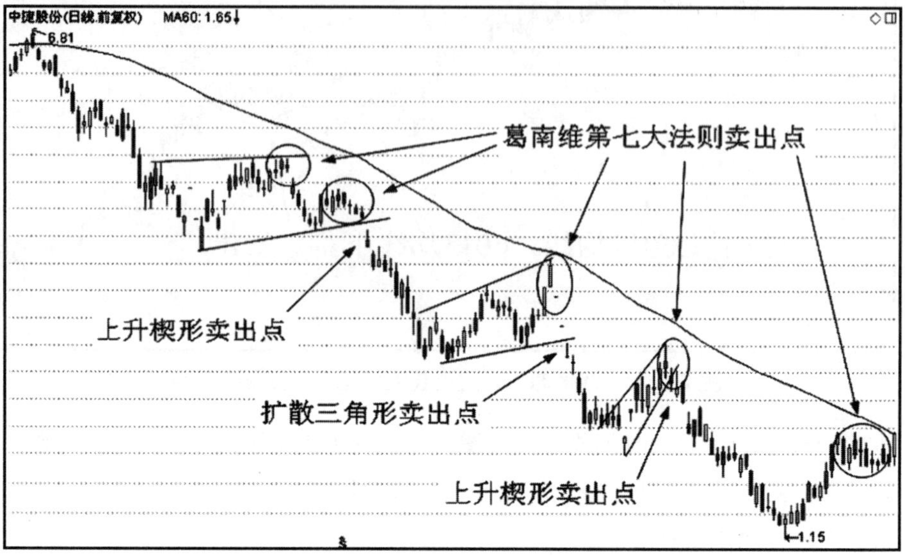

图 2-53　第七大法则卖出点与技术图形卖出点相互印证

八、第八大法则的技术运用

第八大法则：股价或指数反弹后在均线上方徘徊，均线却继续下行，股价或指数随后跌破均线，应该卖出股票。

第八大法则的技术特征：

⑴出现在下降趋势中。

⑵股价或指数向上涨升，突破均线，但却并未快速远离均线，反而在均线上方踯躅不前。

⑶均线一直持续下行。

⑷股价或指数掉头向下跌破均线。

第八大法则的技术含义：后市看跌，卖出。

第八大法则有点像古代战争中双方对阵，其中一方诈败而逃，却突然使出回马枪，将追击者挑落马下。常有交易者错判形势，进场追击而中枪落马。

空方放任多方，任其向上攻击，直至突破 60 日均线的压力，不是因为空方力量不够，而是要实现以下两个目的：一是将剩余的筹码卖个好价钱，二是再席卷一部分场外尚未死心的多方。只有高调的走势，才能够将潜藏的多方有生力量吸引出来。

事情总有利弊两面。股价反弹向上测试均线压力，不突破则戏演得不够逼真。突破后倘若突然有变，空方也有可能无法将股价或指数立刻拉回，造成已经向下的均线再度转折向上，压力作用消失，支撑作用变强，从而令趋势在此逆转，出现卖出盲点。股价或指数突破 60 日均线后，观察 60 日均线的走向，对那些不到黄河心不死的多方来说是一件至关重要的事情。

第八大法则卖出点前的反弹行情，大多为波浪理论中多头市场调整浪的 B 浪反弹。B 浪结束后，C 浪的杀伤力大多会极其强大。

如图 2-54 所示，山推股份（000680）。股价向上突破 60 日均线后折返，跌破 60 日均线后，再度向上突破并远离均线。短期较强的上涨走势，很显然没有说服那些一致看空的长线交易者。60 日均线一直下行，既表明了市场的态度，也表明了同周期持仓者的态度。交易者没有必要因为短期的蝇头小利去对抗长期趋势的洪流，此时空仓等待是最明智的做法，清仓卖出也不失为亡羊补牢之举。一般而言，卖出点在股价跌破 60 日均线处。

在大的下行趋势中，有些人因为性格优柔寡断没有及时卖出，要么在下跌趋势中擅于行险，经常做一些火中取栗的事情，导致一部分人手中持有仓位。但葛南维第八大法则卖出信号一旦出现，宜尽早出场，因为下降趋势被再次确认后，后市的跌幅可能会很深，跌速会很快，经常是主跌段的杀多走势。

该股出现葛南维卖出点之后，在 60 日均线下方盘桓，随后长阴跌破盘局快速杀跌。

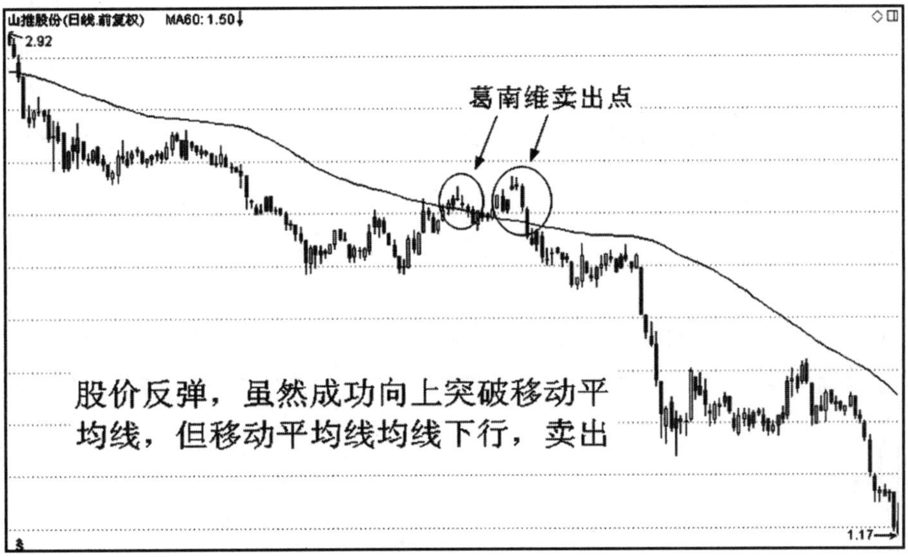

图 2-54 葛南维第八大法则卖出点

图 2-55 是与图 2-54 同一时间段的日线图。股价向上突破 60 日均线之后回落，遇到 60 日均线支撑第二次向上涨升，走势较第一次更为强劲，并超越第一次上涨的高点。面对这种走势，交易者常常误认为股价正在步入多头市场，从而进场买入。买进的结果如何，后市走势说明了一切。

抛开下行的 60 日均线不谈，单就图形而论，两次上冲的高点相差无多，都是遇到前低压力回撤。前低的压力除了资金成本的原因之外，交易者心理也是一道很强的坎儿，不容易逾越。如果交易者事先画出前低压力线，也许就不会急于在突破 60 日均线时仓促入场。

上穿 60 日均线是，第一个高点收出一根带长上影线的倒 T 字线，第二个高点收出黄昏之星，二者都是见顶转势的 K 线形态。在前低压力的印证下，卖出信号被强化，交易者可以减仓或清仓。

此处的卖出信号为空方的先行官。两次上摸前低压力位犹豫不过，已经暗示交易者不要对多方翻盘抱有太大的期望，股价继续回撤并跌穿 60 日均线的概率极高。发出葛南维第八大法则的卖出信号时减仓，若逢后市急跌，就能多一些主动。

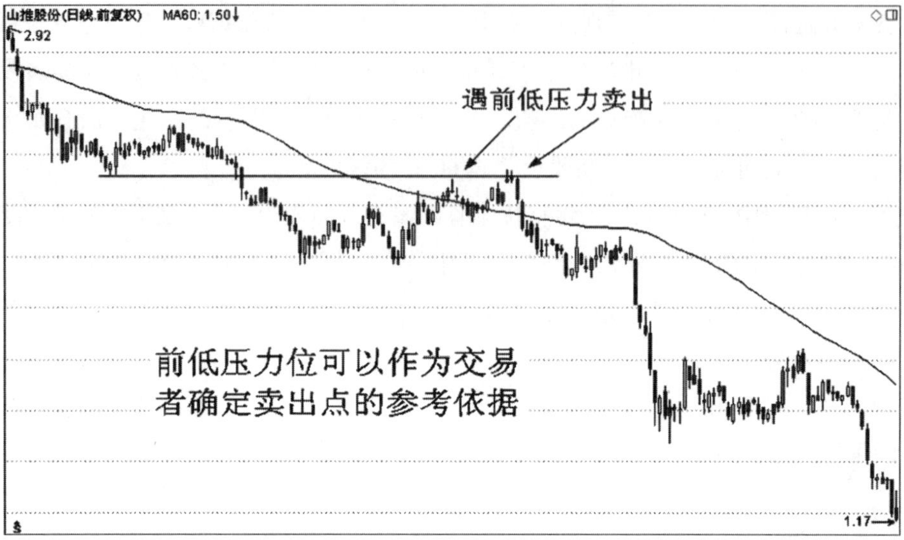

图 2-55　前低压力位和见顶 K 线形态，比葛南维第八大法则提前发出看跌的警告信号

图 2-56 是与图 2-54 同一时间段的日线图。股价反弹，走出上升楔形的技术图形，上升楔形的技术含义是看跌的。上升楔形顶端收出黄昏之星 K 线形态，这是一个先行预警信号。随后收出一根大阴线，同时跌破上升楔形和 60 日均线，这是技术上一破二的空杀多行为，宣告下跌的主跌浪开始。遇到这种走势，任何敢于持仓死守的交易者，最终结果都会很惨。

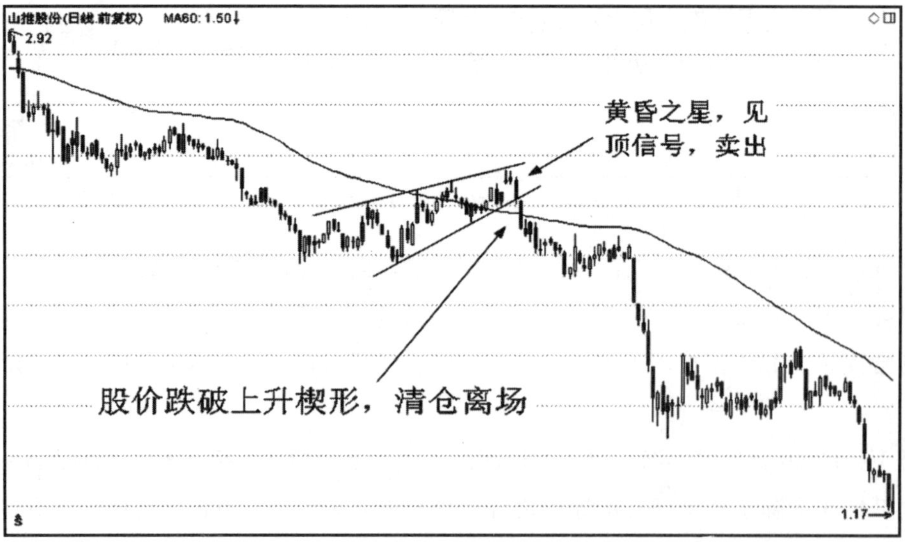

图 2-56　K 线形态和技术图形表明后市下跌是大概率事件，卖出

第三章 均线实战应用技巧

第一节 单条均线实战应用技巧

一、5日均线的应用技巧

5日均线是均线系统中的短期均线，反映股价或指数的短期运行趋势。在操盘术语中，也有人称5日均线为攻击线。无论股价或指数短期运行趋势是上升还是下跌，5日均线运行角度的陡缓，都代表了股价或指数短期上升或下跌力度的大小。

5日均线和其他所有周期的均线一样，都具有稳定性、滞后性、助涨助跌、支撑压力和指示确认趋势的作用，但是5日均线的周期相对较短，所以上述作用有限。运用5日均线进行操作时，要参考中长期均线的走向以及其他趋势分析方法，对股价或指数的中长期趋势事先予以判断，这是非常重要的一件事情。

一般情况下，运用5日均线操作个股时，要同时关注大盘指数和个股的中长期趋势。大致分为三种情形：①如果大盘指数和个股均处于上升趋势中，即便股价跌破5日均线也不必担心，交易者可以减仓，也可以不减。牛市中的牛股，在大趋势没有发生实质性变化之前，任何短期调整都可以忽略。至于何时清仓离场，需要进一步观察后市走势。②当大盘指数处于震荡市中，个股处在上升趋势中时，如果股价一直沿5日均线上升，那么只要股价有效跌破5日均线，交易者就应当根据具体情况和交易周期的不同，做出相应的减仓或者清仓动作。③当大盘指数处在下降趋势中，个股一直沿5日均线上升时，只要股价有效跌破5日均线，交易者即应马上清仓离场，至少也要减仓。这样操作或许会损失一些利润，但在绝大多数情况下，都能够规避股价快速下跌的风险。当大市不好的时候，个股逆大势上涨的行情不可能长久地持续下去。一旦股价回头下跌，杀伤力之大常常出人意料。

实战中，5日均线有以下一些应用技巧。

⑴在中长期上升趋势中，股价或指数向上突破5日均线，预示上涨途中的中短期整理行情结束，是一个很好的买入时机，交易者可以择机介入。

对于中长期上涨趋势，有很多趋势分析方法可以判断，如道氏理论、趋势线等。均线也可以为交易者判断中长期趋势提供诸多帮助，如中长期均线在下且支撑股价或指数上行，中长期均线多头排列，均线向上多头发散等。

图 3-1 是深信泰丰（000034）的日线图。从图中可以看到，股价和 5 日均线向上突破 60 日均线时，60 日均线上行，形成黄金交叉。同时该位置也是 60 日均线葛南维第一大法则的买入点，不同形态信号叠加，可靠性增强，交易者可以进场买入做多。此处是交易者的第一买入点。

其后股价起起落落，反复跌破再升破 5 日均线。60 日均线一直在 K 线和 5 日均线下方支撑股价上行，表明上升趋势良好。股价绝大多数的短期调整不会影响到中长期走势，因此股价每一次跌破 5 日均线，说明开始进行短期整理。升破 5 日均线，则说明短期整理结束，股价将会继续上涨。股价中长期趋势向上，短期趋势也向上，交易者自然可以进场买入。

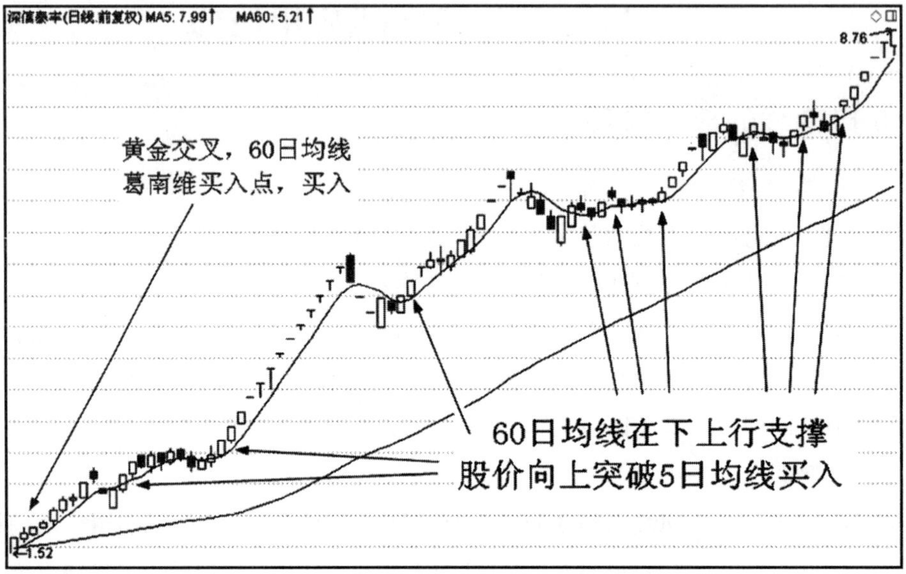

图 3-1　中长期上升趋势中，股价向上突破 5 日均线，
大多表示短期调整结束，后市看涨，买入

⑵上涨趋势中，股价或指数如果沿着 5 日均线持续陡峭上升，说明股价或指数正处于强势上涨阶段，交易者应当坚定持股信心。

图 3-2 是 ST 九发（600180）的日线图。ST 股票因为日涨跌最大幅度限制为 5%，所以一旦被主力控盘，无论涨跌都很容易封停板。

该股整理结束后，沿着 5 日均线连续涨停。不仅如此，所拉涨停板几乎全部是一字线。在有涨跌幅限制的市场里，一字线涨停是走势最为强烈的表现，此时交易者应当持股不动。

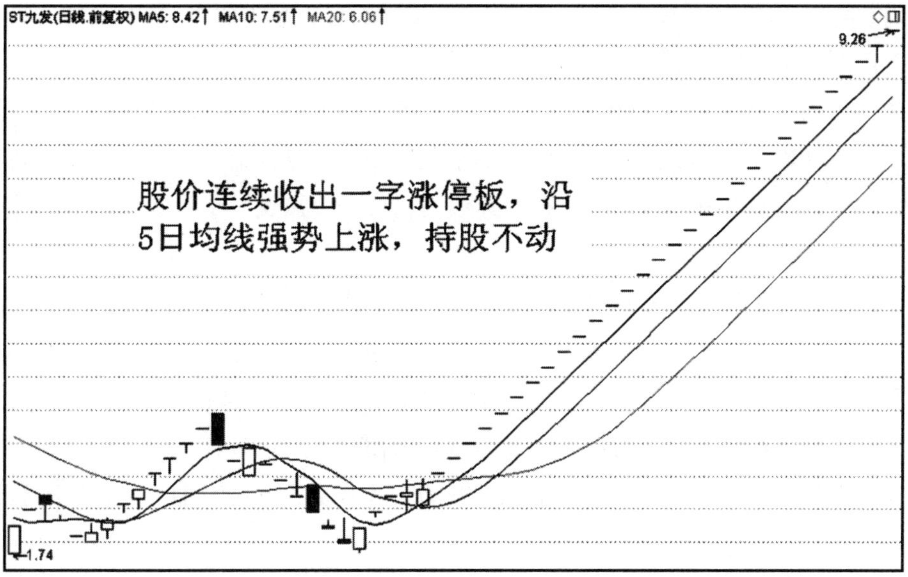

图 3-2 股价沿着 5 日均线连续一字涨停，是市场极强的表现，应持股不动

图 3-3 是 ST 合金（000633）的日线图。股价站上 60 日均线之后，回踩 60 日均线不破，说明 60 日均线上行支撑的力度很强。反过来说，则说明空方打压力量很弱，已经完全失去了掌控局势的主动权。

随后多方便肆意发力，一路逼空，股价沿着 5 日均线一连收出 20 余个涨停板，可谓气势如虹。交易者若能幸运地持仓在手，断不可轻易放弃，错失良机。

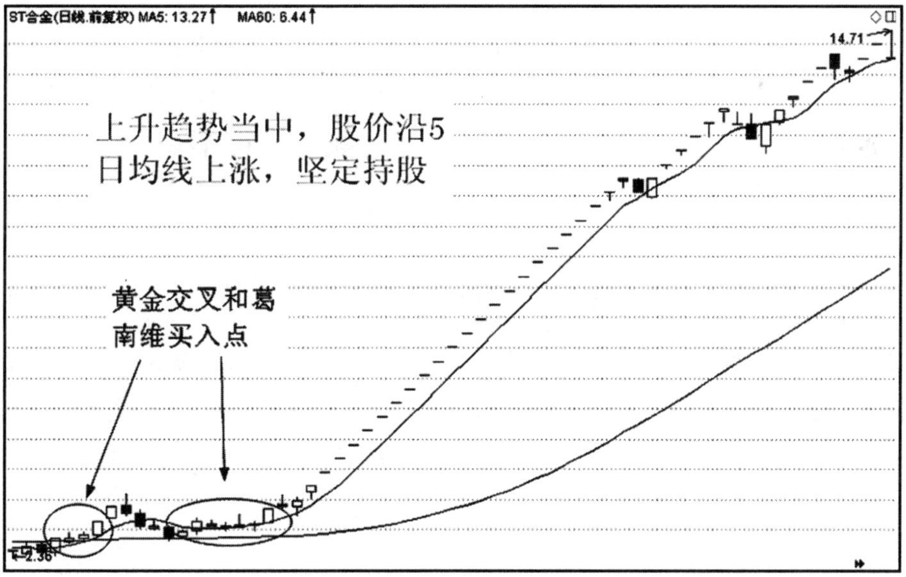

图 3-3 沿 5 日均线陡峭上涨的都是强势股，走势没有变弱之前可一直持有

(3)持续沿 5 日均线陡峭强势上攻的股票，股价跌破 5 日均线是短线交易的清仓点，也是中长线交易的减仓点。

均线周期越短，均线的稳定性就越差，但均线的滞后性就越不明显。5 日均线的最大作用，就在于确定超强势股的短线离场标准。

如图 3-4 所示，海虹控股（000503）。从图中可以看到，该股走出了超级大牛股的走势，股价一直沿着 5 日均线直线上涨。顶部收出一根大阴线，次日开盘跌停，盘中有冲高，但最终仍以跌停板收盘，收盘跌破 5 日均线。此时短线交易应清仓离场，中长线交易可以减仓，也可以不减。

这样操作的原因在于，股价跌破 5 日均线，主要是因为股价远离 60 日均线，短时间内乖离率过大，在 60 日均线的牵引作用下，股价会有一个回归的过程，也就是会有一个均线修复的过程，所以短线交易要清仓离场。因为 60 日均线一直在上行，表明中长期上升趋势没有改变，均线修复时，有可能是主动修复，也有可能是被动修复。即便是主动修复，也不一定采用直线下跌的方式，旗形、楔形、三角形等技术图形都有可能成为均线修复的方式。所以中长线交易可以减仓，也可以不减。

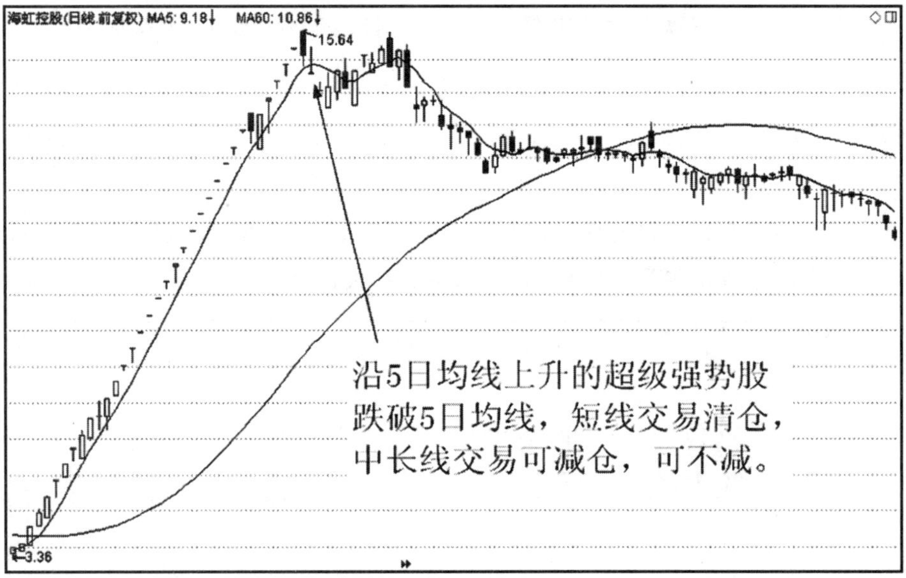

图 3-4　5 日均线的离场标准

图 3-5 是与图 3-4 同一时间段的日线走势。在图 3-4 中，股价跌破 5 日均线之后，仅短暂回落就止跌回升，随后多方再度发起冲锋。不过此时多方已是强弩之末，上攻无非是最后一击，股价最终形成双顶技术图形，中长线交易者可于股价跌破双顶技术图形的颈线后离场。

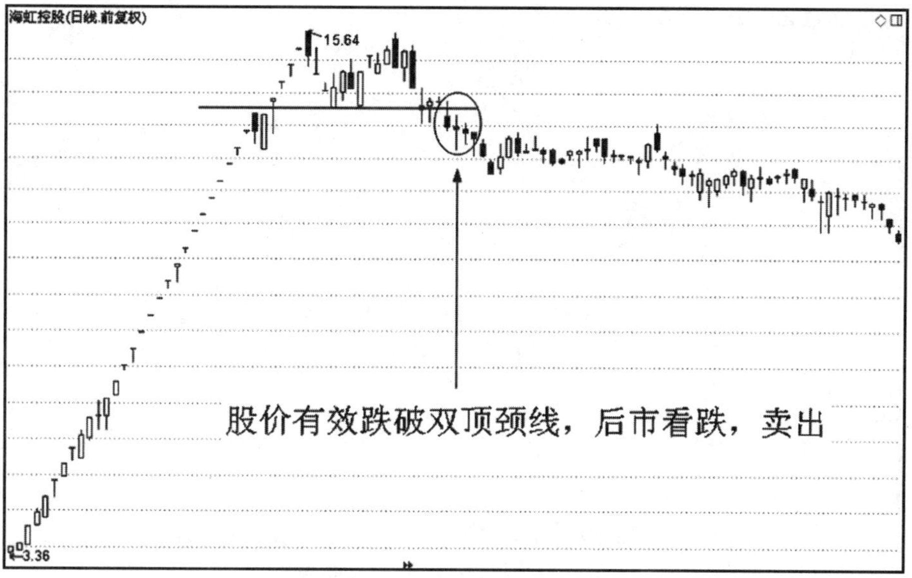

图 3-5 中长线交易的离场标准

如图 3-6，上海梅林（600073）。该股是 2000 年初的网络股龙头之一。图中该股有两波强势拉升，第一波上涨之后，顶部巨量收出 T 字线，单日换手率高达 41.97%。创出历史新高时仍旧以如此巨量封住涨停板，对倒换庄的可能性很大。但是对于量价以及推测主力动向的所有分析，都不能作为趋势交易者进出场的依据，离场标准仍然是股价跌破 5 日均线短线交易离场，中长线交易可以减仓，也可以不减。

随后该股进行了第二波拉升。交易者可以在股价重新站上 5 日均线，5 日均线再度拐头向上，与其他均线形成多头排列时，第二次进场买入。也可以在该股缩量创出历史新高后重新进场买入。

缩量创出新高，说明前期历史天价区域的历史天量，极有可能是主力清洗浮筹或者对倒换庄。因为如果是出货，则前期高换手的筹码大部分交到了公众交易者的手中，主力没有理由在短短的几日之内把套牢在顶部的筹码解放出来。而且如此多的解套盘横在上方，主力想要创出新高，也绝非易事。所以缩量创出新高后，交易者可以第二次进场买入。

在第二波拉升时，成交极其活跃。这有可能是主力边拉升边出货，也有可能是公众交易者疯狂抢筹所致。不管是哪一种情况，操作原则仍旧是股价跌破 5 日均线短线交易离场，中长线交易可以减仓，也可以不减。当然，因为此处是第二波拉升，中长线交易也可以在股价跌破 5 日均线时清仓离场。

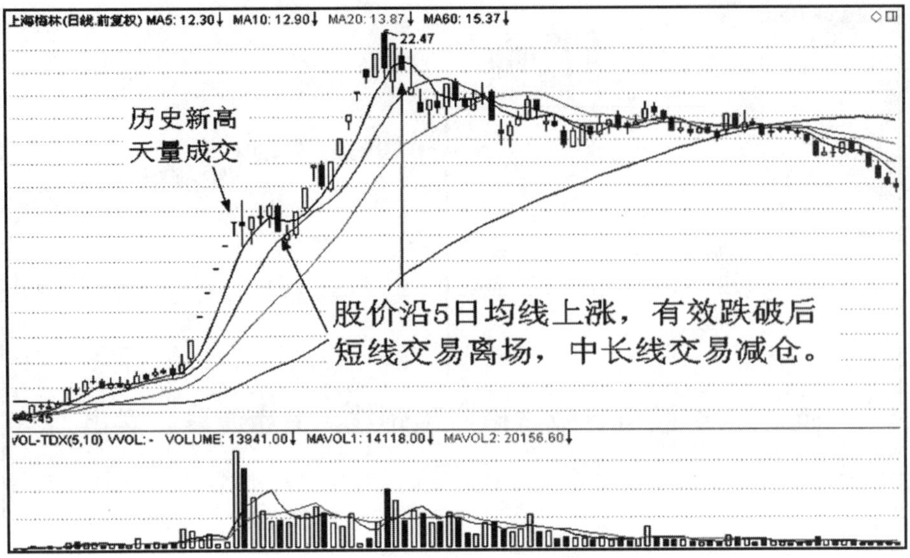

图 3-6 5 日均线的离场标准

沿 5 日均线上涨的个股，还有两个离场标准：①股价放量滞涨；②收出见顶的 K 线形态。放量滞涨是指股价或指数连续快速上涨时，成交量突然异常放大，但股价涨速趋缓甚至下跌。

图 3-7 是与图 3-6 同一时间段的日线走势图。在第一波拉升后期，先是天量收出一根 T 字线，接着继续放量收出一根阴线实体的螺旋桨，T 字线和螺旋桨出现在历史高位，很显然是见顶的 K 线形态。收出螺旋桨 K 线时，股价较前一天略微下跌，因此属于放量滞涨走势。上述两种见顶信号叠加，预示股价见顶的作用更强，短线交易应该离场，中长线交易可以减仓，也可以不减。

在第二波拉升后期，放量收出一根大阴线，很显然是放量滞涨。大阴线出现在历史高位，本身有行情向淡的意味。该阴线与前一根阳线组成乌云盖顶的 K 线形态，见顶信号更为强烈。

和第一波拉升一样，第二波拉升后期，也是同时出现见顶 K 线形态和放量滞涨形态，此时短线交易应当离场。因为是第二波拉升，此时中长线交易也应当减仓。

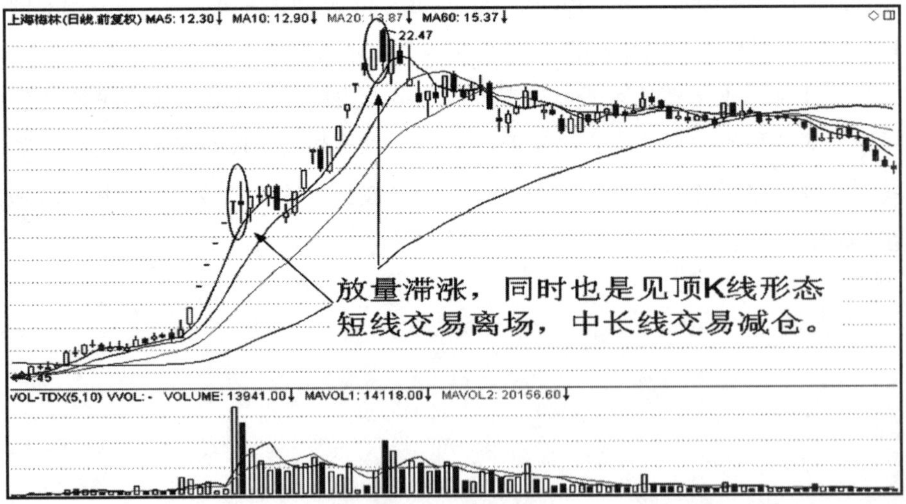

图 3-7 放量滞涨，收出见顶的 K 线形态，是离场信号

⑷持续沿 5 日均线陡峭下跌的极弱势股票，在股价反弹站上 5 日均线时，是短线交易者入场抢反弹的机会，但入场必须要控制仓位，并且要坚持快进快出的原则。初始离场标准（即止损位）设在股价再度跌破 5 日均线位置。

需要特别提醒的是：这一条交易原则是 5 日均线的应用技巧，并不是趋势交易的进场标准。

图 3-8 是 ST 合金（000633）的日线图。在股价和均线形成空头排列后，股价越跌越快，到后来连续收出十几根跌停一字线才开始放慢脚步，逐渐止跌。在股价重新站上 5 日均线后，交易者可以轻仓入场，博取反弹。因为是抢反弹，所以离场标准有两种：一是有利润即出；二是股价再度跌破 5 日均线。前者是止盈，后者是止损。

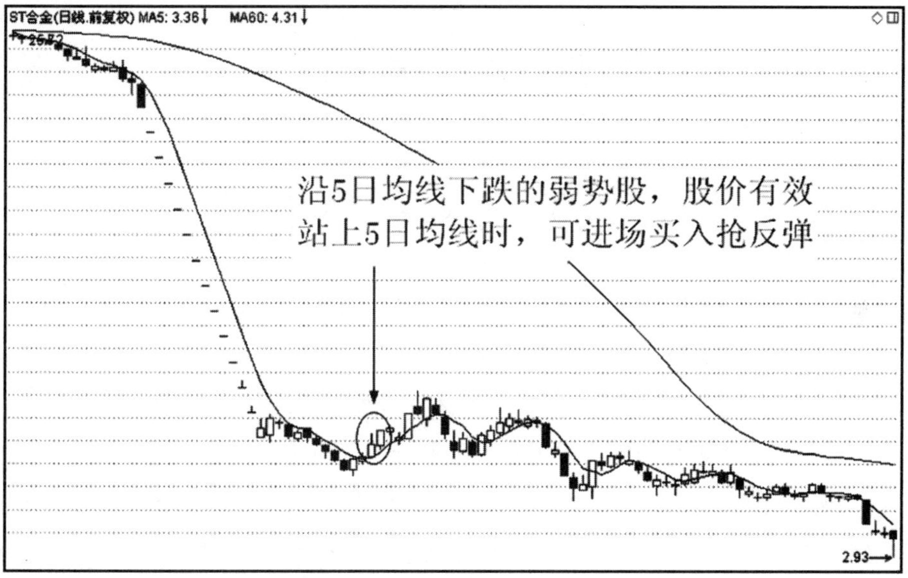

图 3-8 依据 5 日均线进场抢反弹的买入点

5 周均线的技术含义与 5 日均线大致相同，但进出场信号更强烈，发出信号后的涨跌幅度更大，趋势运行周期更长。因为 5 周均线实际上已经相当于日线级别的中期均线了，所以无论是稳定性还是滞后性，都大大强于日线中的 5 日均线。

图 3-9 是中航黑豹（600760）的周线图。均线粘合之后，在 60 周均线的支撑之下，股价向上突破粘合形态，交易者可以进场买入。

随后股价沿着 5 周均线一路直上，然后在顶部先收出一根预示见顶的射击之星，接着是一根跳空低开的中阴线。二者都是见顶的 K 线形态，交易者可以根据既有的交易策略择机卖出。

收出跳空低开中阴线时，股价已经跌破 5 周均线。因为是周线走势，所以股价跌破 5 周均线后，短线交易必须离场，中长线交易也可以清仓离场。

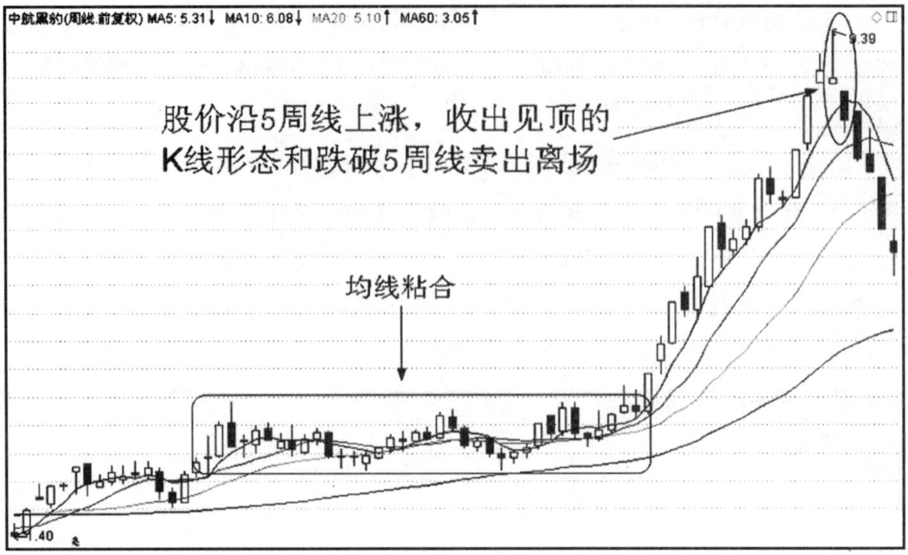

图 3-9　周均线的稳定性和滞后性都强于日均线，因此股价跌破 5 周均线时，卖出的迫切性也强于 5 日均线

特别提示：

关于 5 日均线的实战技巧，主要体现在均线背离技术，运用中要注意以下两点。

(1)均线运行的角度必须陡峭。无论是上升还是下降，5 日均线运行的角度必须很陡峭，股价或指数的涨跌必须非常迅猛。比较平缓甚至走平的 5 日均线，实战中没有特别的技术含义。

如图 3-10 所示，时代出版(600551)。该股股价处在一个下降趋势中，但下跌的角度比较平缓，跌速较慢，经常跌三步，涨两步。股价也是忽儿站上 5 日均线，忽儿跌破 5 日均线，如此反复。这时 5 日均线确认趋势的作用和支撑压力作用，都会变得很弱，交易者不能再以股价有效站上 5 日均线作为进场抢反弹的依据。

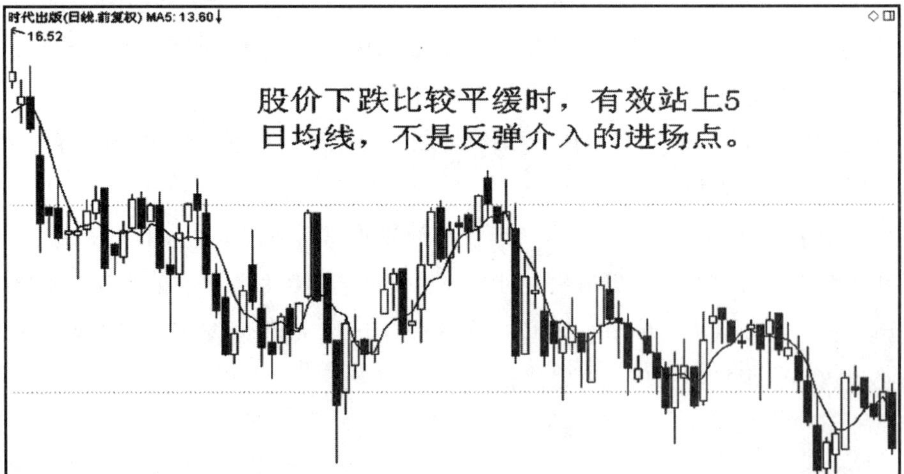

图 3-10　5 日均线下行角度比较平缓，股价即便有效站上，也不是抢反弹的买入点

⑵股价或指数必须处在一个非常明显的中长期上升或下降趋势中，且必须持续沿 5 日均线上涨或下跌。

这一条的含义有两点，首先，在整理期间，因为股价或指数上下剧烈波动，导致 5 日均线的角度短暂陡峭上升或陡峭下降，这种情况不具有实战操盘的技术含义。

图 3-11 是刚泰控股（600687）的日线图。该股在横向整理期间，股价上下震荡较为剧烈，经常出现急涨急跌走势，5 日均线也跟随股价急升急降。因为没有一个明显的上升或下降趋势，所以 K 线和均线每一次的升降都很短暂，股价也反复升破或跌破 5 日均线。交易者如果在股价升破 5 日均线时进场抢反弹，或者在跌破 5 日均线时卖出离场，很可能就会出现高买低卖的亏损操作。

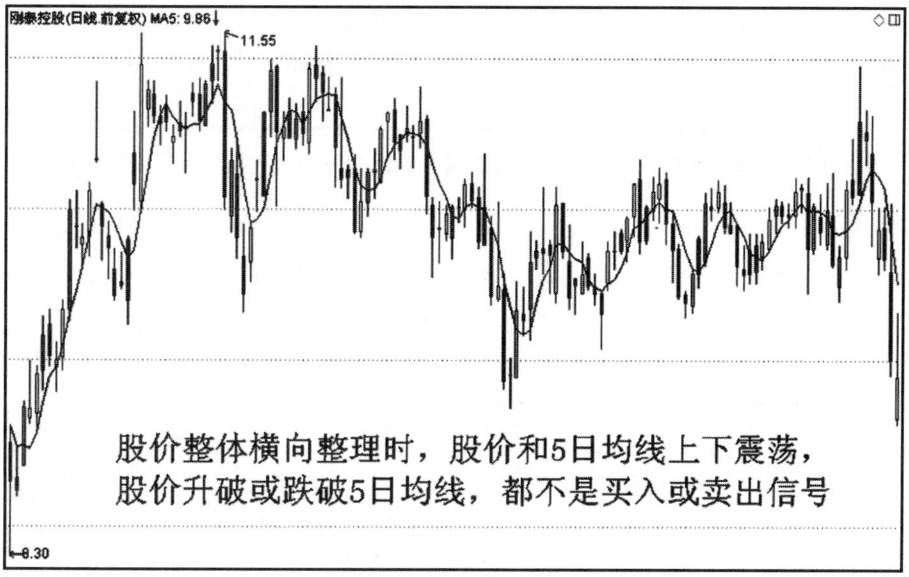

图 3-11 整理行情中，股价升破或跌破 5 日均线不是有效的进出场信号

其次，股价或指数虽然处在一个非常明显的中长期上升或下降趋势中，但上升或下跌不是沿着 5 日均线运行，这种情况不适用 5 日均线的技术战法。

如图 3-12 所示，ST 鑫富（002019）。该股股价紧贴着 5 日均线上涨，但经常跌破再升破 5 日均线。虽然绝大多数都没有有效跌破，但反复跌破，就已经极大地削弱了 5 日均线的技术含义。交易者如果继续运用 5 日均线的技术方法从事交易，那么在交易时就会感到迷茫。在这种走势中，股价升破或跌破 5 日均线时，无论是买还是卖，信号都不准确。

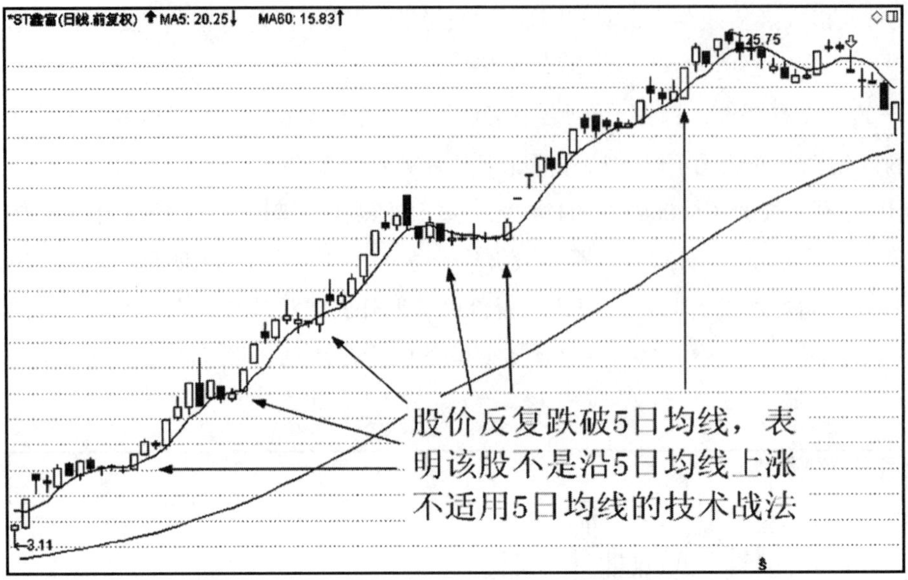

图 3-12　股价反复升破和跌破 5 日均线，会让 5 日均线的技术含义大打折扣

图 3-13 是与图 3-12 同一时间段的日线图。交易者可以观察到，股价基本上是沿着 10 日均线上涨的，并不是沿着 5 日均线上升。对于这种走势，交易者可以根据 10 日均线的技术应用法则，在 60 日均线上行，股价和 10 日均线在 60 日均线之上黄金交叉时买进，在股价跌破 10 日均线之时减仓或清仓。

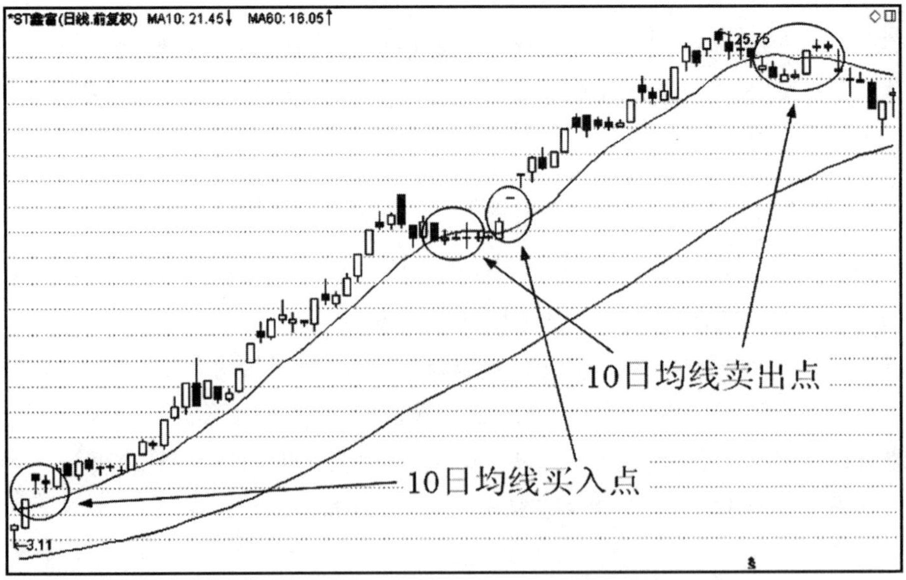

图 3-13　股价沿着 10 日均线上涨，因此交易者要应用 10 日均线技术战法

如图 3-14 所示，华星化工（002018）。从图上可以看到，在股价下跌的单边行情中，股价与 5 日均线缠绕在一起，实际上是沿着 10 日均线下跌。如果交易者错把沿着 10 日均线下跌的股票，当成沿着 5 日均线下跌，那么进场抢反弹时，遇到虚假信号的概率将大大增加。

从图上可以观察到，依据 5 日均线抢反弹，一共出现四个买入点，其中三个是虚假的。第二次买入之所以也算作虚假信号，是因为买入后第二日股价即跌破 5 日均线，触发止损。如果依据 10 日均线买入，一共有两次买入机会，第一次买入机会是虚假信号。但即使是在第一次发出信号时买入，如果本着有利润即出的原则，也是微盈的。

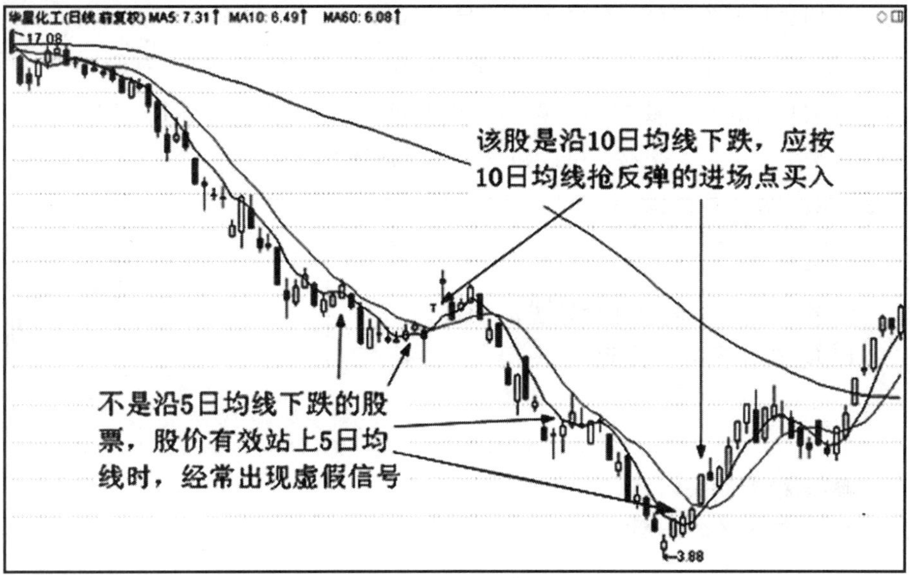

图 3-14　股价沿 10 日均线运行，如果依据 5 日均线操作，将会加大亏损的风险

二、10 日均线的应用技巧

10 日均线的应用法则和 5 日均线差不多。同 5 日均线比较，10 日均线运行得更稳定一些，并且大多数强势行情的上涨和弱势行情的下跌，都是依托 10 日均线运行的。实战中，运用 10 日均线比 5 日均线更为广泛。实战操盘中，也有人称 10 日均线为操盘线。

⑴在中长期上升趋势中，股价或指数向上突破 10 日均线，预示上涨途中的中短期整理行情结束，此时是一个很好的买入时机，交易者可以择机介入。

对于中长期的上涨趋势，有很多趋势分析方法来判断，如道氏理论、趋势线等。利用均线判断中长期上涨趋势也有很多技巧，如中长期均线在下方支撑股价，且中长期均线向上运行，中长期均线多头排列等。

如图 3-15 所示，新华锦（600735）。在底部区域，股价向上突破 10 日均线，但 10 日均线下行，60 日均线在上方走平，表明股价短期处于下降趋势，中长期趋势方向不明。

随后股价和 10 日均线一前一后，分别向上突破 60 日均线，60 日均线由横向运行转为上行，中期上升趋势已露出端倪。交易者可以在股价突破 60 日均线，出现 60 日均线葛南维买入点，以及 10 日均线上穿 60 日均线形成黄金交叉时，择机买入。

股价继续上涨，然后收出倾盆大雨 K 线形态，随后股价进行调整，跌破 10 日均线。但此时10日均线继续上行，与60日均线形成多头排列走势，表明中期上升趋势未变。此时交易者可以减仓，也可以不减，最佳策略则是减仓。

减仓之后，股价再度向上突破10日均线，这是依据10日均线操作时的买入信号，表明股票重返强势股行列，交易者可以重新进场买入。前期已经进场的交易者，此时可以加仓。

趋势交易者加仓有一个原则：盈利加仓。只有盈利了，才表明交易者是在顺势而为。

当股价到达顶部时，股价以连续一字跌停板的方式跌破10日均线。跌破时10日均线尚在上行，交易者此时可以减仓，也可以不减。随后股价回抽10日均线不上，10日均线逐渐走平并拐头下行，这是卖出信号，交易者可以减仓，也可以清仓。

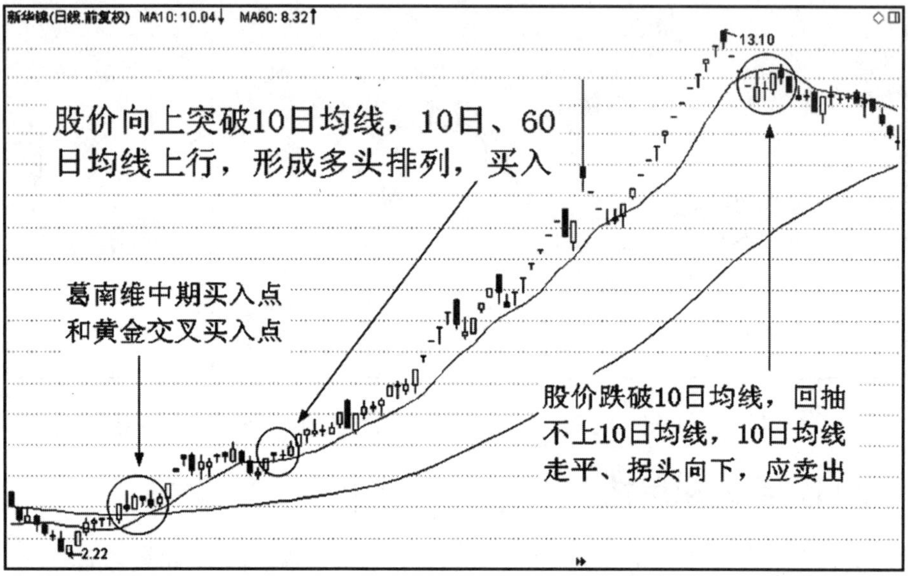

图3-15 在中长期上升趋势中，股价向上突破10日均线是买入信号

⑵上升趋势中，如果股价或指数持续沿着10日均线陡峭上升，说明股价或指数正处在一个很强势的上涨阶段，交易者应当坚定持股信心。

10日均线和5日均线的技术含义基本相同，但10日均线更稳定一些，信号的可靠性以及可操作性都比5日均线强得多。实战中，沿着10日均线陡峭上涨或下跌的股票，也比沿5日均线运行的股票更为常见。

如图3-16所示，ST金叶（000587）。从图上可以看到，股价、10日均线和60日均线多头排列，股价持续沿10日均线上涨，表明这是一只强势股。趋势交易者的择股原则是汰弱就强，否则很难说是顺势而为。因此一旦买入，就不应轻易放手。

图上标注了买卖点。其中的卖出点是短线交易的离场位置，也是波段操作的减仓位置。中长线交易则可以减仓，也可以不减，但以减仓为最佳操作原则。

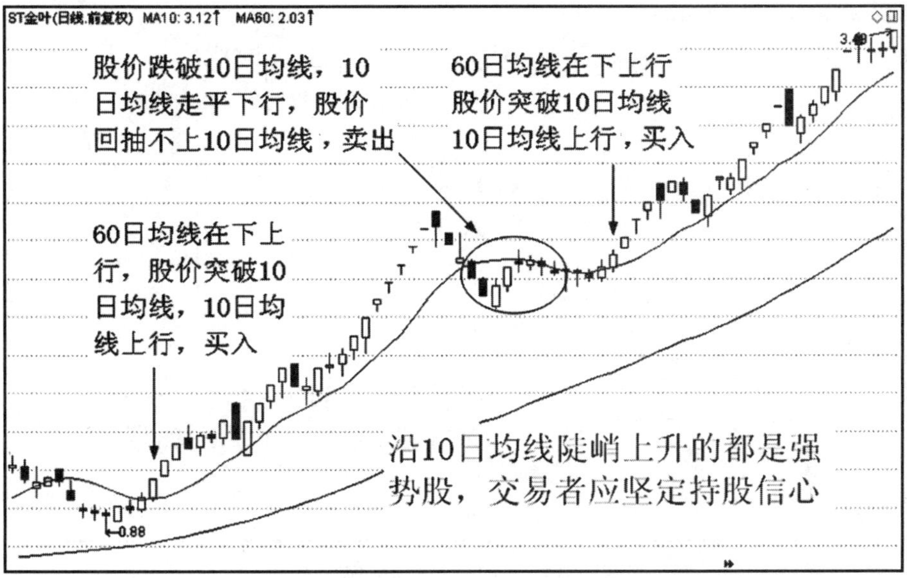

图 3-16 多头排列表明市场处于上升趋势，股价沿 10 日均线陡峭上涨表明是强势股

(3)中长期上升趋势中，沿 10 日均线持续陡峭上升的股票，股价跌破 10 日均线时，短线交易离场，中长线交易至少减掉一半仓位。

大多数强势股都是沿着 10 日均线持续陡峭上升，因此当 10 日均线被跌破时，一般意味着强势结束。除非跌破后很快收复，10 日均线继续上行，否则即使再度走强，或者均线被动修复，也至少需要一个月（20 个交易日）左右的时间周期才能重回升势，所以交易者大可离场观望。

图 3-17 是新大洲（000571）的日线图。股价沿着 10 日均线稳步上涨，每一次稍有远离，就会停止上涨并向 10 日均线靠拢；一旦回落碰到 10 日均线，就会受到支撑重新向上。这说明 10 日均线是股价上涨的依托，交易者可以一直持仓不动。当股价跌破 10 日均线时，短线交易应该立即清仓，中长线交易也要减仓。

该股在上涨过程中曾两次跌破 10 日均线，第一次跌破后很快收回，10 日均线也由短暂略向下行转为重新上行。交易者可以在第一次跌破 10 日均线后卖出，在股价重新收回 10 日均线，且 20 日均线向上支撑良好的情况下，第二次买入，然后在股价第二次跌破 10 日均线时再次卖出。第二次跌破 10 日均线卖出时，即便不清仓只减仓，减掉的仓位也要相应地加大。

需要特别提醒的是：无论是升破还是跌破，第二次出现时，其信号作用将明显增强。因此，第一次跌破 10 日均线时，中长线交易可减仓，可不减，但宜减仓。而当第二次跌破时，则可减仓，可清仓，但宜清仓。

10 日均线是短期均线，股价升破或跌破该均线，原本对中长期趋势的影响甚微，无关大局。但是若股价是沿着 10 日均线陡峭上涨的，跌破该均线就应减仓或清仓。股民要记得这样一句话：升得急，就跌得快。

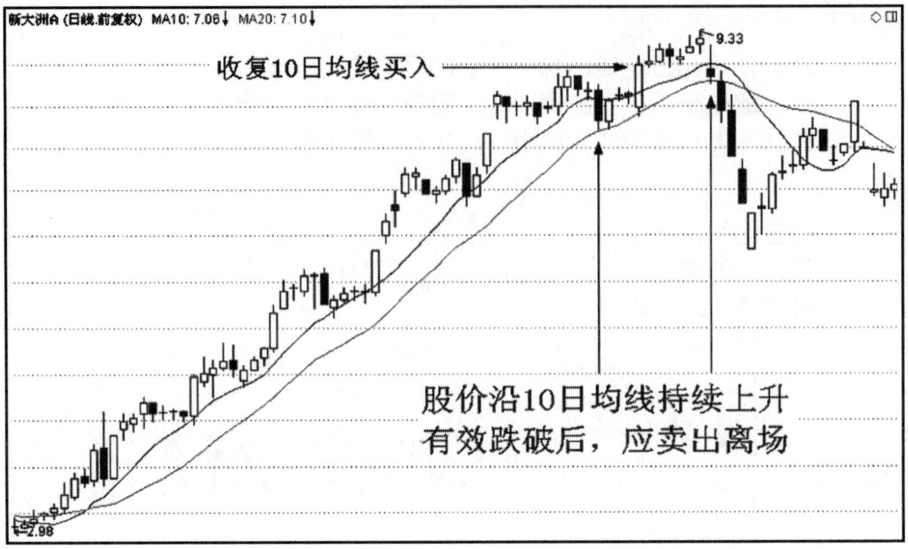

图 3-17　10 日均线的离场标准

图 3-18 是苏常柴（000570）的周线图。股价一直沿 10 周均线上升，跌破后，无论是短线交易还是中长线交易，果断离场才是良策。

10 周均线已经接近季线，是时间周期比较长的中期趋势线，因此股价跌破该均线的意义，要比跌破 10 日均线的意义更大，信号可靠性更强，对后市走势的影响也更持久。

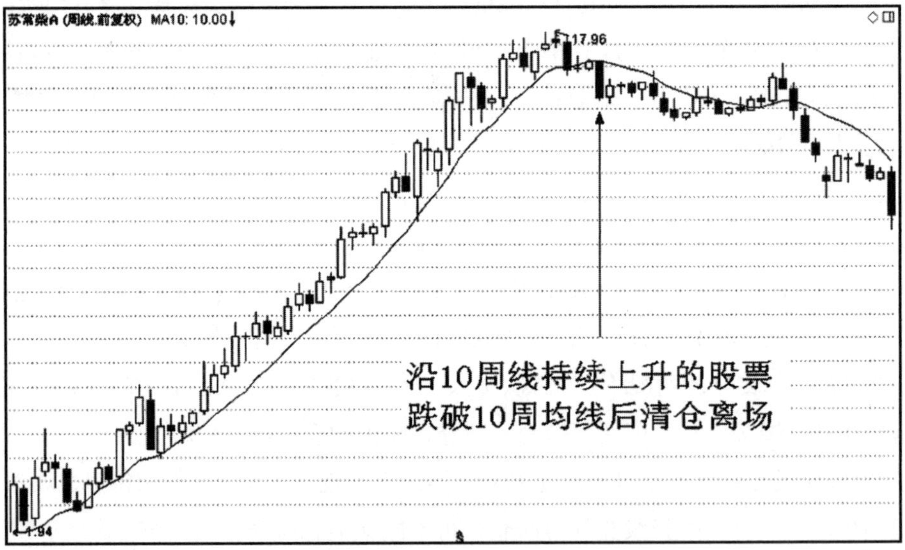

图 3-18　10 周均线离场标准：跌破即应清仓

⑷中长期下降趋势中，沿 10 日均线持续陡峭下跌的股票，股价向上突破并有效站上 10 日均线，是一个不错的抢反弹时机。

和强势股大都沿 10 日均线陡峭上涨一样，大多数弱势股也都是沿 10 日均线持续陡峭下降。10 日均线下行，说明场内的短线交易者不看好后市，场外的交易者进场意愿也不强，买盘稀少，承接力很弱。场内的卖出者为了成交，被迫以低于平均成本的价格抛售。那些贪图便宜进场买入的交易者，则是买入就被套，而且一直处在越套越深的境地。

当股价突破 10 日均线时，表明市场经过长期下跌，最近 10 天内买入的交易者，现在终于有人见到利润，也表明市场形势发生了一些变化。如果 10 日均线同时开始上翘，则说明近 10 日内买入的交易者大多盈利，此时入场抢反弹，成功的可能性更大。因为此时中长期均线方向依然向下，后期走势到底是均线扭转还是均线服从，尚在两可之间，所以抢反弹要坚持快进快出的原则，离场点设在获利即出和股价再度跌破 10 日均线处。

需要特别提醒的是：和 5 日均线的运用技巧一样，入场抢反弹不是趋势交易的进场点。

如图 3-19 所示，ST 九发（600180）。股价见顶后，走出倒置 V 形反转技术图形，随后沿 10 日均线持续下跌。止跌后，股价向上突破 10 日均线，10 日均线开始走平，5 日均线上穿 10 日均线。交易者可于股价突破 10 日均线时进场买入抢反弹。

因为是抢反弹，所以依据 10 日均线进场后的离场标准（即止损位）是：①有利润即出；②收出见顶的 K 线形态；③股价跌破 5 日均线；④股价再度跌破 10 日均线。其中第一条至第三条的意思一样，都是快进快出，确保已有的利润。第四条则有点复杂，若行情有利，就确保已有的利润，若行情不利，则是交易者最后的止损点，防止风险扩大。

该股跌破 60 日均线后，60 日均线已由上升开始走平。股价反弹，再度遇到 60 日均线时受阻，此时 60 日均线也开始下行，因此是葛南维中期卖出点。

该股反弹走出了 V 形反转的技术图形，交易者也可以根据 V 形反转的进场信号进场买入。

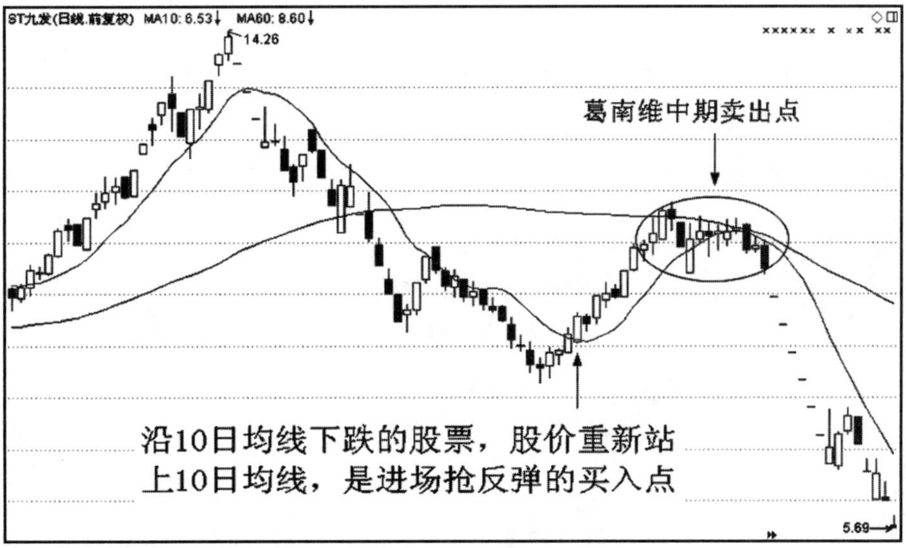

图 3-19 10 日均线抢反弹的进场标准

如图 3-20 所示，新钢股份（600782）。该股股价也是沿着 10 日均线下跌，股价重新站上 10 日均线时，是进场抢反弹的时机。同样，获利即出、再度跌破 10 日均线离场是抢反弹的操作原则。

该股共有两次股价突破 10 日均线进场抢反弹的机会，其中第一次是微亏离场。抢反弹的风险比较大，严格执行纪律、快进快出是成功的保障。

该股下跌中途，走出一个下降三角形形态。三角形形态之前股价是沿 5 日均线下跌的，抢反弹的进场点是股价重新站上 5 日均线，离场标准则是获利即出或股价跌破 5 日均线。

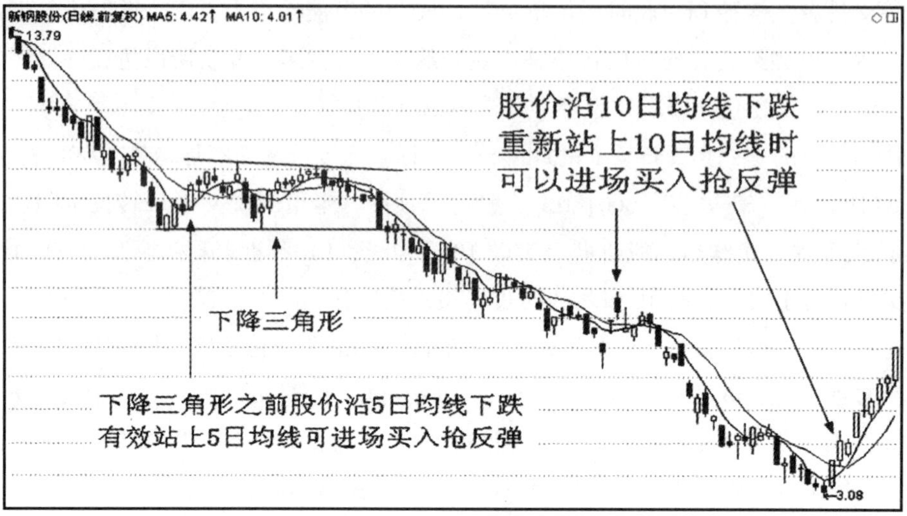

图 3-20　10 日均线抢反弹的进场标准

如图 3-21 所示，华平股份（300074）。股价沿着 10 日均线持续下跌，跌幅很深。当股价重新站上 10 日均线时，交易者可以入场抢反弹。离场标准依旧是有利润即出或股价再度跌破 10 日均线时清仓。

图上标注了两个离场点，一个是股价跌破 5 日均线，另一个是跌破 10 日均线。跌破 5 日均线即出，可以视为有利润即出的标准之一。

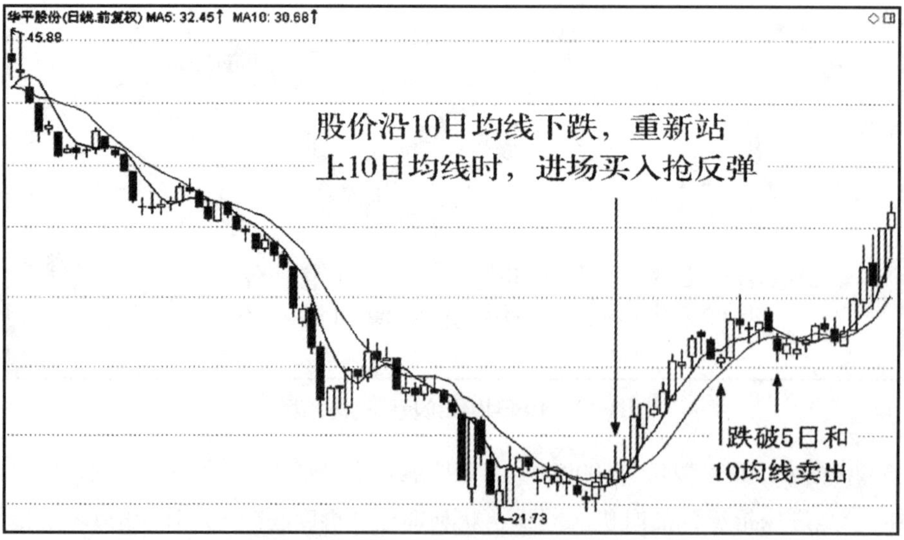

图 3-21　10 日均线抢反弹的进场标准

如图 3-22 所示，金宇车城（000803）。股价沿着 10 日均线下跌，后期下跌加速，收出向下加速度线的 K 线形态和高山滑雪的均线技术形态。二者都是见底技术形态，交易者可以进入战备状态，只要机会来临，随时进场博取短差。

底部股价收出一根不标准的带长上影线的倒锤头线，随后股价止跌回升，并连拉大阳线。股价向上突破 10 日均线时，交易者可以进场买入。买入之后股价回落，回试 10 日均线不破，10 日均线上行，此时可以买入或适量加仓，但总仓位不宜过重。

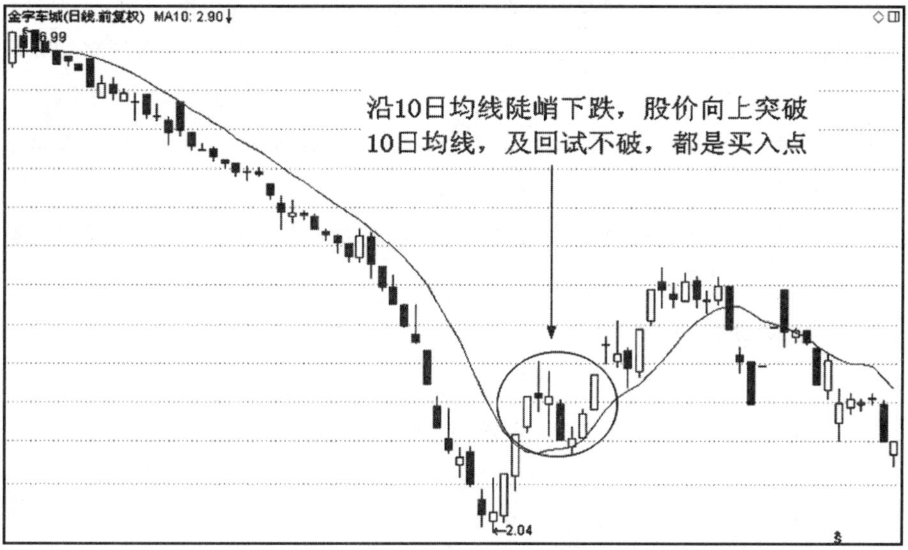

图 3-22　10 日均线抢反弹的进场标准

需要特别提醒的是：当股价或指数沿着 10 日均线下跌时，如果下跌周期较长，下跌角度较缓，那么当股价或指数反弹并首次站上 10 日均线时，不是交易者进场抢反弹的时机。因为此时股价或指数往往只会短暂地向上虚晃一枪，然后转身向下，继续跌落。

趋势以及趋势规律，表面上似乎看不清，摸不着，实则和自然界很多常见的现象一样，遵循基本的运动规律。下跌趋势中，5 日和 10 日均线抢反弹的进场标准之所以有效，是因为股价运行和物质运动遵循同样的运动和碰撞规律。就像高处坠落的小球，跌得越急，弹得越高；跌的角度越陡，弹得越高。

因为 10 日均线的稳定性强于 5 日均线，所以抢反弹时，二者的操作方法就会有所不同。股价或指数沿 5 日均线持续下跌很长一段时间，下跌的角度很陡峭，基本上都可以称为暴跌。股价沿着 10 日均线长时间下跌时，角度一般不会那么陡峭。沿着 10 日均线下跌周期的越长，角度趋缓的概率就越大。因此当股价或指数沿着 10 日均线长期下跌，下跌角度较缓时，交易者可以放弃股价第一次向上突破 10 日均线进场抢反弹的机会，等到股价或指数第二次、第三次向上突破并站稳 10 日均线时，再进场买入抢反弹。

在交易中，耐心常常带来远比急燥大得多的回报。如果股价或指数连续二次、三次甚至四次向上突破 10 日均线，那么交易者碰到一轮中期反弹行情的机会就大为增加了，有时还有可能恰巧买在长期底部。

如图 3-23 所示，紫鑫药业（002118）。股价沿着 10 日均线下跌，一共出现三次向上突破 10 日均线的反弹买入机会，除了最后一次交易者能够获得不菲收益之外，前两次都只能微亏离场。从这里可以看出，放弃第一次的机会，或者在股价向上突破 10 日均线后，不要急于进场，持币观察那么几天，的确是降低抢反弹风险的有效方法之一。

平衡风险和收益，无论怎样做都难以达到完美的境界。如果二者必须做一个取舍的话，宁可牺牲一些收益来换取安全，也不要冒着高风险攫取高利润。表面上看，这似乎和入市炒作就是为了盈利的目的相悖，实际上高风险和高利润并非是伴生的双胞胎，高利润和高风险之间也没有任何必然的联系。基于人性贪婪的特点，有无数交易者在市场中玩“火中取栗”的游戏。一次又一次的烧伤都不能令其警醒，反而认为是自己手脚不够麻利。精进的结果是下一次出手更快，但依旧是被烧伤。

“取栗”其实很简单，火灭自凉，而对长期下跌趋势中的反弹行情，交易者需要的仅仅是一点耐心。

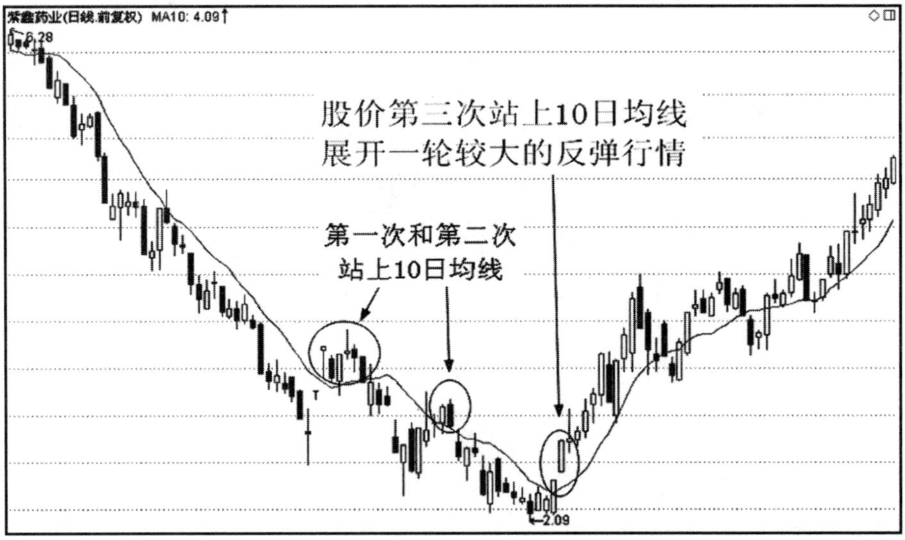

图 3-23　放弃第一次的反弹机会，等待第二次或第三次的机会，可以有效降低风险

特别提示：

(1)和 5 日均线一样，10 日均线的操作技法用于趋势明确的单边上升或下跌行情比较有效，在整理行情中很难把握。

(2) 10 日均线的角度越陡峭，升破或跌破 10 日均线的技术含义就越可靠。

(3)与 5 日均线相比，10 日均线更为稳定，因此指示和确认趋势的作用更强。

(4) 10 日均线虽然比 5 日均线稳定，但依然反应灵敏。葛南维移动平均线八大买卖法则，除了第一、第二、第五和第六大法则之外，其余四大法则基本上不能在 10 日均线上运用。即使是第一、第二、第五和第六大法则，在运用时也不能单一使用 10 日均线，必须结合其他趋势分析方法，综合判断中长期趋势的方向。

三、20 日（30 日）均线的应用技巧

20 日和 30 日均线的含义都是月线，实际应用中差别不大，交易者可以选取其中一条，且最好仅选取一条而不是两条同时使用。本书中除特别注明以外，都是以 20 日均线作为月线。30 日均线的运用技巧和 20 日均线完全相同，但是 30 日均线的支撑、压力和助涨助跌作用，都比 20 日均线更强一些。

20 日均线的时间周期虽然只比 10 日均线多出 10 天，但 20 日均线已经是反映中期趋势的中期均线，其波动幅度以及频率，都要比 10 日均线小得多，稳定性也更好。

由于均线滞后的特点，导致均线的反应以及发出的买卖信号，都比股价或指数慢得多。20 日均线的运行方向、角度，以及股价或指数升破或跌破 20 日均线，对于波段操作的交易者来说，具有重要的参考意义。

(1)在上升趋势中，20 日均线上行，股价或指数向上突破 20 日均线，预示上涨途中的中期调整行情结束，是一个很好的买入时机，交易者可以择机介入。

由于 20 日均线是中期均线，所以其运行的方向和角度，可以作为股价或指数是否处于中期上涨趋势的参考依据之一。但 20 日均线毕竟是最短的中期均线，对于中期上涨趋势的判断，如果仅靠 20 日均线，很有可能将一段反弹行情误认为是上涨趋势。因此在判断中期上涨趋势时，还需要周期更长的均线，如 60 日均线、120 日均线等，以及其他趋势分析方法，如道氏理论、趋势线等，才能对趋势的性质作进一步的判断和确认。

如图 3-24 所示，中航黑豹（600760）。股价盘底之后，向上突破 20 日均线，20 日均线随即跟随股价上行，市场吹来了中期上升趋势的暖风。接着股价短期调整，跌破了 20 日均线，但 20 日均线继续上行，表明中期向上趋势未改。交易者可以在股价再度向上突破 20 日均线时买入。该买入点也是 20 日均线葛南维第一大法则买入点。

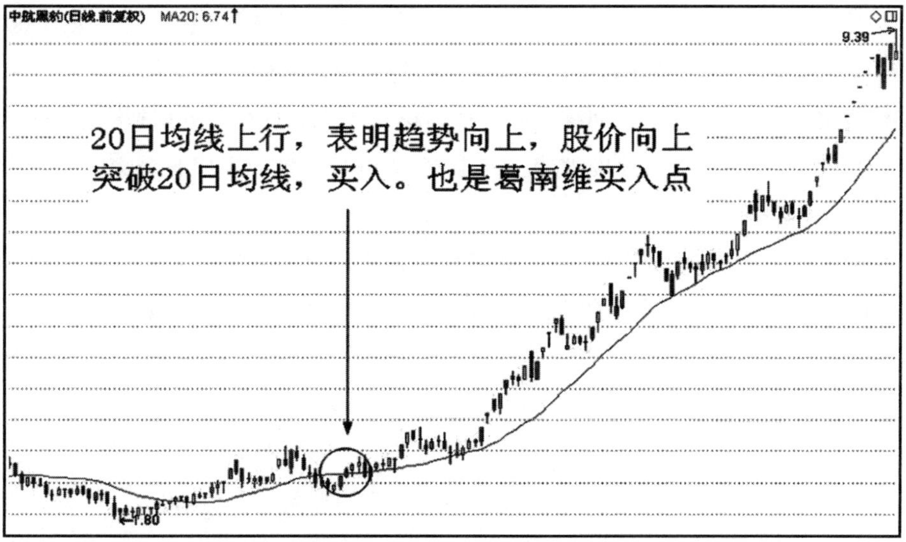

图 3-24 股价向上突破上行的 20 日均线，是很好的一个买入点

图 3-25 是与图 3-24 同一时间段的日线图。图上标注了 20 日均线葛南维买入点。该股上涨过程中，由于没有出现卖点，所以上述各买入点只能是交易者逢低加仓的位置。

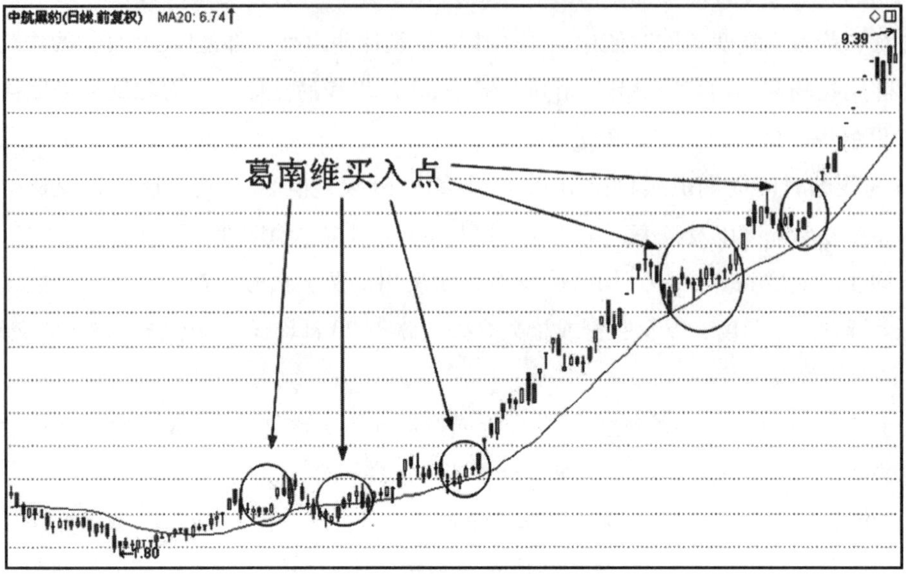

图 3-25　20 日均线葛南维买入点

图 3-26 是与图 3-24 同一时间段的日线图。图上增加了一条 60 日均线。60 日均线虽然同为中期均线，但其指示和确认的趋势却常常是长期趋势，是判断中长期趋势最为常用也最为有效的均线。

20 日均线的买入点，只有出现在上升趋势中才会有效。因此只有股价和 20 日均线同时都站上 60 日均线时，20 日均线发出的买入信号才可以买入。

图上股价先是向上突破 20 日均线，但此时 20 日均线却在下行，且股价和 20 日均线同处在 60 日均线下方，不符合上升趋势这一前提条件，不是买入点。接着股价向上突破 60 日均线，60 日均线上行，此处是 60 日均线葛南维第一大法则买入点，交易者可以买入。

突破后股价回踩 60 日均线，回踩不破，股价继续上涨，此处是 60 日均线葛南维第二大法则买入点。此后 20 日均线上行速度加快，向上穿越 60 日均线，形成黄金交叉。黄金交叉是看涨信号，买入。

之后股价回调，跌破 20 日均线，在 60 日均线处止跌企稳，20 日均线继续上行，股价再度向上突破 20 日均线，20 日均线和 60 日均线葛南维第一大法则买入点出现，买入。

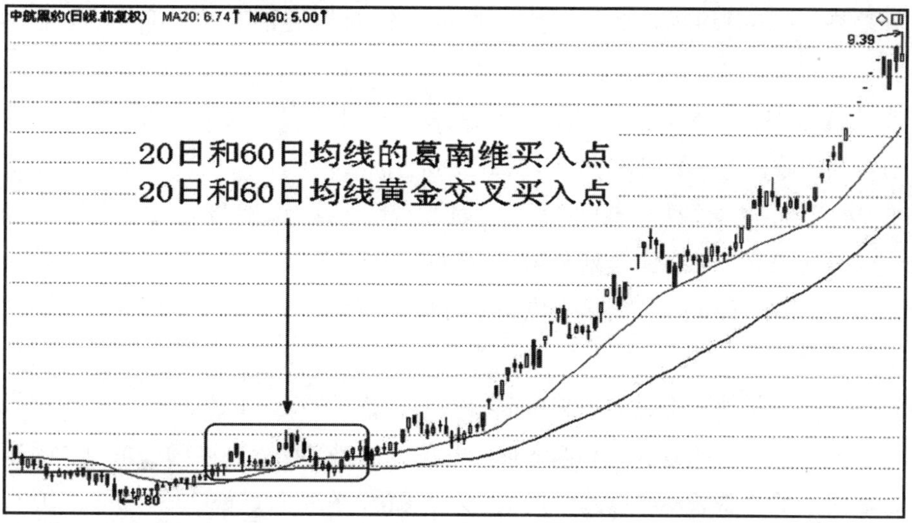

图 3-26　以 60 日均线判断趋势，以股价与 20 日、60 日均线相互之间的关系确定买入点

很多时候仅仅依靠 20 日均线，就可以确定买卖点，但却并不能准确判断趋势的性质和周期，交易者需要借助其他趋势分析方法，或者增加一条时间周期更长的中长期均线来进行判断。

如图 3-27 所示，中航黑豹（600760）。股价向上突破了 20 日均线，20 日均线也由下行转为上行，表明中期趋势向上，交易者可以进场买入。

图上的另一条均线是 60 日均线，60 日均线一直持续下行，即使在股价有效突破后也是如此，表明中长期趋势向下，交易者不宜进场。

这里就出现了“小马过河”的问题了，一条均线说可以买，另一条说不可以，交易者以哪一个结论为准？这个问题解决起来并不难，只需要度量一下自己的身高即可，身高就是交易者的交易周期。60 日均线下行压制 20 日均线上行时，只能视为中期反弹的消极买入点，而非长期趋势的积极买入点。

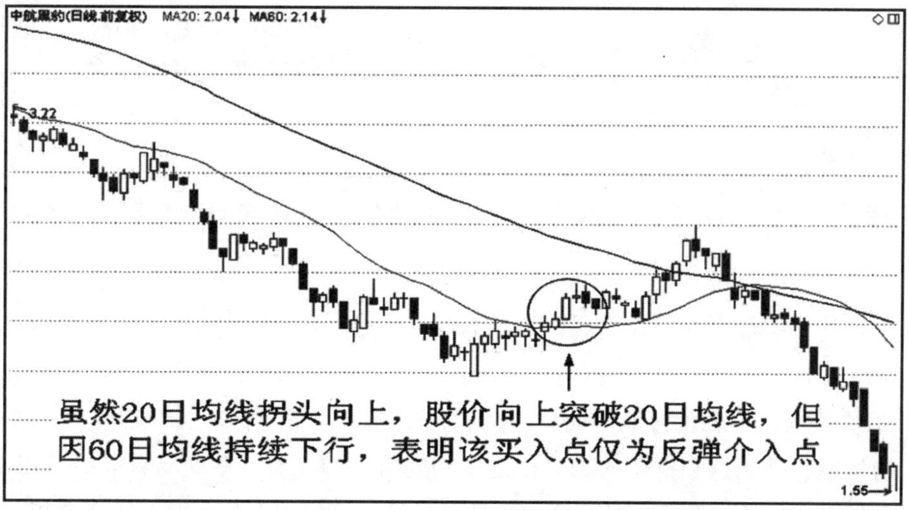

图 3-27　长期下降趋势中，股价向上突破 20 日均线，20 日均线上行，仅为反弹买入点

⑵上升趋势中，20日均线持续向上运行，股价沿20日均线上升，每次回落都不破20日均线，持股不动。

20日是一个整月的交易日，因此20日均线的方向和角度反映了中期持仓者对后市的看法和信心。通常大多数长牛股都依托20日均线持续上升。

如图3-28所示，力合股份（000532）。股价沿着20日均线持续上攻，后期更是沿着10日均线攀升，这是比较完美的多头排列和均线上山爬坡技术形态，也是大多数庄家控盘强庄股比较常见的走势。遇到这种走势，交易者应当坚定持股信心，如山崖绝壁间的青松一样，咬定青山不放松。

上涨后期，股价加速向上，走出战机起航的均线技术形态。战机起航是见顶信号，交易者应该明白，这是市场敲响的警钟，利润快速增长的狂欢盛宴将要在高潮中结束。随后股价果然见顶，交易者可于股价跌破10日均线时减仓或者清仓，在股价跌破20日均线，20日均线由上行走平，继而拐头向下时清仓离场。

该股在顶部收出一个射击之星，次日以跌停板收盘，K线形态是一个射击之星或者不标准的倒T字线，同时股价跌破5日均线，此时短线交易应该清仓，中长线交易也应减仓。

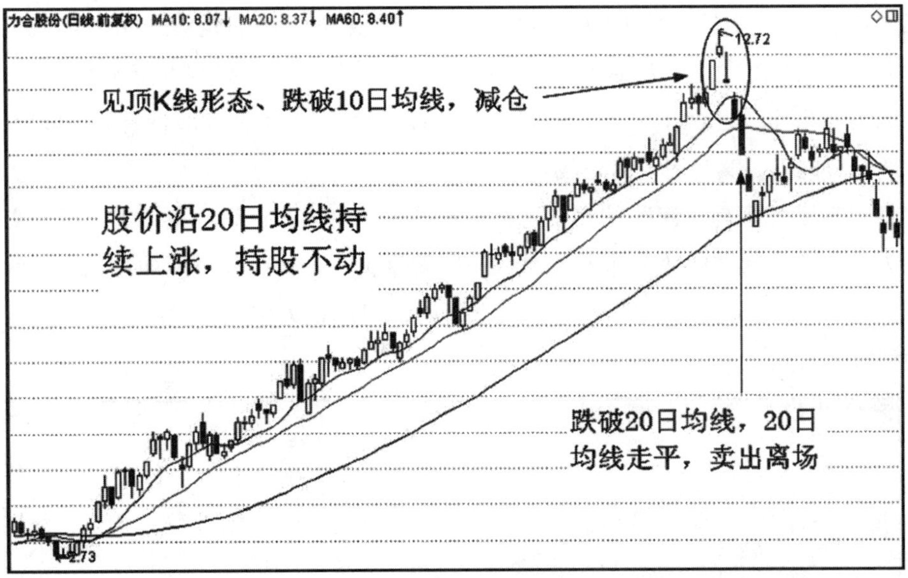

图3-28 大多数强势股都是依托20日均线持续上涨，不破20日均线可以持股不动

如图3-29所示，苏常柴（000570）。20日均线持续向上，股价、20日和60日均线呈多头排列，股价基本上沿20日均线上行，偶有跌破马上就收复，表明看好该股的长线投资者很多，交易者可以持股不动。

20日均线持续上行继续持股的前提，是股价或指数处于中长期上升趋势中。20日均线本身就是中期均线，其确认和指示的趋势也是中期趋势，因此有一些交易者同时会以20日均线作为判断和预测趋势的工具。有时的确这样就已足够了，但大多数情况下这样分析行情会有失偏颇，交易者还是应当借助其他技术方法确认和指示中长期趋势。例如，增加更长周期的均线。如果观察到 60 日等中长期均线在下面支撑 20 日均线上行，就可以放心持股。如果各周期均线形成多头排列，则持股信号就更为强烈，否则有可能是中期反弹行情。

图 3-29 沿 20 日均线上升的股票，不破 20 日均线持股不动

⑶上升趋势中，沿 20 日均线持续上升的股票，股价跌破 20 日均线，短线交易清仓，中长线交易减掉大部分仓位。若 20 日均线同时拐头向下，则要果断卖出以规避中期调整风险，即使是中长线交易，也可以考虑清仓。

市场以趋势的方式演变，趋势具有惯性，这是技术分析的第二大假设。均线就是移动趋势线，所以股价沿着哪一条均线运行，表示哪一条均线就是股价运行趋势的轨迹。当股价跌破所依托的均线时，说明趋势运行的角度和力度发生了变化。股价运行依托的均线周期越长，被跌破后股价转势或调整的信号就越可靠，股价调整的幅度就越深，调整的时间周期就越久。

从平均成本的角度来看，股价跌破均线，均线拐头向下，表明均线周期内的交易者不再买入，反而在卖出。

股价跌破 20 日均线，20 日均线拐头向下，说明很有可能开始一轮中期的波段调整行情。即使趋势没有走坏，但调整一旦开始，再重新走强，往往需要两三个月左右。在这种情况下，交易者应及时减仓或清仓，以规避风险，提高资金利用效率。

如图 3-30 所示，华菱钢铁（000932）。前期上涨时，股价基本上是沿着 20 日均线运行，并且 20 日均线上行角度比较陡峭，没有较大的调整，表明该股上涨的速度和力度都很大。一般这种走势大多发生在强庄控盘，或市场大众一致看好，纷纷进场抢筹的股票上。

疯狂盈利的饕餮盛宴，总有曲终人散的时候，交易者不可因为贪杯而忘了离席回家的路。股价跌破 20 日均线时，20 日均线已经拐头向下，此时短线交易要坚决清仓，中长线交易可以减仓，也可以清仓。因为该股前期涨幅很大，所以中长线交易减仓或清仓皆宜。

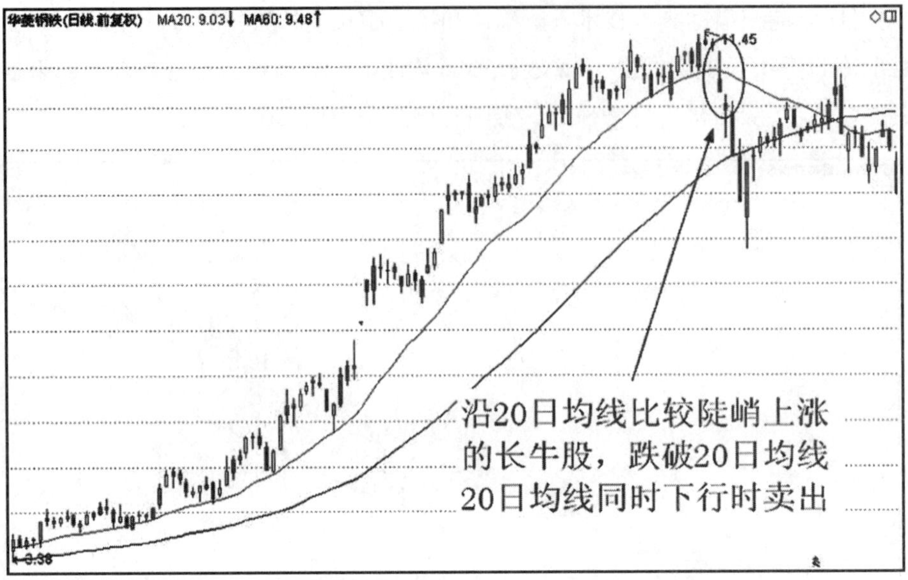

图 3-30 沿 20 日均线持续上涨的长牛股，股价跌破 20 日均线是离场标准

⑷下降趋势中，沿 20 日均线持续下跌的弱势股，股价向上突破 20 日均线时，可以入场抢反弹。

如果 20 日均线同时拐头向上，则买入信号更可靠。因为 20 日均线拐头向上，预示着至少一轮中期反弹行情开始，中长线趋势交易者也可以轻仓买入，然后随时观察后市趋势变化，以决定仓位增减。

如图 3-31 所示，美欣达（002034）。股价一直沿 20 日均线下跌，触底止跌时，股价突然向上跳空，直接越过 20 日均线，收出一根大阳线，稳稳站上 20 日均线。这时 20 日均线已开始走平，并有向上拐头的迹象，交易者此时可以买入做反弹。后市只要 20 日均线持续向上，股价不跌破 20 日均线，就可以持股不动。

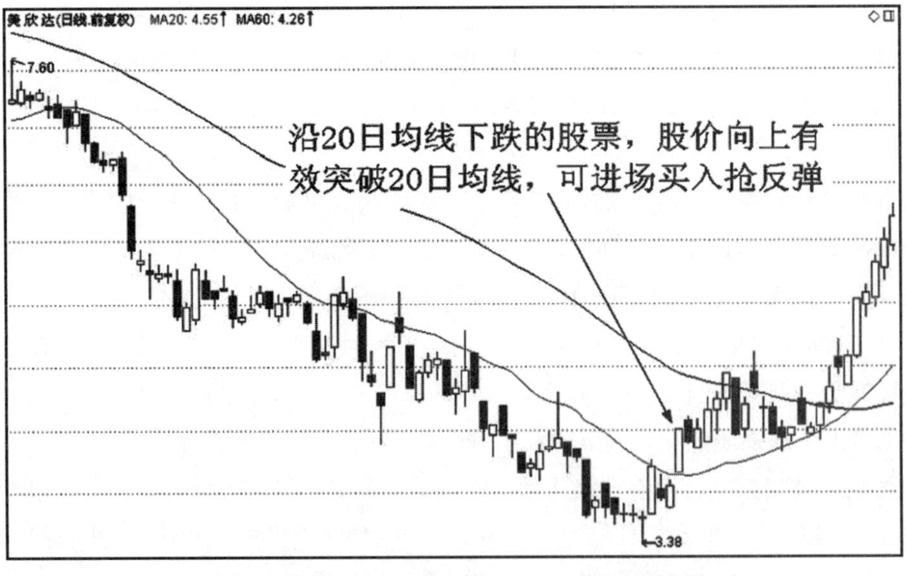

图 3-31 依据 20 日均线操作反弹行情的进场标准

特别提示：

⑴反弹时，股价向上突破 20 日均线，如果有成交量的配合，则买入信号更为可靠。

⑵ 20 日均线的角度越陡峭，技术含义越清晰；角度越平缓，进出场信号就越弱。

20 日均线在行情处于箱形或其他横盘整理走势时，基本上就失去了参考价值。因为行情波动幅度不大，20 日均线可能出现接近横向移动的运行状态，或者时而上行，时而下行，此时就很难根据 20 日均线对未来大盘或个股的中期趋势作出有效判断。实战操盘中，交易者需要选择时间周期更长的均线，或者其他趋势分析方法作为趋势定性的依据。

⑶ 30 日均线的技术含义和运用法则与 20 日均线相同。

⑷葛南维均线买卖八大法则可以应用在 20 日或 30 日均线上，尽管虚假信号依旧很多。

四、60 日均线的应用技巧

60 日均线是近三个月的收盘平均价和近似平均成本，因此 60 日均线的方向和角度代表了中长期走势的方向和力度。

60 日均线属于中期均线，表明的是中期趋势的走向。但由于均线具有滞后性的特点，当股价或指数进行中期调整或反弹时，60 日均线往往还要继续沿原来的方向运行一段时间。当 60 日均线由单向运行逐渐走平然后反向运行时，常常意味着长期趋势已经逆转。因此 60 日均线对于预测和判断大盘及个股后市中长期走势，具有重要的技术意义。尤其是对于大盘指数和大盘股来说，其技术含义非常清晰明确。很多时候，仅仅依靠股价或指数与 60 日均线之间的位置关系和运行方向，就可以从容进出，轻松获利。

就沪深股市而言，可以近似地认为：股价或指数运行在 60 日均线之上，60 日均线上行，就表明是长期上升趋势；股价或指数运行在 60 日均线之下，60 日均线下行，就表明是长期下降趋势。

股价或指数升破 60 日均线，60 日均线由下行走平，买入；股价或指数跌破 60 日均线，60 日均线由上行走平，卖出。

如果交易者认为均线系统各种形态过于复杂多变，想将其简化并运用于实战的话，那么很显然，没有比单一选择 60 日均线更为合适、更为有效的了。葛南维先生通过长期观察和细致研究，选择的是 200 日均线，也许是交易周期不同以及中美两国市场活跃程度不同的原因吧。

前文已述，葛南维八大买卖法则可以运用到任何周期的均线上，但是就沪深股市而言，将其运用到 60 日均线最为准确和有效。

除了葛南维八大买卖法则之外，60 日均线还有以下独特的应用技巧。

⑴指示和确认股票和大盘的中长期趋势。

和其他所有周期的均线一样，60 日均线的技术法则可以运用到分时 K 线、周 K 线和月 K 线系统中。但是运用于日 K 线中，是效率和稳定结合最为完美的均线周期，是灵敏性和滞后性均衡得最好的均线周期。

运用60日均线判断和预测后市走势，具体方法如下。

A. 股价或指数跌破60日均线后，60日均线由上升走平然后拐头向下，表明后市向淡，持币者应该等待趋势发生反转，持仓者应无条件清仓离场。

和60日均线葛南维第六大法则卖出点不同，第六大法则卖出点是股价或指数跌破60日均线时，60日均线已经走平或下行。本条原则比葛南维第六大法则卖出点的要求宽泛一些，即便是跌破之时60日均线还在上行，但跌破后只要60日均线由上升走平转而下行，依然要卖出。

二者不同的原因在于，葛南维第六大法则卖出点是以股价或指数跌破均线时均线的运行方向作为是否成立的条件，这里则是以60日均线的方向作为判断和预测趋势走向的标准，因此跌破60日均线时60日均线下行要卖出；跌破时没有下行，但跌破后下行的，也要卖出。

60日均线拐头向下，至少是一个可以持续数月之久的中期调整趋势，而且所有熊市开始都必然伴随着60日均线拐头向下。因此无论是将60日均线拐头向下作为中期调整的信号，还是作为熊市开始的信号，交易者及时清仓卖出都是最好的选择。

图3-32是深证成指（399001）2007年9月至2008年8月的日线图。指数跌破60日均线后，60日均线开始走平，然后拐头向下，表明大盘长期趋势已由上升转为下降。交易者可以在指数跌破60日均线时离场，或者至少要减掉大部分仓位，然后在60日均线拐头向下时清仓离场。

此后无论指数如何涨跌，60日均线一直下行，表明牛市已渐行渐远，熊市的道路越走越宽阔。图中椭圆内位置是60日均线葛南维卖出点。

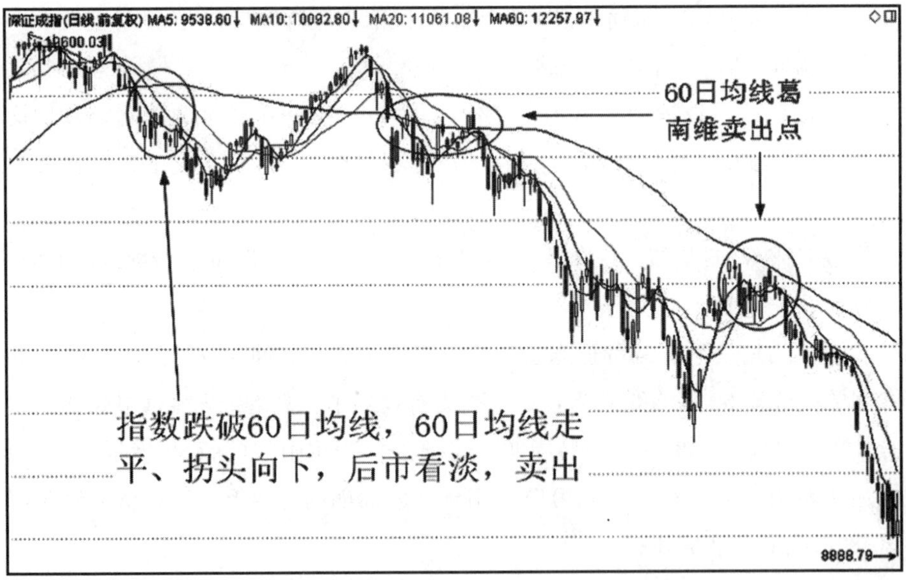

图3-32　指数跌破60日均线，60日均线拐头向下，表明熊市来临，卖出

B. 股价或指数突破60日均线后，60日均线由下行走平转而拐头向上，股价或指数回试60日均线不破，交易者可以进场买入，已持仓者继续持股不动。

和60日均线葛南维第一大法则买入点不同的是，尽管60日均线还在下行，但股价或指数向上突破 60 日均线后，60 日均线由下行走平转而拐头向上，即可轻仓介入。60 日均线在股价或指数向上突破后才逐渐走平向上，说明在此之前虽然没有充分筑底，但毕竟进行了盘整，因此绝不会是 V 形反转之类的极端快速反转行情。回试不破表明 60 日均线由压力变为支撑，且支撑力度不错，所以交易者可以进场买入。

60 日均线在走平后第一次拐头向上，意味着至少是一轮大级别的中期反弹行情。同样，所有牛市的开始必然伴随着 60 日均线拐头向上。因此无论是将 60 日均线拐头向上作为中期反弹信号，还是作为牛市开始信号，趋势交易者均可择机适量进场买入。

图 3-33 是深证成指（399001）2008 年 11 月至 2009 年 8 月的日线走势图。指数向上突破 60 日均线后继续上涨，带动 60 日均线走平并上行。不久指数又返身回试 60 日均线，成功站住后，60 日均线第二次走平并拐头向上，预示大盘行情趋暖。

交易者可以在指数突破 60 日均线后，密切关注后市以及 60 日均线的走向，在 60 日均线走平并向上拐头时进场买入。在指数回试 60 日均线不破，60 日均线再次拐头向上时加仓。加仓处也是 60 日均线葛南维第一大法则买入点。

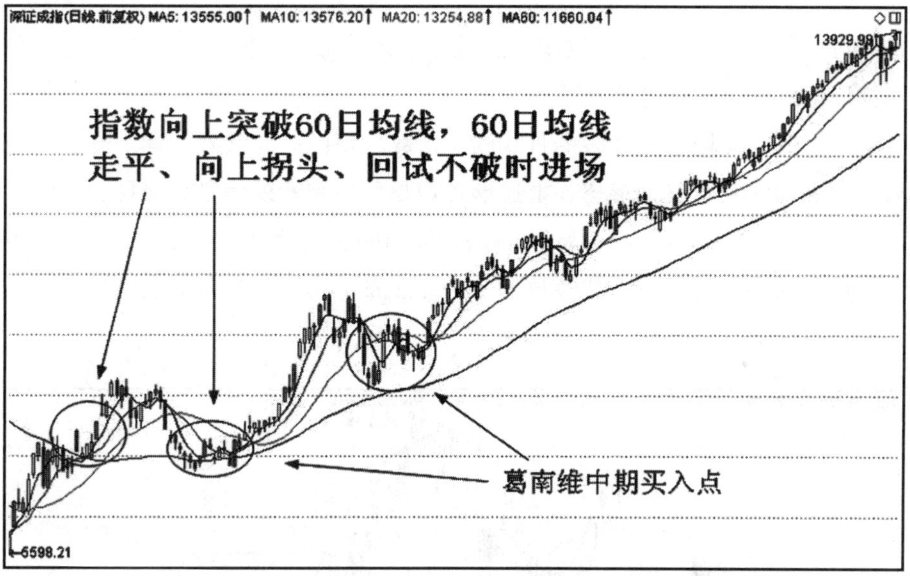

图 3-33　指数突破 60 日均线，60 日均线走平并拐头向上，指数回试不破时进场

图 3-34 是上证指数（999999）2011 年 1 月至 2011 年 7 月的日线图。尽管指数向上突破 60 日均线，60 日均线也随之拐头向上，但却未能出现期待中的大牛市，市场仅仅走出了一个中级反弹行情。

即便是反弹行情，交易者如果在指数升破 60 日均线时进场，在跌破 60 日均线时离场，大部分中期反弹行情都可以保证交易者实现微盈或微亏。

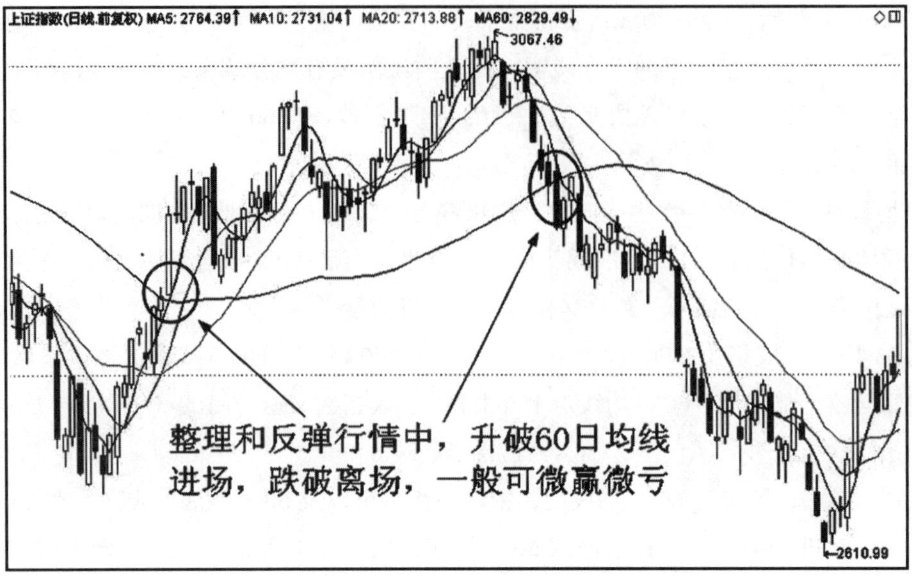

图 3-34 整理和反弹行情中，依据 60 日均线进出场，基本可以实现微赢或微亏

如果期间可以结合 K 线形态、短期均线形态、技术图形等其他趋势分析方法进行仓位增减，每一次入场都保持微盈的概率就更大了。

图 3-35 是与图 3-34 同一时间段的日线图。指数见顶回落时跌破中期上升趋势线，同时出现向下突破缺口和均线死亡交叉形态，上述形态均是见顶和看跌信号。交易者可以观察到，趋势线、技术图形和短期均线形态均先于 60 日均线发出的卖出信号，且在同一位置发生共振，其可靠性非同一般。交易者可以在上述各技术分析方法发出卖出信号时减仓或清仓离场。如果是仅仅减仓，则可以在指数跌破 60 日均线时清仓。

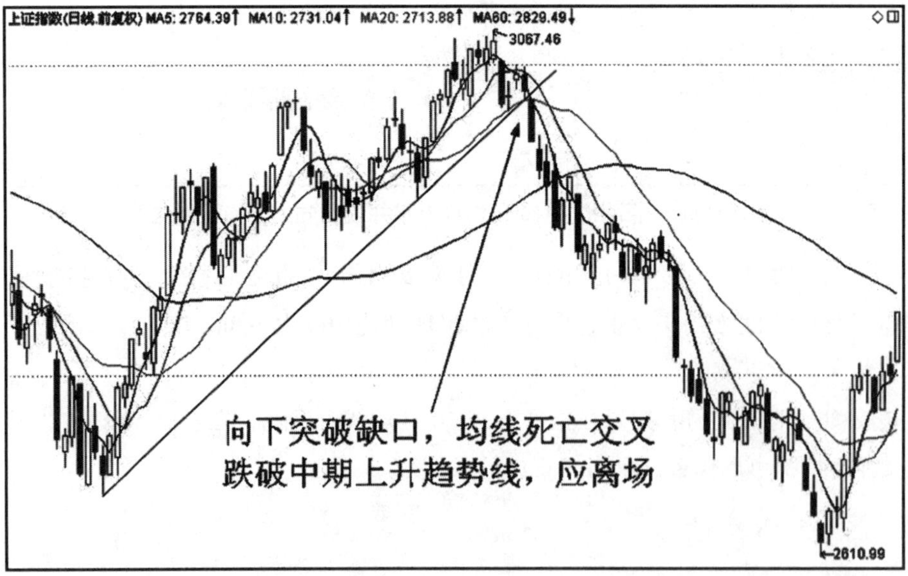

图 3-35 技术图形、均线形态、趋势线先于 60 日均线发出离场信号

⑵为没有时间盯盘的非职业交易者确定进出场标准。

以 60 日均线确定进出场标准，甚至比多头排列进场和空头排列离场还要简单易行。具体进出场标准如下。

A. 大盘指数向上突破 60 日均线时，选择 ETF 基金，或股价运行在 60 日均线之上，60 日均线上行的股票适量进场。

指数突破 60 日均线后，在 60 日均线之上站稳，60 日均线开始走平并转为上行时，持仓股票继续运行在 60 日均线之上，60 日均线继续上行的，选择适当时机加仓。

B. 持仓股票 60 日均线由上升开始走平，减仓；股价跌破 60 日均线或 60 日均线拐头向下，二者居其一即应清仓卖出，然后另选目标股入场。

C. 大盘指数跌破 60 日均线，或 60 日均线拐头向下，但持仓股票股价依然坚挺、60 日均线持续向上的，减仓。股价跌破 60 日均线，或 60 日均线拐头向下，二者居其一时清仓离场。

D. 清仓离场后空仓等待，直至新的进场条件出现，然后重复前面的操作过程。

在上述买进卖出过程中，仅借助葛南维八大买卖法则和趋势线，即可排除虚假的升破或跌破信号。

图 3-36 是京新药业（002020）的日线图。在底部股价第一次向上突破 60 日均线时，60 日均线已有走平迹象。突破之后，股价回试 60 日均线的支撑力度，60 日均线走平，交易者可以适量买入。

随后股价继续上涨，60 日均线也随之上行，表明股价运行在中长期上升趋势中，交易者应持股不动。

图中的两条直线都是长期上升趋势线。第一条上升趋势线的角度较陡，表明股价起初上涨的力度比较大。股价跌破第一条上升趋势线时，股价已经跌破 60 日均线，且 60 日均线已经拐头向下，二者几乎同时发出卖出信号，因此交易者应当清仓。

跌破第一条上升趋势线后，股价并未因此走熊，而是很快止跌回升，再度创出新高。创出新高之前，股价向上突破 60 日均线，回试不破，60 日均线由下行走平并拐头向上，是 60 日均线买入点，买入。股价创出新高之后，交易者可以通过过新高之前的低点画出第二条上升趋势线。

在顶部，股价受到第二条上升趋势线的支撑止跌，发出买入信号。交易者可以观察到，上升趋势线发出的买入信号，早于该区域位置 60 日均线发出的买入信号。

股价见顶回落时，差不多同时跌破第二条上升趋势线和 60 日均线，向上回抽也几乎同时受到上升趋势线和 60 日均线的压制并再度回落，此时交易者无论短线还是长线，均应清仓卖出。

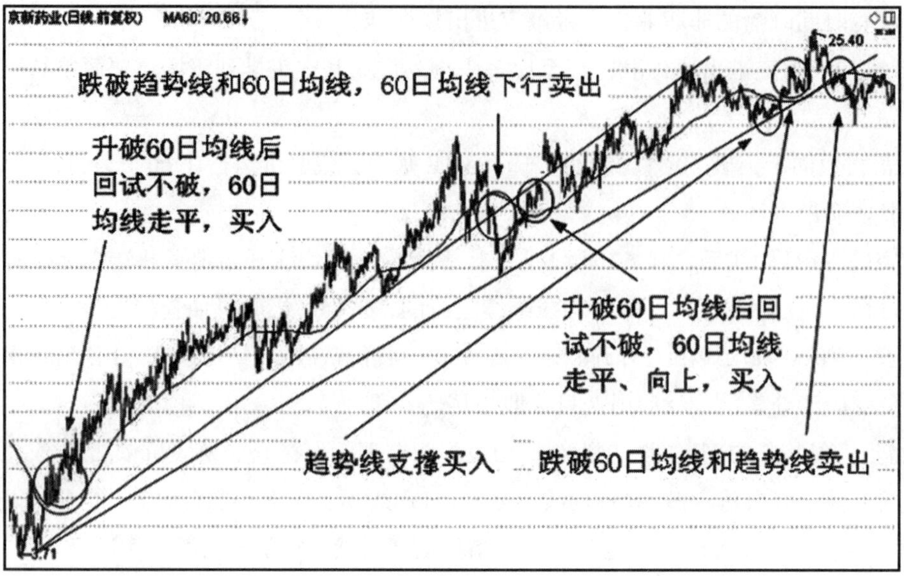

图 3-36　上升趋势中综合运用 60 日均线和趋势线进行操作

图 3–37 是与图 3–36 同一时间段的日线图。在图 3–36 中，第一个 60 日均线买入点之后，股价和 60 日均线多头排列。之后股价回调，向下跌穿了 60 日均线，但 60 日均线依然上行，股价随后再度向上突破 60 日均线，因此此处不是 60 日均线卖出点，而是 60 日均线葛南维第三大法则买入点，交易者可以加仓。

股价第二次有效跌破 60 日均线时，60 日均线已经下行，因此这里是 60 日均线葛南维第六大法则卖出点，交易者应清仓卖出。第二次跌破期间，股价曾经反复上下穿越 60 日均线，但 60 日均线一直横向运行并略向下行，因此这里只有卖出信号，没有买入信号。

随后股价向上突破 60 日均线，60 日均线走平继而上行，这是 60 日均线葛南维第一大法则买入点，买入。

买入后股价上涨，然后出现调整，之后第三次跌破 60 日均线。这次跌破后，60 日均线继续上行，因而不是 60 日均线卖出点。股价在上升趋势线处获得支撑止跌，是买入信号，交易者可以适量加仓或买入。接着股价向上突破 60 日均线，60 日均线上行，这里是 60 日均线葛南维第三大法则买入点，买入。

接着股价快速上涨，远离 60 日均线，这里是 60 日均线葛南维第五大法则卖出点，交易者可以减仓，也可以不减。

葛南维卖出点之后，股价出现倒置 V 形反转，跌速极快，60 日均线的支撑仅仅阻挡了一下就被跌破。好在上升趋势线成功支撑住股价，只是盘中两次刺穿趋势线。随后股价转头向上，突破 60 日均线。和第三次跌破一样，此处也是趋势线和 60 日均线葛南维第三大法则的买入点，交易者可以买入。

随后的走势似乎不是那么强劲，未创新高即转头下跌，一根跳空向下的大阴线跌破 60 日均线。跌破时 60 日均线已经走平，因此是 60 日均线葛南维第六大法则卖出点，此时应清仓卖出。

卖出后，股价在上升趋势线处略作停顿，随即跌破趋势线一直向下，表明股价已不再按照上升趋势线的轨迹运行。跌破趋势线是卖出信号，在葛南维卖出点没有卖出的，此处应当继续清仓卖出。

跌破上升趋势线并不表示股价转涨为跌，更多时候仅表示股价将变换一个平缓的角度上升。但是跌破后，上升趋势线的支撑就变成压力。该股就是这样，调整结束以后，股价继续上涨，直接突破 60 日均线以及上升趋势线的压力并越过前高。越过前高后，交易者可以过新高前的低点，重新画出一条新的上升趋势线，新上升趋势线见图 3-37 中，这是一条角度较缓的直线。

此后股价调整时，遇到 60 日均线的支撑，出现两处葛南维第三大法则买入点。调整结束后，上涨遇到上升趋势线的压力，出现两处卖出点。此时交易者可以遇买入点增仓，遇卖出点减仓。

顶部最后一个葛南维买入点如图上标注的位置，与图 3-36 中 60 日均线的买入点差不多。实际上，本图中的葛南维买入点是第二大法则买入点，因此比图 3-36 中的 60 日均线买入点位置略略靠后一点。

最后两个 60 日均线葛南维第六大法则卖出点，均是交易者的清仓卖出点。

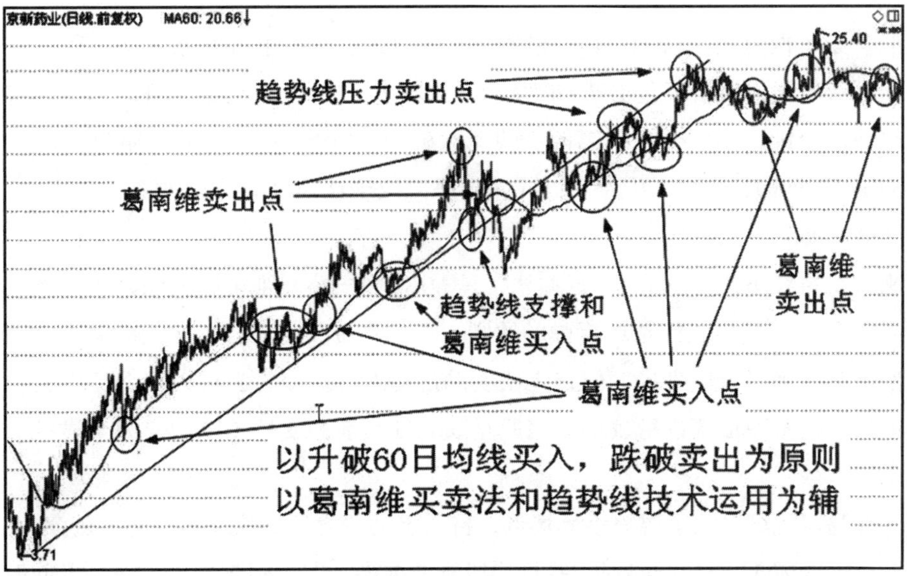

图 3-37 上升趋势中，综合运用 60 日均线、趋势线和葛南维买卖法则操作

图 3-38 是图 3-36 中上涨行情之前的下跌趋势那一段。交易者依然可以在升破 60 日均线后，60 日均线走平并转为上行时买入，跌破 60 日均线后，60 日均线走平并转为下行时卖出。

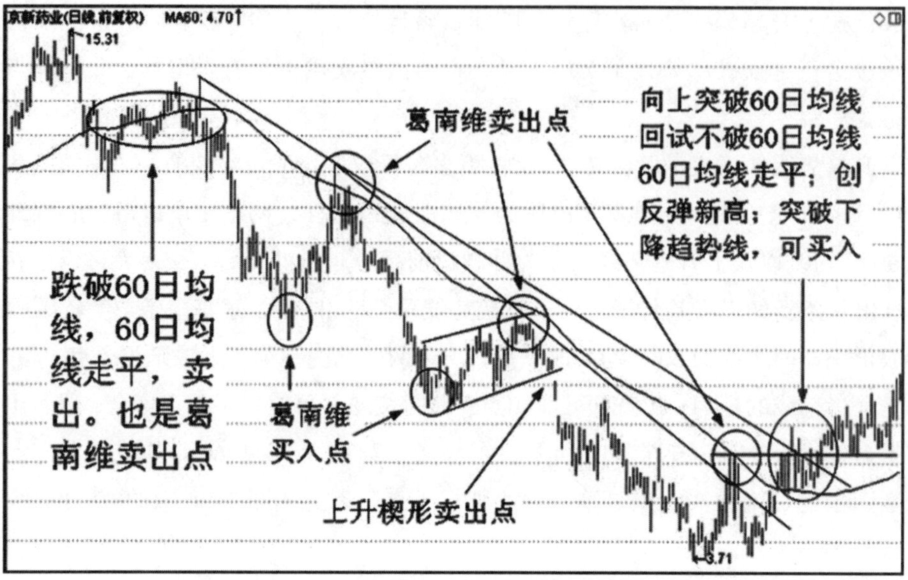

图 3-38　下降趋势中，综合运用 60 日均线、葛南维买卖法则和趋势线进行操作

图中股价第一次有效跌破 60 日均线时，60 日均线已经由上升开始走平，所以应该立即清仓离场。此后短时间内股价反复升破和跌破 60 日均线，但 60 日均线上升的角度一直很平缓，说明后市趋势不明朗，不宜介入。第四次快速跌破 60 日均线后有一个回抽动作，回抽不上 60 日均线，60 日均线再度走平并转为下行，属于第二次确认离场。这两次离场位置，也是 60 日均线葛南维第六大法则卖出点。

接下来股价持续下跌，远离 60 日均线，是 60 日均线葛南维第四大法则买入点。但是由于 60 日均线继续下行，所以只能按照反弹的原则入场，仓位一定要轻。此处的买入点，依据葛南维第四大法则只能确定可以进场，但是无法明确进场点位。交易者可以根据历史上的密集成交区、前高前低、技术图形等进行确定。该股止跌之处是前高支撑（图中未完全显示，交易者可翻看历史走势）。

当然，交易者也可以完全忽略该入场点，持币不动。之后股价反弹，向上刺穿 60 日均线，但没有站上，不能买入，相反此处是 60 日均线葛南维第七大法则卖出点。交易者前面如果进场抢反弹，此处可以清仓。

股价向上刺穿 60 日均线后继续下跌，第二次远离 60 日均线，再次出现 60 日均线葛南维第四大法则买入点。交易者可以根据其他趋势分析方法确定明确的进场点位，入场博取反弹价差，也可以一直持币观望。这次反弹，股价仅仅靠近 60 日均线即转头下行，是 60 日均线葛南维第七大法则的卖出点。股价在此反弹区域还收出上升楔形形态。从图中可以看出，此处葛南维卖出点早于上升楔形形态的卖出点。

接着股价继续下跌，期间有两处小反弹，不具有实战操盘意义。

最后股价第三次反弹，虽然向上突破第一条下降趋势线，但在遇到 60 日均线时回落，是

60 日均线葛南维第七大法则卖出点。因为此前并没有明显的反弹入场点，所以实际上无货可卖。

这次股价反弹遇阻回落，却不再创出新低，之后上攻突破第一条下降趋势线和 60 日均线，越过前面反弹的高点，刺穿第二条下降趋势线，60 日均线也开始走平，预示股价有可能结束下跌趋势，展开一轮中期反弹行情，甚至有可能转熊为牛。交易者应予以高度关注，也可以在股价向上突破 60 日均线后，60 日均线走平时小仓位试探性介入。

股价越过反弹高点之后回落，在 60 日均线处获得支撑，之后再次上攻，突破第二条下降趋势线并创出股价反弹以来的新高。此时，60 日均线已经开始上翘，股价突破两条下降趋势线并连创新高，虽然不能确定是一轮牛市行情，但是大级别反弹基本上可以认定。激进一点的趋势交易者，可于回试不破 60 日均线时进场；稳健一些的趋势交易者，可于第二次创新高后回调获支撑时进场。

需要特别提醒的是：股价突破下降趋势线或上升趋势线，并不意味着趋势必然反转。很多时候，出现这种走势后，趋势仅仅是换一个下降（或上升）角度，或者进行了一段横向整理。预判趋势转势与否，最主要的依据是道氏理论关于牛熊市的定义，以及技术图形和均线等。

特别提示：

(1) 60 日均线指示和确认趋势方向，兼具准确性、稳定性和灵敏性的特点。60 日均线虽然仅是中期均线，但其预示的趋势走向却经常是长期趋势。

(2)在一个较为长期的单边趋势中，股价或指数升破或跌破 60 日均线后，60 日均线方向和角度的变化，对趋势交易者而言有着非常重要的技术意义。

升破或跌破 60 日均线后，60 日均线转向，表示趋势很可能逆转，至少表明已进入中期震荡整理行情。

(3)葛南维八大买卖法则在沪深股市运用于 60 日均线最为有效，同时可以帮助交易者判别和剔除虚假的升破或跌破信号。

五、120 日和 240 日均线的应用技巧

120 日和 240 日均线，对于指示和确认趋势有一定的滞后性，但二者的稳定性比较好，所以经常用来选择目标股。

趋势交易者不研究股票的基本面和价值，那么如何选择一只具有成长性的优质股票呢？答案是依据长期均线和长期上升趋势线。

长期均线最重要的两条就是 120 日和 240 日均线，分别代表半年和一年周期内持股者的平均成本。如果股价位于 120 日、240 日均线之上且均线方向向上，说明长线交易者一直看好该股，没有卖出，场外仍有源源不断的资金愿意出更高的价格买入该股，因此股价和长期均线才能不断走高。股价涨过长期均线，长期均线向上，背后必有支撑其上涨的原因和理由。挖掘公司内在价值和未来的高成长性，交给专业的价值交易者去办好了，趋势交易者只需要观察形态，判断趋势并追随趋势即可。

⑴确认大盘和个股的长期趋势。120 日和 240 日均线都是长期均线，所以它们运行的方向就是大盘和个股的长期趋势方向。

120 日和 240 日均线上行，股价或指数运行在均线上方，则大盘和个股处在牛市中，交易者宜满仓持股；120 日和 240 日均线下行，股价或指数运行在均线下方，则大盘和个股处在熊市中，交易者宜空仓持币。

图 3-39 是京新药业（002020）的日线图。股价在底部向上突破 120 日和 240 日均线之后持续上扬，120 日和 240 日均线的方向也由下行转为上行，表明股价运行在长期上升趋势中，交易者可以在买入后坚定持股。

股价在顶部向下调整，先是跌破长期上升趋势线，接着跌破 120 日均线并继续向下，盘中跌破 240 日均线。此时 120 日均线已由上行转为走平，股价回抽虽然重上 120 日均线，但中长期持股者依然不断沽出筹码，令 120 日均线的方向仅能维系平移而不再上行。这种情况即使不能说大势已去，也说明股价进入非牛市区域。趋势交易者非牛市空仓，因此清仓卖出才是最佳选择。

此时 240 日均线上行角度正在趋缓，若 240 日均线后市也由上行走平转而下行，交易者可以在未来很长一段时间内不必关注此股。

图 3-39　120 日和 240 日均线具有确认和指示长期趋势的作用

120 日、240 日均线的滞后性非常明显，所以单纯使用上述两条均线指导操作，往往会错过最佳的买入和卖出时机。交易者可以结合短期均线、技术图形、趋势线和 K 线形态定位买卖点。

⑵ 120 日、240 日均线是重要的压力位和支撑位。

如图 3-40 所示，ST 厦华（600870）。短期均线在 120 日均线下粘合，然后股价向上突破 120 日均线，突破后快速上涨。之后股价突破 240 日均线并出现了暴涨。

为什么股价一到中长期均线就要停顿一下，突破后就容易暴涨呢？因为120日均线和240日均线都是非常重要且力度较强的关卡，对股价的压力很重。在冲关之前，市场要蓄势。冲关之后则压力释放，强大的压力一下子消失，所以容易导致股价冲关前犹豫不前，冲关之后出现暴涨。不仅如此，压力突破后就变成支撑，前期压力越重，突破后的支撑就越强，这也是均线有助涨助跌作用的原因之一。

已持仓的交易者，可以在股价上升到120日和240日均线时，根据具体情况，预先减掉一部分仓位。因为此时120日和240日均线都在向下运行，表明股票还处在一个大的下降趋势中，后市是否会转跌为升进入一个长期上升趋势，尚未可知。预先减掉一部分仓位，可以在股价再度转头向下时从容应对，锁定已有的大部分利润。减仓后，即便股价一举向上突破120日和240日均线，交易者也可以在突破位置重新买入或加仓。此时交易付出的不过是一点手续费和部分仓位的少许价差，但却可以有效规避股价急转直下带来的亏损风险。

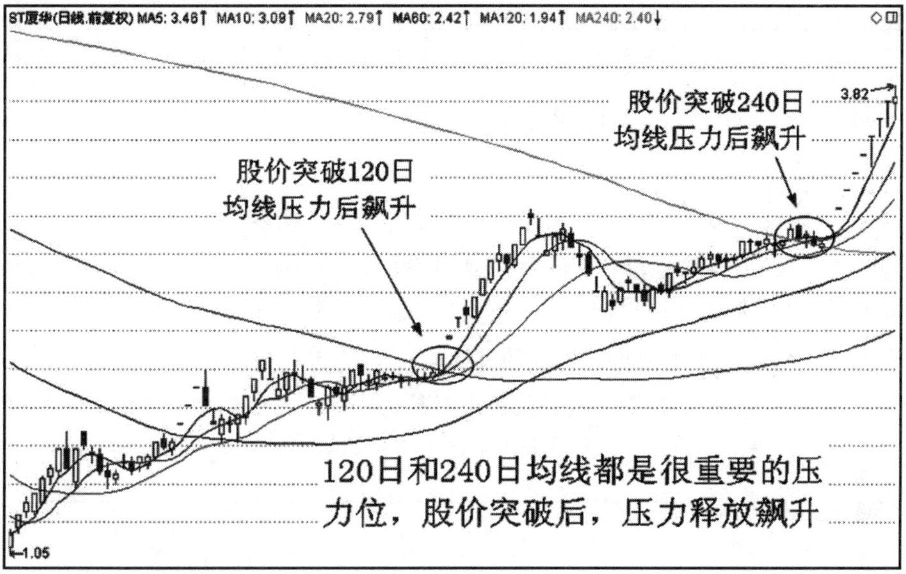

图3-40　120日、240日均线的压力作用。突破后压力变为支撑

如图3-41所示，福建南纸（600163）。在下跌过程中，股价在120日和240日均线的压力下，几次弹升都碰壁而返。120日和240日均线持续下行压制股价，大熊市当头，交易者应坚守原则，持币等待。

图中标注了120日和240日均线葛南维法测的买入点和卖出点。交易者可以观察到，在下降趋势中，葛南维卖出点基本上都和均线的压力有关。

需要特别提醒的是：在中长期尤其是长期下跌趋势中，每一次的葛南维买入点都只能是反弹介入点，每一次的葛南维卖出点都是必须清仓离场的位置。

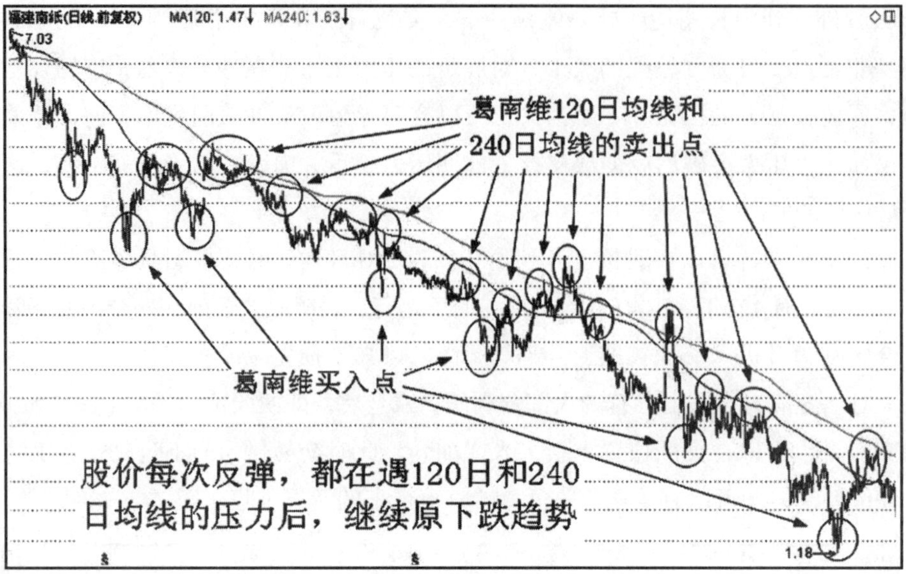

图 3-41 120 日、240 日均线的压力作用

如图 3-42 所示，ST 百科（600077）。股价上涨过程中，每一次中期调整，都在遇到 120 日均线支撑后继续上升。

120 日和 240 日均线持续上行支撑股价，推动股价运行在长期上升趋势中。牛市满仓，交易者只有持仓不动，才能最大限度地从股市获得利润。

图中标注了 120 日和 240 日均线葛南维法则的买入点和卖出点，交易者可以观察到，在上升趋势中，葛南维买入点基本上都和均线的支撑有关。

需要特别提醒的是：在中长期尤其是长期上升趋势中，每一次的葛南维卖出点都只是减仓点，葛南维买入点则可以是加仓点，也可以是买入点。

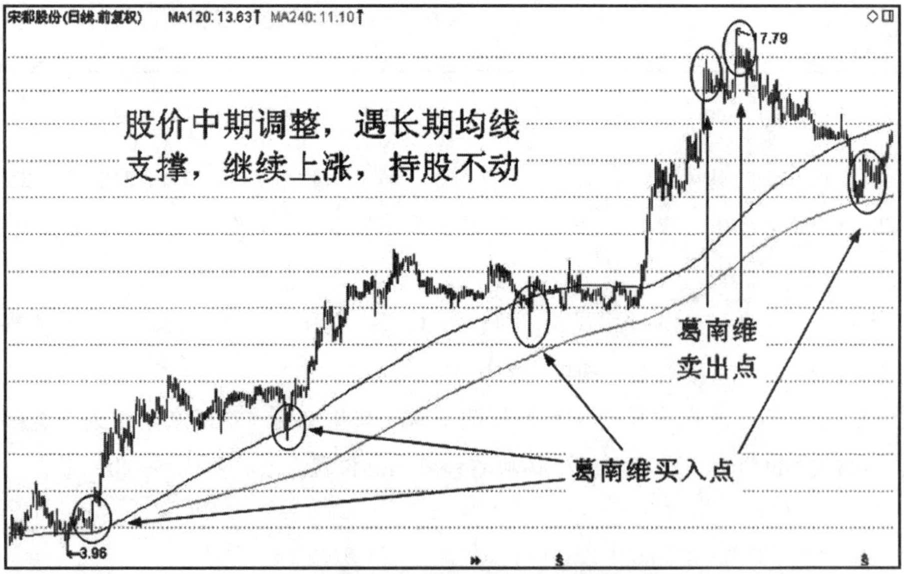

图 3-42 120 日、240 日均线的支撑作用

⑶在 120 日、240 日均线上方出现均线粘合的股票，向上突破粘合形态后，大多都是强势股。实战操盘中，寻找均线粘合于 120 日和 240 日均线之上的股票，是发现和捕捉黑马股的重要方法之一。

黑马股的潜伏形态是：股价、中短期均线和 120 日均线粘合在一起，120 日均线走平或略微向上，240 日均线在下面支撑上行。进场点在股价向上突破粘合形态或技术图形之时。

如图 3-43 所示，ST 厦华（600870）。股价一直运行在 240 日均线之上，收出收敛三角形技术图形时，各中短期均线与 120 日均线粘合在一起。之后股价逐渐站上 60 日和 120 日均线，最终以一根大阳线向上突破均线粘合形态和收敛三角形形态，预示后市看涨。交易者可以在股价向上突破时进场买入。

此后股价继续上涨，然后调整，均线第二次粘合，走出菱形形态。菱形大多向下突破，但 120 日和 240 日均线在下支撑，且方向一直持续向上，预示该菱形向上突破的概率更大。交易者可以等待突破菱形形态之后再决定如何操作。如向上突破，则继续持股或加仓；向下突破，则减仓或卖出离场。

该股实际走势选择了向上突破，交易者可以继续持股做多，也可在有效突破菱形形态后加仓。

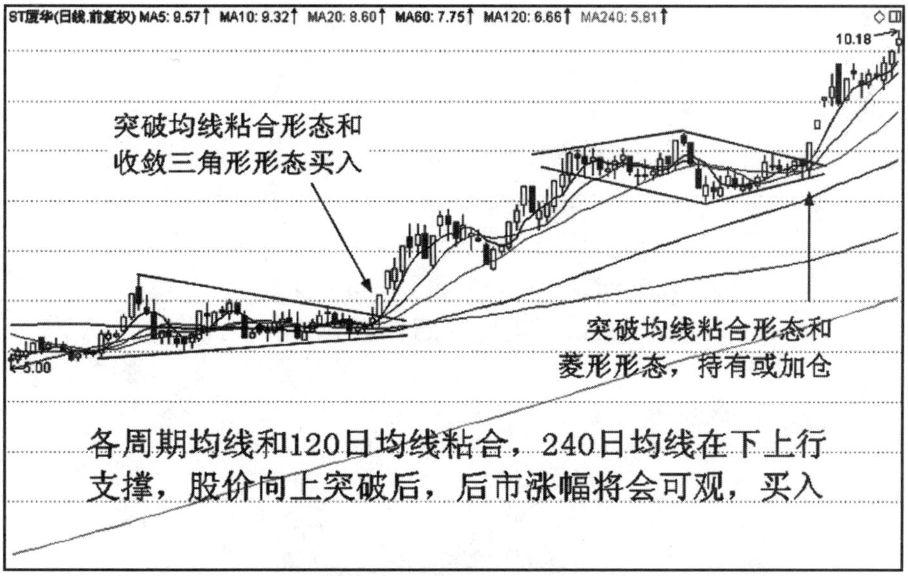

图 3-43　240 日均线支撑向上，股价突破各周期均线粘合形态后，涨幅会很大

如图 3-44 所示，ST 罗顿（600209）。120 日和 240 日均线方向向上且在下支撑，各中短期均线逐渐与 120 日均线粘合，然后在 120 日均线的支撑下向上突破均线粘合形态。交易者可以在向上突破粘合形态时进场买入。

均线粘合之处还是一个狭长的收敛三角形，交易者也可以在股价向上突破三角形上边线时进场买入。该股粘合形态和三角形形态的突破点完全一样。突破之后，该股涨幅惊人。

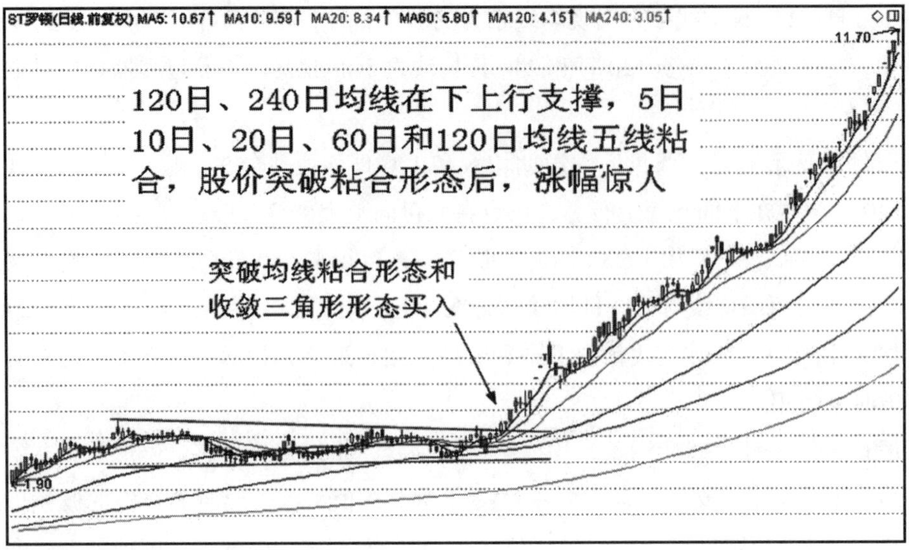

图 3-44　120 日、240 日均线向上支撑，，突破粘合形态后涨幅惊人

如图 3-45 所示，天山纺织（000813）。短期暴涨之后，股价进行了长时间的横盘整理，各中短期均线相互缠绕，粘合。先是有一次突破，但很快就在前高价格附近受阻回落，跌破 120 日均线，120 日均线正在走平，突破失败，此时应清仓离场。股价最终重上 120 日均线，并在 120 日均线的支撑下向上突破均线粘合形态，突破之后涨幅惊人。

交易者可在股价向上突破均线粘合形态时进场买入。第一次亏损离场，第二次获利丰厚。

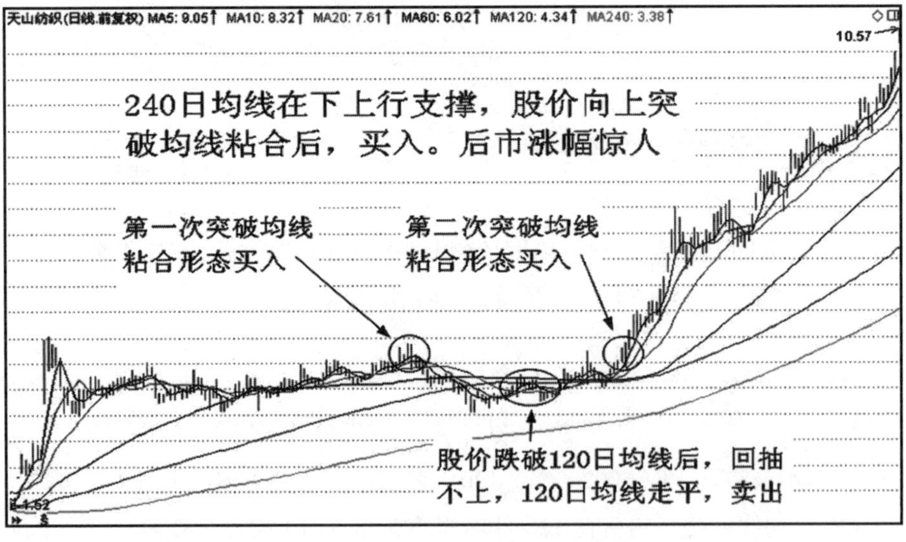

图 3-45　虽然有过一次突破失败，但最终向上突破并且涨幅惊人

图 3-46 是与图 3-45 同一时间段的日线图。图中该股均线粘合之处走出一个不是很标准的矩形，更准确地说是一个接近于矩形的狭长收敛三角形。结合收敛三角形形态，那么在第一次突破均线粘合形态进场的交易者，在股价再度跌破 120 日均线时，就不必急于离场了，可以先持股观察三角形下边线的支撑以及 240 日均线的方向和支撑。只要 240 日均线在下支撑上行，

不跌破三角形下边线，就可以继续持股不动。

股价突破三角形上边线是买入点。该买入点和股价第二次向上突破均线粘合形态的位置完全一致。多种技术分析方法结合使用，不仅可以增加信号的可靠性，有时还可以剔除虚假的买卖信号。

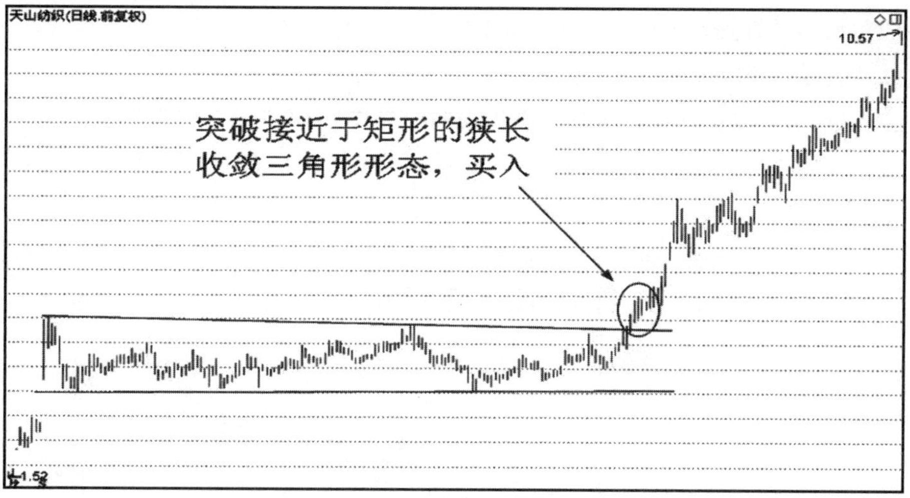

图 3-46　突破技术图形的买入点，与突破均线粘合形态的买入点相互印证

如图 3-47 所示，南方汇通（000920）。和上图一样，各周期均线粘合的时间很长。该股 120 日均线和 240 日均线几乎重合，虽然方向略向上倾斜，但股价和中短期均线反复穿越 120 日和 240 日均线，向下突破的概率也很大。此时无论是持仓还是空仓，都不宜轻举妄动，应当等待股价选择突破方向之后再决定如何操作。

最终股价向上突破了粘合形态，交易者可在突破时进场买入。股价突破时，均线向上多头发散，形成多头排列，交易者应坚定持股信心。该股均线粘合过程中走出收敛三角形，收敛三角形的突破点和均线粘合形态的突破点基本相同。

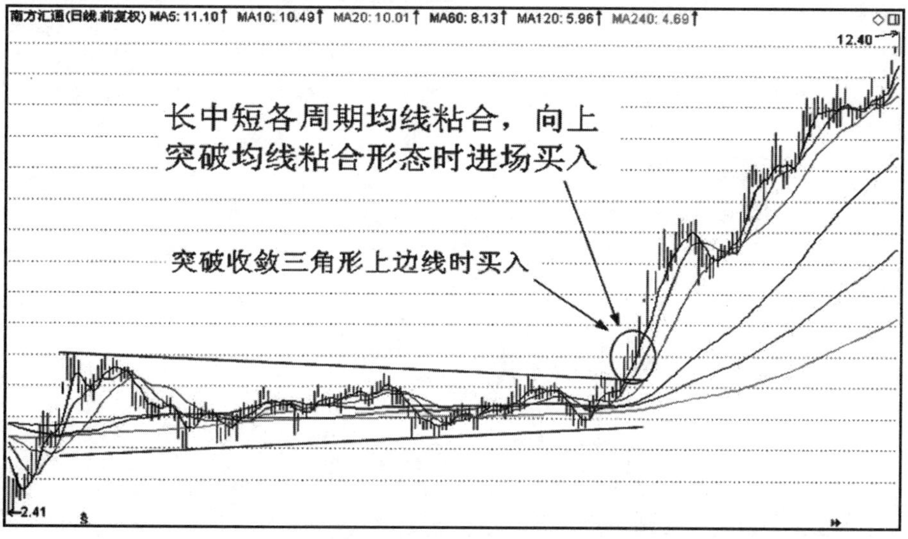

图 3-47　向上突破长中短周期均线粘合形态，这类股票往往是黑马股

如图 3-48 所示，抚顺特钢（600399）。股价先是遇 120 日均线阻力回落，然后在 240 日均线的支撑下向上，在 120 日均线处横盘整理，股价几乎成一条横线。其余各中短期均线也逐渐和 120 日均线粘合成一条线。

最后股价沿 240 日均线方向向上突破粘合形态，并在突破之后回踩 120 日均线，交易者可以在突破以及回踩成功后进场买入。

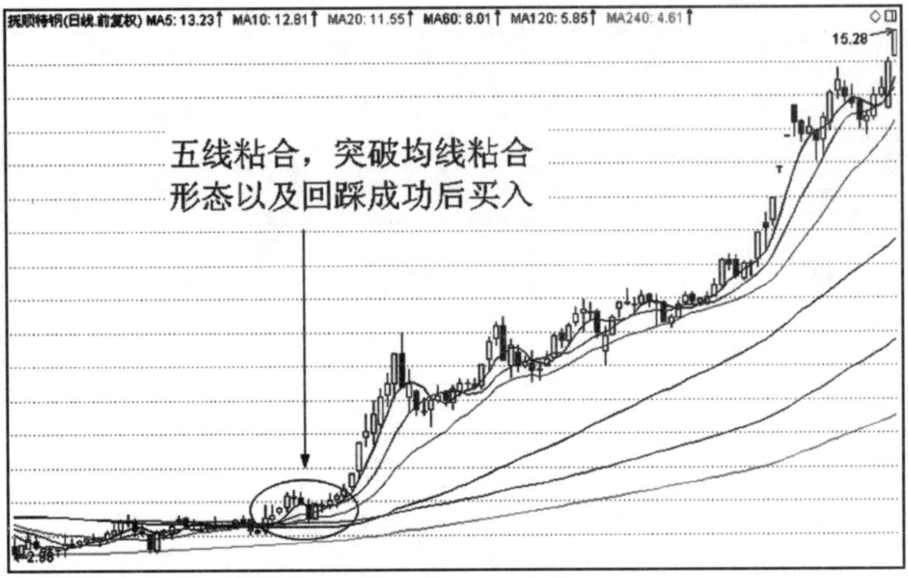

图 3-48　沿 240 日均线方向突破均线粘合形态后，股价涨幅惊人

图 3-49 是与图 3-48 同一时间段的日线图。上图中均线粘合形态之处走出上升三角形技术图形。股价突破均线粘合形态时，也向上突破了上升三角形形态。股价回试均线粘合形态时，也在回试上升三角形的上边线。二者的买入点完全相同，交易者可以大胆买入。

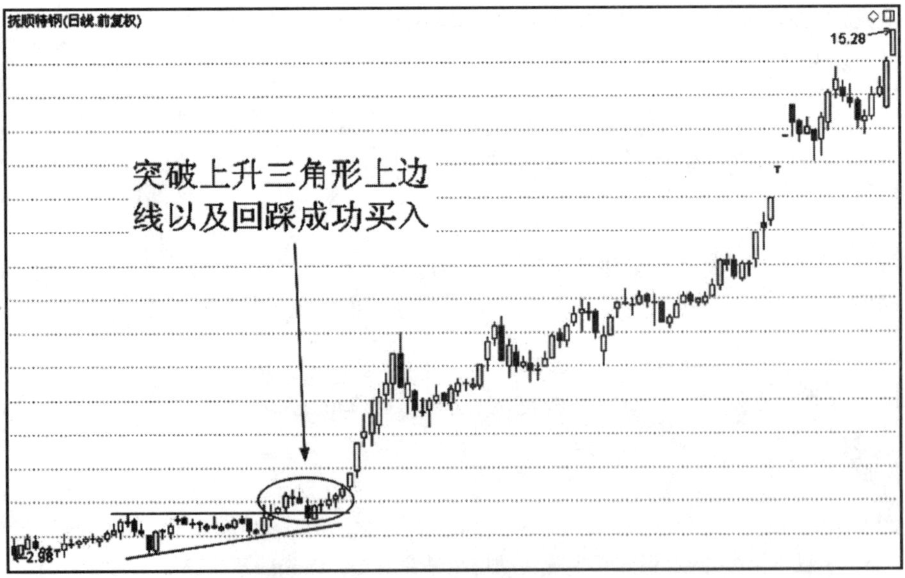

图 3-49　技术图形的买入点和均线粘合形态的买入点完全相同，可以买入

需要特别提醒的是：各周期均线在 120 日和 240 日均线之上与上述两均线粘合，一旦向上突破，往往是一轮非常强劲的涨势。

股价处于 120 日、240 日均线之下的股票，也经常出现由弱转强、连续上涨的情形，如 V 形反转和均线扭转等，但比较难以把握。

如图 3–50 所示，西藏城投（600773）。中长期均线呈空头排列，股价在各周期均线之下持续下跌。之后股价止跌回升，连续上涨，依次向上突破 5 日、10 日、20 日、60 日、120 日和 240 日均线，走出强劲的均线扭转形态。

该股走强之前，没有任何分析方法提前发出股价即将反转以及快速上涨的信号。该股是沿着 10 日均线下跌的，趋势交易者唯一可以做的，就是按照股价站上 10 日均线入场抢反弹，并在股价未跌破 10 日均线时一路持有。

抢反弹意味着仓位极轻，可做可不做。对于趋势交易者而言，类似于该股的走势，十有八九是会错过的，或者虽然入场，但收益有限。

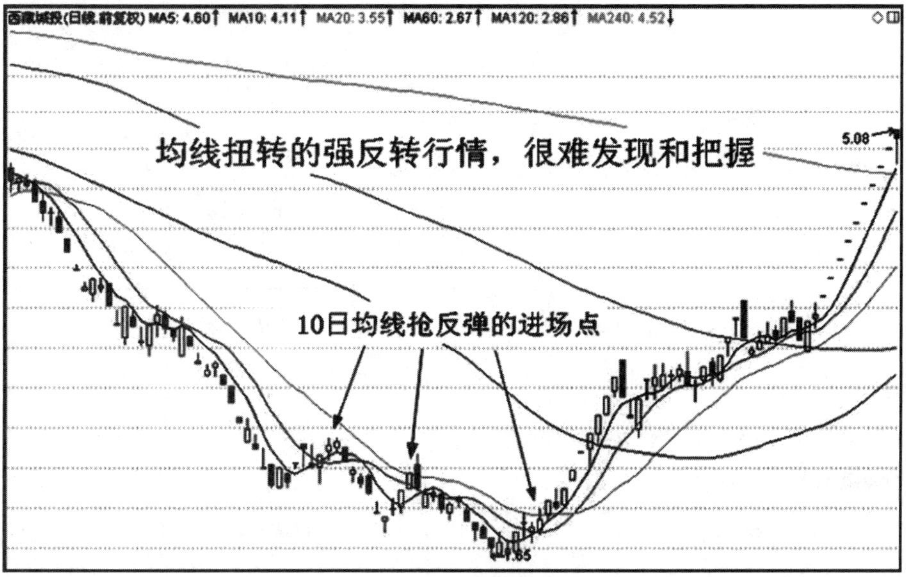

图 3–50　对于这种均线扭转的反转行情，趋势交易者很难发现和把握

如图 3–51 所示，ST 昌九（600228）。该股原本是多头排列，股价正在稳步上涨。让人措手不及的是，前一日还是涨停板，次日即开始跌停，并且随后一连收出十几个跌停板，股价跌穿所有的均线。戏剧性的事情还在后面。在急速下跌中，收出一根倒锤头线后，不仅立即止住了股价下跌的势头，而且随即出现 V 形反转，上涨的速度接近前面下跌时的速度。顶部均线扭转和底部均线扭转，都是同样突然，没有任何蓄势动作。

该股基本面并没有发生什么实质性的重大变化，暴涨暴跌的原因，主要是主力借助该股朦胧的重组传闻大肆炒作所致。

单就技术分析而言，该股下跌之前，没有发出任何见顶信号；大幅下跌之后，虽然收出倒锤头线，但作为见底信号或者转势信号的倒锤头线，其信号作用很小，大多数情况下只是一种预警作用。单独的倒锤头线，不能作为趋势交易者进场买入的依据。

该股是沿着 5 日均线连续跌停，所以股价重新站上 5 日均线，是趋势交易者轻仓博取反弹的买入点。该买入点也是 V 形反转的轻仓买入点。除此之外，没有任何其他买入信号提示趋势交易者进场。

该股在顶部还收出一个死亡谷的均线形态，但收出死亡谷形态时，股价跌幅已深。由于是连续的一字跌停，公众交易者根本无法卖出。

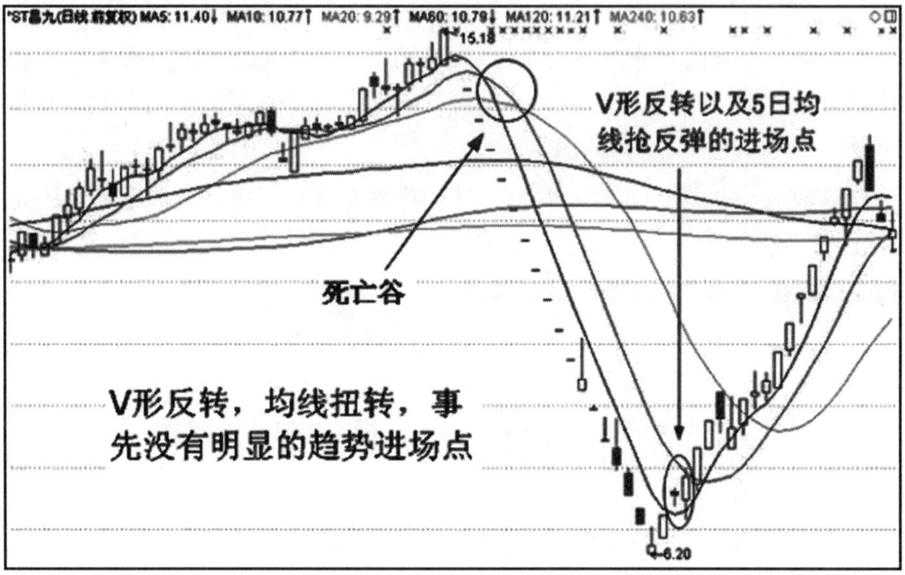

图 3-51　V 形反转和均线扭转事先一般不会发出趋势性的进场信号

特别提示：

⑴ 60 日均线的技术运用和葛南维八大买卖法则一样，也可以用于 120 日和 240 日均线，只是滞后的特点表现得更为强烈。

⑵由于 240 日均线的滞后性太强，交易者也可以单独使用 120 日均线，作为大盘趋势转折以及进出场的依据。

图 3-52 是上证指数（999999）2005 年 6 月至 2006 年 5 月之间的走势。图中椭圆处，各短期、中期、长期均线正在逐渐收敛粘合，长期向下运行的 120 日均线在此处走平并开始上翘，表明长线交易者和价值交易者已经进场悄然吸纳。大熊咆哮的森林里，终于可以看到一只牛角掩映在枝叶丛中。交易者可以在指数升破 120 日均线时进场。大盘后市一路上涨到 6124 多点。

需要特别提醒的是：作为判断趋势转折和进出场的依据，120 日均线虽然较 240 日均线灵敏，但滞后的缺点犹存，据此操作风险依旧很大。交易者还是要结合其他趋势分析方法综合研判，并采取相应的资金管理策略，及时进行仓位增减，以降低风险，扩大利润。

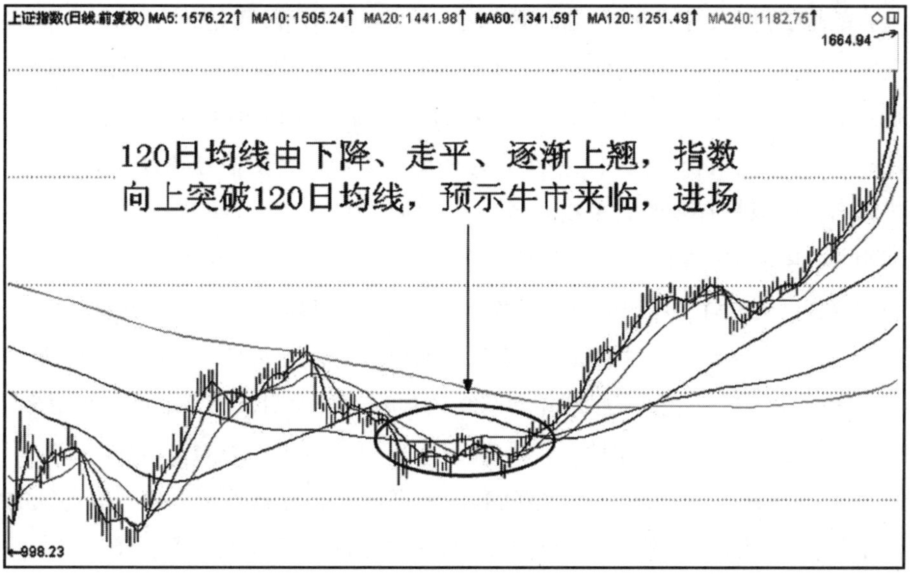

图 3-52　120 日均线方向改变，预示长期趋势发生改变

第二节 双线组合实战应用技巧

一、双线组合概述

双线组合又称两条均线组合，是由一条时间周期较短的均线和一条时间周期较长的均线组合而成的均线分析系统。

单条均线在灵敏性和稳定性、及时性和滞后性方面不能兼顾，实战交易中可以使用双线组合，以平衡和中和上述难题。其中时间周期较长的均线，主要用于预测和判断趋势方向。时间周期较短的均线，主要利用其与股价（指数）、长周期的均线之间的相互位置和关系，作为确定进出场标准的依据。

简单地说，就是把较长周期的均线作为移动趋势线使用，为避免和真正的趋势线相混淆，本书称之为定性线；较短周期的均线则用来确定买进卖出位置和时机，本书称之为定量线。这样既有利于交易者波段操作和仓位增减，又能够最大限度地关注到中短期趋势和中长期趋势，避免逆势操作而不自知的缺点和风险。

虽然只是两条均线，但只要对长期、中期、短周期进行排列组合，就会生出无数种组合。如果一一列举并进行详细讲解，既不可能，也没有必要，本书按照组合分类择要讲解。

一般是参照均线组合的分类方法，按照不同时间周期，将双线组合分为三种：①短期组合；②中期组合；③长期组合。三种组合分别对应着道氏理论关于短期趋势、中期趋势和长期趋势的论述。

双线组合的均线周期，并没有与道氏理论趋势周期一一对应，而是结合均线组合的时间周期，双线组合发出的信号，买进卖出的频率和持仓周期，经过综合平衡确定的大致周期。

⑴短期组合：常见的有 5 日和 20 日均线组合，以及 5 日和 30 日均线组合两种。也有交易者使用 3 日和 10 日均线组合，但因为该组合时间周期太短，买卖信号频繁，不利于判断和确认中长期趋势方向，所以只有专业的短线交易者才可使用。

⑵中期组合：常见的有 5 日和 60 日均线组合，10 日和 60 日均线组合，20 日和 60 日均线组合。

⑶长期组合：常见的有 20 日和 120 日均线组合，30 日和 240 日均线组合两种。

更长一些周期的双线组合，由于滞后性非常突出，不利于交易，一般很少有人使用。也有很多交易者使用斐波那契神奇数字序列作为双线组合的均线周期，比如定量线使用 3 日、5 日、8 日、13 日、21 日和 34 日均线，定性线使用 21 日、34 日、55 日、89 日、144 日和 233 日均线等。

神奇数字应用于趋势运行的时间、空间和波浪理论时，有其独到之处。但均线的实质是价格和成本的平均，常用周期的均线组合与斐波那契神奇数字周期的均线组合，在本质和技术含义方面完全相同，具体运用起来差别也不大。其优劣虽互有参差，但基本上旗鼓相当。

双线组合的交易原则如下。

⑴买入和持仓原则。

A. 股价向上突破定性线，定性线上行，买入。

B. 定量线上穿定性线形成黄金交叉，买入。

C. 股价下跌，遇定性线上行支撑止跌回升，买入。

D. 定性线上行，股价在定性线上方向上突破定量线，买入。

E. 定量线下行，遇定性线上行支撑止跌后再度上行，买入。

F. 股价、定量线、定性线多头排列，持股。

⑵卖出和空仓原则。

A. 股价跌破定性线，定性线走平或已拐头下行，卖出。

B. 多头排列期间，股价跌破定量线，减仓。

C. 股价急速飙升，远离定性线，减仓。

D. 定性线下行，空仓。

二、短期组合

短期组合大多是由一条短期均线作定量线，一条周期较短的中期均线作定性线。短期组合的灵敏性比较好，在单边行情中从事波段操作，有比较明显的优势。但在震荡市中，买进卖出信号过于频繁，常常会出现低卖高买的亏损操作。

短期组合，常见的有 5 日和 20 日均线，以及 5 日和 30 日均线两种。因短期组合的定性线周期本来就比较短，所以在实战操盘中，建议尽量采用 5 日和 30 日均线组合。除了特别注明的以外，本书都是采用 5 日和 30 日均线的短期双线组合。

⑴定性线上行，股价向上突破定性线，表明中期趋势向上，买入。

这一条主要是葛南维第一大法则买入点的技术应用。

如图 3-53 所示，新华锦（600735）。图中的定性线是 20 日均线，定量线是 5 日均线。股价在底部先是以一字涨停向上突破定量线，但因为股价在定性线之下，不是买入点，不必理会。接着再次收出一字涨停，股价向上突破定性线。但因为定性线下行，同样不是有效的买入点，继续观望。果然不久股价就跌破定性线。

随后股价止跌，第二次向上突破定性线。此时定性线已经上行，第一个买入点出现，买入。与此同时，定量线也上穿定性线，形成黄金交叉，也是双线组合的买入信号，买入。

此后股价基本上依托定量线上行，交易者可以持股不动。期间股价曾经两次有效跌破定量线，但没有跌破定性线。交易者可以在股价跌破定量线时减仓，然后在股价再度向上突破定量线时加仓。

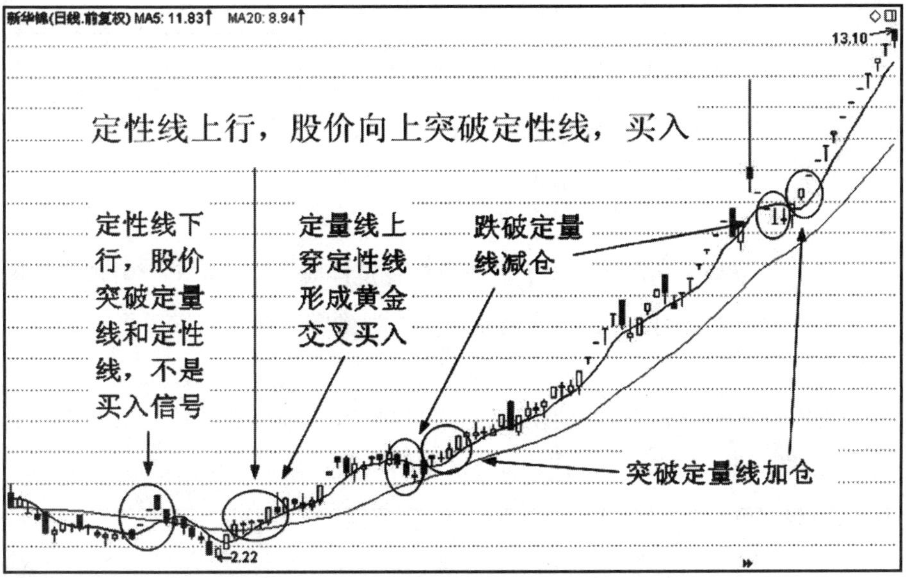

图 3-53　定性线上行，股价向上突破定性线是买入信号

⑵定量线上穿定性线形成黄金交叉，后市看涨，买入。

如图 3-54 所示，中捷股份（002021）。股价走出逐浪上升的技术形态，期间两度跌破定性线。因为短期组合的定性线周期较短，股价一旦跌破，很容易带动定性线拐头下行，交易者可以在股价跌破定性线时清仓卖出。双线交易卖出和空仓原则第四条，不适用于短期组合。

两度跌破后不久，股价止跌回升，向上突破定性线，定量线也随之转头向上，并上穿定性线形成黄金交叉，看涨信号，买入。

定性线上行，股价向上突破定性线之处也是买入点。与黄金交叉买入点相比，前者比较激进一些。

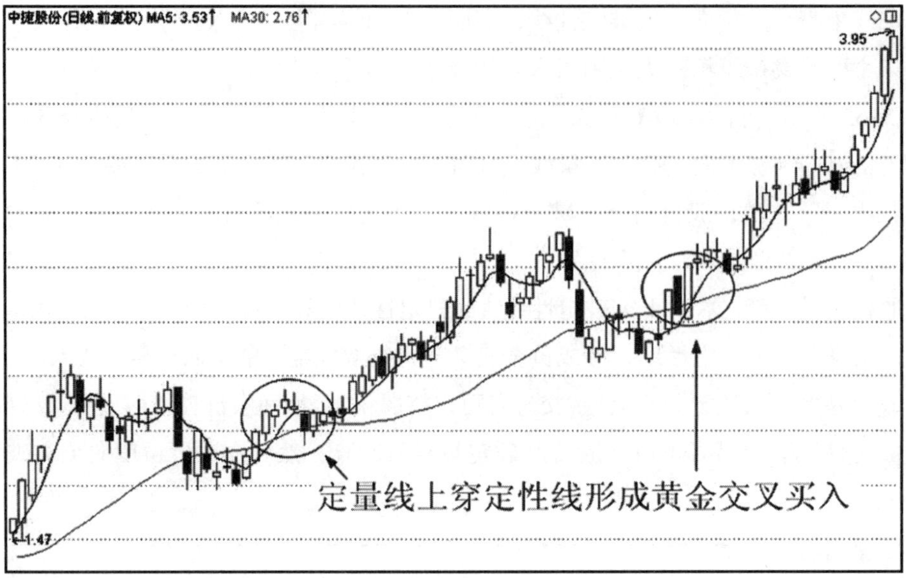

图 3-54 定量线和定性线形成黄金交叉是买入信号

(3)股价下跌，遇定性线上行支撑止跌回升，买入。

买入点一般参考整理技术图形和见底、看涨的 K 线形态，常常与股价向上突破定量线的买入点相互印证。

如图 3-55 所示，德豪润达（002005）。股价依托定性线上行，走出上山爬坡的均线技术形态，是很重要的持股阶段。期间股价多次调整，都在遇到定性线的支撑后止跌回升，交易者可以进场买入或加仓。

买入点可以选在向上突破定量线的位置，也可以参考 K 线形态、技术图形等。如本例中，第二个买入点可以是向上突破收敛三角形上边线，股价突破三角形和突破定量线的位置是一致的。

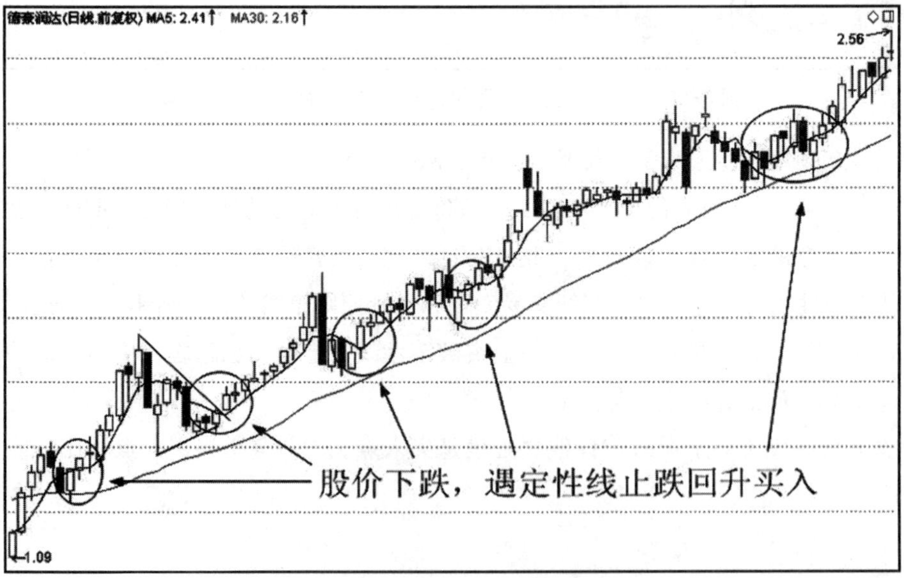

图 3-55 股价遇定性线止跌回升是买入点

⑷定性线上行，股价在定性线上方向上突破定量线，买入。

在定性线上方，股价向上突破定量线，大多表明股价短期进入强势，有的会加速上涨。

如图 3–56 所示，普洛股份（000739）。在定性线上行支撑的情况下，股价两次向上突破定量线后，都出现了加速上扬的行情，表明向上突破定量线是一个比较好的进场点，交易者可以进场买入或加仓。

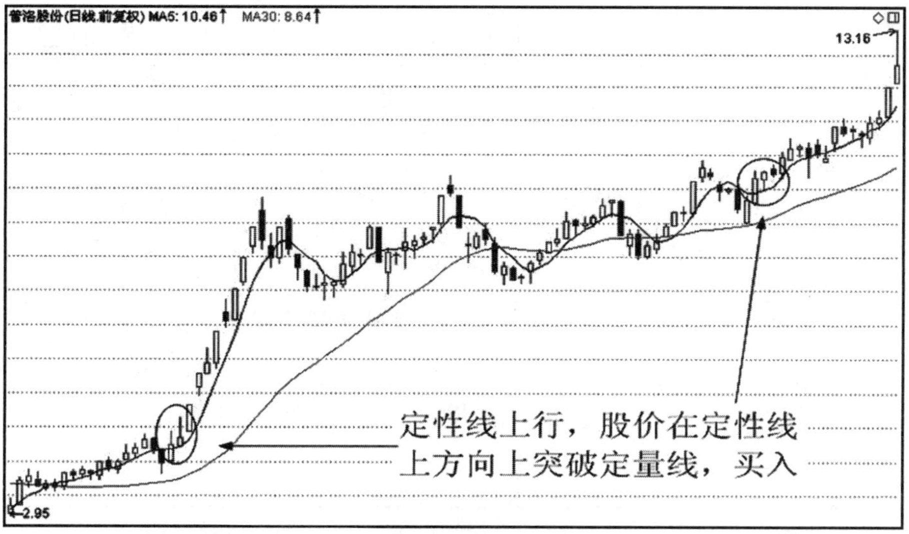

图 3–56　定性线上行，股价向上突破定量线是看涨信号，突破后股价加速上涨

⑸定量线下行，遇定性线上行支撑止跌，再度上行，买入。

定量线遇到定性线止跌，表明定性线的支撑依然很强。

如图 3–57 所示，普洛股份（000739）。股价和定量线分别向上突破定性线后，一直走走停停，进三步退两步。但定量线每一次下行，都在定性线的助推下转头向上，因此后市看涨，买入。

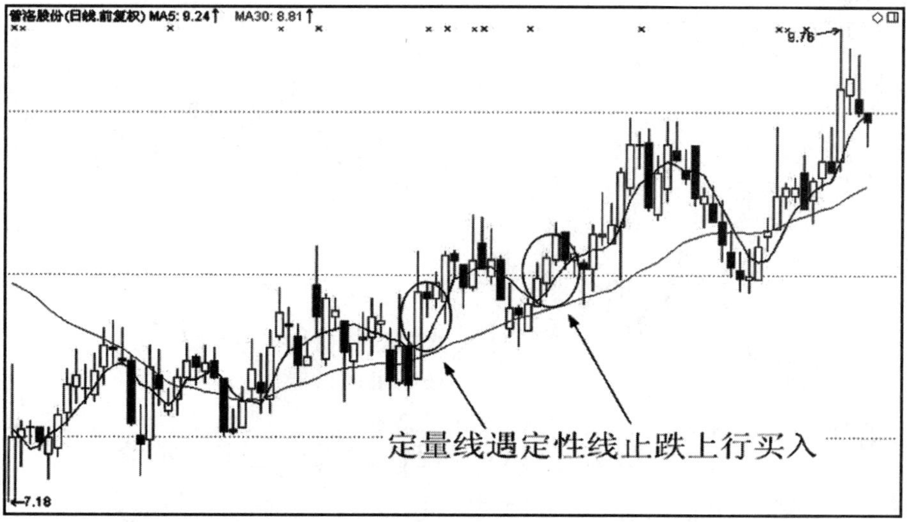

图 3–57　定量线回调不碰定性线，表明行情依旧较强，买入

⑹股价、定量线、定性线多头排列，持股。

因为是短期组合，所以满仓持有的前提是完美和标准的多头排列。

如图 3-58 所示，维维股份（600300）。在多头排列状态下，交易者可以放心持股。股价跌破定量线时减仓，向上突破定量线时加仓。跌破短期组合中的定性线，即应清仓。

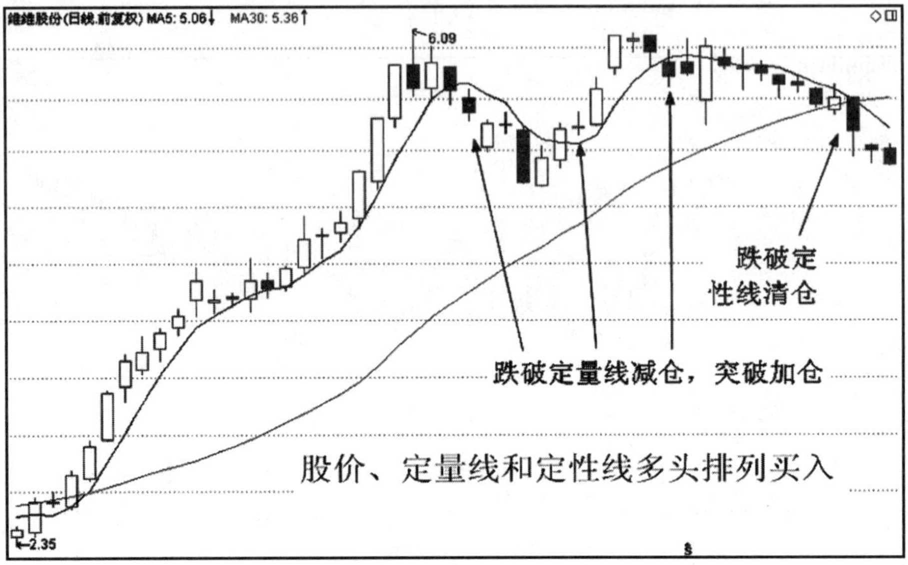

图 3-58 标准多头排列中持股不动，突破及跌破定量线时加减仓

⑺股价跌破定性线，定性线走平或已拐头下行的，卖出。

这一条是葛南维第六大法则卖出点在双线交易原则上的具体运用。

如图 3-59 所示，ST 九发（600180）。股价在上涨过程中，曾两度下破定性线。第一次仅刺破而未有效跌破，交易者可以继续持股观察。第二次是有效跌破，定性线也开始有走平迹象，交易者应清仓卖出。

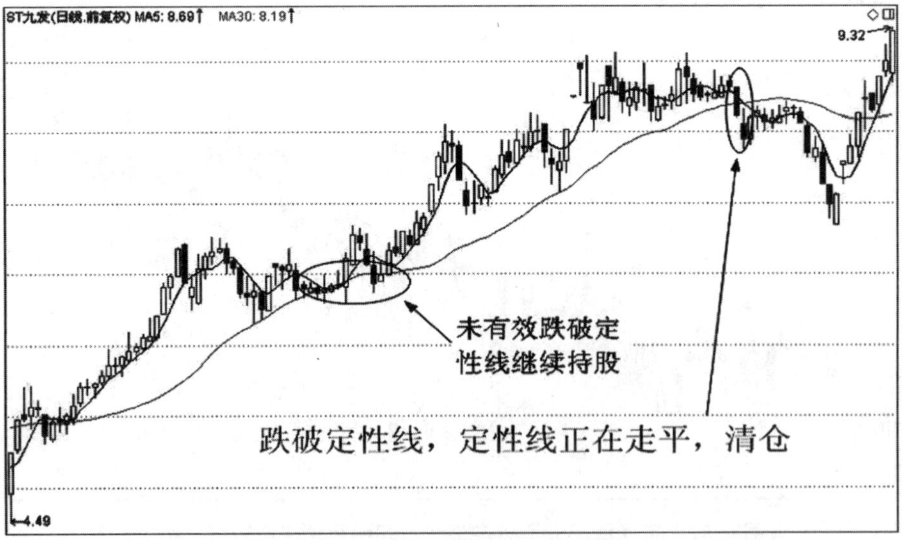

图 3-59 股价跌破定性线，定性线走平，清仓离场

需要特别提醒的是：由于短期组合的定性线周期仅为 20 日或 30 日，是最短的中期均线，股价或指数跌破后，很有可能一波中期趋势已经结束了。在股价或指数有效跌破定性线时，无论定性线方向如何，交易者都必须清仓出局，不能持仓观望。双线交易卖出和空仓原则的第四条，不适用于短期组合。

如图 3-60 所示，海南高速（000886）。股价暴涨后逐级回落，最终跌破定性线。跌破时定性线依然上行，但交易者还是要清仓出局，而不仅仅是减仓。后市定性线也很快就由上行转为下行，表明中期上升趋势结束。

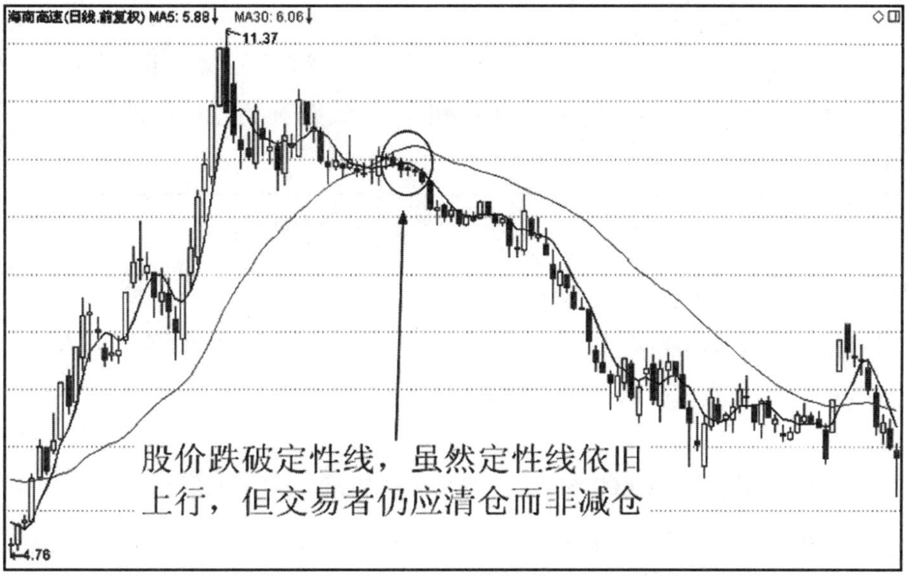

图 3-60　股价跌破短期组合的定性线时，无论定性线上行与否，均应清仓离场

⑻多头排列期间，股价跌破定量线应减仓。

如图 3-61 所示，ST 东碳（600691）。股价调整时，定性线也由上行走平转而下行。除了调整这一段时间之外，定性线一直上行，股价、定量线、定性线基本上呈多头排列。在多头排列期间，或者说在定性线上行的阶段，股价每次跌破定量线时，交易者都应当马上做出减仓动作。

从图中可以观察到，很多时候股价跌破定量线减仓后，马上就转跌为涨，向上突破定量线发出买入信号，出现这种情况的主要原因，是短期组合定量线、定性线的周期都比较短造成的。即便如此，部分仓位低卖高买的价差损失依然是值得的，因为短期组合中，趋势随时有可能逆转。一旦出现逆转，如果之前未能减仓，就会遭受较大的损失。

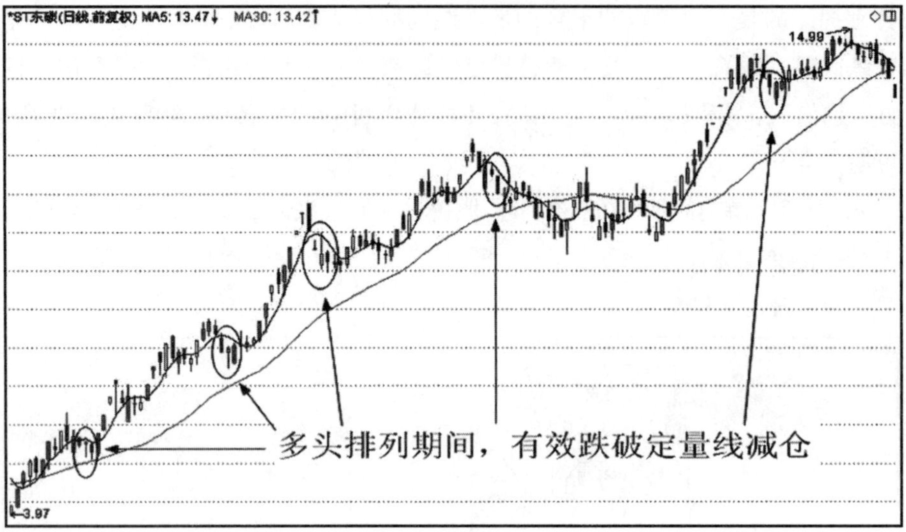

图 3-61 多头排列期间，股价跌破定量线可减仓

⑼股价急速飙升，远离定性线，减仓。

该条是葛南维第五大法则卖出点在双线组合中的具体应用。与葛南维第五大法则相比，双线组合有一点优势，交易者可以在股价跌破定量线时清仓或减仓。很明显这样操作既简单又明确，优于葛南维法则。

如图 3-62 所示，白云山 A（000522）。股价突然加速，沿定量线暴涨，远离定性线。在均线牵引作用下，股价有回调要求，卖出。

由于定量线是 5 日均线，所以卖出时可以参考沿 5 日均线陡峭上涨强势股的三个离场标准：①放量滞涨；②收出见顶的 K 线形态；③跌破 5 日均线。交易者可在股价跌破定量线时减仓。

另外，长上影线的十字星既是放量滞涨，也是见顶的 K 线形态，交易者可以在临近收盘时减仓。

图 3-62 股价远离定性线会有回调要求，可于跌破定量线时减仓

⑽定性线下行，空仓。

双线组合中，定性线主要用来预测和判断股价或指数运行的趋势方向。当定性线下行时，表示趋势向下，交易者自然不应参与。

这一条交易原则应用起来比较复杂，因为短期组合中的定性线下行，可以出现在长期趋势中的任何阶段。也就是说，短期组合的定性线下行，有可能是长期下降趋势的组成部分，也有可能是长期上升趋势中的中期调整行情。

如图 3-63 所示，ST 九发（600180）。定性线下行，股价也持续下跌，形成空头排列。毫无疑问，无论是短期还是中期行情都是下降趋势，交易者理当空仓回避。

在顶部，定量线下穿定性线形成死亡交叉。死亡交叉是卖出信号，但因为股价通常先于定量线跌破定性线，交易者已于股价跌破定性线时清仓离场，所以在双线组合交易原则中，短期组合出现死亡交叉是空仓信号。

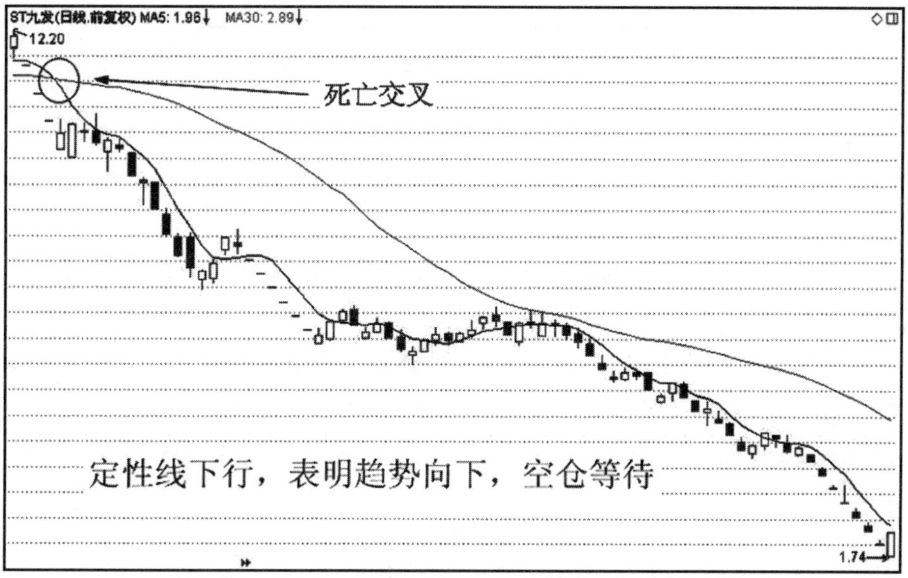

图 3-63　定性线下行，表明市场趋势向下，空仓

如图 3-64 所示，ST 东碳（600691）。股价跌破定性线，清仓卖出。清仓后定性线下行，表明中期趋势向下，但股价并未下跌，而是涨涨跌跌，反复升破跌破定性线。交易者是否还需要恪守交易原则，空仓守候呢?

中期下降趋势，有可能是长期下降趋势的组成部分，也有可能是长期上升趋势的中期调整。如果是前者，空仓自然是最好的操作方式之一。如果是后者，空仓似乎有些不妥。

短期双线组合因为均线周期过短，导致交易者无法通过组合本身正确判断该中期下降趋势究竟处在何种长期趋势中。根据非上升趋势空仓的交易原则，现在长期趋势未知，中期趋势向下，理应空仓。

该股后市定性线再度上行，股价也在定性线的支撑下向上突破定量线。交易者可于定性线上行，股价向上突破定量线时进场买入。

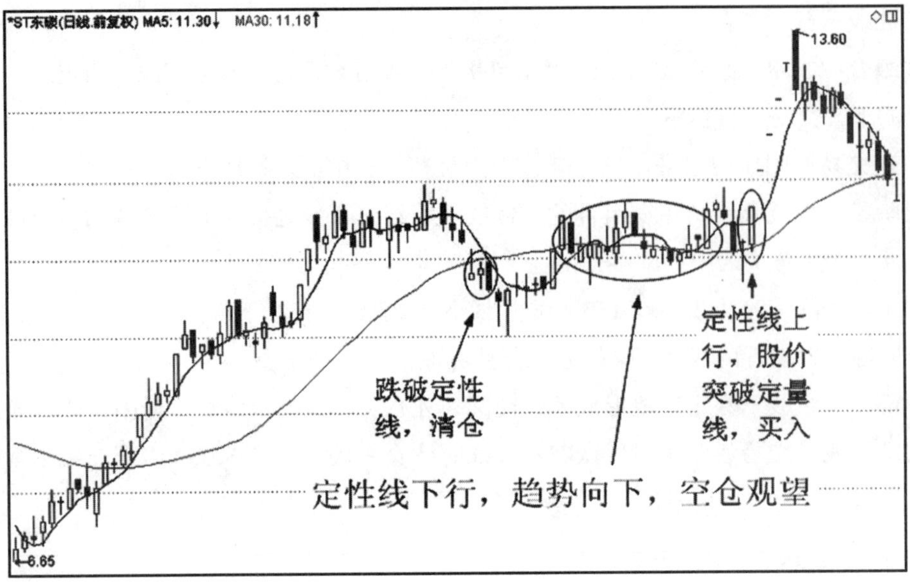

图 3-64　无论处于何种长期趋势中，短期组合的定性线下行，交易者均应空仓

特别提示：

(1)由于没有更长周期的均线对中长期趋势进行有效的判断和确认，短期组合常常令交易者在长期下降趋势的反弹中继行情中买入，一招不慎往往就会转盈为亏，甚至被套。

如图 3-65 所示，浙报传媒（600633）。交易者如果不将眼光放长远，观察股价长期趋势的方向，只凭短期组合发出的信号买进卖出，那么很有可能将反弹行情误认为是上升趋势，结果稍有迟疑就被套牢。即便做到严格执行纪律，也常常是无功而返。

图上详细标注了买卖点，交易者可以对照短期组合的交易原则细细体味。

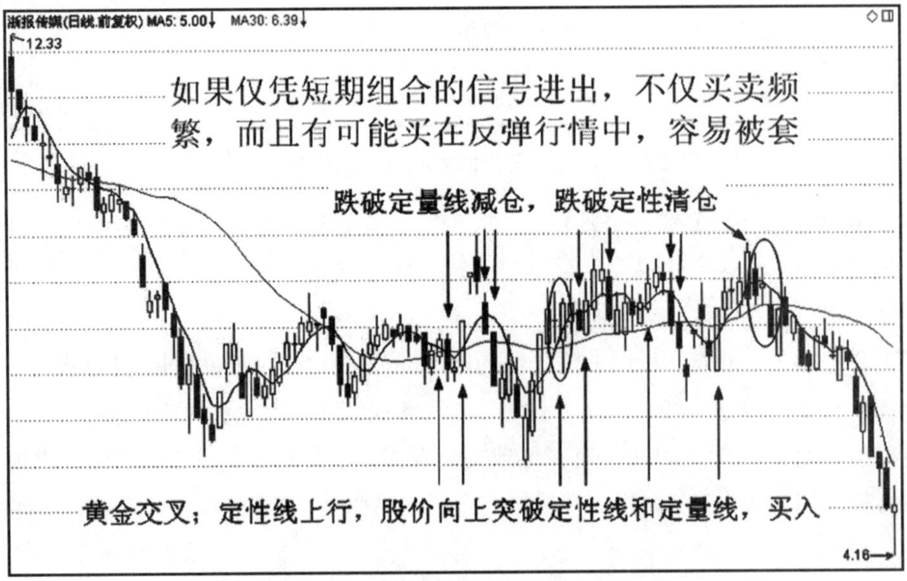

图 3-65　在下降趋势中的反弹行情买入风险很大

⑵当股价或指数整体上横盘整理时，短期组合的买卖信号频繁，虚假信号较多，不具备实战操盘意义。

在横盘整理行情中，交易者应当坚守非上升趋势空仓的交易原则，发现定性线忽上忽下时及时收手，退出观望。

如图 3–66 所示，奥飞动漫（002297）。股价整体上处于横向整理行情中，定性线的方向随着股价的波动时而上行，时而下行，飘忽不定，交易者应清空仓位作壁上观。

如果耐不住性子参与其中，就会发现在整理行情中，短期组合的买卖点非常模糊，不容易把握。即使严格按照双线组合交易原则确定的进出标准买进卖出，也很难盈利。

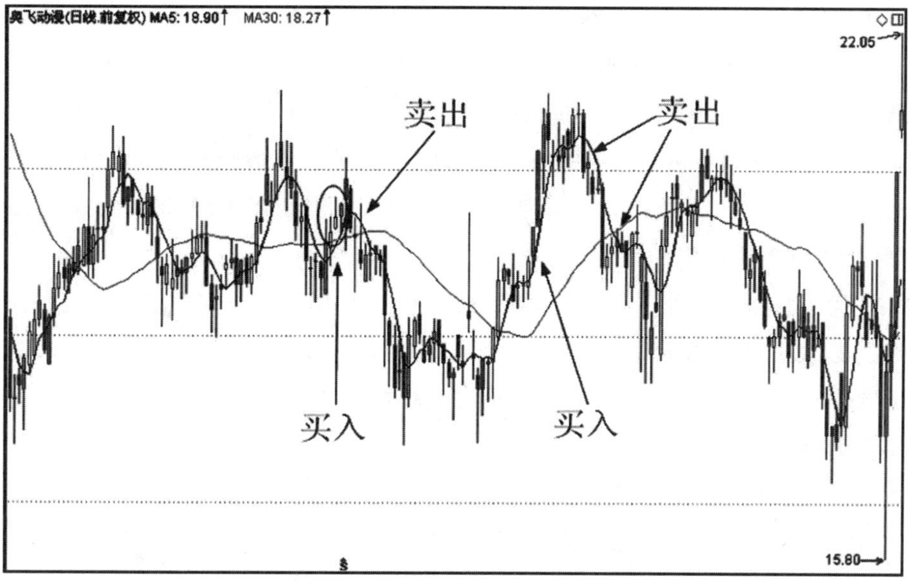

图 3–66　横盘整理过程中，短期双线组合买卖信号频繁，不利于交易

三、中期组合

中期组合大多是由一条短期均线作定量线，一条周期较长的中期均线作定性线的双线组合形态。中期组合兼具灵敏性和稳定性，既可以在单边行情中利用定量线从事波段操作，又可以在中期调整行情中利用定性线确认中长期趋势方向。在适用的广泛性和交易的实用性方面，都有着比较明显的优势。

常见的中期组合有：5 日和 60 日均线组合；10 日和 60 日均线组合；20 日和 60 日均线组合。其中 20 日均线作定量线，买卖信号的发出相对滞后，5 日均线作定量线又过于灵敏，买进卖出较为频繁。10 日均线和 60 日均线相互配合，均线周期之间的比例适中，灵敏性和稳定性兼具，是最好的双线组合之一。本书就以 10 日和 60 日均线组合为例，讲解中期组合的技术应用。

需要特别说明的是，所有周期的双线组合，都遵循同样的交易原则，只是各有侧重而已。在讲解短期组合时，相关的交易原则已经逐一详解，本节以及下一节长期组合的内容中，就不再逐条讲解，而是分项予以综合讲解。

中期组合的买入和持仓原则如下。

(1)股价向上突破定性线，定性线上行，买入。

(2)定量线上穿定性线形成黄金交叉，买入。

(3)股价下跌，遇定性线上行支撑止跌回升，买入。

(4)定性线上行，股价在定性线上方向上突破定量线，买入。

(5)定量线下行，遇定性线上行支撑止跌，之后再度上行，买入。

(6)股价、定量线、定性线多头排列，持股。

如图 3-67 所示，长城开发（000021）。股价在底部向上突破定性线时，定性线正在走平但尚未上行，不是葛南维第一大法则的买入点。中期组合的定性线是 60 日均线，60 日均线虽然是中期均线，但在沪深股市经常指示和确认长期趋势，所以 60 日均线走平，即表示该股的长期趋势正在悄然转变。交易者可以按照 60 日均线的买入法则，在股价突破 60 日均线之后，60 日均线上行时进场买入，不必严格遵守葛南维第一大法则买入点的要求，只是买入的仓位一定要轻，买入后要随时观察 60 日均线的方向变化。

突破后的第二日定性线即上行，之后股价和定量线一同下降，回试定性线的支撑力度。然后在定性线的支撑下，股价和定量线同时上行，双线组合交易原则的第三条和第五条买入点出现，买入。随后股价、定量线、定性线呈多头排列，交易者可以持股不动。

期间股价多次跌破再升破定量线，交易者可以在跌破时减仓，突破时再买回。这样操作有时难免会损失一点价差和税费，但这是降低风险所必须付出的代价。

上涨后期，股价走出一个收敛三角形和一个下降楔形，交易者也可以在股价突破上述技术图形时买入。

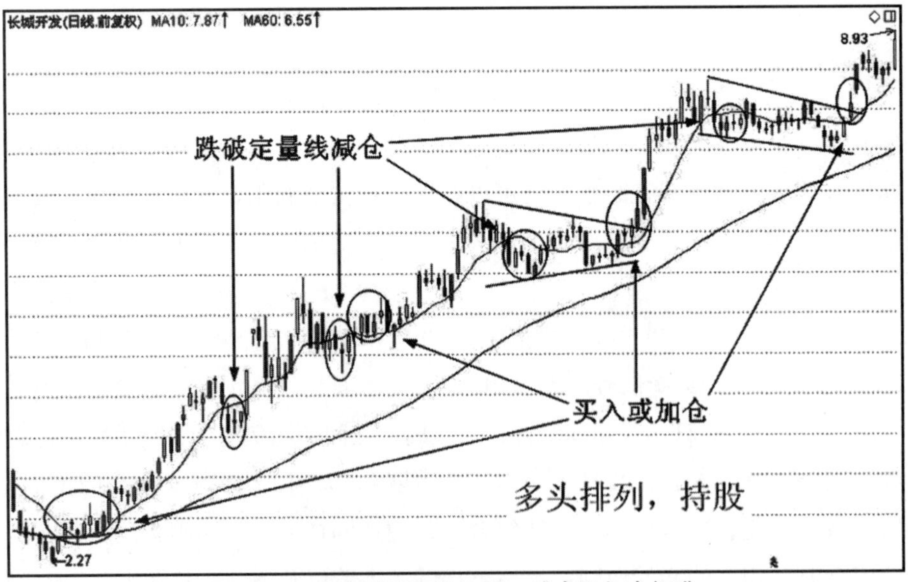

图 3-67　多头排列下的持股、减仓和加仓标准

如图 3-68 所示，大江股份（600695）。从图中可以看到，定性线一直上行。因为定性线是 60 日均线，所以定性线上行表明该股至少处在中期上升趋势中。

在上升趋势中，股价和定量线每一次下降，遇到上行的定性线支撑止跌回升时，都是比较好的买入和加仓时机。

上涨期间，股价和定量线有一次有效跌破定性线。但跌破后不久，股价和定量线即双双再度向上突破定性线。交易者可以在股价突破定性线，定量线黄金交叉定性线时进场买入。

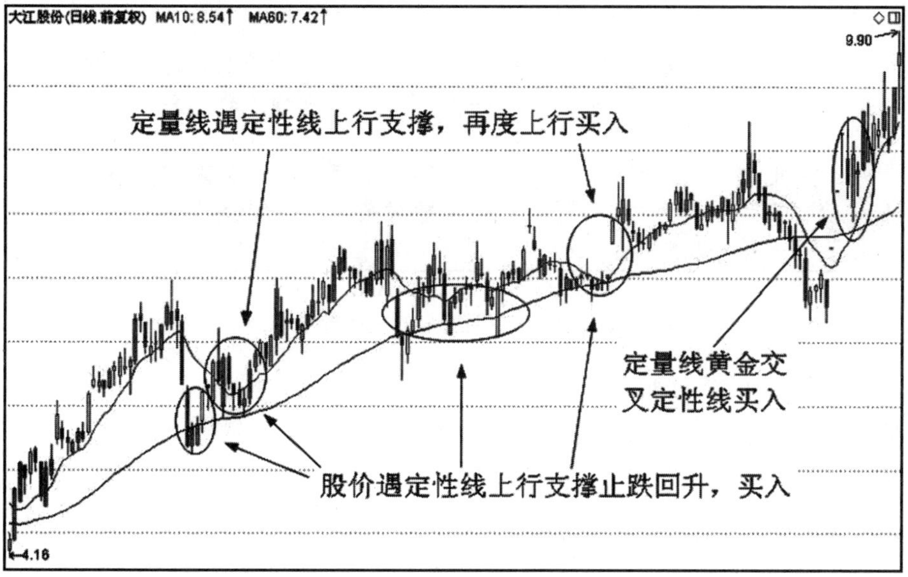

图 3-68　中期双线组合的进场标准

如图 3-69 所示，海泰发展（600082）。在股价整理末期，定性线已由平移转为略上行，股价向上突破定性线，随后定量线黄金交叉定性线，这两个信号一前一后挨得很近，都是比较好的买入点，无论是中长线交易还是短线交易，均可放心买入。

定量线、定性线黄金交叉之后，该股就运行在逐浪上升的均线技术形态中，是交易者可以放心持股的形态之一。在每一个波谷，股价都遇到定性线的支撑止跌，交易者可以加仓或买入。每个波谷买入点都是 60 日均线葛南维第二大法则、第三大法则买入点在中期组合中的具体应用。

股价向下调整的时候，有时也带动定量线下行，和股价一样，也是每一次遇到定性线时就得到支撑掉头上行，交易者可在定量线再度上行时进场买入。定量线遇支撑上行买入点，是均线服从技术形态在中期组合中的具体应用。

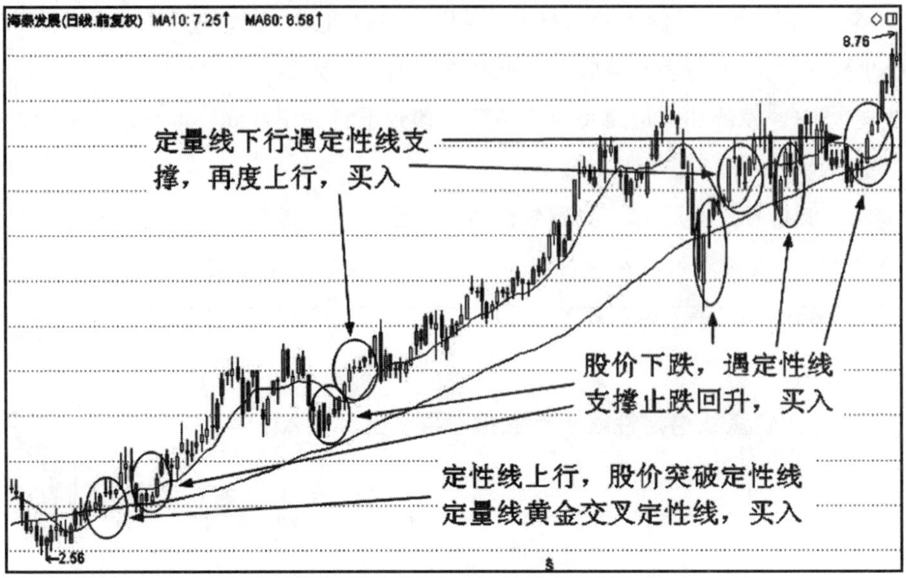

图 3-69 中期组合的进场标准

中期均合的卖出和空仓原则有以下几点。

⑴股价跌破定性线，定性线走平或已拐头下行时，卖出。

⑵多头排列期间，股价跌破定量线，减仓。

⑶股价急速飙升，远离定性线，减仓。

⑷股价跌破定性线，定性线上行，减仓。

⑸定性线下行，空仓。

如图 3-70 所示，亚太实业（000691）。股价起初围绕定量线忽上忽下，缓慢上涨，最后终于挣脱定量线的牵绊，像脱缰野马一样狂奔，向上远离定性线。在均线牵引作用下，有均线修复的要求，60 日均线葛南维第五大法则卖出点出现。

葛南维第五大法则本身无法定位卖出点，但采用双线交易就容易多了，可以以股价跌破定量线作为减仓卖出位置。这样操作既方便简单，也不致于损失过多的利润。

随后股价继续下跌，跌破定性线，但此时定性线还在上行，因此是减仓信号。跌破定性线后，股价在定性线下方横向整理，并于整理末期向上攻击定性线，遇阻后收出黄昏之星见顶K线形态，后市看跌。此时定性线已由上行、走平转而下行，表明长期趋势向下，此时不论是短线、中线还是长线交易，都应当清仓离场。

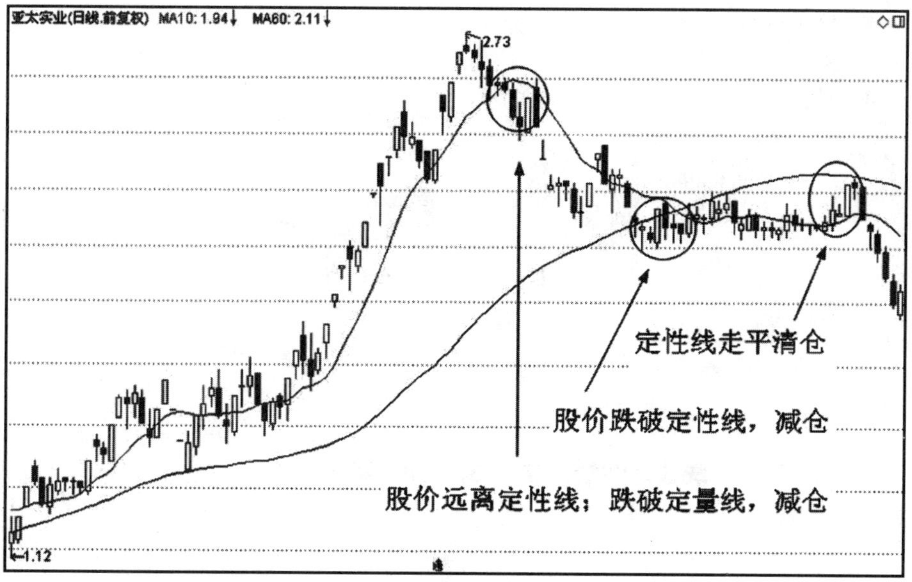

图 3-70　中期组合的离场标准

如图 3-71 所示，山东如意（002193）。股价筑顶之后回落跌破定性线，这是一个非常重要的减仓信号。跌破后，虽然也经常出现葛南维第三大法则买入点，但跌破定性线的意义重于跌破定量线。跌破定量线，只表明有一部分获利的交易者离场了，但大部分更长交易周期的交易者，并没有改变对后市看好的观点，仍然在场内坚守。跌破定性线，则说明持悲观看法的人士增多，并且已经采取实际行动抛售股票，甚至已有为数不少的交易者为确保成交，在平均成本价之下压价卖出。

股价跌破定性线，交易者首先应该想到市场向淡，而不是多方乘胜追击时短暂的休憩。首先应该做到的则是减仓。减掉大部分仓位后，不论后市是涨是跌，交易者都可以很轻松地做到进退自如。

随后股价果然上冲，突破定性线，但这一上涨仅仅是一个短暂的三日游行情，多方脚跟未稳，股价就再度从定性线上方跌落而下。对于这种走势，交易者可以把它看做是多头陷阱，也可以看做是多方濒死前的回光返照。总之多方最后一博不仅未能挽回颓势，反而促使更多的人加入空方阵营，定性线由上行转为下行，这等于宣告空方的力量和士气均已占据上风。交易者此时亦应见风使舵，清空仓位，转多为空。

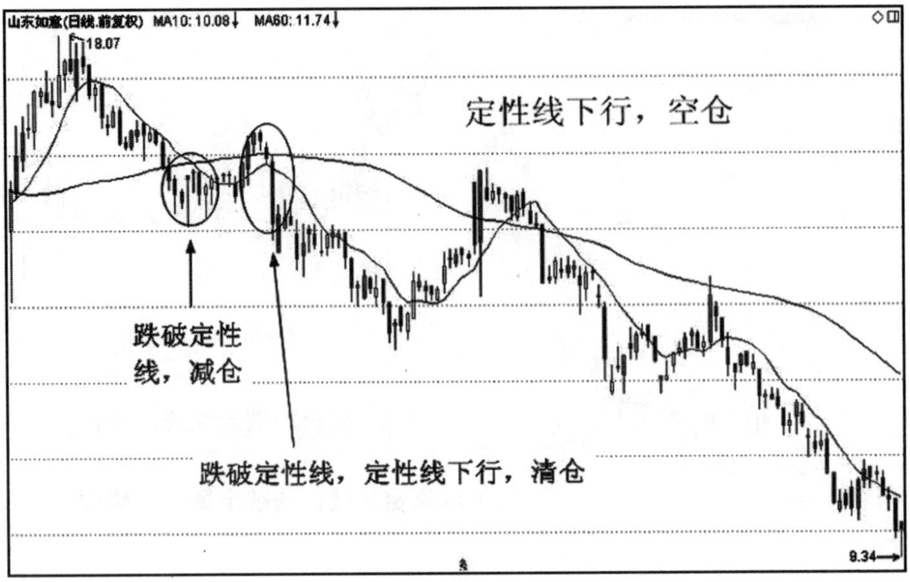

图 3-71 中期组合的离场标准和空仓阶段

特别提示：

(1)中期组合是所有双线组合中最适合沪深股市操作的均线系统，10 日和 60 日均线组合又是中期组合中最具优势的均线系统。

10 日均线作定量线，不会频繁发出买卖信号；60 日均线作定性线判断趋势，滞后性也不会太强。可以说该中期均线组合兼具稳定性和灵敏性。

(2) 60 日均线作为中期组合的定性线，在大部分情况下指示和确认的趋势都是长期趋势。60 日均线上行，表明股价或指数运行在牛市中。交易者使用中期组合指导交易，在均线系统发出买入信号时，仓位可以比短期组合重一些，有时甚至可以一次性满仓。

四、长期组合

长期组合是由一条较短周期的中期均线作定量线，一条长期均线作定性线的双线组合形态。和中期组合的优点一样，长期组合也兼具灵敏性和稳定性。但由于长期组合的定量线已经是中期均线，所以长期均线组合无论是在确认趋势方向，还是确定进出场标准方面，都存在一定的滞后性。

常见的长期组合有 20 日和 120 日均线组合，以及 30 日和 240 日均线组合两种。相比较而言，20 日和 120 日均线的双线组合，运用中的滞后性尚在可以接受的范围之内，故本书以此组合为例，来讲解长期组合的应用技巧。

长期组合的买入和持仓原则如下。

(1)股价向上突破定性线，定性线上行，买入。

(2)定量线上穿定性线形成黄金交叉，买入。

(3)股价下跌，遇定性线支撑止跌回升，买入。

⑷定性线上行，股价在定性线上方向上突破定量线，买入。

⑸定量线下行，遇定性线止跌后再度上行，买入。

⑹股价、定量线、定性线呈多头排列，持股。

如图 3-72 所示，高鸿股份（000851）。定性线上行，股价向上突破定性线，定量线黄金交叉定性线，表明股价调整结束，升势继续。交易者可以买入做多。

此后股价和均线基本上呈多头排列，交易者可以持股不动，也可以在股价跌破定量线时减仓，突破定量线时补回。

在顶部，股价急跌，先后跌破定量线和定性线，交易者可以减仓。跌破定性线时，减仓的力度要大一些，至少要减掉一大半仓位，稳健的交易者甚至可以清仓。在牛市中，股价一般不会跌破长期均线。一旦跌破，则表明空方来势凶猛，多方力量和信心遭受重创。另外，由于长期均线存在较强的滞后性，当股价由牛转熊时，长期均线在运行方向上还没有产生反应。当均线改变方向时，股价往往已经跌幅很深了。所以在股价跌破定性线时，减仓的力度一定要大。

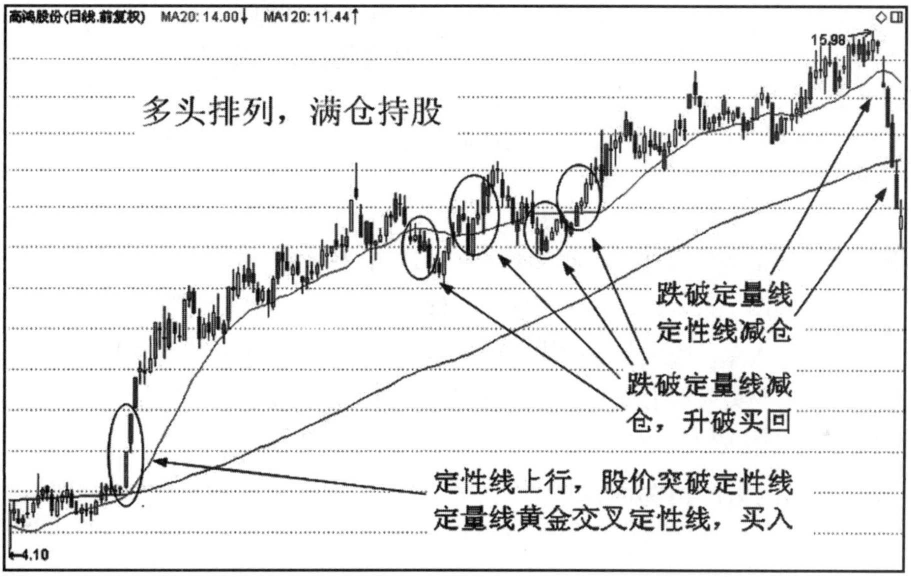

图 3-72　长期组合的进场标准和满仓持股阶段

如图 3-73 所示，德豪润达（002005）。股价原本运行在一个完美的多头排列中，突然急速下跌，形态上就像一根鱼竿垂下的一条丝线。若能恪守交易原则，遇到这种走势也无须惊慌。跌破定量线时减仓，跌破定性线时继续减仓，经过两次减仓，手中所余筹码已经不多。只要此前进场不是太晚，减仓时都是可以有盈利的。

跌破定性线减仓之后，股价马上重返定性线之上，此时交易者可以回补减去的仓位。但该股止跌后，股价的动荡并未结束，而是围绕定性线数度跌破和升破，导致交易者不断减仓、补仓，每一回合都会损失一些价差和税费。股价上下震荡时，不仅是均线，几乎所有的趋势分析方法都无法解决进出频繁、高买低卖的问题。任何一种分析方法和交易工具，包括备受推崇的价值交易在内，都会存在无法克服的缺陷。

好在股价最终突破定性线并继续向上远离定性线，定量线也黄金交叉定性线，交易者如果持股，最终还是能够获得不菲的收益。

图 3-73　长期组合的进场标准

如图 3-74 所示，普洛股份（000739）。股价前期是烘云托月的技术形态，后期是气贯长虹的技术形态，整体上呈多头排列，因此交易者应以持仓为主，以增减仓为辅。

图中第一个至第四个买入点，都是定性线上行，股价向上突破定量线时发出的买入信号。其中第二个至第四个买入点，还是在定性线上行支撑作用下，葛南维第二大法则买入点在双线组合中的具体应用。第五个买入点出现时，定量线遇支撑上行，均线多头排列，和前面所有的买入点一样，都是均线服从在起作用。

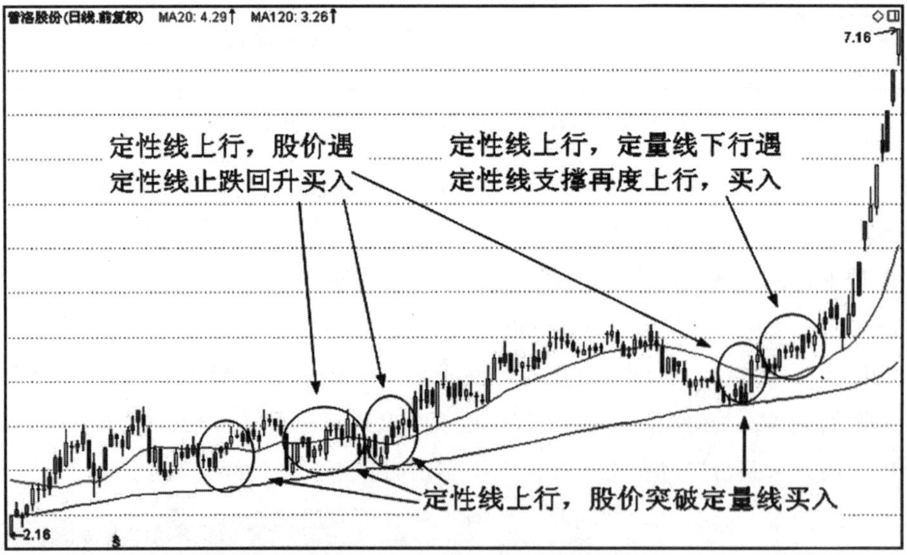

图 3-74　长期组合持股以及增仓的买入标准

长期组合的卖出和空仓原则如下。

(1)股价跌破定性线，定性线走平或已拐头下行，卖出。

(2)多头排列期间，股价跌破定量线，减仓。

(3)股价急速飙升，远离定性线，减仓。

(4)股价跌破定性线，定性线上行，减仓。

(5)定性线下行，空仓。

如图 3–75 所示，刚泰控股（600687）。因为定性线一直上行，所以持股是基本原则。第一个减仓点在股价连封一字涨停板后收出大阴线时，这个减仓点股价远离定性线，属于葛南维第五大法则的卖出点。股价跌破定量线发出第二个和第三个减仓信号，交易者可以适量减仓。

图 3–75　定性线上行时长期组合的离场标准

如图 3–76 所示，重庆啤酒（600132）。定性线虽然上行，但股价上下震荡幅度非常大，这给了那些善于波段操作的交易者足够的操作机会，以便实现利润最大化。

第一个减仓点是股价远离定性线，出现了葛南维第五大法则卖出点。此时可以用见顶的 K 线形态进行定位，在收出黄昏之星时减仓。

第三个减仓点在股价跌破定性线的位置。跌破定性线时，虽然定性线依然上行，但如前所述，跌破长期均线时减仓力度一定要大。

第二个、第四个和第五个减仓点，都是股价跌破定量线时发出的，交易者应恪守原则，仓位当减则减。

第六个卖出点是清仓点。股价跌破定性线时定性线已经下行，表明长期趋势走熊。卖出宜早不宜迟，甚至可以在盘中跌破时着手清仓，不必等到临近收盘时再进行确认。

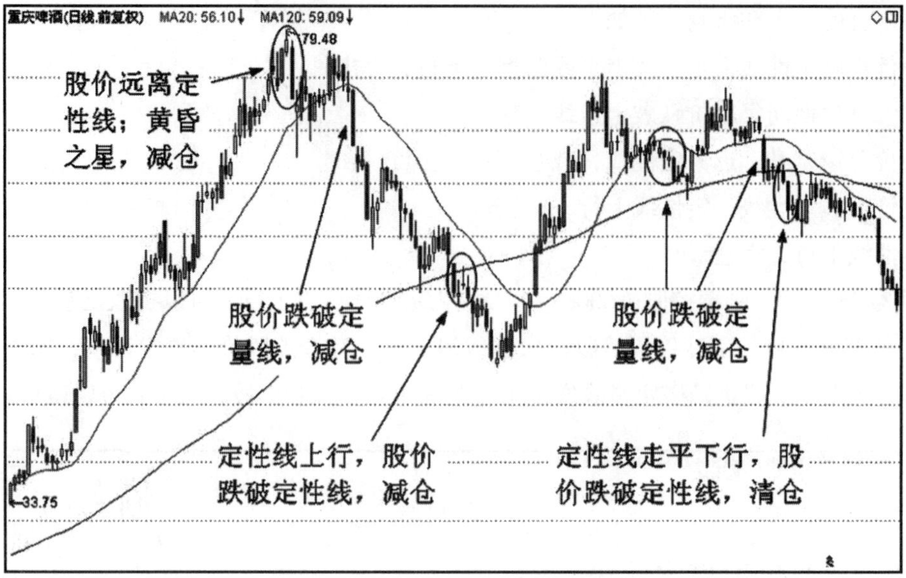

图 3-76 长期组合的离场标准

如图 3-77 所示，ST 九发（600180）。股价跌破定性线之前，收出长阴线时，定性线已经下行。稳健的交易者在收出长阴线时，就可以逐步离场。

接着股价跌破定性线，清仓卖出就成为火烧眉毛的紧迫之事。尽管之后股价一直紧贴着定性线不愿下跌，但那已是多方对昔日辉煌的最后眷恋。任何对过去怀有贪恋，对后市抱有幻想的交易者，都将在寒冷的长夜独饮套牢的苦酒。只有空仓，才可以在温暖舒适的被窝里甜甜地进入梦乡。

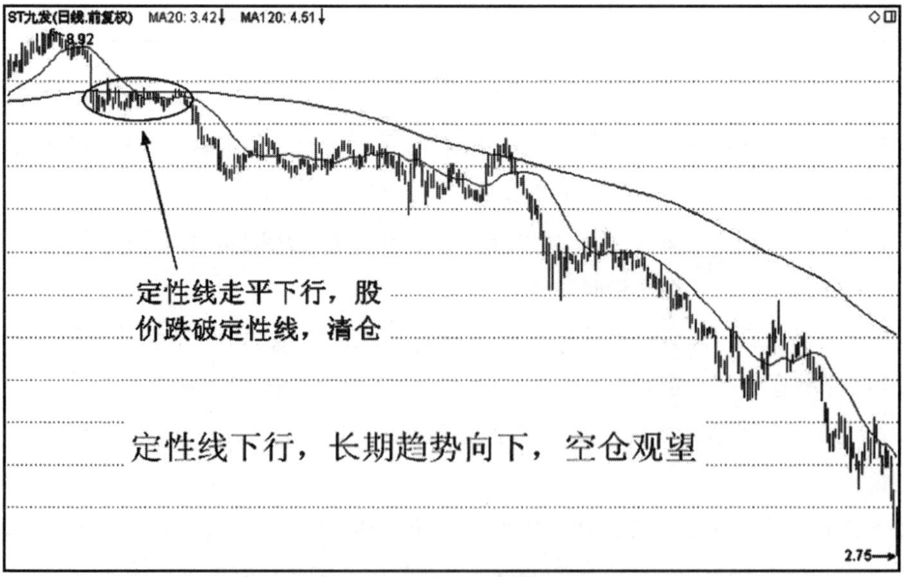

图 3-77 长期组合的离场标准和空仓观望阶段

特别提示：

⑴长期组合的定性线即便只用半年线，在实际交易中，对于趋势的确认和指示依然存在很强的滞后性。

如图 3-78 所示，山东如意（002193）。股价见底回升以后，走出均线扭转的技术形态，表明市场熊去牛来。但 120 日均线在股价上涨超过一倍的时候，才由下行逐渐转为上行。单纯使用长期组合，无法解决滞后的缺陷。交易者可以改用中期组合，或结合其他技术分析方法进行综合研判。

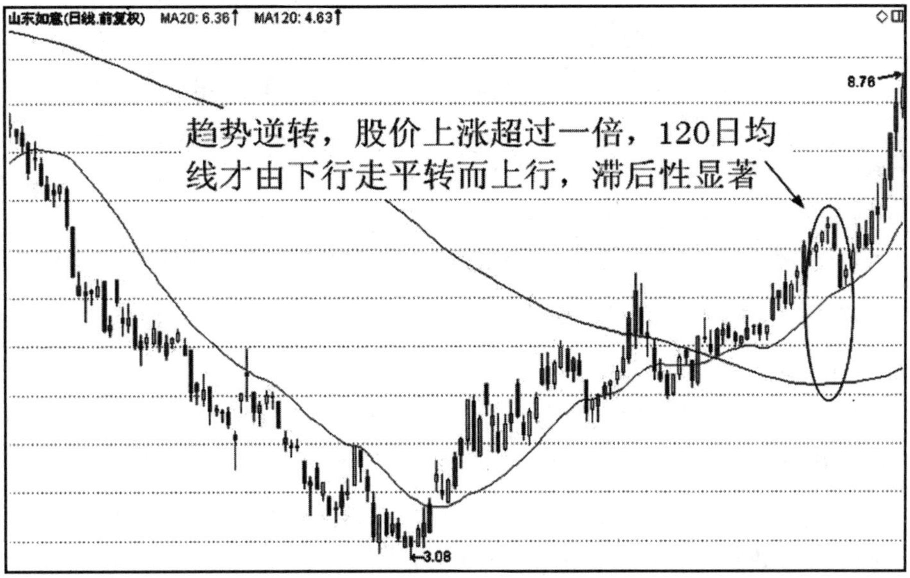

图 3-78　长期组合定性线在判定和确认趋势方面存在较大的滞后性

⑵长期组合的定量线，无论是 20 日均线还是 30 日均线，都属于中期均线，因此股价和定量线之间的位置关系，可以为交易者提供更多的进出场信号。

例如，在多头排列的的前提下，股价回调，遇定量线止跌回升，定量线继续上行，交易者可以买入或加仓。

如图 3-79 所示，长城开发（000021）。股价和均线呈多头排列，但在定量线之上，股价依然波动频繁。但是股价波动的幅度都不大，遇到定量线时，就会由波谷转波峰。未满仓的交易者，可以在波谷也就是股价遇定量线止跌的位置加仓，未及时介入的交易者，则可以在波谷处适量买入。

在这里，因为定量线的周期比较长，所以起到了定性线的部分作用。

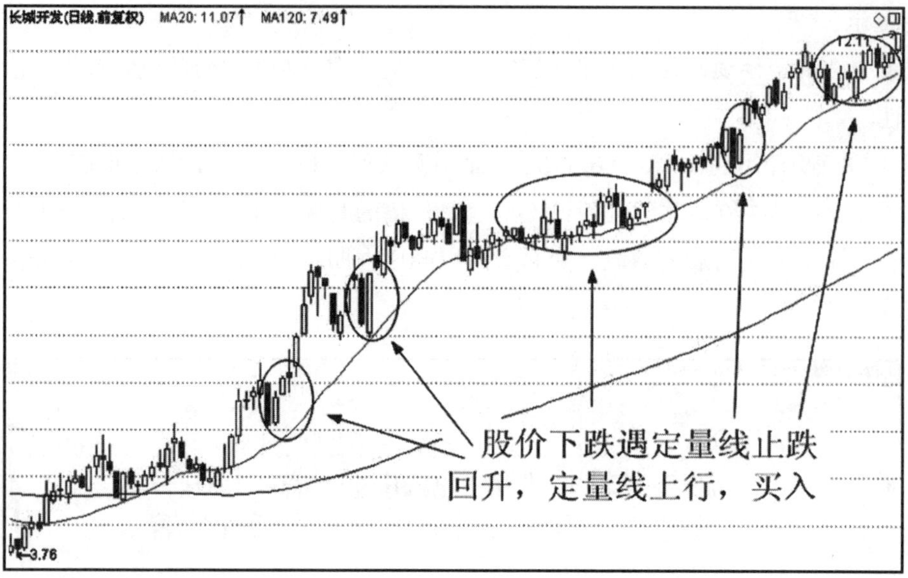

图 3-79　定量线因为周期较长，可以起到定性线的部分作用，为交易提供更多机会

但在股价暴涨，远离定性线时，交易者如果等到股价跌破定量线再卖出离场，很显然，存在一定的滞后性。

如图 3-80 所示，阳光股份（000608）。股价越涨越快，角度越来越陡，乖离率也越来越大，很显然此时均线修复的迫切性也就越强。但是根据葛南维第五大卖出法则，无法对卖出点进行准确定位。根据双线交易原则，跌破定量线卖出，虽然简单易行，但如图所示，因为定量线周期比较长，滞后性比较强，股价跌破定量线卖出时，股价已经下跌一大段距离了。

对于这种走势，交易者可以在放量滞涨以及收出见顶 K 线形态时卖出。如图中所示，可在股价收出穿头破脚的大阴线时，短线交易清仓，中长线交易减仓。

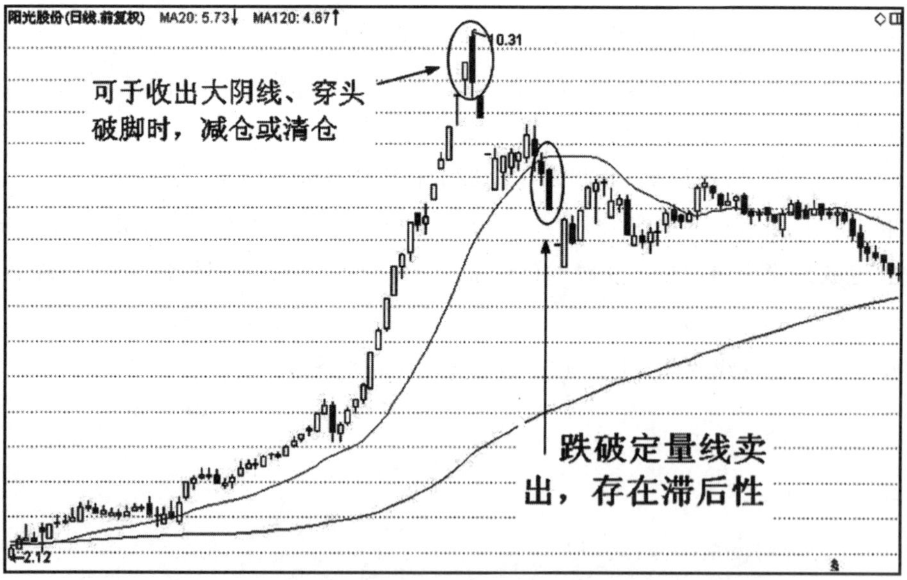

图 3-80　对于暴涨的股票，股价跌破定量线再卖出会存在严重的滞后性

第三节 均线排列方式及实战应用

一、多头排列、上山爬坡、逐浪上升

1. 多头排列形态

多头排列是指在行情走势图中，K 线、短期均线、中期均线、长期均线依次从上到下排列且方向向上。以日 K 线图为例，当日 K 线、5 日、10 日、20 日、60 日、120 日和 240 日均线在走势图中从上到下依次排列，方向向上，就是多头排列。

多头排列表明市场内各均线周期内的持仓交易者全部盈利，股价或指数正奔跑在牛市的康庄大道上。

图 3–81 是上证指数（999999）的日 K 线走势图。该图展示了一个形态接近完美的多头排列走势。

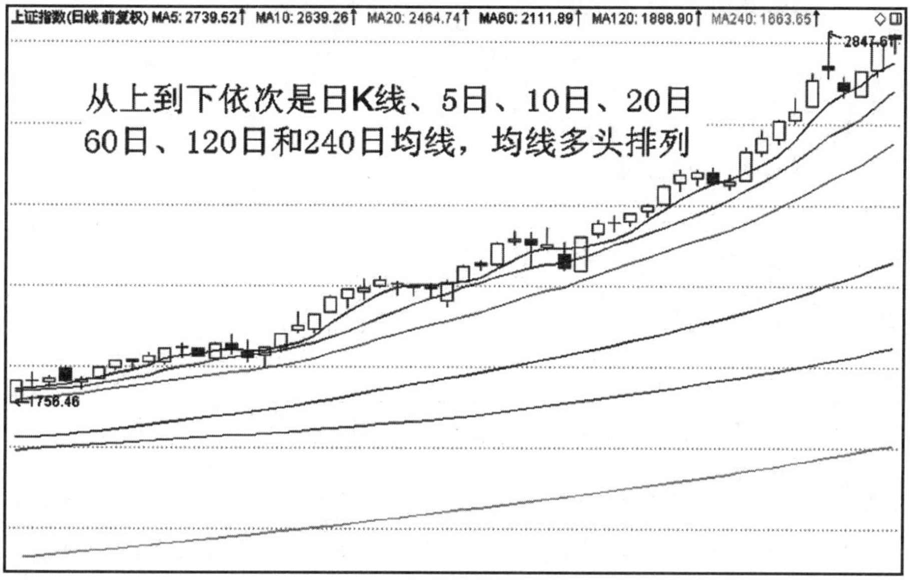

图 3–81 多头排列

多头排列的技术特征如下。

(1)出现在上升趋势中。

(2) K 线、短期均线、中期均线、长期均线从上到下依次排列且方向向上。大多数情况下，各周期均线呈向上的圆弧形。

多头排列的技术含义是：股价或指数处在一个比较大的上涨趋势中，是交易者重要的持股期。

指数或个股经过一段时间的下跌后，最终由跌转涨，继而各周期均线呈多头排列，表明一轮大行情来临，股价或指数将会持续上涨一大段时间。

从转头的先后顺序以及换手的总周转率来看，股价或指数就像多方派出的侦察人员和先头部队，短期均线是小股部队，中期均线是大部队，长期均线就是用于决战的主力部队。多头排列则意味着尖刀部队、小股部队、大部队和主力部队全部都在向前推进，战场上从宏观到微观，无一处不对多方有利。孰强孰弱，孰胜孰负，可以说是一目了然。

见到股价或指数呈多头排列时，交易者要把握住机会。没有仓位的，要根据大盘和个股的具体情况及时介入。已经持仓的，一定要坚定持股信心，骑牛前行，切莫半途跃下牛背。

如图 3-82 所示，中国船舶（600150）。股价形成多头排列后，一路上涨，涨幅惊人。交易者可以在股价和均线刚刚形成多头排列时及时介入，已根据其他趋势技术信号买入的，可以加仓并持仓不动。

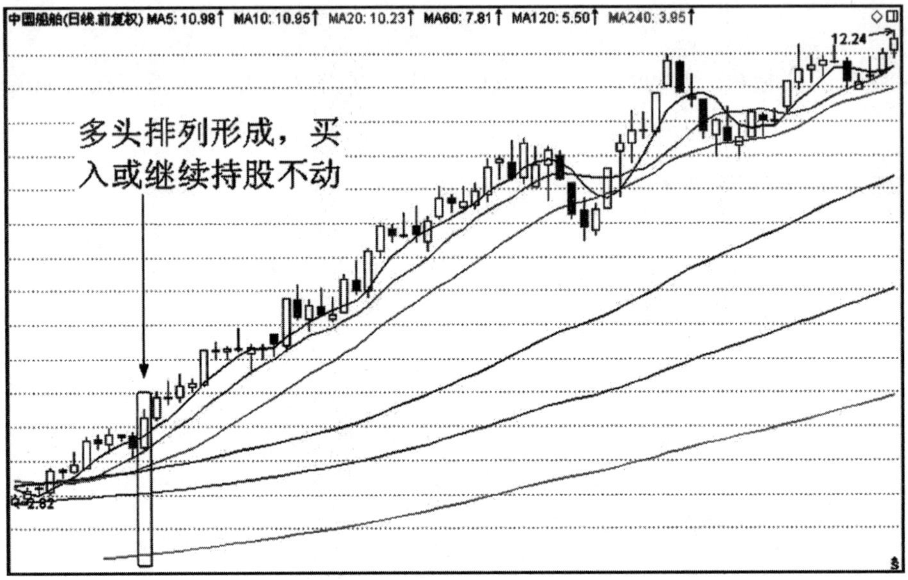

图 3-82　多头排列，持仓不动

需要特别提醒的是：形成多头排列后，预示着股价或指数将大幅上涨，这是交易者最重要的持股阶段。股价或指数首次形成多头排列时，绝大多数都不是一个很好的买入点。原因主要是均线存在滞后的特点，形成多头排列时，股价或指数往往已经上涨了很大一段空间。交易者不一定等到均线多头排列时才进场买入，但一定要在各均线形成多头排列后坚定捂股一段时间，直至出现明显的离场信号。尤其是短期、中期、长期均线同时呈多头排列时，往往表明持续时间比较长的一轮大牛市到来了，交易者应当全力以赴，持股做多。

如图 3-83 所示，紫光古汉（000590）。在股价上涨的主升段，均线形成多头排列。交易者不必等到均线形成多头排列时才进场买入，在底部股价整理后期，各条均线粘合，然后一根大阳线向上突破均线粘合形态时，即可进场买入。

大阳线突破均线粘合形态，同时也突破了 60 日均线，60 日均线上行，是 60 日均线葛南维第一大法则的买入点。图上也标注了均线首次多头排列时的买入点，与均线粘合形态、葛南维买入点相比，该买点出现的时间较晚，买入价位更高，很显然不是一个最佳的买入时机。

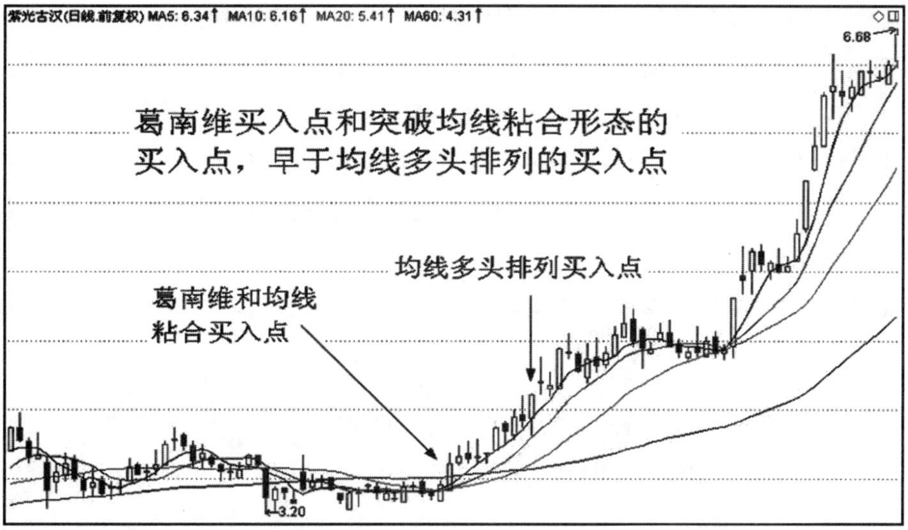

图 3-83 多头排列是很重要的持股期，但首次形成多头排列并不是最佳的买入时机

特别提示：

⑴周期越长的均线稳定性越好，但滞后性也越强。

均线的稳定性和滞后性是如影随形的一对特性，有其一必有其二，谁也无法将其分开。当股价走势呈多头排列时，周期长的均线虽然比较稳定，但滞后带来的缺陷也很严重。比如 120 日和 240 日均线，除非在一个上涨周期比较长的单边牛市里，其他情况下很难和日 K 线以及其他周期较短的均线形成多头排列。即便形成多头排列，往往股价或指数也已经上涨一大段。

如图 3-84 所示，上证指数（999999）。在 2008 年 10 月 28 到 2009 年 8 月 4 日，上证指数从 1664.93 点上涨到 3478.01 点，但是当 5 日、10 日、20 日、60 日、120 日和 240 日均线形成多头排列时，上证指数已经上涨到 2789.55 点，上涨行情走完大半。

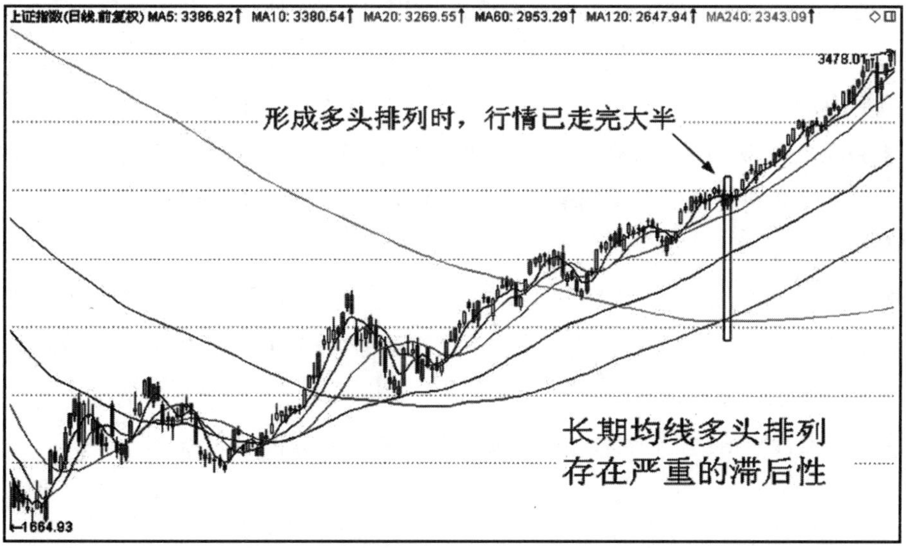

图 3-84 长期均线在形成多头排列时明显滞后

有时长期均线与其他较短周期的均线形成多头排列时，股价往往已经到了阶段性头部。

图 3-85 是上证指数（999999）1999 年 5 月 17 日从 1047.83 点起步之后的行情走势。从图中可以看到，第一波上涨就拉升到了 1756.18 点。在这一波上涨过程中，120 日和 240 日均线一直没有与其他较短周期均线形成多头排列。直至股价见顶 1756.18 点后回落至 1577.98 时，120 日均线才金叉 240 日均线，和 240 日均线形成多头排列，此时 5 日均线已经下穿 20 日均线，10 日均线开始向下移动。

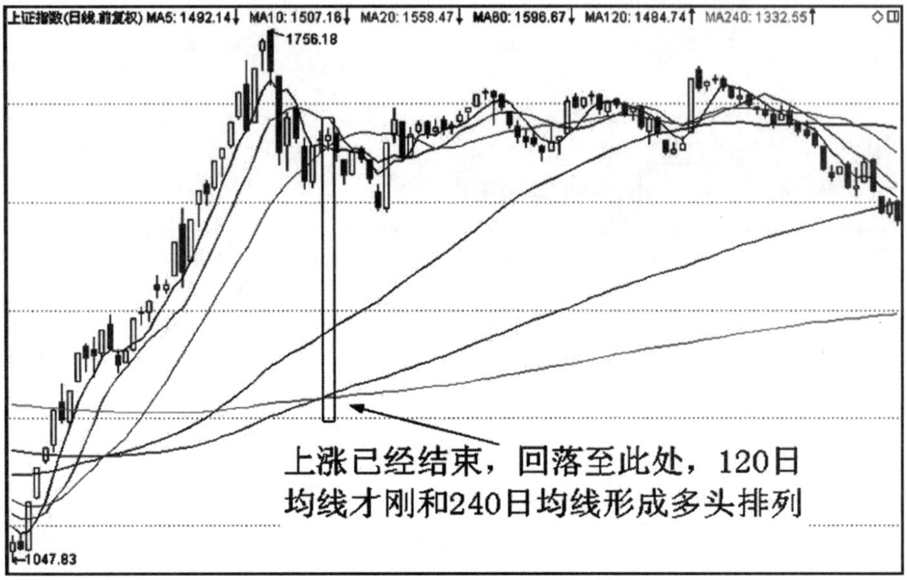

图 3-85　长期均线在形成多头排列时的滞后性

一般情况下，运用多头排列时，交易者可以只参考或选用 5 日、10 日、20 日、60 日均线组合。20 日和 30 日均线在实战中的区别不是很大，交易者二选一即可。

⑵均线首次形成多头排列后，在股价或指数上涨期间，即使 K 线和短期均线方向短暂向下，或者 K 线、短期均线甚至中期均线之间短暂交叉，只要中长期均线一直在下且方向向上，仍可以看作是多头排列。

如图 3-86 所示，酒鬼酒（000799）。该股无论从上涨时间还是上涨幅度上，都算得上是一个大牛股。在上涨期间，股价多次调整，5 日、10 日、20 日均线追随股价不断交叉和粘合，有时甚至形成空头排列。

无论股价怎么调整，每一次跌到 60 日均线处都会受到支撑，60 日均线除了偶尔走平之外，基本上一直上行。120 日、240 日均线一直在下支撑上涨，60 日、120 日和 240 日均线多头排列形态基本上没有变化。因此该股自首次形成均线多头排列以后，虽然股价有涨有跌，中短期均线之间有交叉、下行和粘合，但都不影响该股整体上处于多头排列形态。

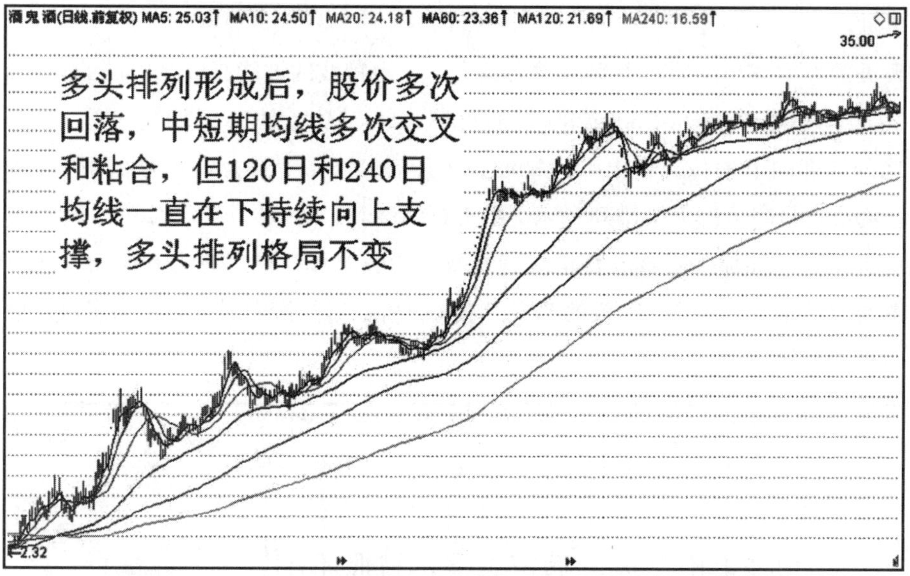

图 3-86　股价和中短期均线交叉、粘合甚至短暂的空头排列，不影响整体上的多头排列

这里可以把多头排列大致分成两类，即完美的多头排列形态和不完美的多头排列形态。前者比较少见，后者比较常见，不完美的多头排列是更为实用的均线形态。

当多头排列不那么完美时，股价或指数的走势就表现得复杂多变。为了更容易理解和运用，有人将其归纳总结为三种均线形态，分别是上山爬坡、逐浪上升和烘云托月。烘云托月由于仅是多头排列的一部分，且有着独特的技术含义，所以将在后面的内容中讲解。

和均线多头排列一样，讲解均线上山爬坡和逐浪上升时，为避免长期均线过于滞后的特性，只选用 5 日、10 日、20 日和 60 日均线组合。

2. 均线上山爬坡

均线上山爬坡的技术特征如下。

⑴出现在上升趋势中。

⑵ K 线和各周期均线较稳定地沿着一定的坡度向上移动。

⑶中长期均线基本上一直呈标准的多头排列形态。

均线上山爬坡的技术含义：看涨信号，持股待涨或择机买入。

上山爬坡本质上属于多头排列中的一种，因此其技术含义和多头排列差不多，是交易者非常重要的持股期。但上山爬坡形态中，股价和短期均线上下震荡的幅度，要比完美的多头排列大得多。股价或指数只要有波动，就有操作的机会。波动越大，次数越多，机会就越多，所以均线上山爬坡给予交易者逢低买进的机会，要比完美的多头排列多得多，空仓的交易者可以进场买入。

上山爬坡虽然不是完美的多头排列，但整体而言，多方主力对局面的把握还是比较主动和从容的。股价上涨过程中，基本上没有比较剧烈的震荡和起伏，因此不会令持股的交易者有心惊胆战的感觉。

上山爬坡的坡度越小，后市上涨的潜力越大；上山爬坡的坡度越陡，上涨的力度就越强。

如图 3-87 所示，ST 昌九（600228）。股价在 5 日、10 日和 20 日均线的支撑下，几乎是沿着固定角度的坡度向上攀行，走出上山爬坡技术形态，坡形完美。在山坡的下面，60 日、120 日和 240 日均线也呈完美的多头排列和完美的上行弧度。

上山爬坡虽然不如那些沿着 5 日均线持续暴涨的股票那样推升有力和激动人心，但依旧表明多方积蓄的力量充盈，掌控了进攻的节奏，未来股价上升的潜力较大。交易者可以放心做多，直至出现明显的见顶信号。

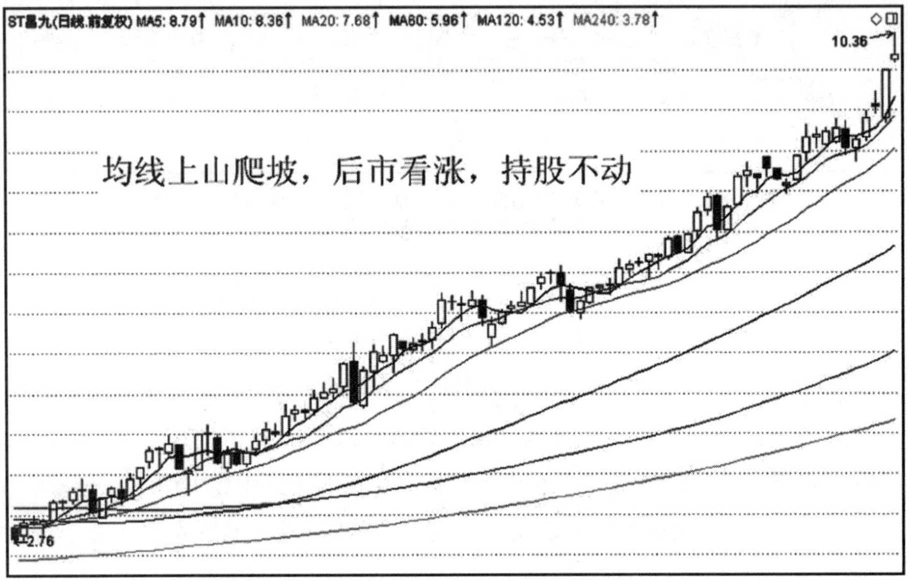

图 3-87 均线上山爬坡，持股待涨

如图 3-88 所示，ST 金谷源（600228）。和上图一样，多方的优势十分明显，多方推动股价上涨时进退有序，淡定从容。反观空方，则一忍再忍，一退再退，几乎毫无招架之力，连一次像样的反击都没有，所有的调整都是以均线被动修复的形式进行。

交易者已经持仓的，可以稳坐钓鱼台。没有仓位的，可以及时介入。图中标注了几处比较明显的加仓点，大多是均线粘合或交叉后的突破点。其中第二处还是收敛三角形的突破买入点。

无论是多方还是空方，只有顺应趋势，才会事半功倍。趋势交易者只有与趋势为伍，才能够在市场中站稳脚跟，长期获利。

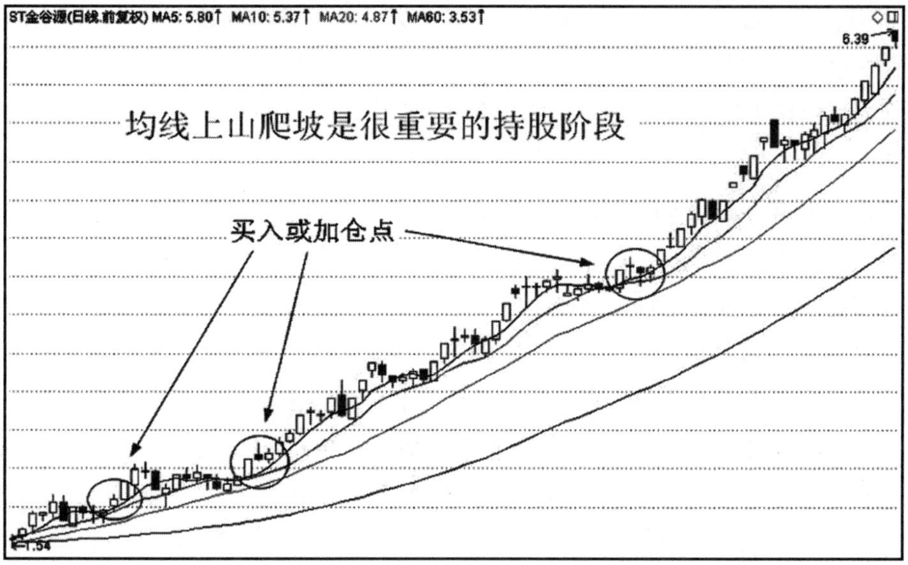

图 3-88 均线上山爬坡表明多方完全占优，交易者应把握机会，持有或买入

3. 均线逐浪上升

逐浪上升的技术特征有以下几点。

⑴出现在上涨趋势中。

⑵ K 线、短期均线和较短周期的中期均线经常出现交叉、粘合，有时甚至出现中短期均线空头排列。

⑶股价或指数就像涨潮的海浪一样，一浪涨，一浪跌，但整体上越涨越高，浪形十分清晰。

⑷较长周期的中期均线和长期均线基本上一直呈标准的多头排列形态，像传送带一样托着 K 线、短期均线和较短周期的中期均线向上攀升。

均线逐浪上升的技术含义：看涨信号，持股不动或择机买入。

逐浪上升和上山爬坡的技术含义完全一样，但逐浪上升的股价波动幅度更大，因而交易者可介入的机会更多，同时买入和持有的风险也相应增加。

交易者介入逐浪上升走势的股票时，买入点大多是均线服从和葛南维第二大法则、第三大法则提示的信号。长期均线的方向和支撑力度，是交易者买入时首先要考量的因素。

如图 3-89 所示，华兰生物（002007）。120 日和 240 日均线黄金交叉后，长期均线形成多头排列形态，但是股价的上涨却一波三折。股价先是以一根向上跳空的阴线突破均线粘合形态，发出买入信号，此时长期均线多头排列形态未变，所以交易者可以进场买入。接着股价短期暴涨，远离中长期均线，出现葛南维第五大法则卖出点，减仓。

随后股价开始了近两个月的调整。调整期间，5 日、10 日和 20 日均线再度粘合，并形成空头排列形态。在股价调整至 60 日均线附近时，收出断头铡刀技术形态，断头铡刀是卖出信号。接下来股价快速下跌，收出断头铡刀的第二天，又收出一根大阴线，且股价开盘就向下跳空，开在 60 日均线之下，收盘收出向下突破缺口，这也是均线绝命跳的技术形态。以上都是很强烈的见顶或看跌的卖出信号。

很多交易者会认为股价将要大跌，于是纷纷斩仓出局。但此处只是一个减仓信号，因为 60 日和 120 日均线均在上行。实际走势中，股价也并没有向下推进多少，只是虚晃一枪，跌至 120 日均线处即止步不前。随后大阳线上攻，再度暴涨，令出局的交易者来不及追进。断头铡刀之后的下跌，很显然是一个空头陷阱。

交易者若能认真分析就不难发现，主力挖的空头陷阱其实并不是那么隐蔽。股价虽然以跳空大阴线跌破 60 日均线，但 60 日均线一直上行。跌至 120 日均线时，120 日均线的支撑较强。60 日、120 日和 240 日均线一直呈多头排列，长期上升趋势未变，所以交易者不应对跳空下跌走势有过多的担忧。何况股价在 120 日均线处止跌时，还是 60 日均线和 120 日均线的葛南维买入点。在 120 日均线位置，K 线形态还收出见底的塔形底。因此对于这种走势，交易者不仅不应该卖出离场，相反还可以逢低加码买进。

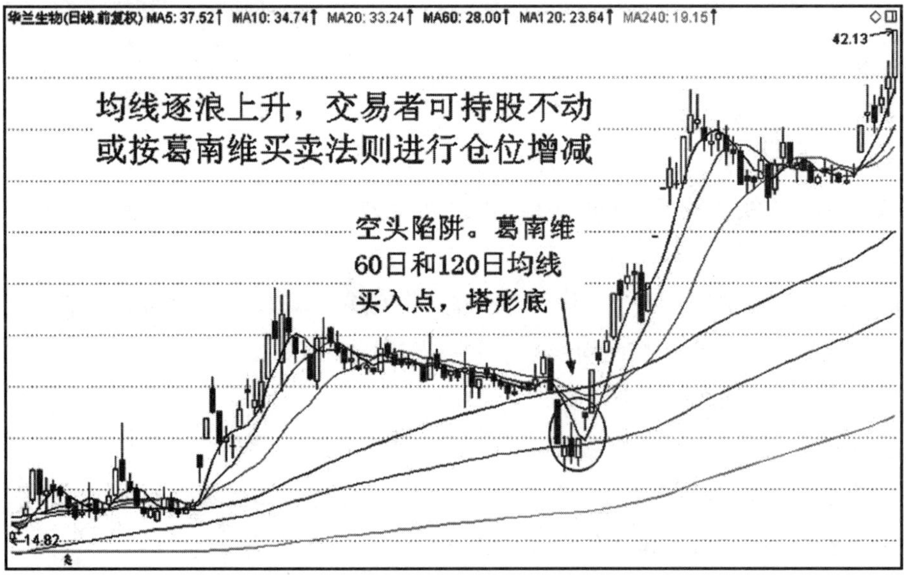

图 3-89 均线逐浪上升，交易者可持股不动，或者按均线形态进行仓位增减

图 3-90 是与图 3-89 同一时间段的日线图。喜欢做波段的趋势交易者，可以参阅图上标注的买卖点，适量进行仓位增减。

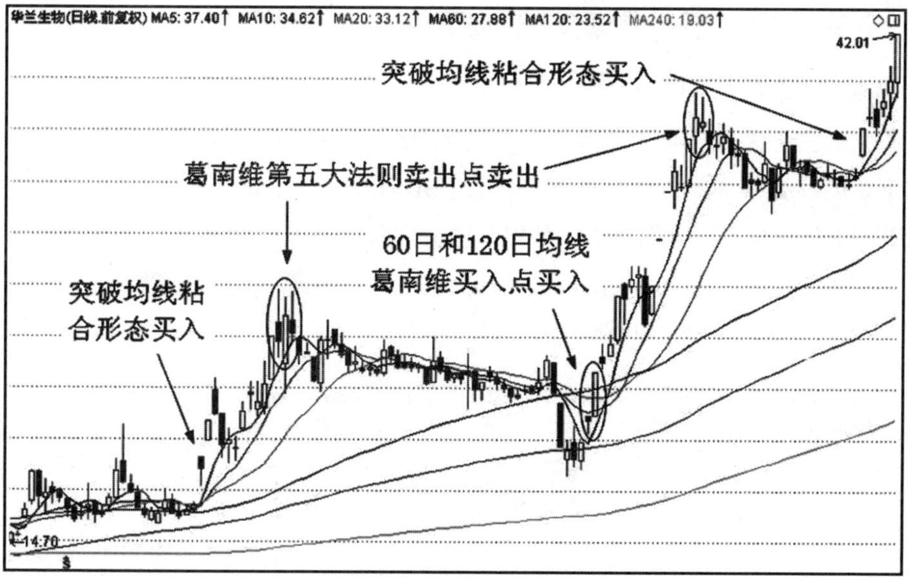

图 3-90 对于均线逐浪上升走势，交易者可以根据均线买卖信号增减仓位

如图 3-91 所示，广电网络（600831）。该股股价和均线走势有些凌乱，但逐浪上升的技术特征还是清晰可见，交易者可以在买入后一路持有。

上涨伊始没有来得及进场的交易者，可以在股价遇到 120 日均线止跌回升，发出 60 日和 120 日均线葛南维买入点时买入做多。买入后股价继续上涨，向上突破下降楔形上边线，然后回试上边线不破，都是交易者加仓的良机。

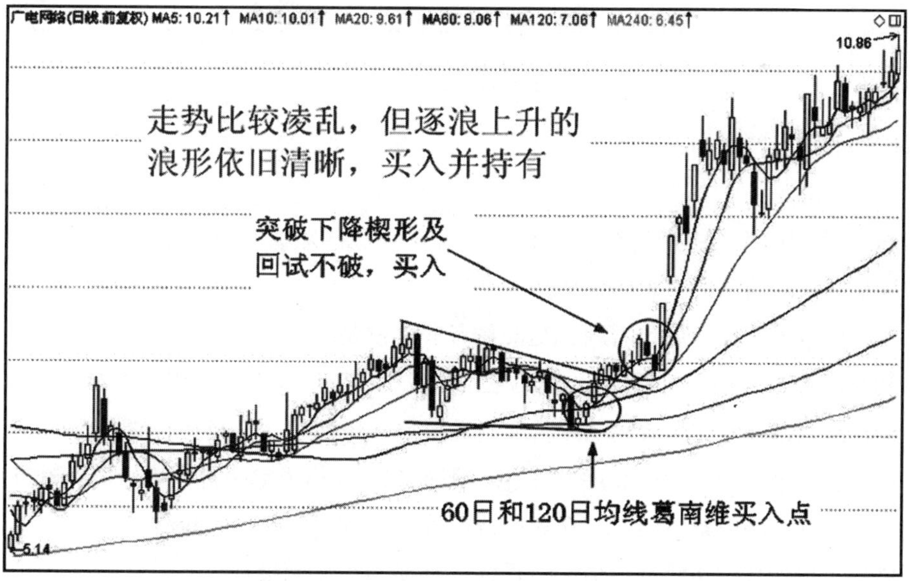

图 3-91 均线逐浪上升，持有或买入

二、空头排列、下山滑坡、逐浪下降

1. 空头排列形态

空头排列是指在 K 线走势图中，K 线、短期均线、中期均线、长期均线依次从下到上排列且方向向下。以日 K 线为例，当日 K 线和 5 日、10 日、20 日、60 日、120 日、240 日均线在 K 线图中从下到上依次排列，方向向下，就属于空头排列。

空头排列表明市场内各均线周期内进场的交易者悉数被套，股价或指数运行在熊市中。

如图 3-92 所示，ST 合金（000633）。形成空头排列后，股价如瀑布般飞泻而下。

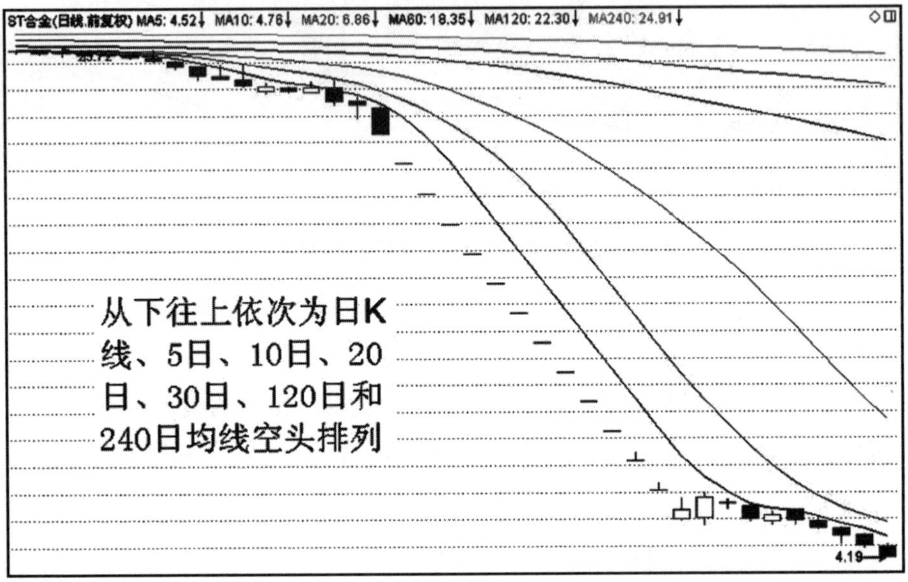

图 3-92　空头排列

空头排列的技术特征如下。

(1)出现在下降趋势中。

(2) K 线、短期均线、中期均线、长期均线从下到上依次排列且方向向下。大多数情况下，各周期均线呈向下的圆弧形。

空头排列的技术含义：后市看跌，是交易者非常重要的空仓期。

大盘和个股经过一段上升后，由升转跌，继而进入空头排列，表明熊市蹒跚而来，后市将会下跌很久，跌幅很深。交易者见到股价或指数呈空头排列时，应当及时清仓离场。

图 3-93 是 ST 康达尔（000048）的周线图。股价和均线形成空头排列后，股价随即大幅下跌。交易者见到空头排列的股票以后，空仓的要持币等待，持仓的应当果断清仓。

周线比较难以形成空头排列，但一旦形成，杀伤力往往大于日线。

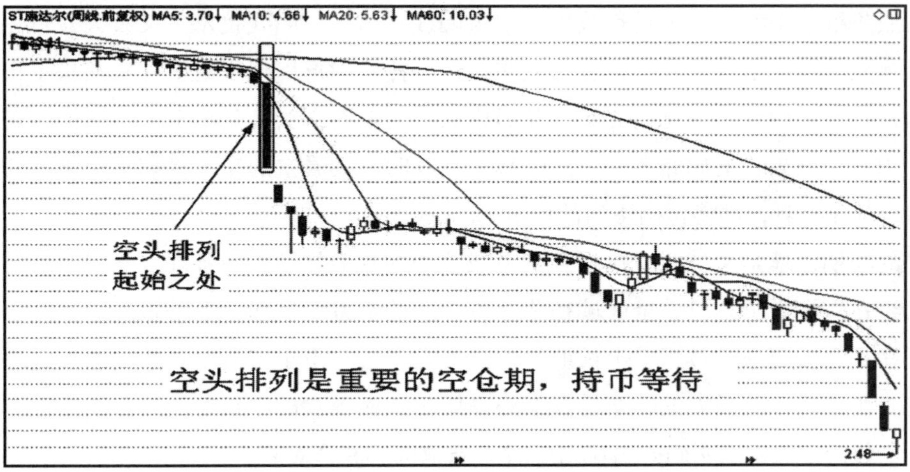

图 3-93　空头排列，持币等待

需要特别提醒的是：空头排列是重要的空仓期，并不表示交易者一直等到空头排列完全形成时才离场。趋势交易的离场标准是，只要任何趋势分析方法给出明确的卖出信号，就应该果断离场。

对于趋势交易者来说，果敢的性格和壮士断臂的勇气有时远比趋势技术本身重要。交易者做错和跌倒并不可怕，这也是交易中不可避免的事情，可怕的是跌倒之后再也没有能力和机会爬起来。在趋势交易中，及时卖出总是比正确买入重要很多。对卖出迟疑不决，也远比不敢买入对交易的危害大得多。

如图 3-94 所示，恒逸石化（000703）。股价在顶部跌破 60 日均线时，60 日均线已经走平，因此是 60 日均线葛南维第六大法则卖出点。其后股价虽然再度上攻并收复 60 日均线，但 60 日均线继续走平，反弹也只在 60 日均线上短暂停留两日，随即继续下跌走势。

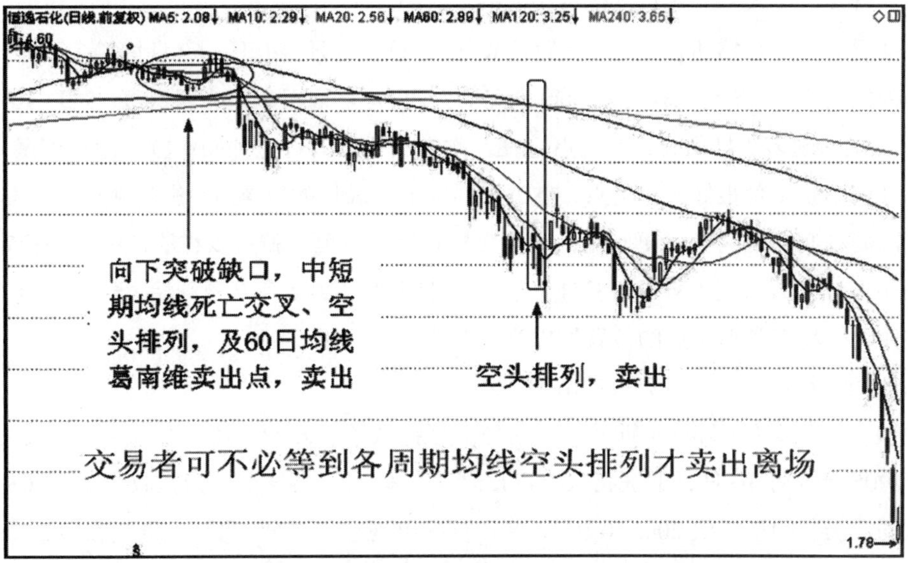

图 3-94　各周期均线形成空头排列是必须清仓的卖出信号

随后股价继续下跌，向下跳空收出一根大阴线。这根大阴线技术意义重大，首先，大阴线本身就是强烈的看跌信号。其次，收出大阴线后，技术图形出现了向下突破缺口。再次，均线形态方面，中短期均线出现死亡交叉，并形成向下发散的空头排列形态。虽然这只是一根不算起眼的大阴线，但当它集如此多的卖出信号于一身时，其看空的意义将超乎寻常。任何胆敢轻视该大阴线的交易者，都将付出惨痛的代价。

均线的周期，就是多空双方投入到交易战争中的兵力规模。当各周期均线空头排列时，表明空方已经在战场上全方位、全区域扫荡多方。当然空方的崛起并不是自这一刻开始，只是阵地的收复和扩大需要一个过程，中长期均线的方向不会一下子转变。在牛去熊来之际，空方派出的任何一股部队都是强大的，交易者不必寄望于正被蚕食的中长期均线，而应在中短期均线和其他趋势分析方法发出明确的离场信号时立刻抛售，清仓撤离。

从图上可以观察到，当全部均线形成空头排列时，股价已跌至 3 元左右。如果等到此时才沽清筹码，损失将会变得非常惨重。

即便如此，那些仍然持有仓位的犹豫不决的交易者，此时清空账户股票也不算太晚。切不可到此时仍对股价反弹抱有幻想，贪恋或许可以捕捉到的减少损失的机会。该股自最高点 4.7 元下跌，一直跌到 0.13 元，长期均线空头排列的威力可见一斑。

和多头排列一样，实战中运用空头排列时，交易者可以只选择短期均线结合中期均线的组合方式，比如 5 日、10 日、20 日和 60 日均线组合，而不是前面推荐使用的 5 日、10 日、20 日、60 日、120 日和 240 日均线组合。使用中短期均线系统，当均线系统形成空头排列时，可以避免信号太迟的滞后缺点，又可以利用均线组合稳定的优点，得出大概率的趋势判断结论。

均线系统出现空头排列，表明空方控制着局面，市道趋淡，交易者见此形态要持币做空，不要轻易入市。如果短期、中期、长期均线同时呈空头排列，往往预示着熊市路途还很漫长，交易者完全可以刀枪入库，让自己休一个长假。

如果交易者能够严格执行纪律，只做日 K 线、5 日、10 日、20 日、60 日均线多头排列的股票，不失为一种损失很小、盈利比较可观的趋势交易方式。进场点可以选在日 K 线、5 日、10 日、20 日、60 日均线首次呈现多头排列时，离场点选在首次空头排列时。这种操作方式赚不到最多的利润，因为多头排列不是一种很好的进场点，空头排列也不是最佳的离场点，进场和离场都非常滞后，牺牲了大段的利润和时间。即便如此，只要交易者持之以恒，就可以在股市中长期稳定盈利。

下面用上证指数历史走势进行验证。选取的时间段从 2005 年 7 月开始，至 2012 年 7 月底止。为计算方便，进场点和离场点的位置均以当日收盘价为标准。

在这期间，符合标准的走势一共出现了八次。

第一次交易机会如图 3-95 所示。该图是上证指数（999999）2005 年 7 月至 2005 年底的日 K 线图。2005 年 8 月 10 日，上证指数首次出现多头排列，当日上证指数收盘 1165.03 点，这是第一次入场机会，进场买入。2005 年 10 月 28 日首次出现空头排列，当日上证指数收盘 1080.87 点，卖出离场。第一次进场亏损 84.16 点，比例约为 7.2%（不含佣金和印花税，以下同）。

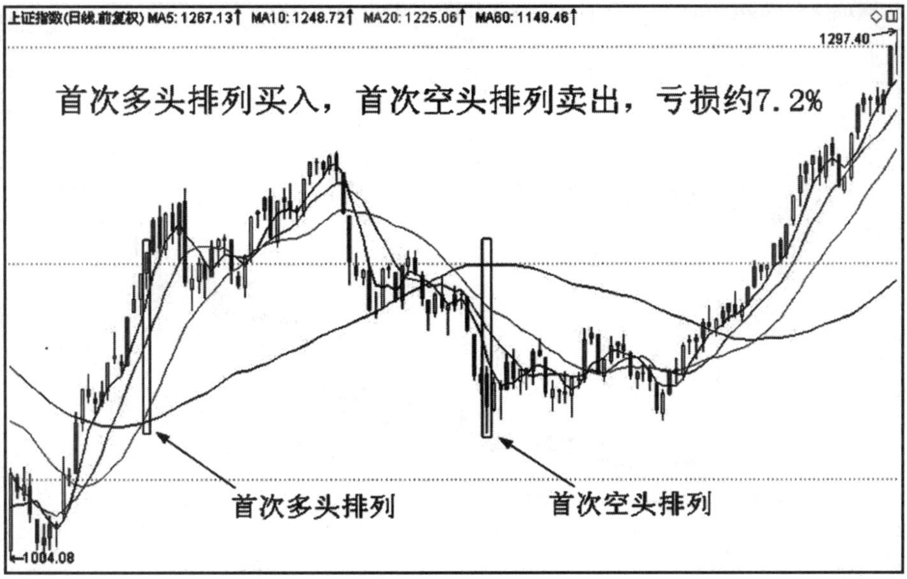

图 3-95　亏损 84.16 点，亏损比例约 7.2%

第二次交易机会如图 3-96 所示。2005 年 12 月 27 日，上证指数首次出现多头排列，当日收盘 1154.29 点，进场。2006 年 8 月 9 日，首次出现空头排列，当日上证指数收盘 1578.57 点，离场。这一次入场盈利 424.28 点，盈利约为 36.8%。

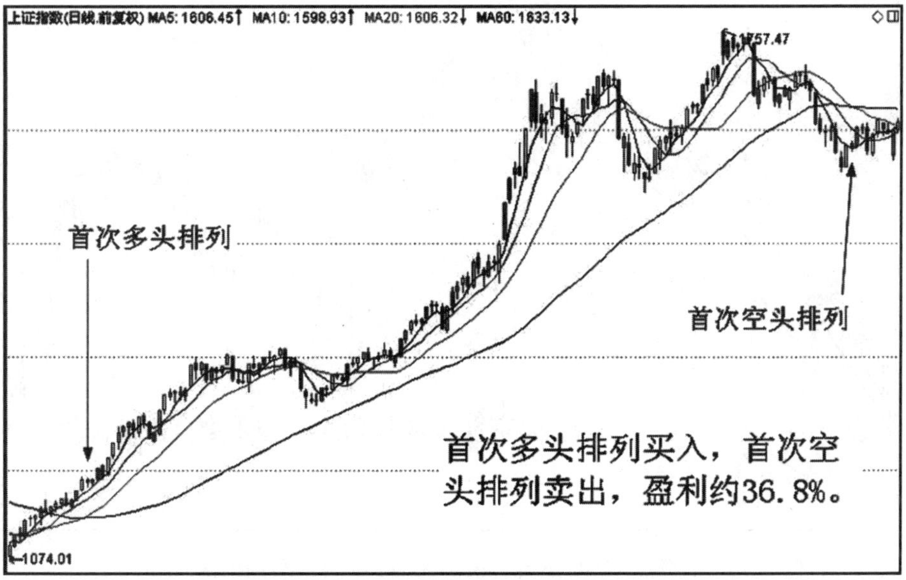

图 3-96　盈利 424.28 点，盈利比例约 36.8%

第三次交易机会如图 3-97 所示。2006 年 9 月 14 日，首次出现多头排列，当日上证指数收盘 1689.69 点，进场。

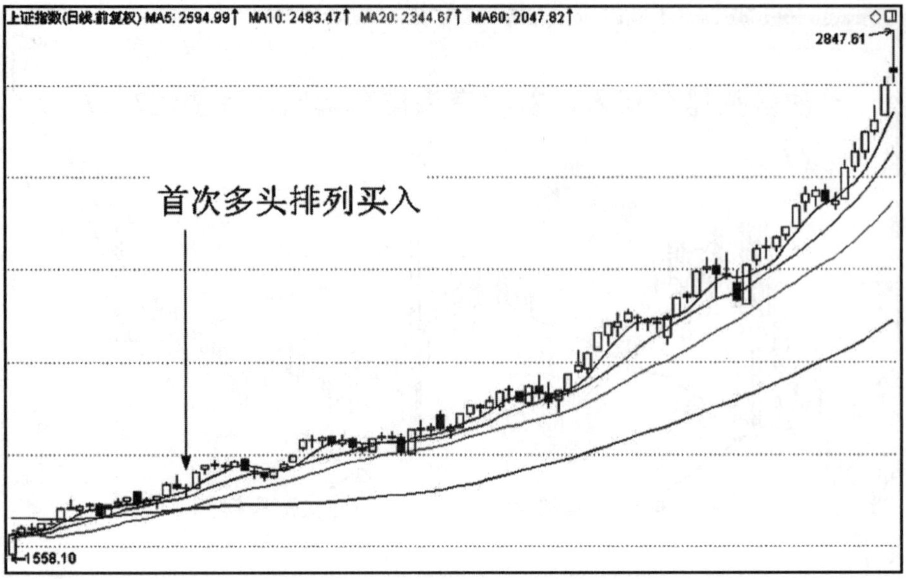

图 3-97　进场点 1689. 69 点

如图 3-98 所示。2007 年 11 月 22 日，首次出现空头排列，当日上证指数收盘 4984.16 点，离场。第三次入场盈利 3294.47 点，盈利比例约为 195%。

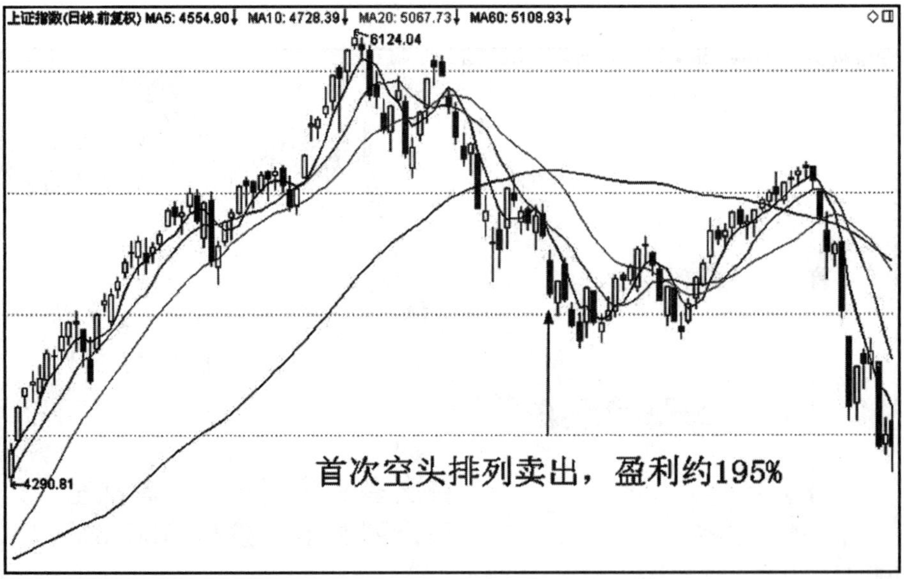

图 3-98　离场点 4984. 16 点。盈利 3294. 47 点，盈利比例为 195%。

第四次交易机会如图 3-99 所示。2009 年 2 月 2 日，首次出现多头排列，当日上证指数收盘 2011.68 点，进场买入。

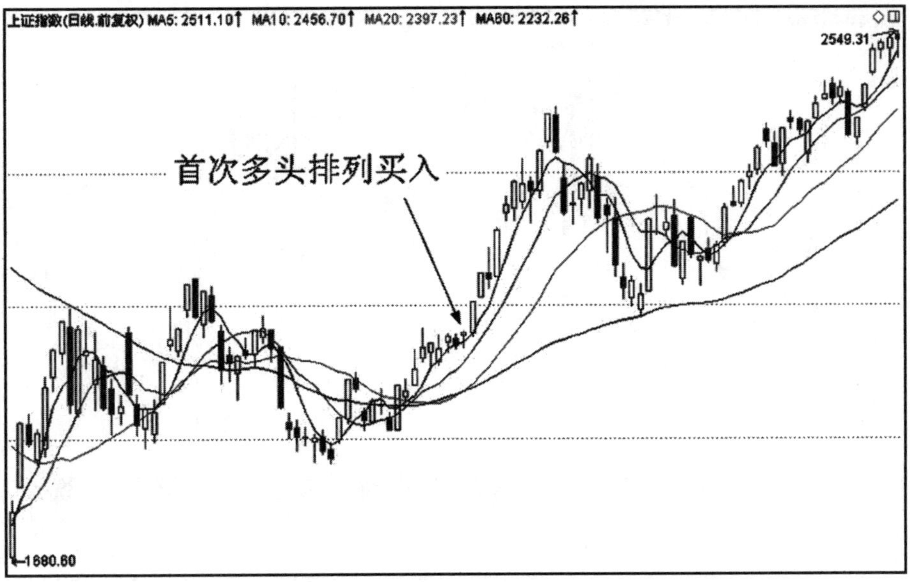

图 3-99 进场点 2011.68 点

如图 3-100 所示。2009 年 8 月 31 日，首次出现空头排列，当日上证指数收盘 2667.75 点，离场。第五次入场盈利 656.07 点，盈利比例约为 32.6%。

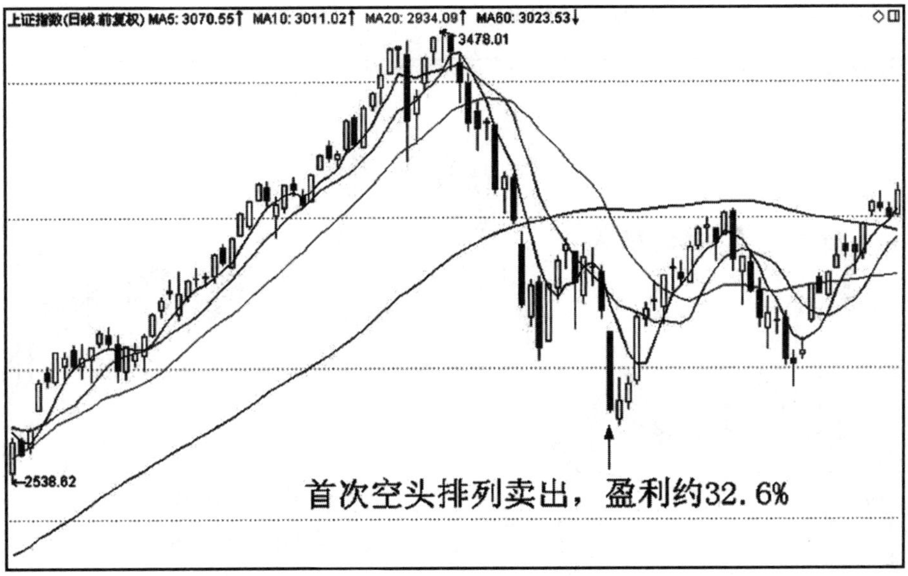

图 3-100 离场点 2667.75 点。盈利 656.07 点，盈利比例为 32.6%。

第五次交易机会如图 3-101 所示。2009 年 11 月 12 日，首次出现多头排列，当日上证指数收盘 3172.95 点，进场。2010 年 1 月 26 日，首次出现空头排列，当日上证指数收盘 3019.39 点，离场。第六次入场亏损 153.56 点，亏损比例约为 4.8%。

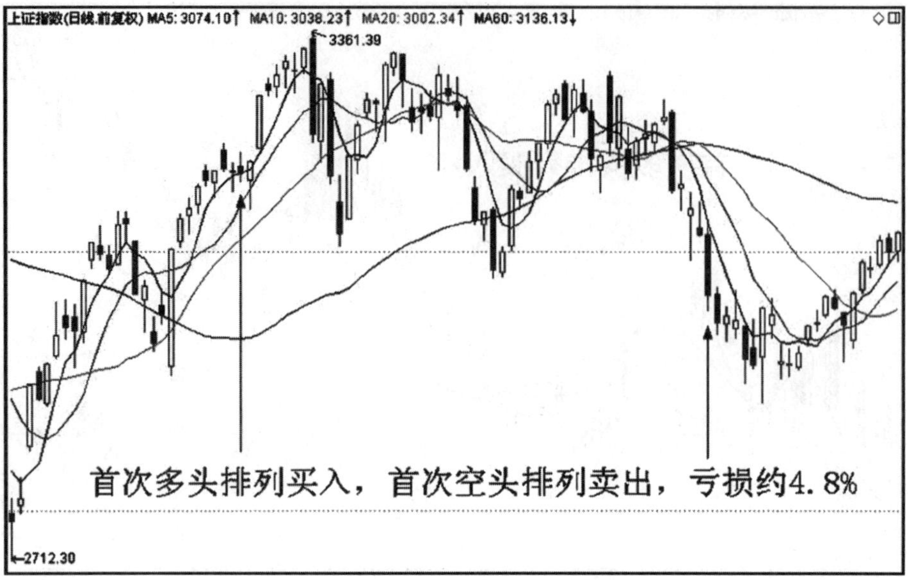

图 3-101　亏损 153.56 点，比例约为 4.8%

第六次交易机会如图 3-102 所示。2010 年 8 月 6 日，首次出现多头排列，当日上证指数收盘 2658.39 点，进场。2011 年 1 月 14 日，首次出现空头排列，当日上证指数收盘 2706.66 点，离场。第六次入场盈利 48.27 点，盈利比例约为 1.8%。

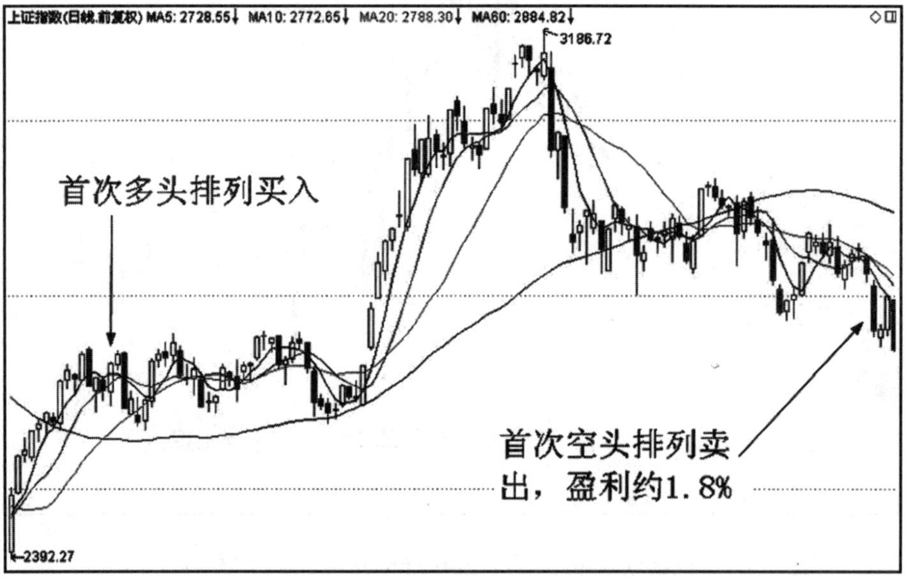

图 3-102　盈利 132.95 点，比例约为 1.8%

第七次交易机会如图 3-103 所示。2011 年 2 月 16 日，首次出现多头排列，当日上证指数收盘 2942.31 点，进场。2011 年 5 月 12 日，首次出现空头排列，当日上证指数收盘 2844.08 点，离场。第七次入场亏损 98.23 点，亏损比例约为 3.3%。

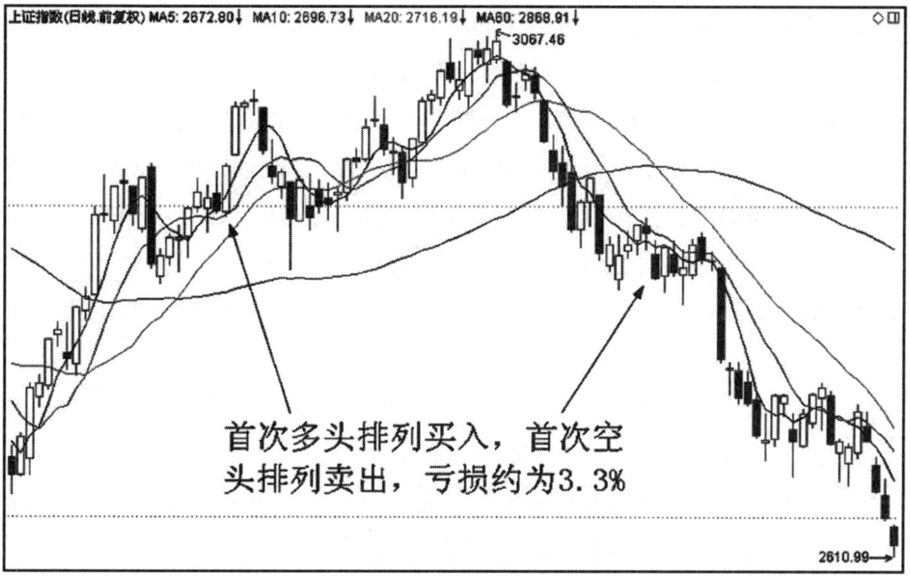

图 3-103　亏损 98.23 点，比例约为 3.3%

第八次交易机会如图 3-104 所示。2012 年 2 月 24 日，首次出现多头排列，当日上证指数收盘 2439.63 点，进场。2012 年 6 月 5 日，首次出现空头排列，当日上证指数收盘 2311.92 点，离场。第八次入场亏损 127.71 点，亏损比例约为 5.2%。

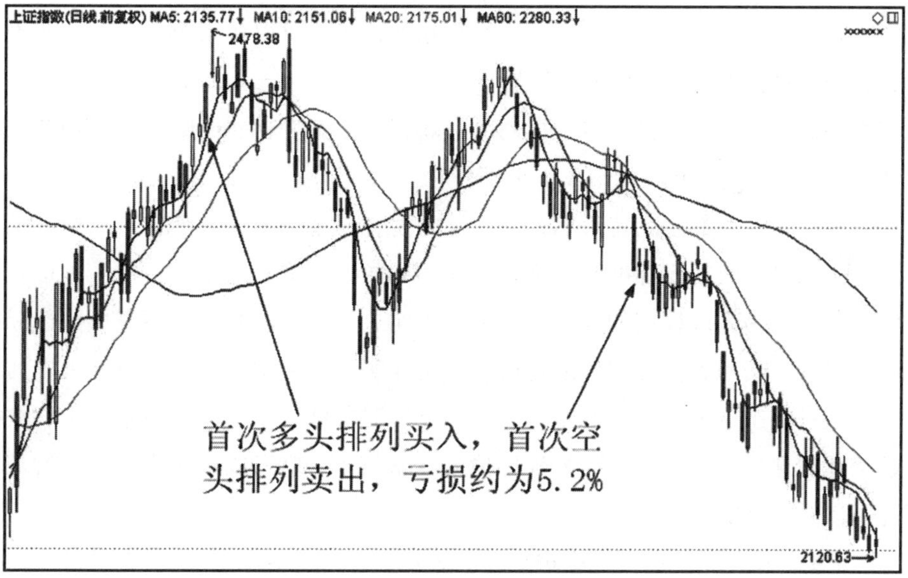

图 3-104　亏损 127.71 点，比例约为 5.2%

对于长达八年多的 K 线走势，共交易八次，平均一年交易一次。其中盈利四次，亏损四次。盈利的有第二次：盈 36.8%；第三次：盈 195%；第四次：盈 32.6%；第六次：盈 5.0%。亏损的有第一次：亏 7.2%；第五次：亏 4.8%；第七次：亏 2.7%；第八次：亏 5.2%。

从八次交易的情况来看，输赢比例各是50%，和抛硬币的概率一样。重要的不在于盈利和亏损的次数，而在于每一次亏损的比例都很小，而盈利的比例则相对较大。

因为5日、10日、20日、60日均线是短期均线和中期均线的组合，无论是形成多头排列还是空头排列，都至少是一波中期行情。所以即便是反弹，当形成多头排列时，行情也要向上冲一阵，然后才会转身向下，慢慢带动均线形成空头排列。这一上一下，就保证了空头排列离场时，即便是亏损，亏损的幅度也很小。当形成多头排列后，恰好是一轮牛市，交易者就可以轻轻松松地把可观的盈利收入囊中。反之，如果形成空头排列后恰好是一轮熊市，交易者也可以轻松地回避掉。

从这一案例可以看出，多头排列进场，空头排列离场，一定不会错过大牛市，一定可以避开大熊市。在震荡整理行情中，一定可以做到微盈或微亏。

截断亏损，让利润奔跑。多少交易者期盼如此，却不知道如何去做。现在有如此简单机械式的交易，不必懂经济，不用听消息，也无须更多的技术分析理论和方法，每天也就是打开K线图，瞟上那么一两眼K线走势，每年大约交易一两次，就可以轻松做到稳定盈利。

股市盈利容易吧？容易。能做到吗？不能。为什么？没有人愿意这样做，因为这样操作实在太单调了，太无聊了。更让人难以忍受的是，盈利实在太慢了。

就因为放弃了慢速积累盈利的方式，才导致很多交易者一直亏损。

特别提示：

(1)上面所列举的多头排列进场、空头排列离场的例子，可以用于个股，并且效果更好，因为个股的活跃程度和涨跌幅度普遍强于大盘。

(2)如果决定做大趋势交易者，多头排列的进场标准不必变动，或结合其他趋势分析方法略加改进即可，离场标准则不必等到形成空头排列时。

空头排列虽然是重要的空仓持币期，但并不是说交易者一定要等到股价或指数呈空头排列时才空仓。离场和进场时执行标准的严格程度是不同的，进场是完全执行标准，也就是说，必须各项条件都符合交易系统设定的标准，才可以大胆进场。离场则可以不完全执行标准，即只要有离场信号出现，交易者就应离场或者逐步离场。实战交易中，不是形成空头排列时才开始清仓，在此之前只要出现了顶部K线信号、突破下降趋势线、顶部转势技术图形、跌破支撑、跌破上升趋势线、遇到压力、均线死叉等见顶或看跌信号，就可以逐步离场。这就是大家常说的“谨慎进场，果断离场”。

图3-105是上面所举例子中第七次进场后的离场点（见图3-103）。交易者进场后，指数上升，见顶3067点，然后拐头向下，跳空收出一根中阴线。收出这根中阴线后，出现了如下情形：①收出向下突破缺口；②开盘即跌破中期上升趋势线；③短期均线死亡交叉。上述三种情形分属技术图形、趋势线以及均线技术形态，但都同时发出卖出信号，这还不能引起交易者足够的警惕吗？卖出离场实为当务之急！

从图中可以看到，如果不拘泥于空头排列才离场的话，很显然不仅离场的时间远远早于形成空头排列时，而且离场的点位也比较高，交易者完全可以微盈离场。这和形成多头排列时进场，形成空头排列时离场的微亏结局相比，可以说是截然相反了。

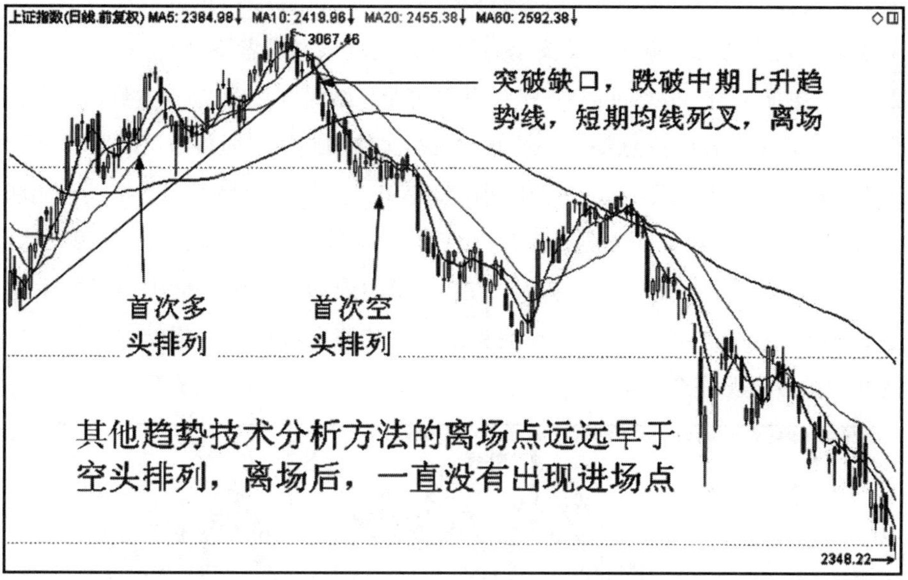

图 3-105 采用其他趋势分析方法，交易者可以比空头排列提前并盈利离场

再比如，图 3-106 是上面所举例子中第五次进场后的各离场点（见图 3-101）。

进场后，指数一直沿着 5 日均线上升，因此在图中 1 处，指数跌破 5 日均线短线即应离场。1 处同时又收出大阴线和穿头破脚的 K 线形态，这都是股价见顶信号，短线应离场。

上面所举例子，设定的前提是交易大趋势交易者，不存在长线、中线、短线的区别，只存在完全标准进场和不完全标准离场的不同，其中的短线离场点，就是大趋势交易者的不完全标准离场处。

1 处因为 10 日、20 日、60 日均线依然多头排列，方向向上，所以大趋势交易者只减仓。

1 处大阴线之后收出一根大阳线，但是没有重上 5 日均线，短线继续走弱，前面收出大阴线时没有离场的短线交易者，此时应继续清仓离场，大趋势交易者可在临近收盘时继续减仓。

后面接着是两根阴线，收盘价均已低于进场时的点位。短线交易者可以在指数低于进场指数之前清仓，以确保盈利。大趋势交易者需要忍受一定的波动和亏损，因前面已经减仓，且 60 日均线依然坚定向上，所以此时可以持股不动。

2 处在前高位置获得支撑，收出旭日东升 K 线形态，且股价回调没有碰到 60 日均线，是 60 日均线葛南维第二大法则的买入点，短线交易者可以将前面减掉的仓位补进或部分补进。

大趋势交易者仍应严格执行多头排列方式确定的进场标准，此处不符合该标准，不买进。因为此时发出的是进场信号，所以一定不能卖出。

3 处没有继续创新高，股价回调又跌破 5 日均线，5 日均线向下拐头，因此是短线离场点，大趋势交易者则继续减仓。

3 处之后的连续阴线，操作和 1 处收大阴线之后的策略相同，短线交易者在低于进场指数之前清仓，大趋势交易者则持有剩余仓位不动。

4 处股价跌破 60 日均线，但 60 日均线继续向上，股价也很快重返 60 日均线之上，是 60 日均线葛南维第三大法则买入点。短线交易者进场，大趋势交易者不动。

5 处股价上行更加无力，连 3 处的高点都没有突破即开始回调整理，跌破 5 日均线后，继续向下。因为这是第三次反弹上升，但高点却越来越低。在本次整理期间，股价数度跌穿 60 日均线，4 处的低点也比 2 处低，很显然这至少是一个中期调整趋势，大趋势交易者应尽快清仓离场，短线交易者也不宜逗留。卖出点在收出断头铡刀形态，也就是 5 处那根一下子跌穿四条均线的大阴线位置。

根据离场位置的不同，在 5 处离场后，结果是微盈或微亏。因为此前有过两次盈利减仓，所以整体上是微盈。从这里可以看出，和空头排列时才清仓离场的亏损结局相比，根据其他信号减仓和清仓，盈亏情况完全不同。

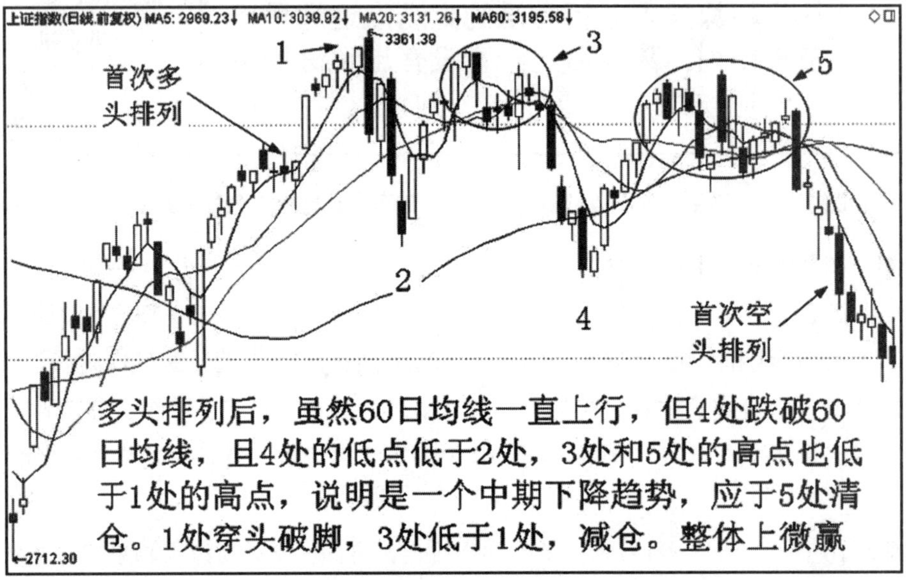

图 3-106　其他趋势分析方法的减仓和离场位置，优于单一使用空头排列

图 3-106 中，区域 3 处还有一个跌破上升通道趋势线的离场点。如图 3-107 所示，利用通道逆推法，可以事先确定图 3-106 中 2 处的止跌点。

通道逆推是指股价或指数上涨或下跌过程中，还没有出现可以画出趋势线的两个相对高点或低点时，可以先在另一侧过两个相对低点或高点画出假定的返回线，然后再过另一侧相对的高点或低点，画与之平行的趋势线。

通道逆推画出的趋势线，只是根据另一侧假定的返回线推断出的趋势线，是否是真正的上升或下降趋势线，还需要后市走势来验证。

如果是左侧交易者，完全可以预先埋单，按通道逆推法推定的趋势线位置挂单买进，有效跌破则卖出。这样操作，做错了及时止损，损失并不大，如果做对了，则会获得比较大的收益。这里只简单介绍一下通道和通道逆推，更多相关内容，将在系列丛书趋势与趋势线部分讲解。

当图 3–106 中 2 处的低点走出来以后，可以画出一个很标准的上升通道。当一根大阴线跌破上升通道趋势线时，清仓卖出，即便是右侧交易者，整体上也可以保持微盈或持平。

跌破上升通道，虽然不一定表示趋势逆转，但股价或指数上涨的角度一定会趋缓，所以交易者宜减仓或清仓。

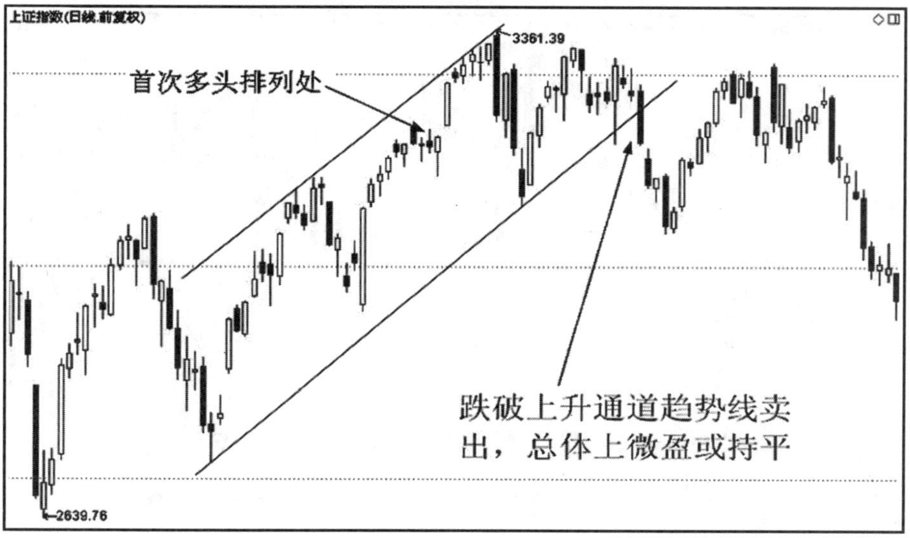

图 3–107 跌破上升通道趋势线卖出，整体上微盈或持平

在图 3–106 中，5 处还有一个下降通道趋势线的压力。如图 3–108 所示，指数遇到下降通道趋势线的压力后，连续三次不能有效突破，说明上方压力很大。之后均线开始收敛、粘合，这是一个很危险的信号。因为均线粘合后，经常会有一个爆发性的行情，无论是涨是跌，运行速度都很快。现在下降通道趋势线压力很大，表明多方完全没有信心，所以指数向下突破的概率很大。交易者应当在大阴线跌破均线粘合形态时果断清仓。

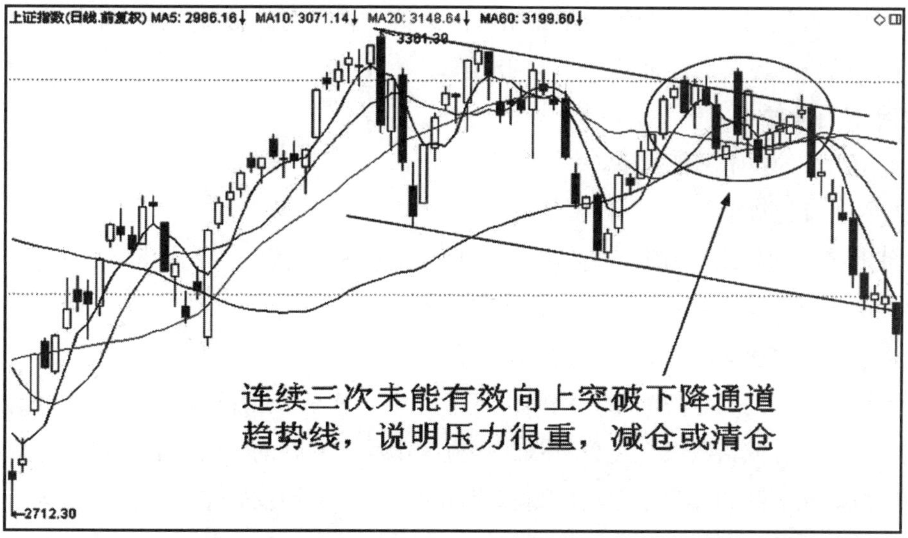

图 3–108 股价受制于下降通道趋势线的压力，跌破均线粘合形态时清仓

在图 3-106 中，5 处还收出大阴线、毒蜘蛛、断头铡刀和均线交叉向下发散的技术形态。图 3-109 是与图 3-106 同一时间段的日线图，图上椭圆形位置即是几种见顶和看跌信号出现的地方。出现如此多的见顶和看跌信号，除非交易者有孙悟空的本领，否则还是不要轻易与市场对抗，清仓逃跑才是唯一正确的选择。

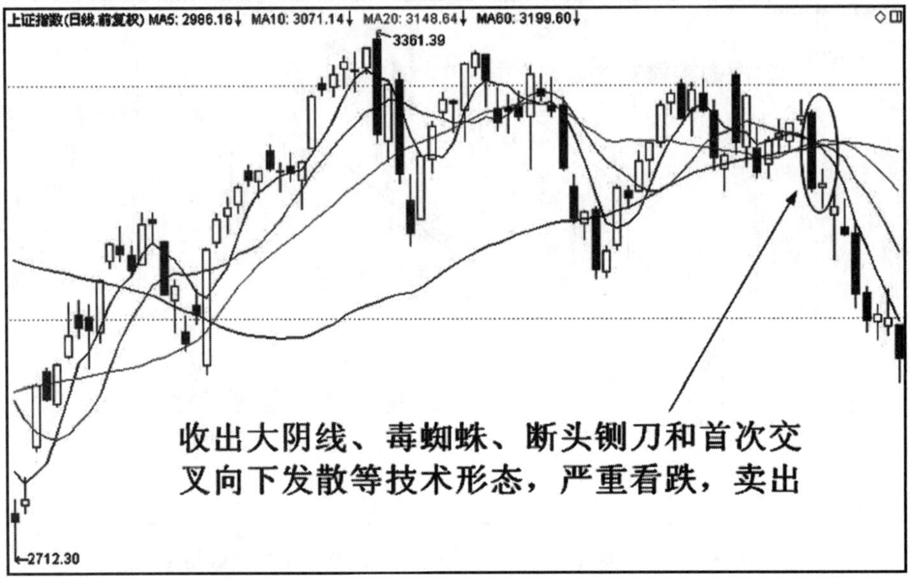

图 3-109　几种看空信号发生共振，可靠性加大，清仓卖出是唯一合理的操作

(3)形成空头排列后，K 线和中短期均线方向短暂向上，K 线短暂处于中短期均线之上，只要中长期均线一直在上且方向向下，仍应看作空头排列。

和多头排列一样，空头排列也大致分成两类：完美的空头排列形态和不完美的空头排列形态。前者比较少见，后者比较常见。不完美的空头排列是更为实用的均线形态。

不完美的空头排列，前人归纳出下山滑坡、逐浪下降和乌云密布三种技术形态。其中乌云密布有着独特的技术含义，后面再进行详细讲解。

2. 均线下山滑坡

均线下山滑坡的技术特征如下。

(1)出现在下降趋势中。

(2) K 线和各周期均线较为固定地沿着一定的坡度向下移动。

(3)中长期均线基本上呈标准的空头排列形态。

下山滑坡的技术含义：后市看跌，空仓等待或卖出。

下山滑坡表明市场在空方的掌控之中，下降趋势一般不会在短时间内结束。没有及时清仓的交易者，只要股价或指数没有过分下跌，均应拿出壮士断腕的勇气清仓离场，然后耐心等待市场出现转机。在下跌的过程中，任何臆测底部来临，对行情反转抱有幻想的行为，都有可能对信心和账户资金带来毁灭性的打击。

如图 3–110 所示，ST 广夏（000557）。均线顺势而下，压制股价持续走低。多方虽然多次组织反击，但成效甚微，每一次的弹升都表现得孱弱无力，整个 K 线走势就像是为下山铺设的一级一级台阶。在这种走势中，交易者应紧勒钱袋，坚守不动。

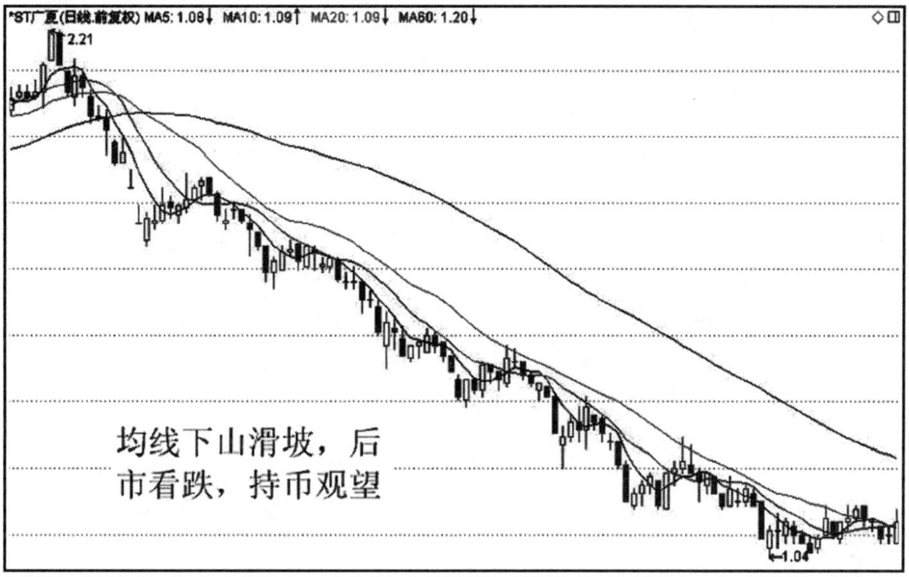

图 3–110　均线下山滑坡表明多方的反击无力，持币观望

3. 均线逐浪下降

均线逐浪下降的技术特征如下。

⑴出现在下降趋势中。

⑵ K 线、短期均线和周期较短的中期均线经常出现交叉、粘合，有时甚至出现中短期均线多头排列。

⑶股价或指数就像退潮的海浪一样，一浪涨，一浪跌，但重心越来越低，峰谷和峰顶清晰可辨。

⑷较长周期的中期均线和长期均线呈现标准的空头排列形态，压制着 K 线、短期均线和周期较短的中期均线逐级回落。

均线逐浪下降的技术含义：后市看跌，卖出。

逐浪下降形态的价格波动幅度比较剧烈，因此给那些迟疑不决的交易者卖出机会多一些。错过一次逃顶机会，守仓不动，也许很快又迎来另一个出逃机会。也正因为如此，交易者才会一次又一次地错失出局良机，导致最后套索越勒越紧，逐步走向亏损的绝境。

逐浪下降时的浪形越有规则，下跌的时间可能越长，下跌的空间也就越大。

如图 3–111 所示，东方创业（600278）。图中的直线是长期下降趋势线。长期下降趋势线和 60 日均线基本上重合，说明均线的确是移动趋势线。在沪深股市中，60 日均线是所有周期中最适宜判断和确认趋势的均线。

该股短期均线和较短周期的中期均线下行时，多次出现交叉现象，但在 60 日均线的压制下，股价像海浪退潮一样大跌小涨，重心逐步下移。

逐浪下降走势，表明空方的力量不如下山滑坡的优势那么大，多方依旧有能力闪转腾挪。在空方战区，多方的游击战开展得有声有色，股价一次又一次向上反弹，弹升的时间和力度也较为可观，但结果一样，最终都被空方无情地击溃。

交易者见到均线逐浪下降技术形态，持仓的趁反弹清仓，以保存实力再战。已经空仓观望的，千万不要轻易再进场博反弹。这一点特别需要交易者牢记，因为逐浪下降的浪形清晰，上下价差较大，有很多交易者耐不住寂寞，忍不住入场小试身手，结果却常常栽一个大跟头。

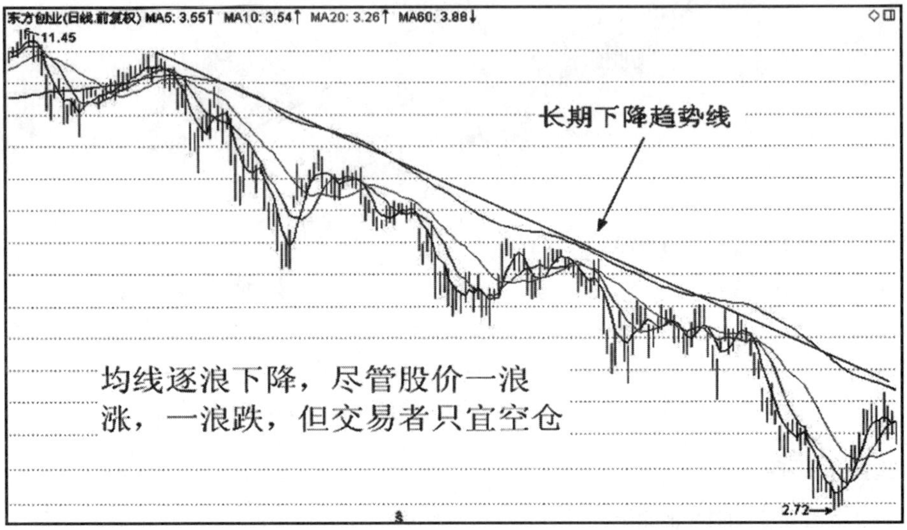

图 3-111　逐浪下降形态每一次反弹力度都比较大，但交易者不宜进场抢反弹

三、黄金交叉

黄金交叉是指均线向上移动时，周期较短的均线由下而上穿越周期较长的均线。例如 5 日均线上穿 10 日均线，10 日均线上穿 30 日均线，形成的交叉均为黄金交叉。

黄金交叉的技术特征如下。

(1)周期较短的均线向上穿越周期较长的均线。

(2)形成交叉时所有的均线均上行。

(3)可以出现在任何趋势中。

实战中，一定要注意区分短期均线向上的普通交叉和黄金交叉。只要短期均线由下而上穿越长期均线，都属于普通交叉。黄金交叉必须同时满足两个条件：①短期均线由下而上穿越长期均线；②短期均线和长期均线都在向上移动。

如图 3-112 所示，中昌海运（600242）。股价探底回升时，先是 5 日和 10 日均线形成一个普通交叉。接着股价继续上升，带动 5 日、10 日和 20 日均线形成普通交叉。最后股价突破 60 日均线，各均线逐渐粘合并上升，这时才出现 20 日均线上穿 60 日均线形成的黄金交叉。

普通交叉中，较长周期的均线方向大多是向下的，如果把普通交叉作为买入信号，风险很大。

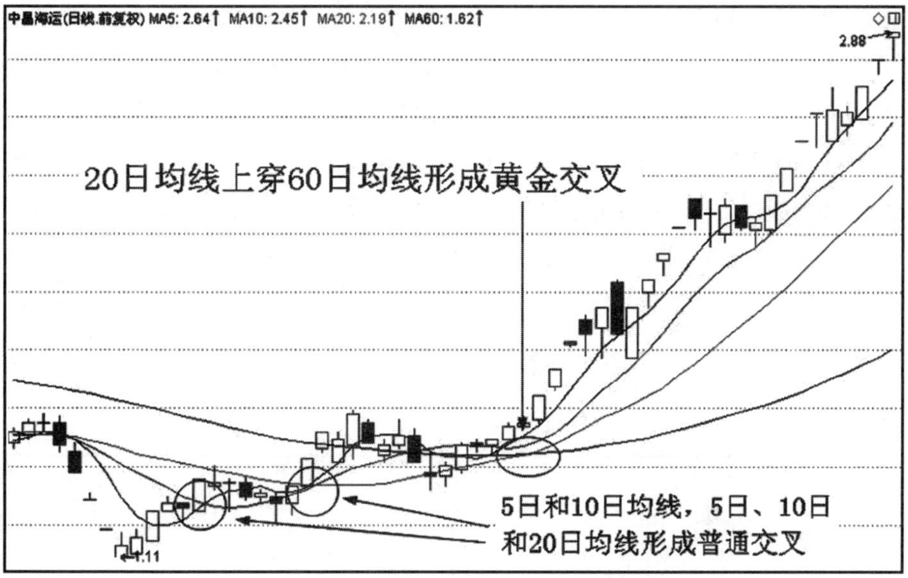

图 3-112　黄金交叉和普通交叉的区别

黄金交叉的技术含义如下。

⑴上涨趋势中，均线黄金交叉预示着股价或指数将会上涨，是一个很好的进场点。尤其是在中长期均线多头排列时，中短期均线所形成的黄金交叉。

图 3-113 是上证指数（999999）的日线图。均线形成上山爬坡的多头排列形态，60 日均线持续稳定上行，指数在各周期均线的支撑和助推下一路上涨。期间较短周期的均线在短暂调整结束后，先后三次形成黄金交叉。每一次黄金交叉后，指数都继续上行。交易者可在见到黄金交叉后进场买入股票，如此操作获利的概率会很大。

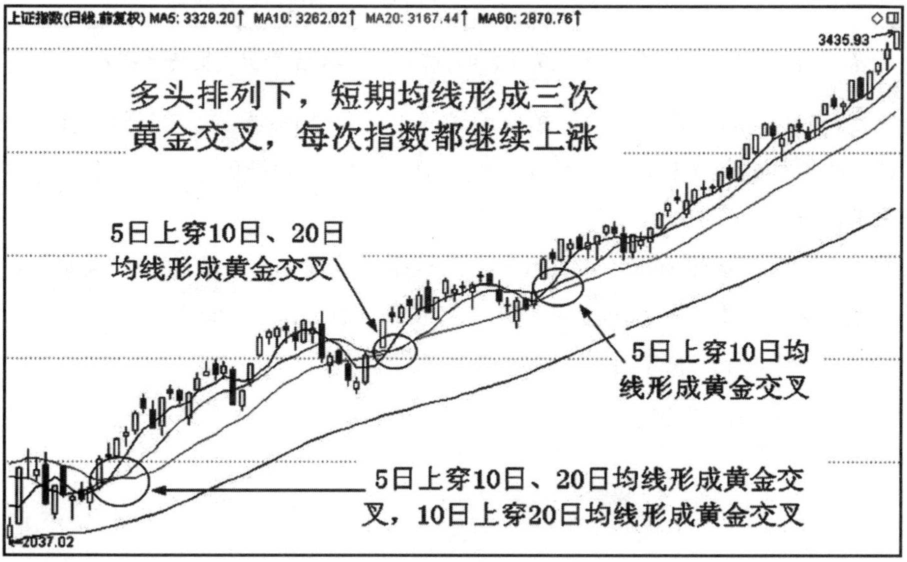

图 3-113　黄金交叉的进场标准

⑵在下跌趋势中，短期均线黄金交叉大多意味着股价或指数出现反弹，交易者进场买入时需谨慎。尤其是在中长期均线空头排列时，中短期均线形成的黄金交叉，此时不宜进场买入。

如图 3-114 所示，深振业（000006）。经过连续下跌，长期均线成空头排列。之后股价止跌向上，一连形成三个短期均线的黄金交叉，分别是 5 日均线金叉 10 日均线，5 日均线金叉 20 日均线，10 日均线金叉 20 日均线。但是股价金叉后不久，马上就开始下跌。

然后股价再度上升，5 日均线金叉 20 日均线。但受制于 60 日均线，股价依然仅上涨了一日，就转涨为跌。

交易者如果进场买入，风险很大。坐山观虎斗，其实是很有趣的一件事，为何还要亲自进场博虎呢？

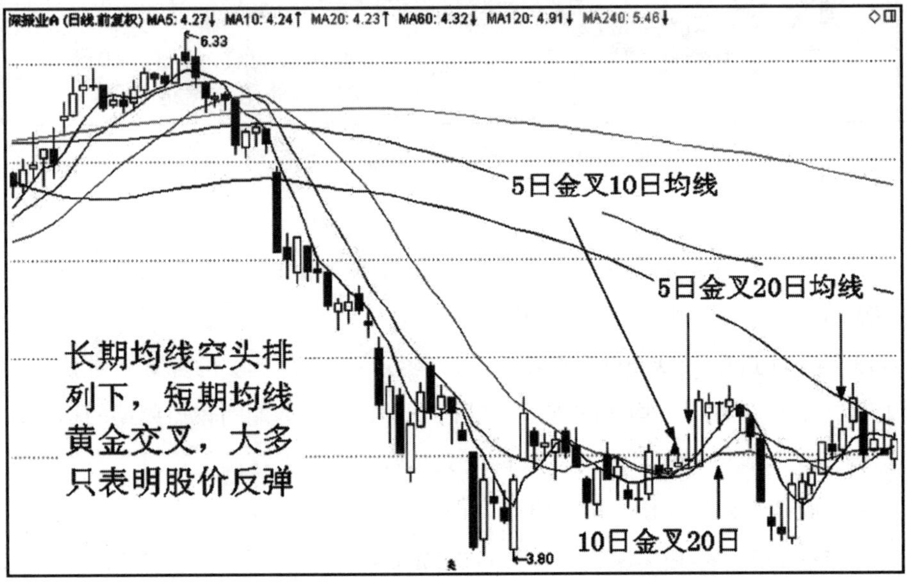

图 3-114　中长期均线空头排列时，短期均线黄金交叉不宜进场买入

⑶震荡整理时，各周期均线粘合，短期均线黄金交叉过于频繁，大部分是虚假信号。

在股价或指数横盘震荡整理时，除了均线粘合、均线被动修复之外，其余所有均线技术形态的信号作用都极其微弱。

如图 3-115 所示，福建南纸（600163）。股价振荡整理，上下波动非常频繁，短期均线也多次形成黄金交叉。其中有一部分金叉不具备实战操盘意义，另一部分可操作的金叉，涨幅也很有限。另外，单凭黄金交叉本身，无法分清哪些信号是真，哪些是假。

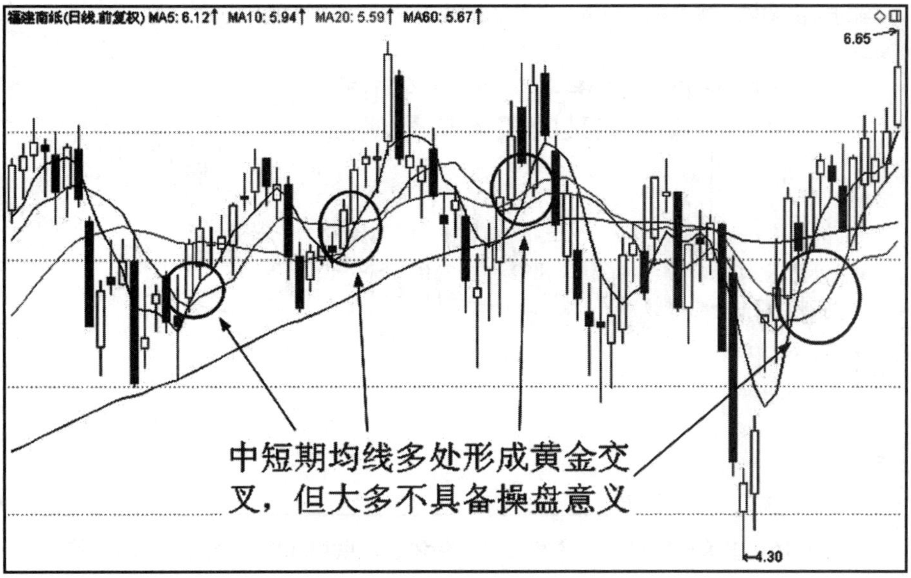

图 3-115 震荡整理时，短期均线反复形成黄金交叉，大多并不具备实战操盘意义

特别提示：

根据时间周期的不同，黄金交叉分为短期均线和短期均线、中期均线、长期均线之间的黄金交叉，中期均线和中期均线、长期均线之间的黄金交叉，长期均线和长期均线之间的黄金交叉。

很多时候，黄金交叉不是一个可以单独使用的买入信号，主要有以下三个方面的原因。

(1)短期均线黄金交叉发出的买入信号比较及时，但稳定性和可靠性较差。如处在下降趋势或震荡整理行情中，则黄金交叉的虚假信号太多，信号的有效性很弱。

当然，有效性强弱的问题也并非无法解决。交易者可以根据历史 K 线确定趋势的强弱，结合整理所在的位置，然后观察重要支撑、趋势线、技术图形、中长期均线方向等。研究和观察完这些，对于短期均线黄金交叉信号的真假和强弱，也就大致心中有谱了。

就均线而言，如果长期均线在下且方向向上，短期均线形成黄金交叉，则买入信号就比较可靠。如果长期均线在上且方向向下，短期均线形成黄金交叉，则往往是一拨反弹，均线发出的信号不值得信赖。

如图 3-116 所示，普洛股份（000739）。股价在震荡整理时，中长期均线一直持续向上，形成多头排列。几乎每一次短期均线黄金交叉都是在股价回落，受到 60 日均线支撑后再度上攻时形成的。交易者依据黄金交叉进场买入后，只要中长期均线方向向上，多头排列支撑有力，可不必过分关注随后的股价回落和短期均线死亡交叉。当然，进场的仓位一定要控制好。

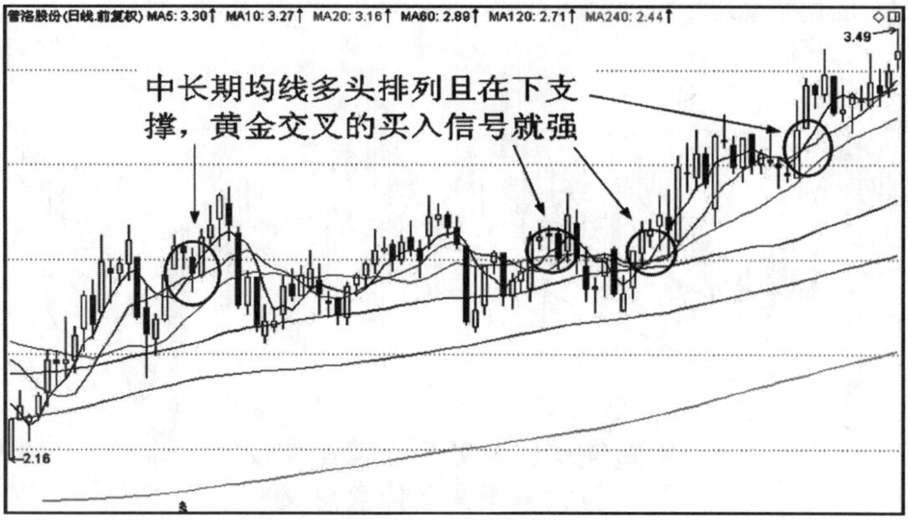

图 3-116 中长期均线的支撑和方向，强化了短期均线黄金交叉信号的有效性

对于图 3-116 中的走势，更可靠的进场点是股价成功突破收敛三角形时，如图 3-117 所示。该图是与图 3-116 同一时间段的日线图。

一根大阳线向上突破收敛三角形，预示后市看涨。突破三角形时，均线形态也恰好形成多头排列，多种信号共振，可以买入。

股价突破之后，又向下回试了三角形上边线，回试不破可买入或加仓。回试不破的买入点，正是图中最后一个黄金交叉买入点。

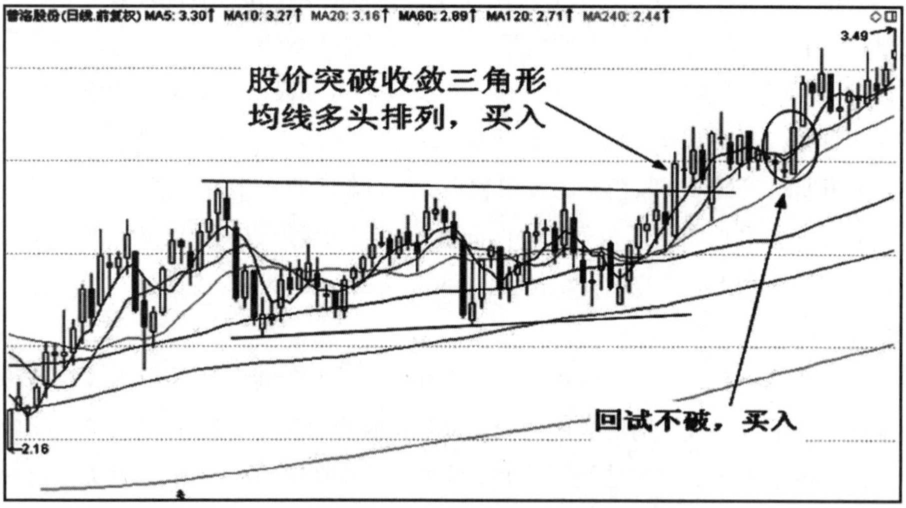

图 3-117 技术图形的进场点有时比黄金交叉可靠

很多时候，短期均线形成黄金交叉，并不表明股价或指数处在中长期上升趋势的初段。此时如果结合其他趋势分析方法，就可以大大提高短期均线黄金交叉进场信号的可靠性，并弥补长期均线黄金交叉的滞后性。

⑵长期均线的黄金交叉信号太滞后。

如图 3–118 所示，民生投资（000416）。股价上涨接近三倍的情况下，120 日均线才和 240 日均线形成黄金交叉。

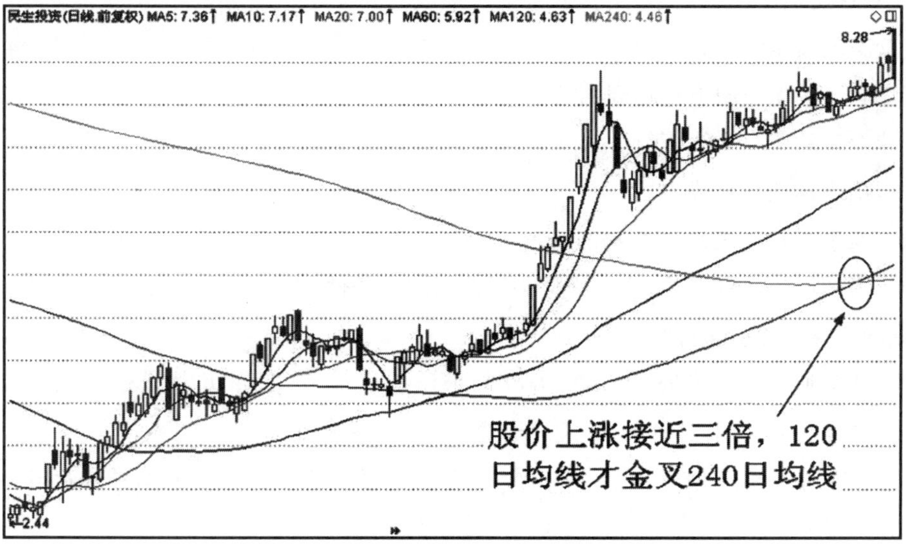

图 3–118 长期均线的黄金交叉信号严重滞后

⑶将短期均线黄金交叉和多头排列结合起来运用，不失为一种最佳拍档，这样可以有效解决短期均线黄金交叉虚假信号多，长期均线黄金交叉信号滞后的问题。均线组合和多头排列一样，选择 5 日、10 日、20 日和 60 日均线。

如图 3–119 所示，天山纺织（000813）。股价由下跌转为上升，随后逐级走高，慢慢带动 60 日均线走平和上升，形成多头排列格局。之后短期均线黄金交叉，是比较好的进场点。每一次进场后，股价都继续上涨。图中的直线是长期上升趋势线。

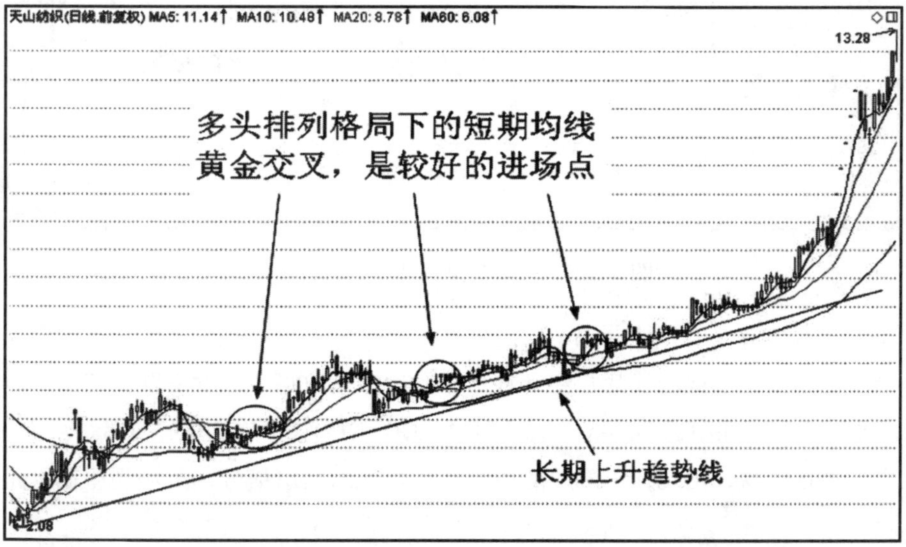

图 3–119 中长期均线多头排列时，短期均线出现黄金交叉是比较好的进场点

四、死亡交叉

死亡交叉是指均线向下移动时，周期较短的均线由上而下跌破周期较长的均线。例如 5 日均线下穿 10 日均线，10 日均线下穿 30 日均线形成的交叉均为死亡交叉。

死亡交叉的技术特征如下。

⑴周期较短的均线向下穿越周期较长的均线。

⑵形成交叉的所有均线下行。

⑶可以出现在任何趋势中。

和黄金交叉一样，实战中交易者也要注意区分普通交叉和死亡交叉。短期均线由上而下穿越长期均线不一定是死亡交叉，死亡交叉必须满足两个条件：①短期均线由上而下穿越长期均线；②短期均线和长期均线同时都在下行。

如图 3-120 所示，丹甫股份（002366）。股价上下震荡整理，均线反复形成交叉。其中短期均线向下穿越长期均线，一部分形成普通交叉，另一部分形成死亡交叉。

在普通交叉中，由于较长周期均线的方向是向上的，所以普通交叉不具有卖出信号的技术含义。

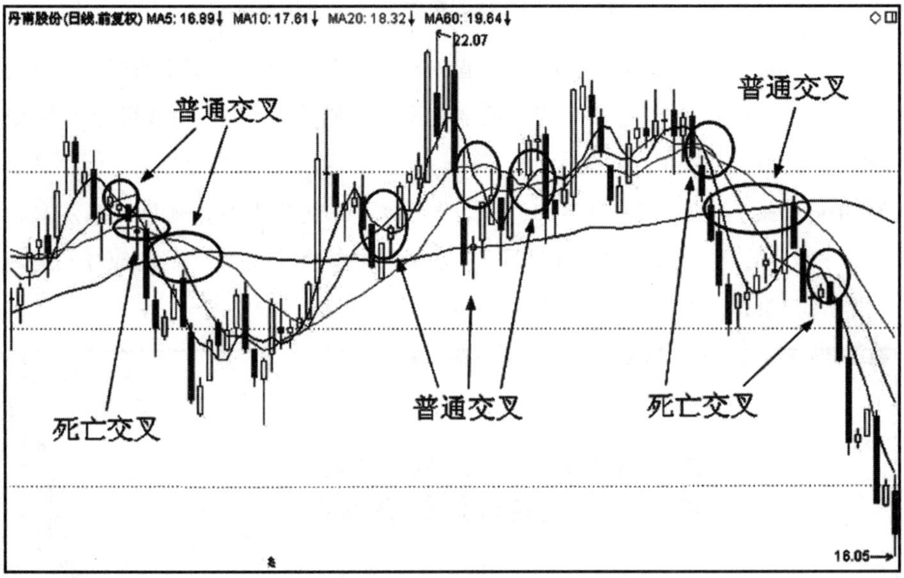

图 3-120 死亡交叉和普通交叉的区别

死亡交叉的技术含义有以下几点。

⑴下降趋势中，中短期均线死亡交叉预示着股价或指数将会继续下跌，交易者应当及时出清手中的股票。尤其是在中长期均线空头排列时，中短期均线形成的死亡交叉。

死亡交叉后市看跌，出现在下降趋势中是比较强烈的卖出信号，离场观望通常是交易者很好的选择。

图 3-121 是上证指数（999999）2008 年初以后的走势。图中 60 日均线一直下行，表明指数运行在下降趋势中。在顶部，指数向上突破 60 日均线后不久即掉头下行，依次跌破 5 日、10 日、20 日和 60 日均线。指数跌破 60 日均线之处，是 60 日均线葛南维第八大法则卖出点。

各周期均线渐次形成死亡交叉时，交易者应在第一时间清仓卖出。随后指数一路下行，跌跌不休。

图中各周期均线死亡交叉的区域，5 日、10 日和 20 日均线还收出死亡谷的均线技术形态，死亡谷后市看跌，因此应卖出。

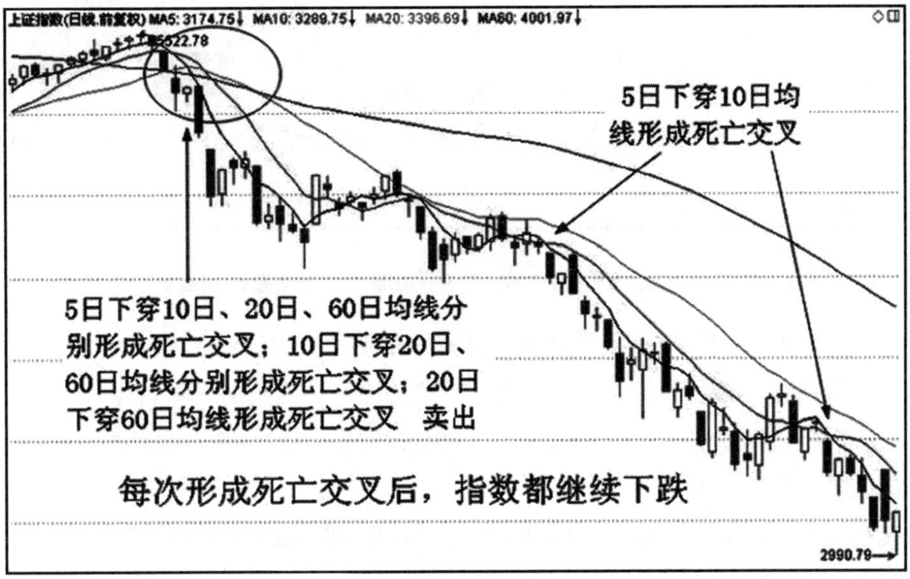

图 3-121 下降趋势中均线形成死亡交叉，后市将会继续下跌

中长期均线空头排列时，中短期均线死亡交叉表明空方力量正在迅速积聚，潜藏的杀气早已忍不住升腾起来，大有黑云压城城欲摧的气势。跟随胜利者，坚决清仓卖出，方为交易正道。

各周期均线方向向下，说明市场内人士都不看好后市。较短周期均线向下穿越较长周期均线，说明股价正在从较高的位置快速下跌。较短周期均线比较长周期均线敏感，所以才会形成死亡交叉。

如图 3-122 所示，ST 中冠（000018）。中长期均线形成空头排列，在空头排列下，中短期均线死亡交叉的卖出信号不仅可靠性强，而且后市的跌幅通常也会很大。

在空头排列下，见到第一次中短期均线死亡交叉，交易者就应清仓离场，同时所有的短期黄金交叉都不参与。

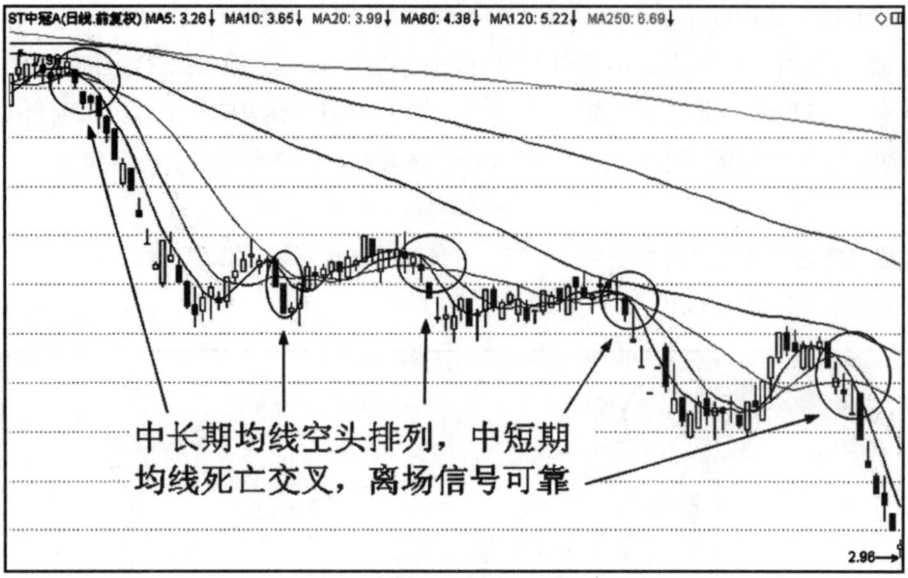

图 3-122　中长期均线空头排列下，中短期死亡交叉是必须离场的信号

⑵中长期均线由上行转而向下，中短期均线在中长期均线附近形成死亡交叉，应当坚决离场。

中长期均线由上行转为下行，表明长期上升趋势已经转为长期下降趋势。此时短期均线形成死亡交叉，表明长期、中期、短期均线发出的卖出信号产生共振，后市下跌的时间和幅度都不容小视。

此时死亡交叉发出的卖出信号，也有见顶转势的作用。如果交易者不能及时脱身，则很有可能被套在高高的山顶上。

如图 3-123 所示，佳都新太（600728）。在顶部区域，短期均线由上升转为下降，与中期均线相互粘合期间，长期均线正缓慢地由走平转为逐渐下降。均线粘合之后，短期均线、中期均线相互之间分别形成死亡交叉，预示股价将步入漫漫熊途。该股后市也的确一路阴跌不止，此刻空仓等待才是最佳策略。

在下跌过程中，该股反弹并形成一个下降旗形。该旗形仅略微向上倾斜，所以也可以将其看做矩形。在此处，旗形和矩形的技术含义相差不大，大多都是选择向下突破。实战中，技术图形形态完成的标准，都是以股价或指数选择突破方向为准。

在旗形整理期间，短期均线两次死亡交叉。交易者可以看到，如果在死亡交叉时卖出，很明显早于股价跌破旗形时的离场标准。

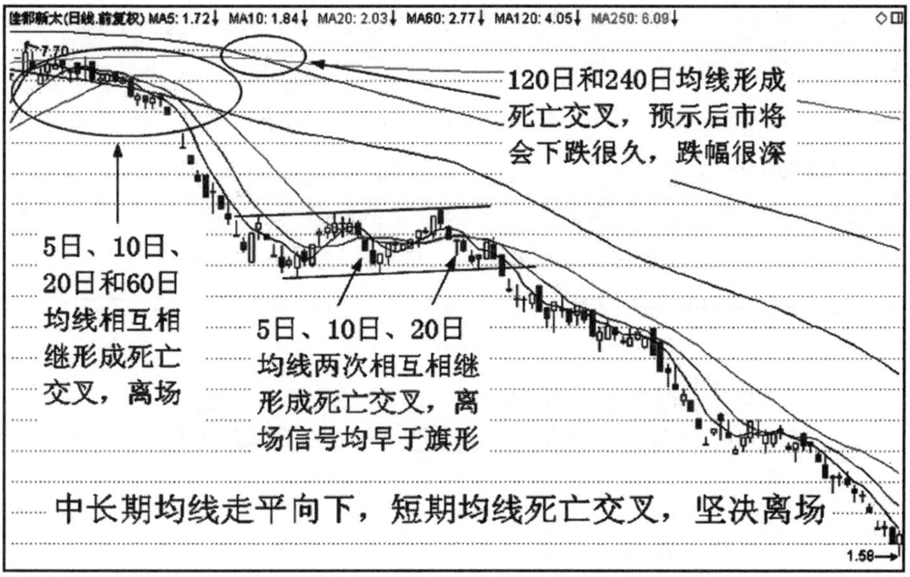

图 3-123　死亡交叉是离场信号

⑶中长期均线形成死亡交叉，常常预示着后市会有较大跌幅，交易者应当继续空仓等待。

由于均线滞后的特点，中长期均线形成死亡交叉后，股价或指数常常已经下跌了很大一段空间，有时甚至开始向上反弹。滞后就意味着稳定，大多数股票在中长期均线形成死亡交叉后，往往还要在下跌的坡道上滑行很远。

如图 3-124 所示，东方创业（600278）。虽然股价连续三天收阳，向上涨升，但 60 日均线下穿 120 日均线形成死亡交叉，240 日均线在上方压制股价上涨，预示反弹将会是昙花一现，后市下跌才可能是趋势运行的常态。

抢反弹和那些一直没有及时离场的交易者，无论持仓是盈是亏，此时都应当坚决清仓卖出。

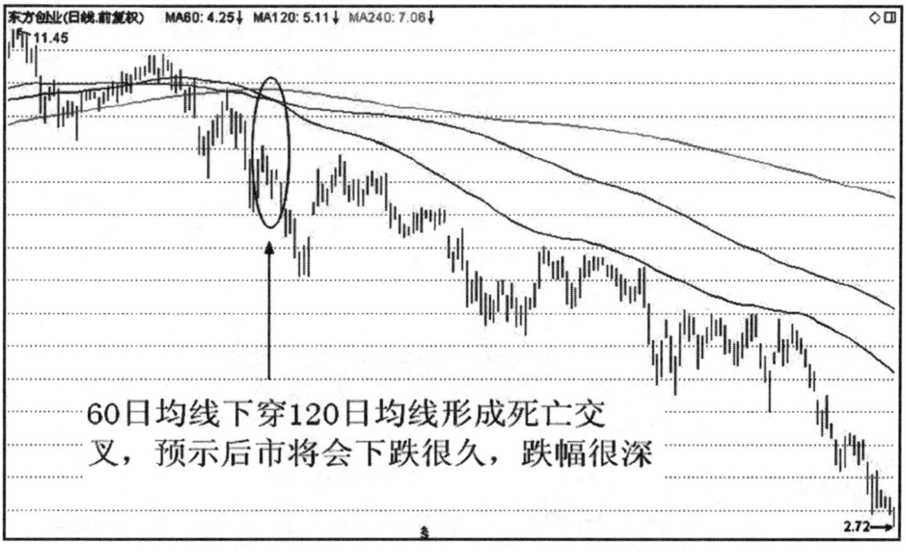

图 3-124　中长期均线死亡交叉，交易者应当及时清仓卖出

(4)长期上升趋势或中长期均线多头排列时出现短期均线死亡交叉，大多是股价调整引起的。交易者可以持股不动或短线适量减仓。

这一条主要是依据均线服从的应用技巧。趋势运行的常态，都是均线服从在起作用。换言之，均线服从只出现在趋势运行的常态中。

如图 3-125 所示，深深宝（000019）。长期均线多头排列，短期均线形成死亡交叉后，股价只出现了短暂回调，然后继续上涨。交易者可以持股不动或短线适量减一部分仓位。

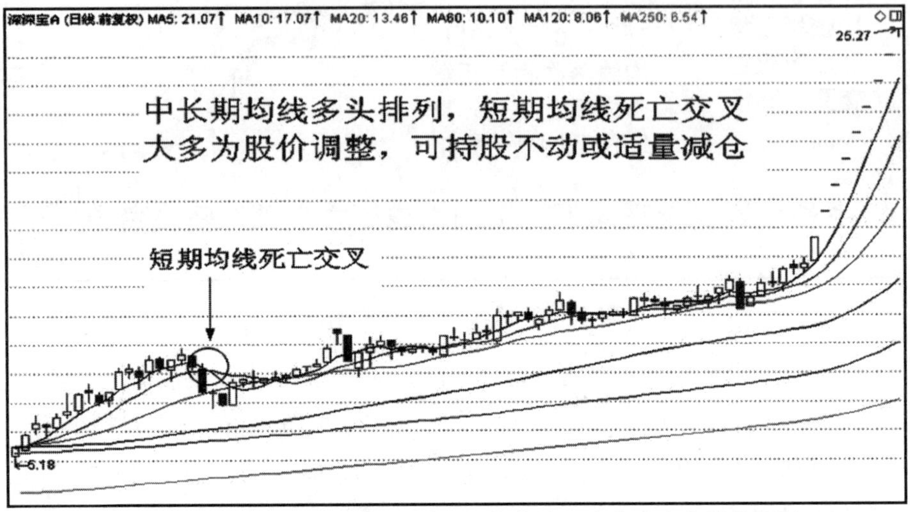

图 3-125　长期均线多头排列时，短期均线死亡交叉多为股价调整

(5)震荡整理期间，短期均线容易反复形成黄金交叉和死亡交叉，但是大多数都不具备实战操盘意义。此时的进出场标准应当按照其他趋势分析方法确定。

图 3-126 是上证指数（999999）的日线图。指数在上升通道里上下波动，短期均线多次形成黄金交叉和死亡交叉，但都不是有效的进场标准和离场标准。

股价最终以跳空大阳线放量向上突破上升通道返回线和 120 日均线压力，这才是比较可靠的买入点。

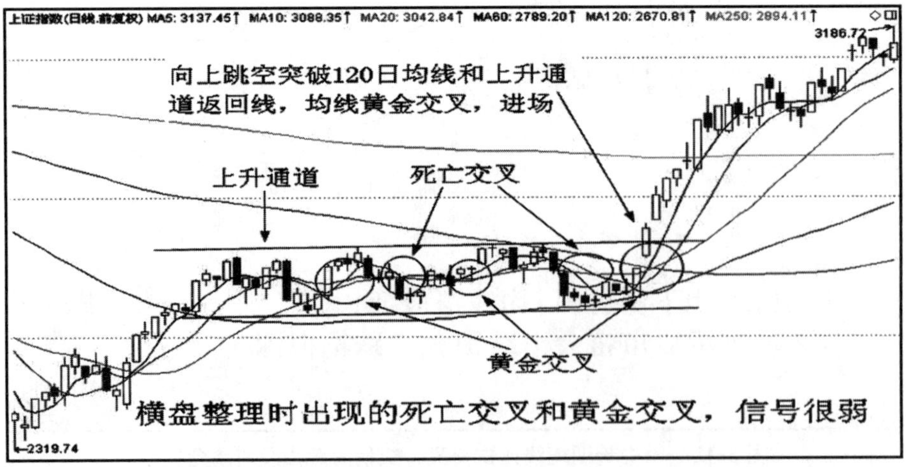

图 3-126　震荡行情中，短期均线死亡交叉和黄金交叉的可靠性比较弱

五、均线粘合

均线粘合是指股价或指数经过长期的横盘整理，多条均线相互缠绕和纠缠在一起。均线粘合可以出现在趋势运行的任何位置，是股价或指数筑底、调整、筑顶和反弹过程中比较常见的一种均线技术形态。

如图 3-127 所示，深深宝 (000019)。经过一段时间的横盘整理，短期、中期和长期均线粘合在一起。均线粘合过程中，60 日和 120 日均线虽趋向走平，但依旧略向上倾斜，年线一直上行，表明该股均线粘合是在上升趋势中股价调整时出现的。

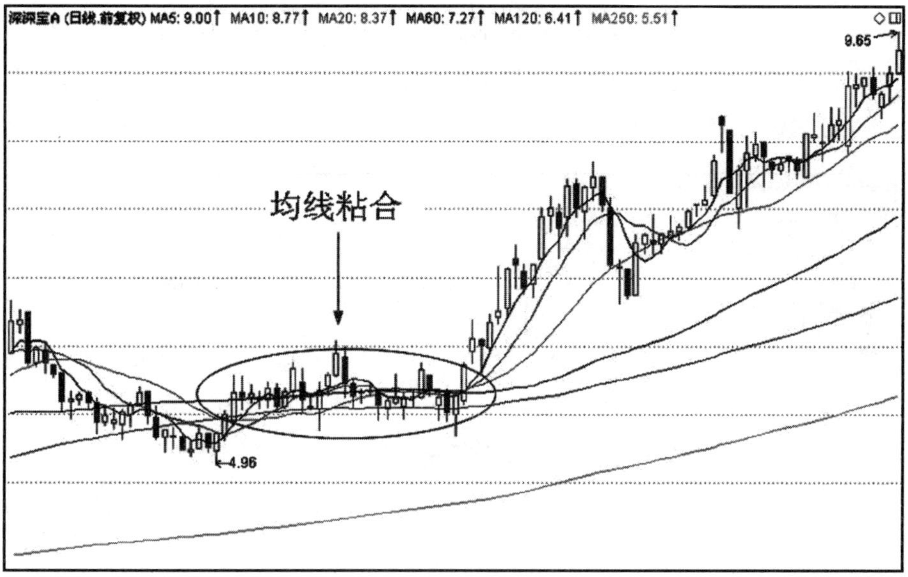

图 3-127 均线粘合

均线粘合，意味着市场内各周期持仓者的平均成本大致相同，同时也表明多空双方对后市的看法不明朗，需要等待时间做出选择。从另一个角度看，均线粘合的过程，就是筹码堆积和转换的过程。

在市场内各周期持仓者的成本附近进行大量的筹码堆积和转换，预示着后市一旦选择了方向，无论是向上还是向下，都是快速而凌厉的，力度很大。如果能够抓住这样的机会，交易者就可以实现账户快速增值，或者避免重大损失。因此均线粘合无疑有着比较重要的实战意义。

指数或股价将会在均线粘合后出现变盘。向上还是向下变盘，取决于股价或指数的突破方向。

均线粘合的技术特征如下。

(1)股价或指数较长时间震荡整理，中期、短期均线甚至长期均线逐渐靠近聚拢，最后缠绕粘合在一起。

(2)股价或指数一般呈矩形、楔形或者是狭长三角形整理。

(3)市场内持仓者的成本逐渐趋于一致，有时意味着筹码正在高度集中，有时则相反，意味着正在快速分散。前者表明主力控盘，后市看涨；后者表明主力出货，后市看跌。

⑷可出现在任何行情中，但经常出现在一段显著的上升或下降趋势之后。

均线粘合的技术含义有以下几点。

⑴均线粘合时，如果中期、长期均线大多数时间在短期均线和股价之上，压制股价下行，则后市向下突破的概率较大。交易者可以在股价或指数向下突破之后卖出离场。

如图 3–128 所示，ST 磁卡（600800）。连续下跌之后，股价反弹，收出一个菱形，一个收敛三角形。在菱形和收敛三角形整理末期，短期均线粘合。由于中期均线 60 日均线继续向下移动，表明市场内中期持仓者不看好后市，在短期均线上面形成压力。股价最终选择向下突破。

在菱形末端，股价几乎是同时跌破菱形形态和短期均线粘合形态。在收敛三角形末端，股价率先跌破均线粘合形态，比三角形形态提前发出离场信号。总的来说，技术图形和均线系统的信号可以相互确认。交易者可以在跌破均线粘合形态时清仓离场。

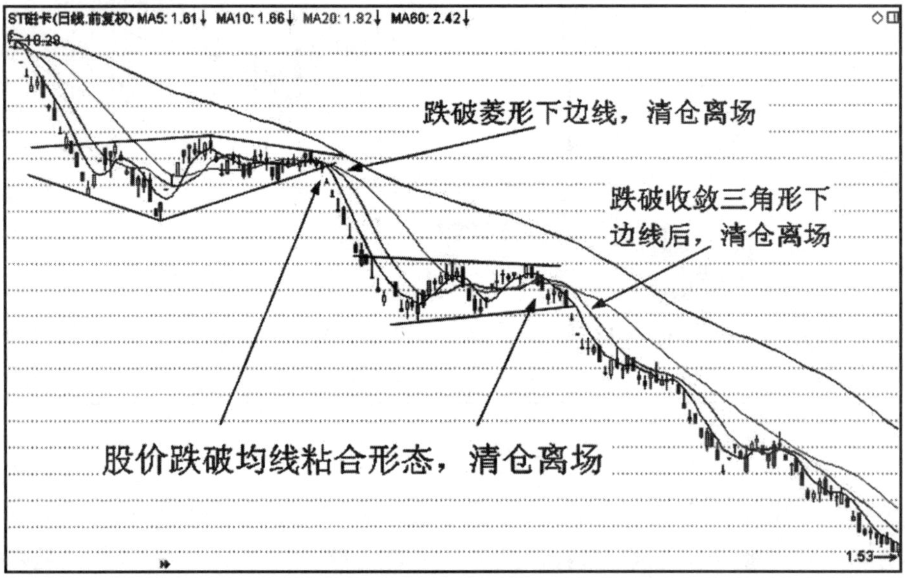

图 3–128　跌破均线粘合形态的离场标准

如图 3–129 所示，ST 宝诚（600892）。该股暴跌之前，一共有过两次均线粘合。第一次是 5 日、10 日和 20 日均线在 60 日、120 日和 240 日均线下方粘合，股价走出一个接近完美的圆底底部。之后股价继续以弧形向上涨升，似乎正在夯筑圆底。但股价刚刚上行就遇到 60 日均线和 120 日均线的压力出现回落，并向下跌破均线粘合形态。交易者应在股价跌破粘合形态时清仓离场。

这次下跌只是做了一个空头陷阱，股价又重新向上涨升，并突破 60 日和 120 日均线，收出均线扭转和银山谷技术形态。交易者可以在股价向上突破 60 日和 120 日均线，以及收出银山谷均线形态时，再度进场买入。由于 240 日均线在上压制股价，表明长期趋势向下，所以进场买入的仓位宜轻不宜重。

之后股价遇到年线压力返身向下，均线第二次收敛、粘合。股价横盘整理一段时间，缓慢向下跌破均线粘合形态，随后下跌速度越来越快，均线向下空头发散，形成空头排列。形成空头排列后，后市看跌，此时应卖出。

该股第二次均线粘合，股价跌破粘合形态时，是一个很缓慢的过程，没有很明显的跌破点，均线粘合的卖出点很模糊。在这种情况下，交易者需要借助其他技术分析方法确定卖出的位置。

第二次均线粘合时，收出绵绵阴跌的K线形态，股价渐次跌破各周期均线，各周期均线缓慢下行，较短周期的均线先后死亡交叉较长周期均线，并最终形成空头排列。以上各技术形态均是看跌信号，在同一位置发生共振，传达的信息就是四个字：立即清仓。

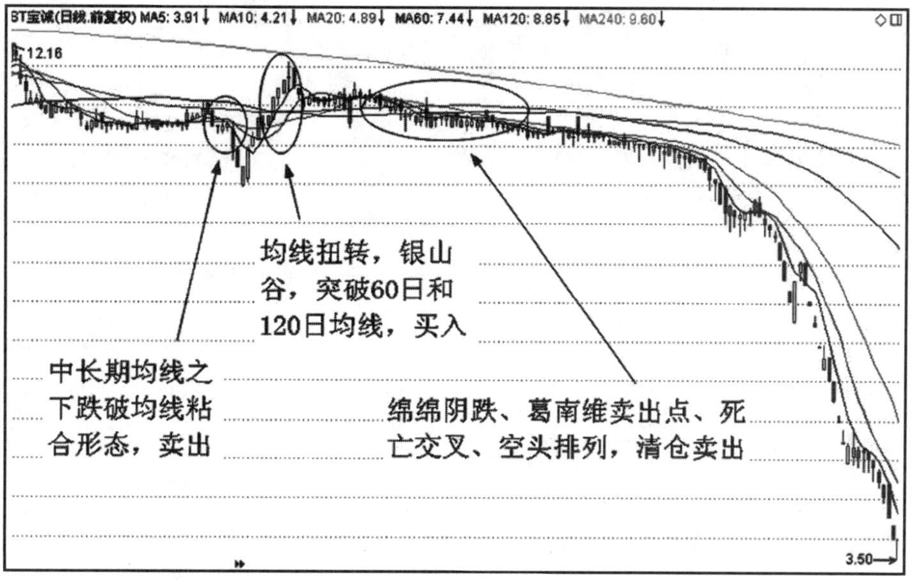

图 3-129　长期均线在上压制，均线粘合后大多选择向下突破

⑵均线粘合时，如果中期、长期均线大多数时间在短期均线和股价下方支撑股价上行，则后市向上突破的概率较大。交易者可以在股价或指数向上突破后进场买入。

如图 3-130 所示，中润投资（000506）。股价和均线有过两次粘合。第一次均线粘合，120日和 240 日均线在上方压制，股价理所当然地向下突破。第二次均线粘合，120 日和 240 日均线在下支撑上行，股价也理所当然地向上突破。

两次均线粘合，都是沿着长期均线的方向突破。交易者可在股价向下跌破粘合形态时卖出离场，向上突破粘合形态时进场买入。

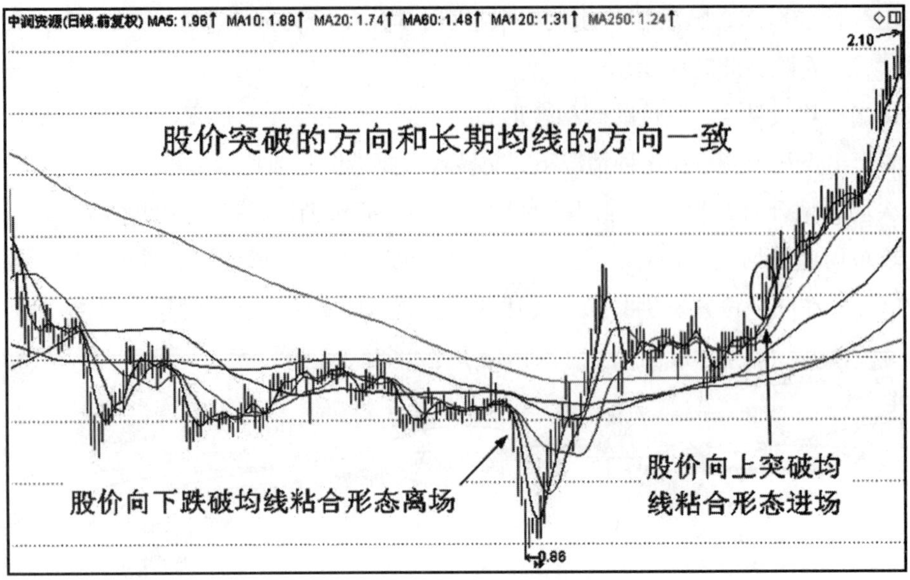

图 3-130 均线粘合后，股价的突破方向大多与长期均线方向一致

图 3-131 是与图 3-130 同一时间段的行情走势图。图中收敛三角形的位置，就是图 3-130 中第一次均线收敛之处，图中下降楔形的位置，就是图 3-130 中第二次均线收敛之处。

收敛三角形技术形态，后市突破方向向上和向下的概率各占 50%。但如果交易者结合图 3-130 中的均线来分析，就可以预知该收敛三角形向下突破是大概率事件，因此不必等到收敛三角形选择突破方向才做出做空的决定。大可于三角形尚在整理，向上弹升接近三角形上边线，或者在接近年线时减仓或清仓，这样既减少了持仓等待确认的时间，提高了操作效率，又比三角形向下突破之后离场的价格高出很多。

下降楔形大多选择向上突破，后市看涨，这与均线粘合形态的分析结论完全一致。股价强势向上突破 60 日、120 日和 240 日均线三条中长期均线，然后中短期均线粘合。股价整理过程中，一直没有有效跌破三条中长期均线，而三条中长期均线已由下跌逐渐走平并上升，这些都是趋势逐渐转强的信号。有了以上分析判断，交易者见到下降楔形后，对其后市突破的方向以及概率，就会有更大的把握。

由此可见，均线系统和技术图形是可以互补缺陷的，综合这两种技术分析方法，能够更好地把握买卖点。

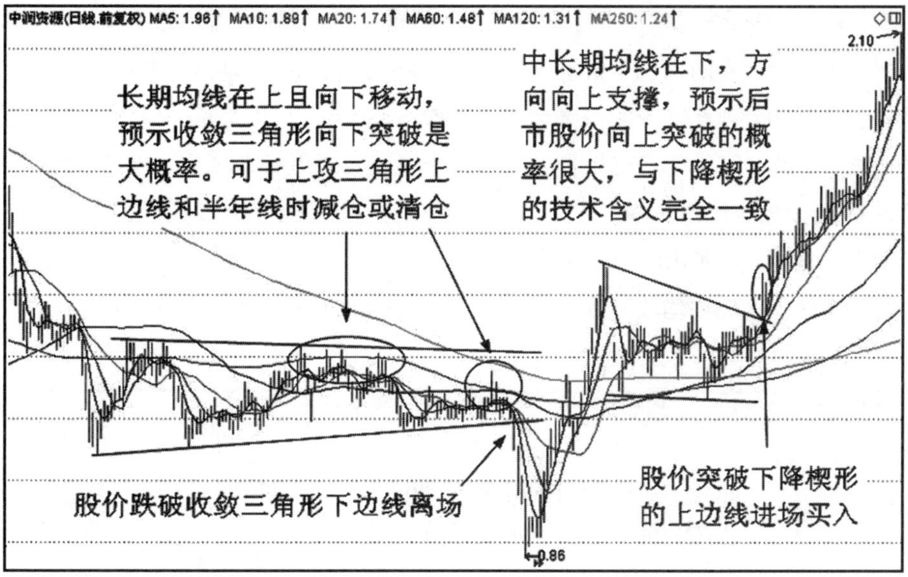

图 3-131　均线粘合结合技术图形，分析结果更为准确

如图 3-132 所示，正虹科技（000702）。股价横向整理，期间小幅震荡，导致均线反复粘合。最终在长期均线的支撑和指引下，股价向上突破。

交易者可以在股价向上突破粘合形态时进场买入，也可以在股价形成多头排列时进场买入，还可以在股价向上突破下降趋势线时进场买入。

以上三个进场点的位置相差不大，先后出现在同一区域，强化了买入的信号作用，因此交易者可以大胆买入做多。

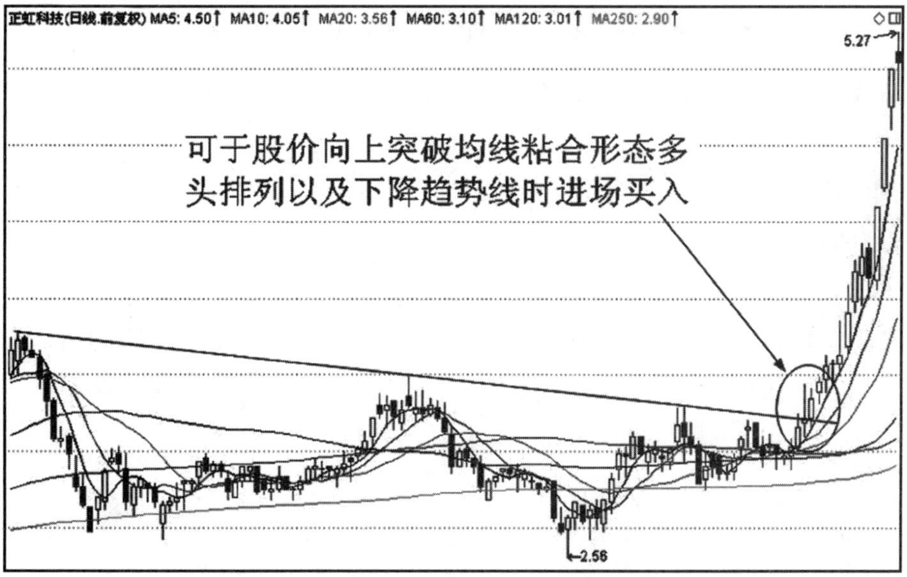

图 3-132　均线粘合后，大多向中长期均线方向突破

图 3-133 是上港集团（600018）的周线图。图中一共出现两次均线粘合。第一次除了 240 周均线之外，其余所有周期均线全都缠绕粘合在一起。虽然 60 周均线走平略下行，但 120 周和 240 周均线上行，因此向上突破的概率较大，但交易者不必急于入场。预测不能作为交易者进场交易的依据，预测仅仅是帮助交易者寻找目标个股，及时做好各项应对准备工作。

此后一根大阳线向上突破均线粘合形态，买入。大阳线突破时，连破四条均线，收出蛟龙出海的均线技术形态。蛟龙出海也是看涨信号，买入。

第二次均线粘合出现在均线被动修复的过程中，也是一根大阳线走出蛟龙出海的均线形态，向上突破均线粘合形态时可以买入。

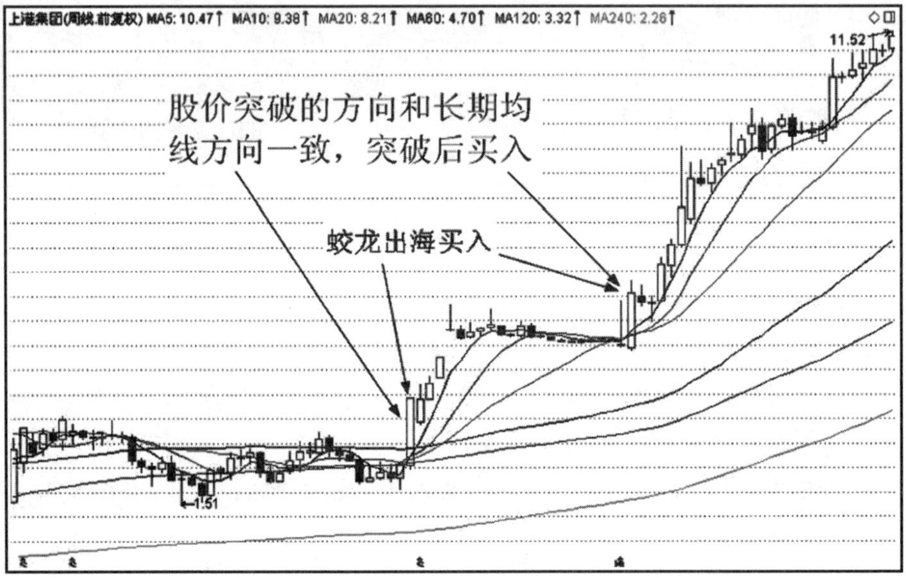

图 3-133　股价沿着长期均线方向向上突破，突破时买入

如图 3-134 所示，ST 合金（000633）。股价回落，在 120 日均线处止跌，然后横向整理。股价和各中短期均线逐渐拧成了一股绳，形成均线粘合形态。长期均线则在下面缓慢上行，形成多头排列。长期均线向上，也预示粘合形态向上突破是大概率事件。交易者可以在股价向上突破均线粘合形态以及回踩均线不破时买入。

均线粘合之处，120 日均线和 240 日均线像传送带一样，在下面托着股价和中短期均线走出烘云托月的均线形态，烘云托月是看涨信号。交易者可以在股价向上加速，或均线向上多头发散，形成多头排列时进场买入。本例中，烘云托月的买入点和均线粘合形态的买入点基本一致。

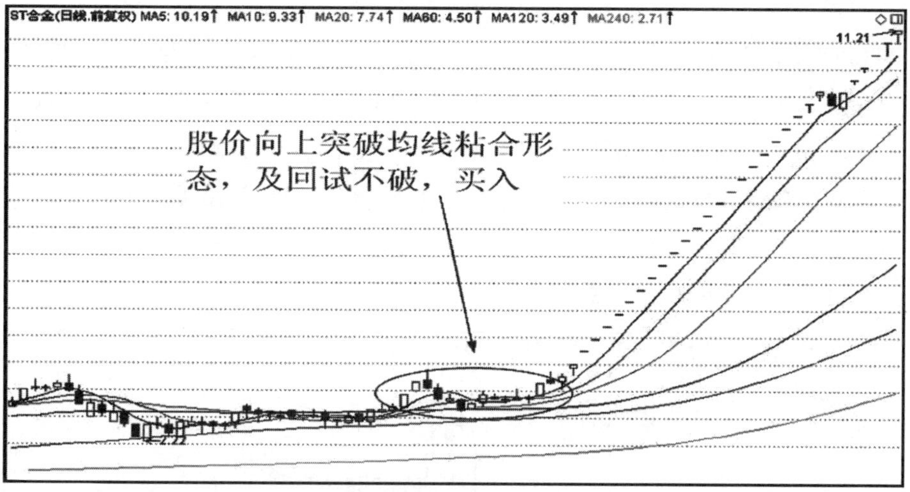

图 3-134　120 日和 240 日均线在下支撑股价，股价向上突破粘合形态时可买入

⑶均线粘合时，如果中期、长期均线逐渐走平，短期均线围绕着中长期均线上下波动，那么后市向上突破和向下突破的概率各占 50%。如果股价或指数处在相对高位，则向下突破的概率稍大些；反之，则向上突破的概率稍大些。交易者可在股价或指数选择突破方向后，再决定买入还是卖出。

如图 3-135 所示，长城开发（000021）。各条均线纠缠粘合，股价在 240 日均线之下、60 日均线之上这个极其狭窄的区间横向整理，成交稀少，很难判断后市的突破方向。

在整理末期，量能逐渐放大，股价也缓慢攀升，开始脱离均线粘合状态向上突破。交易者可以在股价向上突破并脱离粘合形态时进场。股价突破粘合的均线后形成多头排列。交易者也可以在股价、短中期均线形成多头排列时进场。

该股均线粘合期间，K 线实际上走出潜伏底的技术图形。交易者可于股价大阳线向上突破潜伏底时入场。

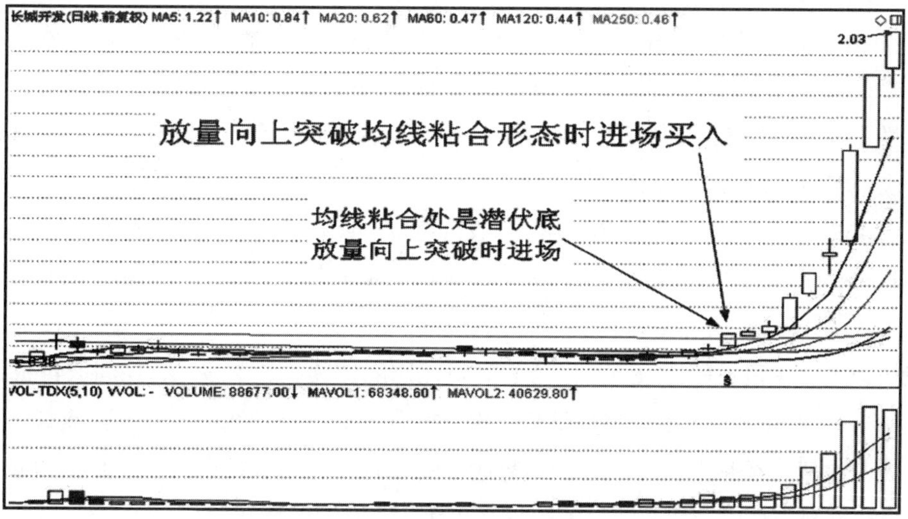

图 3-135　均线粘合的进场标准

如图 3-136 所示，ST 宝利来（000008）。股价震荡整理后期，所有周期的均线连同股价一起，全都拧成了一根横向移动的绳子，表明市场内几乎所有交易者的持仓成本趋于一致。由于大家对后市的走向看不明白，买进卖出都十分小心，股价每日的波动都很小。

多空双方都在观望等待，交易者也不必急于进场。最终股价收出黑三兵的看跌 K 线形态，并且跌破均线粘合形态。跌破后，股价和各周期均线向下发散，形成空头排列。日 K 线看跌，均线形态也看跌，交易者此时不跑更待何时？

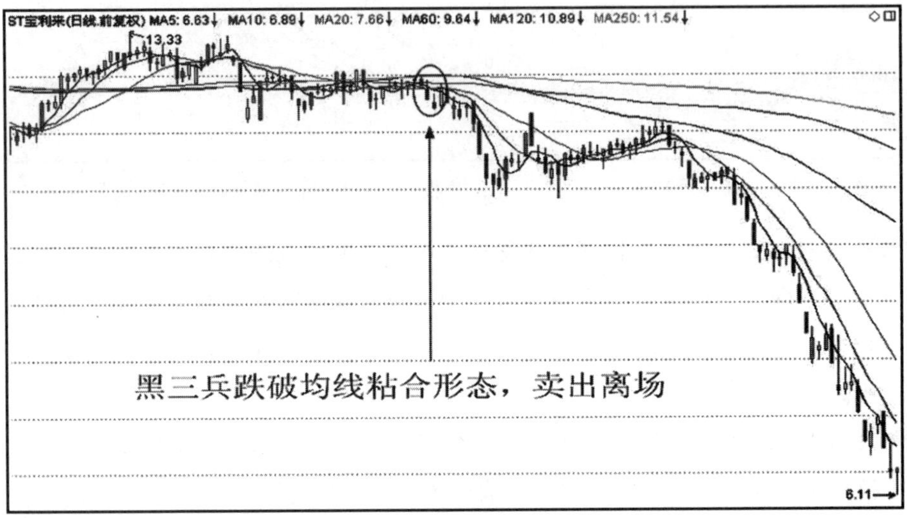

图 3-136　均线粘合后，以股价或指数选择的突破方向作为进出场标准

特别提示：

均线粘合意味着筹码正在高度集中，或者正在大量分散。前者是主力吸货，后者则是主力出货，因此后市涨跌的幅度往往既快且猛。交易者如果可以把握好这种走势，不仅能够避免遭受巨大损失，还能骑上飞奔的黑马，实现资金的快速增值。但是如何选择目标个股，怎样判断股价突破方向，如何正确把握介入时机，一直都是令人头疼的事情。

实战中，交易者可以从以下几个方面入手选择拟操作的股票。

(1)选择上升趋势中途横向整理出现均线粘合的股票。下降趋势中途股价横向整理出现均线粘合的股票，多为主力出货，最好不要介入。

如图 3-137 所示，上港集团（600018）。股价急拉一波之后，进行均线被动修复。修复期间，K 线、5 日、10 日和 20 日均线全部被拧成一条细线，横向延伸。该股均线粘合的程度不是一般的厉害。

该股快速上涨一段空间后进行被动修复。虽然修复持续了 5 个多月，期间股价也曾跌破 60 日均线，60 日均线也逐渐走平并略略下行，但 120 日和 240 日均线一直在下方支撑，呈多头排列形态，表明该股均线粘合形态是上升趋势途中的粘合。强力的粘合有可能是主力吸筹或高度控盘的结果，交易者可以密切关注，等待股价选择突破方向。

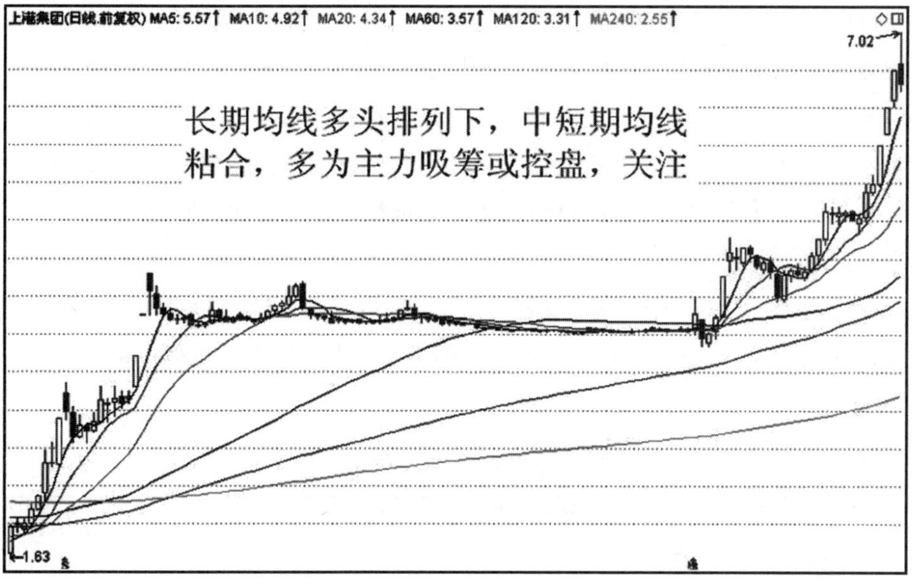

图 3-137　上升趋势中均线粘合多为主力吸筹或控盘，突破后大多选择向上

⑵均线粘合整理期间，股价上下波动的幅度越小越好，成交量萎缩得越厉害越好，整理时间越长越好，这是主力强势控盘的表现。

图 3-138 是与图 3-137 同一时间段的日线图。在均线被动修复和逐渐粘合的过程中，每日的 K 线绝大多数都是小阳线、小阴线和十字星。股价整体上以近乎一条直线的方式横向位移，停滞不前，与之对应的成交量也极度萎缩。

众所周知，地球上的物质如果没有外力的推动，就会因重力作用自然向下移动，股价也是如此。股票如果没有人买进，就会一文不值，导致价格必然回落。佣金和印花税也是股价天然重力的组成部分。如果一只股票成交稀少，就会沦为冷门股，大盘涨时它涨得少，大盘跌时它跌得多，涨少跌多是冷门股运行的常态。

这只股票成交极其稀少，不管大盘的涨跌，自顾自地不涨不跌，是不是非常耐人寻味呢？成交稀少，无外乎三种情形：①没有人买；②没有人卖；③筹码集中度高，可流通的股票数量非常少。

第一种情形，如果仅仅是没有人买，那么股价缺乏上涨动力，只会下跌。该股不跌，因此可以排除这种情况。

第二种情形，如果仅仅是没有人卖，那么资金供大于求，股票成为稀缺资源，股价上涨动力充沛，不会出现停滞不前的局面。因此这种情况也可以排除。

现在只剩下第三种情形：只有主力高度控盘，才能使股价走出横向移动的走势。主力高度控盘，才可以做到对股价操纵自如，场内才不会有很多的沽售压力令股价下跌。同时，场外的大资金也不愿意进场买入去拉升股价，因为那样就等于为庄家抬轿。

常言道：无庄不灵。这句话的意思是，有庄家的股票，拉升起来才会上涨久远，上涨才既快且猛。通过以上分析，大致可以确定入驻该股的主力实力非同小可。如果操作一只股票就像一场狩猎的话，那么如此庞大的猎物即将进入伏击圈，是不是值得付出更多的耐心守候呢？

现实中却并非如分析的那样单纯和容易，总是有这样或者那样的打击及诱惑，让交易者否认此前的判断和坚守，从而偏离既定的目标，冲向看似近在眼前，实则远在天边的果实。当年笔者就曾有仓位潜伏在该股中，蛰伏过很长时间。但最终功亏一篑，在黎明前的黑暗时刻松开缰绳，最终放走了一头疯牛。

特别提醒的是：在均线粘合期间，交易者不应当介入。因为人性存在一些弱点，时间稍久，就容易忘记此前的判断和分析。对于非常看好的目标个股，可以先买入很少的仓位，迫使自己长期观察和跟踪。

该股突破均线粘合形态后，在短短半年时间涨幅接近四倍。

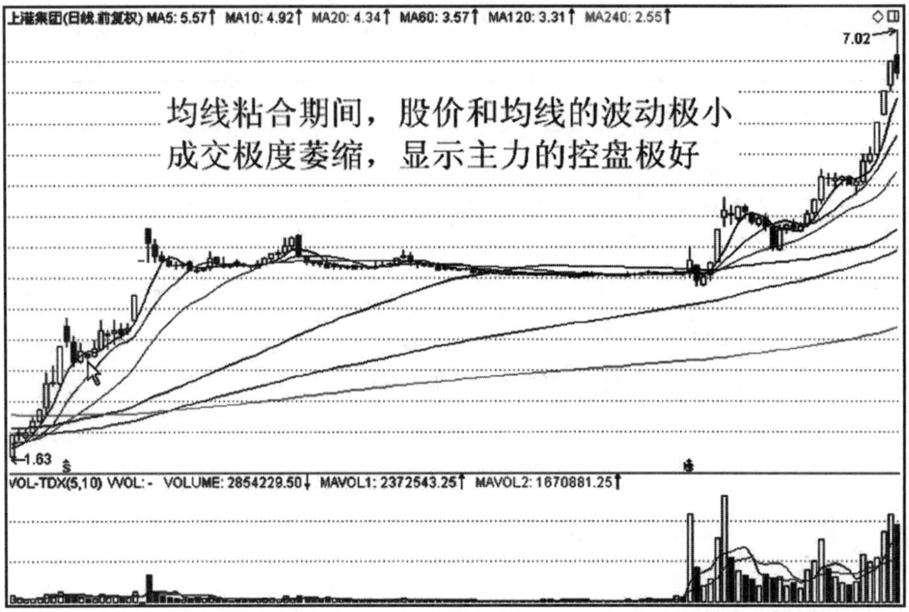

图 3-138　股价和均线粘合成一条细线，几乎没有波动，只有超级强庄股才可以做到

⑶整理期间，不知不觉短期均线已站上中长期均线之上，中长期均线也慢慢由下行变为走平，甚至略略上翘。这种走势加大了股价或指数向上突破的概率，也是股价或指数即将启动上涨的前兆。

以上的三个方面，仅仅表明向上突破是一种大概率事件，突破时间和突破方式都无法事先准确预知，所以不能作为进场依据，但足够警示交易者将其标注为密切关注的自选股。

进场点选在短期均线黄金交叉，或均线多头排列，或股价以大阳线放量向上突破均线粘合形态，或出现其他显著买入信号的位置。例如底部看涨的 K 线形态，向上突破的技术图形等。

图 3-139 是与图 3-138 同一时间段的日线图。在均线粘合后期，股价放量向上突破粘合形态，交易者可以进场买入。次日该股收出一根向下跳空低开的阴线，与前一根放量阳线组成倾盆大雨的见顶 K 线形态，并跌破均线粘合形态。二者信号共振，看跌作用强烈，交易者可以断臂止损，

清仓出局。

不确定性是股市上演最多，也是最具魅力和最让人痛恨的事情之一。股价明明已经跌破粘合形态，后市看跌，但仅仅在粘合形态下方停留一天，就再度向上突破。这很显然是主力连挖两个陷阱，第一个是多头陷阱，第二个是空头陷阱，给短线客来了一个下马威。

跌破看跌，涨破看涨。如果交易者抱定顺从市场的信念，就不会对多头陷阱、空头陷阱存在太多纠结。跌破卖，涨破买，损失的不过是几个点的价差和来回的佣金，但换来的却是资金安全和快速增值。

当然，如果是中长线交易，并且仓位控制得当，在股价跌破均线粘合形态时，也可以持股继续观察。因为120日和240日均线在下方呈多头排列，股价正运行在一个长期上升趋势中，均线服从的概率要远远大于均线扭转，所以交易者也可以不急于卖出，相反还可以在股价于120日均线处止跌，第二次向上攻击，发出120日均线葛南维买入点之时加仓。

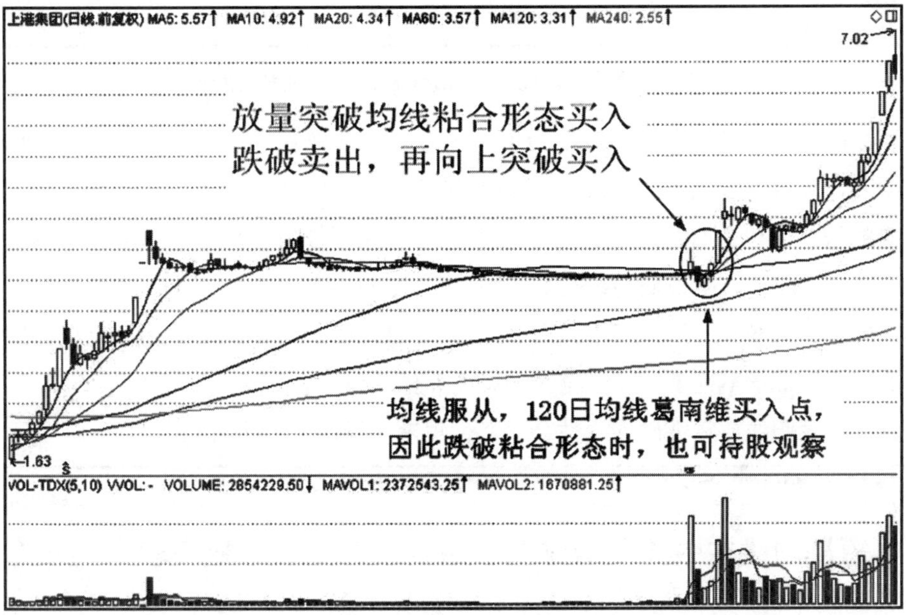

图 3-139　股价最终的突破方向是决定买进卖出的唯一标准

图 3-140 是与图 3-139 同一时间段的日线图。如果结合技术图形，图 3-139 中的多头陷阱和空头陷阱全都不复存在。

从图 3-140 中可以看到，均线粘合期间走出一个很狭长的下降楔形。股价第一次向上突破均线粘合形态时，并未突破楔形形态，因此交易者依然可以旁观后续走势。

接着股价向下跌破均线粘合形态，但止步于楔形下边线。由于此前没有进场，所以股价两度盘中向下刺穿楔形下边线时，也就不存在是否需要减仓或清仓的纠结。

最后，一根大阳线向上突破下降楔形上边线，这是看涨信号，买入。突破后，股价又回试了一下楔形上边线，回试不破，可以买入或加仓。

技术图形和均线形态配合使用，既可以相互佐证，又可以剔除虚假信号。

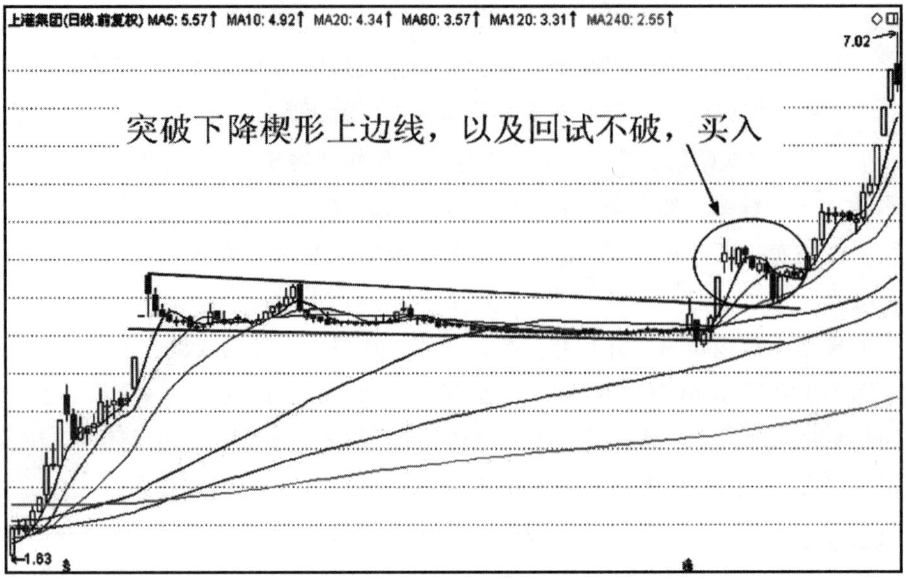

图 3-140 技术图形可以剔除粘合形态发出的虚假买卖信号

如图 3-141 所示，东方明珠（600832）。图上一共出现三次均线粘合，第一次粘合时，中长期均线在上且方向向下，不符合选择标准。

第二次粘合，股价每日的波动极小，很像主力压低吸货的特征。但无论是与不是，因为股价和短期均线趋势向下，中长期均线在上压制，因此不介入。

第三次粘合，股价向上突破中长期均线，中长期均线走平并微微上翘，成交开始放大，预示股价启动上涨的日子不远了。此时应密切关注，择机介入。

进场点选在大阳线放量突破均线粘合形态，短期均线形成多头排列之时。

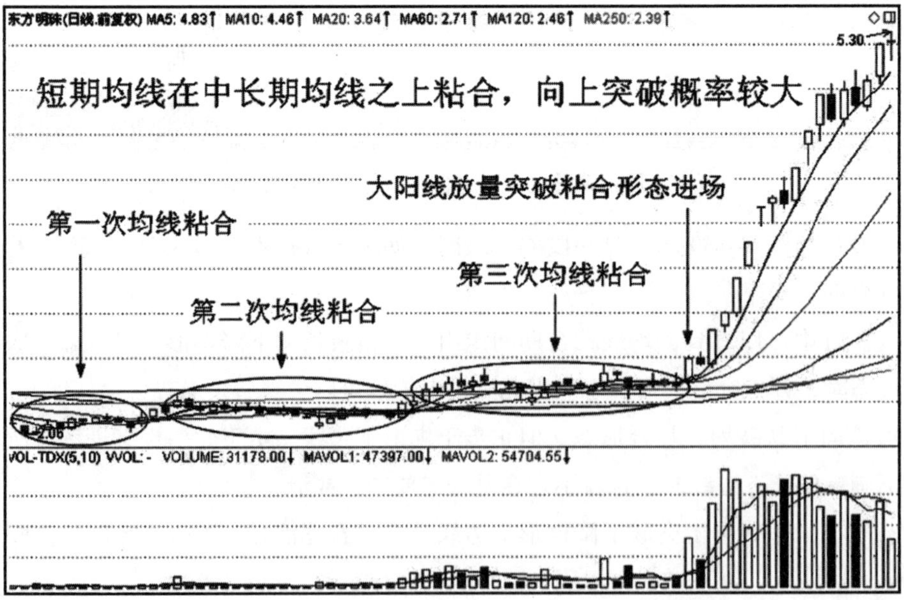

图 3-141 向上突破均线粘合的技术特征及进场标准

图 3-142 是与图 3-141 同一时间段的日线图。从图上可以看出，如果按照技术图形发出的信号进行操作，会比依照均线形态操作多出一次进场机会。

如果二者结合起来运用，在本图中股价第一次突破收敛三角形时，交易者也许就不用很着急地进场买入。因为 120 日均线和 240 日均线还在三角形的上方起压制作用，股价能否一举突破并在其上站稳，还需要继续观察，因此技术图形发出的买入信号可靠性和信任度不足，交易者可以买入，也可以不买，买入时仓位要轻。

不同技术形态发出同样的技术信号，属于信号共振，共振将增加信号的可靠性。不同技术形态发出相反的技术信号，属于信号抵消，抵消将削弱信号的可靠性。在这方面，技术图形和均线既有互补，也有印证。

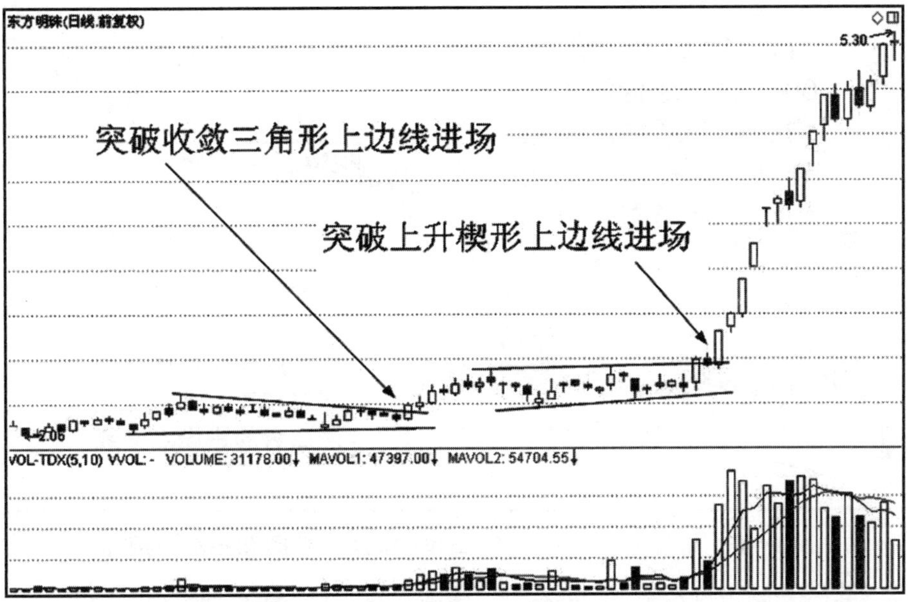

图 3-142 技术图形与均线形态进场点有所不同，二者结合可以相互印证

(4)单条均线有稳定性作用，有助涨助跌作用，有支撑和压力作用，有指示和确认趋势的作用。把若干条均线拧到一起，最后释放的能量远非一条均线可比。很多暴涨暴跌的股票都出现在均线粘合之后，所以将均线粘合称为神鞭一点都不为过。

粘合的均线数量越多，时间周期越长，后市突破的力量就越大，同样可供选择的股票数量以及操作的机会也就越少。实战中，交易者可以选择 5 日、10 日、20 日、60 日均线组合，只要前三条均线粘合在 60 日均线之上，或围绕 60 日均线粘合，即可选作高度关注的自选股。

如图 3-143 所示，鲁泰 A（000726）。60 日均线一直持续上行，5 日、10 日和 20 日均线在 60 日均线之上两次形成均线粘合，股价回调都没有碰到 60 日均线，是 60 日均线葛南维第二大法则买入点，买入。

交易者也可在股价向上突破均线粘合形态时进场买入。此处葛南维买入点和股价突破均线粘合形态的买入点一致。

均线粘合之处，同时形成了一个下降三角形形态，一个矩形形态。下降三角形后市大多向下突破，矩形涨跌取决于股价突破方向。二者都出现在上升趋势中，且 60 日均线在下方支撑，可以预知股价向上突破的概率较大。交易者可于股价向上突破技术图形时进场买入。

在这个例子中，均线粘合和技术图形的买入点是完全一致的。

从图中可以看到，矩形向上突破后，股价回试了矩形上边线。上边线对后市股价有支撑作用，回试不破可以买入或加仓。

在本例中，技术图形和均线形态信号发生共振，二者相互佐证，足以鼓舞交易者以更大的热情和更多的仓位买入做多。

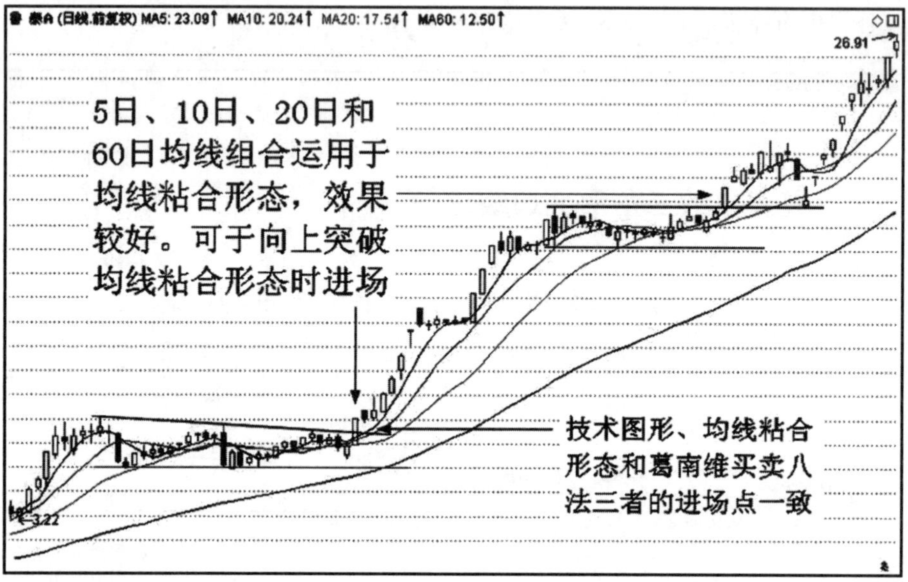

图 3-143　依据 5 日、10 日、20 日和 60 日均线选择均线粘合的股票

如图 3-144 所示，南风化工（000737）。图中一共有两次中短期均线出现粘合。在第一次均线粘合之前，底部首次出现交叉向上发散技术形态，后市看涨，买入。

第一次粘合时，60 日均线已经由下行走平转而向上拐头，表明牛市的春天要到了，上行的均线就是冒出泥土绽放的新绿。此时毕竟冬天才刚刚过去，经常会有倒春寒。之后突然收出一根大阴线，向下跌破均线粘合形态，同时也跌破三条均线，收出断头铡刀的技术形态。二者都是比较强烈的见顶和看跌信号，但由于 60 日均线在下方支撑，故交易者可以根据交易周期、交易习惯的不同，或者选择清仓、减仓，或者持股不动，继续观察 60 日均线的支撑力度以及走向。

接着收出一根下影线比较长的中阳线，中阳线与前一根大阴线形成好友反攻的 K 线形态。次日继续收出大阳线，形成蛟龙出海的技术形态，买入。前期未减仓、清仓的，则继续持股待涨。均线也因为股价的上涨由粘合而逐渐向上多头发散。

毛泽东说过：前途是光明的，道路是曲折的。股市无时无刻不在验证这句话的正确性。多头发散、多头排列本应当是股价上涨比较猛烈的阶段，但该股刚起飞就折翼，先是收出一根大阴线，接着又走出断头铡刀的技术形态，足见牛市来之不易。

第一次是空头陷阱，第二次会不会故伎重施？与其揣测主力的心思，还不如观察股价后市的走势，以及均线的方向和排列方式。随后的下跌虽然比第一次更凶狠一些，甚至还收出了死亡交叉和死亡谷等看跌技术形态，但60日均线上行角度几乎没有什么变化，股价也在跌至60日均线附近时止跌，随后一根大阳线向上涨升，走出均线蛟龙出海的形态，后市看涨，买入。

第二次下跌果然还是空头陷阱。空头陷阱是60日均线葛南维买入点，买入位置和蛟龙出海的位置完全一致。

随后股价继续上涨，5日、10日和20日均线先后交叉，走出银山谷的均线图形。银山谷大多出现在股价或指数止跌回升的位置，此处股价的涨跌幅度都很小，能否看做银山谷形态有待商榷。但周期较短的均线先后上叉周期较长的均线，收出类似图形，已足够表明短期持仓者看多后市的观点和行为，交易者可继续持股不动。

此时曲折的道路还没有走到尽头，股价随后又出现第三次回落。和第二次回落一样，股价依然遇到60日均线止跌回升，发出60日均线葛南维买入信号。此时可买入或加仓。

接着出现第二次均线粘合。此时60日均线在下支撑，股价向上突破均线粘合形态，应买入或加仓。

该股走势多次反复，有可能是主力洗盘，也有可能是主力吸筹。不论主力干什么，只要交易者坚定地按照交易系统和技术信号买进卖出，主力又奈我何？

如果交易者以60日均线作为操作周期，只需按照60日均线的应用技巧，以及60日均线葛南维买卖法则，进场买入和加仓即可，上面分析的空头陷阱，基本上就等于不存在。

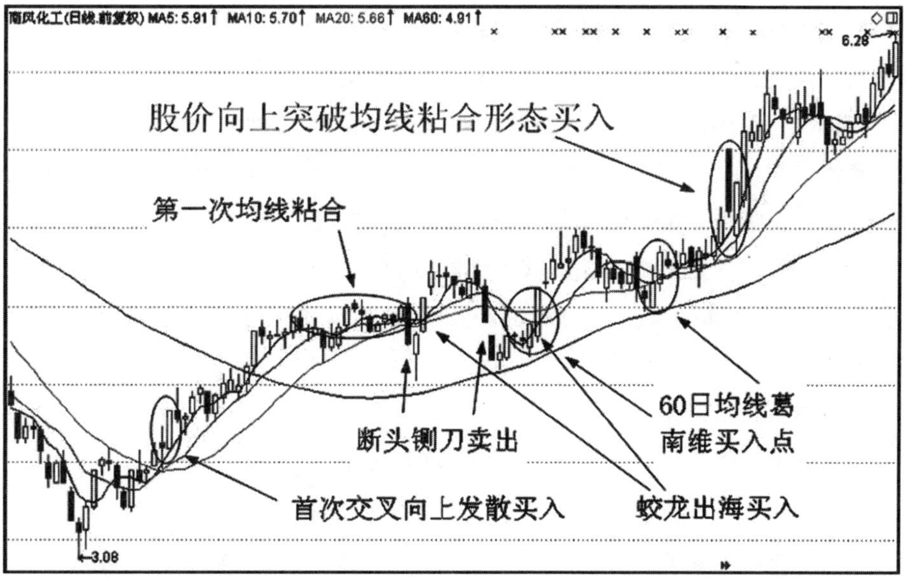

图3-144　60日均线在下方支撑，股价向上突破均线粘合形态，后市看涨

六、均线收敛和发散

均线收敛是指股价或指数运行过程中，原本分散的各条均线出现收敛聚拢的现象。均线收敛表明市场内各均线周期平均成本趋于一致。

个股和大盘在均线收敛后，大多会形成均线粘合，然后股价或指数将会选择突破方向。如果沿收敛之前的方向突破，趋势将延续；如果逆收敛之前的方向突破，则趋势将逆转。突破粘合形态后，接下来股价或指数就会进入均线发散阶段。

均线发散是指股价或指数运行过程中，各周期均线由交叉粘合聚拢开始分离，并呈同向发散的现象。均线发散分为多头发散与空头发散，多头发散是指各周期均线向上发散，空头发散是指各周期均线向下发散。

多头发散是多头排列中股价或指数走势最为强势的一段，空头发散是空头排列中走势最为孱弱的一段。多头发散是重要的持仓期，空头发散是重要的空仓期。

均线收敛之后，很多时候会形成均线粘合。均线收敛和均线粘合的不同之处在于，均线收敛一般出现在持续上涨或者下跌之后，强调股价或指数运行的过程。均线粘合可以出现在行情的任何阶段，更注重均线和均线之间的位置关系。

均线收敛之后，并不必然形成均线粘合，更多时候是形成均线交叉。均线收敛和均线普通交叉、黄金交叉、死亡交叉、均线背离、均线扭转、均线修复有竞合之处。

均线发散与多头排列、空头排列的不同之处在于，前者强调股价或指数运行的过程，后者注重K线、均线以及均线和均线之间相互的排列关系。短期、中期、长期均线形成多头或空头排列后，在行情持续运行的过程中，允许短期均线短暂向下甚至发生一定的交叉。当均线由发散开始收敛时，并不意味着多头排列或空头排列行情结束。

趋势的延续和转折带动均线不断收敛、发散，周而复始。

趋势具有惯性，是因为自然界中的物质具有惯性。人的精神如意志、观点、习性、情绪和欲望等也具有惯性。当二者同向共振时，趋势的力量极大。表现在交易行为上，就是冲动性追涨和恐慌性抛售；表现在均线运行方式上，就是均线多头发散和空头发散。

当二者逆向运行时，趋势的方向扭转人性的方向，但在扭转过程中相互弱化。表现在交易行为上，就是在下降趋势初期买入，在上升趋势初期卖出；表现在均线运行方式上，就是均线收敛。

1. 均线收敛

均线收敛有以下技术特征。

(1)可以出现在上升趋势中，也可以出现在下降趋势中。

(2) K线和各周期均线由原来的发散状态，逐渐收敛聚拢。

均线收敛的技术含义如下。

(1)均线收敛时，如果中期、长期均线运行方向在收敛之前和之后继续上行，则后市向上突破的概率更大。

在熊市，均线收敛主要是由于股价或指数反弹形成的。中长期均线方向没有改变，说明场内持仓的中长线交易者不看好后市，还在继续抛售股票，导致均线继续下行。在牛市，则主要是由于股价或指数回调形成的，中长期均线方向没有变，说明长线交易者仍然看多，还在继续买入股票。

均线收敛是整理均线形态，整理结束之后，大多将延续原有的趋势方向，沿着中长期均线运行的方向突破。

在上升趋势中走出均线收敛形态，已持有股票的交易者可以继续持股观察，空仓的交易者可以在股价或指数向上突破均线收敛形态时进场买入。

如图 3–145 所示，成飞集成（002190）。股价突破中长期均线之后连续涨停，5 日、10 日和 20 日均线逐渐收敛，但中长期均线依然向上运行，所以在均线收敛之后，股价向上突破。交易者可以在大阳线向上突破收敛状态，均线再度发散时买入。

股价突破中长期均线之处，以及均线收敛之处，都是均线粘合形态。前者是各周期均线粘合，后者是短期均线粘合。

均线收敛，对于收敛到何种程度、收敛到何时结束，交易者均无法判断。但若均线收敛之后逐渐形成均线粘合形态，则股价突破均线粘合形态时，即表示均线收敛完成。

另外一个判断标准是再度均线发散。均线再度发散和均线粘合突破，二者出现的位置完全一致。但均线收敛即使不形成均线粘合，结束后均线也会再度发散，所以均线再度发散的适用性更广泛一些。

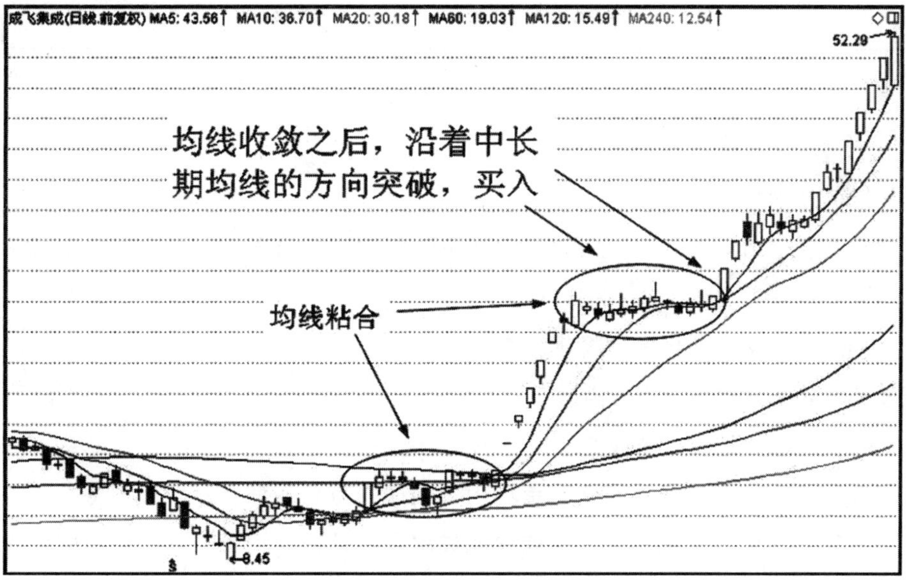

图 3–145 上升趋势中，均线收敛后大多向上突破

⑵均线收敛时，如果中期、长期均线运行方向在收敛之前和之后继续下行，则后市向下突破的概率更大。

在下降趋势中，严格的趋势交易者手里一定不会持有股票。若交易者有持仓，或此前曾进场抢反弹，则应在均线收敛之后及时清仓卖出。

如图 3-146 所示，ST 园城（600766）。股价连续跌停，5 日、10 日和 20 日均线迅速向下空头发散。之后股价止跌，横向整理，5 日、10 日和 20 日均线收敛，逐渐形成均线粘合。

由于年线、半年线和 60 日均线在上方呈空头排列，压制股价下行，所以均线收敛之后，向下突破的概率很大。交易者可以在均线完成收敛，形成均线粘合时开始卖出，也可以在股价跌破均线粘合形态时卖出。

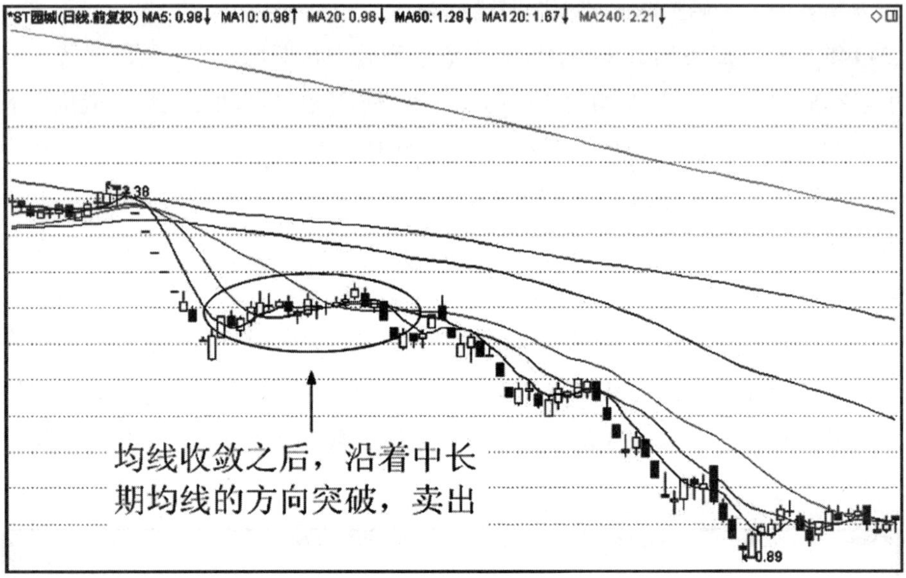

图 3-146 下降趋势中，均线收敛之后大多向下突破

2. 均线发散

均线发散的技术特征如下。

(1)可以出现在上升趋势中，也可以出现在下降趋势中。出现在上升趋势中是多头发散，出现在下降趋势中是空头发散。

(2)各周期均线由交叉粘合聚拢逐渐分离，同向发散。

均线发散的技术含义有以下几点。

(1)均线多头发散是重要的持股期。

各周期均线同时向上发散，意味着市场内各周期的持仓者都看好后市，持续买入，所以各周期均线向上移动。因为短期均线比长期均线灵敏，上升速度较快，所以各周期均线就呈发散状态。

如图 3-147 所示，西南药业（600666）。股价依次向上突破各条均线之后，开始由粘合状态逐渐发散。期间短期均线有过两次收敛，但中长期均线向上运行的方向一直没有改变，所以收敛后均线继续向上发散，多头格局未改，持股。

第二次均线收敛时，股价走出上升楔形形态。股价突破上升楔形之前，即已向上多头发散，但多头发散是一个渐进过程，且发散可能随时收敛，所以不是一个很明确的买入点。交易者可以根据黄金交叉、技术图形、K线形态等确定多头发散的进场标准。

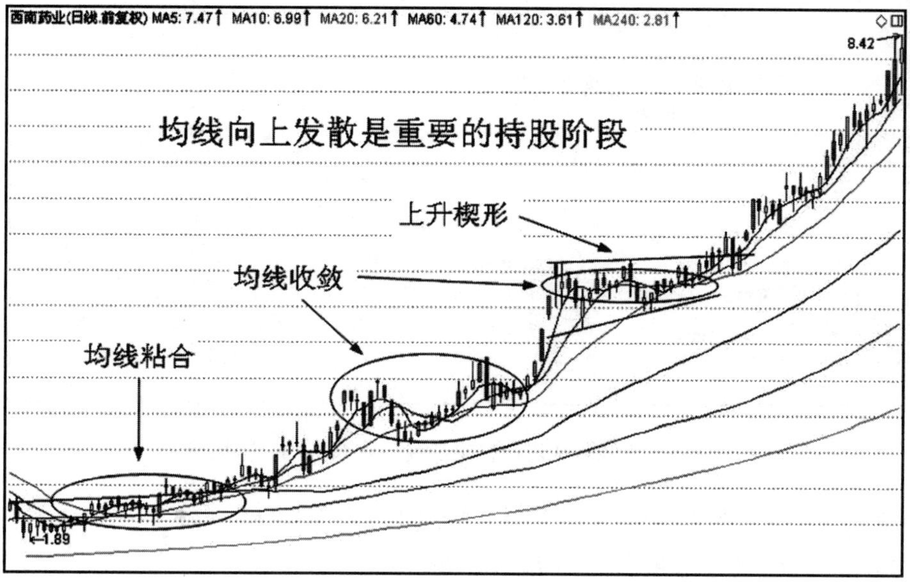

图 3-147 均线向上多头发散是重要的持股期

如图 3-148 所示，ST 金泰（600385）。在底部股价连续涨停，各周期均线由粘合交叉状态转而向上多头发散，这是第一次多头发散。

接着股价滞涨，各周期均线开始收敛。因为是以均线被动修复方式修复背离，所以逐渐形成中短期均线粘合。交易者可在股价向上突破均线粘合形态时进场买入。

均线粘合之处还是一个接近矩形的收敛三角形。无论是矩形还是收敛三角形，都是整理技术图形，后市是涨是跌取决于突破方向。交易者可在股价向上突破技术图形，以及回试上边线不破时进场买入。技术图形突破的买入点，和均线突破粘合形态的买入点完全一致。

随后股价以涨停板的方式连续上涨，各周期均线跟随股价上涨，向上多头发散。

因为该股是以连续涨停的方式匀速上涨，所以 5 日、10 日和 20 日均线向上多头发散不久就开始平行上行，但 20 日、60 日、120 日和 240 日均线依然呈多头发散。

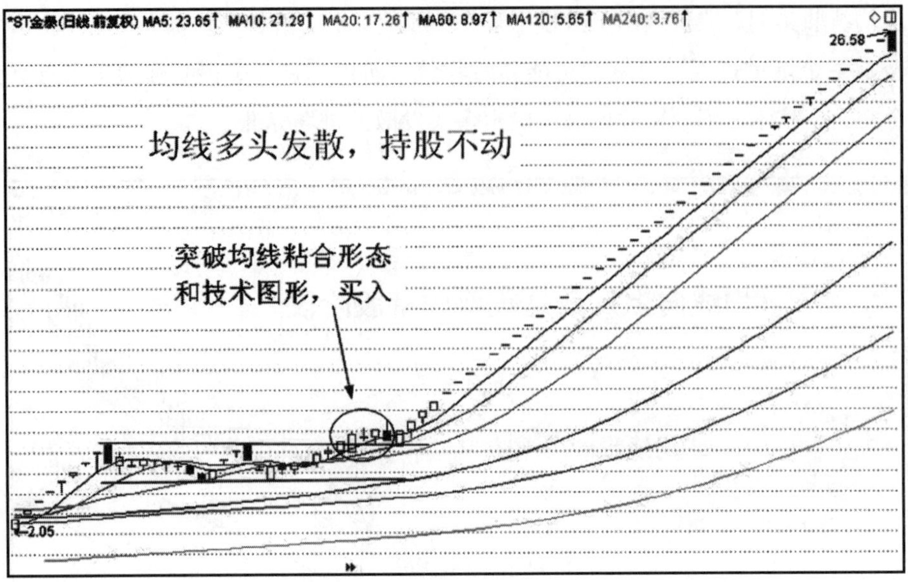

图 3-148　均线多头发散，交易者应守仓不动，持股待涨

图 3-149 是与图 3-148 同一时间段的日线图，只不过上图是对数坐标系，本图是普通坐标系。在普通坐标系上，各周期均线呈现完美的多头发散。

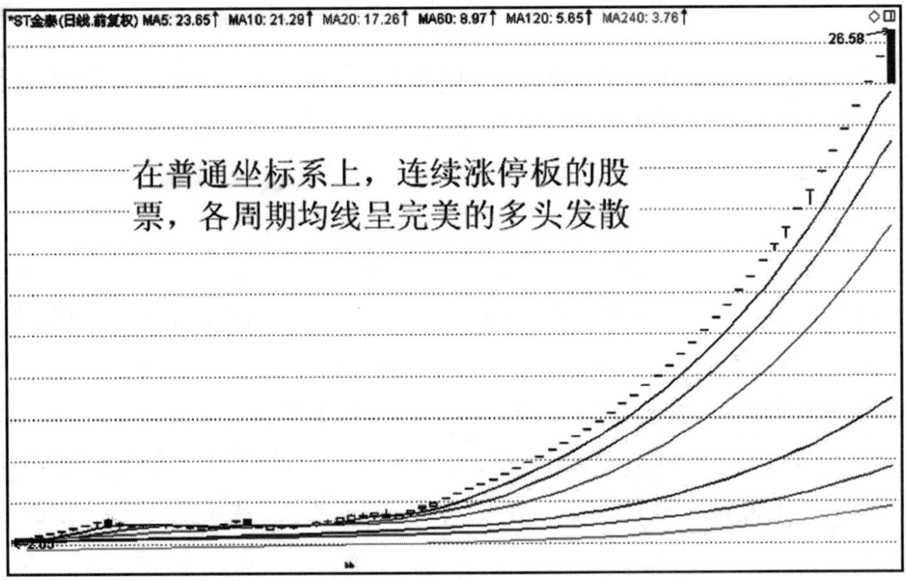

图 3-149　在普通坐标系上，均线多头发散极其完美

⑵均线空头发散是重要的持币期。

均线空头发散的情况与均线多头发散的相同，只是方向和技术含义相反。

如图 3-150 所示，ST 宝利来（000008）。顶部，均线在长期均线下粘合，然后股价向下突破，各周期均线向下发散。此时交易者应持币观望。

由于该股下跌速度过快，股价过度远离中长期均线，在均线的牵引作用下，存在均线修复的动能。但因为当年该股被恶意操纵和透支炒作等原因，大众交易者不愿意进场接盘，所以该股以均线被动修复的方式进行均线收敛。均线收敛后，各中短期均线再度出现均线粘合形态。随后股价在中长期均线的压制下依旧向下突破，再次形成均线空头发散。交易者继续持币观望。

其后该股收出了两个收敛三角形。空头排列下的收敛三角形向下突破的概率较大。收敛三角形向下突破后，出现第三次和第四次均线向下发散，交易者依旧需要耐心，捂紧钱袋，空仓等候。

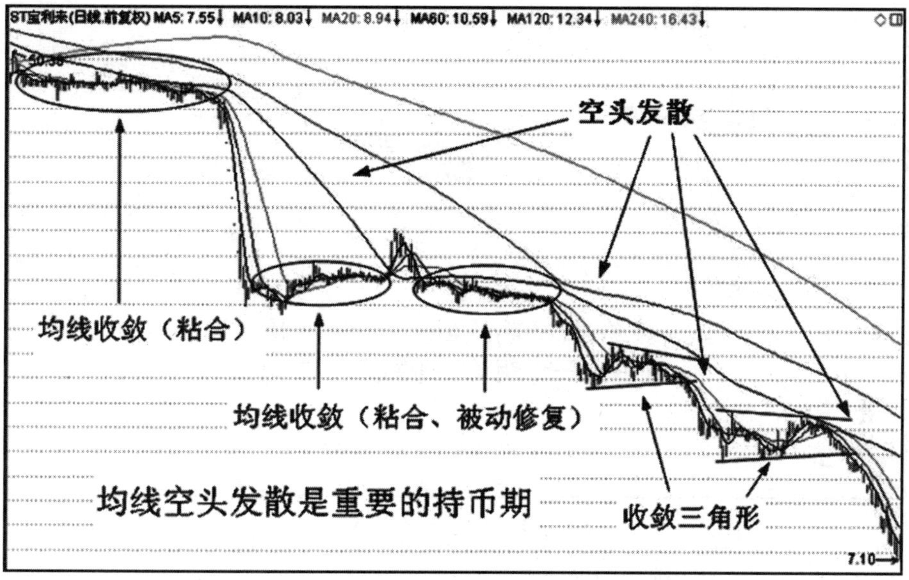

图 3-150　均线向下发散是重要的持币空仓期

特别提示：

⑴均线发散意味着市场内各交易周期的交易者，对于后市的看法和行为趋于一致。当看法和行为没有明显改变时，趋势就会持续下去，因此交易者应把握住机遇，坚定做多或做空。

⑵均线发散是均线多头排列和空头排列的一部分，而且是行情最为猛烈的一段。

⑶均线收敛意味着有一部分交易者的看法和行为发生了改变。但这种改变究竟是趋势逆转的迹象，还是前进中的漩涡，需要交易者审慎对待。

中长期均线方向是判断行情发展方向的一个很重要的参考依据，中长期均线向上，则均线收敛后向上突破的概率很大。中长期均线向下，则收敛后向下突破的概率较大。除此之外，技术图形、趋势线和 K 线形态都可以给出比较明确的信号。

七、均线服从与扭转

1. 均线服从

均线服从是指多条均线收敛时，各周期均线运行方向不同。后市走向将遵循 K 线服从均线，短期均线服从中期均线，中期均线服从长期均线，日线服从周线，周线服从月线的规律，长期均线向上则趋势继续向上，长期均线向下则趋势继续向下。

如图 3-151 所示，中航电子（600372）。从图中可以看到，股价见顶回落以后节节走低，带动 5 日、10 日、20 日均线不断下行，60 日均线也渐渐走平并拐头向下。各种短期均线先是交叉，接着粘合。短期均线粘合以后，在 60 日均线的压制下向下发散，中短期均线形成空头排列。

这种走势看起来情形不妙，似乎中长期趋势正在走熊，但 120 日和 240 日均线一直以固定不变的角度近乎笔直地上行。最终股价在靠近 120 日均线的上方止跌，继而掉头上攻。

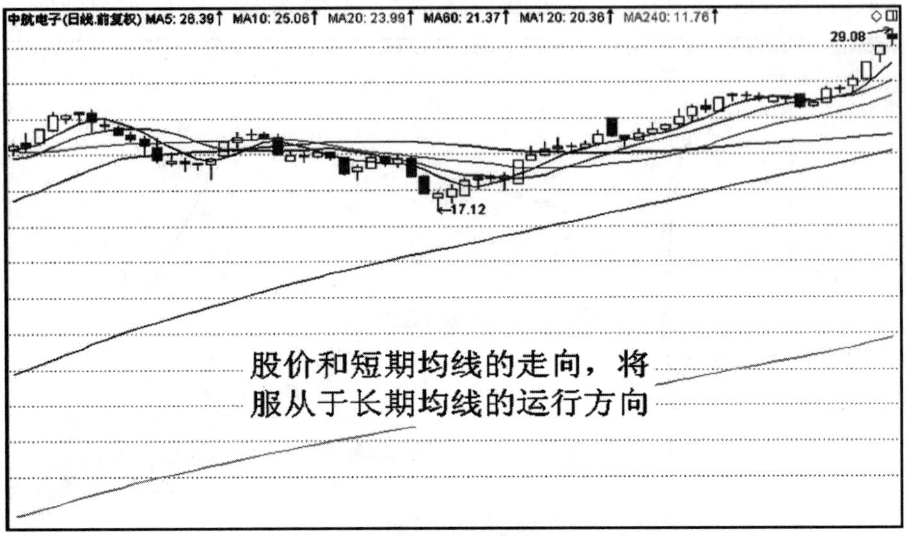

图 3-151　均线服从

短期均线为什么要服从长期均线呢？

均线是股价或指数的平均，当股价或指数发生较为剧烈的波动时，长期均线由于周期长，每一日的大波动被几十日甚至几百日一分摊，就会变得很不明显。相比较而言，短期均线因为周期短，每日的大波动只能分摊到几日、十几日之中，产生的影响自然就会比较大。这是长期均线比短期均线更加稳定的数学原因。

均线还是均线周期内入场交易者的平均持仓成本。当短期均线运行方向和长期均线方向不同时，如果长期均线继续沿原来的方向运行，就表明持仓的长线交易者依然坚定地看好后市走势，场外也有众多长线交易者源源不断涌入，从而使长期均线几乎不受短期股价波动的影响，持续上行或下行。

相比较而言，长线交易者比短线交易者更富有耐心、毅力和坚定的意志。这是除了数学原因之外，长期均线比短期均线更稳定的精神因素。

均线的本质是平均成本。成本是由资金构成的，推动股市上涨或下跌的动力，直接来源就是资金的进出。短线交易者进出频繁，带动短期均线上下波动。如果没有长线交易者的持仓行为，股价或指数就会处在一个震荡比较剧烈的整理行情之中，不会有一个长期向上或向下的动力。这是除了数学原因之外，长期均线比短期均线更稳定的资金方面的因素。

各种因素都表明，长期均线比短期均线更稳定，所以股价或指数最终的运行方向会服从长期均线的方向。但趋势不会一直持续下去，因此均线服从早晚会被打破。打破均线服从现象就是均线扭转。

均线服从的技术特征如下。

⑴可出现在上升趋势中，也可出现在下降趋势中。

⑵股价或指数以及较短周期均线的运行方向，与较长周期均线的运行方向相反。

⑶最终股价或指数，以及较短周期均线的运行方向将会与较长周期均线的运行方向一致

均线服从的技术含义有以下几点。

⑴在上涨行情中，只要中长期均线继续上行，股价或指数以及短期均线的短暂回调，都不会改变趋势的方向，持股不动。

图 3–152 是京新药业（002020）的周线图。股价一直沿着 5 周均线和 10 周均线上涨，偶有跌破，但大多都在 20 周均线处获得支撑。只有一次有效跌破 20 周均线，但是在 60 周均线处获得支撑止跌。

股价跌到 60 周均线时，有很多交易者在此卖出股票。如果交易者掌握了均线服从的技术含义，就不会急于卖出。如果交易者掌握了 60 周均线葛南维第二大买入法则，那么不仅不会卖出，还会在股价获得支撑后买进。

后市股价继续上涨，向上涨过 20 周均线，是 20 周均线葛南维第三大法则买入点，买入。

截图时该股再度跌破 20 周均线和上升趋势线，但是还没有有效跌破上升趋势线。有效跌破的标准是收盘价与上升趋势线的价差超过上升趋势线价格的 3%，且在上升趋势线下方停留超过三天。20 周均线和 60 周均线的方向继续向上，此时仍可持股。

需要特别提醒的是：如果后市有效跌破 20 周均线和上升趋势线，至少要减掉一部分仓位。跌破上升趋势线虽然不一定意味着趋势逆转，但趋势上涨的角度会趋缓，上涨力度也会减弱。20 周线和 60 周线虽然继续上行，但已开始趋缓，有走平的倾向，表明长线持股的交易者，持股决心和持股行为均有松动。

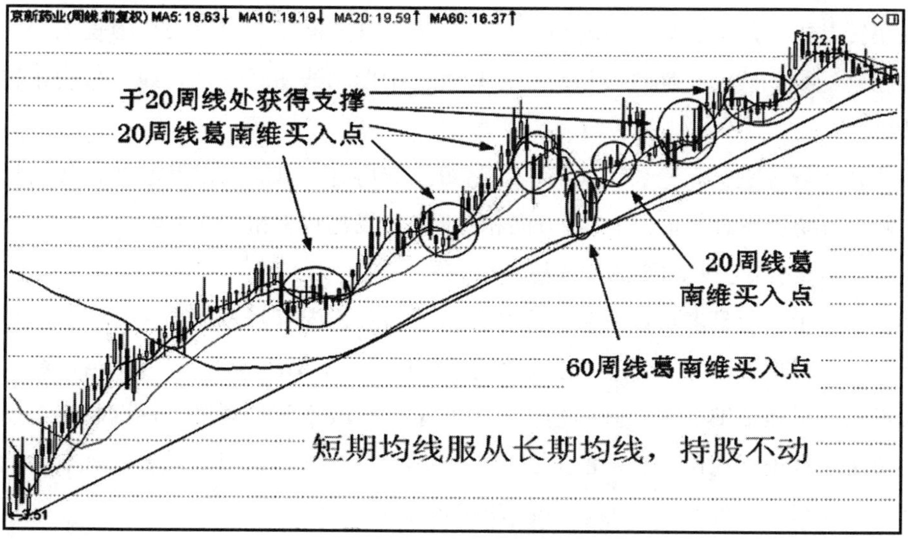

图 3–152　均线服从的持股阶段

⑵在下跌行情中，只要中长期均线继续向下，股价或指数以及短期均线的短暂反弹，都不会改变趋势的方向。此时应持币不动，空仓等待。

如图 3-153 所示，ST 康达尔（000048）。股价下跌过程中，60 日均线持续向下。股价和 5 日均线每次上攻，都在 60 日均线的压制下无功而返。

图中两处反弹的顶点，同时也是 60 日均线葛南维八大买卖法则中的卖出信号。第一次反弹形成了一个顶部岛形反转的圆顶技术图形。顶部岛形反转和圆顶都是见顶信号。

只有卖出信号，没有买进信号，所以要持币不动。

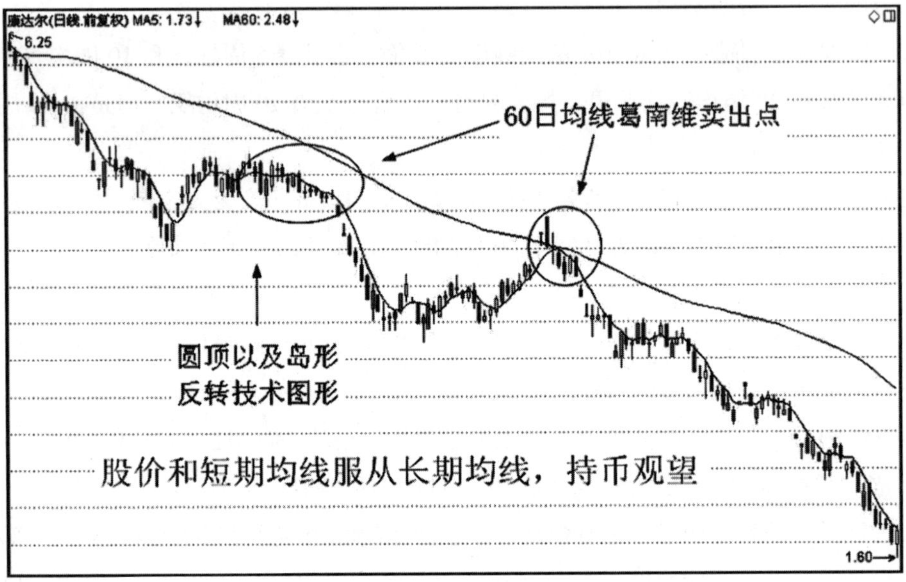

图 3-153　均线服从的持币阶段

2. 均线扭转

均线扭转是指当市场趋势发生转折的时候，就不再遵循短期均线服从中长期均线的规律，而是 K 线扭转短期均线，短期均线扭转中期均线，中期均线扭转长期均线，日线扭转周线，周线扭转月线。

均线扭转的原理是：无论长线交易者还是短线交易者，其观点以及心性趋势的运行方向，不会一直顺应市场趋势的方向。当二者方向相反时，市场趋势将扭转交易者的心性、观点和行为，从而形成短期均线引导长期均线的均线扭转形态。

表现在图表上，交易者可以看到，先是股价或指数逆向穿越短期均线；然后是短期均线也反向运行，穿越中期均线；接着股价或指数继续逆向运行，带动短期均线一同逆向穿越长期均线。此时中长期均线虽然依旧延续原来的趋势，但是也已经改变下行角度，逐渐趋于走平，露出趋势逆转的苗头。这说明在市场趋势的运行中，有很大一部分中长线交易者的观点、信心和意志遭受重创，不得不改变初衷，以顺应新的市场趋势方向。

欧阳修说：祸患常积于忽微。微细之处，常常透露天机。均线扭转就是这样，弱势一方在大举反攻之前，往往先派出的一支尖刀小分队。

如图 3–154 所示，金发科技（600143）。股价见底回升后，股价依次向上穿越短期、中期、长期均线；短期均线也见底回升，依次向上穿越中期、长期均线。中长期均线最终由下降、走平转为上行，完成均线扭转。

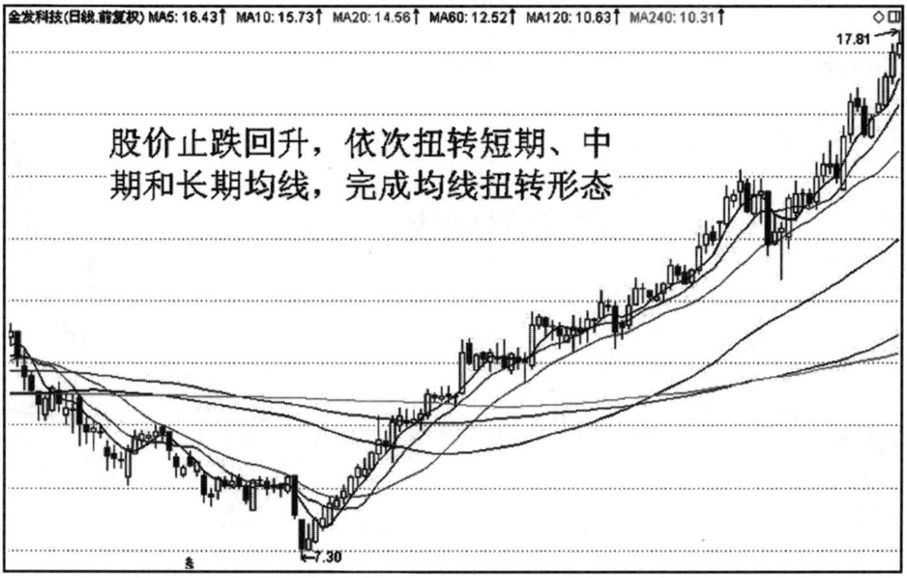

图 3–154 均线扭转

均线扭转的技术特征如下。

(1)可出现在上升趋势中，也可出现在下降趋势中。

(2)股价或指数，以及较短周期均线的运行方向，与较长周期均线的运行方向相反。

(3)最终股价或指数，以及较短周期均线的运行方向扭转较长周期均线的运行方向，从而使较长周期均线的运行方向与股价或指数，以及较短周期均线的运行方向一致。

均线扭转的技术含义有以下几点。

(1)底部均线扭转是见底转势信号，后市看涨，买入。

实战中需要注意三方面的事项：①底部的含义。底部仅指长期底部，不是指中期底部和短期底部。因为后两者实质上还是均线服从。②买入的仓位。均线扭转是趋势运行中的异态，因此扭转开始时，结果尚未确定，所以仓位宜轻不宜重。③成交量。底部均线扭转，一般要伴随着高成交量的大阳线，否则均线扭转的可靠性要打一个大问号。

由于均线扭转的行情比较激烈，短时间内由跌转涨，所以很难把握和判断。如果不追求短期收益的最大化，趋势交易者可以放弃底部均线扭转给出的进场信号。

如图 3–155 所示，长城开发（000021）。均线长期粘合，之后在长期均线的压制下下行，这是典型的均线粘合和均线服从走势。但在下跌不久，股价正在形成加速下跌之势时，突然收出一根放量的大阳线，大阳线吞噬前面五根 K 线，并向上突破 5 日和 10 日均线，预示后市极有可能均线扭转，交易者可以进场买入。

次日股价继续高开高走，开盘即站在 20 日均线之上，成交量比之前有所放大，交易者可以适度加仓。

该股均线扭转形态同时也是 V 形反转的技术图形。V 形反转是见底转势信号，进场点和均线扭转一致。

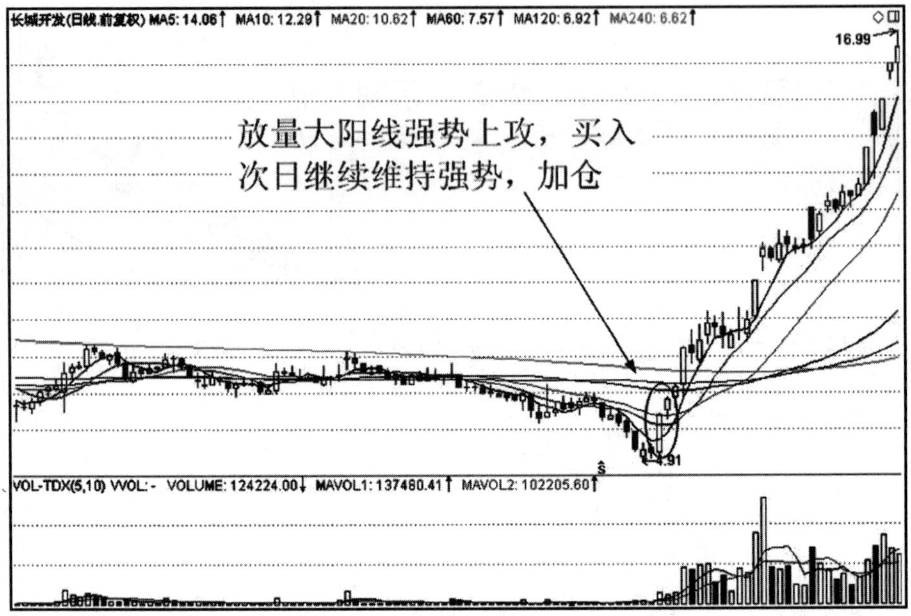

图 3-155 均线扭转的进场标准

如图 3-156 所示，新世界（600628）。在事先没有任何征兆的情况下，股价由下跌突然转为上涨，而且上涨势头极为猛烈，连续收出放大量的大阳线，股价如火箭一般陡峭上升，因此是非常极端和强烈的均线扭转行情。

交易者可以在收出第一根放量大阳线时，按照 20 日均线抢反弹和 V 形反转进场标准买入；次日股价继续维持强势，第三日 5 日均线黄金交叉 10 日均线，可以买入或加仓；第四日股价跳空越过 60 日均线，收出天量阳线，60 日均线亦由下行正在走平，是 60 日均线买入点，此时 5 日均线黄金交叉 20 日均线，因此可以加仓；第五日继续放量收出大阳线，股价向上突破 120 日均线，120 日均线走平，预示长期趋势回暖。此时 5 日均线黄金交叉 60 日均线，10 日均线黄金交叉 20 日均线，5 日、10 日和 20 日均线形成黄金交叉的银山谷，买入信号比较强烈，可以加仓。此前一直没有进场的中长线交易者以及趋势交易者，也可以在第五日追高买入。

图中的跳空缺口、上下影线以及阳线实体都异乎寻常，原因是当时沪深股市尚未实行涨跌停板限制。

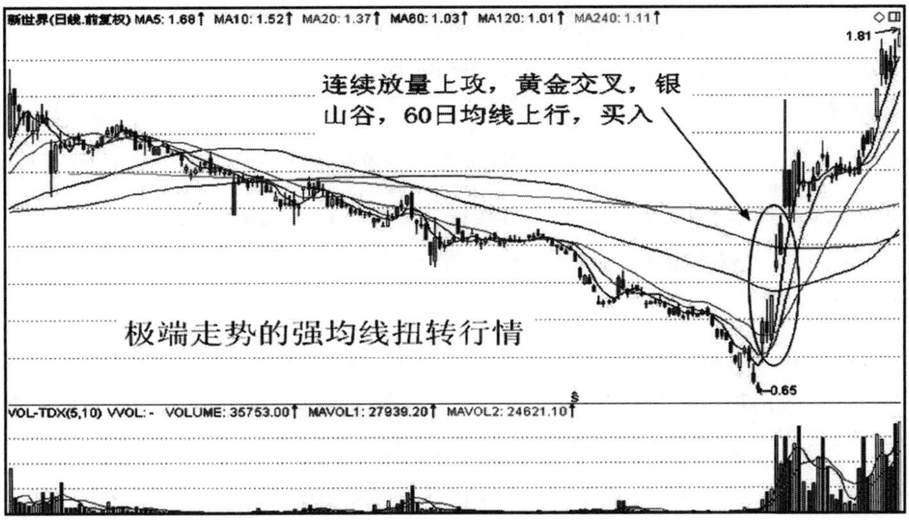

图 3-156　均线扭转的进场标准

如图 3-157 所示，威远生化（600803）。该股表面上是均线扭转，实际上是均线服从的例子。该股均线扭转处的底部是中期底部。

该股由上涨转为下跌，然后横盘整理，形成均线粘合。均线粘合后选择向下突破，但在上升通道趋势线和 240 日均线处获得支撑止跌，然后股价连续涨停上攻，收出中期均线扭转形态。交易者可在收出第一根大阳线时进场，初始离场标准设在通道下轨和 240 日均线位置。

收出大阳线的位置，也是 240 日均线葛南维买入点。

就长期趋势而言，该股走势仍旧是均线服从。因为该股一直没有有效跌破年线且年线一直向上运行。交易者可以按均线服从的买入信号买入，也可以按上升通道的买入点买入，还可以按 240 日均线葛南维买入点买入。

中期底部的均线扭转行情，反而比真正的均线扭转行情容易判断和买入。因为交易者可以结合均线服从和均线扭转技术信号确定买入点。

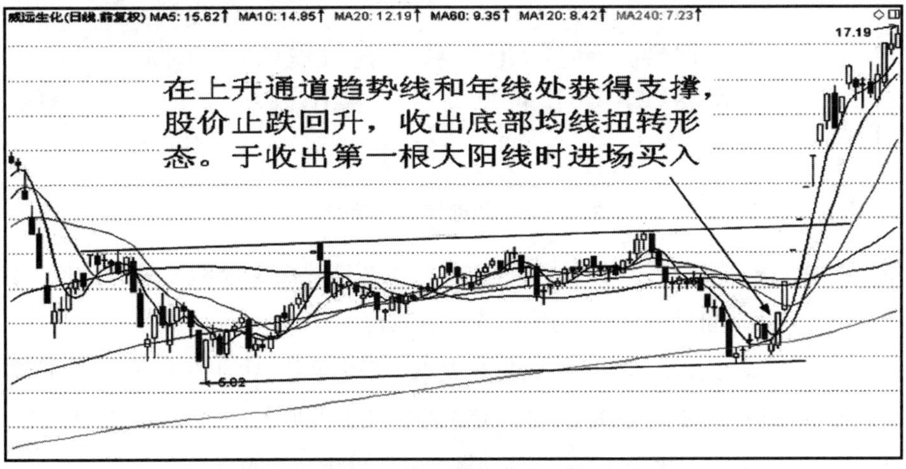

图 3-157　中期底部扭转从长期走势来看实际上还是均线服从

⑵顶部的均线扭转是见顶转势信号，后市看跌，卖出。

和底部均线扭转一样，顶部也可以是中期趋势顶部和长期趋势顶部。不同的是：①顶部均线扭转减仓的力度，要大于底部均线扭转进场买入的力度，甚至可以清仓。这一点主要是从控制风险的角度出发。②成交量意义不同。顶部均线扭转无须成交量的配合。相反，如果下跌的力度较大，成交量却很大或很小，反而要引起足够警惕，最好是清仓离场为妙。

如图 3–158 所示，东方集团（600811）。股价上涨，然后停滞并转头向下跌破各短期均线，扭转短期均线方向。

在股价跌破 60 日均线时，60 日均线已经开始走平。根据葛南维买卖八法，这是一个非常明确的卖出信号。60 日均线虽然是中期均线，但由于均线滞后性的特点，60 日均线转向，常常预示中长期趋势走向改变。交易者应当机立断，着手清仓。

股价继续下跌，各短期均线向下穿越 60 日均线形成均线背离。60 日均线继续走平，意味着中期均线即将扭转。

随后股价继续下跌，跌破 120 日均线，直至 240 日均线支撑位置才停下。此时 60 日均线已经死亡交叉 120 日均线，这是一个长期看空的卖出信号。此时尽管 240 日均线还在上行，但多方大势已去，到了熊霸天下的时刻，清仓出逃几成定局。

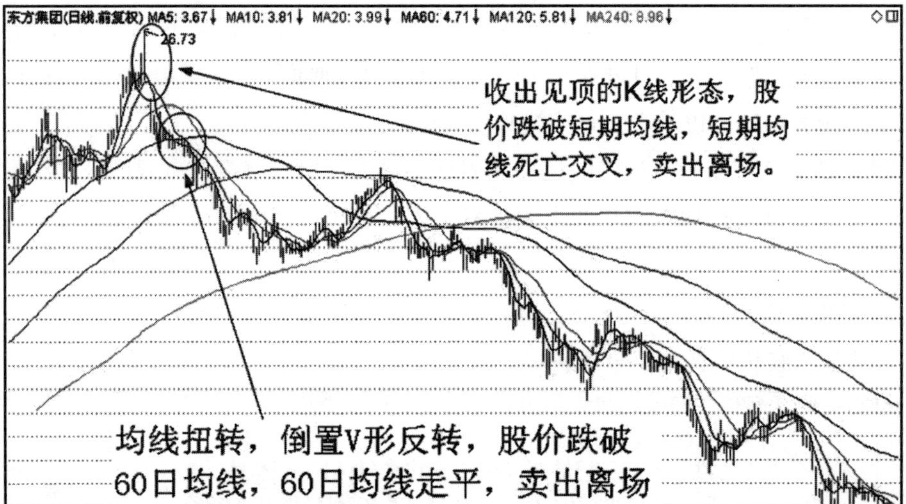

图 3–158 顶部均线扭转的离场点

如图 3–159 所示，ST 泰复（000409）。股价连续涨停后又连续跌停，股价下跌时 60 日均线正逐渐走平，所以股价跌破 60 日均线时应清仓卖出。

在跌破 60 日均线之前，股价见顶时，先是收出一根大阴线，大阴线是见顶和看跌的 K 线形态。接着股价跌破 5 日均线。这两种情况都是沿 5 日均线上涨股票的短线交易离场点。股价跌破 5 日均线时，和 5 日均线形成均线背离，均线背离也是短线交易的离场点。

K线形态和短期均线形态都已经发出卖出信号，交易者可以短线离场，中长线交易也要减仓。

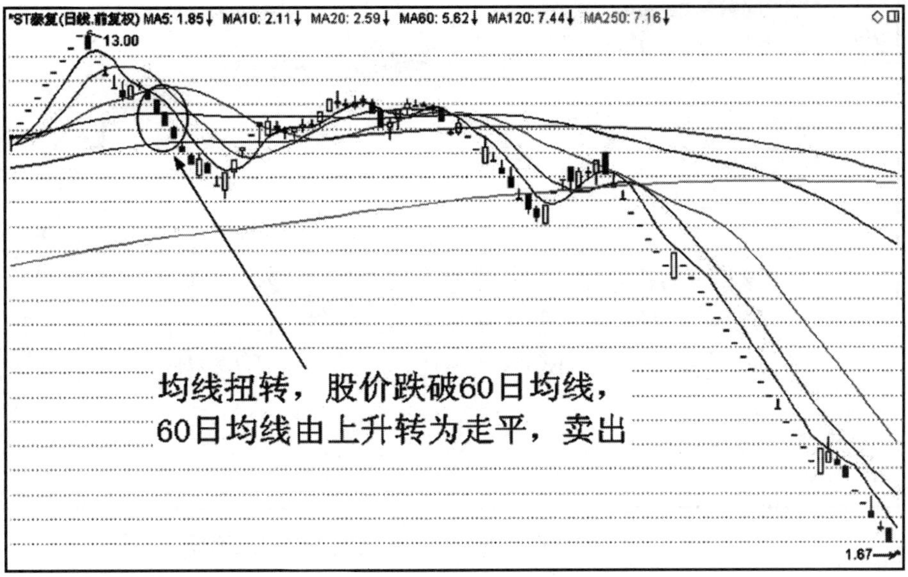

图 3-159　顶部均线扭转的离场标准

如图 3-160 所示，ST 太光（000555）。股价见顶之后，先是跌破短期均线，形成均线背离。接着股价继续下跌，短期均线扭转，随后跌破中长期均线，最后是中长期均线扭转。

从图上可以看出该股是强庄控盘。均线背离和均线扭转之后，庄家仍旧竭力维持股价，令股价长期横盘，各周期均线粘合。但中长期均线走向已经向下且在上方压制短期均线和股价，最终在均线服从的作用下，股价向下突破并持续暴跌。

均线扭转之后，表明趋势已经发生变化，主力的资金实力再强，也只能影响股价运行的方式，无法逆转趋势。

均线扭转虽然是股价或指数运行时的异态，但一旦完成扭转，交易者就应当及时调整操作思路和策略，以适应趋势的变化。

均线服从是股价或指数运行的常态。除了均线扭转之时，交易者需要格外警惕和等待之外，扭转之前和之后，都是均线服从在发挥作用，交易者的操作应当顺应均线的方向，尤其是长期均线的方向。

具体到该股，均线扭转之后，无论庄家如何操纵股价，是出货还是进货，只要长期均线在上且方向向下，交易者就可以不予理会，不参与交易。

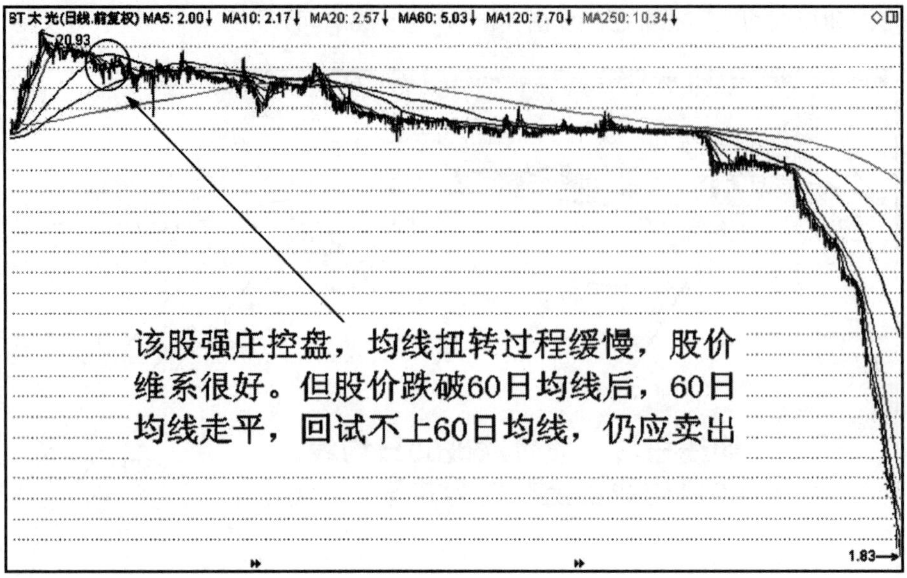

图 3-160 强庄控盘的股票发生均线扭转也应离场

特别提示：

⑴均线服从和均线多头排列、空头排列比较接近，都是重要的持股持币期。

不同的是，均线服从是更为常见的股价或指数走势，多头排列和空头排列则是轰轰烈烈的行情，比较少见。均线服从的走势比较复杂，把握难度大一些，多头排列和空头排列走势比较简单，看起来一目了然，易于捕捉和掌握。

可以认为，除了多头排列、空头排列之外，均线服从还包括了比较疲弱和不标准的多头排列、空头排列。

⑵均线扭转常常与技术图形中的 V 形反转和倒置 V 形反转相伴随。

均线扭转的进出场标准也可以参照 V 形反转和倒置 V 形反转制定进出场标准。K 线形态、5 日均线和均线背离等进出场标准，也常常为均线扭转的买卖点提供佐证。

如图 3-161 所示，古井贡酒（000596）。股价见底后，走出 V 形反转和均线扭转的技术形态。交易者可以根据 V 形反转的进场标准，在股价连续上攻时择机进场。总的来说，无论是 V 形反转还是均线扭转，其进场标准都是比较模糊的。另外，V 形反转和均线扭转的可持续性也令交易者心生疑窦，进场时难免首鼠两端。

该股下跌后期一直沿着 5 日均线运行，因此股价向上突破 5 日均线，是交易者轻仓介入博取反弹短差的买入点。

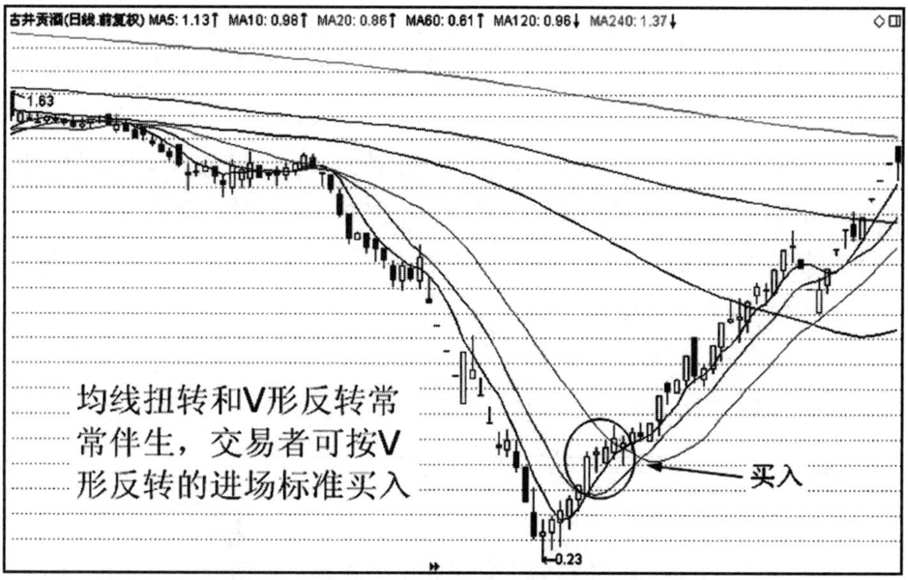

图 3-161 均线扭转和 V 形反转常常相辅相成

⑶均线服从是趋势运行的常态，是趋势的延续；均线扭转是趋势运行的异态，是趋势的转折。

八、均线背离

均线背离是指股价或指数暴涨暴跌之后，股价或指数与均线之间，以及较短周期的均线与较长周期的均线之间发生交叉，并且交叉前后二者运行的方向相反。均线背离是均线收敛和均线普通交叉中的一部分，和均线扭转部分竞合。一般情况下，均线背离特指股价或指数暴涨暴跌之后发生的交叉，是一种矫枉过正的现象。

股价或指数暴涨、暴跌之后，离均线也就是平均成本过远，造成短期持股者的账面盈利或亏损过大，于是均线就对股价或指数产生一种牵引或吸引作用，将股价或指数大力拉向均线。但股价或指数向均线移动时，没能在均线处止住，而是继续前行穿越均线，由此形成均线背离。

均线背离经常和均线扭转相伴发生，通常是趋势进入关键位置和周期时的表现。背离式的普通交叉，则在任何行情下都经常发生。

如图 3-162 所示，深物业（000011）。在行情运行过程中，均线和 K 线、均线和均线之间出现很多了交叉，每一种交叉所蕴含的技术意义都是不同的，交易者可以仔细体会。

图中第一处黄金交叉是短期均线形成的黄金交叉，虽然是买入信号，但是 60 日均线方向向下且在上方压制，此时进场风险依然很大。图中的死亡交叉也是短期均线形成的死亡交叉，虽然是卖出信号，但是 60 日均线方向向上且在下方支撑，如果此时清仓离场，则有可能踏空一段行情。交易者可以减一部分仓位，如果前期已经减仓，此时则继续持仓不动。

图中均线背离的椭圆形内，连续形成四处均线背离。先是股价和 5 日均线交叉形成均线背离，接着是 5 日均线分别和 10 日均线、20 日均线交叉形成背离，最后是 10 日均线和 20 日均线交叉形成背离。

很显然，均线背离的过程就是均线收敛的过程。均线收敛可以出现在任何行情中，还可以通过横向整理甚至略微上行或下行的方式完成修复，所以均线背离只是均线收敛的一部分。

图中标示的四处均线背离，完美地展现了均线扭转的过程。但是均线背离只出现在暴涨暴跌之后，而均线扭转可以出现在任何持续的上升或下降趋势中。均线背离并不一定逆转中长期趋势，而均线扭转一般特指长期趋势转向，至少也要扭转一轮中期趋势。从这里也可以看出，均线背离和均线扭转存在着部分竞合情形。

均线背离的结果就是均线修复。均线背离只发生在暴涨暴跌之后，且股价或指数与均线，以及均线和均线之间必须要背离式交叉，所以均线背离只是均线主动修复的一部分。

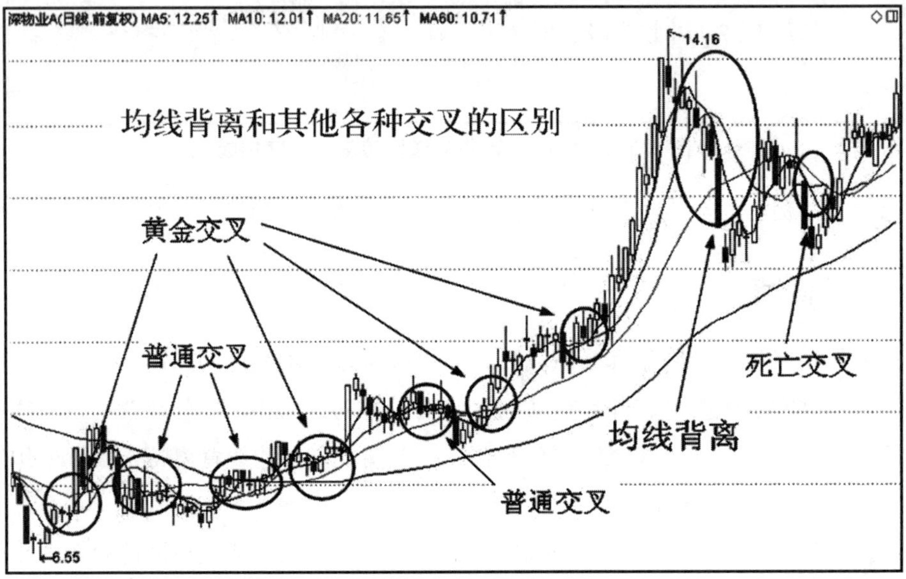

图 3-162　各种均线交叉的区别

均线背离的技术特征如下。

(1)出现在暴涨、暴跌之后，股价或指数快速回调或反弹时。

(2)均线背离可以是股价或指数与均线之间的背离，也可以是均线与均线之间的背离。

(3)股价或指数、均线以及均线相互之间发生交叉且运行方向相反。

也可以将均线背离归纳为以下三点。

(1)只出现在暴涨和暴跌行情之后。

(2)当前股价或指数的走势与均线交叉且运行方向相反。

(3)较短周期均线和较长周期均线交叉且运行方向相反。

当股价或指数快速下跌之后，反弹向上越过均线。此时均线的方向依然向下，股价或指数就与所穿越的均线反向交叉，形成均线背离，又称为均线空头背离。

当股价或指数快速上涨之后，回调向下跌穿均线。此时均线的方向依然向上，股价或指数就与所穿越的均线反向交叉，形成均线背离，又称为均线多头背离。

均线背离的技术含义有以下几点。

⑴均线空头背离（底部均线背离）是短线交易的进场点。

股价或指数下跌的速度越快，反弹就越迅速；下跌的势头越猛，下跌的角度越陡，回升的角度就越大，回升幅度也越高。均线背离基本上发生在暴跌暴涨之后，因此底部的均线背离是短线交易的进场点。

进场的底部可以是股价或指数中期下跌形成的底部，也可以是经过长期下跌的底部，一般不能是短期下跌之后形成的底部。因为短期下跌的底部很有可能只是中期反弹的一部分，后市是否还会向上弹升不得而知。即使会向上反弹，也往往是昙花一现，稍有迟疑就会被套。

即使是中长期下跌后形成的底部，进场之后也不宜久留，因为是否会出现均线扭转不得而知。所以均线背离的入场原则是快进快出。

需要特别提醒的是：均线空头背离大多都不是趋势交易的进场点，仅仅作为短线抢反弹的入场点。空头二字也在提醒进场的交易者，所谓的底部大多不过是一个反弹底而已。

如图 3-163 所示，ST 金谷源（000408）。经过暴跌之后，股价向上弹升，和 5 日均线形成均线空头背离，交易者可以短线入场抢反弹。

该股均线背离的过程，就是均线扭转的过程。在该股中，均线背离和均线扭转二者的进场位置和标准相同。

该股同时还是 V 形反转，交易者也可以按照 V 形反转的进场点进场。该股沿着 5 日均线下跌，因此交易者也可按照 5 日均线抢反弹的进场标准买入。

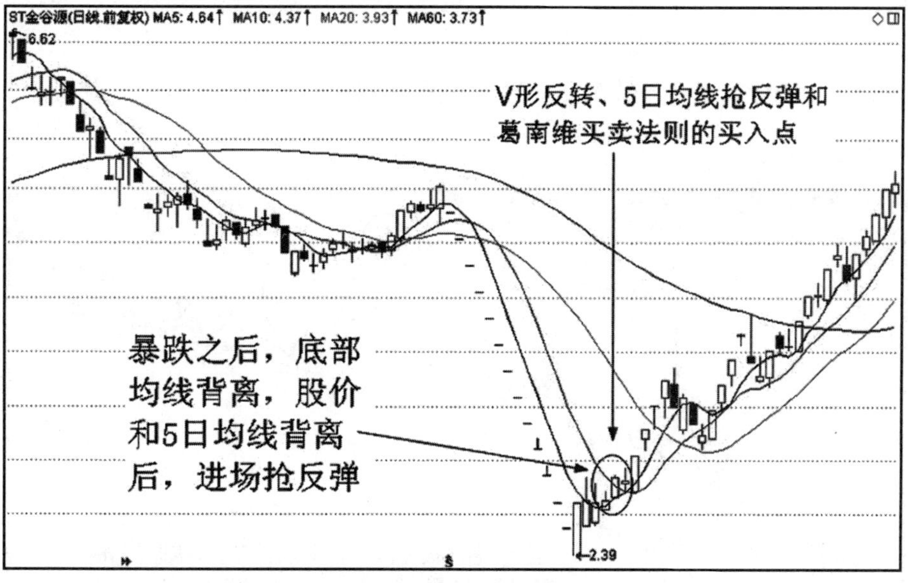

图 3-163　均线空头背离的进场点

图 3-164 是图 3-163 的日线缩小图，图上均线背离处就是上图中的均线背离位置，从本图上可以清晰观察到，均线背离位置恰好处在两前高区域（由于图形缩得太小，右边的前高不是很明显）。

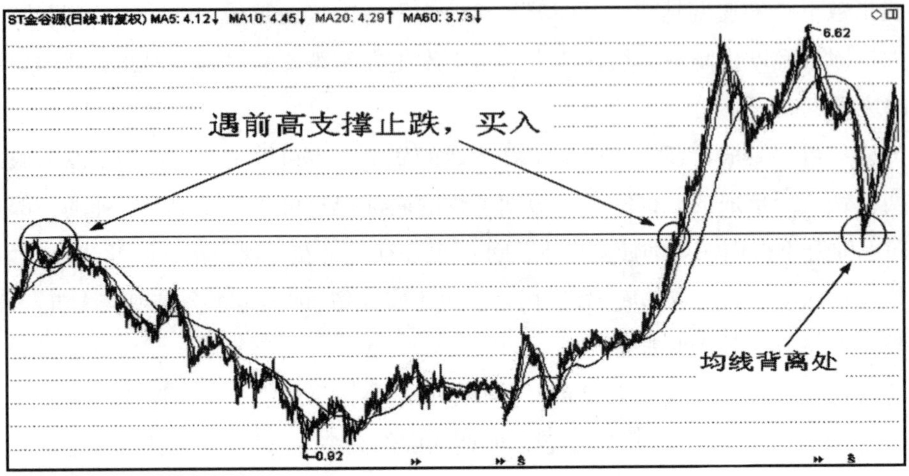

图 3-164 前高支撑可以为均线背离定位买入点

⑵均线多头背离（顶部均线背离）是短线交易的清仓点，是中长线交易的减仓点。

和均线空头背离一样，在顶部被确认之前，谁也无法准确地预测顶部，所以均线多头背离只是中长期交易的减仓点。

如图 3-165 所示，ST 泰复（000409）。股价连续上涨，远离中长期均线。在均线牵引作用下，股价回调，两次走出均线背离形态。在股价和 5 日均线形成均线多头背离时，短线交易离场，中长线交易减仓。

该股第二个均线背离之处，是倒置 V 形反转的技术图形。交易者可以参照倒置 V 形反转的标准离场。

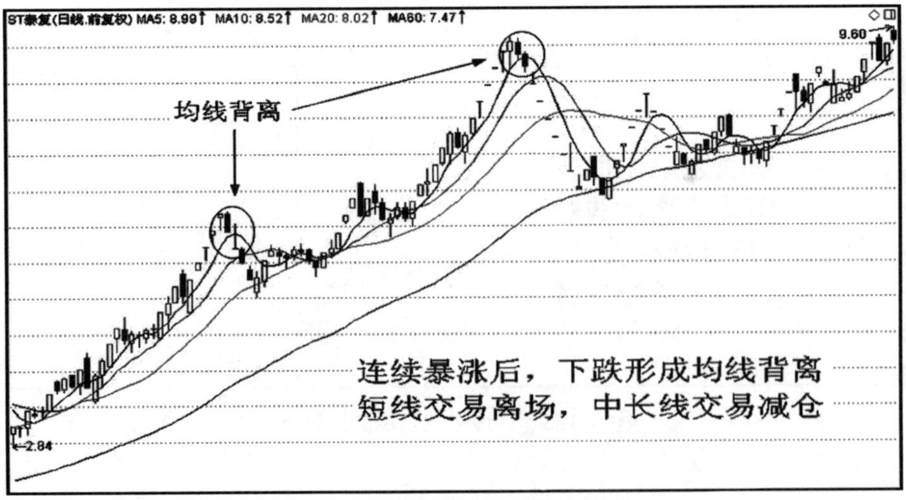

图 3-165 均线多头背离的离场点

特别提示：

⑴均线背离之后，并不必然出现均线扭转，也即并不必然出现趋势反转。

判断背离之后股价或指数的走势，主要看中长期均线的方向和支撑（或压力）力度。中长期均线继续沿原来的方向运行，且成功支撑住（或压制）股价或指数，后市就是均线服从，交易者可以继续顺势而为。中长期均线被向下跌破或向上突破且运行方向发生改变，后市就是均线扭转，交易者应当及时改变策略，把握进场或离场的时机。

⑵具有技术意义的均线背离一定是出现在暴涨暴跌之后。

非暴涨暴跌之后出现的均线背离仅仅是普通交叉，这种交叉随时随地都会发生，不能作为进出场的信号依据。

九、均线修复

均线修复又称均线回补。通常情况下，股价或指数会围绕着均线波动。但当股价或指数偏离均线太远时，由于股价或指数过度远离市场平均成本，将导致股价或指数向均线回归。

在牛市里，均线修复表现为上升中的调整，在熊市里表现为下跌中的反弹，只有很少情况会在均线修复之后形成顶部或底部。

均线修复和均线助涨助跌作用，是均线对股价或指数的作用力和反作用力。均线修复是均线对股价或指数的吸引，而助涨助跌是均线对股价或指数的排斥。

均线修复依然和市场平均成本有关。牛市时，随着股价或指数的不断上升，市场平均成本也随之上升，但当股价或指数在短期内快速上涨时，由于均线也就是市场平均成本存在着滞后的特点，并不能及时跟上，导致市场内短期获利盘迅速增加，很多交易者获利回吐，抛压增大。过快上涨消耗了多方的力量，导致股价或指数向均线靠近，看起来就像均线有一股很强的吸引力一样，把股价或指数吸向均线。

熊市时，随着股价或指数不断下跌，市场平均成本也随之不断下移，当股价或指数在短期内剧烈下跌时，市场平均成本并没有快速下降，导致市场内持仓的交易者短期亏损加剧，很多交易者不愿意再割肉，于是抛压减轻。场外的交易者看到市场大幅下跌，有些开始入场抄底，短线交易者也进场博反弹，于是股价或指数出现反弹，向均线靠拢。

均线修复的动力，以及均线对股价或指数的牵引作用，都来源于现价与平均成本之间的距离。

均线修复（回补）有两种方式：①主动修复；②被动修复。

主动修复是指当股价或指数偏离均线太远时，突然回头向均线快速回归。这种现象一般出现在顶部和底部，包括阶段性顶部和底部。因此均线主动修复又分为两种：顶部的主动修复和底部的主动修复。因为顶部和底部都是事后才可以确认，所以上面描述的均线修复也可以这样说：主动修复现象一般出现在暴涨暴跌之后，包括顶部和底部。这里依然沿袭传统，采用顶部和底部、上涨和下跌途中这种分类方法。均线主动修复时，和均线背离、均线扭转部分竞合，是均线收敛的一部分。

被动修复是指股价或指数偏离均线太远时，采用横向整理甚至略向上倾斜的方式，被动等待均线靠近。被动修复一般表明股价或指数处在极为强势上涨或极为弱势下跌的途中，因此均线被动修复也分为两种：上涨途中的被动修复和下跌途中的被动修复。均线被动修复时，较短周期均线的形态常常是均线收敛和均线粘合中的一部分。

1. 顶部主动修复

如图 3-166 所示，大唐发电（601991）。股价在上涨后期出现暴涨，股价迅速远离 60 日均线，日 K 线和均线呈发散状态。由于均线跟不上股价的上涨速度，产生了一个对股价的吸引力，于是股价下跌，对均线进行主动修复。

该股的顶部主动修复，实际上是一个阶段性的短期顶部。该股上涨途中还走出了均线的被动修复。

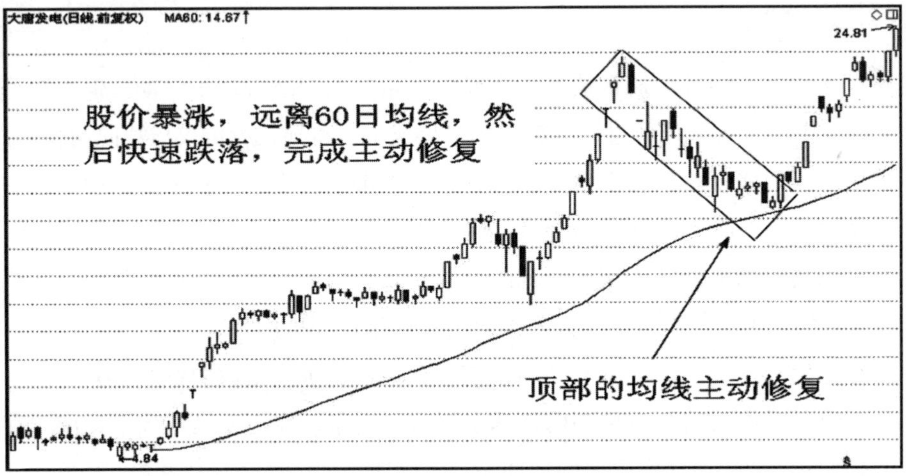

图 3-166　顶部的主动修复

图 3-167 是与图 3-166 同一时间段的日线图。图 3-167 中，被动修复的过程就是较短周期均线收敛的过程，并且短期均线最终形成均线粘合形态。主动修复的过程，就是均线收敛、均线背离的过程，并且最终完成较短周期的均线扭转。

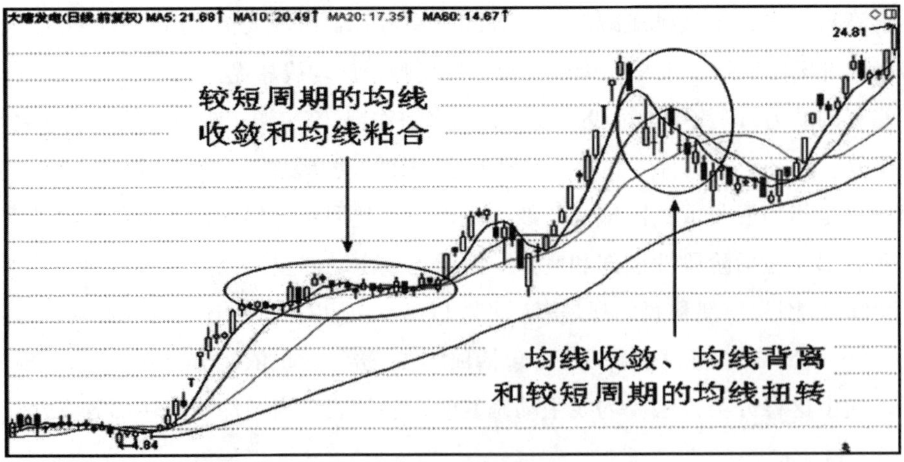

图 3-167　均线修复和均线收敛、均线粘合、均线背离、均线扭转有竞合

2. 底部主动修复

如图 3-168 所示，金宇车城（000803）。股价连续暴跌，均线向下空头发散。然后快速反弹，完成底部主动修复。该股底部主动修复与技术图形中的 V 形反转走势完全一样。

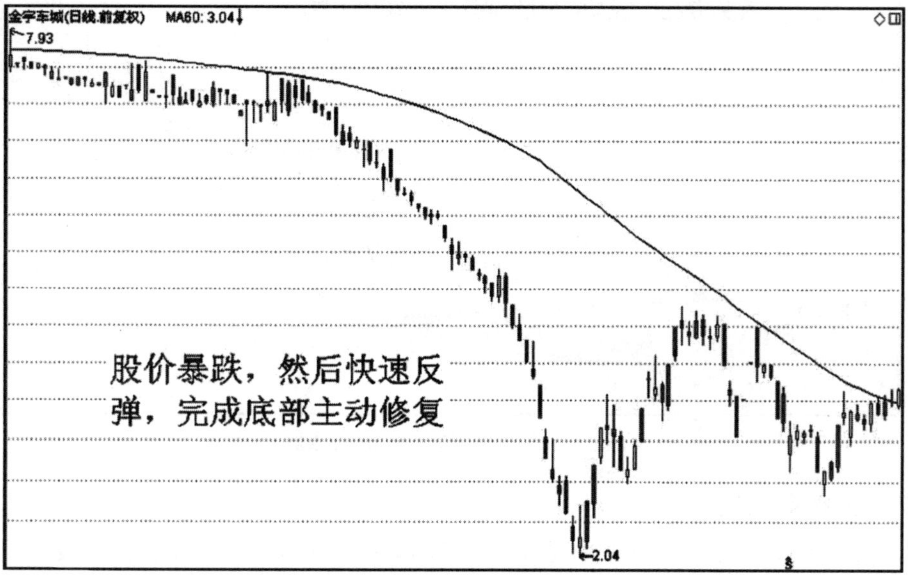

图 3-168 底部的主动修复

3. 上涨途中被动修复

上涨途中的被动修复一般出现在强势市场和强势股票上涨的过程中。虽然股价或指数经过连续上涨远远偏离中长期均线，但由于市场内多头气氛活跃，导致获利盘不断被场外资金消化，股价或指数无法深幅回调，从而横向整理，等待均线靠拢。当均线逐渐跟上并粘合之后，市场各周期成本趋向一致，于是股价再度爆发。

如图 3-169 所示，成飞集成（002190）。经过连续的涨停，各周期均线迅速发散，表明股价已经远离市场平均成本，很多持股者获得了很高的利润，抛售兑现的压力非常大。但由于交易者一致看好该股，入场资金将大量获利盘悉数接下，股价不仅没有下跌，反而略微上翘。

经过一段时间的横盘整理，获利盘逐渐被消化，各周期均线慢慢靠拢，于是完成被动修复。被动修复的过程，就是均线收敛的过程，修复的结果是均线粘合。

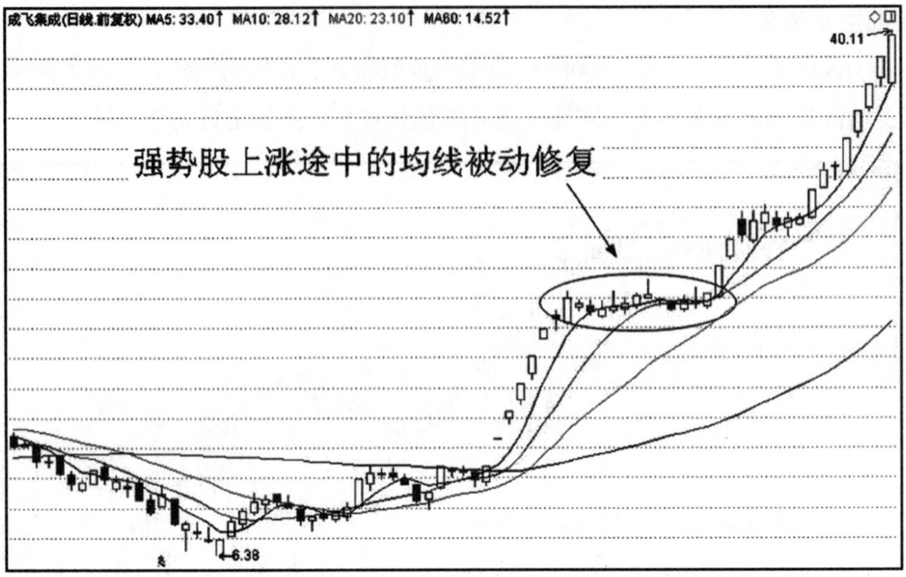

图 3-169　上涨途中的被动修复

4. 下跌途中被动修复

下跌途中的被动修复一般出现在弱势市场和弱势股票下跌的过程中。虽然股价或指数经过连续下跌远远偏离中长期均线，但由于市场内人气涣散，没有人愿意入场承接抛盘，股价或指数缺乏上涨动力，从而出现横向整理，等待均线靠拢。当均线逐渐跟上并粘合之后，市场各周期成本趋向一致，随后股价再度雪崩一样滑落。

如图 3-170 所示，ST 广夏（000557）。股价连续跌停，远离 60 日均线，存在反弹需求。但由于市场人士一致看空后市，导致场内筹码源源不断地抛售出来。场外资金入场意愿不足，股价反弹无力，止跌后在原地略向下横盘，等待各周期均线从上方靠拢。接着 5 日和 10 日均线粘合，市场短期成本重新趋向一致。20 日均线逐渐下行靠拢，完成 20 日均线被动修复。被动修复之后，在 20 日均线的压制下，股价再度加速下跌。

由于跌幅巨大，第一次仅仅是完成了 20 日均线的均线修复，股价偏离 60 日均线依然很远。所以第二次下跌不久，股价再次止跌，依旧进行被动修复，没有出现像样的反弹。股价略微向上横盘整理了一段时间，接着继续略向下横盘下跌。这种走势说明该股走势极弱，没有人看好后市。

几乎很少有股票在一次下跌过程中连续三次进行被动修复，并且两次都是略向下横盘。造成该股如此孱弱的原因主要有两个，一是前期强庄恶炒，二是在恶炒的过程中上市公司造假，使交易者对该股彻底失去信心。

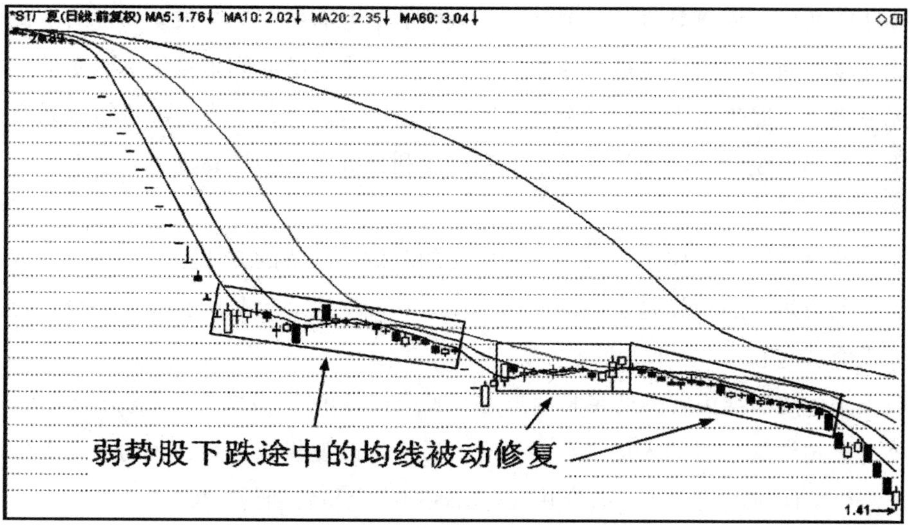

图 3-170　下跌途中的被动修复

均线修复的技术含义有以下几点。

⑴被动修复是股价或指数极强或极弱的表现。一般情况下，均线被动修复之后，股价或指数将会继续沿原来的方向运行。交易者应继续持股不动或持币观望。

如图 3-171 所示，鲁泰 A（000726）。连续强势上涨，股价远离均线，市场内获利盘的抛压越来越大。但股价并未因抛压而下跌，而是横向整理，进行被动修复。这主要是由于交易者一致看好该股后市走势，导致大量场外资金不断涌入，承接了场内的获利抛盘。

该股上涨途中两次出现被动修复，修复之后股价都继续上涨。交易者可以持股待涨，也可以在修复之后股价向上突破均线粘合形态时进场买入。

在被动修复之前，该股收出一个下降三角形形态。在下降三角形形态整理期间，完成了短期均线粘合。

该股的中长期均线一直呈现多头排列。

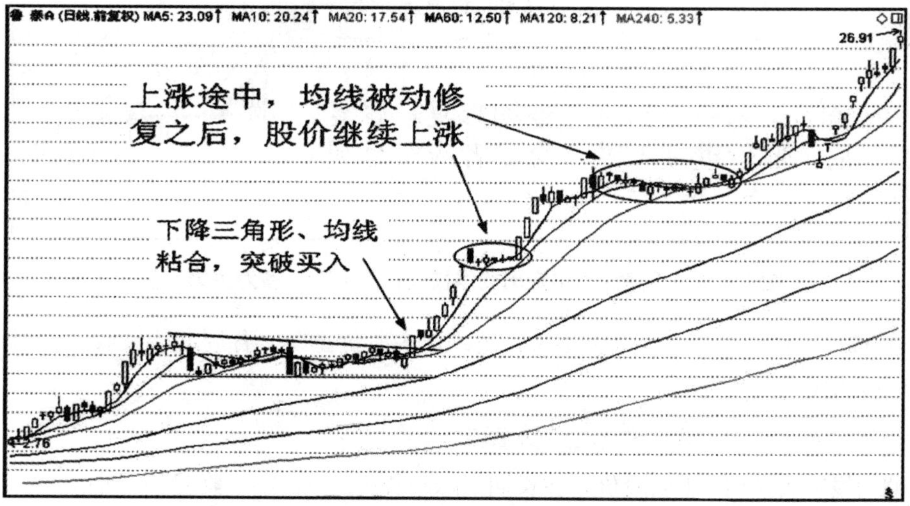

图 3-171　上涨途中均线被动修复之后，股价继续上涨

如图 3–172 所示，浪潮软件（600756）。该股的情况有些不同，被动修复的主要原因是主力出货。此前该股因为重组传闻被大肆炒作，在短短三个月的时间里股价上涨四倍。之后一年多的时间无量横盘，股价基本上在一个箱体里缓慢地上下波动，主力边出货边维系股价不跌。等到主力手中筹码出脱到一定比例，基本上完成盈利目标后，为提高资金利用效率，主力开始杀跌式出货。

该股主力杀跌式出货，属于比较经典和成功的范例，出货的方式不引人注意，有那么一点神不知鬼不觉的意思。股价先是自顶部回落，在 240 日均线之上与所有周期均线粘合。跌破粘合形态后，股价加速下跌，连收长阴。

接着收出阳包阴的穿头破脚见底 K 线形态，股价暂时止跌。这时有短线交易者进场抢反弹，但筹码转换后，短线交易者的入场资金并没有实质性地改变供求关系，因为主力手中还有为数不少的筹码需要兑换成现金，所以股价并没有出现短线交易者期待的反弹。

主力收放的尺度拿捏得非常好，股价不涨也不跌，走出均线被动修复形态。原因在于主力边买边卖，但买的少，卖的多，成功地将一小部分筹码以较好的价格出手。

下降趋势中的被动修复，是股价处在极弱市况的标志。因此被动修复之后，向下续跌是大概率事件，实际走势亦是如此。造成该股走势极弱的原因，不是股票的基本面发生重大变化，而是主力出货。

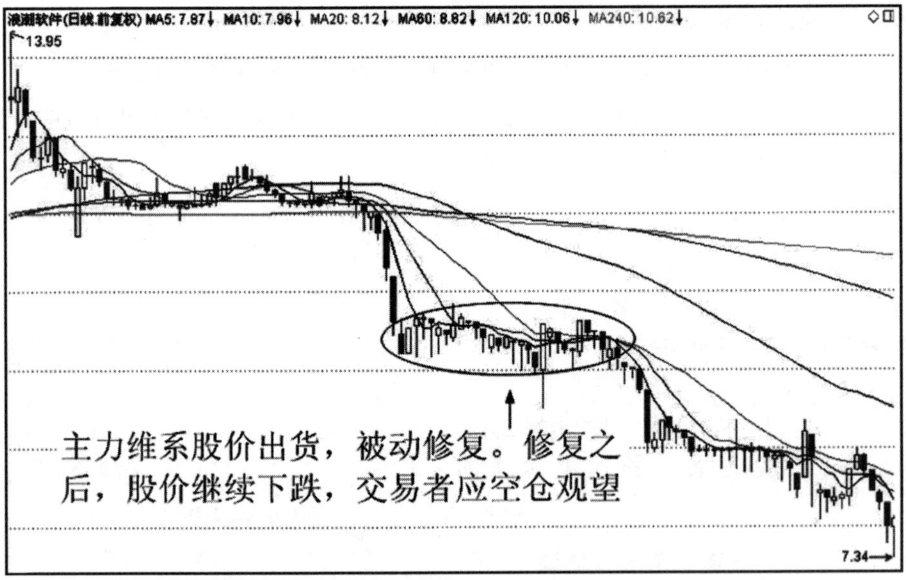

图 3–172　下降趋势中走出均线被动修复形态，多为主力出货

如图 3–173 所示，ST 梅雁（600868）。下跌途中股价止跌，各周期均线收敛，形成均线粘合形态，完成均线被动修复。

被动修复之处，走出下降三角形的技术图形。

中长期均线空头排列，表明股价处在长期下降趋势中。在长期下降趋势中走出下降三角形，后市看跌；收出均线粘合形态，多为主力出货；走出均线被动修复走势，表明市场极弱。所有的信号都指向两个字：看跌。交易者应遵循顺势而为的基本原则，持币观望。

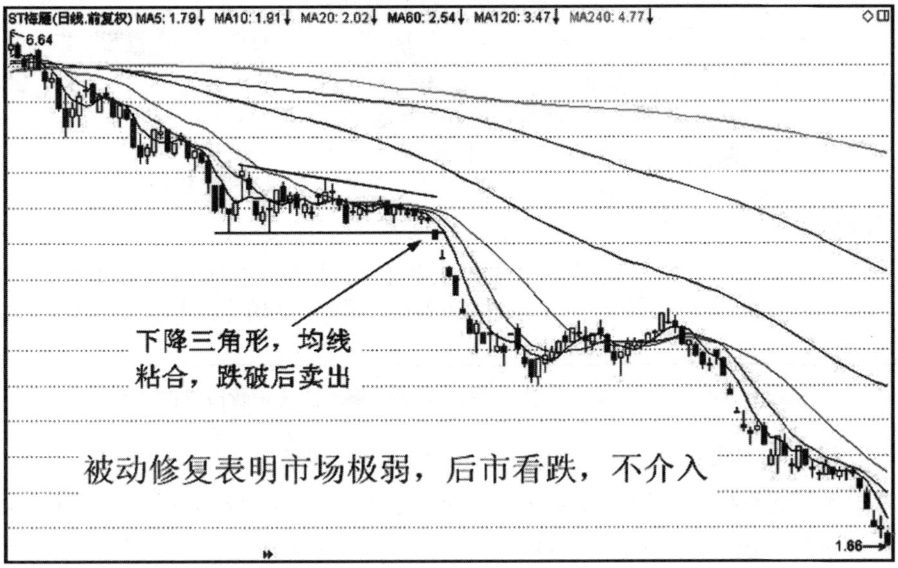

图 3-173 空头排列时，均线被动修复之后，将继续下跌走势

⑵上涨途中的主动修复经常出现在顶部，包括长期趋势的顶部和阶段性顶部。

不论是阶段性顶部，还是长期趋势的顶部，主动修复都是见顶信号，短线交易均可清仓，中长线交易均可减去大部分仓位。剩余仓位可观察后市走势，在大致能够确定是长期顶部还是阶段性顶部之后再决定去留。

判断是长期趋势顶部还是阶段性顶部，可以观察中长期均线方向的变化和均线排列方式，以及股价或指数遇到支撑时的反应。如果中长期均线多头排列，在下方支撑良好，那么均线主动修复形成阶段性顶部的概率就大，中长期交易未沽清的仓位可以放心持有，并可在重新发出买入信号时买入。

如图 3-174 所示，ST 磁卡（600800）。股价涨幅巨大，后期更是连封涨停板，上涨动能消耗过大，获利抛压急剧增加，随后股价下跌完成顶部主动修复。

在顶部收出带长上影线的倒T字线时，短线交易清仓，中长线交易减仓。股价跌破5日均线后，中长线交易继续减仓，前期减仓比例较大的，也可以持有不动。

主动修复过程中，股价先后跌破 60 日和 120 日均线，但很快又收复 120 日和 60 日均线，且 60 日和 120 日均线继续向上运行，60 日、120 日和 240 日均线多头排列，对股价的支撑力度较强，可以确定该股顶部主动修复后，形成阶段性顶部的概率较大。

该股后市经过短暂下跌之后，也的确出现了继续上涨。

跌破60日和120日均线时，60日和120日均线继续向上运行。再度收复60日和120日均线时，分别是 60 日和 120 日均线的葛南维买入点。此时短线交易可以重新进场买入，中长线交易则可将前期减掉的仓位逢低补回。

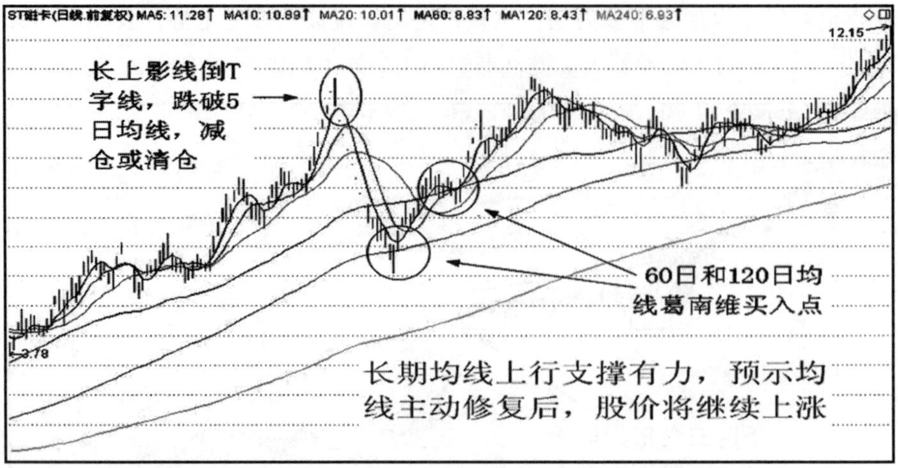

图 3-174　中长期均线向上支撑的主动修复，往往是阶段性的顶部

中长期均线虽然多头排列，但在均线主动修复之后，股价跌破中长期均线，中长期均线也由上行变为走平，甚至掉头下行，那么均线主动修复形成长期上升趋势顶部可能性就会增加。

对于这种情况，依然是主动修复时短线交易清仓，中长线交易减仓。不同的是，在股价或指数跌破中长期均线时，要将剩余仓位清掉。

如图 3-175 所示，ST 九发（600180）。上涨末期股价沿 5 日均线加速，在股价跌破 5 日均线时，短线交易清仓，中长线交易减仓。但股价跌破 5 日均线后第二日即收复，交易者可将前期所减仓位补回，也可空仓观望，因为如此急涨，涨势必不能长久。

随后股价继续上涨，但在毫无征兆的情况下即连续一字跌停。交易者应在跌破 5 日均线时减仓或清仓。当日无法成交的，股价跌破 10 日均线时继续减仓或清仓。仍然不能成交的，第三日继续抛售，直至清空为止。

该股的主动修复行情走出倒置 V 形反转的技术形态。反转之后股价下跌比较猛烈，60 日均线轻松跌破，跌破时 60 日均线开始走平，预示行情正在逆转，此时交易者应当果断清仓。

120 日均线也未能撑住股价下跌的势头。不仅如此，跌破 120 日均线时，120 日均线已经走平，这进一步确认了趋势逆转，大熊市的确来了。至此该股主动修复形成的是长期趋势顶部，差不多已经可以得出结论了。

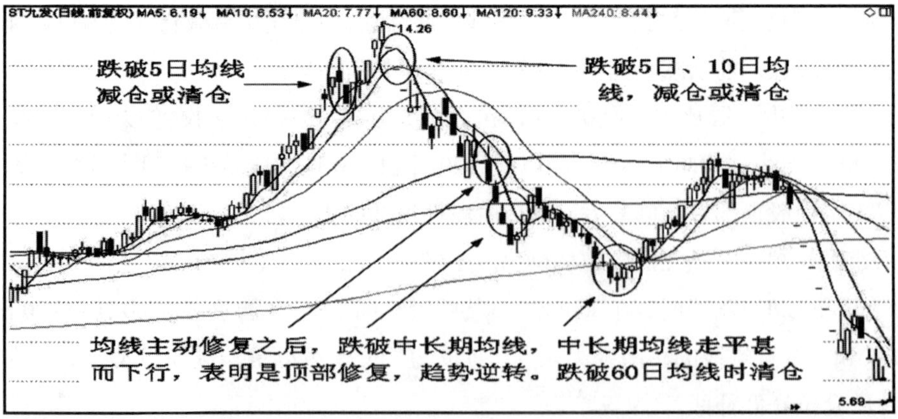

图 3-175　均线主动修复，跌破均线后均线方向趋平或下行，通常表明是顶部主动修复

(3)下跌途中的主动修复经常出现在底部，包括长期趋势的底部和阶段性底部。

不论是阶段性底部，还是长期趋势底部，趋势交易者都不必买入。如果一定要进场抢反弹，那么买入仓位必须很轻。只有在比较明确趋势方向已经逆转的情况下，才可以大举进场吸纳。

均线主动修复之后，如果股价或指数上涨强劲，接连突破所有周期均线，并成功站在所有均线上方，各周期均线也由空头排列逐渐交叉、收敛并转为上行，那么均线主动修复形成长期下降趋势底部的可能性就大。

如图 3-176 所示，SST 深华新（000010）。股价跌破均线粘合形态后收出下跌三连阴，表明股价加速赶底。之后收出一根不标准的阳线实体锤头线，股价止跌回升。

随后股价不停地上涨，虽然每天涨幅不大，但几乎没有停顿。所有周期均线都轻松越过。突破中长期均线时，连收涨停板，最后一道防线也是压力最重的 240 日均线，更是以跳空涨停的方式一跃而过。这种走势说明多方集结的反击力量很大，以致空方的城防形同虚设。或者是经过长期下跌，空方打压股价的筹码已经消耗殆尽。

不论是哪一种情形，只要各周期均线由下行转为上行，就表明长期趋势从熊市走向牛市，交易者可以择机建仓，持股待涨了。

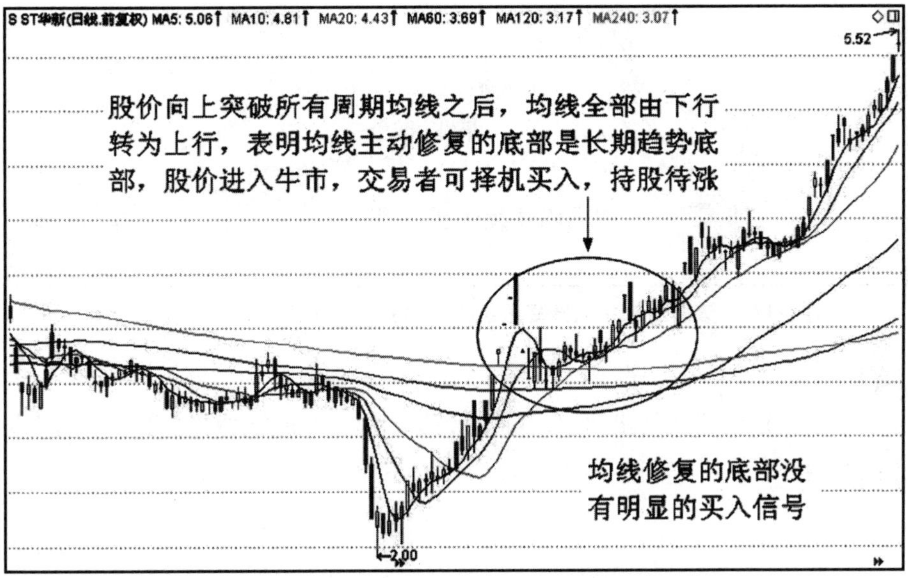

图 3-176 底部均线主动修复后，股价向上突破所有均线，均线方向上行，表明牛市来临

如果中长期均线继续空头排列，股价上涨遇阻回落，那么均线主动修复形成阶段性底部的概率就大。

如图 3-177 所示，重庆啤酒（600132）。该股因为突发利空，复牌后连续无量一字跌停。在短短一个月的时间里，由最高价 82.92 元跌至不足 20 元，股价严重偏离中长期均线，负乖离率之大非常罕见。

股价扭曲得越厉害，回弹力度也就越大。股价触底后向上急涨，也是在一个月的时间里股价翻倍。尽管股价出现了强劲反弹，但 60 日、120 日和 240 日均线继续向下空头发散，呈完美的空头排列，股价遇 60 日均线后也受其压制，硬生生地被按了下去，表明均线主动修复的底部是一个阶段性底部，后市还会下跌，连续创新低的概率很大。

该股在底部进行均线主动修复时，除了一根大阳线站上 5 日均线，是沿 5 日均线陡峭下跌股票进场抢反弹的买入信号，此外没有其他任何买入信号。

即便反弹入场信号非常明确，趋势交易者也可以将其忽略，不予理会。虽说股价跌得越急，弹得就越凶，但若恰巧下面是沼泽地，那么反弹的高度也就不能指望太高了。走势极其孱弱的股票，被动修复的概率也不小，交易者进场买入的风险相对而言还是很大的。

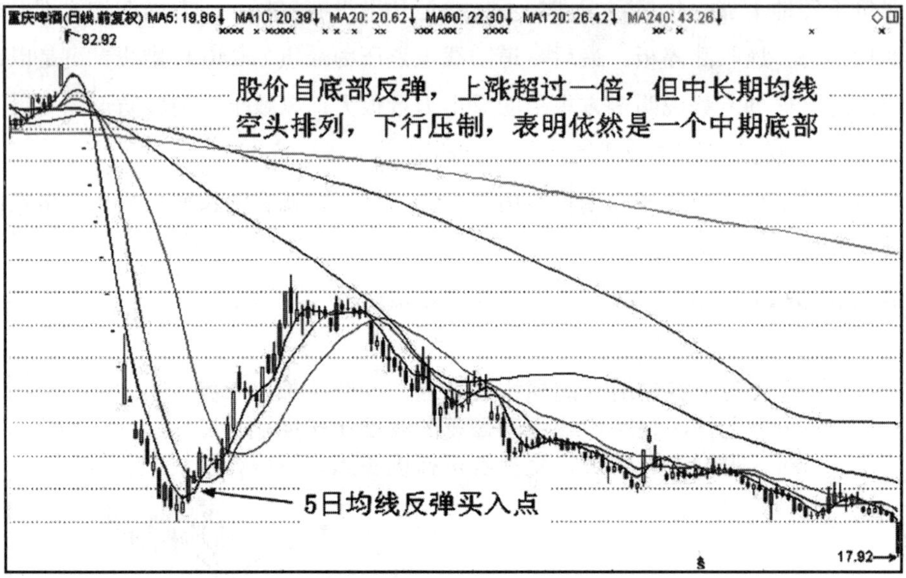

图 3-177　该股底部主动修复虽然走势强劲，但仍旧只是中期反弹行情

特别提示：

结合道氏理论、趋势线和技术图形，可以帮助交易者对于主动修复之后的顶部和底部周期做出更有效的判断。

第四章 均线特殊形态应用技巧

第一节 特殊形态实战应用技巧

一、概述

均线特殊技术形态，主要是在均线组合分类中既无法将其归于不同时间周期组合，也难以用不同排列方式将其涵盖的均线组合方式。换言之，均线特殊技术形态既包括不同时间周期，也包括不同排列方式的均线组合方式，但并不是两种组合方式的叠加，有点类似动物中的四不像，汽车里的跨界车。

有一部分特殊技术形态，如战机起航、气贯长虹等，仅仅是均线多头发散和多头排列中的一段；与之反向对应的高山滑雪、断崖雪崩等，则是均线空头发散和空头排列中的一段。这些技术形态都有自身独有的特质，对于指导交易具有非常强的实用性，有必要从其所属的技术形态中独立出来。

已有的均线特殊技术形态理论讲解，大都是以三条均线作为均线组合，并且习惯将三条均线中时间周期最短的那一条称为短期均线，时间周期最长的那一条称为长期均线，另外一条则称为中期均线。实际上这种区分既不科学，也容易误导交易者。

比如讲解某一特殊技术形态时，以 5 日、10 日和 20 日均线作为均线组合。如果将 5 日均线称为短期均线，10 日均线称为中期均线，20 日均线称为长期均线的话，那么实战操盘中，交易者很有可能误认为该短期均线组合可以判断和预测长期趋势，从而看错股价或指数运行的大方向。为避免给交易者带来概念上的混乱，本书不采用上述区分方式，而是用明示均线时间周期的方法，对各种特殊技术形态进行讲解。

特殊技术形态的均线组合可以是短期均线组合，也可以是中期均线组合或长期均线组合，也可以三条均线分别选用短期均线、中期均线和长期均线作为组合形态。

对于不同时间周期的均线组合，特殊技术形态的优缺点也和均线组合的优缺点一样，短期均线组合比较灵敏，但稳定性不强，不利于观察和判断中长期趋势；中期均线组合稳定性和灵敏性兼具，在单边市道、熊市反弹和震荡市中，都有非常明显的优势；长期均线组合的稳定性很好，但买进卖出的信号比较滞后。

这里使用 5 日、10 日和 20 日均线三条均线，来讲解特殊均线技术形态。不同的是增加一条60日均线，作为辅助判断和确认趋势的工具，且该均线仅仅作为辅助判断和确认趋势的工具，不与其余三条均线共同构成特殊技术形态。

之所以这样做，是因为5日、10日和20日均线是一个短期均线组合。短期均线组合的稳定性不强，主要用于指导短线交易和观察市场短期趋势。该均线组合虽然对于较短的中期趋势有一定的参考意义，但对于观察和判断中长期趋势常常显得无能为力。

60日均线虽是中期均线，但在沪深股市中确认和指示的趋势却常常是长期趋势。股价或指数向上突破60日均线，60日均线上行，一般预示着熊市结束，牛市来临；反之则预示着牛市结束，熊市来临。

有60日均线做辅助，短期均线组合形成的特殊技术形态，出现在长期趋势的何种位置，可以做到一目了然。这样交易者更容易理解特殊技术形态起到的作用，实战操盘中也就更容易判断和预测后市走势的变化。

同一个均线的技术形态发出的买卖信号，会因为交易者选择的均线周期以及均线组合周期的不同而有所不同。选择短期均线和短期均线组合形态，发出的信号就是短期买卖点；选择中期均线和中期均线组合形态，发出的信号就是中期买卖点；选择长期均线和长期均线组合形态，发出的信号就是长期买卖点。

均线特殊技术形态也是如此，无论是金山谷还是死亡谷，无论是潜龙出渊还是断头铡刀，发出买卖信号的交易周期（即反转的趋势周期），不取决于技术形态本身，而是取决于形成技术形态的均线组合周期。如果不谈均线和均线组合的周期，仅就均线技术形态而论，是无法对均线买卖信号进行定性的。

在趋势交易技术分析系列丛书第一册《K线技术分析》中已述：短期趋势服从中期趋势，中期趋势服从长期趋势，这是趋势运行的常态，在常态中持股或空仓。短期趋势扭转中期趋势，中期趋势扭转长期趋势，这是趋势运行的异态，异态只出现在趋势的转折处，即底部和顶部。在异态中选择进场或离场。以上两点，是趋势交易者运用各种趋势分析工具和方法时应遵循的基本原则。

本书以短期组合作为特殊技术形态的周期组合，反转和延续的趋势大都是中短期趋势，根据趋势分析应用基本原则的内容和要求，交易者还应当遵循均线特殊技术形态的一般原则，即所有见底和看涨的均线技术形态，都不必马上或一定要进场，但所有见顶和看跌的均线技术形态，应立刻作出减仓或清仓动作。

具体而言，在熊市中，如果没有其他趋势分析方法发出的信号予以佐证，所有见底和看涨信号的均线技术形态都不能进场，所有见顶和看跌信号的均线技术形态，都必须清仓。与之相反，在牛市中，如果没有其他趋势分析方法发出的信号予以佐证，所有见顶和看跌信号的均线技术形态，都不一定要减仓或清仓，而所有见底和看涨信号的均线技术形态，都可以进场买入。这是对上述均线技术形态一般操作原则最重要的一个补充。

再进一步，具体到均线特殊技术形态，可以表述为：60日均线下行，如果没有其他趋势分析方法发出的信号予以佐证，所有见底和看涨信号的均线技术形态都不能进场，所有见顶和看跌信号的均线技术形态都必须清仓；与之相反，60 日均线上行，如果没有其他趋势分析方法发出的信号予以佐证，所有见顶和看跌信号的均线技术形态，都不一定要减仓或清仓，而所有见底和看涨信号的均线技术形态，都可以进场买入。

在这里，60 日均线是定性股价或指数运行长期趋势方向的工具，5 日、10 日和 20 日均线组合，则定性了特殊技术形态反转或延续趋势后中短期的趋势方向。只有二者结合，才可以确定操作策略和进出场标准，决定进出场的仓位大小。

人们之所以将均线特殊技术形态单独讲解，主要是因为这些特殊技术形态是比较常见的走势，技术含义清晰，进出标准明确，在实盘交易过程中的可操作性很强。

二、银山谷

银山谷是指股价或指数止跌回升时，带动 5 日均线上穿 10 日均线和 20 日均线，10 日均线上穿 20 日均线，三条均线交叉形成的尖头向上的不规则三角形。其中三个交叉中，至少要有两个是黄金交叉。因该形态外形看起来像山谷，后市看涨，所以称为银山谷。

如图 4-1 所示，科学城（000975）。股价持续下跌，收出希望之星的见底 K 线形态之后向上涨升，5 日、10 日和 20 日均线先后相互交叉，其中 5 日均线黄金交叉 10 日均线，10 日均线黄金交叉 20 日均线，收出银山谷均线形态。

图 4-1　银山谷形态

形成银山谷后，5 日内买入的持仓者，平均成本超过了 10 日均线和 20 日均线，10 日内买入的持仓者，平均持仓成本超过了 20 日均线。这表明在一个较短的周期里，场外的交易者愿意以高于平均成本的价格买入股票，而持仓的交易者卖出意愿并不强烈，股价上升比较坚决，期间没有太多的犹豫和曲折。

如果银山谷出现在长期下降趋势中，那么股价或指数有可能走出一轮较大的中期反弹甚至趋势逆转。如果出现在长期上升趋势中期调整行情结束之后，那么股价或指数将沿着牛市的康庄大道继续前进，所以银山谷是看涨信号。

银山谷的技术特征如下。

⑴出现在长期下降趋势中的中期反弹行情初期，或中长期上升趋势初期，或长期上升趋势的中期调整行情末期。

⑵由三条均线交叉组成，形成一个尖头向上的不规则三角形。

⑶三个交叉中至少要有两个是黄金交叉。

银山谷的技术含义：见底信号，后市看涨，买入。

根据三条均线时间周期的不同，银山谷的信号作用也有所不同。均线时间周期越长，信号越可靠，但信号也越滞后，且交易机会大为减少。

本书以 5 日、10 日和 20 日均线为例来讲解特殊均线技术形态，所以大多数情况下，仅凭银山谷难以判断指数或股价所处的位置，也不知道究竟出现在何种长期趋势中。

任何发出中短期买卖信号的技术形态，其信号的可靠程度无不取决于发出信号的技术形态是处于长期上升趋势中，还是处于长期下降趋势中。一般可以这样认为，在长期上升趋势中，所有中短期买入信号都比较可靠，而在长期下降趋势中，所有中短期卖出信号都很少出现放空炮的情形。与之对应，交易者的操作策略是：长期上升趋势中，以买入和持股为主；长期下降趋势中，以卖出和空仓为主。

交易者看到银山谷形态时，首先要做的就是定性股价或指数运行的长期趋势性质。从这里大家可以体会到为特殊技术形态增加一条 60 日均线的绝妙之处了。

如果 60 日均线下行，收出银山谷形态，则仅表明股价或指数展开中期反弹行情，是趋势交易和中长线交易的消极买入点。由于银山谷形态确认的反弹行情一般都比较大，所以这时常常是短线交易者得意的时候。

从均线本质来观察，60 日均线在上方压制短线均线和股价下行，表明除了股价天然的重力之外，还有大量的套牢盘封住了上升空间，所以在被确认是长期大底之前，银山谷见底信号的可靠性不足以令交易者全心投入。后市反弹结束后，股价不但经常被打回原形，跌至更低的情形也不鲜见。交易者买入后宜快进快出，长时间恋战只怕要身陷重围。

收出银山谷形态时，如果 60 日均线上行，则表明股价或指数已经处在长期上升趋势的初期，至少是中期上升趋势，或者处于长期上升趋势的中期调整行情之后。这时银山谷的见底信号就不仅仅是预示见底那么简单了，后面的行情也许可以用波澜壮阔来形容。交易者进场买入是获利的良机。

如图 4-2 所示，ST 九发（600180）。收出银山谷后，股价继续上涨。但银山谷之后仅涨三天，就遇到 60 日均线的压制。股价在下方久攻不上，随后掉头下跌。

交易者在收出银山谷后进场买入，如在遇 60 日均线压力时未能及时退出，则极有可能白忙一场。一旦操作不慎，还有可能满盘皆输，因为后市的下跌是连续的一字跌停，公众交易者基本上不可能卖出。

该股在连续上攻的过程中，60 日均线一直下行，表明股价上涨很可能只是一段反弹行情。在反弹行情中收出银山谷，交易者可买入，也可以不买，买入时仓位一定要轻。

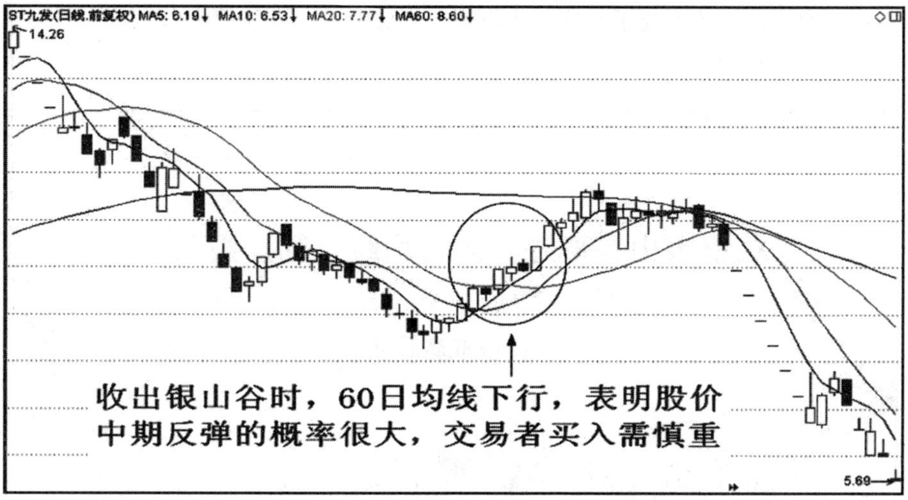

图 4-2　反弹行情中收出银山谷，后市涨势难以持久

如图 4-3 所示，银亿股份（000981）。股价跌破 60 日均线时，60 日均线还在一直上行，交易者可以大致确定此前的下跌有可能是长期上升趋势中的中期调整行情。之后股价止跌回升，向上突破 60 日均线，收出银山谷形态，表明股价调整很快就会结束，交易者可以进场买入。

收出银山谷形态时，还是 60 日均线葛南维第一大法则买入点，与银山谷形态买入信号印证，二者信号共振，可靠性很强，买入。

图中的直线是中期下降趋势线，交易者也可在股价突破下降趋势线时进场买入。收出银山谷形态后，股价大多都会短暂调整一下，交易者也可以等到调整时买入。突破下降趋势线的买入点，也与银山谷买入点相互印证并发生了共振。

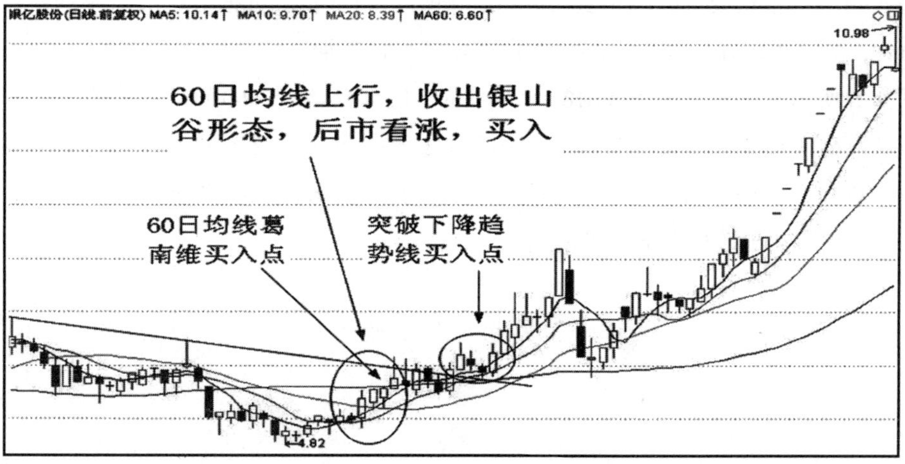

图 4-3　60 日均线上行时收出银山谷形态，大多表明中期调整行情结束

如图 4-4 所示，生益科技（600183）。在 60 日均线下行压制下，股价持续下跌。股价在底部盘整筑底后向上突破 60 日均线，之后收出银山谷形态。银山谷形态完成时，恰好 60 日均线转为上行，表明股价极有可能处在中长期上升趋势的初期，交易者可以大胆买入，仓位也可以适当重一些。

股价在底部盘整时，还形成了双底技术图形。交易者也可在股价突破双底颈线时进场买入，双底形态的买入点略早于银山谷形态。

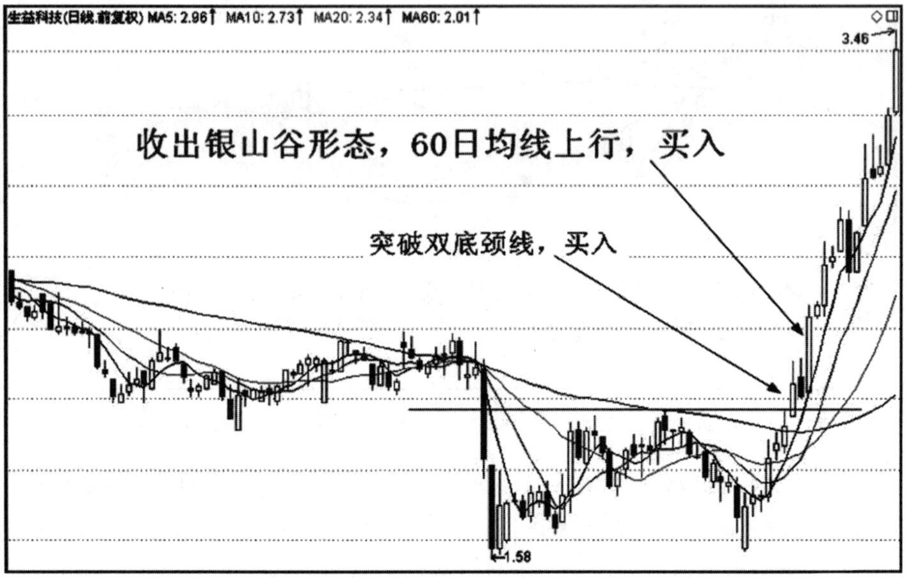

图 4-4　收出银山谷形态时，60 日均线由下行转为上行，表明有可能熊去牛来

特别提示：

⑴银山谷信号的可靠性没有金山谷强，但若收出该形态时 60 日均线上行，也足以令交易者放手一搏。

⑵银山谷三条均线的三次交叉，至少要有两次是黄金交叉，否则就不是银山谷形态。

如果三条均线相互交叉时均为黄金交叉，则信号的可靠性更强。一般三条均线黄金交叉形成的银山谷，大多出现在长期上升趋势的中期调整行情末期。

如图 4-5 所示，格力地产（600185）。股价在底部盘整时，60 日均线基本上是平移的，表明股价盘整所处区域要么是反复筑底之后的长期趋势大底，要么是长期上升趋势的中期调整行情。这时股价向上突破 60 日均线，60 日均线上行，之后形成三线黄金交叉的银山谷形态，看涨作用很强。该股后市股价上涨接近四倍。

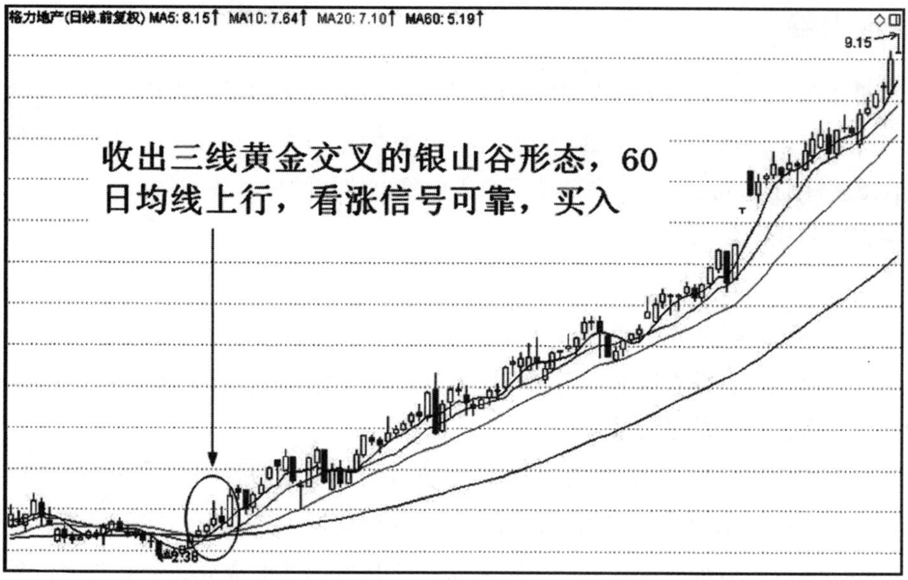

图 4-5　三线黄金交叉形成银山谷，60 日均线上行，都强化了看涨信号

图 4-5 中，由于 60 日均线和 20 日均线几乎重合，价格走势图很小，银山谷形态看不清楚。图 4-6 是该股收出银山谷技术形态时的放大图。图形放大以后，交易者可以观察得更清楚，三线黄金交叉还是比较明显的。

形成银山谷形态之前，股价已先行突破中期下降趋势线，并且发出 60 日均线葛南维第一大法则的买入信号。交易者可于信号发出时进场买入，然后在收出银山谷形态时加仓。

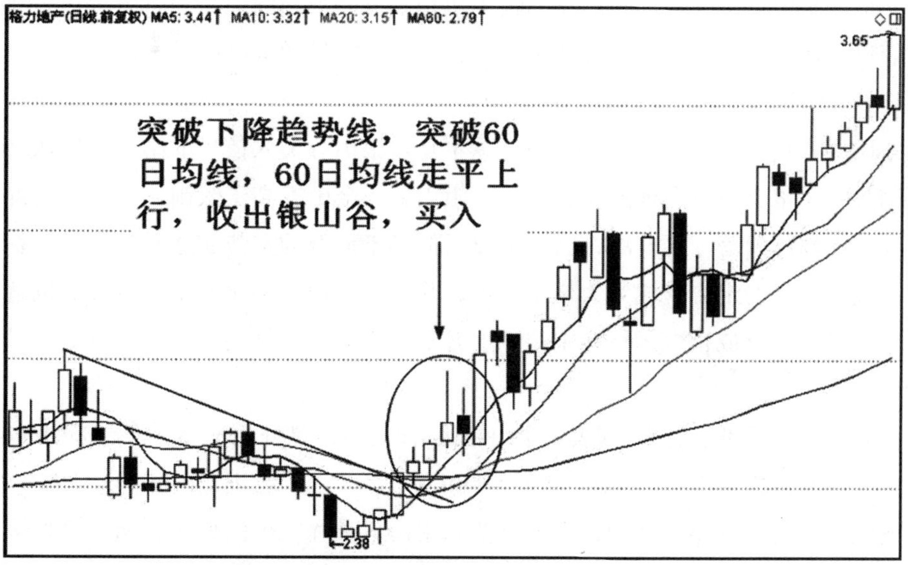

图 4-6　突破中期下降趋势线买入点和 60 日均线葛南维买入点一致，略早于银山谷形态

(3)股价或指数收出银山谷形态之后，通常会有一个小的回档，但一般不会跌破银山谷形态，交易者可以于回调之时再择机买入。

三、金山谷

金山谷是指股价或指数在收出银山谷形态之后，再次收出和银山谷技术特征完全一样的均线形态。之所以将第二次出现的这种均线技术形态称为金山谷，一是为了和银山谷相区分，二是第二次收出同样的技术形态，再次确认了买入信号，信号的可靠性更强。

金山谷有以下几个技术特征。

⑴出现在银山谷之后。

⑵与银山谷的技术特征完全相同。

⑶金山谷可以和银山谷大致处于相同的水平位置，但大多数情况下要高于银山谷。

金山谷的技术含义：看涨信号，买入。

从均线交叉所形成的技术图形上，是无法分辨金山谷和银山谷的，区分的唯一标准就是出现的先后顺序。第一次出现就是银山谷，第二次出现就是金山谷。金山谷价格的位置通常高于银山谷，与银山谷相同或低于银山谷，不影响金山谷技术形态的成立，但其买入信号的可靠性会降低。

股价上攻形成银山谷后出现回落，之后蓄势再次上攻形成金山谷，这是对银山谷买进信号再次进行确认，所以金山谷信号的可靠性高于银山谷。交易者见到金山谷之后可以进场买入，仓位相应地也可以比银山谷大。

这里并不是说交易者要等到收出金山谷之后再进场。金山谷和银山谷都是看涨信号，交易者都可以逢低介入。因为金山谷、银山谷不是必然伴生的均线技术形态，收出银山谷均线形态时，并不必然会形成金山谷。二者都是独立的技术形态，只是当它们一前一后出现在底部区域时，为了对它们进行区分，才分别定义为金山谷和银山谷。交易者也可以把金山谷看作是第二个银山谷，尤其当金山谷的位置低于银山谷时。

金山谷的买入信号之所以强于银山谷，除了是对银山谷买入信号的第二次确认之外，更为本质的原因是，通常金山谷出现的位置都高于银山谷。金山谷高于银山谷，表明股价或指数见底之后，经过上涨、回落、再上涨，已经走出后低高于前低的走势。这时收出金山谷形态，后市出现后高高于前高的走势就成为大概率事件，几乎可以说是必然发生的事件。也就是说，此时基本上可以确认股价或指数运行在中长期上升趋势中，在上升趋势中收出看涨信号，自然值得交易者信赖。

若金山谷的位置低于银山谷，则表明收出银山谷时，行情是处在长期下降趋势的中期反弹中。反弹结束后股价或指数继续下跌，创出新低然后止跌回升，之后收出金山谷。这时的金山谷形态，有可能出现在中长期上升趋势初期，也有可能和银山谷一样，仍然处在长期下降趋势的中期反弹行情中。所以金山谷位置低于银山谷时，买入信号的可靠性也相应降低。

交易者可以观察 60 日均线的运行方向，辅助判断金山谷形态信号的强弱。

如图 4-7 所示，黑化股份（600179）。图中标示的两个尖头向上的不规则三角形，分别为银山谷和金山谷。从图中可以观察到，两个山谷间隔的时间比较长，金山谷的位置也比银山谷高。收出金山谷时，股价和短期均线组合均已站上60日均线，60日均线也由下行走平转为上行，表明股价运行在中长期上升趋势中，后市看涨，买入。

再观察银山谷形态，交易者可以发现，收出银山谷时，股价正处在60日均线下行压力之下。从这里也可以看出，金山谷的买入信号强于银山谷，不仅仅是因为金山谷出现在银山谷之后，更为重要和本质的原因在于，银山谷经常出现在长期下降趋势中，而金山谷则更多地出现在长期或中期上升趋势中，或者长期上升趋势的中期调整行情末期。

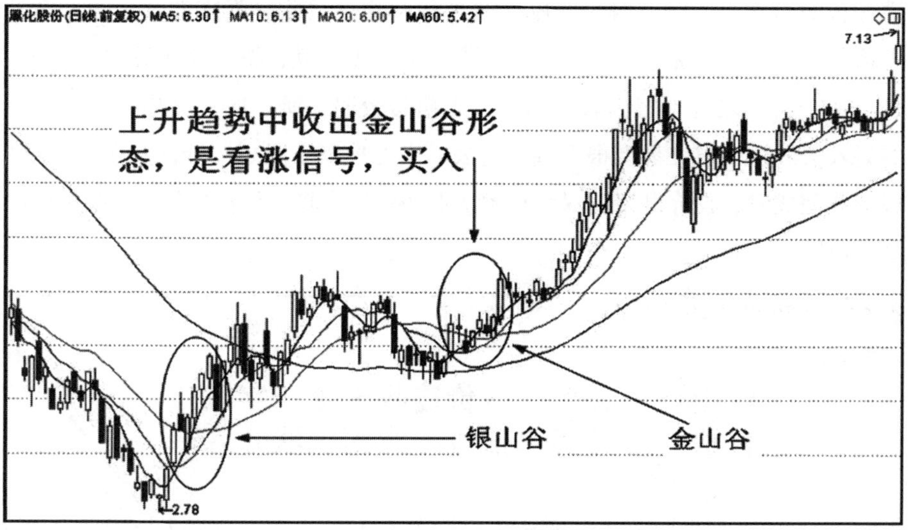

图4-7 收出金山谷时60日均线已经上行，表明股价运行在长期上升趋势中

如图4-8所示，人福医药（600079）。和上图一样，银山谷出现在长期下降趋势中，金山谷出现在长期上升趋势中。交易者可以在收出金山谷时果断买入或加仓。

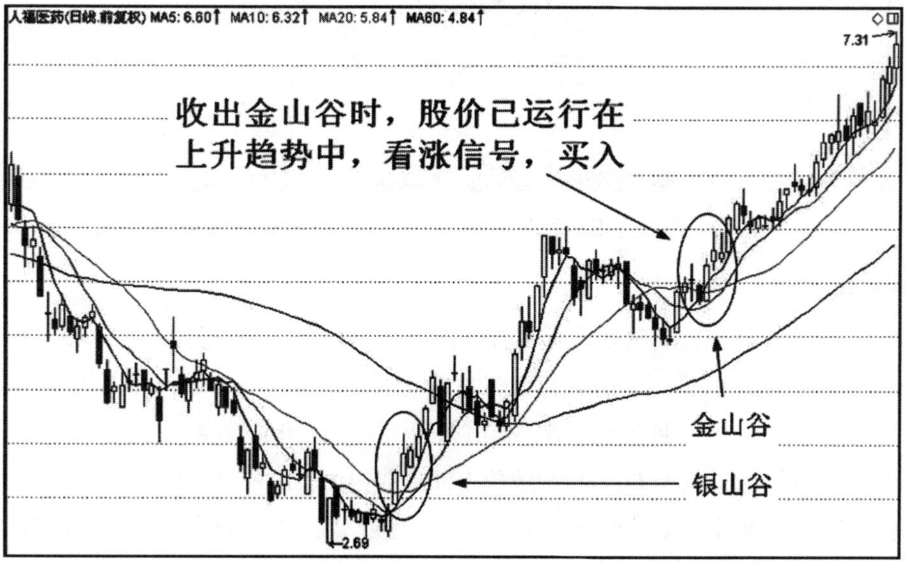

图4-8 收出金山谷时，60日均线上行，上升趋势，后市看涨

如图 4-9 所示，ST 九发（600180）。这个例子比较极端，第一，银山谷是一个不标准的形态，因为只有一个黄金交叉。从图中可以看到，10 日均线上穿 20 日均线时，20 日均线是走平的。第二，金山谷出现的位置虽然比银山谷高，但此时 60 日均线依然下行，表明收出金山谷时，行情有可能只是一个中期反弹。上述两点表明，该股收出的银山谷和金山谷形态，信号作用理论上应比常见此类形态为弱。

让人不可思议的是，该股后市却走出了一轮轰轰烈烈的暴涨行情，短时间内上涨幅度之大，无量一字涨停板数目之多，令人咂舌。唯一合理的解释，只能是强庄控盘。这个例子也说明，是涨是跌，趋势说了算。但涨多少，跌多少，怎么涨，怎么跌，资金说了算。

该股还有一个特别之处，银山谷发出的买入信号较弱，所以次日交易者买进就会被套。金山谷发出的买入信号强，但交易者根本买不进去。主力控盘手段之巧妙，实在令人佩服。

金山谷形态完成时，股价也突破双底技术图形的颈线。双底是转势形态，股价突破颈线后，表明趋势已经逆转。

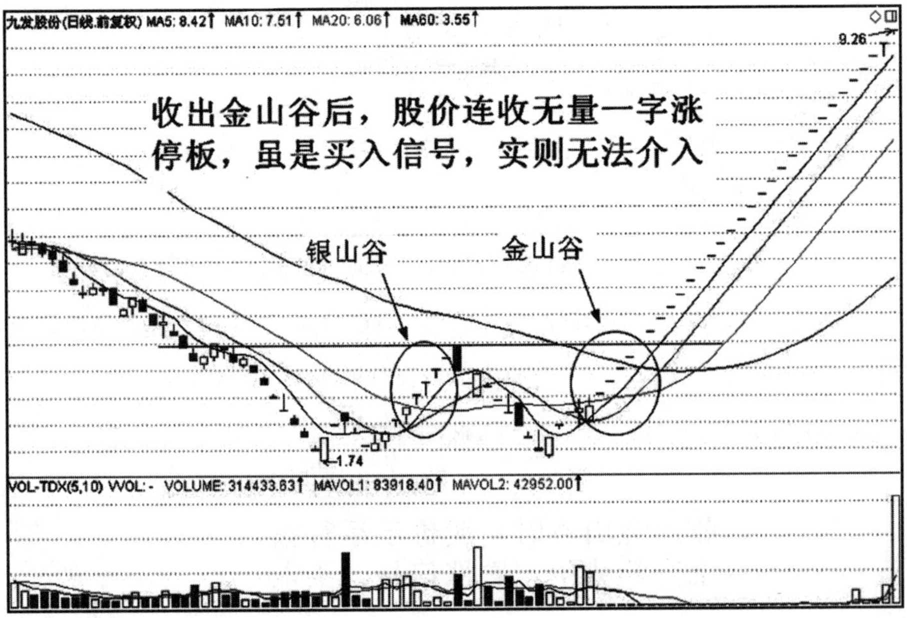

图 4-9　形成金山谷后，在主力的强力控盘下走出一波暴涨行情

特别提示：

(1)金山谷离银山谷的距离越远，所处的位置越高，上升的潜力越大。

(2)如果金山谷的位置低于银山谷，大多数情况下表明股价和指数整体上仍处于下降趋势，收出金山谷形态只是一个中期反弹行情，金山谷买入信号的可靠性将大打折扣。

如图 4-10 所示，深华发 A（000020）。股价上涨形成银山谷之后，即遇到 60 日均线的下行压制，随后掉头下跌，不仅创出新低，而且跌幅巨大。这里就显示出形成银山谷时买入面临的风险。

之后股价止跌，收出金山谷形态。金山谷形态形成时，60 日均线还在下行，长期下降趋势依然延续，但此时交易者可以适量买入。观察走势图也可以看出，虽然同处在长期下降趋势中，但金山谷买入后，风险明显低于银山谷。

这个例子有些极端，因为银山谷和金山谷相隔的时间太久，金山谷的位置也比银山谷低得过分。本书观点认为，仍旧可以将第二个均线形态看做金山谷，实际走势也验证了金山谷的信号强于银山谷。如果不是两个形态距离实在太远，相信大多数交易者都会认为第二个形态是金山谷的。

若实在无法接受，将第二个形态视为银山谷也并无不妥。

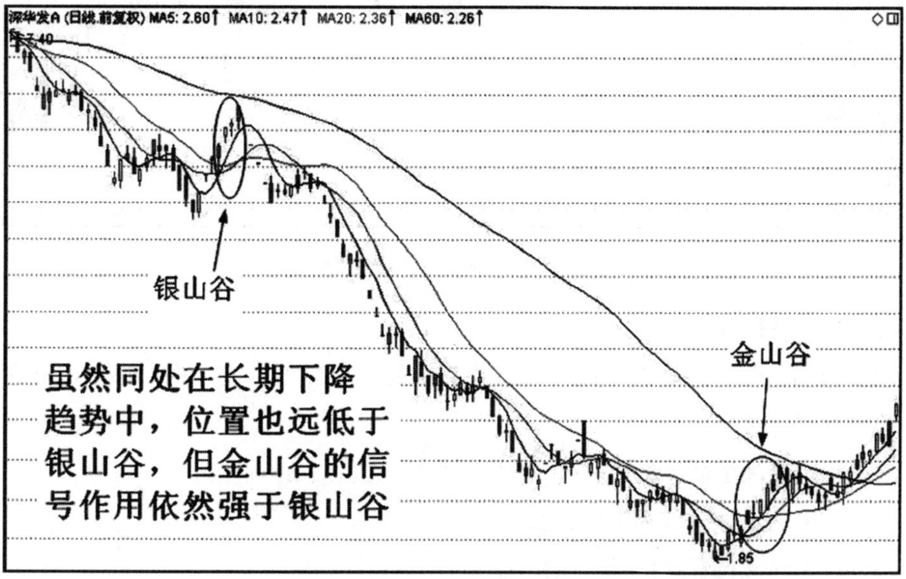

图 4-10　出现在长期下降趋势中的金山谷，信号作用依旧强于银山谷

四、死亡谷

死亡谷是指股价或指数见顶回落时，带动 5 日均线下穿 10 日均线和 20 日均线，10 日均线下穿 20 日均线，三条均线交叉形成的尖头向下的不规则三角形。其中三个交叉中，至少有两个是死亡交叉。因其外形像山谷，后市看跌，所以称为死亡谷。

死亡谷是与银山谷、金山谷相对的一种技术形态，技术形态的构成和特征相同，只是方向和技术含义相反。

图 4-11 是上证指数（999999）2010 年 9 月至 2011 年 1 月的日线图。图上椭圆形内就是一个三线死亡交叉的死亡谷。

在死亡谷之前收出的大阴线是断头铡刀，断头铡刀的大阴线与其前一根阳线组成倾盆大雨的见顶 K 线形态，二者都是比较强烈的见顶和看跌信号。

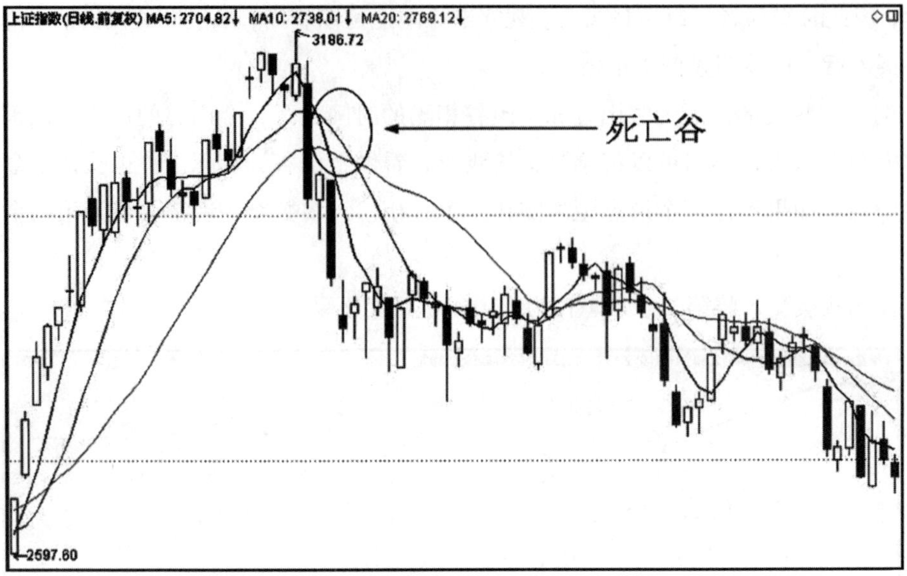

图 4-11　死亡谷标准图形

死亡谷的技术特征有以下几点。

⑴出现在长期下降趋势初期，或长期下降趋势的中期反弹行情末期，偶尔出现在长期上升趋势的中期调整行情初期。

⑵由三条均线交叉组成，形成一个尖头向下的不规则三角形。

⑶三个交叉中，至少要有两个死亡交叉。

死亡谷的技术含义：看跌信号，卖出。

死亡谷表明空方积蓄了足够的下跌能量，杀跌态度很坚决。此前多方一直处在主导地位，但收出死亡谷后，表明多方不仅已经失去了控制权，而且还在空方的步步紧逼下节节败退。该形态预示后市即将出现大崩溃，危险迫在眉睫。因为死亡谷至少有两个死亡交叉，两个死亡交叉等于后一个确认了前一个，所以死亡谷的卖出信号要强于死亡交叉。

交易者见到死亡谷应尽早抽身，出脱手中的筹码，否则将真的葬身绝谷。

收出死亡谷时，如果 60 日均线还在下方上行，则死亡谷出现的位置极有可能是长期上升趋势的中期调整行情初期，此时死亡谷的看跌信号就不那么强烈。短线交易可以清仓离场，中长线交易可以减仓，也可以清仓。如果只减仓，剩余仓位可在股价或指数跌至 60 日均线附近时，观察 60 日均线的支撑力度和走势变化，然后再决定去留。

死亡谷极少出现在长期上升趋势的中期调整行情初期，如果出现在这一时期，则说明调整的力度比较大，此时即便是中长线交易也要减仓，并且减仓的力度要大，甚至可以清仓。

图 4-12 是上证指数（999999）2010 年 1 月至 2010 年 7 月的日线图。指数反弹过程中一浪高于一浪，并向上突破 60 日均线。5 日、10 日和 20 日均线也逐渐形成多头排列，形势看起来似乎不错。但均线很快就开始收敛，然后交叉，收出死亡谷形态。后市看跌，交易者应清仓离场。

交易者可以观察到，死亡谷的卖出点恰好是在指数跌破下降旗形和 60 日均线，然后回抽旗形下边线和 60 日均线的地方，卖出信号非常强烈，清仓已是十万火急的任务。这是技术上最后一次绝佳的卖出点，跌破后回抽不是每一次破位后都会出现的。交易者应当感谢市场的仁慈，给犯错的交易者多一次改正的机会。

更早一些的离场点在前面的那根大阴线位置。收出大阴线后，出现了如下卖出信号：向下突破缺口，跌破下降旗形，绝命跳和 60 日均线葛南维第八大法则卖出点。其中前两者是看跌的 K 线技术图形，后两者是看跌的均线技术形态。既有性质相同的技术形态，也有不同性质的技术形态，在同一区域发出相同的卖出信号，其共振效果将是非常强大的。就像齐步通过大桥的士兵，重量虽小，一旦发生共振时，必垮大桥。此处的下跌虽然刚刚开始，但后市下跌几成定局。交易者其实不必等到死亡谷形态完成时离场，此处即应斩仓出局。

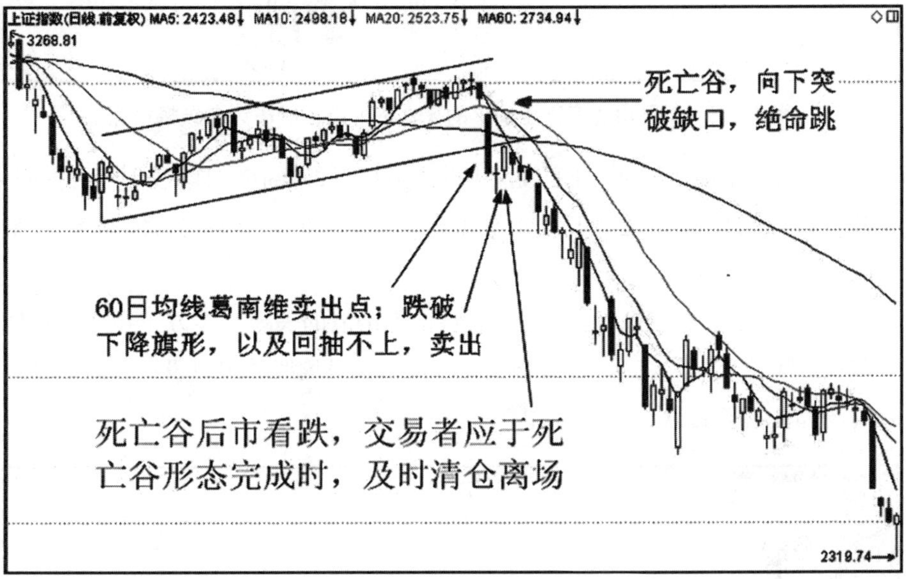

图 4-12　死亡谷离场标准

如图 4-13 所示，ST 国药（600421）。收出死亡谷时，股价已经跌破 60 日均线。60 日均线下行，表明死亡谷所处的位置或者是中长期下降趋势初期，或者是长期下降趋势的中期反弹行情末期，预示后市的杀伤力很强。事不宜迟，交易者应立即清仓卖出。

出现死亡谷之前，该股已经收出顶部穿头破脚、射击之星和大阴线等见顶 K 线形态，以及断头铡刀这种看跌均线技术形态，眼明手快的交易者，在死亡谷之前就应该着手减仓或清仓了。

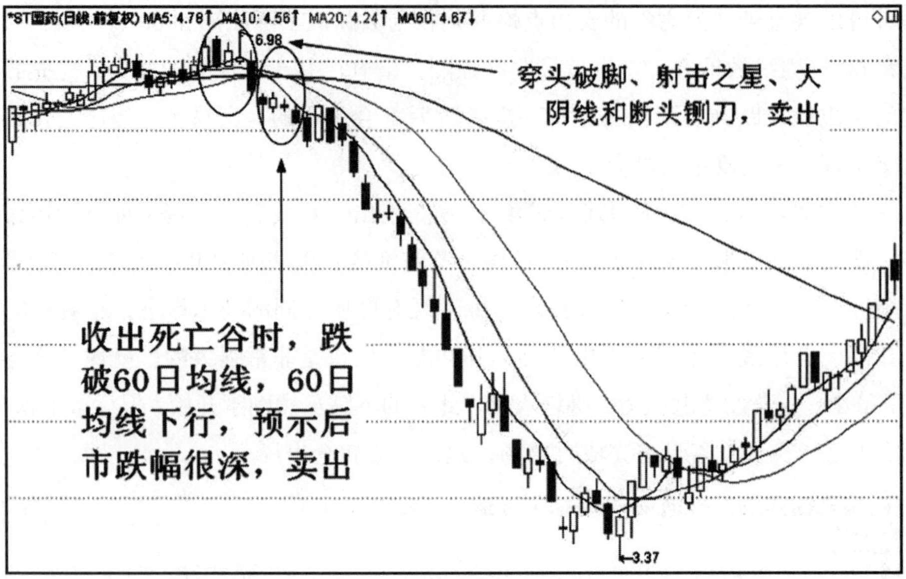

图 4-13　60 日均线下行压制下的死亡谷形态，后市大多跌幅很深

如图4-14所示，西藏药业(600211)。股价下跌之后反弹，遇到60日均线下行的强阻力后回落，之后再度上攻。虽然此时60日均线开始走平甚至略上行，但股价始终未能站上60日均线，表明多空双方的实力悬殊较大。

股价转头下跌时收出死亡谷，是空方彻底将多方击溃的表现。多方正在一步步地被逼向死亡的境地。前期进场抢反弹的交易者，如果在股价遇60日均线受阻时没有及时离场，此时无论盈亏，清仓离场都是当务之急。

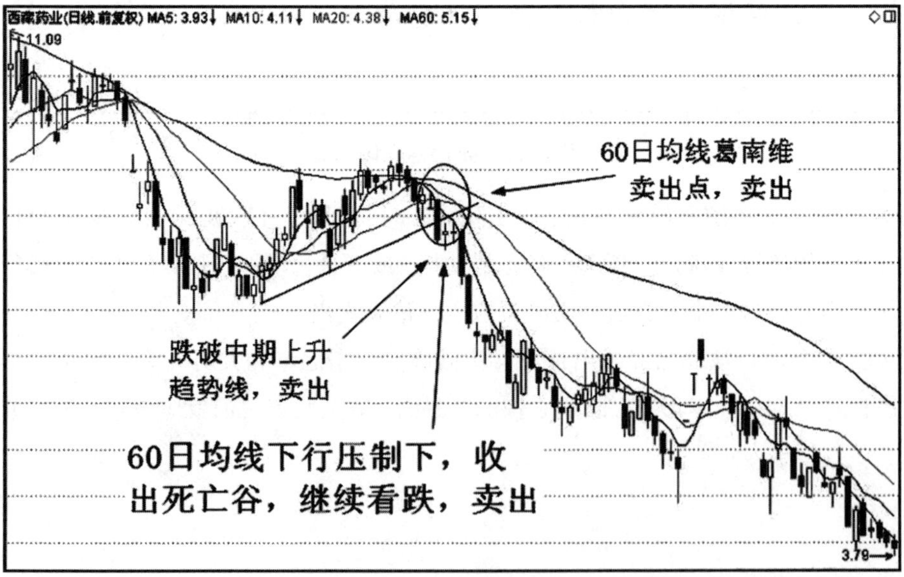

图 4-14　死亡谷离场标准

如图 4–15 所示，澳洋科技（002172）。该股一共收出两个死亡谷，都是三线死亡交叉。其中一个在高位，形态完成时 60 日均线还在上行，且股价也恰好在 60 日均线处获得支撑，交易者不必急于减仓或清仓，可以继续持股观察。

第二个死亡谷虽然也是同样收在 60 日均线之上，但 60 日均线下行，并且形态完成时股价已跌破 60 日均线，整体而言趋势向淡。非牛市行情交易者即应空仓，何况在趋势看淡的情况下收出看跌的技术形态呢。此时清仓卖出一定不会错，即便卖出后股价又重新上涨，也是小概率事件，大多只发生在趋势转折的时候。

趋势交易者顺应的是大势，也就是长期趋势。只有长期趋势方向人力无法左右。只有长期趋势才可以保证，在股价或指数运行的绝大多数时间里下跌的时候总是下跌，上涨的时候总是上涨。交易者只要按照趋势服从和均线服从的原则去操作，就总能站在大概率的一边。

从本例也可以看出，交易者的买进和卖出其实和股价所处的位置高低无关。交易者买入和持仓的唯一理由是行情处于长期上升趋势，卖出和空仓的唯一理由是市场并非处于长期上升趋势。很多交易者往往不是这样操作，恐高的交易者常常刚一上涨就赶紧卖出，白白放走了一匹大黑马，却又从不嫌下跌趋势中的半山腰高，不断进场抄底，不断止损，不断被套，忙得不亦乐乎，最终导致亏损累累。

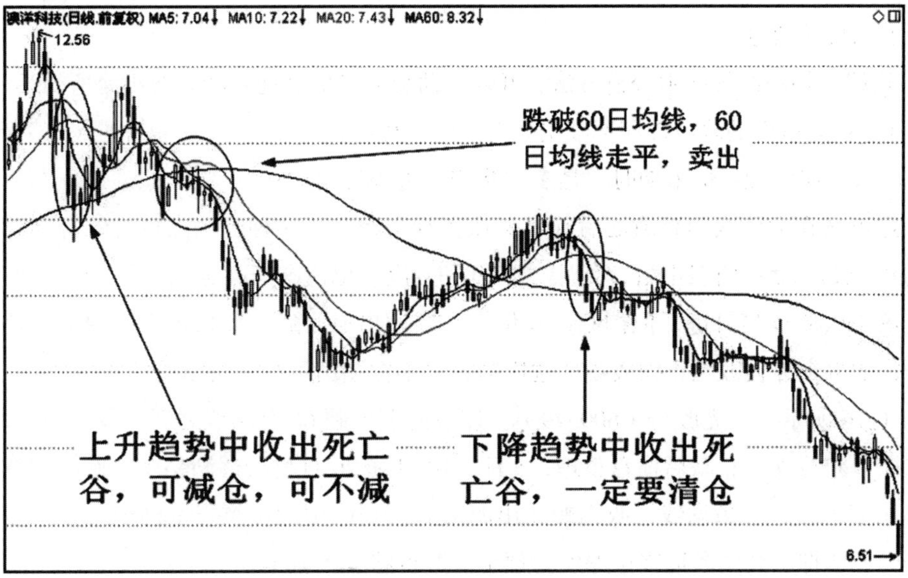

图 4–15　死亡谷所处的趋势不同，交易策略和离场标准也有所不同

特别提示：

⑴死亡谷中三条均线的三次交叉，必须有两次是死亡交叉，否则就不是死亡谷。如果死亡谷的三条均线形成三次死亡交叉，则信号的看跌作用更强。

⑵短期组合形态的死亡谷通常会比中长期均线发出的信号更早。

五、蛟龙出海

蛟龙出海又名潜龙出渊、一阳洞穿，一般出现在长期下降趋势末期（即俗称的底部），或中期调整行情末期，或中期反弹行情初期（即阶段性底部）。股价或指数下跌后期跌速减慢，开始横向整理，各周期均线逐渐收敛、粘合。之后收出一根大阳线，大阳线突破上方所有周期的均线，就像一条蛟龙从深海中一跃而出，所以称为蛟龙出海。因为各条均线层层叠叠横在股价或指数上方，就像深渊，大阳线自底部腾身而起，如同睡龙觉醒，所以又叫潜龙出渊。因为是一根阳线顶穿所有均线，所以又称为一阳洞穿。

蛟龙出海的技术特征如下。

⑴出现在长期下降趋势末期，或中期调整行情末期，偶尔出现在中期反弹行情初期。

⑵各周期均线逐渐收敛、粘合。

⑶一根阳线拔地而起，向上突破 5 日、10 日和 20 日均线，收盘价收在各条均线之上。

蛟龙出海的技术含义：反转信号，后市看涨，买入。

蛟龙出海虽是反转信号，但当它出现在阶段性底部时，大多情况下是反弹行情，不会反转长期趋势，或者说反转的只是中期趋势。当它出现在中期调整行情末期时，实则是整理技术形态，表明趋势中期回档结束，将继续原有的长期上升趋势。只有出现在长期下降趋势底部时，才是真正意义上的反转信号。

60 日均线和趋势线等技术分析方法，可以帮助交易者更好地判断蛟龙出海所处的趋势性质。通常情况下，在熊市中的阶段性底部收出蛟龙出海，大多是多头陷阱，交易者进场买入风险很大。出现在底部或中期整理行情末期时，是多方吹响的进攻号角。

进场点可选在大阳线当日或之后几日。在实盘交易中，两种进场点也是各有利弊，大阳线当日进，次日股价就有可能回调；大阳线当日不进，次日也许高开高走，总之这是个两难的选择。本书的建议是大阳线当日进，但控制好仓位。在蛟龙出海之后，如果再次出现买入信号，可以继续加仓；如果走势失败则止损离场，这样损失也不会超出可控和可承受的范围。

如图 4-16 所示，宝光股份（600379）。该股向上突破 60 日均线之后，股价回落回试 60 日均线的支撑。获得支撑止跌后横盘整理，5 日、10 日和 20 日均线逐渐粘合，此时突然冒出一根大阳线，一下子顶穿三条均线，收出蛟龙出海形态，表明中期调整行情已经结束。多方在横盘整理蓄势中，压抑已久的激情终于爆发，预示着股价将会大幅上扬。

处在中期调整行情末期的蛟龙出海形态，实则为整理技术形态，看涨的信号强于出现在长期趋势底部，交易者可以当机立断，放胆追进。

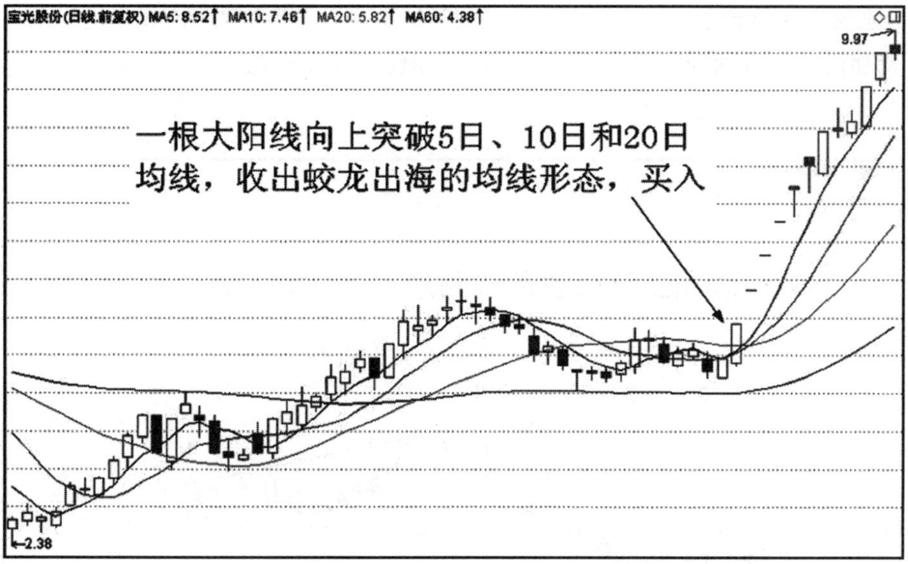

图 4–16　中期调整行情末端收出蛟龙出海，是看涨信号

图 4–17 是与图 4–16 同一时间段的日线图。从图 4–17 中可以看到，蛟龙出海的大阳线同时向上突破了均线粘合形态。中长期均线在下上行支撑的均线粘合形态大多向上突破，突破后继续看涨，买入。

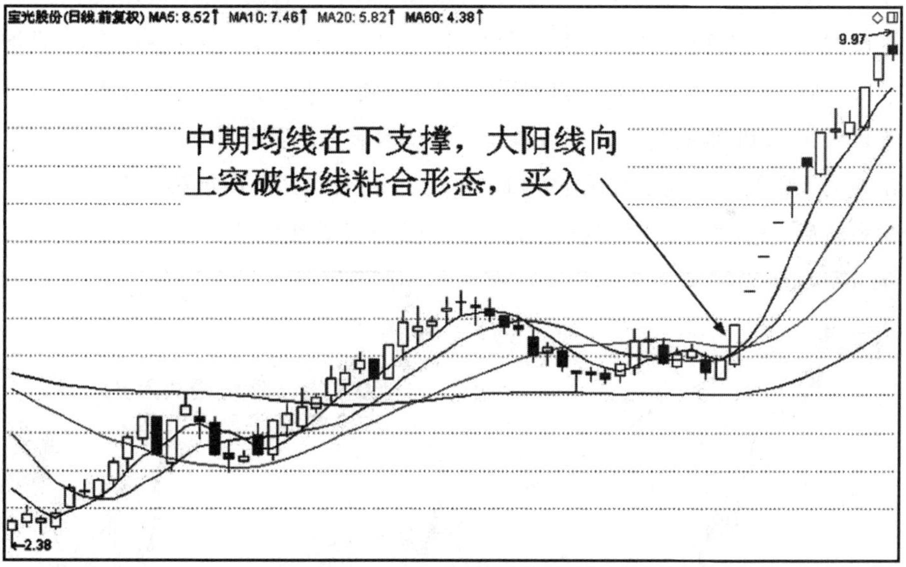

图 4–17　均线粘合形态的买入点

图 4–18 是与图 4–16 同一时间段的日线图。从图中可以看到，蛟龙出海的大阳线不仅突破图 4–17 中的均线粘合形态，而且还突破了收敛三角形的上边线。收敛三角形是整理技术图形，看涨还是看跌取决于突破的方向。大阳线向上突破，后市看涨，买入。

在本例中，一共出现了四种看涨信号：大阳线、蛟龙出海、突破均线粘合形态和突破收敛三角形，分别属于K线形态、均线形态和技术图形。性质不同的多种形态发出同样的买入信号，会极大地增加信号的可靠性，后市也会因为信号共振作用导致股价出现最大振幅，也就是最大涨幅。

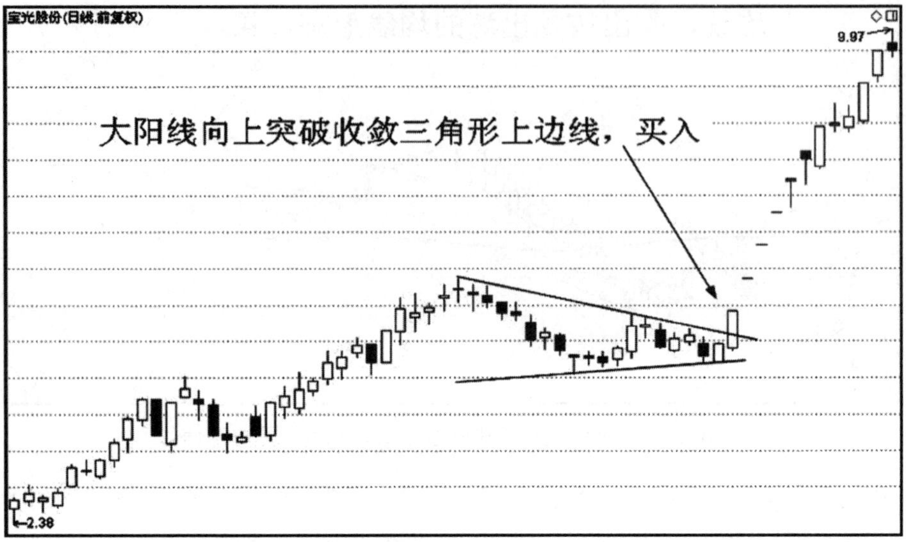

图4-18　技术图形买入标准

如图4-19所示，海立美达（002537）。股价在底部收出穿头破脚的见底K线形态后止跌回升，股价沿着5日均线持续上涨，向上突破60日均线。之后股价掉头，差不多顺着60日均线下跌。

经过一涨一跌筑底，60日均线的方向逐渐由下行、走平转为上行，这时突然收出一根大阳线，向上突破5日、10日和20日均线，完成蛟龙出海技术形态，后市看涨，买入。

蛟龙出海的大阳线同时向上突破了60日均线，是60日均线葛南维第一大法则买入点，买入。

蛟龙出海之后，还收出金蜘蛛的技术形态。金蜘蛛是看涨信号，买入。

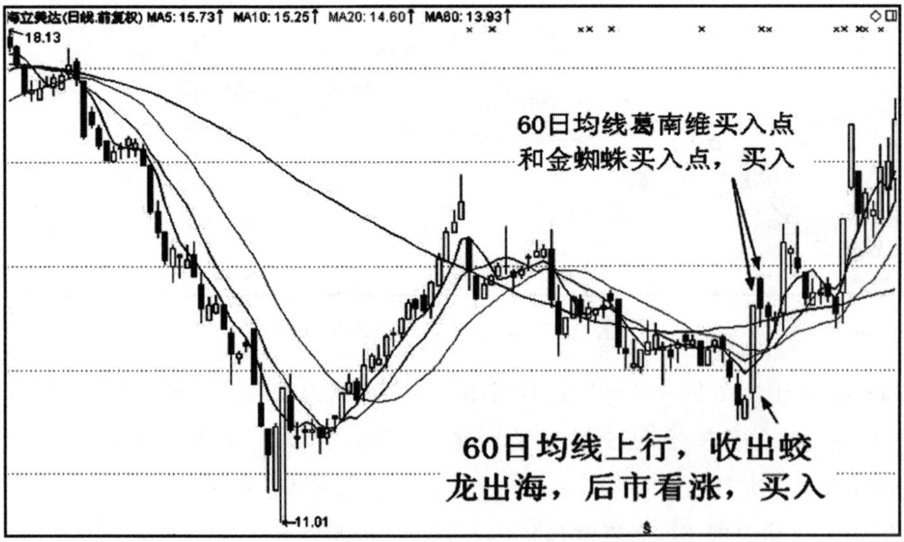

图4-19　上升趋势初期收出蛟龙出海，是反转信号

如图 4-20 所示，长江传媒（600757）。在股价回档整理过程中，一共收出两次蛟龙出海技术形态。第一次突破后股价并未拉升，反而回落，交易者可以持股不动，或在收出毒蜘蛛形态，并跌破均线粘合形态时止损离场。

第二次突破后，一口气连拉十二个涨停板，股价接近翻番（当时是特别处理 ST 股票）。交易者前期已经止损离场的，此时可以重新进场买入。一直持股未动的，此处可以适当加仓。

第二次蛟龙出海的次日，股价向上突破了收敛三角形上边线，看涨信号，买入。从图中可以观察到，突破三角形时，因为股价大幅高开，交易者将不得不追高买入。从图中可以看到，蛟龙出海买入信号早于三角形突破，成本既低，进场也从容。

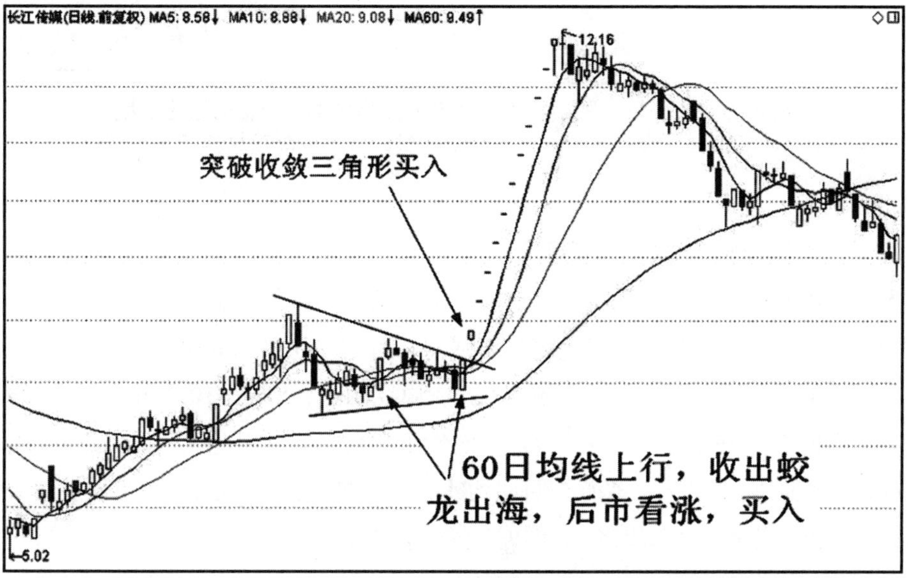

图 4-20　上升趋势中的蛟龙出海与技术图形的买入信号相互验证

如图 4-21 所示，重庆啤酒（600132）。这是一个蛟龙出海见底失败的例子。作为见底反转信号的蛟龙出海形态，无法从其本身形态上预测后市成功的概率，因此仓位管理和及时止损成为必不可少的手段。

总的来说，无论是作为反转信号还是看涨信号，蛟龙出海的信号作用都比较强，交易者都可以进场买入。但反转信号毕竟出现在长期下降趋势中，是不是真的出现趋势反转，还需要很长一段走势来验证。在确认反转之前交易者进场买入，一定要以抢反弹的心态和交易策略去做。

事实上，蛟龙出海也的确可以出现在中期反弹行情初期。出现在长期下降趋势底部，与出现在中期反弹行情初期的蛟龙出海，无论从形态还是位置上都无法区分。因此所有反转信号实际上都是可买可不买的，要买则必须按照反弹行情来操作。

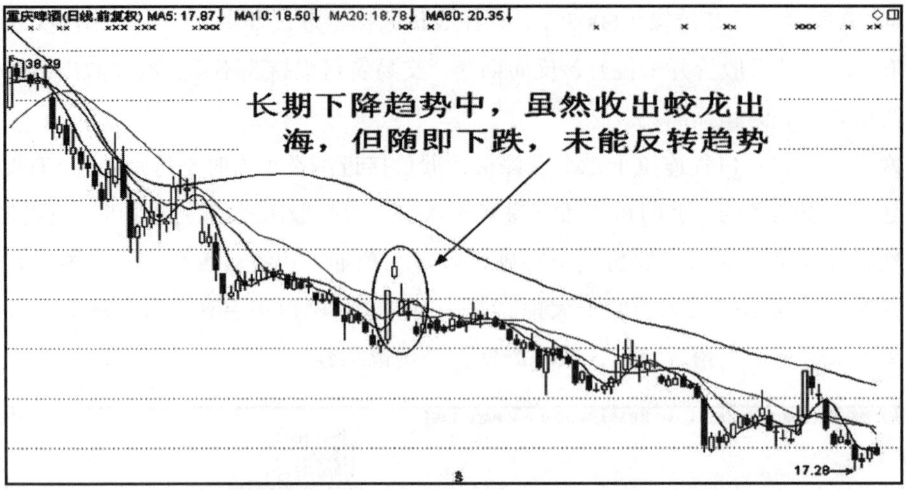

图 4-21　在长期下降趋势中，蛟龙出海是中期反弹信号还是长期反转信号无法区分，交易者买入存在一定风险，应当按照抢反弹的交易策略进场

特别提示：

(1)阳线实体越长，发出的买进信号越可靠。

(2)收出蛟龙出海时，如果成交量同步放大，那么信号的可靠性也同步放大。

(3)在周线上收出蛟龙出海，不仅做多信号强烈，后市的涨幅也更加可观。

图 4-22 是招商地产（000024）的周线图。在周线图上，5 周、10 周和 20 周均线已经不折不扣地是一个中期均线组合了，用该组合足以定性中长期趋势，因此无需再加进 60 周均线。

该股底部一根大阳线向上突破所有周期均线，收出蛟龙出海形态，表明盘底结束，交易者可以进场买入。因为是周线，所以仓位可以适当重于日线。

蛟龙出海的大阳线同时突破了中期下降趋势线。突破下降趋势线不是确定的买入点，但足以强化蛟龙出海的信号作用。

走出蛟龙出海之后，股价继续上涨，收出银山谷形态，银山谷后市看涨，交易者可以买入或加仓。

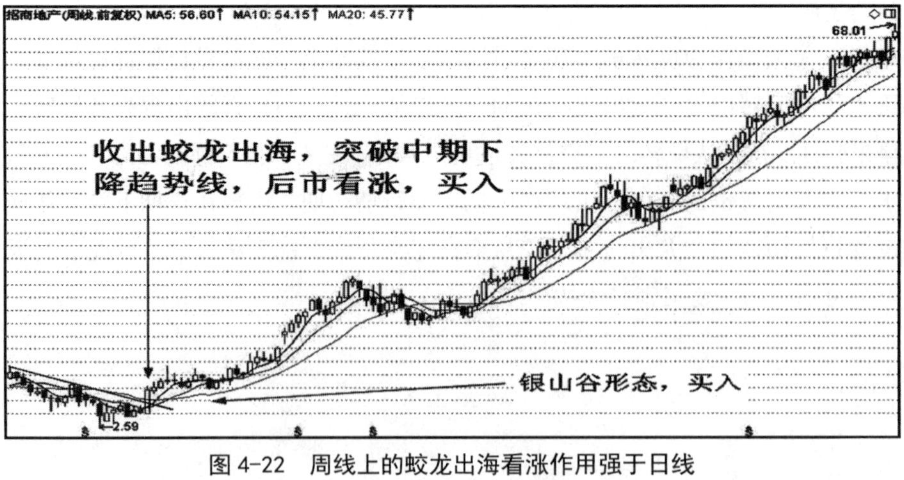

图 4-22　周线上的蛟龙出海看涨作用强于日线

⑷本书是以 5 日、10 日和 20 日均线组合讲解均线特殊技术形态的。但在实战操盘中，交易者可以使用任何均线组合。蛟龙出海突破的均线数目越多，突破的均线周期越长，上涨的概率也就越大，上涨的时间和幅度也就越可观。

六、断头铡刀

断头铡刀一般出现在长期上升趋势末期（即俗称的长期大顶、顶部），或中期反弹行情末期，或中期调整行情初期（即阶段性顶部）。股价或指数上涨后期涨速趋缓，5 日、10 日和 20 日均线逐渐收敛甚至粘合，然后收出一根大阴线或中阴线，阴线跌破 5 日、10 日和 20 日均线，就像古代断头台上凌空落下的铡刀，断送了多方的上升之路，所以称之为断头铡刀。

断头铡刀形态大多出现在长期顶部或阶段性的顶部，以及中期反弹行情顶部，是一种典型的见顶卖出信号。

断头铡刀的技术特征如下。

⑴出现在长期上升趋势末期，或中期反弹行情末期，或中期调整行情初期。

⑵ 5 日、10 日和 20 日均线逐渐收敛、粘合。

⑶一根大阴线或中阴线凌空劈下，一下子把 5 日、10 日和 20 日均线全部斩断，收盘价收在各条均线之下。

断头铡刀的技术含义：反转信号，后市看跌，卖出。

5 日、10 日和 20 日均线逐渐收敛，有的甚至形成均线粘合形态，说明股价或指数上涨速度减缓，或较长时间维持横向震荡整理，各均线周期内买进股票的平均成本正在趋于一致。突然有一天一根大阴线跌破三条均线，收出断头铡刀的均线形态，将 5 日、10 日和 20 日内买进的交易者全部套牢，表明空方突袭的力量非常大。眼疾手快、行事果敢的交易者，会在收出大阴线或中阴线的当天和第二天以更低的价格全力抛售，导致股票供应量急剧增加，诱发多杀多的轧空行情。断头铡刀之后的走势，经常是一轮快速的急跌或暴跌。

断头铡刀如出现在长期上升行情末期，则牛市行情有可能已经走到尽头；如出现在下降趋势中的中期反弹之际，则表明反弹行情结束，新一轮的下跌开始；如出现在中期调整行情初期，则表明股价或指数上涨乏力，需要休养生息。

收出断头铡刀之后，短线交易应立即全部抛空离场，中长线交易应根据断头铡刀所处长期趋势位置的不同，采取不同的操作策略。出现在长期上升趋势末期的，可减仓或清仓，以清仓为宜；出现在中期反弹行情中的，应当清仓；出现在中期调整行情初期的，可减仓或清仓，以减仓为宜，其后密切关注走势变化，随时做好离场准备。

这里有一个问题，如果断头铡刀出现在长期上升趋势中，交易者就无法判断是熊市来临，还是中期调整开始。在这种情况下，仓位管理应以 60 日均线后市走向以及其他趋势分析方法进行辅助判断。

如图 4–23 所示，宋都股份（600077）。该股断头铡刀出现的位置，单从日 K 线走势观察，是出现在上涨过程中。此时各周期均线多头排列，股价走势良好，突然收出一根大阴线，大阴线一下子跌破三条均线，多转空只在一日之内，可见来者不善，交易者应当于尾市前清仓离场。

当日该股午后急速跌停，挂单稍有迟疑的公众交易者可能无法成交，只能眼看着账户资金和股价一同跌落。

随着股价的暴跌，该股收出三次死亡交叉的死亡谷形态。交易者若等到死亡谷形态完成再卖出的话，股价早就跌得七零八落了。

仔细观察 60 日均线可以发现，断头铡刀之前的上涨走势不过是一波中期行情，因为 60 日均线一直下行，到出现断头铡刀才刚刚走平并略微上行。

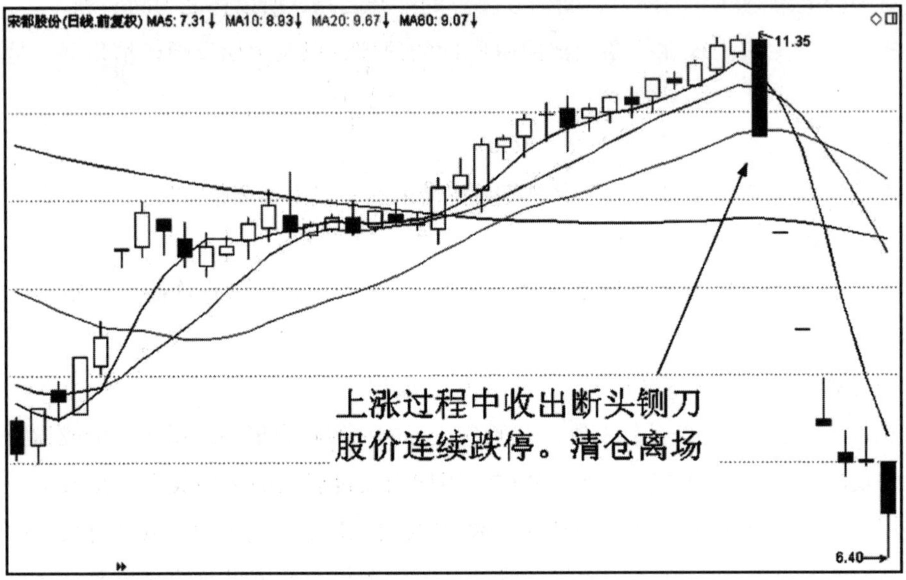

图 4-23　股价上涨过程中突然收出断头铡刀，有可能是突发利空

如图 4-24 所示，大江股份（600695）。该股两次收出断头铡刀，一次出现在股价上升趋势的头部，一次出现在下降趋势中反弹行情的末端。无论断头铡刀出现在什么位置，其看空的技术含义不变，交易者应当及时减仓或清仓。

与第一个断头铡刀同时出现的，是倾盆大雨的见顶 K 线形态，随后出现了 60 日均线葛南维第六大法则卖出点和死亡谷形态。以上多种见顶和看跌的技术信号在同一区域连续出现，表明多方气数已尽，空方将主导趋势的未来进程。

在这里需要特别说明一下，第一次收出断头铡刀时，股价虽然还在 60 日均线之上，但 60 日均线已经走平，表明牛市正在离去，熊市已经迫近。这一卖出信号也许不如长期下降趋势中的断头铡刀显得那么凶狠，比如本例中的第二个断头铡刀，但一旦走势转熊，下跌的幅度和时间常常出乎交易者的意料。

第二个断头铡刀与 60 日均线葛南维第八大法则卖出点同时出现，比跌破上升楔形的卖出点早一天。和顶部的断头铡刀一样，这里依旧表明空方气势鼎盛，此时清仓卖出是首选。

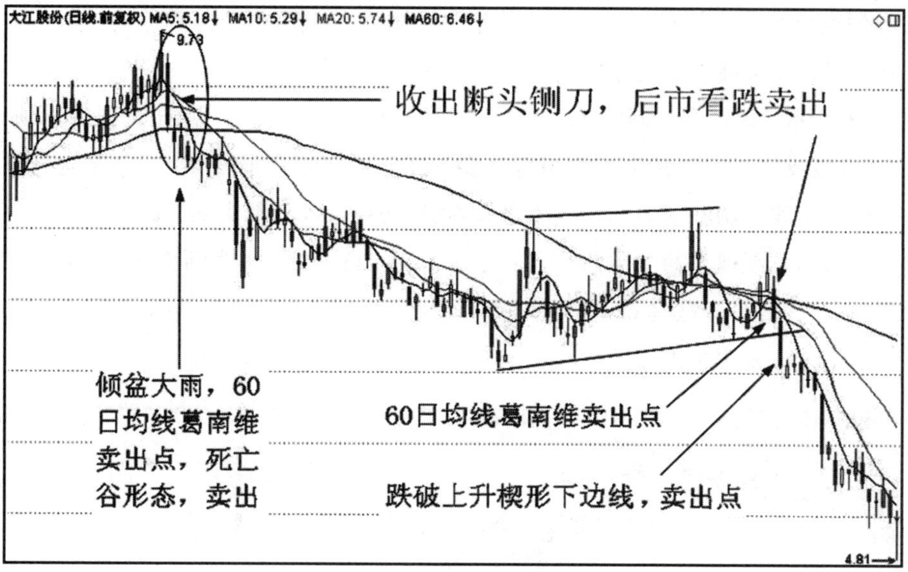

图 4-24　断头铡刀离场标准

如图 4-25 所示，三普药业（600869）。股价涨涨跌跌，走出逐浪下降的技术形态。在中期反弹行情末端，一根大阴线斩断 5 日、10 日和 20 日均线，收出断头铡刀，后市看跌。前期进场抢反弹的交易者应当无条件清仓，否则有可能深受套牢之苦，因为后市熊途漫漫，上涨无期。

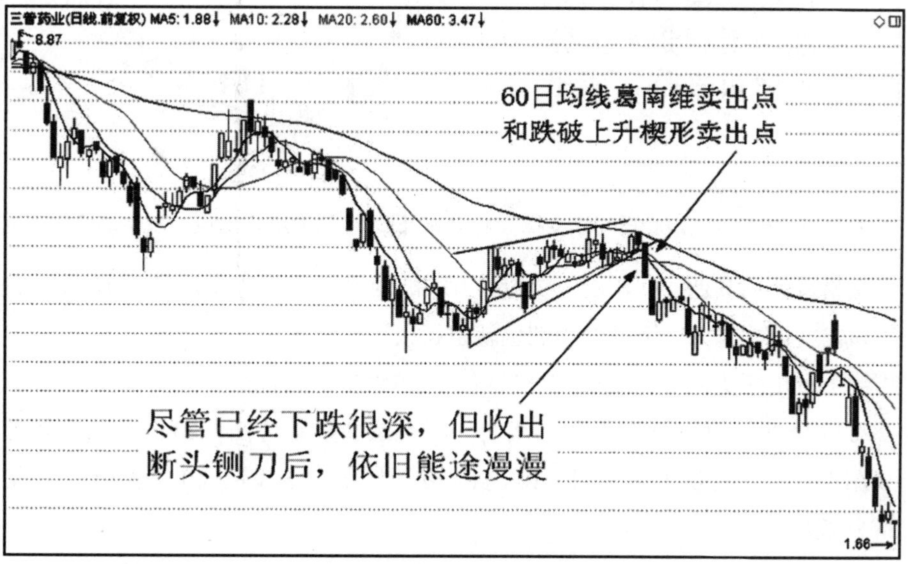

图 4-25　断头铡刀与葛南维卖出点、技术图形卖出点竞合，看跌作用极强

特别提示：

⑴出现断头铡刀时，股价或指数往往会有一轮比较大的急跌走势，特别是收出大成交量的中阴线或长阴线时，中长期转弱的信号更强，交易者要趁早离场。

⑵断头铡刀通常出现在遇重要压力位不过，或者跌破重要支撑位，或者跌破关键技术位，

如技术图形颈线位等具有特殊技术含义的位置。在上述位置出现，与其他技术分析方法的卖出信号发生共振时，断头铡刀的可靠性更强。

如图 4-26 所示，ST 国药（600421）。顶部虽然已经收出乌云盖顶、射击之星等见顶 K 线形态，但 60 日均线继续支撑上行，短期均线组合呈多头排列形态，表明股价上升趋势运行状况良好。接着收出一根大阴线，切断了短期均线组合和 60 日均线，收出断头铡刀。后市看跌，卖出。

在这里，60 日均线既是重要的支撑位，也是关键的技术位。因为断头铡刀跌破 60 日均线时，60 日均线已由上行走平，这是 60 日均线葛南维第六大法则卖出点。葛南维第六大法则卖出点是大熊出洞的信号，表明牛市已逝。

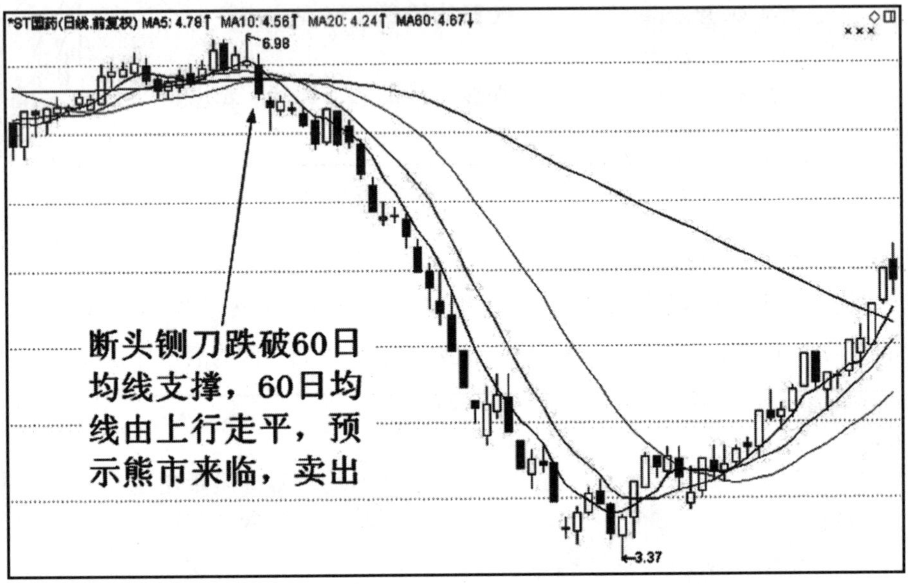

图 4-26　断头铡刀跌破 60 日均线支撑，发出 60 日均线葛南维卖出点，表明趋势即将逆转

(3)如果交易者使用其他均线组合，断头铡刀跌破的均线数目越多，跌破的均线周期越长时，下跌的概率和幅度也就越大，下跌的周期也就越长久。

(4)在周线上收出断头铡刀，卖出信号强烈，后市跌幅既深且久。

图 4-27 是深天地 A（000023）的周线图。因为是周线走势图，20 周线已经接近半年线，所以在周线图上仅选用传统上的 5 周、10 周和 20 周均线。该股在周 K 线图上，也是一前一后收出两次断头铡刀。

第一次出现在股价回落之后再度上攻，但未能创出新高时。股价未创新高，已经显露出多方力不从心的疲态。之后一根大阴线跌穿所有均线，收出断头铡刀形态。

这根大阴线来势十分凌厉，不仅跌穿了所有的均线，还向多方阵地长驱直入。背靠多条均线筑成的强大支撑，多方犹未能阻住空方的反击，说明多方外强中干，退为守势后尚且难以自保。交易者应审时度势，转多为空，清仓卖出。

之后股价并没有顺势下跌，反而止住跌势，缓步上攻，前面收出的断头铡刀似乎是空头陷阱。其实不尽然，交易者如果有足够的耐心观察股价走势，就会发现一根断头铡刀大阴线的跌幅，十二根 K 线都没有消化完，孰强孰弱，一目了然。

这时第二次收出断头铡刀形态。那些眷恋过去的上涨走势，对多方抱有殷切期望的持股者，此时应当警醒，尽快清仓。虽说事不过三，但市场很少给交易者第三次机会，交易者也不能总是寄希望于下一次机会。

第一次断头铡刀的大阴线，与前一根阳线形成倾盆大雨的见顶 K 线形态。二者相互呼应，壮大了空方的气势。

第二次断头铡刀的大阴线，同时跌破了收敛三角形下边线。周线上跌破三角形是长期看空的卖出信号，卖出。

跌破三角形之后，股价向上回抽三角形下边线不上，同时也受到 20 周均线的压制，发出 20 周均线葛南维第七大法则卖出点，卖出。

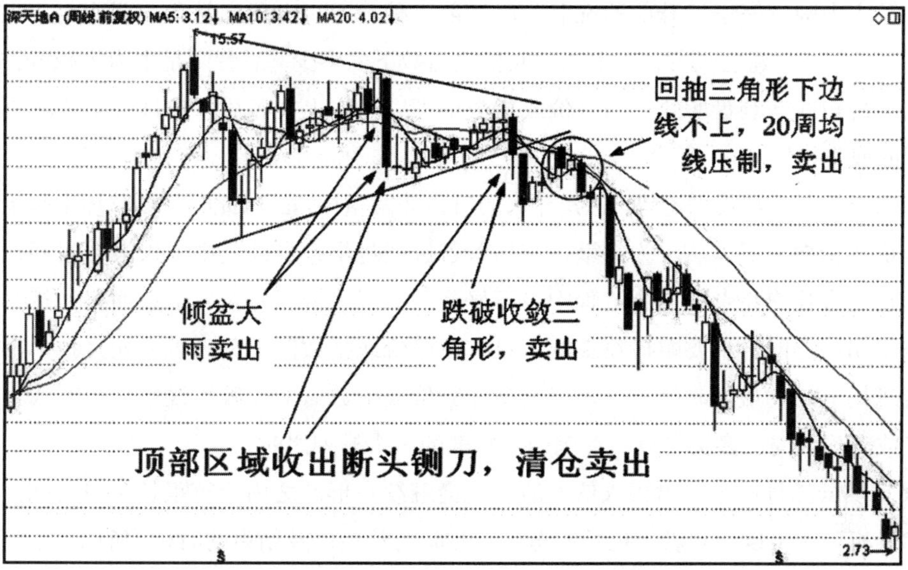

图 4-27　周线上的断头铡刀信号更加可靠，下跌也会既深且久

七、烘云托月

烘云托月是均线多头排列技术形态中的一段，大多出现在中长期上升趋势初期，以及长期上升趋势途中的强势横盘整理区。此时 5 日均线和 10 日均线几乎粘合在一起，20 日均线始终在 5 日和 10 日均线下方，与 5 日和 10 日均线之间保持一定的距离，微微上行。在坐标图上，20 日均线犹如白云，在清朗的月光下轻轻飘荡。股价或指数，以及 5 日和 10 日均线，就像月亮。月移云随，所以称之为烘云托月。

烘云托月的技术特征如下。

(1)出现在中长期上升趋势初期，以及长期上升趋势的强势横盘整理区域。

⑵股价或指数、5 日和 10 日均线反复缠绕，形成均线粘合形态，整体上略向上移动。

⑶ 20 日均线在粘合的均线下方，与 5 日、10 日均线保持均衡的距离略向上行。

对于技术特征的第三条，即便股价或指数以及 5 日和 10 日均线偶而跌破 20 日均线，只要很快重新站上 20 日均线，或者 20 日均线短暂平移和下行，但大多数时间都在上行的，仍可以看做是均线烘云托月走势。

烘云托月的技术含义：看涨信号，买入。

烘云托月与均线粘合形态和上升途中均线被动修复部分竞合，整体上是多头排列行情中的一段。

烘云托月较多出现在长期上升趋势途中。从技术形态上观察，上升趋势途中横盘整理期间，20 日均线始终在下面托着 5 日和 10 日均线微微上行，本身就意味着股价或指数依然运行在上升趋势中。这是极为强势的蓄势整理形态，大多出现在公众交易者和主力一致看好的个股和行情中，以及主力吸货完毕拉升前的洗盘阶段。前一种情况，由于交易者一拥而上，哄抢筹码，即便主力刻意打压，建仓吸货，也不能让股价或指数下跌多少。后者则是主力为减轻拉升压力，反复震荡清洗短线获利盘所致。当股价或指数整理完毕向上突破后，也许会是一段不飞则已、一飞冲天的疯牛行情。

对于烘云托月这种技术走势，选择介入的时机非常重要。虽然此时市场整体上呈上行态势，但期间股价或指数上下震荡较为频繁，交易者若进场过早，身处其中不仅浪费时间，而且剧烈的上下波动也会让交易者在持仓过程中极不好受。对于烘云托月技术形态而言，持仓和空仓，同样都需要耐心，同样都要耐得住寂寞。只有在股价或指数向上突破烘云托月技术形态时，才是交易者进场买入的最佳时机。买入点大多在股价或指数向上突破均线粘合形态或者技术图形的颈线，或者均线向上多头发散，首次形成标准的多头排列之时。

有很多烘云托月形态发出买入信号后，还会继续在形态之内运行很长一段时间。由于没有一种技术分析方法可以预知烘云托月形态运行时间的长短以及结束的时机，所以对于这种走势，交易者唯一所能做的就是耐心。同时还要随时观察股价走势，一旦发现趋势变坏，应当及时止损出局。

如图 4–28 所示，天山纺织（000813）。图中框线内标注的就是烘云托月形态，虽然股价偶尔会跌破 20 日均线，但不论股价还是短期均线系统，整体都在向上移动。

已持仓的交易者可以继续持股待涨，未进场的交易者可以择机买入。买入点一般选在股价向上突破 5 日和 10 日均线粘合形态，或者短期均线系统首次形成标准多头排列之时。观察走势图可以看到，该股连续多次发出买入信号，但股价并没有随之拉升，反而每次都是略有回落，均线继续粘合，依然运行在烘云托月形态中。不过只要形态没有改变，交易者就可以一直耐心持有，等待多方发力。

股市里有一句谚语：横有多长，竖有多高。意思是横盘整理的时间越久，一旦向上突破，上涨的幅度就会越大。耐心守候，常会有超出意料的收获。

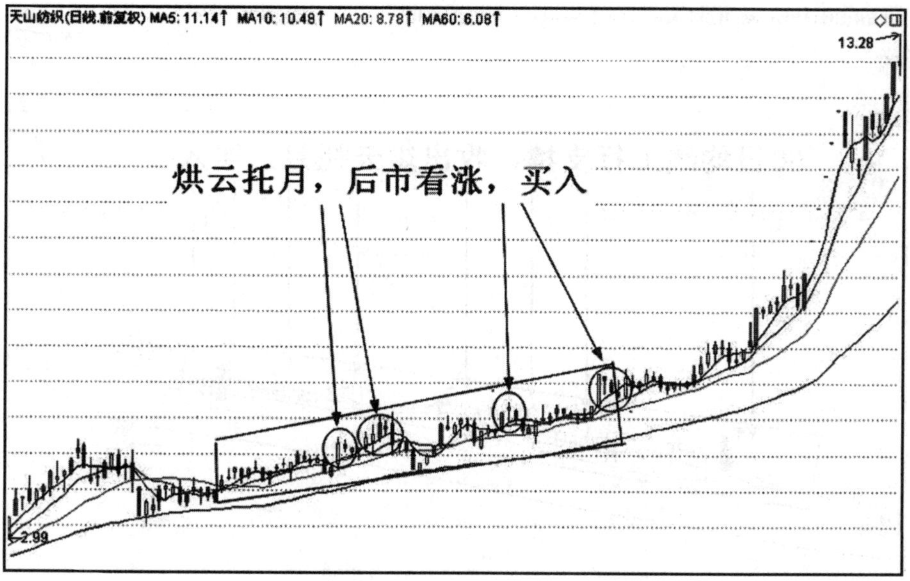

图 4-28　烘云托月进场标准

如图 4-29 所示，高淳陶瓷（600562）。该股的烘云托月走势，前期还有些震荡，后期则表现得非常完美。

进场标准依然是均线首次形成多头排列形态，以及股价向上突破均线粘合形态之时。

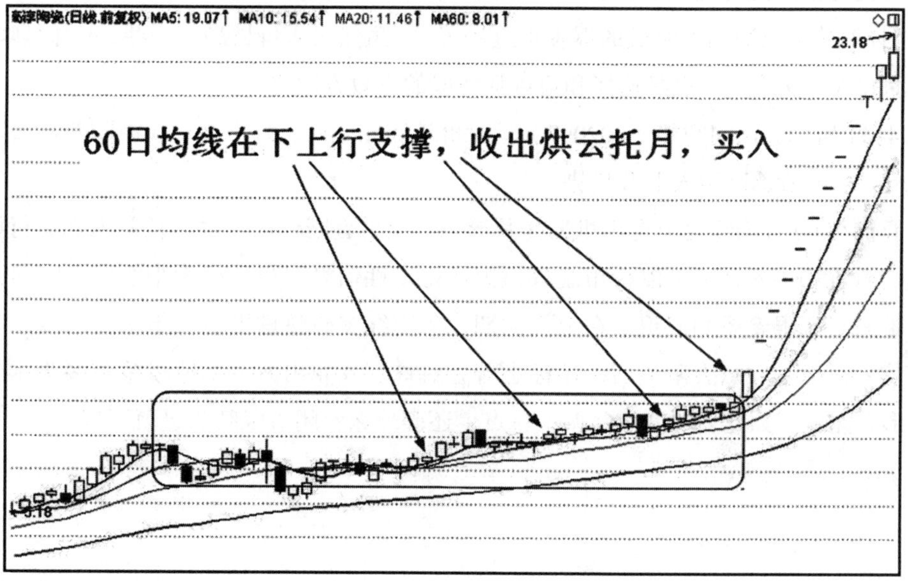

图 4-29　烘云托月进场标准

如图 4-30 所示，深深宝 A（000019）。该股的烘云托月走势比较完美，属于坡势比较平缓的上山爬坡形态，接近标准的多头排列形态。该股上涨过程中虽然也曾发出买入信号，但买入后股价并没有马上拉升，不过交易者持有时丝毫也不用担心。

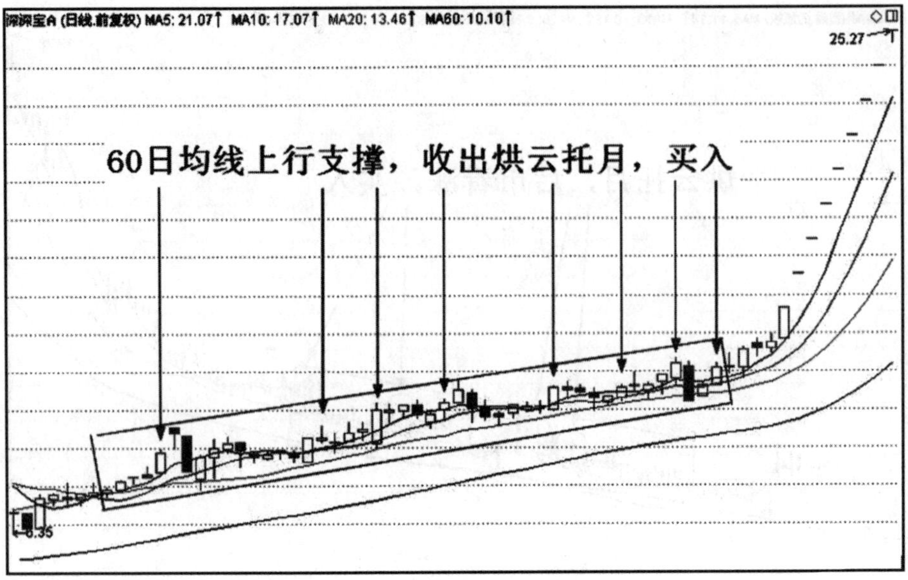

图 4-30 烘云托月的进场标准

特别提示：

⑴一般来说，烘云托月整理期间，成交量会萎缩，市场比较清淡。在股价或指数向上突破时，若有成交量的配合，上涨的可靠性更强。

⑵烘云托月整理的时间越长，日后上涨的空间越大，但股价或指数向下跌破的概率也就越大。因此选择股价或指数向上突破的爆发点进场买入，虽然买入价格高了一些，但却是降低风险，扩大利润的有效方法之一，也是选择和追逐强势股的有效方法之一。

如图 4-31 所示，山河智能（002097）。股价筑底完成后，站上 20 日均线和 60 日均线，60 日均线上行，表明股价已步入上升趋势。

接着股价在 60 日均线之上走出烘云托月形态。交易者既可以在烘云托月形态运行期间依据任何买入信号进场买入，也可以持币观察，等待爆发性信号。当一根大阳线向上喷薄而出时，给交易者带来了无限希望和遐想。在上涨初期，大阳线突破整理平台，不仅其本身就是比较强烈的看涨信号，而且收出大阳线后，还标志着金蜘蛛、蛟龙出海、旱地拔葱和多头排列等诸多看涨技术形态完成。如此多的信号共振于一点，还等什么？闭着眼睛买进就可以了。

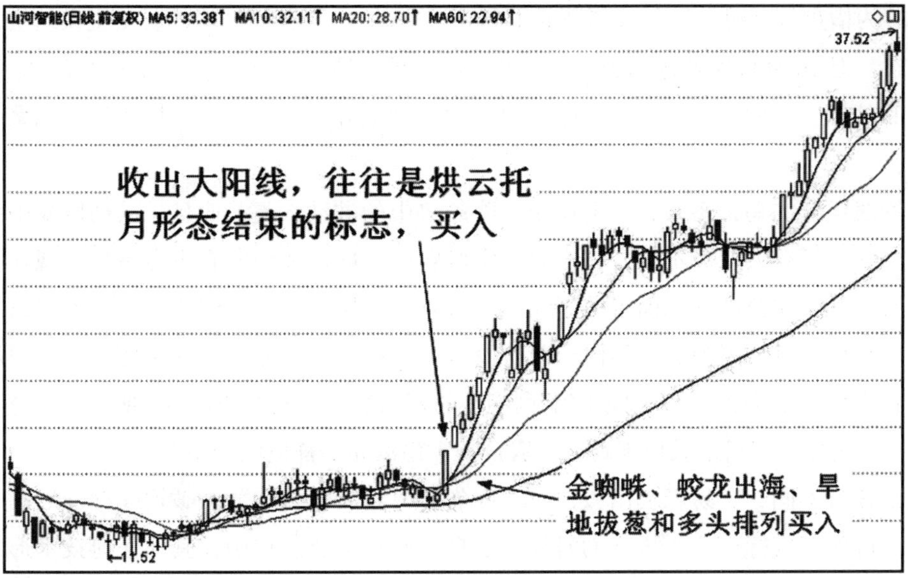

图 4-31　对于烘云托月走势，可以待市场发出爆发性买入信号再进场

⑶周 K 线上走出烘云托月形态，后市上涨的潜力更大。

八、乌云密布

乌云密布是均线空头排列技术形态中的一段，大多出现在中长期下降趋势初期，以及长期下降趋势途中的弱势横盘整理区域。此时 5 日和 10 日均线几乎粘合在一起，20 日均线始终在 5 日和 10 日均线上方，与 5 日和 10 日均线之间保持一定的距离并略微下行。在 K 线走势图上，20 日均线犹如乌云在上方翻涌，极具黑云压城城欲摧之势，预示着一场摧枯拉朽的暴风雨即将来临，所以称之为乌云密布。

乌云密布的技术特征如下。

⑴出现在中长期下降趋势初期，以及长期下降趋势的弱势横盘整理区域。

⑵股价或指数、5 日和 10 日均线反复缠绕，形成均线粘合形态，整体上略向下移动。

⑶ 20 日均线在粘合的均线上方，与 5 日、10 日均线保持一定的距离，方向略下行。

对于技术特征的第三条，即便股价或指数、5 日和 10 日均线偶而向上突破 20 日均线，只要很快再度跌破 20 日均线，以及 20 日均线短暂平移和上行，但大多数时间都在下行的，仍可以看做是均线乌云密布走势。

乌云密布的技术含义：看跌信号，卖出。

和烘云托月一样，乌云密布也是均线粘合形态和均线被动修复的一部分，只不过方向和技术含义相反。乌云密布是空头排列行情中比较温和的一段，但山雨欲来风满楼，乌云密布大多是暴跌的前兆。

乌云密布通常出现在长期下降趋势，以及长期下降趋势的弱势整理行情中。下跌初期，以及由下跌转为横盘震荡时，股价或指数时上时下，带动 5 日与 10 日均线反复交叉缠绕，形成均线粘合形态，但 20 日均线就像阴霾，始终死气沉沉地笼罩在上方，压抑的气氛极浓。敏感的交易者打开 K 线图，一眼看去，就可以很明显地感觉到空方正在蓄势，市场随后会积聚起强大的做空力量。

短期均线组合的乌云密布，大多属于下降趋势中的被动修复，而且是被动修复中孱弱无力的那部分。一般只有大众极不看好，走势非常微弱的个股，和前期有主力爆炒，现在主力维系股价出货的个股上才会出现。前者由于大众一致看空，导致沦为冷门股，在大盘下跌时股价跟随下跌，大盘反弹时，因为乏人问津，股价没有上涨动力，只能做到跌速变缓。主力爆炒过的股票，由于维系股价缓慢下跌，以便将所剩不多的筹码卖一个较好的价格，所以走出这种走势。无论是哪一种情形，当后市破位下跌时，股价常常像瀑布一样倾泻而下。

与烘云托月不同，交易者卖出股票时，不需要等到股价或指数跌破均线粘合形态，或者短期均线组合首次形成标准空头排列的时候。在乌云密布走势过程中，其他任何技术形态发出的卖出信号，都是撤退的集结号。空仓的交易者则应当像守财奴一样看紧钱袋，耐心等待时机。

如图 4-32 所示，大立科技（002214）。股价在顶部第一次盘中跌破 60 日均线时，60 日均线上行支撑良好，所以随后股价止跌回升。

股价再度上攻时，不但不能续创新高，反而受阻于 20 日均线的压力，向下缓跌走出乌云密布的技术形态，这是多方进入衰退期的警示信号，到了交易者变换阵营的抉择时刻了。

股价第二次跌破 60 日均线后，多空双方都比较温和地争夺了一阵，最终多方弃城而逃。此时交易者至少要减掉大部分仓位，然后在 60 日均线逐渐走平拐头向下时，全部清仓卖出。

该股的乌云密布走势形态，还是绵绵阴跌的 K 线形态，二者的技术含义一样，卖出。

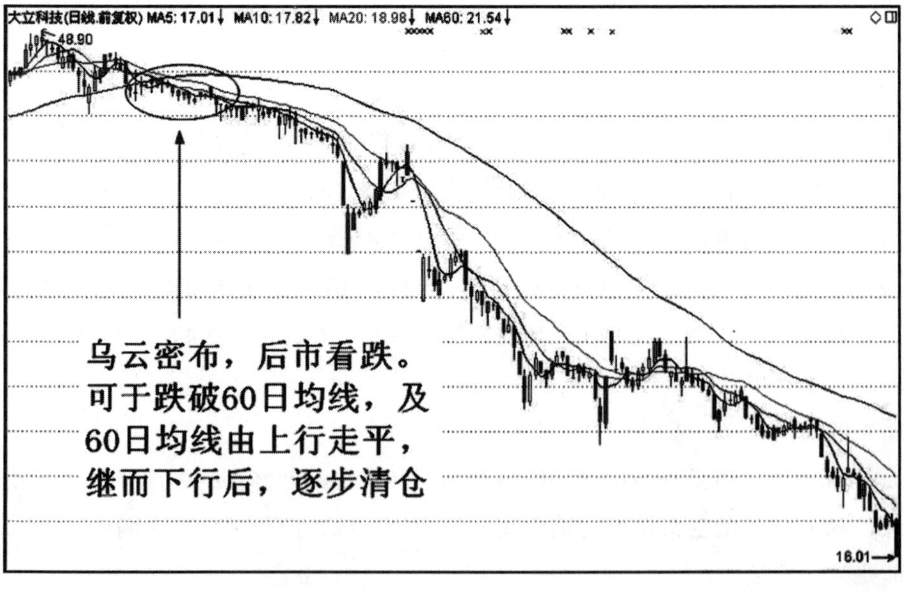

图 4-32　不能等到乌云密布走势完全走完才卖出，其间任何卖出信号都应减仓或清仓

如图 4-33 所示，高淳陶瓷（600562）。股价跌破 60 日均线后又重新站上，但已无力创出新高。之后在 20 日均线压制下再度跌破 60 日均线，并在 60 日均线之下走出乌云密布走势。

交易者应在乌云密布形态雏形初具，股价跌破 60 日均线时清仓卖出。该卖出点也是 60 日均线葛南维第六大法则卖出点。

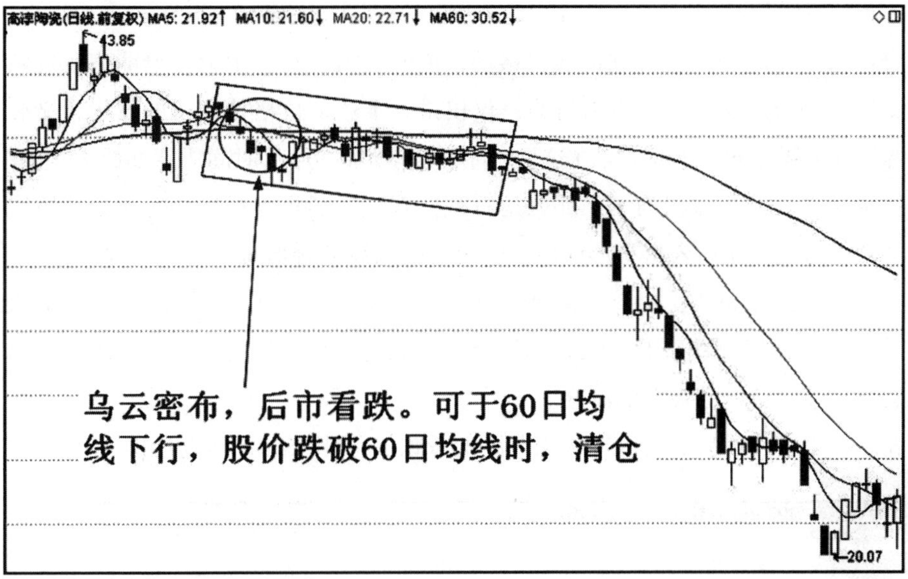

图 4-33　在乌云密布尚未完全形成时即应清仓卖出

如图 4-34 所示，潍柴动力（000338）。股价跌破 60 日均线后，在 60 日均线下贴着 60 日均线走出乌云密布走势。走出乌云密布走势之前，出现过两次 60 日均线葛南维第八大法则卖出点，因此执行有力的交易者此刻早已空仓。

性格犹豫的交易者，见到下降趋势中的乌云密布走势时，如果能及时醒悟，抛弃不切实际的幻想，清空股票，尚还来得及，否则后市的急跌将会给交易者带来巨大损失。

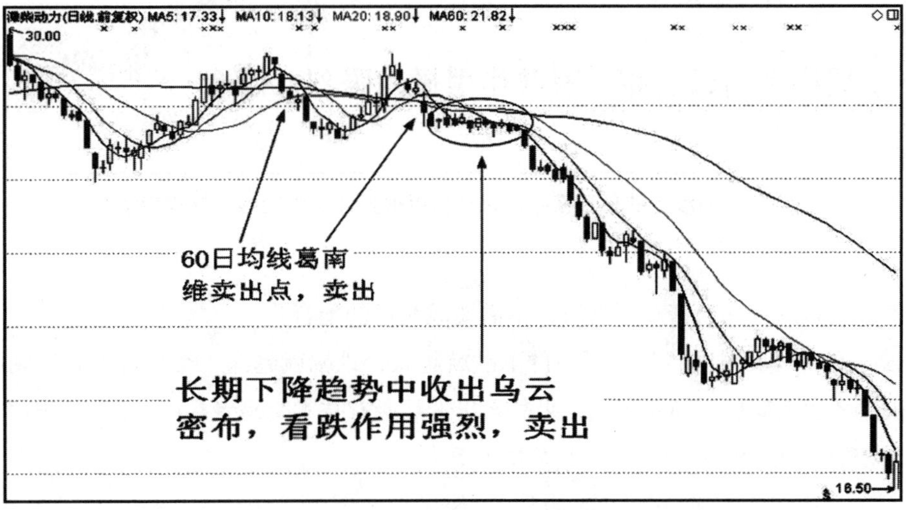

图 4-34　长期下降趋势中走出乌云密布，看跌作用很强，必须及早清仓

图 4-35 是 ST 宝利来（000008）的周线图。该股当年简称为亿安科技，是沪深股市股份拆分以后第一只百元股，也是主力恶意炒作的著名强庄股。

股价见顶之后，先是收出两根大阴线急杀，这是对前期暴涨的矫正。随后主力边走边撤，股价连续收出小阳线、小阴线，以小阴线居多，略向下横盘，各条均线逐渐粘合。随着行情的推进，走出乌云密布的看跌形态。

在乌云密布走势后期，股价维持横向移动，说明主力还在，主力控盘能力既娴熟又强大。趋势技术交易者分析成交量以及主力行为，仅仅是为了佐证价格传达出的技术含义和信息，绝不是交易者持仓或买进卖出的依据。在这里，周线走势如此完美，时间周期如此之长的乌云密布，所表达的技术含义已经足够明确了，那就是看跌！看跌！还是看跌！此时无论是短线、中线还是长线交易者，都应当在乌云密布形成后，股价跌破均线粘合形态时，无条件清仓。

实际上，在乌云密布的卖出点出局已经是亡羊补牢了。在这之前，股价于顶部收出倾盆大雨的见顶 K 线形态，以及跌破 5 周线，都是交易者减仓或清仓的卖出信号。因为是周线走势，所以即便是中长线交易，也要考虑清仓。

未清仓的，也应在随后股价收出绵绵阴跌的看跌 K 线形态时，清仓退出。

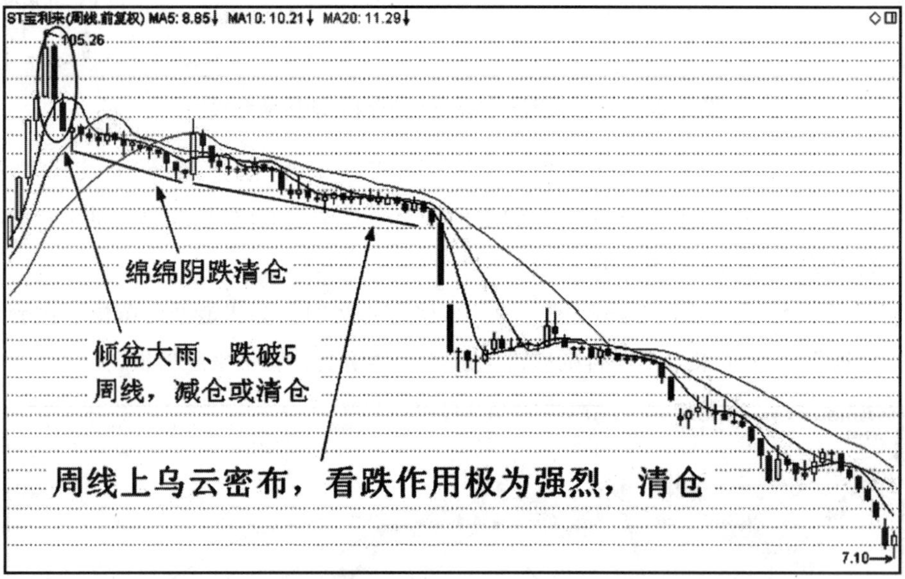

图 4-35　周线上的乌云密布，杀跌作用很强，长中短线交易均应清仓

特别提示：

(1)股价或指数跌破乌云密布形态时，不需要成交量的配合。

(2)乌云密布整理的时间越长，后市的下跌就越久，跌幅就越深。交易者不必等到股价或指数向下跌破时才卖出离场。谨慎买入，果断卖出，是所有技术交易者都应遵循的原则之一。

(3)乌云密布出现在周 K 线图中，其杀伤力更大。

九、战机起航

战机起航又名均线加速上涨，大多出现在长期上升趋势中，偶尔出现在长期下降趋势的中期反弹行情中。战机起航是指股价或指数在上涨过程中越涨越快，就像一架腾空而起的战机，加速冲向蓝天。

上涨不可能一直加速下去，到达一定高度和一定速度之后，战机就会停止加速和上升，甚至返航，所以战机起航是见顶信号。不过该信号只是见顶的预警信号，因为此时股价或指数尚运行在上升趋势中。起航表明一定会归航，但不表示现在就归航，什么时候归航，需要等到战机掉头的那一刻。

战机起航的技术特征有以下几点。

⑴出现在长期上升趋势中，偶尔出现在长期下降趋势的中期反弹行情中。

⑵加速上涨前，股价或指数以及各周期均线呈缓慢或匀速上升状态。

⑶股价或指数越涨越快，各周期均线随之向上多头发散。

战机起航的技术含义：见顶信号。

加速上涨就像长跑中的冲刺，是多方竭尽全力的表现，股价或指数随时有可能掉头向下。因为股价或指数仍旧处在上升趋势中，所以战机起航本身不是卖出信号，必须要有其他趋势分析方法发出的卖出信号予以佐证。在战机腾空而起，冲向蓝天之际，不仅不应当卖出，相反更需要交易者紧紧守住仓位，以使利润奔跑。

战机起航差不多相当于葛南维第五大法则卖出点，但由于战机起航是均线组合形态，所以对卖出点进行定位，就比葛南维第五大法则容易多了。离场标准一般可以参考超强势股的卖出点：①放量滞涨；②收出见顶或看跌的K线形态；③跌破5日均线。

如图4–36所示，百事通（600637）。该股之前沿着20日均线持续上升，后来突然加速上扬，收出战机起航形态。股价见顶后，先收出一根射击之星，接着是一根带长长上影线的倒T字线，同时跌破5日均线，这都是见顶或看跌的技术形态。交易者可以在收出上述K线形态时，根据交易周期的不同，逐步减仓或清仓。

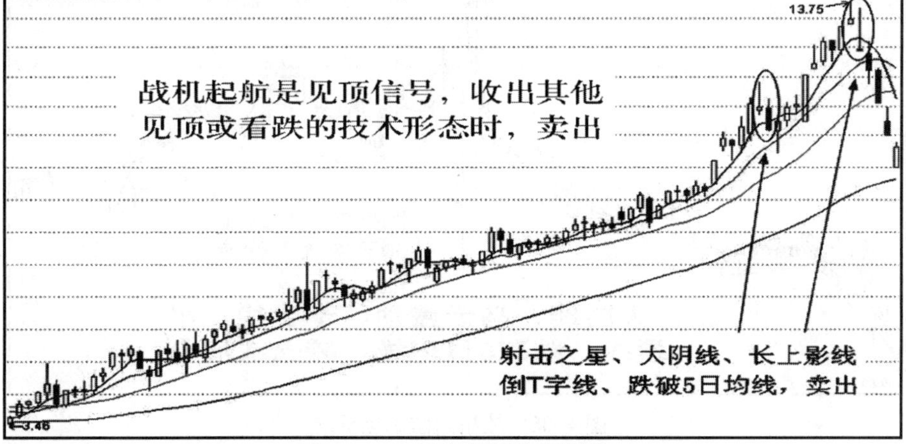

图4–36 战机起航离场标准

如图 4-37 所示，青岛海尔（600690）。在上升趋势末期，股价走出战机起航形态之后，很快就转为下跌。在收出螺旋桨、吊颈线、十字线、塔形顶和跌破 5 日均线时，短线可以清仓，中长线则可减仓或持股不动。

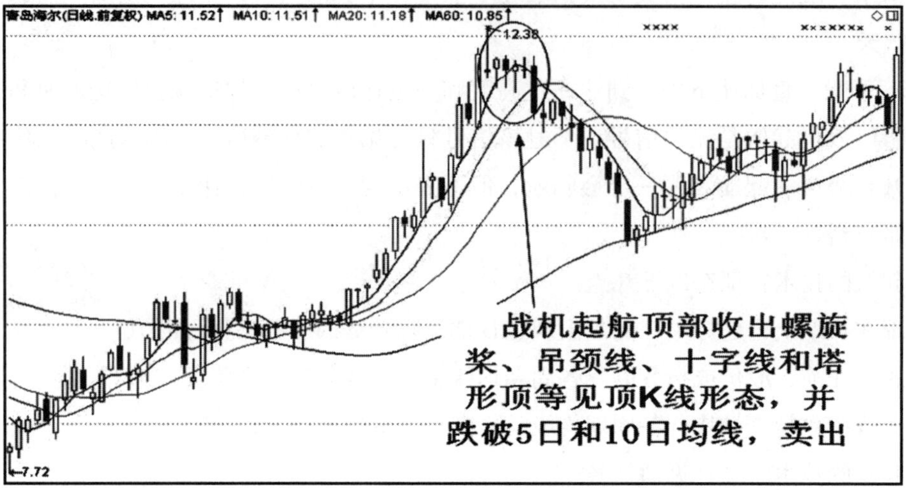

图 4-37 战机起航离场标准

如图 4-38 所示，福建高速（600033）。该股也是在上升趋势初期走出战机起航形态。顶部收出带长上影线的大阴线，该大阴线与前一根大阳线形成乌云盖顶的 K 线形态，都是见顶信号。接着收出十字星和吊颈线，既是见顶的 K 线形态，也同时跌破了 5 日均线。在收出上述任一形态时，短线交易可以清仓，中长线减仓或持股不动。

该股后市很快就跌破 60 日均线，并且 60 日均线也在股价跌破后不久就逐渐拐头下行，表明前期的战机起航形态出现在中期上升趋势中。这段行情实质上还是长期下降趋势的组成部分，只不过这一波中期反弹行情比较大而已。

在股价跌破 60 日均线回抽不上，60 日均线转而下行时，前期已减仓的中长线交易者应清空余仓，一直持仓未动的交易者则应一次性清仓。

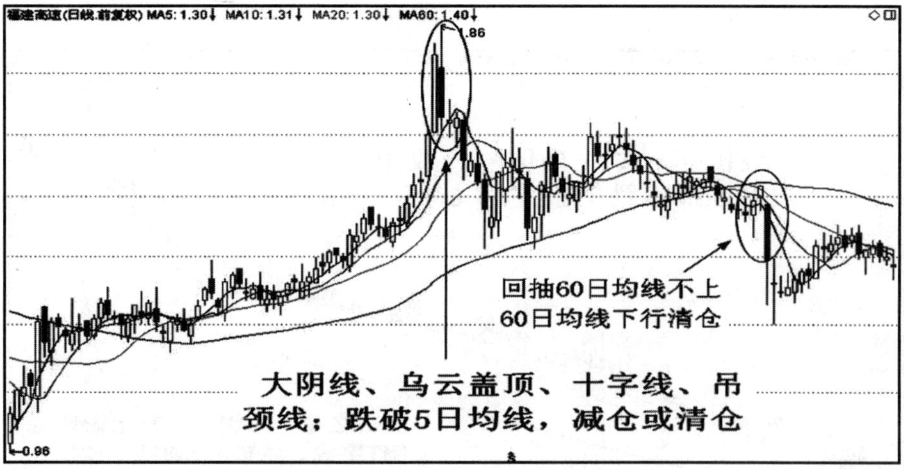

图 4-38 战机起航离场标准

如图 4-39 所示，东方创业（600278）。股价运行在一个长期上升趋势中，到后期越涨越快，走出战机起航形态。在战机起航加速过程中，接连收出黄昏之星、放量滞涨阴线、吊颈线、大阴线、倾盆大雨等见顶 K 线形态，股价最终跌破 5 日均线。短线交易可在收出上述形态时清仓，中长线交易则可以减仓或持股不动。

该股见顶后，并未下跌多少即止跌，随后再度上攻，走出双顶技术形态。股价跌破双顶颈线时，中长线交易应减掉绝大部分仓位，因为双顶技术图形逆转后，至少会出现一个中期调整走势。

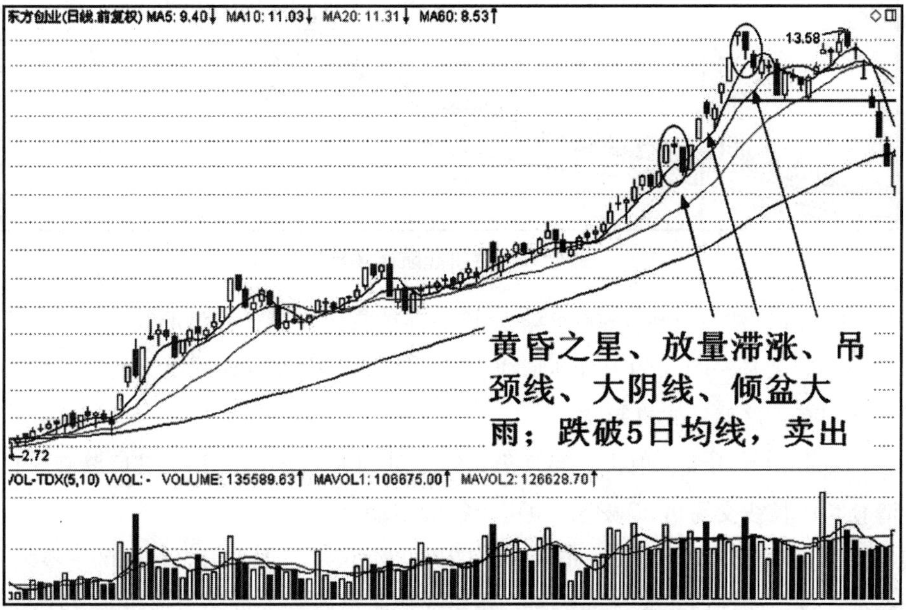

图 4-39　战机起航离场标准

如图 4-40 所示，天山纺织（000831）。股价运行在一个长期上升趋势中，越涨越快，到后来连封一字涨停，战机起航已加至最快的速度。

之后收出跌停板的大阴线和不标准的射击之星，并且股价跌破 5 日均线，短线交易应清仓，中长线交易可以减仓，也可以持股不动。

交易者卖出之后，股价并未继续下跌，仅停留一天即重新上涨。该股属于多方非常强势的那类股票，前期未减仓的中长线交易者此刻收获颇丰。但类于战机起航走势的强势股，中长线还是以减仓为宜。

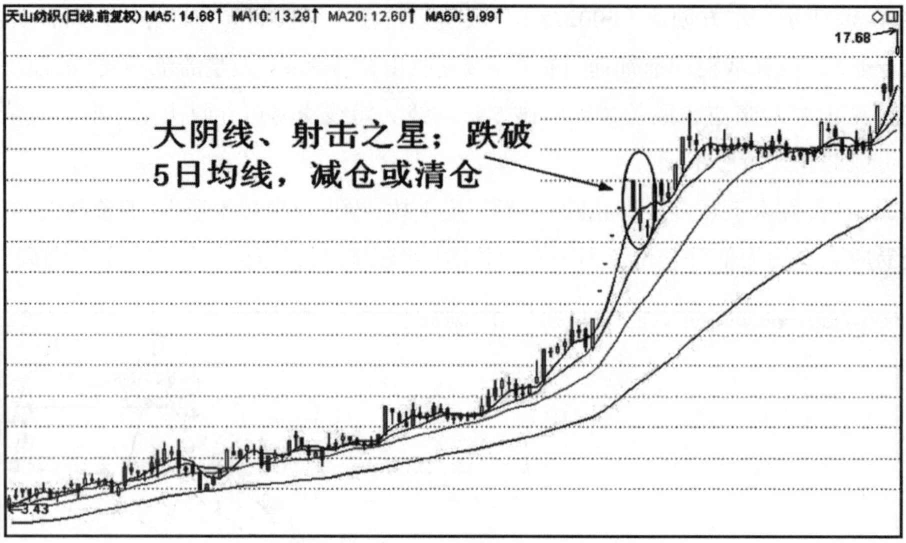

图 4-40　战机起航离场标准

如图 4-41 所示，建设机械（600984）。该股连续收出三段上升弧形线，三段上升弧形线紧紧相连，合在一起又是一个大的上升弧形线。在 K 线形态中没有如此巨大的上升弧形线，但在均线技术形态中有，这就是战机起航。

该股在顶部收出大阴线、射击之星、吊颈线等见顶 K 线形态，并于其后跌破 5 日均线，短线交易应清仓，中长线交易可以减仓，也可以持股不动。

该股在高位虽然见顶信号很多，但股价仍旧没有跌下去，遇到 10 日均线的支撑就止跌回升，之后连创新高。这说明该股是超级强势股。超级强势股虽然不少见，但绝非普遍存在的现象。

所有技术形态的技术含义，都是体现最大的或然性。交易者决不能因为有超级强势股的存在，就不遵循和执行技术形态发出的卖出信号。

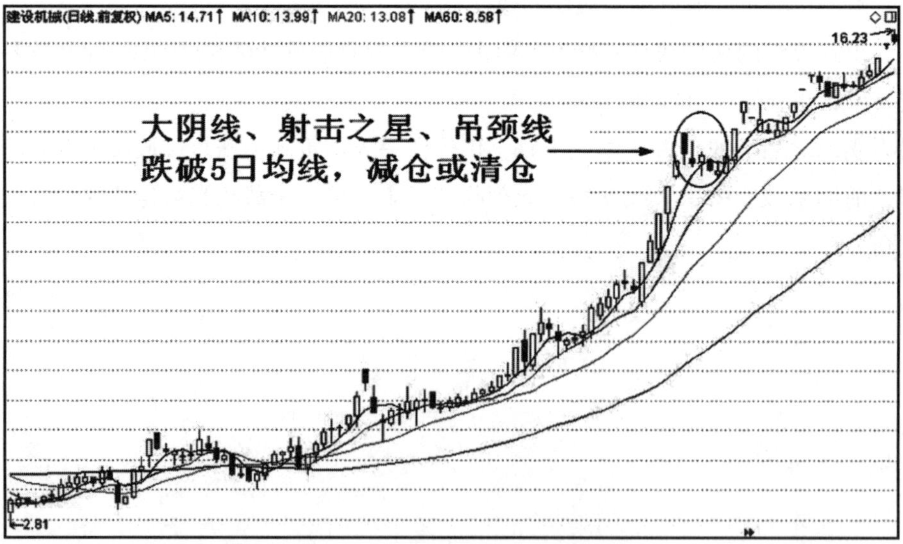

图 4-41　战机起航离场标准

特别提示：

⑴战机起航的上涨幅度越大，上涨速度越快，见顶的信号就越可靠。

⑵战机起航之前，股价或指数上涨的幅度越大，见顶的信号就越可靠。

⑶大多数战机起航都出现在阶段性顶部，仅仅是均线逐浪上升的一部分。

十、高山滑雪

高山滑雪又名均线加速下跌，大多出现在长期下降趋势中，少数出现在长期上升趋势的中期调整行情中。高山滑雪是指股价或指数在下跌过程中越跌越快，就像顺山坡飞驰而下的滑雪运动员，所以称之为高山滑雪。

高山滑雪的技术特征如下。

⑴大多出现在长期下降趋势中，少数出现在长期上升趋势的中期调整行情中。

⑵加速下跌前，股价或指数以及均线呈缓慢下跌或匀速下跌状态。

⑶股价或指数越跌越快，均线亦随之向下空头发散。

高山滑雪的技术含义：见底信号。

滑雪不可能是一项无限持续的运动，到达终点之后必然停止，所以高山滑雪是见底信号。但股价或指数也并不一定会掉头向上，所以高山滑雪只是买入的预先提示信号，甚至连消极买入点都不算。

出现高山滑雪走势后，持仓的交易者已不宜再继续割肉。很多交易者往往挺过了大风大浪，然而在船即将靠岸时却因绝望而自沉于大海。高山滑雪和稍后将要讲解的断崖雪崩，都是交易者最容易在底部恐慌性割肉的走势。

在未有其他买入信号发出之前，空仓的交易者也不宜进场买入，但应擦好钢枪，进入战备状态，时刻准备出击。

长期下降趋势中出现高山滑雪走势，与葛南维第四大法则买入点是一致的。在选择进场点时，因为高山滑雪是均线组合形态，所以交易者可以更容易确定进场标准。

出现在中期调整行情中的高山滑雪形态，在获得中长期均线、长期上升趋势线等支撑止跌时，是一个比较好的买入点。买入点还可以参考其他技术分析方法，如见底或看涨的 K 线形态，V 形反转、圆底等转势技术图形，金蜘蛛、蛟龙出海等见底或看涨的均线技术形态等。

如图 4–42 所示，金宇车城（000803）。该股在下跌后期走出一个完美的高山滑雪形态。在底部，一根放量的阳倒锤头线止跌，预备抢反弹的交易者此时即可密切关注。次日一根大阳线向上突破 5 日均线，与前两日收出的 K 线形成希望之星 K 线形态，买入。

该股此前下跌时，成交量极为萎缩，止跌后成交量急剧放大。出现这种情形一般有两种原因：一是主力高控盘；二是冷门股。

如果是第一种情形，底部放量很有可能是主力对倒，诱使交易者进场接盘；如果是第二种情形，底部放量就有可能是新资金大举进场。无论是哪一种情形，在目前下降趋势中，进场仓位都应当很轻，且应坚持快进快出的原则。

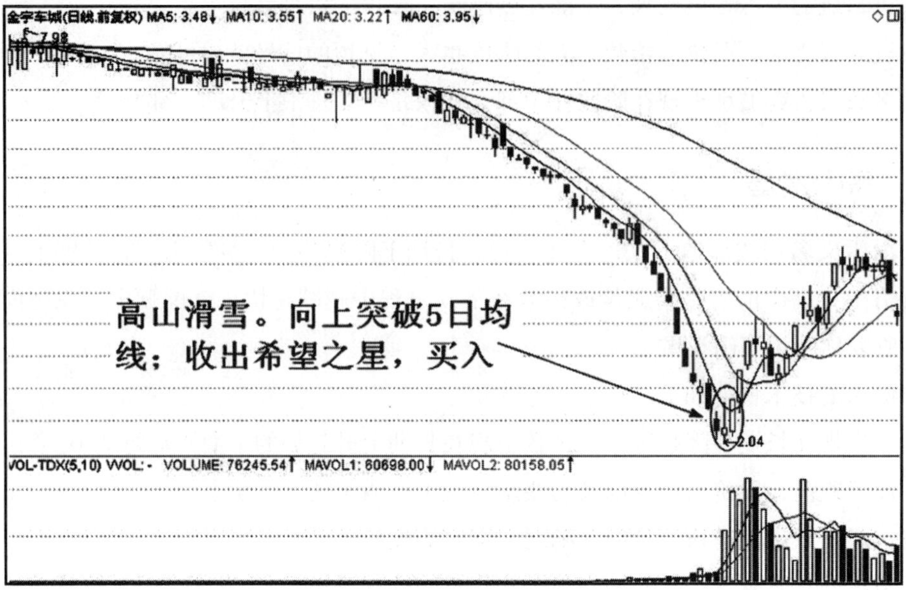

图 4-42 高山滑雪进场标准

如图 4-43 所示，天津磁卡（600800）。该股在下跌后期也走出了一个弧形向下的高山滑雪形态，下跌时量能萎缩，止跌之后量能急剧放大。交易者进场只需遵循价格信号，可在收出第二根放量大阳线和股价向上突破 5 日均线时适量买入。

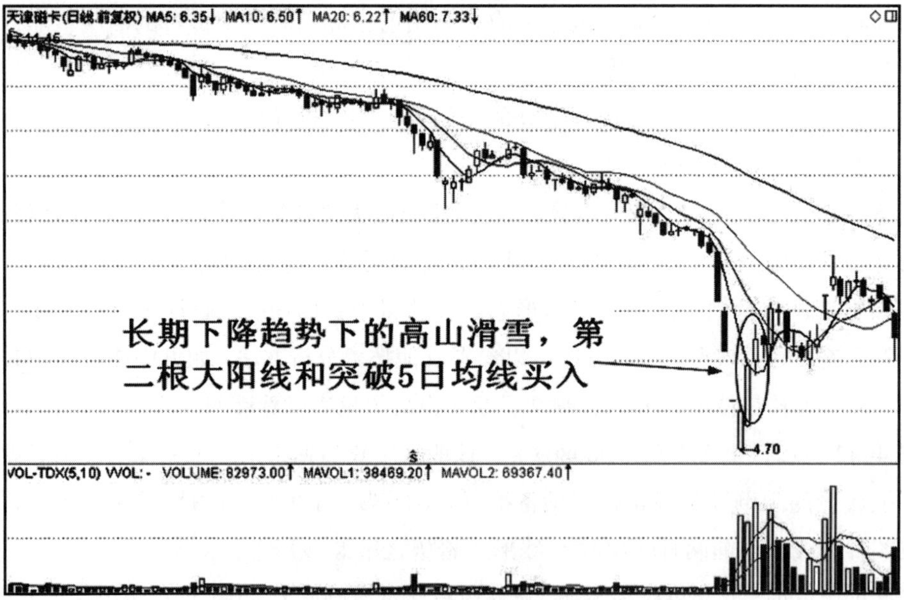

图 4-43 高山滑雪进场标准

如图 4-44 所示，京新药业（002020）。该股是在长期下降趋势初期走出了高山滑雪形态。在下降趋势初期，一般很少有反转情形出现，因此股价反弹后，大概率还要继续下跌。交易者进场的仓位一定要轻，持股时间一定要短，坚持快进快出原则，进场点在股价向上突破 5 日均线处。

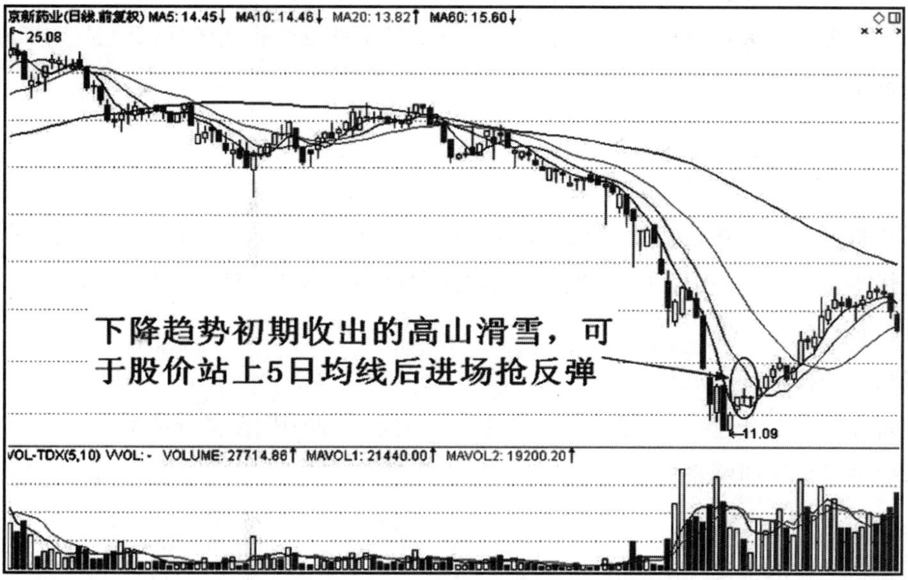

图 4-44　高山滑雪进场标准

如图 4-45 所示，黑化股份（600179）。该股走出高山滑雪形态后期，下跌速度和幅度都异乎寻常，因此较大反弹行情出现的概率就相应增加。

交易者可于股价站上 5 日均线时进场买入，再度跌破时卖出。然后在股价第二次涨升收出金蜘蛛形态时，第二次进场买入。金蜘蛛形态所在位置，也是均线首次交叉向上发散之处，二者都是看涨信号。

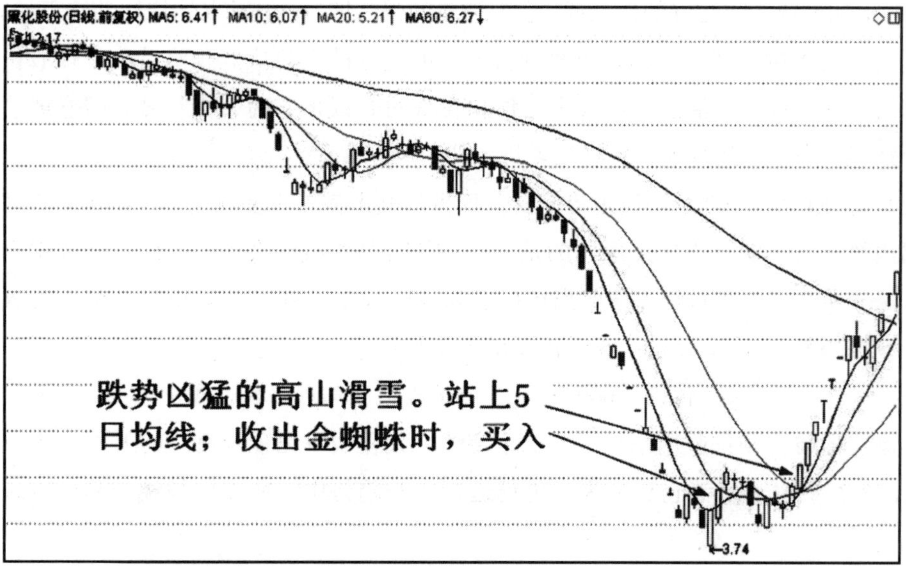

图 4-45　高山滑雪进场标准

特别提示：

⑴走出高山滑雪形态之前，股价或指数下跌的幅度越大，见底信号就越可靠。

⑵高山滑雪下跌的幅度越大，持续的时间越久，见底信号就越可靠。

⑶高山滑雪形态大都出现在阶段性底部，也就是中期反弹行情的底部，是逐浪下降形态中跌势最为急速的一段。

十一、气贯长虹

气贯长虹又名均线快速上涨，大多出现在长期上升趋势中，偶尔出现在长期下降趋势的中期反弹行情中。在该形态中，股价或指数起初横向整理或缓慢上涨，然后突然暴涨，带动均线快速上升，向上多头发散。

气贯长虹的技术特征如下。

⑴出现在长期上升趋势中，偶尔出现在长期下降趋势的中期反弹行情中。

⑵股价或指数短期暴涨。

⑶均线向上多头发散。

气贯长虹的技术含义：见顶信号。

通常情况下，气贯长虹展现了多方强大的实力，但力不可用尽，用尽则衰。强弩之末，势不能穿鲁缟。当多方的力量发挥至极限，也就难以继续推动股价上涨，所以气贯长虹是见顶信号。但此时无论是股价或指数还是均线形态，无论是短期趋势还是中长期趋势，向上运行的方向都未改变，所以气贯长虹是见顶的预警信号，是左侧交易的消极卖出点。右侧交易可在其他技术分析方法发出见顶或看跌信号时，再予以减仓或清仓。

大多情况下，走出气贯长虹形态后，股价或指数都会见顶回落，有的甚至趋势反转。也有一些强势股，如大众一致看好的白马股，主力控盘的强庄股等，经常以均线被动修复的方式调整，个别股票甚至走出烘云托月的超强势整理行情，但过分的强势毕竟很难持久。在股价或指数跌破 5 日均线，或市场放量滞涨，或收出见顶和看跌的 K 线形态时，交易者宜减仓或清仓。空仓的交易者则不宜采取任何行动，应继续置身事外，隔岸观火。

单纯从定性趋势的 60 日均线走势来看，气贯长虹走势差不多就是葛南维第五大法则的卖出点。与葛南维第五大法则卖出点不同的是，气贯长虹是均线组合形态，所以选择卖出点时有了更多的方法和机会。气贯长虹形态的离场标准和战机起航一样，一般也是三种：①放量滞涨；②收出见顶或看跌的 K 线形态；③股价跌破 5 日均线。

如图 4–46 所示，长江传媒（600757）。突破收敛三角形以后，股价连封一字涨停，走出气贯长虹形态。股价在顶部收出吊颈线、长十字线、大阴线等见顶及看跌的 K 线形态，并且跌破 5 日均线，短线交易可以清仓。因为股价仍运行上升趋势中，所以中长线交易可以减仓，也可以持股不动。

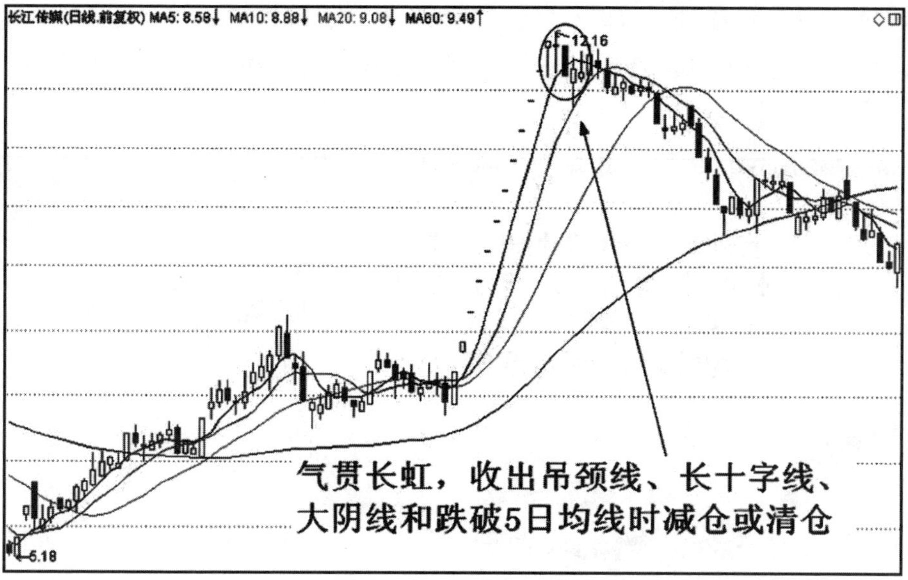

图 4-46　气贯长虹离场标准

如图 4-47 所示，浙江东日（600113）。该股气贯长虹的走势实在太过凶狠和凌厉，因此透支了未来的一些行情。

但凶狠也好，温和也好，对于形态来说，其技术含义是不会改变的。收出放量滞涨阴线、倒 T 字线以及股价跌破 5 日均线时，短线交易清仓，中长线交易可减仓，也可以持股不动。

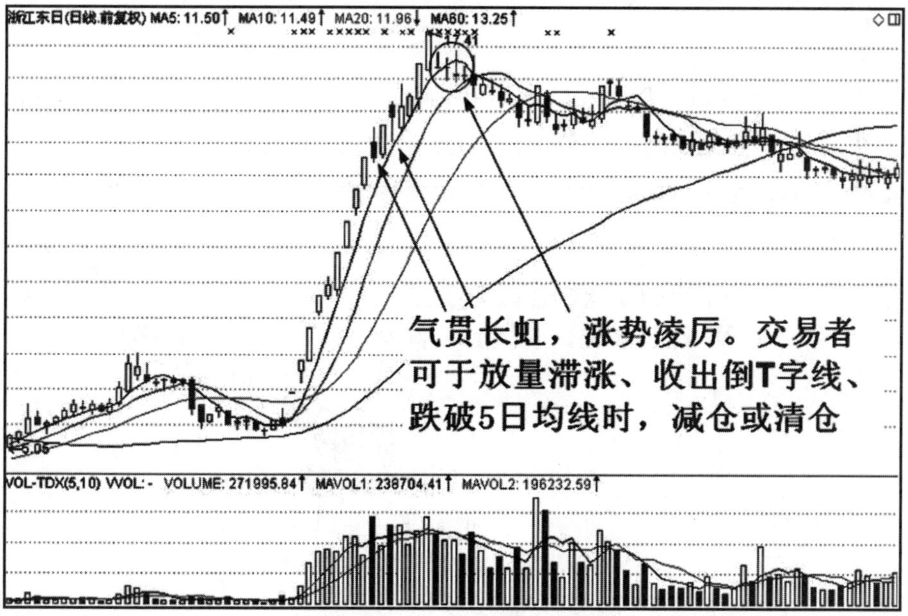

图 4-47　气贯长虹离场标准

如图 4-48 所示，维维股份（600300）。60 日均线才刚刚由下行走平，就走出气贯长虹的走势形态。

气贯长虹，气尽而竭。在顶部先是放量收阴滞涨，次日收出十字星，之后股价继续下跌，跌破 5 日均线。上述都是见顶或看跌信号，短线交易应清仓，中长线交易可以减仓，也可以持股观察。

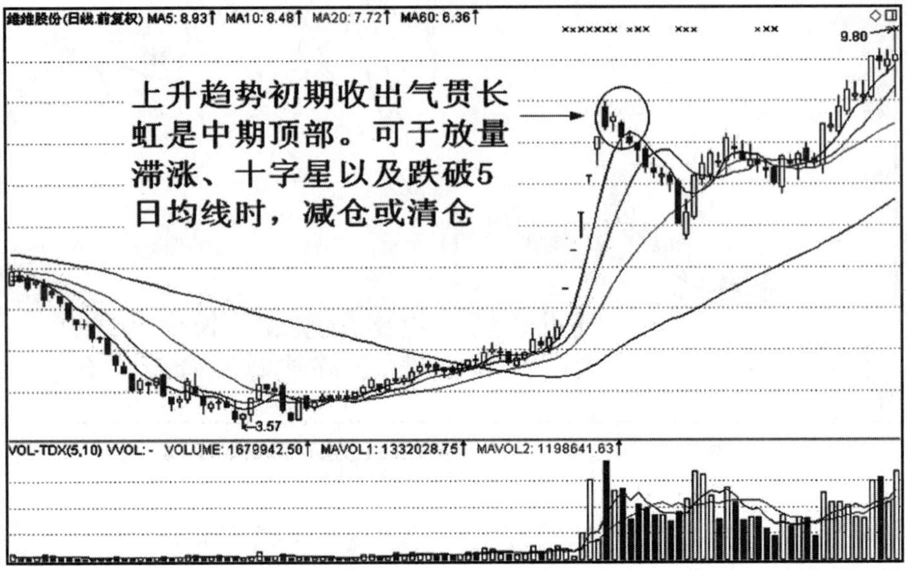

图 4-48　气贯长虹离场标准

如图 4-49 所示，德豪润达（002005）。这是气贯长虹走势的一个例外情形。该股走出气贯长虹形态后，顶部收出黄昏之星 K 线形态，并跌破 5 日均线，交易者短线可清仓，中长线可以减仓，也可以持股观察。

该股后期走势十分强劲，股价跌破 5 日均线后，很快就转为上涨，一路连创新高。交易者可以根据双线组合的买入原则，在股价重新站上 5 日均线时再度买入。

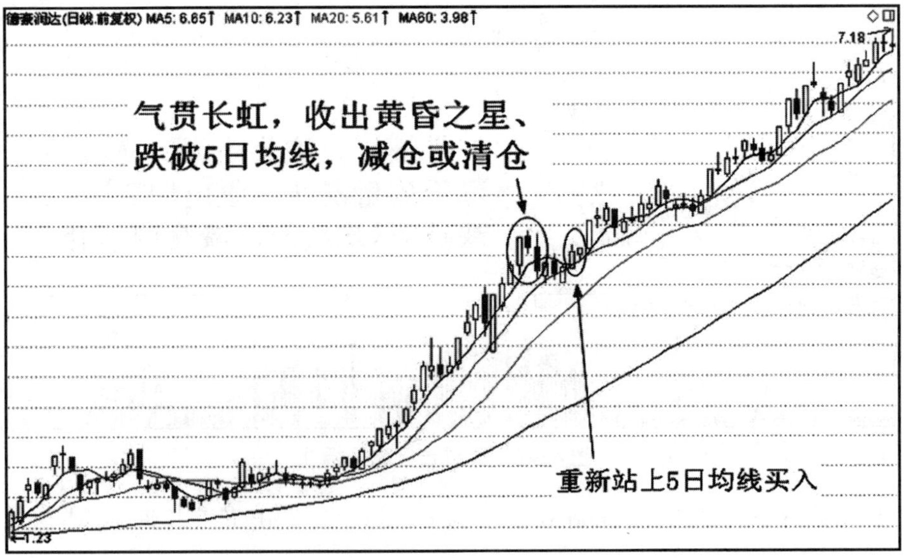

图 4-49　气贯长虹离场标准

如图 4-50 所示，高淳陶瓷（600562）。本例股价气贯长虹之后的走势也是非常强势，见顶后的调整是以均线被动修复的方式进行的，修复之后继续上涨并创出新高。

气贯长虹的离场标准不变，在收出吊颈线、放量滞涨，以及股价跌破 5 日均线后，短线交易清仓，中长线交易可以减仓，也可以持仓观望。

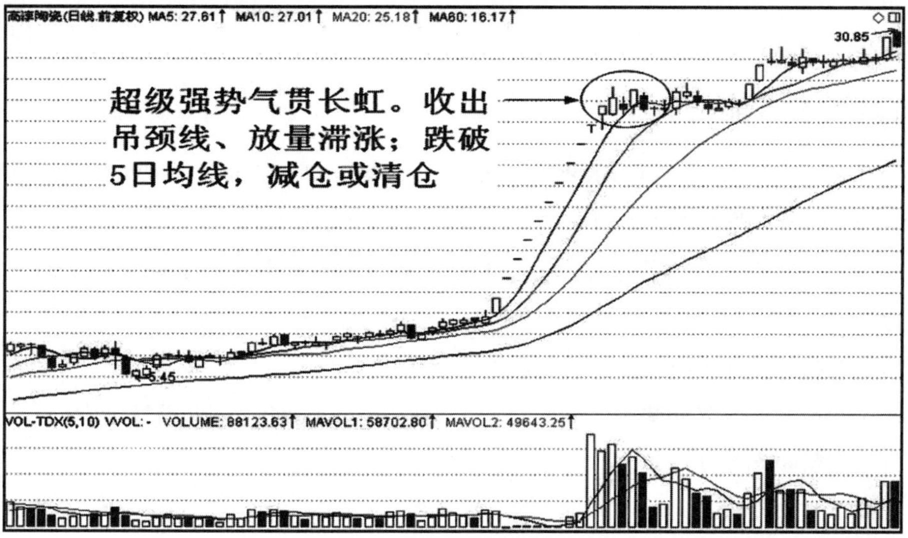

图 4-50　气贯长虹离场标准

如图 4-51 所示，重庆啤酒（600132）。在长期下降趋势中，股价快速弹升，走出气贯长虹走势。股价之所以涨得急，是因为前期跌得凶。

因为是在长期下降趋势中出现的气贯长虹走势，所以交易者不必进场抢反弹。若已经进场，那么离场标准要严于长期上升趋势中出现的气贯长虹走势，轻仓快出是必须遵循的准则。

放量滞涨，收出十字线，以及股价跌破 5 日均线时，无论短线还是长线，都应当清仓，至于后市还会不会有很长一段上涨，甚至趋势是不是会逆转，不要去理会。交易中最可怕的就是以臆想代替判断，以预测代替观察。

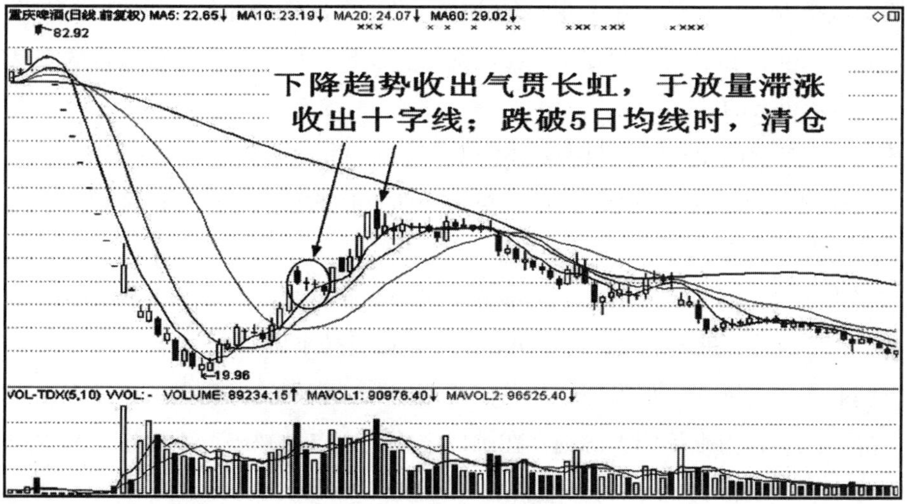

图 4-51　下降趋势中，中期反弹行情走出气贯长虹走势，任何卖出信号都应清仓

特别提示：

⑴气贯长虹走势上涨的速度越快（例如连续涨停板），涨幅越大，见顶的可能性越大。

⑵气贯长虹走势之前，股价或指数上涨的幅度越大，上涨周期越长，见顶信号就越可靠。

⑶气贯长虹走势仅是逐浪上升形态的一部分，因此大多形成阶段性顶部（即中期调整行情的顶部）。

十二、断崖雪崩

断崖雪崩又名均线快速下跌，大多出现在长期下降趋势中，少数出现在长期上升趋势的中期调整行情中。股价或指数突然暴跌，带动5日、10日和20日均线快速下滑，向下空头发散。因为股价或指数下跌的势头过快过猛，就像悬崖峭壁上的雪崩一样，轰隆隆喷泻而下，所以称这种走势为断崖雪崩。

断崖雪崩的技术特征如下。

⑴大多出现在长期下降趋势中，少数出现在长期上升趋势的中期调整行情中。

⑵股价或指数短期暴跌。

⑶均线向下空头发散。

断崖雪崩的技术含义：见底信号。

断崖雪崩是空方力量发挥至极致的走势，似乎多方已被赶尽杀绝。但交易是趋势作用下资金和交易者心性博弈的结果，将对手尽数灭绝，自身也就失去了存在的依托。现实中绝不会发生这种事情，常言说：孤阴不生，独阳不长。当多方被赶尽杀绝时，在市场趋势力量的作用下，空方内部也会开始分化，与苟延残喘的多方残余一起反击，预示股价或指数有可能弹升。

一夕之间翻盘的惊天大逆转，不能说绝对没有，但发生的概率比中大奖高不了多少。所以对于断崖雪崩走势，空仓的交易者实际上没有任何必要抢先进入。顶部卖出，左侧交易和右侧交易各有优劣，但在股价或指数下跌过程中进场抢反弹，笔者认为还是右侧交易更稳当一些。因为即使股价或指数V形反转，在V形反转之前，是不会有任何迹象和预兆的。在反转之后的两三个交易日里，涨幅和成交量的变化，会向交易者发出一些信息。反应敏锐的交易者，是一定可以捕捉到进场机会的。

对于那些一直持仓的交易者，此时反倒可以再耐心一些，也许一不小心就撞上一个大反弹。即便没有大的反弹，如此急跌的走势，随后再出现两三日的急涨，概率还是相当大的，持仓者至少有机会逢高出局。

断崖雪崩大多只是逐浪下降形态的一部分，股价触底反弹后，继续下跌的概率很大，所以买入需谨慎，仓位要轻，进出要快，切不可将反弹当做反转来做。

长期下降趋势中的断崖雪崩形态，与葛南维第四大法则的技术含义一致，都是交易者进场博取反弹的好时机。葛南维第四大法则存在难以定位买入点的缺陷，而断崖雪崩则完全不存在这个问题。短期均线组合，在灵敏性方面有很大的优势，可以为交易者定位买入点提供技术支持。

如图 4-52 所示，重庆啤酒（600132）。在顶部上涨过程中，股价似乎毫无征兆地突然下跌，让人莫名其炒。实则并非如此，因为 60 日均线已经转为下行，表明中长线交易者一直在卖出，股价走势远不如表面上看起来那么强劲。

但空方雷霆万钧的杀跌势头，的确出人意料。如此陡峭的下跌角度，也的确只能用断崖雪崩来表达。持仓立于雪崖之下的交易者，无不被其掩埋。

该股一直沿着 5 日均线雪崩一样跌落，因此当股价有效站上 5 日均线时，就是交易者进场抢反弹的买入点，不过仓位一定要轻。

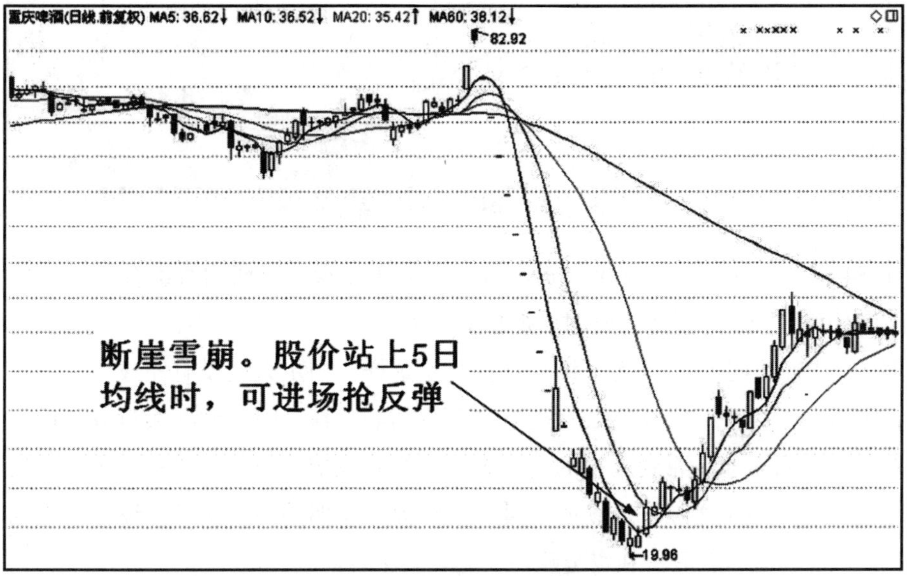

图 4-52 断崖雪崩的进场标准

如图 4-53 所示，ST 宝利来（000008）。该股下跌势头也比较猛烈，但与上图重庆啤酒的走势不同，该股是在 60 日均线下行的压制下，跌破短期均线粘合形态后顺势下跌的结果。打个比方，重庆啤酒就像是决堤后洪水倾泻，而本例则是高山河水顺流而下，遇悬崖自然就形成瀑布。

无论下跌速度快慢，只要股价是沿着 5 日均线陡峭下跌，进场标准基本相同：股价站上 5 日均线。

该股在底部一共发出两次反弹买入信号。第一次很快就重新跌破 5 日均线，触发止损，微亏离场；第二次站上 5 日均线时，同时收出希望之星见底 K 线形态，因而可靠性更强一些。交易者进场买入，只要操作得当，小有斩获不成问题。

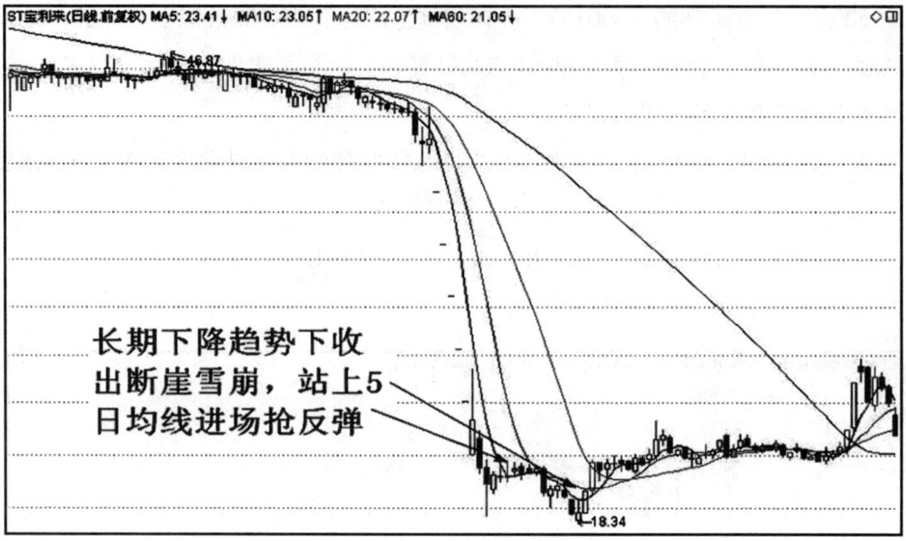

图 4-53 断崖雪崩进场标准

如图 4-54 所示，ST 思达（000676）。该股是强庄控盘，短期均线组合与股价几乎粘合成一条粗线横向位移。当主力撒手不管时，股价立刻如瀑布一样直泄而下。

但凡对主力抱有幻想的交易者，结局往往就是这样。当主力还没有完成出货任务，仍在维系股价时，那些和主力一起持仓的公众交易者犹自沾沾自喜，因为同期大盘或其他股票都已经跌得七零八落，面目全非。看到周围的交易者都已被套或遭受损失，心里不免有些得意。但当主力抽身而退，开闸放水之际，连续的无量一字跌停，让那些公众交易者纵有天大的本事也卖不出去，只能眼睁睁地看着股价和资金账户一起跌入绝谷深处。

好在暴雨不终日，飘风不终朝。跌得快也就涨得快，当股价重新站上 5 日均线时，激进的交易者可以进场买入，博取反弹价差。

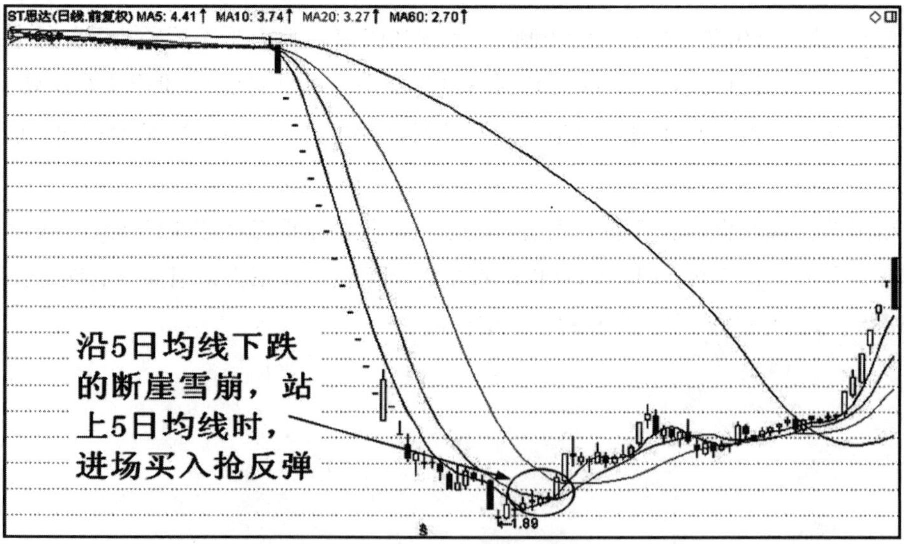

图 4-54 断崖雪崩进场标准

如图 4–55 所示，中天城投（000540）。该股不仅断崖雪崩走势下跌凶狠，止跌后的走势也极为孱弱无力。交易者抢反弹的进场标准依然是股价有效站上 5 日均线。交易者买入后次日即被套，第三日、第四日股价跌破 5 日均线，交易者应止损出局。此后该股继续下跌，没有再出现买入信号。

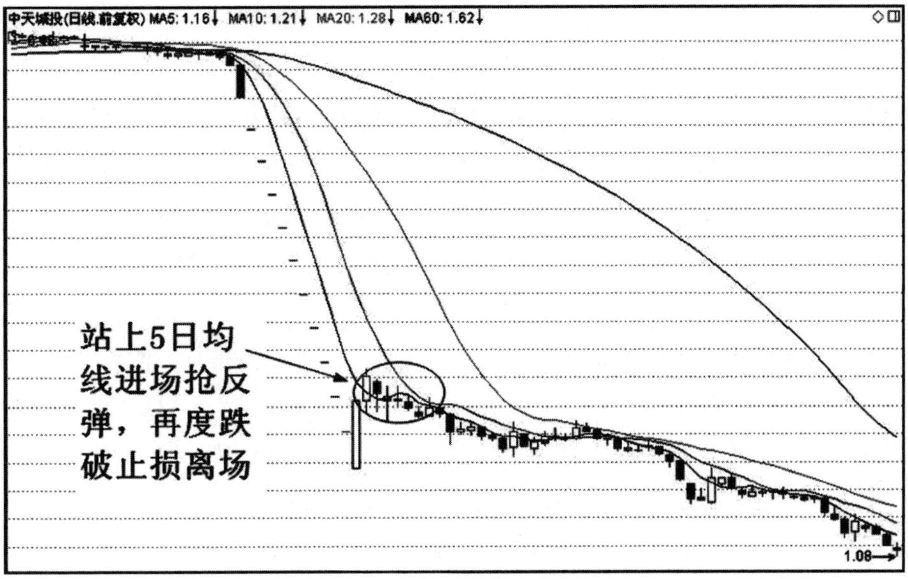

图 4–55 断崖雪崩进场标准

如图 4–56 所示，南风化工（000737）。该股出现的断崖雪崩是一个短期走势，该走势出现在长期上升趋势中。当时因为 5 · 30 暴跌，很多个股都连续收出四五个跌停板。

因为该走势出现在长期上涨趋势中，所以 60 日均线的支撑力度非常强。股价在 60 日均线处止跌回升时，是 60 日均线葛南维买入点，交易者可以买入，买入的仓位也可以相应地重一些。

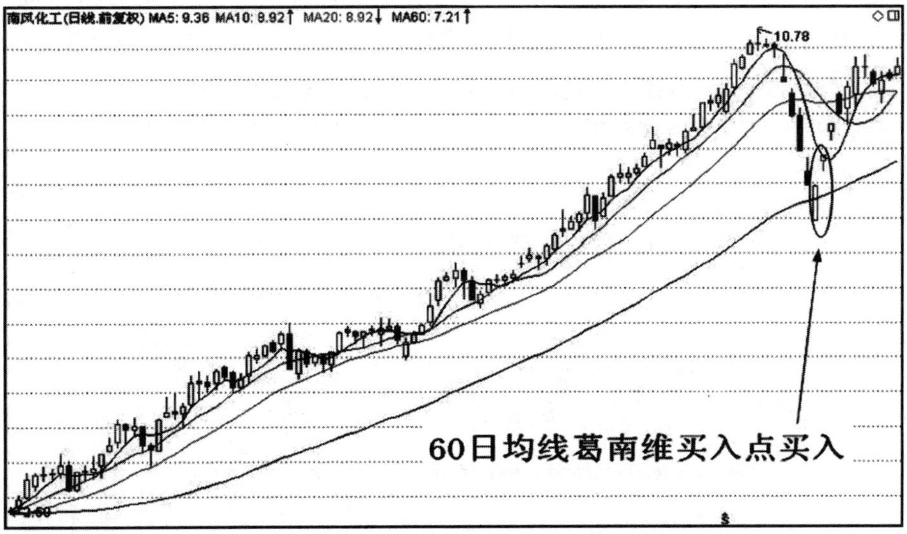

图 4–56 长期上升趋势中断崖雪崩的进场标准

特别提示：

⑴断崖雪崩下跌的速度越快（例如连续跌停板），跌幅越大，见底的可能性越大。

⑵断崖雪崩之前，股价或指数下跌的幅度越大，下跌周期越长，见底信号就越可靠。

⑶断崖雪崩仅是逐浪下降形态的一部分，因此大多形成阶段性底部（即中期反弹底）。

十三、鱼跃龙门

鱼跃龙门是指股价或指数筑底或中期调整时，成交量先是极度萎缩，然后温和放大，推动股价小阳线、小阴线碎步缓慢攀升，一般阳线多于阴线，偶尔夹杂一两根中大阳线。最后收出一根跳空高开的中大阳线，越过 5 日、10 日和 20 日均线，同时突破其他技术形态的关键位置和重要关卡。这种走势就像一条溯流而上的鲤鱼，在最后关头奋起一跳，凌空跃过龙门，所以叫鱼跃龙门。

鱼跃龙门走势表面上看行情不紧不慢，没有什么特别之处，但是有一种蓄势待发的气势。

鱼跃龙门的技术特征如下。

⑴出现在中长期上升趋势初期，或长期上升趋势的中期调整行情末期。

⑵ 5 日、10 日和 20 日均线由逐渐收敛、粘合转为缓慢发散。

⑶日 K 线以小阳线、小阴线稳步缓慢攀升，其中小阳线居多。

⑷股价或指数跳空高开，放量收出大阳线或中阳线，越过所有周期均线，并突破其他技术形态上的关键位置和重要关卡。

鱼跃龙门的技术含义：看涨信号，买入。

鱼跃龙门通常出现在股价或指数经过充分蓄势之后，因此常常引发一段很火爆的上涨行情，是少数可以为交易者实现资金账户快速增值的技术形态之一。

如图 4–57 所示，浪潮软件（600756）。该股先后收出两段冉冉上升的 K 线形态，股价缓慢推升，成交量也跟随股价上涨逐步放大。最后该股一跃而起，跳空收出涨停板，跨过前高压力线，尽显鱼跃龙门的强势特征。交易者可于收出鱼跃龙门当日，果断追高抢进。

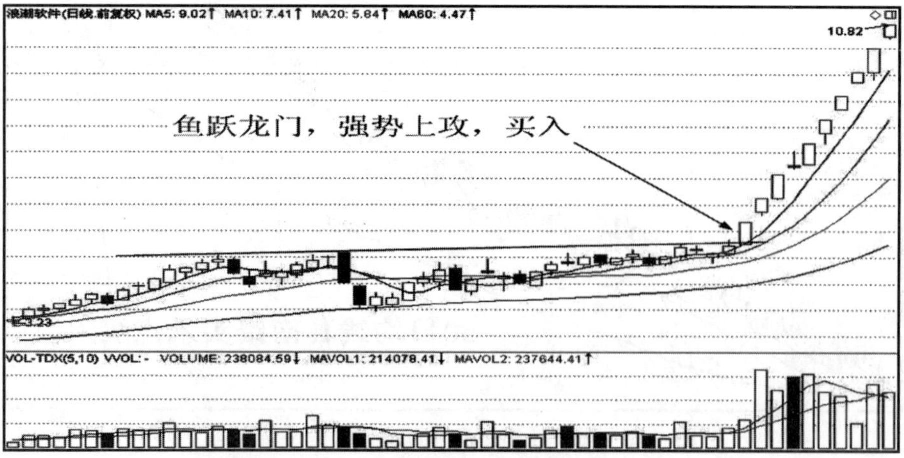

图 4–57 鱼跃龙门，后市看涨，买入

如图 4–58 所示，大唐发电（601991）。在均线被动修复之后，走出旱地拔葱形态，股价向上突破了均线粘合形态加速上涨。但不久又出现了一次倒春寒，股价跌破了均线组合，在起涨前均线粘合上方位置止跌，说明下跌是主力洗盘。

之后股价继续上涨，过前高时收出跳空涨停大阳线，鱼跃龙门，一跃而过。前期下跌如果是主力出货，现在就不会解放上方的套牢盘，公众交易者很难齐心协力推升股价，因此这种走势明显是主力拉升。交易者见到鱼跃龙门，不要因为恐高不敢进场，否则将会失去一次资产快速增值的机会。

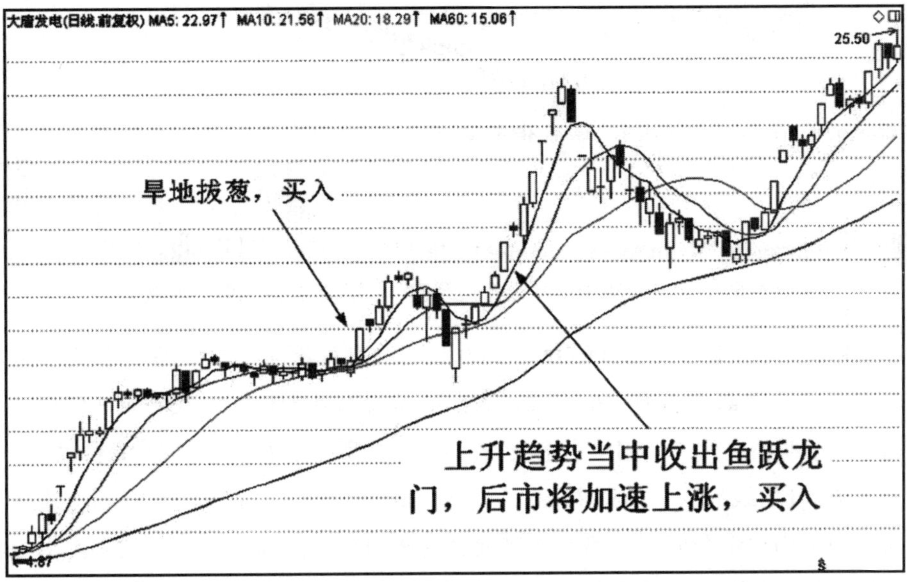

图 4–58 鱼跃龙门是加速上涨的标志，买入

如图 4–59 所示，太原刚玉（000795）。股价自底部小阴小阳稳步上升，突破 60 日均线后，60 日均线由下行逐步转为上行，表明趋势性质发生了实质性的改变。

之后股价继续推升，遇到第一个前高压力时，走出放量跳空涨停的鱼跃龙门走势，将第一个山顶上的套牢盘悉数解放。主力不惜资金强行拉升股价，必有所峙，其背后的原因不必追究，因为结果已经表明一切。此处虽然只走出后高高于前高走势，还没有走出后低高于前低，但多方如此凶狠的拉升，以及渐渐上行的 60 日均线，都已露出了牛市的气度，买入。

如法炮制，接着走出第二个放量跳空涨停的鱼跃龙门走势，越过第二个山尖，买入或加仓。

之后股价回落，形成下降楔形的技术图形。股价突破下降楔形上边线，以及前期回落形成的高点后，又是放量跳空涨停的鱼跃龙门，股价远离楔形整理形态和前高，此时应买入或加仓。

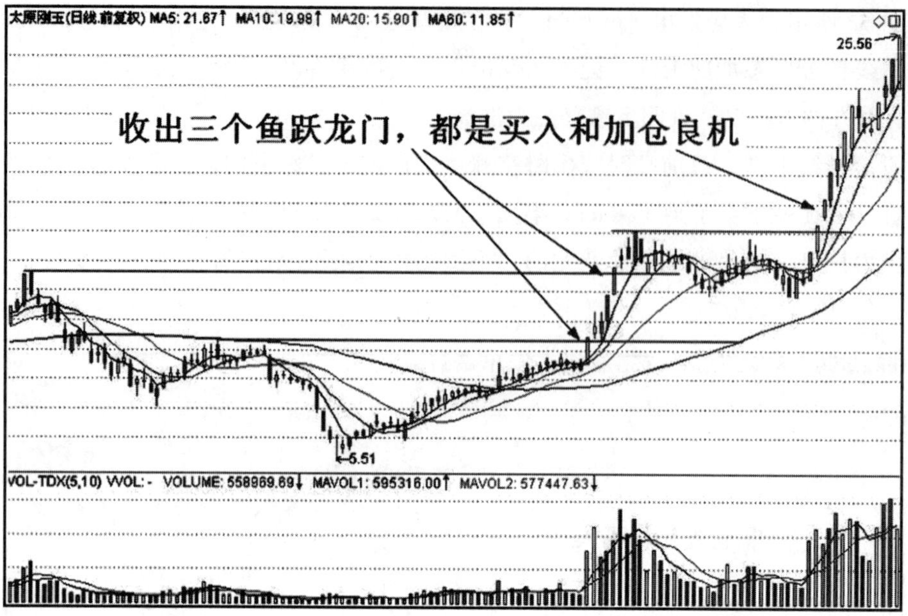

图 4-59 上升趋势中交易者不应恐高，出现鱼跃龙门时大胆买入

如图 4-60 所示，全柴动力（600218）。60 日均线在底部平行略上翘，股价上涨和下跌都比较温和，日 K 线几乎都是小阳线小阴线，表明股价要么处于长期大底的筑底阶段，要么处于长期上升趋势的中期调整行情，缩量小幅波动的走势，不是主力吸货，就是蓄势洗盘。

股价站上 60 日均线后，一直踩着 60 日均线横移，与 5 日、10 日和 20 日均线逐渐粘合。之后股价向上脱离均线粘合形态，遇到连接前高的压力线和前高压力时，放量走出大幅跳空高开并涨停的鱼跃龙门走势，尽情释放了多方做多的激情，买入。

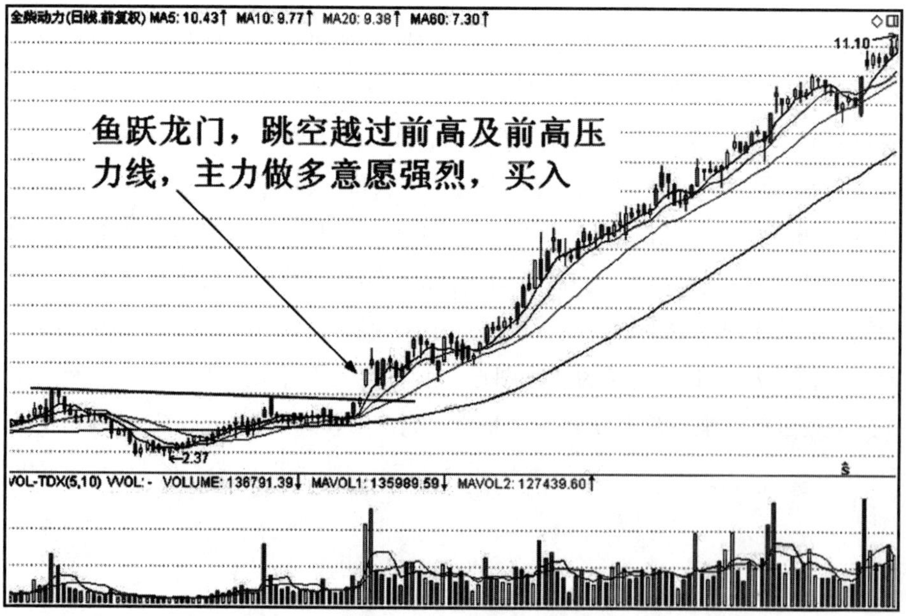

图 4-60 鱼跃龙门表明后市潜力很大，买入

特别提示：

⑴大阳线突破的阻力和关卡越多，信号的可靠性越强，后市涨升的力度越大。

⑵成交量与中大阳线同步放出，将增强信号的看涨作用。

十四、旱地拔葱

旱地拔葱又名平台起飞，是指股价或指数经过一段时间的调整后，连收阴线或小阴线、小阳线，但股价并未下跌多少，成交量逐步萎缩至地量，接着股价或指数小幅回暖，最后一根跳空高开的大阳线拔地而起，向上脱离整理形态，至收盘时越过 5 日、10 日和 20 日均线。

旱地拔葱的技术特征如下。

⑴大多出现在中长期下降趋势末期，或者长期上升趋势的中期调整行情末期，偶尔出现在中期反弹行情初期。

⑵股价或指数开始整理，大多收出小阴线和小阳线，整体上呈横向移动。整理期间成交量较为清淡。

⑶收出一根放量跳空的大阳线，向上脱离整理形态，且收盘价向上穿越 5 日、10 日和 20 日均线。

旱地拔葱的技术含义：看涨信号，买入。

旱地拔葱走势，大都是在底部或者长期上升趋势的中期调整行情中，经过充分酝酿、换手和拉锯之后出现的一个爆发性突破。这意味着多方是以绝对优势力量发起的一次总攻，后市潜力很大，甚至经常收出极为强劲的战机起航和气贯长虹技术形态，是不可多得的买入机会，交易者可以放心买入。

旱地拔葱之前的整理形态，大多是均线粘合形态、潜伏底、狭长的收敛三角形、矩形以及楔形等技术形态，旱地拔葱常常与上述技术形态的突破点同时发出，因此看涨作用很强。

如图 4–61 所示，ST 甘化（000576）。该股走出一个大的中期调整行情，整个中期调整行情是以下降楔形形态进行的。在楔形整理期间，换手比较充分，抬高了进场资金的成本，获利盘基本上已经被清洗出去，所以整理后期成交萎缩得很厉害。旱地拔葱向上突破时，成交虽然有所放大，但相比较而言依旧比较温和，表明上涨非常轻松。交易者可以在当日择机买入。

从图中可以观察到，旱地拔葱形态的买入信号早于下降楔形，但该股后市走势实在过于强劲，是以无量一字涨停的方式突破下降楔形上边线的。交易者如果等到技术图形突破后再买入的话，根本无法成交。

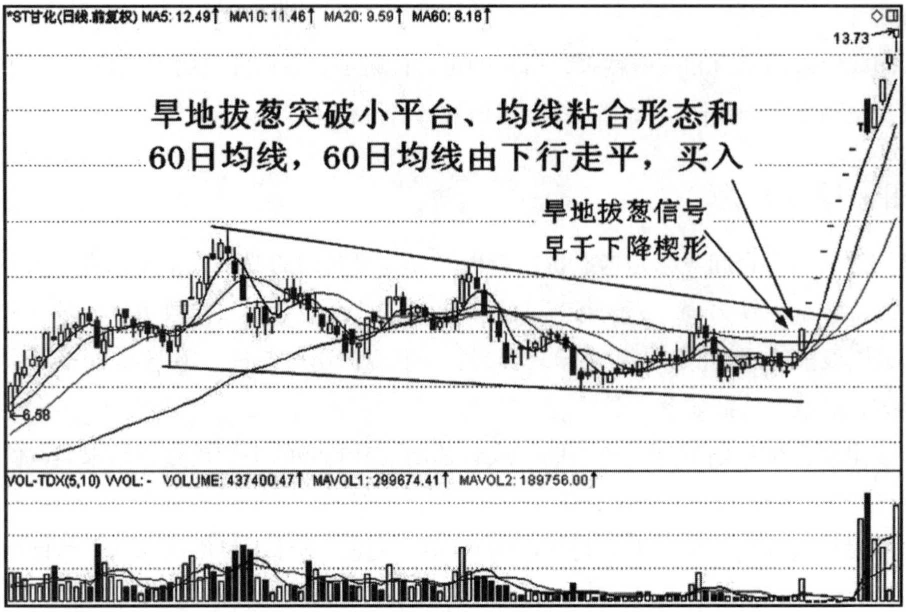

图 4-61 旱地拔葱是看涨信号，买入

如图 4-62 所示，山东黄金（600547）。上升过程中均线收敛，股价走出上升旗形的整理技术图形。之后一根大幅跳空的锤头线突破上升旗形，完成旱地拔葱的均线技术形态，买入。

旱地拔葱之后，又收出均线银山谷形态，交易者可于银山谷形态形成后加仓。

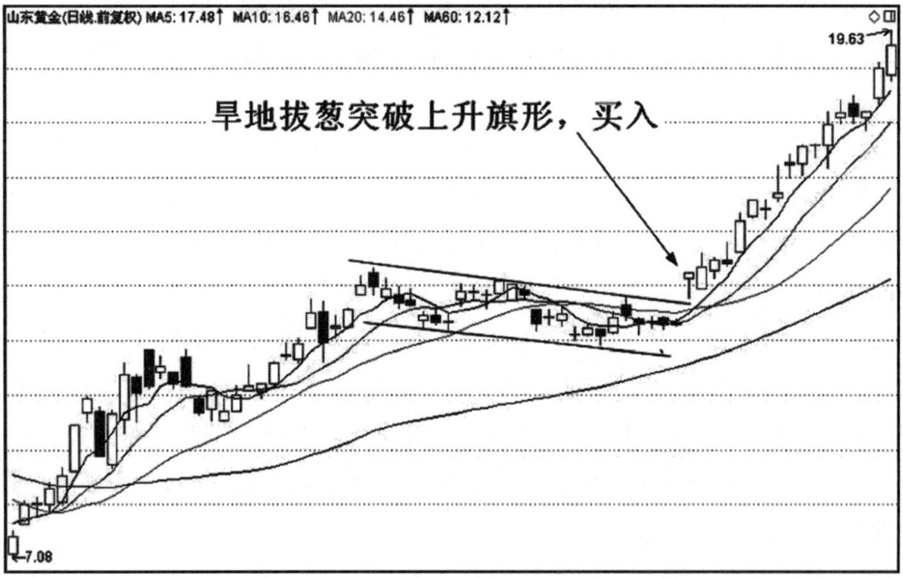

图 4-62 旱地拔葱后市看涨，买入

如图 4-63 所示，中工国际（002051）。股价运行在上升趋势中，走出均线上山爬坡技术形态，是交易者比较好的持股阶段。

在上涨过程中，该股一共走出两个旱地拔葱形态，表明后市仍将继续上涨，交易者可以买入或加仓。

第一个旱地拔葱，还是60日均线葛南维第三大法则买入点，二者共振，极大地鼓舞了交易者买入的信心。

第二个旱地拔葱同时突破收敛三角形上边线，也印证了信号的可靠性。

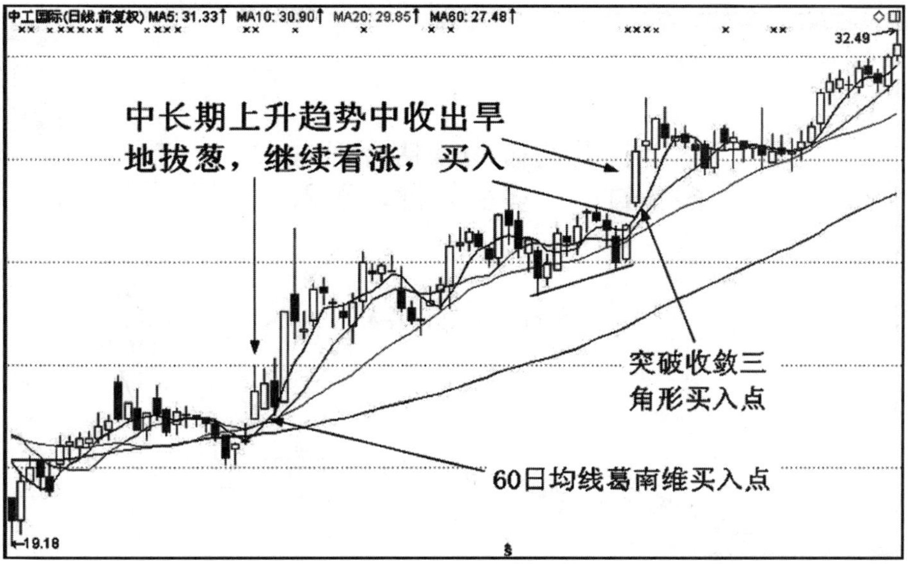

图 4-63 上升趋势中多种看涨信号同时发出，买入风险较小

如图4-64所示，兰花科创（600123）。股价突破60日均线后，多方似乎心里不踏实，反复测试60日均线的支撑力度。好在60日均线不负众望，稳稳撑住，并在股价回踩过程中逐渐由下行走平转为上行，趋势一点点转向牛市。之后收出旱地拔葱，吹响进攻的号角，买入。

旱地拔葱之后收出银山谷形态，交易者可以继续加仓。旱地拔葱的跳空缺口，还是向上突破缺口，突破缺口后市看涨，强化了旱地拔葱的信号作用。

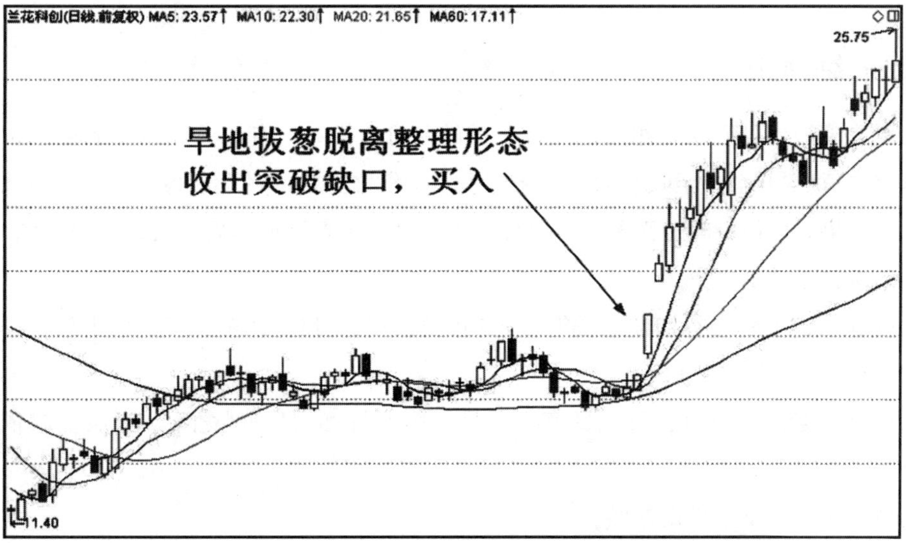

图 4-64 与突破缺口同时收出，旱地拔葱的信号更加可靠

如图 4-65 所示，江苏阳光（600220）。股价在 60 日均线上方第二次走出均线粘合形态，粘合的时间比较长。在粘合形态后期，股价遇到 60 日均线上行支撑缓步上升，收出金蜘蛛均线技术形态，金蜘蛛形态是看涨信号，买入。

之后一根跳空高开的大阳线向上突破均线粘合形态，完成旱地拔葱形态，买入。

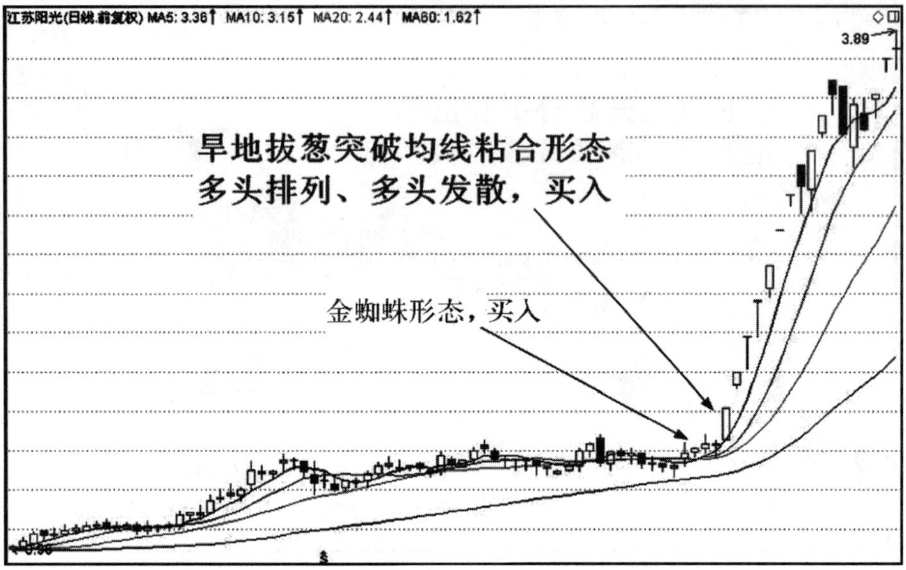

图 4-65 旱地拔葱突破均线粘合形态，买入

特别提示：

⑴旱地拔葱如有成交量配合，则信号的可靠性更强，后市上涨潜力也大些。

⑵若 60 日均线下行，股价或指数与 5 日、10 日、20 日均线在 60 日均线下方整理，或形成均线粘合形态，然后收出旱地拔葱，则表明股价或指数反弹，交易者可以买入抢反弹，也可以继续空仓等待。

十五、绝命跳

绝命跳是指原本处在均线组合之上或之中的股价或指数，有一天突然向下越过 5 日、10 日和 20 日均线，跳空开盘，至收盘时依然未能重回均线之上。因其形状像一个人从万丈悬崖上一跃而下，其后果必是粉身碎骨无疑，所以称为绝命跳，寓意该形态后市看跌作用强烈。

绝命跳的技术特征如下。

⑴出现在长期下降趋势初期或长期下降趋势的中期反弹行情末期，偶尔出现在长期上升趋势的中期调整行情初期。

⑵股价或指数跳空低开，开盘即开在 5 日、10 日和 20 日均线之下，至收盘时依然未能重回均线之上。

绝命跳的技术含义：后市看跌，卖出。

绝命跳开盘就跌破 5 日、10 日和 20 日均线，表明市场内更多的多方加入到空方阵营，为了可以成交，甚至不惜低于成本挂单，供求关系严重失衡。恶性循环的结果是更多恐慌盘涌出，导致下跌加速。空方的力量空前强大，多方残余只能步步退让，几乎毫无招架之力。

绝命跳无论是出现在长期下降趋势初期，还是出现在中期反弹行情末期，都是在股价已经转头向下时奋力一跃收出的。交易者见到绝命跳，有仓位的要不惜成本，疯狂卖出，一点不留；没有仓位的，决不能冒险进场，因为绝命跳极少出现在底部。

如图 4-66 所示，银亿股份（000981）。股价反弹遇到 60 日均线下行压力，向下跳空收出一根阳线，但这根阳线收盘价却是下跌的，所以称为倒阳线或假阳线。倒阳线有一定的欺骗性。

再仔细观察就会发现，这根倒阳线是直接越过 5 日、10 日和 20 日均线开盘，收盘时也没有回到均线之上，是一个倒阳线的绝命跳。下降趋势中收出绝命跳，就像一个顺着山坡滚落的巨大圆石，又被人向下加了一把力，后面的下跌速度和力度会更快更强。交易者不要妄想股价很快止住下滑的势头。清空仓位，躲到一边，目送股价下跌，岂不是一件更为惬意的事情？

绝命跳之后又收出毒蜘蛛形态，毒蜘蛛也是看跌信号。危险的警报连续在耳边拉响，如果还是充耳不闻，那么滑向亏损的深渊也就在所难免。

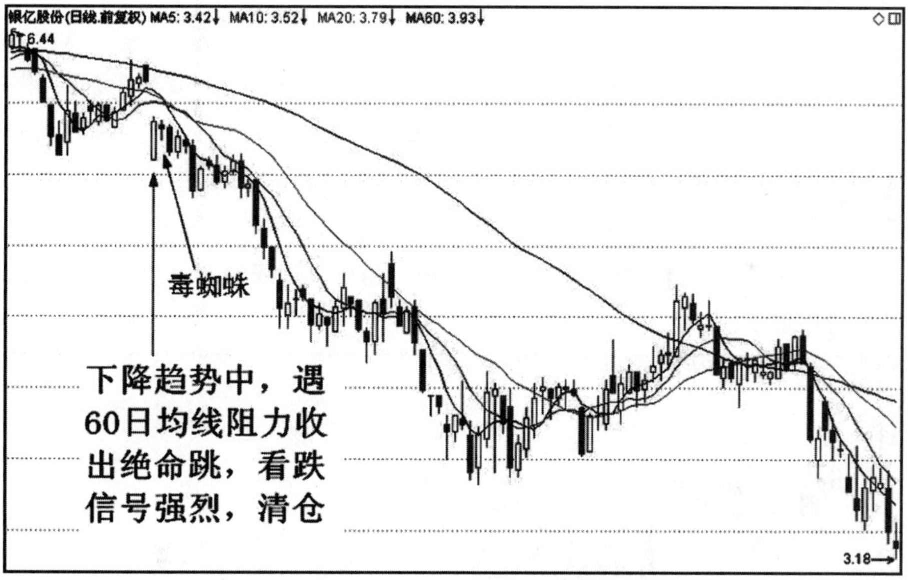

图 4-66　下降趋势中的绝命跳形态看跌的作用很强

如图 4-67 所示，重庆啤酒（600132）。股价反弹后遇到 60 日均线下行压力，向下跳空收出绝命跳形态，是极为清晰的看跌信号，卖出。

绝命跳的大阴线同时跌破均线粘合形态，后市看跌，卖出。绝命跳的大阴线还是 60 日均线葛南维第七大法则卖出点，卖出。

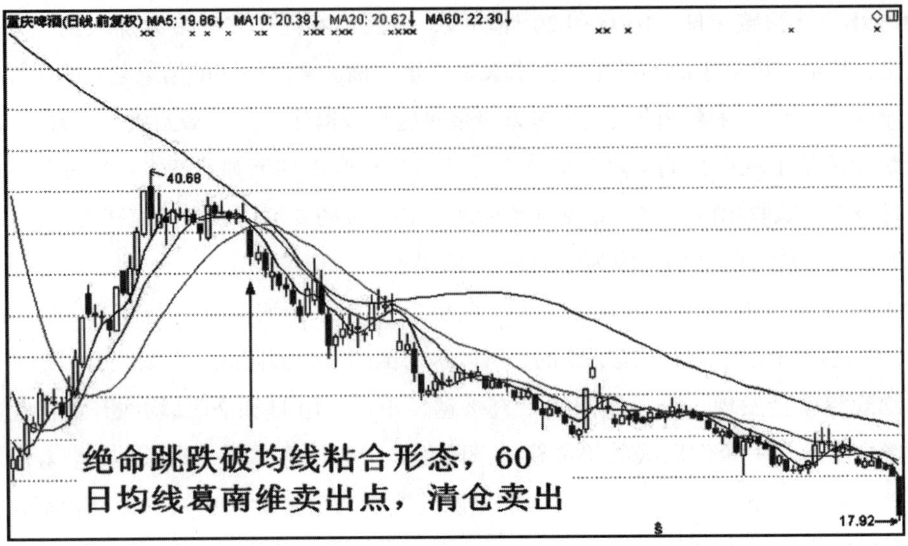

图 4-67 股价中期反弹末期收出绝命跳形态，表明反弹结束

如图 4-68 所示，华东科技（000727）。该股一前一后收出两个绝命跳形态。第一个出现在股价跌破 60 日均线之后。股价跌破 60 日均线时，60 日均线还在上行，持仓的交易者还勉强可以继续持仓观察。

随后股价跳空向下，走出跌停长阴的绝命跳形态。这时交易者可以先定性分析，再定量分析。前文已述，走势图上加入 60 日均线，仅为定性趋势使用，所以定性看 60 日均线走向。收出绝命跳时，60 日均线已走平，是趋势转变的征兆，至少表现现在不再是牛市了。绝命跳是比较强烈的看跌信号，在非牛市中收出看跌信号，清仓卖出。

第二个绝命跳出现在下降趋势中，与跌破收敛三角形下边线的卖出信号同时发出，看跌作用更为强烈，清仓卖出。

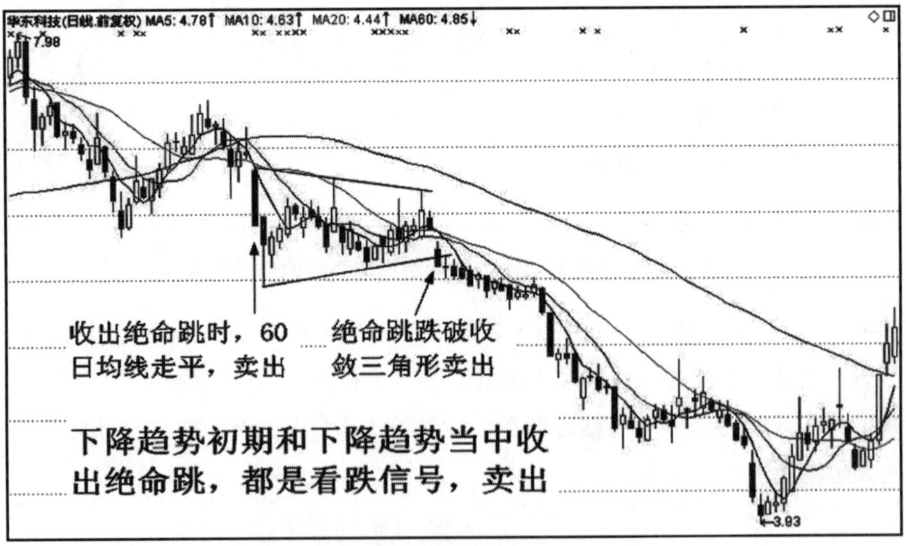

图 4-68 绝命跳看跌作用强烈，应及时清仓

如图 4-69 所示，东北制药（000597）。该股也是收出两个绝命跳。第一个绝命跳同时跌破了 60 日均线，是 60 日均线葛南维第八大法则卖出点，绝命跳的缺口是向下突破缺口，绝命跳之后又出现死亡谷。下降趋势中发出如此之多的看跌信号，实在是不可久留，清仓卖出。

接下来股价没有快速下跌，而是走出被动修复形态，短期均线组合逐渐粘合。粘合后期收出第二个绝命跳，同时股价跌破均线粘合形态，完成毒蜘蛛形态，依旧是清仓卖出信号。

下降趋势中的均线粘合多为主力出货。绝命跳、死亡谷和毒蜘蛛等看跌形态，则是向交易者大声宣告这个事实。

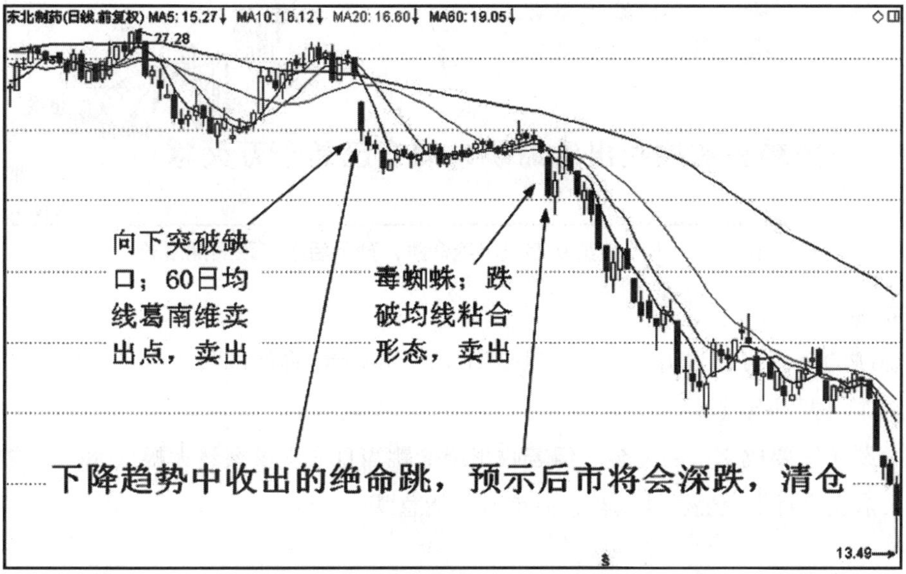

图 4-69　长期下降趋势中收出绝命跳，无论长线还是短线都应当清仓

如图 4-70 所示，新黄浦（600638）。该股绝命跳走势出现在下降趋势初期。股价见顶回落后，围绕 60 日均线上下反复波动，最终收出上升楔形技术图形。

在楔形整理末端，股价和 5 日、10 日、20 日均线都成功站上 60 日均线，但 60 日均线却由上行转为下行，表明中长期趋势已经转弱。这时一根大幅跳空低开的跌停板阴线完成绝命跳形态。同时这根中阴线跌破了上升楔形和均线粘合形态，形成向下突破缺口，发出 60 日均线葛南维卖出信号。

这真是关键位置出现的关键 K 线，对于交易者而言，也到了做出抉择的关键时刻，持仓者清空仓位，是避免下跌风险的不二选择。

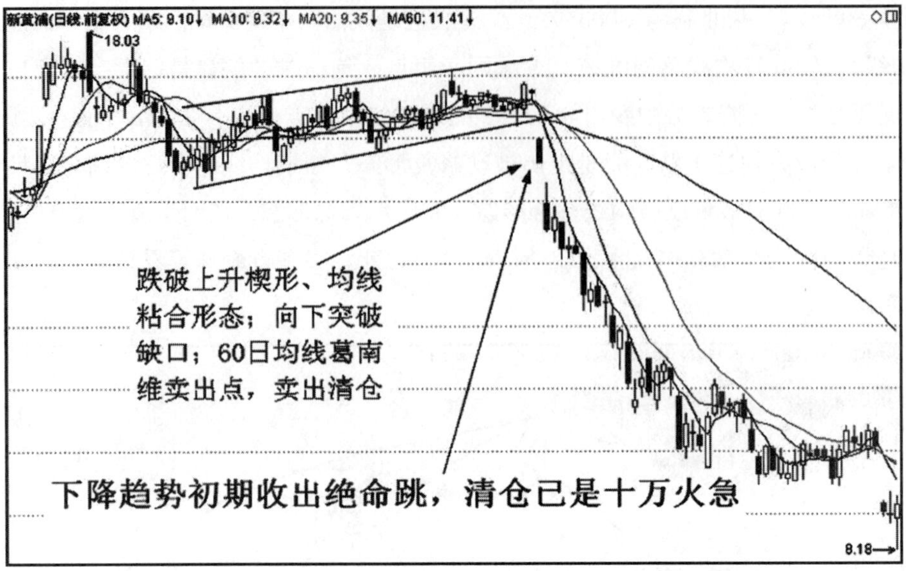

图 4-70　下降趋势初期收出绝命跳，预示后市下跌周期漫长

特别提示：

⑴绝命跳的 K 线可以是阴线，也可以是阳线，不影响绝命跳的技术含义。但若是阴线，该信号的看空作用更加强烈。

⑵绝命跳不需要成交量的配合。但若收出绝命跳当日成交量突然大幅放大，则说明有主力出货，或公众交易者出现恐慌性抛盘，后市有可能急跌。

十六、金蜘蛛

金蜘蛛是指 5 日、10 日和 20 日均线黄金交叉于一点，股价或指数站在交叉点之上的均线技术形态。因为是黄金交叉，所以该形态后市看涨。因为该形态外形看起来就像一只蜘蛛，所以称为金蜘蛛。

金蜘蛛的三条均线交叉最好都是黄金交叉，至少应有两条均线金叉。三条均线普通交叉甚至死亡交叉形成的均线形态，不是金蜘蛛形态。

传统意义上的金蜘蛛是四条均线黄金交叉于一点，因为蜘蛛有八条腿。四线交叉的金蜘蛛，常见的均线组合有 5 日、10 日、20 日和 30 日均线组合，5 日、8 日、13 日和 21 日均线组合，5 日、13 日、21 日和 34 日均线组合。其中第一种是常见的均线组合，后两种是斐波那契神奇数字均线组合。无论是哪一种组合，都必须有两条均线是黄金交叉，否则就不是金蜘蛛。

本书因为使用 5 日、10 日和 20 日均线组合讲解特殊均线技术形态，所以仅使用三条均线。三线金蜘蛛和四线金蜘蛛的技术含义一样，只是四线金蜘蛛信号作用略强于三线，但三线金蜘蛛出现的频率多于四线。

三线金蜘蛛其实和金山谷、银山谷比较类似，只不过金蜘蛛的均线黄金交叉于一点，而金山谷、银山谷黄金交叉于一个区域，因此二者的技术含义相差不多。

收出金蜘蛛的当日，如果同时伴有成交量的放大，则看涨作用更强。

金蜘蛛的技术特征有以下几点。

⑴可出现在任何趋势行情中。

⑵ 5 日、10 日和 20 日均线黄金交叉于一点，且至少需要两条均线黄金交叉。

⑶三条均线交叉前收敛，交叉后发散。

⑷股价或指数收在交叉点之上。

金蜘蛛的技术含义：看涨信号，买入。

三线标准形态的金蜘蛛是三线金叉于一点，说明三条均线周期内买入的交易者都看好后市，而且买入的平均成本一致。也就在这一天，股价或指数站到三条均线之上，等于一下子将所有场内的交易者全部解套。这可以算是凄风苦雨之后东方露出的第一缕曙光。无论这光线如何不起眼，但它表示多方的力量必将如太阳一般腾起。解放被套的公众交易者，解放场内所有均线周期内的持仓者，绝不是公众交易者能做到的，也绝不是主力机构发善心去做的，一定是趋势逆转和牛市登场的结果。

金蜘蛛有可能出现在任何趋势中。交易者发现金蜘蛛后，应当先确定趋势性质，再确定交易策略。在长期下降趋势中收出金蜘蛛，即使是长期大底，也只能作为反弹行情去做，因为长期大底是事后才可以确定的。收在长期上升趋势中的金蜘蛛，都是良好的买入和加仓时机。

金蜘蛛常常与蛟龙出海伴生。

如图 4–71 所示，大同煤业（601001）。股价中期调整，遇到 60 日均线上行支撑止跌，在 60 日均线之上短暂横盘，然后收出金蜘蛛，表明调整结束，后市将继续展开上涨行情，买入。

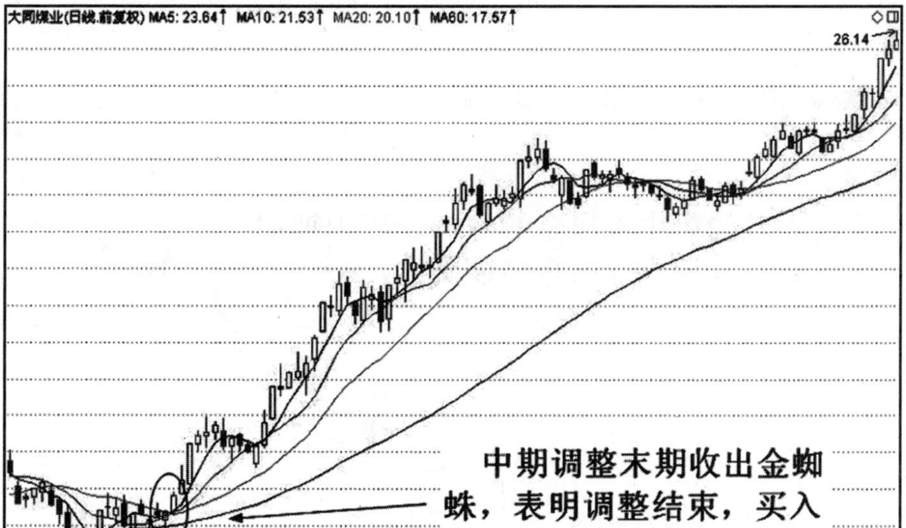

图 4–71 中期调整行情末期收出金蜘蛛，表明调整结束，后市看涨

如图 4–72 所示，海信电器（600060）。收出金蜘蛛的位置在 60 日均线之下，且 60 日均线平移，方向不明，所以交易者仅可用少量仓位介入，止损点可以设在金蜘蛛之前的大阳线底部，

或者小型双底的连线上。也可以暂时不动，继续持币观察。收出金蜘蛛时，K 线的上影线受阻于双底颈线，回落时连已攻破的 60 日均线都没有守住，总的来说以不买为宜。

确定无疑的进场点在股价突破 60 日均线和双底颈线，60 日均线上行之处。

金蜘蛛之前收出蛟龙出海形态，交易者可以买入，也可以继续观望，以不入为宜。

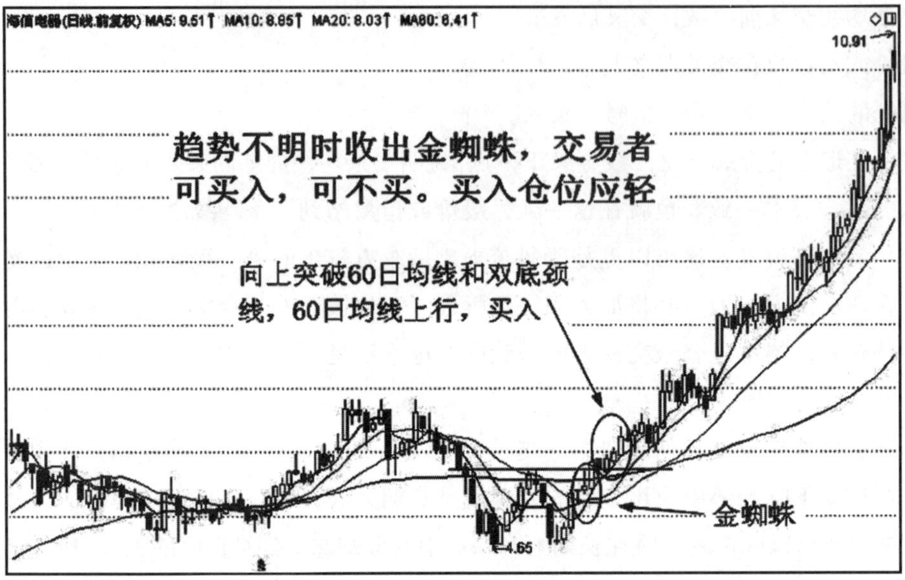

图 4-72　趋势不明时收出金蜘蛛，以不买为宜，买入则仓位应轻

如图 4-73 所示，大元股份（600146）。该股也是在长期上升趋势中出现金蜘蛛。收出金蜘蛛，是对股价遇 60 日均线上行支撑止跌的再次确认，同时也表明股价调整结束，涨势继续，交易者可以进场买入。

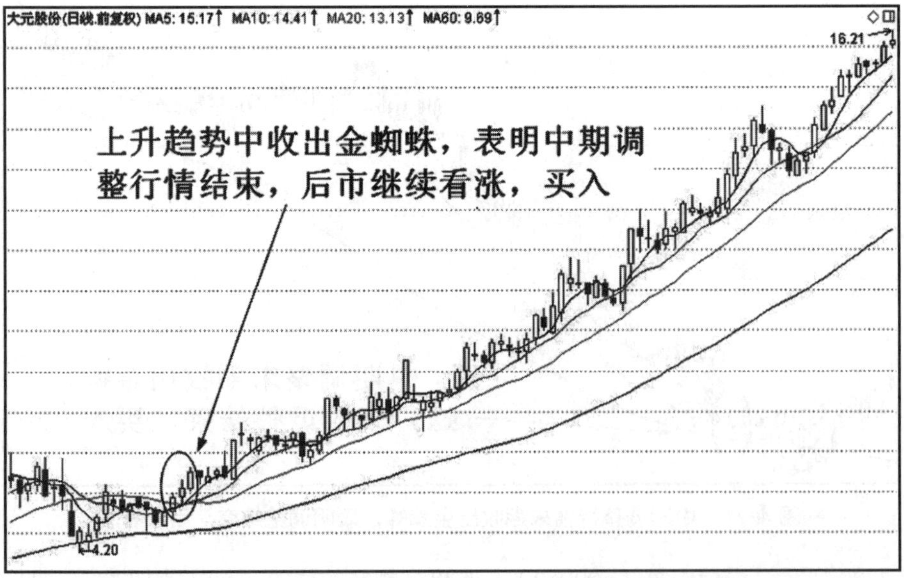

图 4-73　长期上升趋势中，股价遇 60 日均线支撑止跌，收出金蜘蛛，表明后市继续看涨，买入

如图 4-74 所示，博彦科技（002649）。上涨伊始，股价调整并形成收敛三角形。股价突破三角形上边线后，收出放量金蜘蛛形态，进一步确认了三角形突破的买入信号，交易者可以放心大胆买入。

金蜘蛛的 K 线放量，表明金蜘蛛的黄金成色好，后市盈利概率较大。

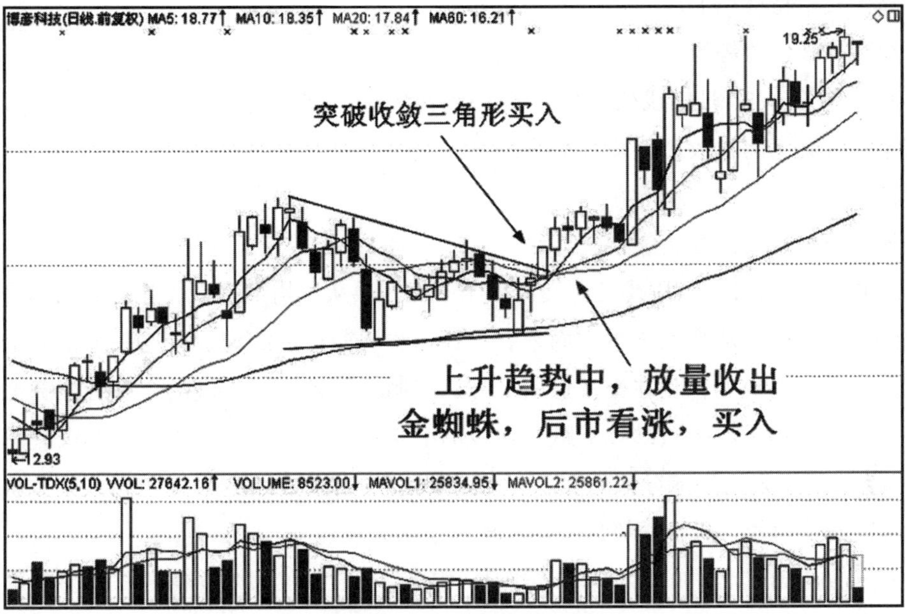

图 4-74　金蜘蛛放量可增加信号的看涨作用，买入

特别提示：

⑴四线金蜘蛛的信号可靠性强于三线金蜘蛛，中长期均线组合出现金蜘蛛，信号可靠性强于短期均线组合。

⑵黄金交叉时如果伴有成交量同步放大，则金蜘蛛的信号更为可靠。

⑶金蜘蛛形态形成后，短期均线系统必须快速向上多头发散。否则则表明走势疲软，行情难以持久，甚至有可能形态失败。

十七、毒蜘蛛

毒蜘蛛是指 5 日、10 日和 20 日均线死亡交叉于一点，股价或指数跌到交叉点下方的均线技术形态。因为外形看起来像一只蜘蛛，且后市看跌，所以称为毒蜘蛛。又因为均线死亡交叉形成该形态，所以又称死蜘蛛。

毒蜘蛛的三条均线交叉最好都是死亡交叉，但至少应有两条均线死亡交叉，三条均线普通交叉甚至出现黄金交叉的，不是毒蜘蛛。

传统意义上的毒蜘蛛是四条均线死亡交叉于一点，因为蜘蛛有八条腿。四线交叉的毒蜘蛛，常见的均线组合有 5 日、10 日、20 日和 30 日均线组合，5 日、8 日、13 日和 21 日均线组合，5 日、

13 日、21 日和 34 日均线组合。其中第一种是常见的均线组合，后两种是斐波那契神奇数字均线组合，无论是哪一种组合，至少要有两条均线死亡交叉，否则就不是毒蜘蛛。

和金蜘蛛不同的是，在收出毒蜘蛛的当日，对成交量的放大与否没有要求。但若在毒蜘蛛之前的上方曾经堆积大量成交，则毒蜘蛛的看跌作用大为增强。

毒蜘蛛的技术特征如下。

⑴可出现在任何趋势行情中。

⑵ 5 日、10 日和 20 日均线死亡交叉于一点，且至少要有两条均线死亡交叉。

⑶三条均线交叉前收敛，交叉后发散。

⑷股价或指数跌至交叉点下方。

毒蜘蛛的技术含义：看跌信号，卖出。

5 日、10 日和 20 日三条均线死亡交叉交于一点，单从价格上来看，死亡交叉本身就已经是比较强烈的看跌信号。从平均成本方面来看，各均线周期买进的均价在这一天是完全相同的。股价或指数跌破平均成本，收在交叉点的下方，表明上述各周期买进的交易者全部被套，没有人盈利。这时一旦股价或指数继续下跌，均线向下空头发散形成空头排列，不仅会引发空方顺势杀多，而且还会引发由恐慌导致的多杀多。空杀多、多杀多的结果就是股价或指数快速下跌。所以毒蜘蛛是看跌信号，后市跌势常常很凶猛，杀伤力较强。

出现在长期上升趋势中的毒蜘蛛，看跌作用较为有限，仅为减仓信号，交易者可以根据自身交易系统和具体情况的不同，选择持仓或减仓。

毒蜘蛛经常与断头铡刀伴生。

如图 4-75 所示，中国石油（601857）。股价跌破 60 日均线后，在 60 日均线下方出现均线粘合形态，粘合末期股价向上突破 60 日均线，短期均线组合也开始向上发散。看起来股价走势似乎在走好，但因为 60 日均线仍在下行，所以交易者依旧要警惕，多看少动为宜。

在出现毒蜘蛛卖出信号之前，已经收出断头铡刀形态，股价跌破均线粘合形态，发出 60 日均线葛南维卖出信号，因此持仓交易者不必等到毒蜘蛛出现即应清仓。

横在毒蜘蛛上方的均线粘合形态，表明在近乎相同的价格区域堆积了大量的成交量。这些成交量就是毒蜘蛛储存的毒汁。毒汁越多，杀伤力就越强。原因很简单，下降趋势中的均线粘合形态大多是主力出货，跌破粘合形态，表明主力基本上已经完成了筹码转换的任务。没有人会傻到刚把货倒出去，再以更高的价格接回，其他主力也不会在短时间内去碰这座套牢盘在顶部堆积的股票。

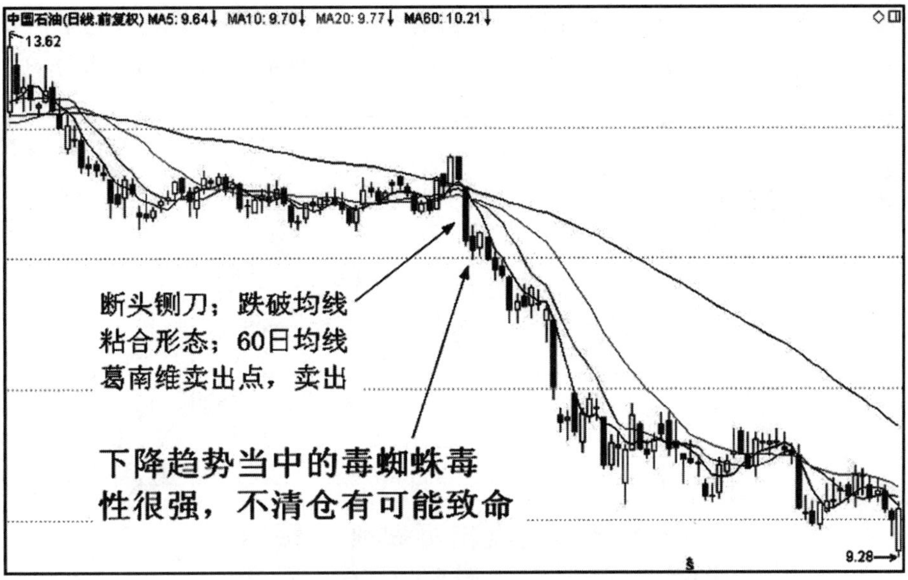

图 4-75　下降趋势中的毒蜘蛛看空作用很强

如图 4-76 所示，华东科技（000727）。股价下跌，均线向下发散形成空头排列，然后均线收敛进行被动修复，出现均线粘合形态。

粘合形态末期，先是一根大阴线跌破三条均线，收出断头铡刀形态，接着股价继续跳空下行，收出毒蜘蛛形态，清仓卖出。

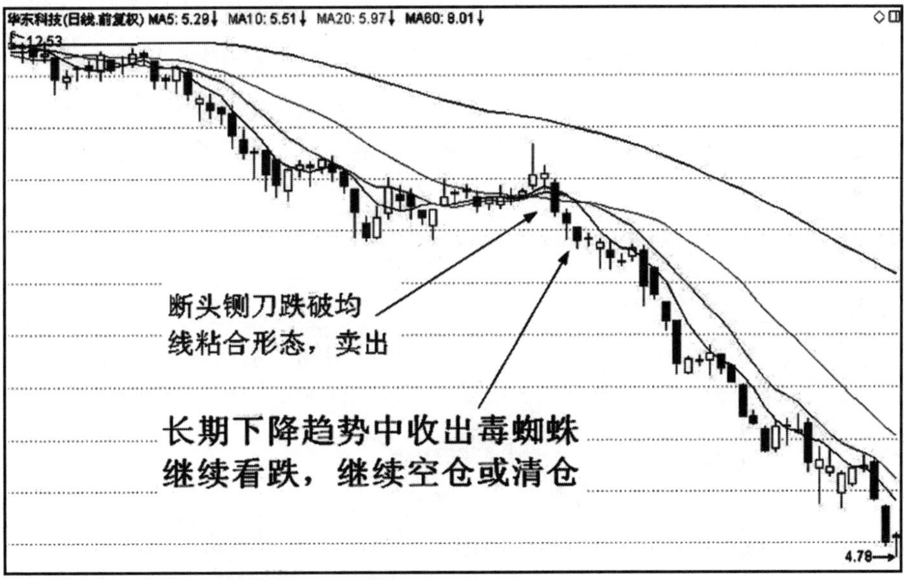

图 4-76　下降趋势中的毒蜘蛛是清仓信号

如图 4-77 所示，银亿股份（000981）。股价跌破 60 日均线时，60 日均线已经走平，因此是 60 日均线葛南维卖出点，卖出。

股价随后很快止跌，向上冲击 60 日均线受阻，再度折返收出毒蜘蛛。这时 60 日均线已微微下行，表明熊市征程自此开始。在下降趋势初期收出毒蜘蛛，尽管现在看起来不那么起眼，但却是趋势转折之处的关键技术形态，清空仓位才是交易者避免更大损失的唯一方法。

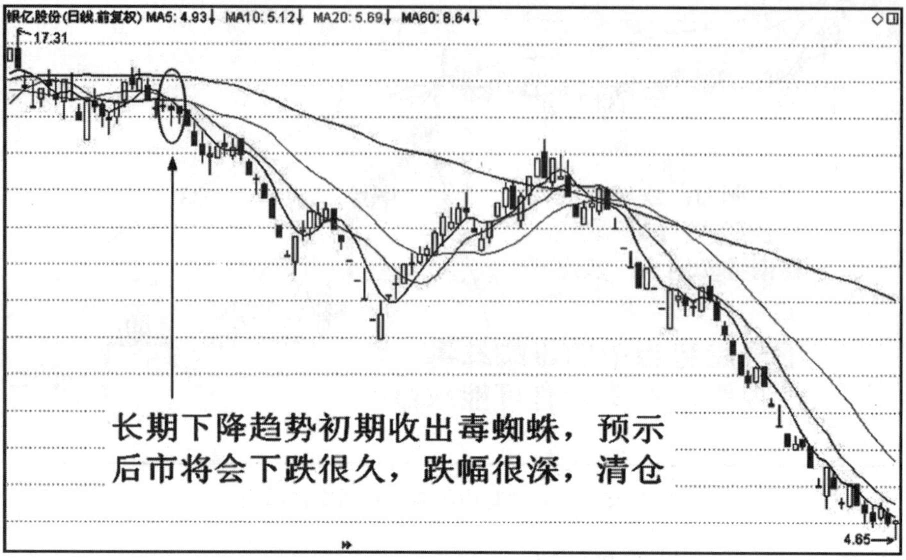

图 4-77　下降趋势初期的毒蜘蛛验证了趋势逆转的有效性

如图 4-78 所示，西藏药业（600211）。该股一共出现两只毒蜘蛛。第一只毒蜘蛛出现时，股价跳空跌破 60 日均线，跌破时 60 日均线虽然还在上行，但已有走平迹象，交易者可以减仓，也可以清仓，中长线交易以减仓为宜。随后 60 日均线逐渐走平并下行，交易者也应逐渐清仓退出。

第二只毒蜘蛛出现在中期反弹行情末期，股价数度攻击 60 日均线不仅毫无结果，反而在 60 日均线下行的压制下，股价高点越收越低。这时一根阴线跌破三条均线，三条均线死亡交叉，毒蜘蛛出现，表明前景极其不妙，交易者应当赶紧溜之大吉。凡是留下来持仓硬扛的，最终结果只能是亏损和套牢的煎熬。

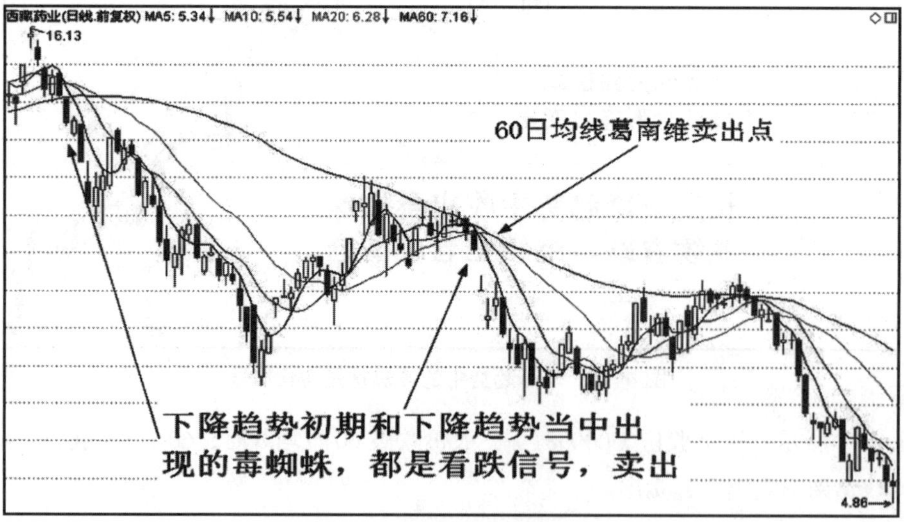

图 4-78　毒蜘蛛的离场标准

特别提示：

⑴四线毒蜘蛛的信号可靠性强于三线毒蜘蛛，中长期均线组合的毒蜘蛛，信号可靠性强于短期组合。

⑵如果收出毒蜘蛛时成交量有所放大，那么看跌的作用更强，后市有可能加速下跌。

毒蜘蛛放量，主要是大量恐慌盘涌出所致。恐慌会加剧下跌，下跌又进一步造成恐慌，很容易形成恶性循环。所以如果毒蜘蛛放量，就看谁跑得更快，每早一分钟挂单，就会少一些损失。

第二节 交叉形态实战应用技巧

一、均线首次交叉向上发散

均线首次交叉向上发散，又称均线首次复合金叉，大多出现在长期下降趋势的中期反弹行情初期，或长期上升趋势的中期调整行情末期，以及长期上升趋势初期。均线首次交叉向上发散是指5日、10日和20日均线空头排列向下发散，而后逐渐收敛，三条均线同时黄金交叉于一点，然后向上多头发散。因为5日、10日和20日均线在同一时间、同一点位同时金叉，所以又称均线首次复合金叉。

均线首次交叉向上发散和金蜘蛛形态非常近似，在很多方面是竞合的。但二者毕竟是不同的技术形态，它们的区别还是比较明显的。

首先，金蜘蛛对点位、黄金交叉点以及对应的成交量，在形态或图形上都有明确的要求。一般情况下，股价或指数收在金叉点之上时，大多应为小阳线小阴线，成交量应有所放大。金叉之前均线空头发散、空头排列，金叉之后均线多头发散、多头排列。均线首次交叉向上发散对股价或指数的K线形态没有要求，在均线金叉之前，对均线的排列方式也没有什么要求，只是金叉之后要求均线必须多头发散，形成多头排列。

其次，金蜘蛛对出现的位置没有要求，可以出现在任何行情中，既可以是反转信号，也可以是看涨信号。均线首次交叉向上发散对于位置有比较严格的要求，基本上只出现在股价或指数止跌回升之处，反转信号居多。传统上大都将均线首次交叉向上发散形态归于看涨形态。

再次，在一段行情中，金蜘蛛可以连续收出。均线首次交叉向上发散只能是第一次，第二次出现就是再次交叉向上发散。

最后，严格意义上，金蜘蛛的均线系统应当由四条均线组合而成。均线首次交叉向上发散，只要均线多于两条即可成立，传统上大多使用三条均线组合。

均线首次交叉向上发散与银山谷的相似度更高，二者出现的位置一致，技术含义相同，技术含义背后的原理几无二致。二者的区别在于，均线首次交叉向上发散，均线黄金交叉于一点，银山谷的均线黄金交叉于一个区域。

均线首次交叉向上发散的技术特征如下。

⑴出现在长期下降趋势的中期反弹行情初期，或长期上升趋势的中期调整行情末期，以及长期上升趋势初期。

⑵ 5 日、10 日和 20 日均线由向下空头发散逐渐收敛，黄金交叉于一点。

⑶黄金交叉后，5 日、10 日和 20 日均线逐渐向上多头发散，形成多头排列。

对于第二条，只要有两个黄金交叉出现，也可以算作均线首次交叉向上发散技术形态成立，交叉点也可以是一个非常小的接近于一个点的区域。

均线首次交叉向上发散的技术含义：看涨信号，买入。

均线首次交叉向上发散技术形态的信号作用比较强烈。如果股价攻击力度较弱，均线系统就无法形成三线同时黄金交叉。均线首次交叉向上发散形态形成之前，经常会收出蛟龙出海形态，形态形成之后均线大多向上多头发散，信号的叠加和共振会让首次交叉向上发散的信号更为可靠。

首次交叉向上发散形态出现在长期下降趋势的中期反弹行情初期，是重要的底部反弹信号；出现在长期上升趋势初期，是重要的底部反转信号；出现在长期上升趋势的中期调整行情末期，是重要的看涨信号。

传统上大都将均线首次交叉向上发散形态归于整理技术形态，本书沿袭这一传统。

黄金交叉聚于一点，以及此后均线组合向上多头发散初期，都是均线首次交叉向上发散形态最好的买点，成交量的配合可以增加买入信号成功的概率。

需要特别提醒的是：理论上，均线首次交叉向上发散出现在长期上升趋势初期，但当股价或指数在下行的 60 日均线之下收出均线首次交叉向上发散形态，究竟意味着是中期反弹行情还是长期反转行情？在形态出现当时是无法预知的，因此交易者进场买入，必须轻仓操作，一律按照反弹行情来做。

如图 4-79 所示，黑化股份（600179）。出现均线首次交叉向上发散形态时，轻仓买入。股价向上突破 60 日均线时，60 日均线已由下行走平，是 60 日均线葛南维第一大法则买入点，买入或加仓。

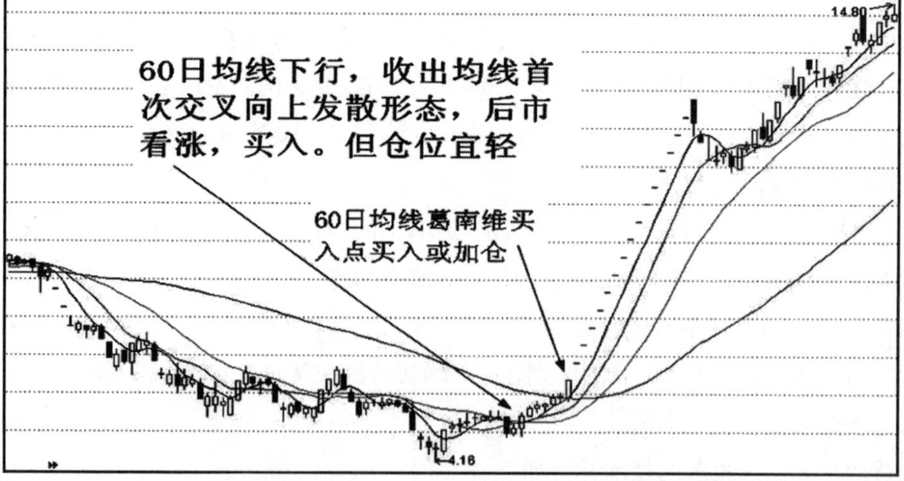

图 4-79　下降趋势中出现均线首次交叉向上发散形态，应先按照反弹行情操作，仓位不宜过重

如图 4–80 所示，南风化工（000767）。60 日均线下行表明趋势向下，这时收出均线首次交叉向上发散形态，无论日后趋势是否逆转，交易者都应当把它当成反弹行情来做。

进场点就在均线首次交叉向上发散之处。

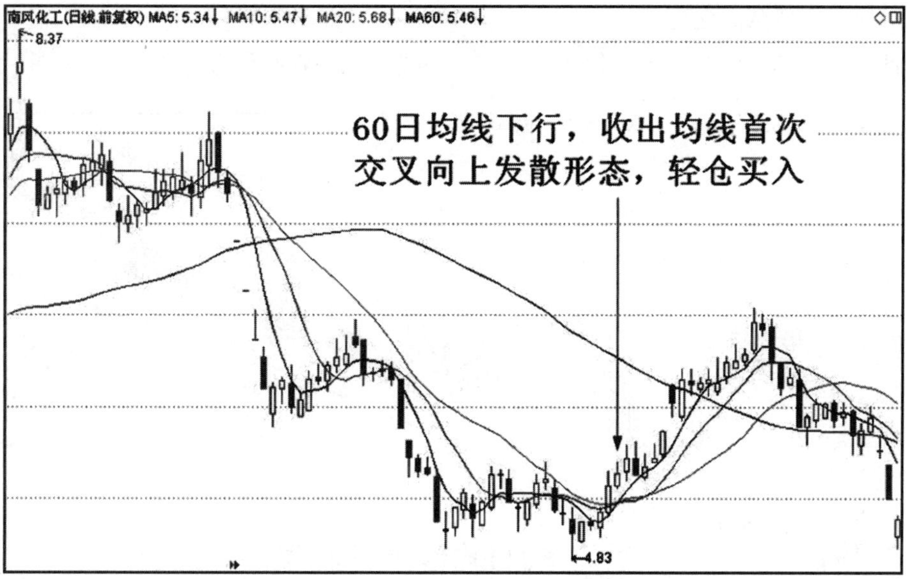

图 4–80　下降趋势中出现均线首次交叉向上发散形态，只能视为反弹行情

如图 4–81 所示，建设机械（600984）。股价急跌，跌幅很深。止跌反弹初期收出均线首次交叉向上发散形态，表明反弹的力度和幅度较为可观，交易者可以及时轻仓买入，博取反弹短差。

均线首次交叉向上发散之处还是一只金蜘蛛形态，金蜘蛛强化了均线首次交叉向上发散形态的看涨作用。

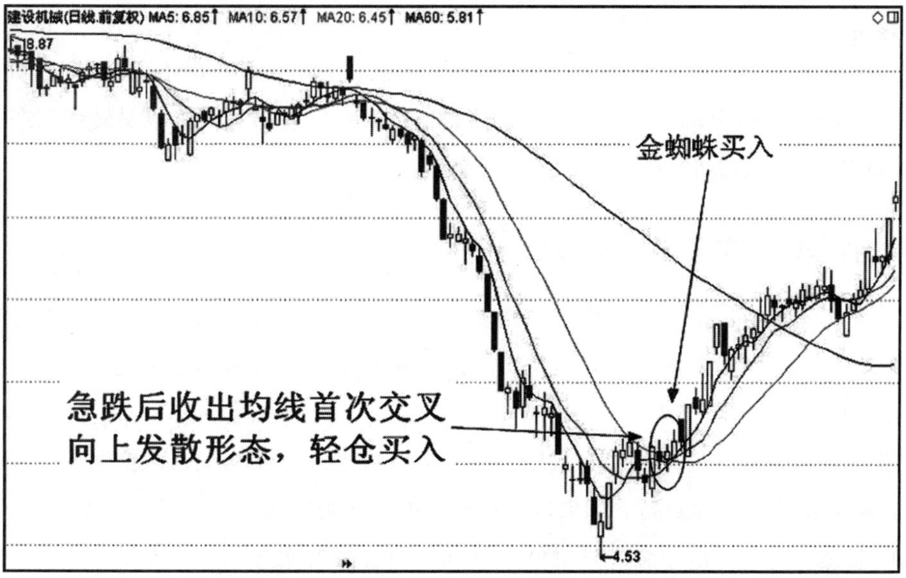

图 4–81　下降趋势中出现均线首次交叉向上发散形态，是较好的反弹买入时机

如图 4–82 所示，中国国航（601111）。在上涨过程中，股价整理逐渐形成均线粘合形态。整理末期，一根向上跳空涨停的大阳线突破均线粘合形态，出现均线首次交叉向上发散形态，表明中期调整行情结束，股价将继续运行在长期上涨趋势中，交易者可以进场买入，买入的仓位可以适当加大，甚至满仓进场。

均线首次交叉的大阳线是旱地拔葱形态，旱地拔葱也是看涨信号，买入。

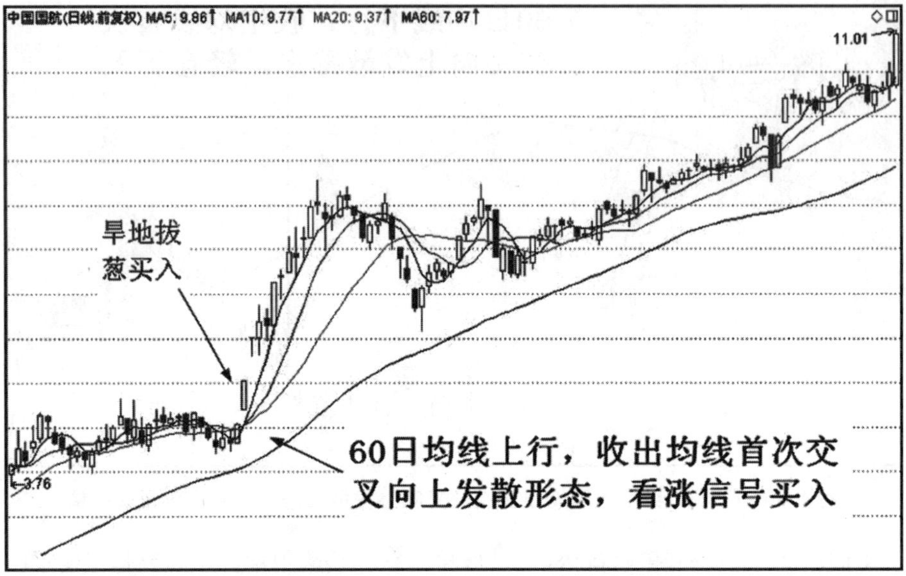

图 4–82　长期上升趋势中出现均线首次交叉向上发散形态，看涨作用非常强

特别提示：

(1)黄金交叉后，均线向上发散的角度越大，短期上涨的力度就越大。

(2)均线首次向上发散时，如果有成交量配合，信号的可靠性就会相应增强。

(3)严格意义上，只有出现在上行的 60 日均线之上，均线首次交叉向上发散才是真正的看涨整理形态。在下行的 60 日均线之下出现的均线首次交叉向上发散，只能算是转势形态。

本书沿袭传统，依然将其归于看涨技术形态中。

二、均线再次交叉向上发散

均线再次交叉向上发散，又称均线再次复合金叉，大多出现在长期上升趋势的中期调整行情末期，或长期上升趋势初期。均线再次交叉向上发散是指股价或指数出现一次交叉或粘合向上发散形态之后，再次出现 5 日、10 日和 20 日均线在同一时间、同一点位同时金叉的技术形态。

通常来说，均线再次交叉向上发散形态出现的位置，大多比均线首次交叉向上发散或者均线首次粘合向上发散的位置要高。如果位置较低，可以视为均线首次交叉向上发散。

均线再次交叉向上发散与金蜘蛛之间的异同，与均线首次交叉向上发散和金蜘蛛之间的异同大致一样，在此不再赘述。

均线再次交叉向上发散与金山谷非常近似，二者出现的位置一致，技术含义相同，技术含义背后的原理差不多。二者的区别仅仅在于，均线再次交叉向上发散的黄金交叉相交于一点，金山谷均线黄金交叉于一个区域。

均线再次交叉向上发散的技术特征有以下几点。

⑴出现在长期上升趋势中，或者长期上升趋势的中期调整行情后期。

⑵在本次交叉向上发散之前，股价或指数曾有过一次向上发散。第一次向上发散可以是均线粘合向上发散，也可以是均线交叉向上发散。

⑶ 5 日、10 日和 20 日均线由向下空头发散逐渐收敛，然后黄金交叉于一点。

⑷黄金交叉后，5 日、10 日和 20 日均线逐渐向上多头发散，形成多头排列。

均线再次交叉向上发散的技术含义：看涨信号，买入。

均线再次交叉向上发散，大多出现在逐浪上升走势中，是对首次交叉向上发散或首次粘合向上发散买入信号的再次确认，可靠性更强，交易者可坚定做多信心，进场买入。

该形态大都出现在长期上升趋势中，以及长期上升趋势的中期调整行情后期，所以和首次交叉向上发散不同，均线再次交叉向上发散是真正意义上的看涨形态。

均线再次交叉向上发散经常和蛟龙出海相伴出现，偶尔会与鱼跃龙门、旱地拔葱同时形成。当上述形态的买入信号与均线再次交叉向上发散的买入信号发生共振时，上涨概率和看涨作用都大为增强，交易者进场买入可以更加安心。

如图 4–83 所示，广州控股（600098）。股价在底部出现一次均线首次粘合向上发散形态，因此向上突破 60 日均线后，出现的三线黄金交叉就是均线再次交叉向上发散形态。在 60 日均线上行的支撑下，形态的看涨作用强烈，买入。

该股均线再次交叉向上发散形态与旱地拔葱形态同时出现，为交易者买入增添了一重保障。

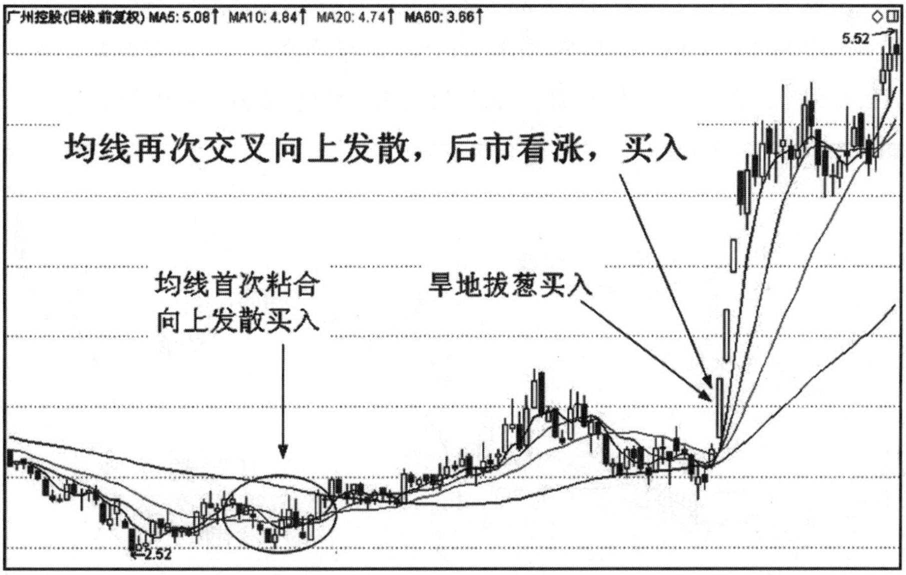

图 4–83　上升趋势中，均线再次交叉向上发散的看涨作用很强

如图 4-84 所示，广晟有色（600259）。前期筑底过程中，股价出现一个时间周期比较长的均线粘合形态，然后股价向上突破。此后上涨虽然一波三折，但股价最终站上 60 日均线，60 日均线也由下行转为上行，表明趋势向好。

这时股价遇 60 日均线支撑止跌回升后，向上跳空收出涨停板（当时该股是特别处理股票），均线三线黄金交叉，完成均线再次交叉向上发散形态，后市看涨，买入。

该股再次交叉形态与金蜘蛛形态同时出现，为股价后市上涨注入了一剂强心针。

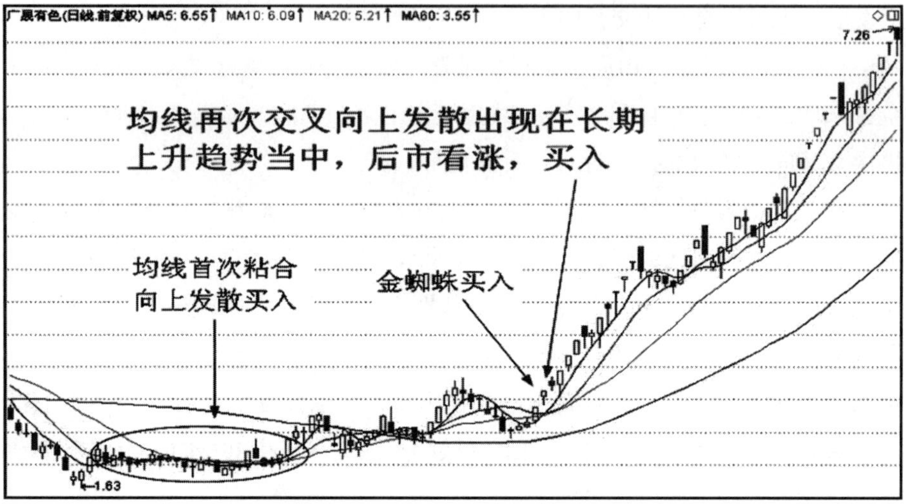

图 4-84　上升趋势初期出现均线再次交叉向上发散形态，后市看涨

如图 4-85 所示，新海股份（002120）。该股在底部先是出现均线首次粘合向上发散形态，然后一举突破 60 日均线。

在 60 日均线之上整理过程中，股价两次回试 60 日均线的支撑力度，在向上涨升时出现均线再次交叉向上发散形态，交易者可以果断买入。

该股出现均线再次交叉向上发散形态时，收出了一字涨停板，公众交易者无法买进。交易者可于次日股价跳空过前高，以及第三日股价回踩前高获强势支撑时继续买入。

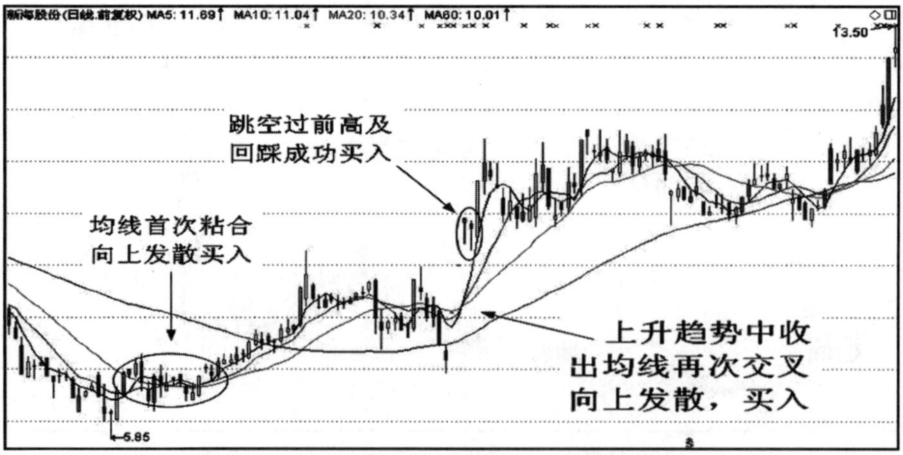

图 4-85　均线再次交叉向上发散的进场标准

如图 4-86 所示，天舟文化（300148）。该股第一次在底部出现银山谷形态，银山谷是交叉形态的一种。之后在 60 日均线上方同时出现均线再次交叉向上发散形态和旱地拔葱形态，上升趋势中，两种看涨信号发生共振，看涨作用强烈，买入。

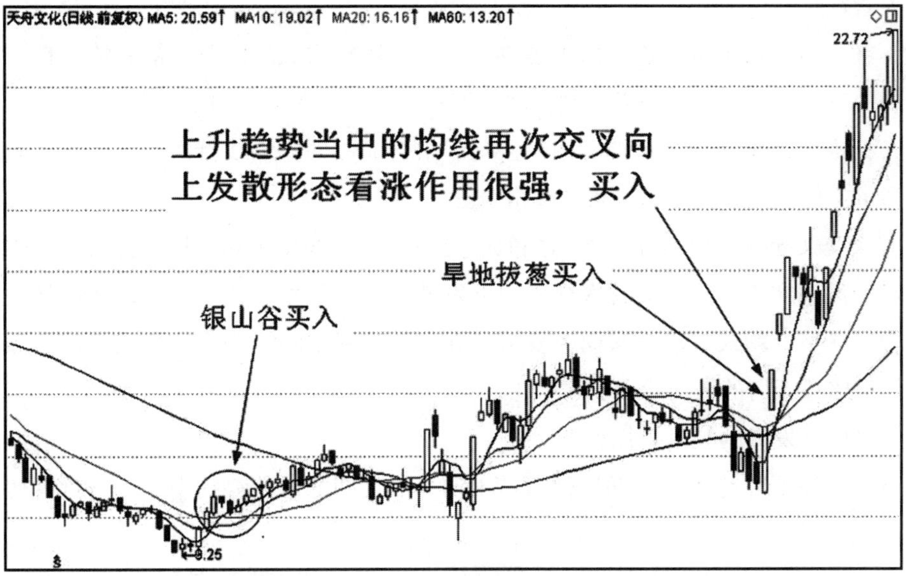

图 4-86　均线再次交叉向上发散形态的进场标准

特别提示：

⑴形成均线再次交叉向上发散形态的阳线实体越大，成交量配合得越好，信号的可靠性越强，短期上涨的力度越大。

⑵均线再次交叉向上发散形态经常与蛟龙出海、旱地拔葱、鱼跃龙门等看涨的均线形态伴生。

⑶均线再次交叉向上发散形态的大阳线，经常同时突破收敛三角形、下降楔形等整理技术图形。

三、均线首次交叉向下发散

均线首次交叉向下发散大多出现在长期下降趋势的中期反弹行情末期，或长期上升趋势的中期调整行情初期，以及长期下降趋势初期。均线首次交叉向下发散是指 5 日、10 日和 20 日均线由向上多头发散逐渐收敛，三条均线同时死亡交叉于一点，然后向下空头发散。因为 5 日、10 日和 20 日均线在同一时间、同一点位同时死叉，故又称之为均线首次复合死叉。

均线首次交叉向下发散和毒蜘蛛在很多方面都是相同和近似的，但也存在着以下几个方面的区别。

首先，毒蜘蛛收在死亡交叉上的 K 线，大多是小阳线小阴线，成交量亦应有所放大。死叉之前均线多头发散或多头排列，死叉之后均线空头发散或空头排列。均线首次交叉向下发散，在均线死亡交叉之前，均线不一定要多头发散或多头排列，只是在死亡交叉之后，均线必须要呈空头发散或空头排列。

其次，毒蜘蛛可以出现在任何行情中，既可以是反转信号，也可以是看涨信号。均线首次交叉向下发散，通常只出现在股价或指数见顶回落之处，反转信号居多，是转势形态。但传统上将其归为看跌形态。

再次，在一段行情中可以连续出现毒蜘蛛，但均线首次交叉向下发散只能是在下跌过程中第一次出现的三线死亡交叉。如果再次出现，那就只能是再次交叉向下发散。

最后，标准的毒蜘蛛均线系统是由四条均线组合而成的，均线首次交叉向下发散只要均线多于两条即可。传统上大多使用三条均线组合。

均线首次交叉向下发散与死亡谷的相似度更高，技术含义相同，技术含义背后的原理几无二致。二者的区别在于：①均线首次交叉向下发散的均线死亡交叉于一点，死亡谷的均线死亡交叉于一个区域；②均线首次交叉向下发散是在下跌过程中的第一次死亡交叉，而毒蜘蛛则可以出现在任何趋势行情的任何阶段。

首次交叉向下发散的技术特征如下。

⑴出现在长期下降趋势的中期反弹行情末期，或长期上升趋势的中期调整行情初期，以及长期下降趋势初期。

⑵ 5 日、10 日和 20 日均线由向上多头发散逐渐收敛，死亡交叉于一点。

⑶死亡交叉后，5 日、10 日和 20 日均线逐渐向下空头发散，形成空头排列。

首次交叉向下发散的技术含义：看跌信号，卖出。

在长期下降趋势中，经常多次出现均线复合死叉走势，对交易而言，最具有实战意义的只有前期的一两次，越靠后的均线复合死叉离底部越近，技术信号就越不可靠。

对于趋势交易者而言，下降趋势中的原则是空仓，如果严格执行纪律，趋势交易者应当在第一次或第二次发出卖出信号时就已空仓，即使后面发出十次、二十次卖出信号，其实都没有太大的意义。

均线首次交叉向下发散形态偶尔出现在长期上升趋势的中期调整行情初期，大多都出现在长期下降趋势初期和长期下降趋势的第一次中期反弹行情末期。交易者见到此形态，一定不要对后市走势抱有过多幻想。前期牛市中一直持股到现在的，至此应该到了清空仓位的时刻了。在股价触底反弹过程中进场的交易者，在股价上涨无力，不能再创新高时，就应及时清仓出局。这样即便打虎不成，带两只兔子回去也还能打打牙祭，否则只怕将深陷险境。

如图 4–87 所示，南风化工（000737）。股价下跌以后向上涨升，高位出现复合头肩顶技术图形。之后一个一字跌停跌破头肩顶颈线，同时出现均线首次交叉向下发散形态。

虽然此时 60 日均线还在上行，但是上行角度很缓，并且才由下行转为上行不久，表明股价上涨的大概率事件是中期反弹行情。在中期反弹行情中，股价用一字跌停的方式收出均线首次交叉向下发散形态，同时跌破头肩顶形态，一定要引起交易者的警觉，无论是短线还是中长线交易，都可以清仓卖出。

如果当日无法成交，次日继续挂单卖出；次日无法成交，第三日继续挂单卖出。经过连续几天的下跌，已经确认中期反弹行情结束，后市股价将继续运行在长期下降趋势中。

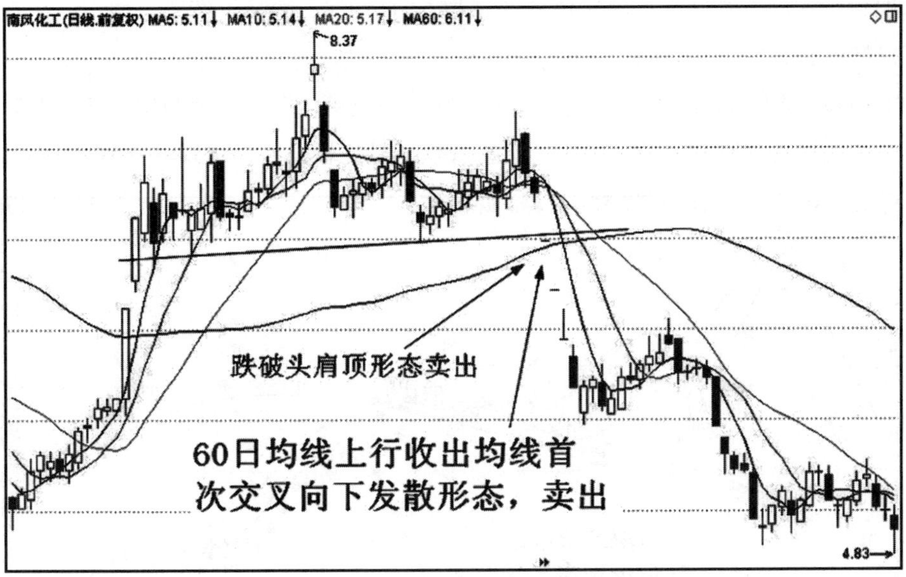

图 4-87　虽然 60 日均线上行，但下跌坚决，同时跌破技术图形，清仓卖出

如图 4-88 所示，天坛生物（600161）。股价虽然一直在上涨，但 60 日均线基本上是横向平移，预示着趋势变盘在即，持仓的交易者应打起十二分精神。

股价继续下跌，出现均线首次交叉向下发散形态，同时向下跳空跌停跌破 60 日均线，表明大势更加不妙，短线交易应当清仓离场。在趋势方向不明，股价已经跌破 60 日均线时，中长线交易也应清仓，至少应减掉绝大部分仓位。

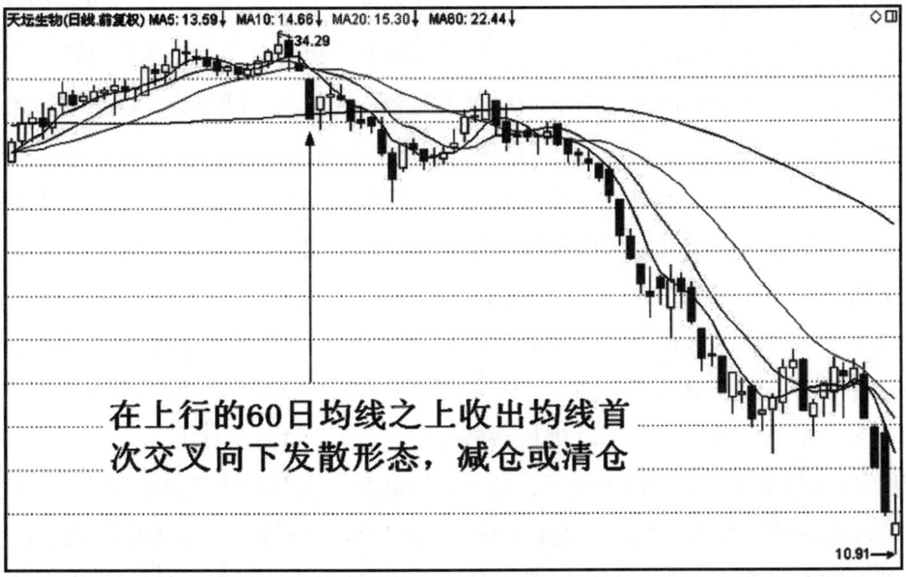

图 4-88　趋势方向不明，出现均线首次交叉向下发散形态，交易者以清仓为宜

如图 4-89 所示，ST 盛润 A（000030）。股价在顶部出现倒置 V 形反转，遇 60 日均线上行支撑止跌，进行整理，出现收敛三角形形态。

接着股价跳空向下跌停，跌破三角形形态和 60 日均线，之后继续跳空向下，出现均线首次交叉向下发散形态，短线交易应当立即清仓。

因为 60 日均线上行，所以中长线交易可以减仓，也可以清仓。因为均线存在滞后性，加之此前出现绝命跳形态，跌破收敛三角形形态，看跌信号比较强烈，所以清仓为宜。

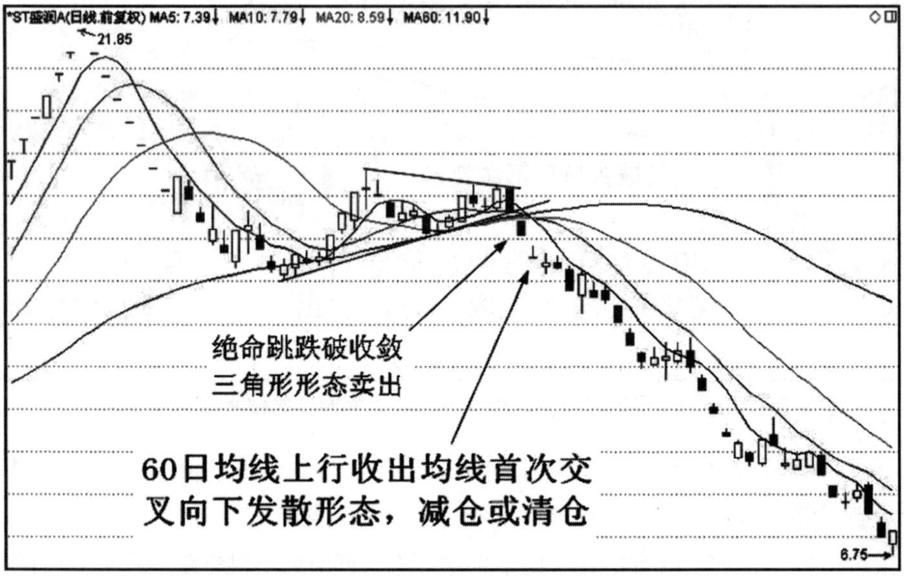

图 4-89　均线首次交叉向下发散形态的离场标准

如图 4-90 所示，洪都航空（600316）。该股见顶之后股价震荡整理，5 日、10 日和 20 日均线逐渐粘合，然后一根一字跌停板直接开在短期均线组合各条均线下方，出现均线首次交叉向下发散形态，短线交易应清仓，中长线交易可以减仓，也可以清仓。为什么呢？因为该股累积的涨幅过大，出现均线首次交叉向下发散形态时，K 线是一字跌停板，表明空方终于酝酿出雷霆万钧的力量，开始迎头痛击多方，所以中长线交易也可以清仓。

实际上，公众交易者在形成均线首次交叉向下发散形态当日，几乎不可能清仓或减仓的，因为当日是一字跌停板。交易者可以在第二日继续挂单追卖。第二日依然是一字跌停板，如果还没有成交的，第三日继续追卖，直至可以成交为止。

也许有的交易者认为这样杀跌，和不懂技术分析的新手没有什么两样，实则不然。连续一字跌停板，在有涨跌幅限制市场里是最为凶狠的下跌方式。该股第一根一字跌停板出现均线首次交叉向下发散形态，第二根一字跌停板跌破 60 日均线，60 日均线开始走平，第三根一字跌停板 60 日均线继续走平，股价越来越低，趋势越来越弱，表明行情已经由牛转熊，只有空仓回避才是防范风险的最佳方法。当然，如果无量一字跌停板一直持续，那又另当别论了。

在均线首次交叉向下发散形态中，股价是沿着 10 日均线陡峭上涨的，所以跌破 10 日均线是短线交易的清仓点，中长线交易的减仓点。

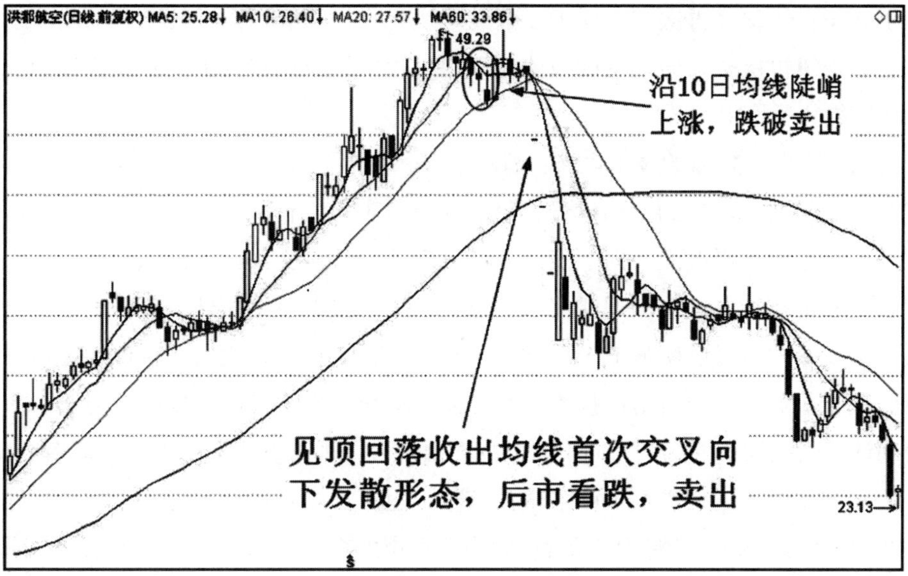

图 4-90 均线首次交叉向下发散形态的离场标准

特别提示：

⑴死亡交叉后，均线向下发散的角度越大，短期下跌的动力就越大。

⑵均线首次向下发散时，如果成交量放大，则表明有恐慌盘涌出，后市急跌的概率较大。

⑶在上行的 60 日均线之上出现均线首次交叉向下发散，大多是长期上升趋势中的中期调整行情，短线交易可以清仓，中长线交易可以只减仓。

四、均线再次交叉向下发散

均线再次交叉向下发散又称均线再次复合死叉，出现在长期下降趋势中，以及长期下降趋势的中期反弹行情后期。均线再次交叉向下发散是指股价或指数出现一次交叉或粘合向下发散形态之后，再次出现 5 日、10 日和 20 日均线在同一时间、同一点位同时死叉的技术形态。

均线再次交叉向下发散的技术特征有以下几点。

⑴出现在长期下降趋势中，以及长期下降趋势的中期反弹行情后期。

⑵在本次交叉向下发散之前，股价或指数曾有过一次向下发散。第一次向下发散可以是粘合向下发散，也可以是交叉向下发散。

⑶ 5 日、10 日和 20 日均线由向上多头发散逐渐收敛，死亡交叉于一点。

⑷死亡交叉后，5 日、10 日和 20 日均线逐渐向下空头发散，形成空头排列。

均线再次交叉向下发散和毒蜘蛛在很多方面都有相近之处。二者最大的不同在于，均线再次交叉向下发散对于出现的位置有特定的要求，必须是下降趋势中，且是第二次出现，毒蜘蛛则可以出现在任何趋势中。

均线再次交叉向下发散与死亡谷非常近似，技术含义相同，技术含义背后的原理差不多。

二者的区别在于：①均线再次交叉向下发散的均线死亡交叉于一点，死亡谷的均线死亡交叉于一个区域；②均线再次交叉向下发散只能是下跌过程中第二次出现的死亡交叉，而死亡谷则可以出现在任何趋势行情中。

均线再次交叉向下发散的技术含义：看跌信号，卖出。

均线再次交叉向下发散的卖出信号，可靠性要强于均线首次交叉向下发散。原因在于形态出现的位置，无论均线再次交叉向下发散之前出现的是首次交叉向下发散，还是首次粘合向下发散，都表明股价在相对高位出现滞涨，趋势已经逆转或者正在扭转，有向下的可能，而均线再次交叉向下发散的位置已明显低于前期技术形态。技术形态方面，股价已经走出了后高低于前高、后低低于前低的下降行情。技术含义方面，均线再次交叉向下发散是对第一次卖出信号的再一次确认。因此均线再次交叉向下发散的卖出信号更加可靠，后市下跌的概率更高。

对于趋势交易者来说，再次下跌的确认信号，包括均线再次交叉向下发散和均线再次粘合向下发散在内，很多时候都是毫无意义的，因为非牛市的交易原则是空仓，何况是在下降趋势中。任何非牛市出现的卖出信号，都是清仓时机。持股等待第二次确认卖出，以及在下降趋势中抢反弹，都不是明智的做法。如果是其他交易市场，例如股指期货和商品期货市场，第二次下跌的确认信号倒是非常好的一个做空点。

如图 4–91 所示，云内动力（000903）。股价跌破 60 日均线时，出现均线首次交叉向下发散形态，随后股价下跌。

之后股价止跌反弹，在反弹行情末期，出现均线再次交叉向下发散形态，这时形态的看跌作用更强，清仓卖出。

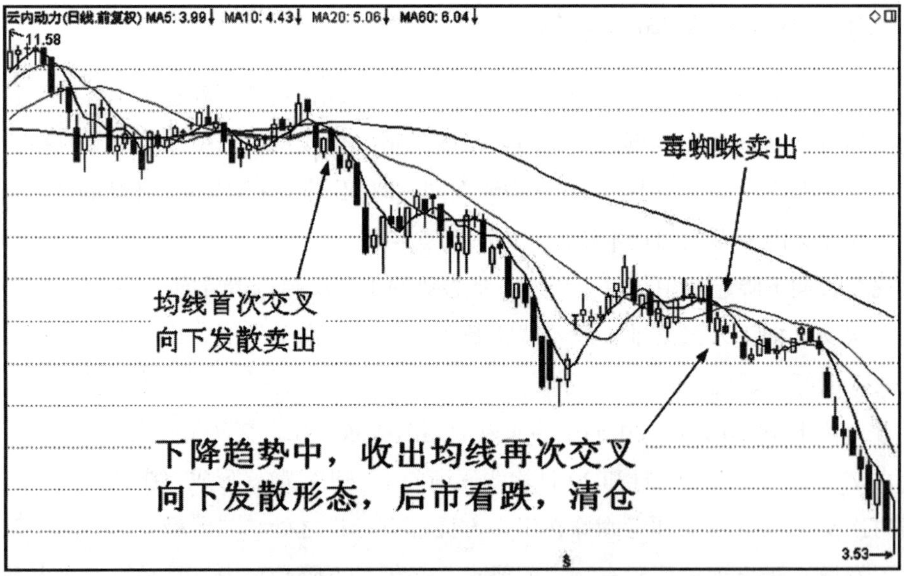

图 4–91　均线再次交叉向下发散的看跌作用很强，清仓离场

如图 4–92 所示，鹏博士（600804）。股价见顶时出现死亡谷形态，股价跌破 60 日均线，60 日均线已经开始下行，表明趋势走弱。

随后股价在 60 日均线之下紧贴着 60 日均线整理，60 日均线的方向先是略微下行，后来略微上行。之后股价下跌，出现均线再次交叉向下发散形态。此时虽然 60 日均线依然略微上行，但在其下出现看跌作用比较强烈的均线再次交叉向下发散形态，是市场向交易者点燃的烽火，预示危险正在迫近，清仓卖出。

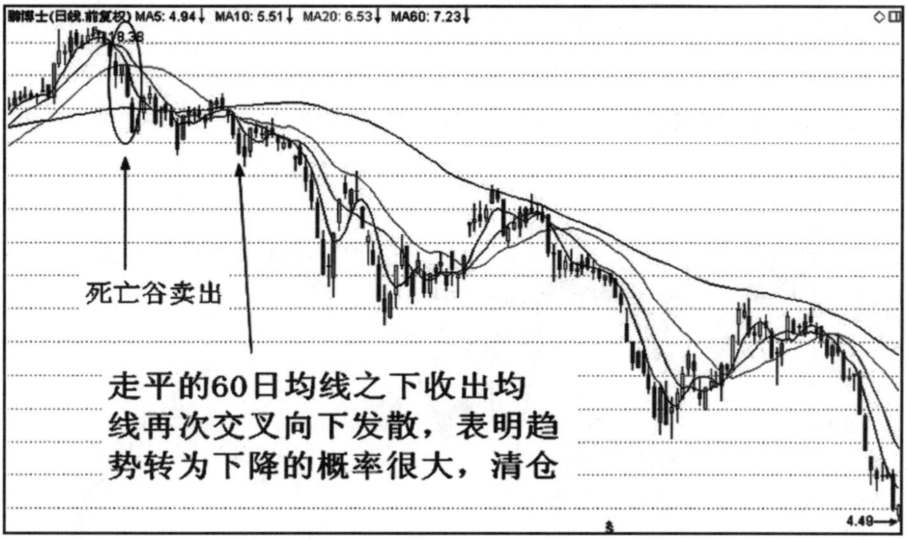

图 4-92 平移的 60 日均线之下出现均线再次交叉向下发散形态，预示后市下跌的概率很大，清仓

如图 4-93 所示，山西汾酒（600809）。第一次均线向下发散是交叉发散。在跌破 60 日均线之后，出现死亡谷形态。

之后股价止跌反弹，向上突破 60 日均线，但并未带动 60 日均线上行，只是由下行变为走平。在反弹末期出现均线再次交叉向下发散形态是看跌形态，表明当前趋势虽然不明朗，但后市继续下跌是大概率事件。此时无论长线还是短线，都可以清仓卖出。

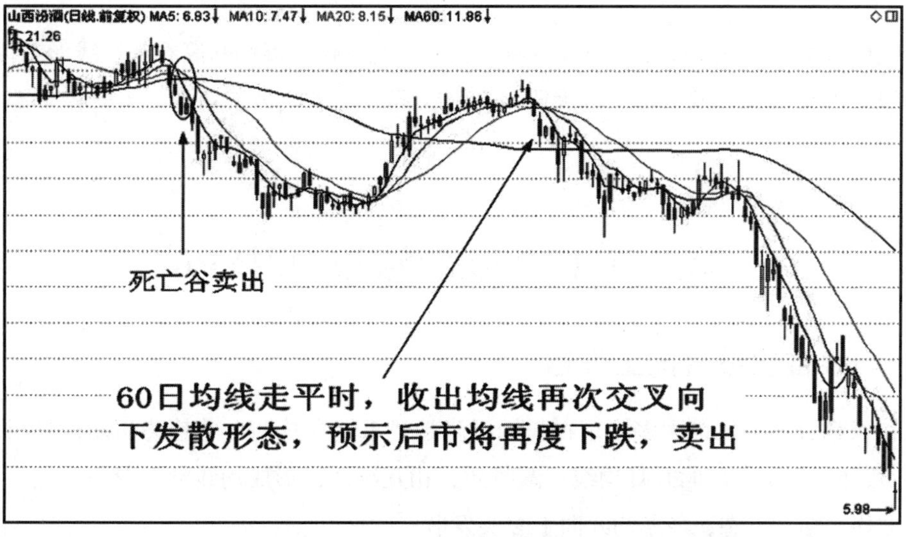

图 4-93 趋势方向不明时，出现均线再次交叉向下发散形态，表明后市选择向下的概率很大，交易者应清仓卖出

如图 4-94 所示，号百控股（600640）。第一次出现均线首次交叉向下发散形态时，60 日均线还在上行。股价跌破 60 日均线后，反复上攻 60 日均线不上。之后在 60 日均线下行压制下，出现均线再次交叉向下发散形态，信号的看跌作用强大，交易者应及时清仓卖出。

形成均线再次交叉向下发散形态的大阴线，同时形成了毒蜘蛛形态，并且股价跌破了收敛三角形形态，还发出 60 日均线葛南维卖出信号，几种看空力量汇聚于一点，表明下跌已是不可避免的事情了。

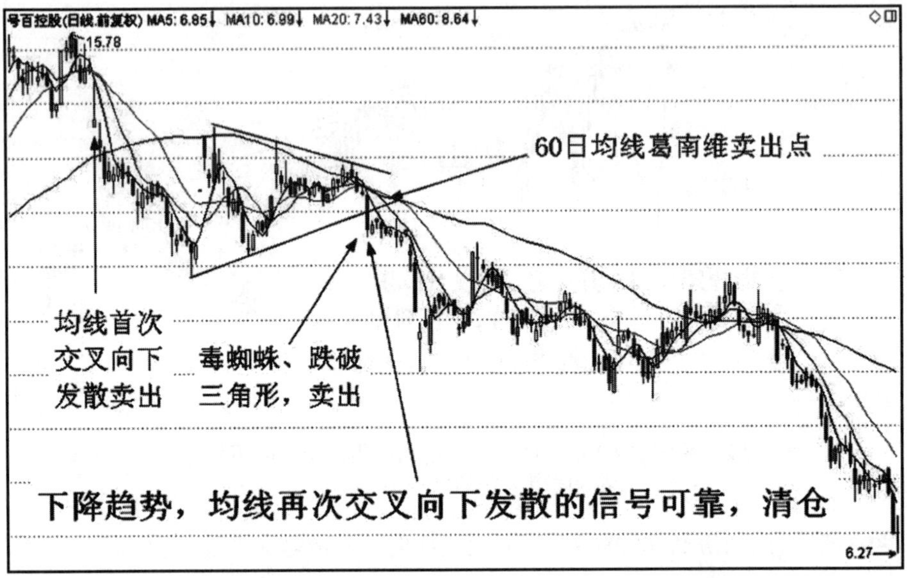

图 4-94　在下降趋势中出现均线再次交叉向下发散，看跌作用强烈

特别提示：

(1)形成均线再次交叉向下发散形态的阴线实体越大，成交量放得越大，后市急跌的可能性就越大。

(2)均线再次交叉向下发散形态经常与断头铡刀、绝命跳、毒蜘蛛等看跌均线形态伴生。

(3)均线再次交叉向上发散形态的大阴线，经常同时突破收敛三角形、上升楔形等整理技术图形。

第三节 粘合形态实战应用技巧

一、均线首次粘合向上发散

均线首次粘合向上发散大多出现在长期下降趋势末期和长期上升趋势初期，是指股价在筑底或盘整时，5 日、10 日和 20 日均线逐渐收敛，相互缠绕，形成均线粘合形态，然后股价或指数向上突破均线粘合形态，各条均线向上多头发散。

均线首次粘合向上发散的技术特征有以下几点。

⑴出现在长期下降趋势末期或长期上升趋势初期。

⑵5 日、10 日和 20 日均线收敛，形成均线粘合形态。

⑶股价或指数向上突破均线粘合形态，均线向上多头发散。

均线首次粘合向上发散的技术含义：看涨信号，买进。

均线首次粘合向上发散大多出现在长期下降趋势末期以及长期上升趋势初期，主要是主力进场吸货所致。当股价或指数向上突破后，往往都会有一段可观的涨幅。

从平均成本的角度看，均线粘合表示市场内各均线周期的平均持仓成本相同，粘合的时间越久，平均成本相同的筹码就越多。一旦股价向上突破，一方面说明所有持仓都出现盈利，没有足够的盈利，投资者是不会大量抛出的，因此持仓比较稳定。另一方面表明场外的交易者愿意出更高的价格买入，甚至不惜让堆积得如此多的筹码全部获利，多方的实力和决心非同一般。

均线粘合之前，股价或指数毕竟经历了一个极其漫长的下跌，市场交易清淡，看空气氛浓厚，深度套牢的套牢盘沉重，60 日均线等中长期均线也在上方下行压制，所以即便后市向上突破，上涨大多也是一波三折。如果股价或指数不能成功向上突破 60 日均线，或 60 日均线一直下行，那么均线粘合之后的突破行情，很有可能仅仅是中期反弹而已。对于这种走势，交易者买入依然存在较大的风险，轻仓介入则是控制风险的重要方式。

均线首次粘合向上发散的买入点在股价或指数向上突破均线粘合形态，以及均线多头发散的初期。

如图 4–95 所示，中国卫星（600118）。下跌末期杀跌动力减弱，股价横盘整理。在筑底过程中出现均线首次粘合向上发散形态，看涨信号，买入。因为 60 日均线还在下行，股价仍旧运行在下降趋势中，因此这是一个消极的买入信号，只能先按照反弹行情来做，所以买入仓位要轻。

该股没有明显的突破点，所以进场时机只能选在均线向上多头发散初期。

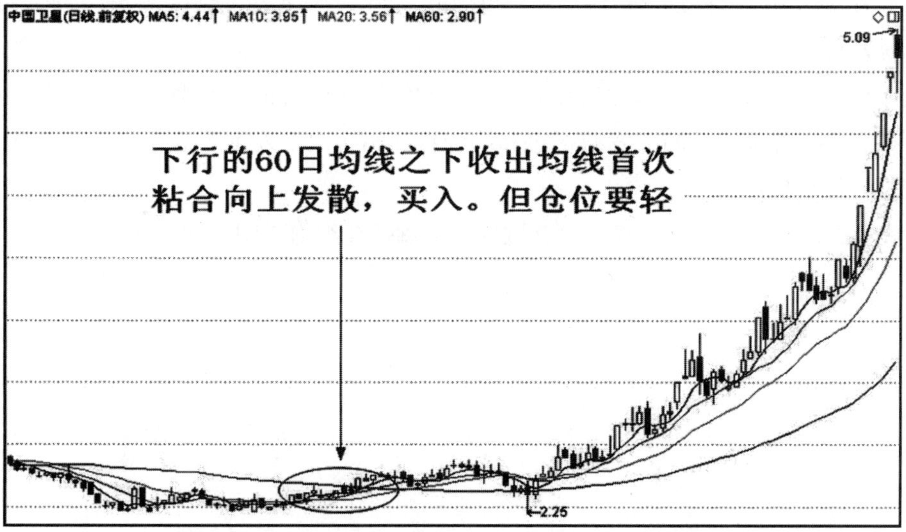

图 4–95　均线首次粘合向上发散，但 60 日均线下行，所以买入仓位要轻

图 4–96 是人福医药（600079）的周线图。该股在底部整理时，出现均线首次粘合向上发散形态，表明中期趋势趋暖。周线图中的中期趋势相当于日线图上的长期趋势，所以交易者可以进场买入，买入的仓位相应地也可以大一些。

买入点可以选在均线向上多头发散和多头排列的初期。

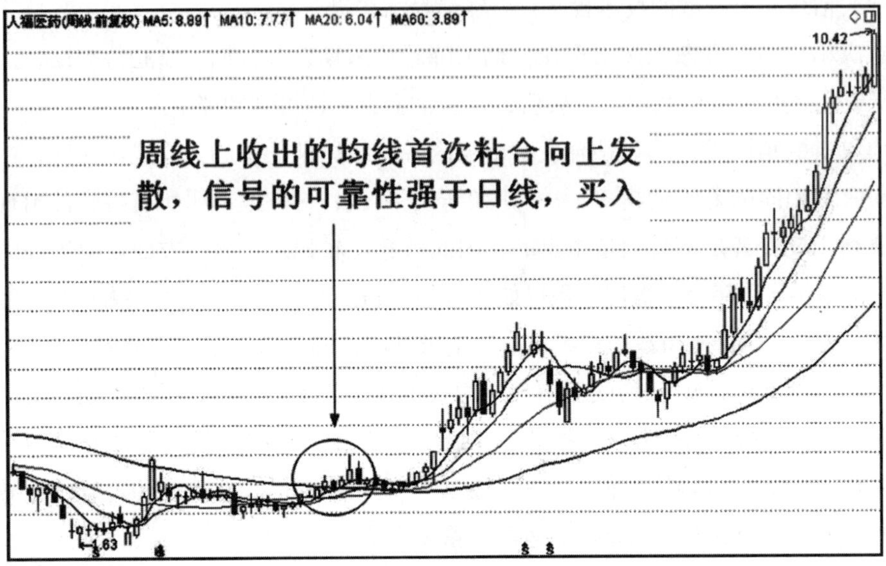

图 4–96　周线出现均线首次粘合向上发散形态，信号可靠性更强

如图 4–97 所示，明星电力（600101）。股价筑底之后，出现冉冉上升形的 K 线形态，一直涨过 60 日均线，60 日均线也由下行逐渐转为上行。

之后股价在 60 日均线之上整理，5 日、10 日和 20 日均线逐渐收敛，出现均线首次粘合向上发散形态，看涨信号强烈，买入。

买入之后，股价并没有马上拉升，反而再度收敛粘合，之后才向上突破，均线也随之向上发散。交易者继续买入。

这里存在一点争议，就是这种走势算是一次均线首次粘合向上发散形态中的两次向上发散呢，还是算作均线首次粘合向上发散形态和均线再次粘合向上发散形态呢？本书倾向于是一次形态中的两次向上发散。

在均线第二次向上发散时出现一只金蜘蛛，金蜘蛛会织出希望之网，买入。

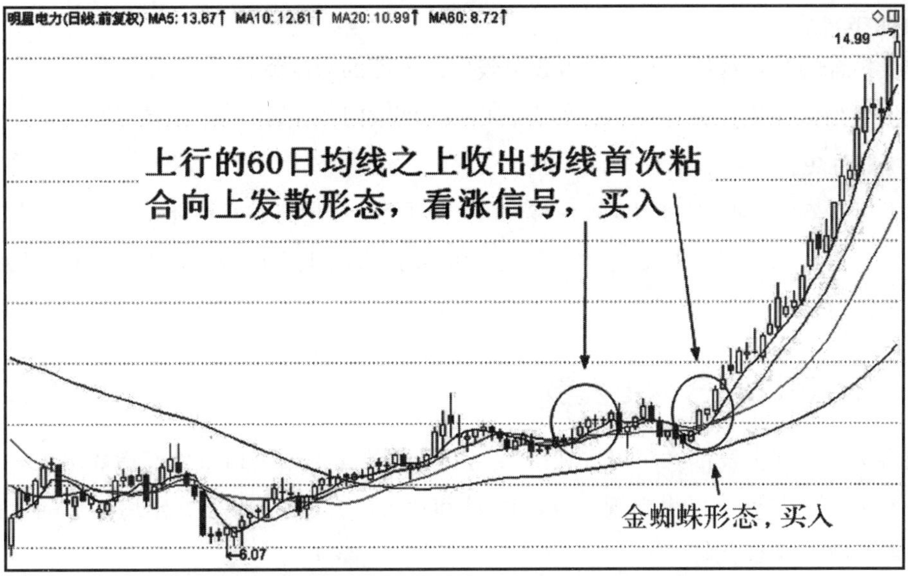

图 4-97　上升趋势中出现均线首次粘合向上发散，看涨作用强烈

如图 4-98 所示，ST 中华 A（000017）。股价一直受到 60 日均线下行压制，但也不再下跌，而是出现均线粘合形态。粘合形态后期股价向上突破，出现均线首次粘合向上发散形态，后市看涨，买入。

股价突破粘合形态时，同时向上突破 60 日均线，60 日均线由下行走平，是 60 日均线葛南维第一大法则买入点。两种长期看涨信号共振于一点，预示后市上涨的力度很大，足以振奋和鼓舞交易者买入的信心。

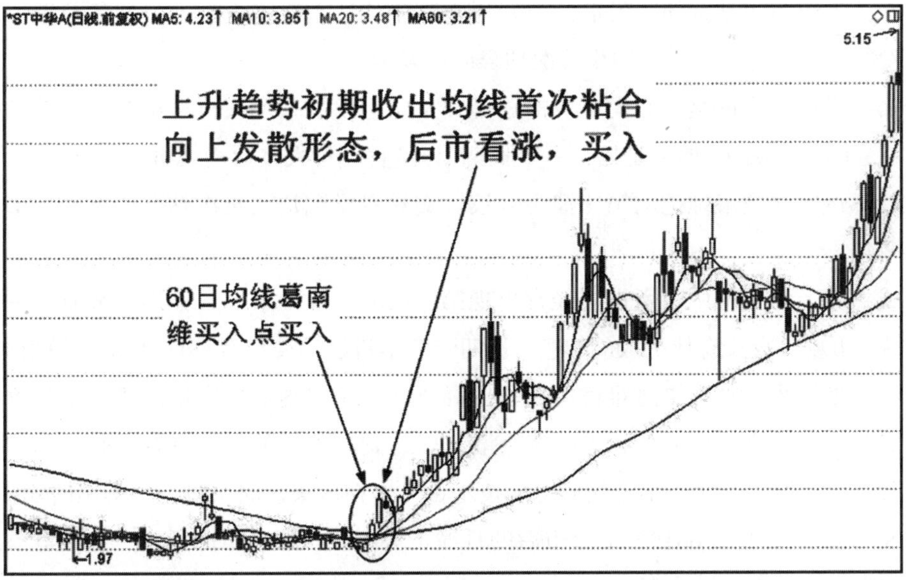

图 4-98　均线首次粘合向上发散形态和 60 日均线葛南维买入信号同时发出，可靠性很强

特别提示：

⑴均线粘合的时间越长，股价或指数突破后，上涨的力度就越大。

⑵股价或指数向上突破均线粘合形态，以及均线向上发散初期，如果成交量同步放大，那么信号的可靠性更强一些。

⑶在下行的60日均线之下出现均线首次粘合向上发散形态，有可能是长期下降趋势的中期反弹行情，交易者买入时要控制仓位。等到股价或指数向上突破60日均线，60日均线上行时再加仓买入。

二、均线再次粘合向上发散

均线再次粘合向上发散大多出现在中长期上升趋势初期，是指股价或指数出现一次交叉或粘合向上发散形态之后，再次出现5日、10日和20日均线粘合形态，随后股价向上突破，形成向上多头发散的技术形态。

均线再次粘合向上发散的技术特征如下。

⑴出现在中长期上升趋势初期。

⑵在本次粘合向上发散之前，股价或指数曾有过一次向上发散。第一次向上发散可以是粘合向上发散，也可以是交叉向上发散。

⑶5日、10日和20日均线向上多头发散，形成多头排列。

均线再次粘合向上发散的技术含义：看涨信号，买进。

均线再次粘合向上发散与均线首次粘合向上发散，其技术特征和技术含义完全相同，唯一的区别在于：均线再次粘合向上发散的位置通常高于均线首次粘合向上发散的位置。均线再次粘合向上发散信号的可靠性强于均线首次粘合向上发散。

不论第一次向上发散是粘合向上发散还是交叉向上发散，均线再次粘合向上发散都是对第一次买入信号的再次确认。如果是处在一个长期上升趋势中，大多数均线再次粘合向上发散之后，股价或指数都运行在波浪理论的第三浪主升浪。交易者见到均线再次粘合向上发散形态，可以积极买入做多。

股价或指数上涨过程中之所以会经常出现第二次向上发散形态，原因一般有两种：一是经过长期下跌，市场一直没有什么大的起色，长期受套牢折磨的交易者一旦见到比较像样的弹升，就会按捺不住地抛售，唯恐错过难得的反弹出局机会。短期内涌出大量抛盘，令股价或指数再度下跌。二是主力故意打压股价，恐吓持仓散户以达到吸筹目的。交易者不必过问和探究这种走势的深层原因，但一定要牢牢记住形态的技术含义，在该买进时买进，该卖出时卖出。

图4-99是大唐发电（601991）上市后的日线走势图。该股上市之后就一直横盘整理，之后出现均线首次粘合向上发散形态。

股价稍涨之后即回落，之后继续整理，随后出现均线再次粘合向上发散形态。此时60日均线已经上行，表明股价开始进行在牛市大道上，买入。

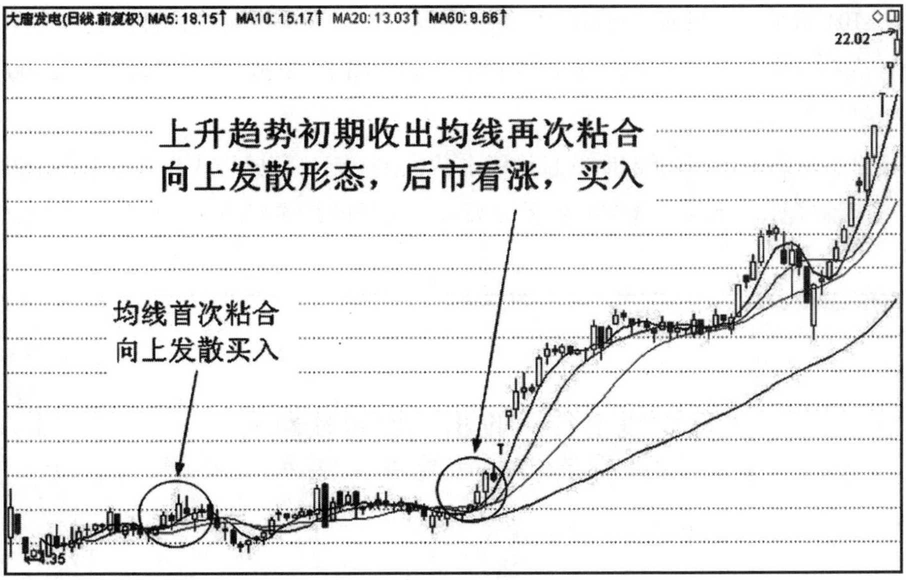

图 4-99　上升趋势初期均线再次粘合向上发散，看涨作用强烈

如图 4-100 所示，长城开发（000021）。在筑底过程中，股价几乎不涨也不跌。之后出现均线首次粘合向上发散形态，股价随后也突破 60 日均线。

在 60 日均线上方，股价再度整理，各条均线收敛，出现均线再次粘合向上发散形态，60 日均线也开始缓缓上行。

因为该股前后两次出现均线粘合形态，粘合的时间周期非常长，粘合的形态非常完美，表明有主力入驻。一旦该股爆发，后市的涨幅和涨升力度都不可限量，所以交易者完全可以全力做多，买入的仓位可以很重。

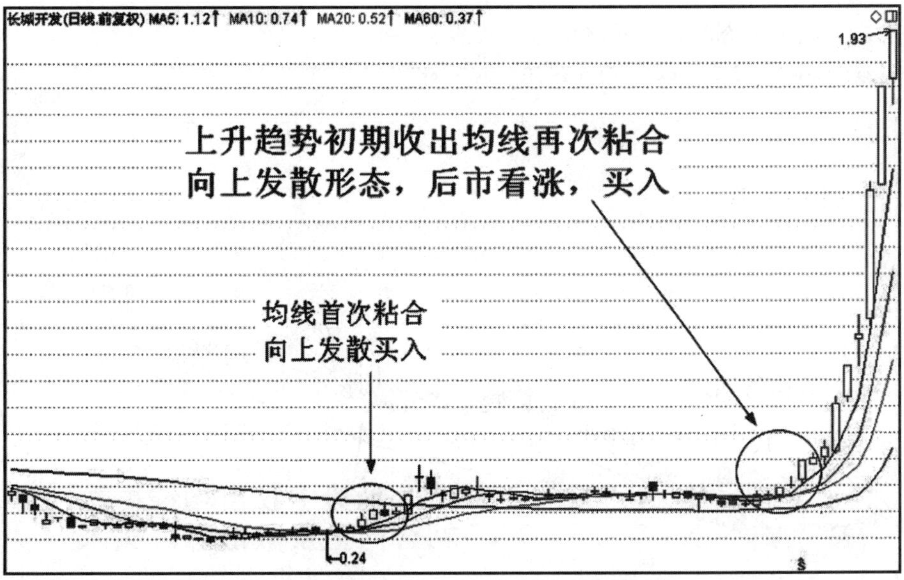

图 4-100　该股粘合了很久，预示后市的爆发力会很强

如图 4–101 所示，江泉实业（600212）。该股也是前后出现两段粘合向上发散形态。第一段是均线首次粘合向上发散形态，形态完成时，股价也向上突破了 60 日均线，是 60 日均线葛南维买入信号，买入。

第二段粘合形态，短期均线和 60 日均线也粘合在一起。完成均线再次粘合向上发散形态的方式，是一字涨停板，所以公众交易者无法买入。这是极其强烈的买入信号，后期交易者应该积极追买。

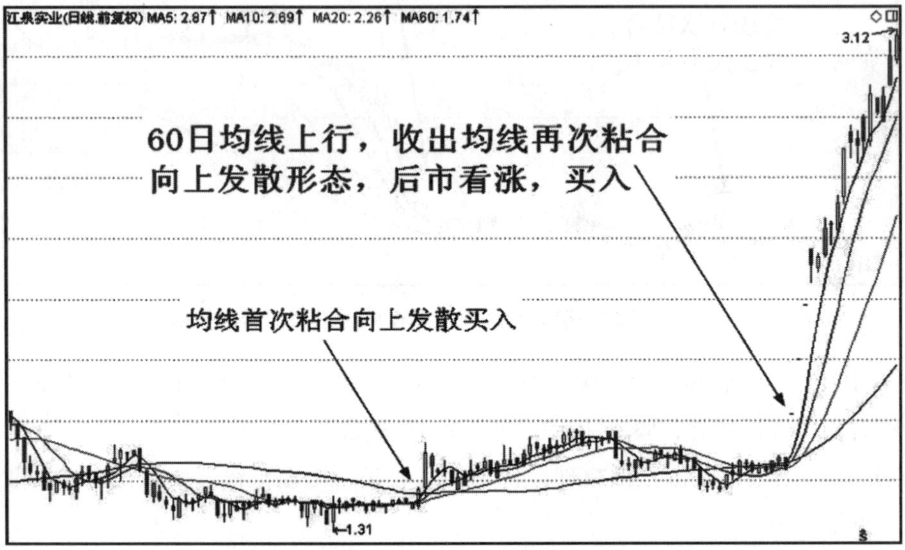

图 4–101　均线再次粘合向上发散的进场标准

如图 4–102 所示，维维股份（600300）。该股第一段均线向上发散形态还是银山谷交叉形态。之后股价突破 60 日均线继续上涨，远离 60 日均线，并在 60 日均线上方强势整理。之后出现均线再次粘合向上发散形态时，是看涨信号，买入。

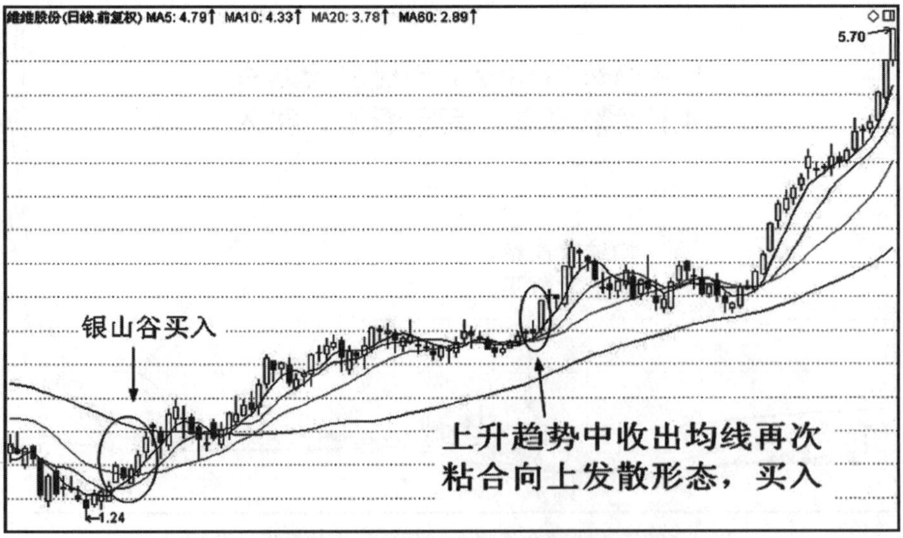

图 4–102　均线再次粘合向上发散的进场标准

如图 4–103 所示，凌云股份（600480）。该股均线再次粘合向上发散形态出现在上升趋势初期，此时 60 日均线在下支撑有力，像一艘大船在下面托举着股价，买入。

该股均线第一次向上发散是均线首次交叉向上发散形态。

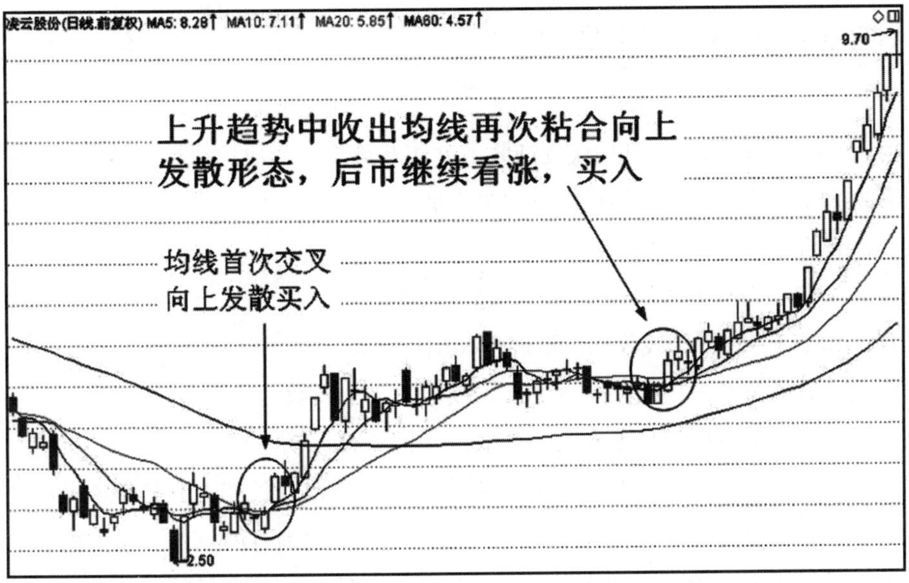

图 4–103　均线再次粘合向上发散的进场标准

如图 4–104 所示，莲花味精（600186）。该股出现均线再次粘合向上发散形态时，股价上升趋势已经非常明显，60 日均线几乎呈一条直线沿着固定的上升角度上行。均线再次粘合向上发散的买入点与 60 日均线葛南维买入点重合，所以交易者可以放心买入做多。

该股第一段向上发散行情是均线首次粘合向上发散。

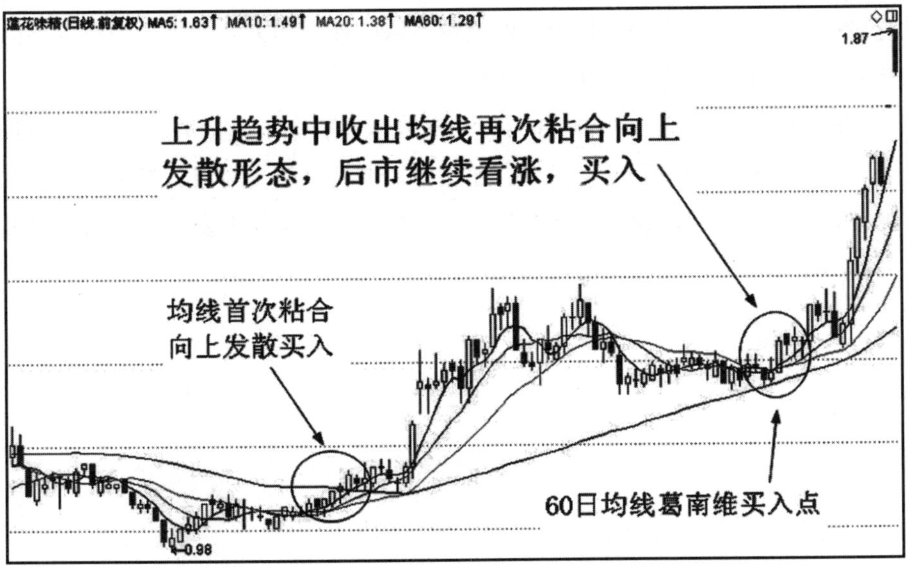

图 4–104　上升趋势中，看涨信号共振，买入

特别提示：

⑴均线粘合的时间越长，突破后上涨的概率和潜力就越大。

⑵突破时如有成交量的配合，信号的可靠性更强。

三、均线首次粘合向下发散

均线首次粘合向下发散大多出现在长期下降趋势初期和长期上升趋势末期，是指股价在筑顶或盘整时，5 日、10 日和 20 日均线逐渐收敛并相互缠绕，形成均线粘合形态，然后股价或指数向下跌破均线粘合形态，各条均线向下空头发散。

均线首次粘合向下发散的技术特征如下。

⑴出现在长期下降趋势初期或长期上升趋势末期。

⑵ 5 日、10 日和 20 日均线收敛，形成均线粘合形态。

⑶股价或指数向下跌破均线粘合形态，均线向下空头发散。

均线首次粘合向下发散的技术含义：看跌信号，卖出。

均线首次粘合向下发散大多出现在长期下降趋势初期以及长期上升趋势末期，是主力和交易者兑现利润所致。之所以会在高位形成均线粘合形态，原因有两点：一是主力尚有大量筹码未抛出，因此继续维系股价不大幅下跌，以便卖出好价钱；二是大量的场外交易者依然沉浸在牛市的狂热和激情中，不计成本地疯狂涌入，将理性交易者的抛盘悉数承接。无论是哪一种原因，一旦股价或指数向下跌破粘合形态，供求关系就会失衡，很容易引发恐慌性抛盘，使后市出现急跌走势。

从平均成本的角度看，均线粘合时，表示市场内各均线周期入场的交易者平均持仓成本相同，粘合的时间越久，平均成本相同的筹码就越多。当股价向下跌破时，大量的持仓同时被套，果断的持仓者抢先一步杀跌出局，从而加剧股价下跌的速度和力度，进一步引发恐慌抛盘。恶性循环的结果就是空杀多、多杀多的暴跌走势。

如图 4–105 所示，海通证券（600837）。均线首次粘合向下发散形态出现在下行的 60 日均线下方，表明无论是中长期持仓的交易者，还是中短期持仓的交易者，都不看好后市，下跌不过是早晚的事情。粘合的时间越久，下跌的动力越足，一旦交易者发现均线向下发散，应该立刻清仓出局。

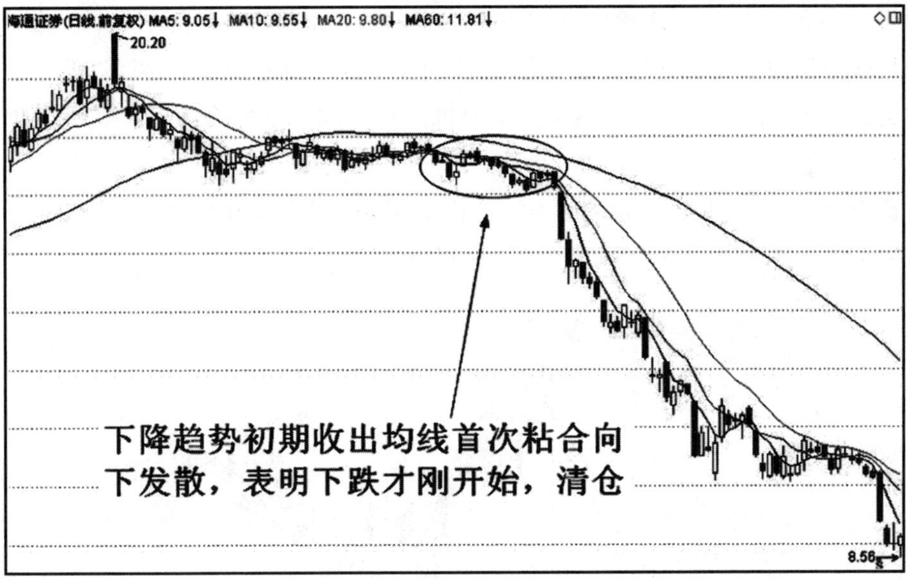

图 4-105 下降趋势中出现均线首次粘合向下发散形态，清仓卖出

如图 4-106 所示，中国石油（601857）。在 60 日均线下行压制下，均线首次粘合向下发散形态与毒蜘蛛、断头铡刀、60 日均线葛南维卖出点同时出现，即便是粗通技术分析的交易者持股在手，在这种情况下也会忐忑不安的。遇到这种走势，只有清仓卖出才可以高枕无忧。

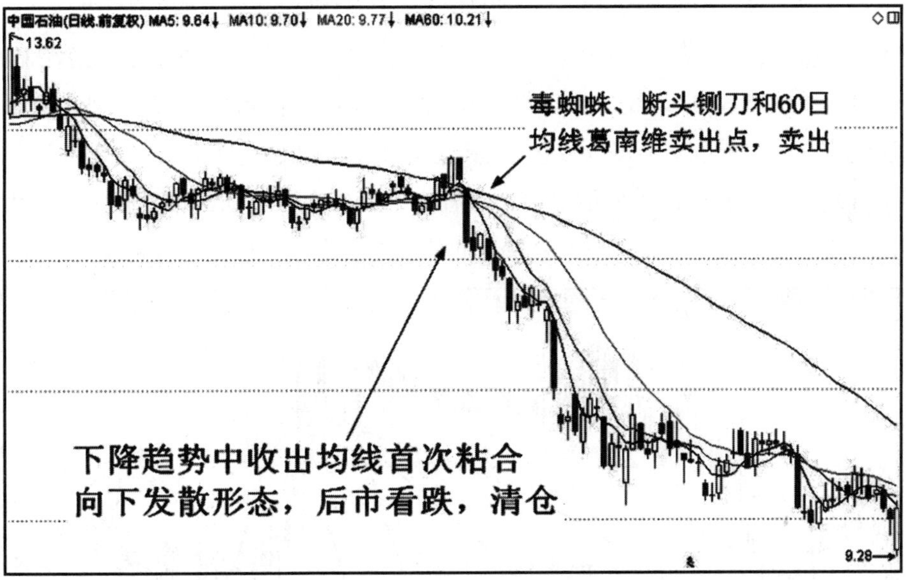

图 4-106 均线首次粘合向下发散与多种看跌信号共振，清仓卖出

如图 4-107 所示，洪都航空（600316）。该股首次出现均线粘合向下发散形态时，股价还运行在上升趋势中，因此短线交易应清仓，中长线交易则可以减仓，也可以清仓。

为什么股价仍然处在上升趋势中，中长线交易也可以清仓呢？这是因为上升趋势中出现均线粘合形态，大概率是向上突破的，但现在却向下跌破，预示后市走势不乐观。也就是说，原本应该是均线服从的走势，现在有点像均线扭转了，说明趋势已经不再运行在常态，有可能是在异态中运行。趋势异态是寻找买点和卖点的时机，因为均线首次粘合向下发散看空的作用较强，所以中长线交易也可以清仓。

没有清仓的交易者，应在股价跌破 60 日均线，发出葛南维卖出信号时清仓离场。

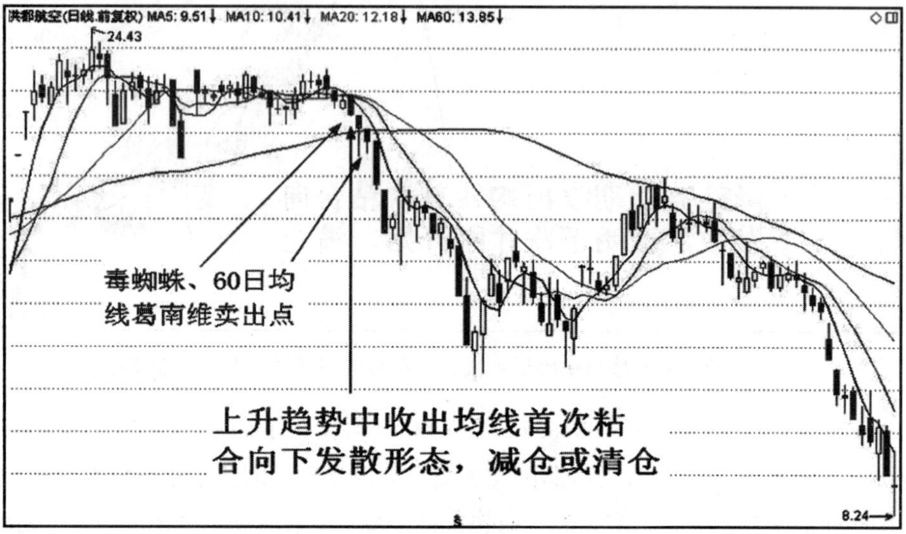

图 4-107　上升趋势中出现均线首次粘合向下发散形态，不必急切卖出

如图 4-108 所示，三普药业（600869）。均线首次粘合向下发散形态也是出现在上升趋势中，不同的是该股两次跌破 60 日均线，并且同时出现断头铡刀、绝命跳等比较强烈的看跌形态，因此短线交易应清仓，中长线交易可以减仓，也可以清仓，但以清仓为宜。

该股形成均线首次粘合向下发散形态的过程中，股价上下波动的幅度很大，但由于均线滞后的特点，均线粘合形态的变化并不大，所以此处只能算作一个均线首次粘合向下发散形态。

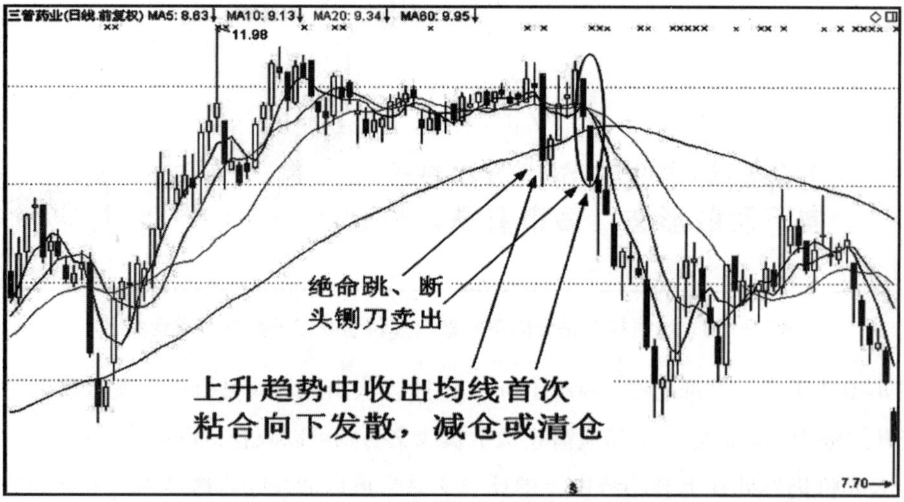

图 4-108　上升趋势中出现均线首次粘合向下发散形态，依然是看跌信号

特别提示：

⑴均线粘合的时间越长，股价或指数跌破后，下跌的力度就越大。

⑵股价或指数跌破粘合形态，以及均线向下发散初期，无需成交量配合。

⑶在上升趋势中出现均线首次粘合向下发散形态，虽然有可能是长期上升趋势的中期调整行情，但因为均线首次粘合向下发散形态看跌的作用很强，所以即便是中期调整行情，中长线交易减仓的力度也一定要大，哪怕直接清仓，做错的概率也会很小。

四、均线再次粘合向下发散

均线再次粘合向下发散大多出现在中长期下降趋势初期，是指股价或指数出现一次交叉或粘合向下发散形态之后，再次出现 5 日、10 日和 20 日均线粘合形态，之后向下跌破并走出均线向下空头发散的技术形态。

均线再次粘合向下发散的技术特征如下。

⑴出现在中长期下降趋势初期。

⑵在本次粘合向下发散之前，股价或指数曾有过一次向下发散。第一次向下发散可以是粘合向下发散，也可以是交叉向下发散。

⑶ 5 日、10 日和 20 日均线向下空头发散，形成空头排列。

均线再次粘合向下发散的技术含义：看跌信号，卖出。

均线再次粘合向下发散，与均线首次粘合向下发散的技术特征和技术含义完全一样，区别仅仅在于：均线再次粘合向下发散的位置通常低于均线首次粘合向下发散的位置；均线首次粘合向下发散，有可能出现在长期上升趋势末期，均线再次粘合向下发散只能出现在长期下降趋势初期或中期。均线再次粘合向下发散信号的可靠性强于均线首次粘合向下发散。

不论第一次向上发散是粘合向下发散还是交叉向下发散，均线再次粘合向下发散都是对第一次卖出信号的再次确认。绝大多数情况下，均线再次粘合向下发散之后，股价或指数都将进入主跌浪中，跌起来常常一发不可收拾。等到交易者醒过神来，才发现股价早已跌得面目全非。交易者见到均线再次粘合向下发散形态，空仓的绝不能进场买入，持仓的一定要有壮士断腕的勇气，果断清仓卖出。

如图 4–109 所示，全柴动力（600218）。出现均线首次粘合向下发散形态之后，股价就跌破了 60 日均线，60 日均线随后下行。

随后股价止跌，开始横盘整理，5 日、10 日和 20 日均线收敛，之后出现均线再次粘合向下发散形态。该形态出现在下降趋势中，看跌的信号更强，清仓卖出。

均线粘合过程就是下降趋势中均线被动修复的过程。下跌途中均线被动修复，表明多方连发动一次像样反弹的能力都没有，是走势孱弱的标志之一，更加印证了此时不宜久留。

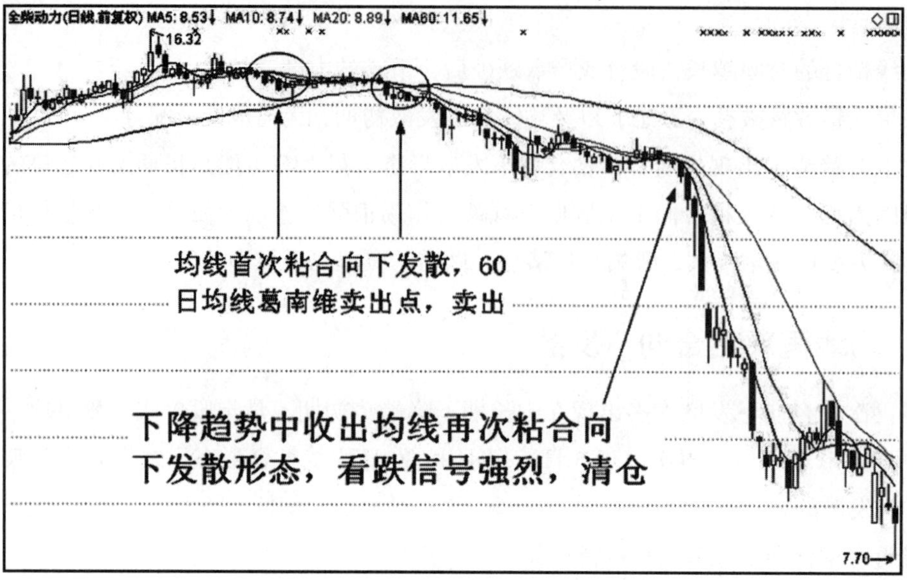

图 4-109　下降趋势中出现均线再次粘合向下发散形态，必须清仓卖出

如图 4-110 所示，华东科技（000727）。从图上可以观察到，该股均线再次粘合向下发散出现在下降趋势中，因此清仓卖出是唯一选择，根本不能有任何的犹豫和纠结。此时卖出，也是亡羊补牢的做法。

该股出现均线首次粘合向下发散形态时，股价就已在 60 日均线之下，60 日均线也已由上行变为走平，表明多方正由进攻转为防守，空方则正由防守转为进攻，局势对于持仓不利。此时交易者就只能选择清仓离场了。

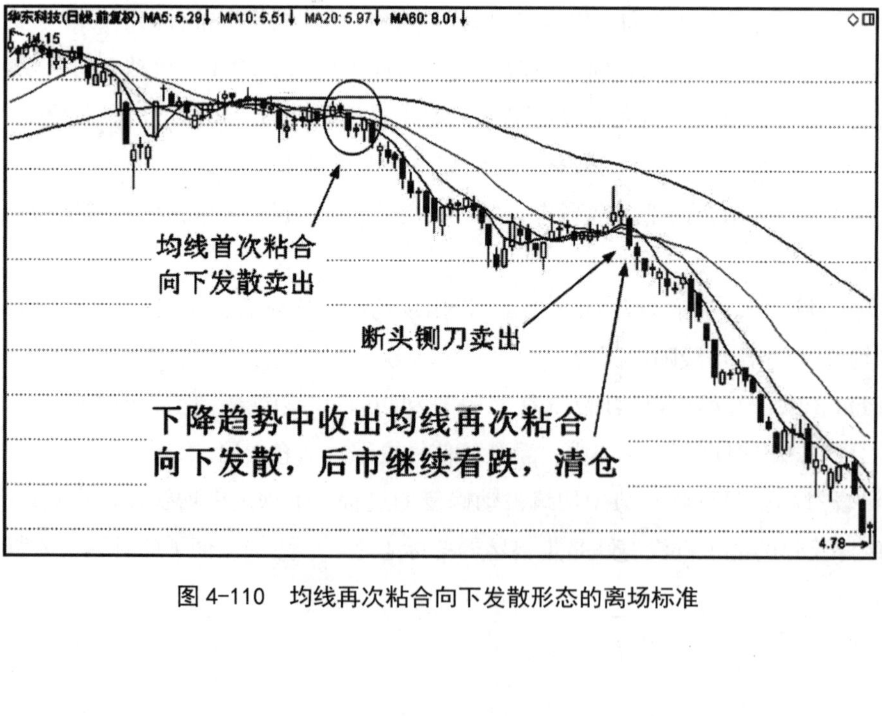

图 4-110　均线再次粘合向下发散形态的离场标准

如图 4-111 所示，天坛生物（600161）。出现均线首次交叉向下发散形态时，股价还在 60 日均线上方，60 日均线也在上行，但是上行角度已经接近水平，表明多方的上攻开始疲软。

均线再次粘合向下发散时，股价已经跌至 60 日均线之下，60 日均线开始微微下行，表明均线再次粘合向下发散形态，极有可能是空方向多方发起总攻的号角。交易者应见风使舵，调转航向，及时抽身，清仓离场。

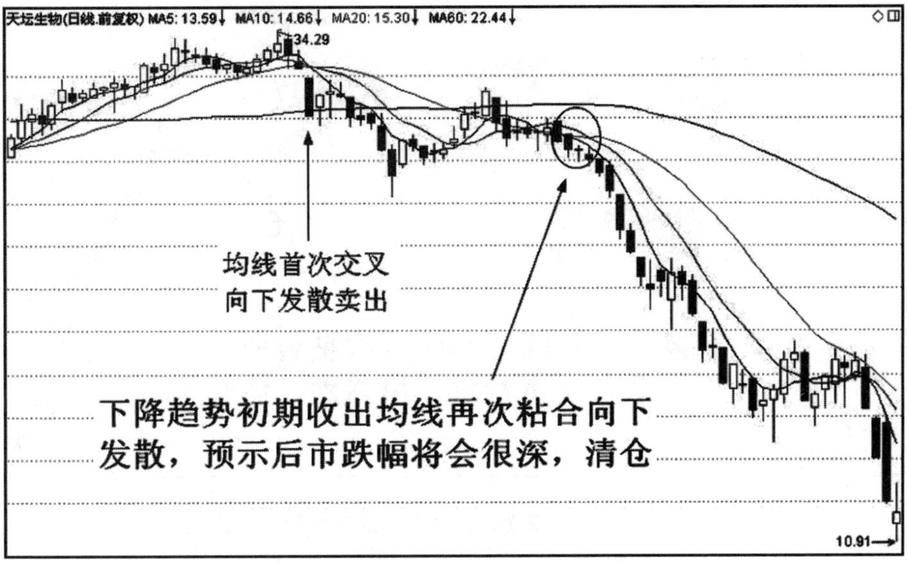

图 4-111　均线再次粘合向下发散形态的离场标准

如图 4-112 所示，安彩高科（600207）。该股一前一后出现均线首次粘合向下发散形态和均线再次粘合向下发散形态，并且两次都以绝命跳的方式向下跌破均线粘合形态，看跌作用强大。

均线再次粘合向下发散形态时，市场已经明显处于下降趋势中。非牛市空仓，因此无论什么原因，只要手中还有仓位的，一律清掉，不能有丝毫留恋。

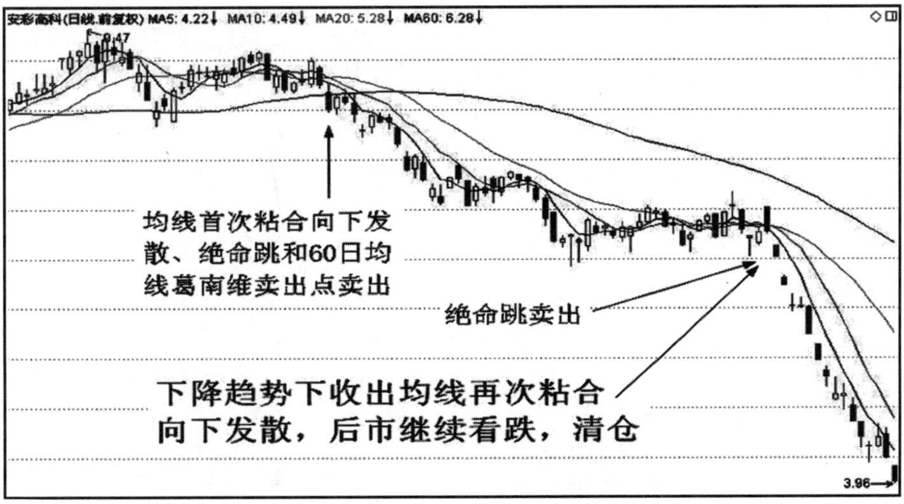

图 4-112　下降趋势中均线再次粘合向下发散形态看跌作用很强

如图 4-113 所示，北人股份（600860）。该股出现均线再次粘合向下发散形态时，不仅 5 日、10 日和 20 日均线粘合在一起，连 60 日均线也与之粘合，预示股价跌破后下跌的周期将会很长。交易者如果死扛硬顶，很显然希望渺茫，只有清仓才是解脱的好办法。

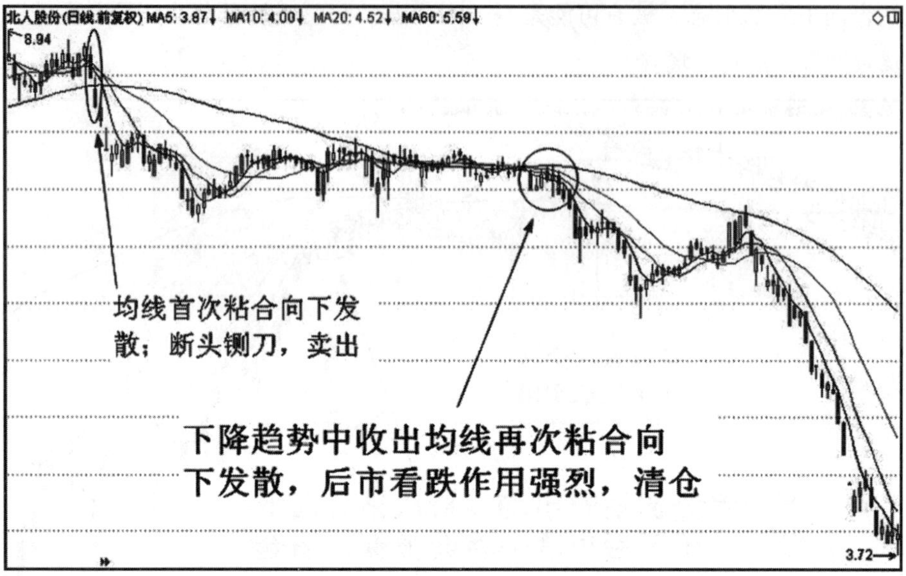

图 4-113　均线再次粘合向下发散形态的离场标准

特别提示：

⑴均线粘合的时间越长，跌破后下跌的概率和力度就越大。

⑵向下发散时无需成交量的配合，但若跌破均线粘合形态时成交量突然放大，则表明有众多恐慌盘蜂拥而出，后市急跌的可能性很大。

⑶因为均线是再次粘合向下发散，所以在该形态出现之前，其他技术分析方法发出的任何卖出信号，交易者都应当卖出。

卖出信号一旦发出就应卖出，不必等待确认，这是有效控制风险的原则和方法。